沈 津 編著

顧廷龍年譜長編

沈津敬題

上 冊

中華書局

圖書在版編目(CIP)數據

顧廷龍年譜長編/沈津編著. —北京:中華書局,2024.8.—
ISBN 978-7-101-16712-2

Ⅰ. K825.42

中國國家版本館 CIP 數據核字第 20240S6L77 號

書　　名	顧廷龍年譜長編(全二冊)
編　　著	沈　津
責任編輯	聶麗娟　李洪超　白愛虎
特約編輯	任雅君
裝幀設計	劉　麗
責任印製	管　斌
出版發行	中華書局
	(北京市豐臺區太平橋西里 38 號　100073)
	http://www.zhbc.com.cn
	E-mail:zhbc@zhbc.com.cn
印　　刷	河北新華第一印刷有限責任公司
版　　次	2024 年 8 月第 1 版
	2024 年 8 月第 1 次印刷
規　　格	開本/787×1092 毫米　1/16
	印張 76½　插頁 4　字數 1450 千字
國際書號	ISBN 978-7-101-16712-2
定　　價	480.00 元

寫在前面的話

顧誦芬

2022 年 3 月 7 日，我接到沈津先生郵件，告知父親的《年譜長編》前年已寫就，是在原先《年譜》的基礎上做了大量增補與修訂，從之前七十萬字增至一百三十萬字，"顧老的許多工作、學術貢獻等都將更加完整地呈現"，現在書稿已經由中華書局審看完畢。

回想起來，從 2002 年 7 月在上海圖書館五十周年慶典會期間動議爲父親寫一部年譜的想法，到 2004 年上海古籍版《顧廷龍年譜》正式面世，真是從無到有的"速度奇迹"，但沈津先生沒有止步，他一直在爲《年譜》的進一步完善搜集資料并補充，其實他也已經是年近八旬的人了。從《顧廷龍年譜》到《顧廷龍年譜長編》，一部作品，二十年打磨，不僅是量的變化，更是質的提高，從中可以看出，沈津先生在學術研究方面依然孜孜無倦，其精神無不令我和家人感到欽佩，我想，父親有知，也一定會感到欣慰的。

父親離開我們已經二十多年了，感謝上海圖書館一直以來的支持與關照，2002 年出版了《顧廷龍文集》，2004 年出版了《顧廷龍年譜》，2015 年起陸續出版了《顧廷龍全集》（"文集卷""著作卷""書信卷""讀書筆記卷"）。2022 年初，中華書局出版了由李軍、師元光等整理的《顧廷龍日記》（包括合衆圖書館"議事録""工作報告"等）。這些書籍的整理出版，了却了父親的遺願，也使我們家屬感到安慰。現在，這部記載父親辛勞一生的《年譜長編》出版在即，使我感慨萬分：父親在圖書館，在古籍目録版本、古籍整理與傳播領域無怨無悔地耕耘了一輩子，他低調而不事張揚，奉行"專爲前賢行役，不爲個人張本"的爲人之道，正如他自己説的："人不能自有所表現，或能助成人之盛舉，亦可謂不負其平生。"父親的這些思想理念都體現在這部新出的《年譜長編》中了。

我有時會想，父親一生謹慎低調，很少有"高光"的時刻，但他也有自己的幸運，有像沈津等這樣一批愛戴他的學生後輩，在他離開後仍然堅持不懈地整理并出版了父親留下的文字（包括編纂《年譜》），爲低調而默默一生的父親留下永遠的記憶。所以，我真誠地向沈津先生表示感謝，同時也向所有爲父親著述的編纂提供資料和幫助的專家學者、親朋好友致謝。

2022 年 11 月於北京

序　一[1]

王鍾翰

　　近年來,北京國家圖書館、上海圖書館、南京圖書館三館商議,共同編輯出版顧廷龍、趙萬里、潘天禎、冀淑英(女)四位先生的學術文集,命名爲《芸香閣叢書》。芸香爲複葉香草,古人藏書時用以驅書蠹也。四位先生畢生精力獻身於圖書館事業,乃當代海内外學界公認的古籍版本目録學四大專家。他們的寶貴經驗留給了後人無價的精神財富,他們的名字和著作,將與中國圖書館事業永遠共存。而其中顧老以學識高深,博聞廣見,授益當代,造福子孫,尤爲四大家之翹楚。

　　予猶憶 1941 年 2 月初洪煨蓮(業)師自美返國,取道上海,9 日顧起潛學長延洪師至合衆圖書館(今上海圖書館)午餐,出示鄧正闇舊藏顧千里手校陸校本《史通》(原注見《寒瘦山房鬻存善本書目》卷六,第 25 頁)。洪師北歸後,檢讀舊稿,疑此本乃《天一閣書目》中范堯卿所謂第三刻本者之流,因函托起潛學長代雇書胥影抄一部。起潛學長覆書謂書手不可得,擬從葉揆初先生校録之本,手製勘表,以饜師望。起潛書法雄麗,師素所珍玩,况此落葉掃後,横錦織成,勝百朋之賜矣。起潛學長之品學書法見賞於洪師有如此者。

　　翰生也晚,於二十世紀三十年代之初,始由長沙雅禮中學畢業後考入北平燕京大學歷史系。迨升至三年級時始選修鄧文如(之誠)師主講之魏晉南北朝斷代史課程,而同時選修鄧師此課者,即有顧起潛學長。儘管年齡與學識相差不止一級,却得以同班受業,從此時起翰遂成爲顧老忘年之交。

　　日月如梭。轉眼六十載光陰忽焉已過,起潛學長竟駕鶴西歸有年矣。翰學識謏陋,淺見少文之輩,今亦竟被囑爲顧老年譜作序,實愧不敢當。作爲顧老之後學,忝顔塗鴉,誠不足發揚顧老之潛德幽光於萬一,洵有負顧老哲嗣誦芬同志之雅命矣。是爲序。

2003 年 8 月,時年九十整

---

[1]此序一及序二、序三,原爲《顧廷龍年譜》(上海古籍出版社 2004 版)序,本書編寫實爲《年譜》之增補、修訂與延續,故迻録於此。

序　二

王煦華

　　1950 年 2 月,我在上海誠明文學院中國語文學畢業後,系主任顧頡剛先生介紹我到他的族叔顧廷龍先生主持的合眾圖書館工作。我在圖書館工作二十八年,計在合眾三年;1953 年合眾捐獻,改名歷史文獻後五年;1958 年與科技、報刊、上圖四館統一後又二十年。二十八年來,一直在顧先生領導下工作。1978 年我應顧頡剛師之召,奉調去北京後,與先生還常有書函往還;晚年先生因病移居北京,又時親謦咳,二者加起來又二十年。在圖書館工作時,先生以我對事情考慮周詳而有主見,不隨波逐流,并直言相告,尤其在四館統一前八年,館中事無大小,先生垂詢而後定。爰就回憶所及,縷述於後,以資紀念,亦藉以留一點合眾的史料。

　　合眾圖書館創辦於 1939 年,至 1953 年捐獻,僅有十五年的歷史。發起人葉景葵、張元濟、陳陶遺三先生和其他的董事陳叔通、李宣龔等,雖都是愛護祖國傳統文化的知名之士,但均非資財雄厚之巨富,所以一開始就困於財力,工作人員很少,一切因陋就簡。可是,十五年來,爲保存祖國文化遺產和科學研究服務,作出了突出的貢獻,贏得文史界學人的廣泛的贊譽,在中國圖書館事業史上占有一席之地。這些貢獻與贊譽是和顧廷龍先生的主持館務和艱辛的支撐分不開的。

　　合眾創辦十餘年來,各項經費實際上是葉景葵先生獨力籌措的。1949 年 4 月他逝世後,經濟來源斷絕。董事們先向浙江興業銀行透支,再向上海幾家大銀行和香港幾家大企業募捐到一批款項,纔得以維持到 1953 年捐獻。由於經費的不充裕,所以工作人員一直很少,最初僅總幹事顧廷龍、幹事潘景鄭、朱子毅三人。到 1946 年纔增加了黄筠一人,但潘景鄭先生不久又回蘇州他就。其後,杜幹卿、沈燮元來館。黄、沈沒多久就先後離去,我到館時,僅剩下顧先生和杜幹卿先生(管理閱覽室兼蓋藏書章及鈔寫)。當時朱子毅先生僅星期日來整理收支賬目,還有一位商務印書館的編輯胡文楷先生則在星期日來幫助編目,他是研究閨秀的專家,畢生搜集閨秀著作,撰有《歷代婦女著作考》。此外還有裝裱工華敏初(《汪穰卿師友信札》就是他裝裱了三年完成的)和工友陳履剛。我到館後,起初是清理以前編的草片,後來則是采購書刊和編目。合眾不公開閱覽,讀者來閱覽圖書,需要單位或專家介紹。他們來看書時,顧先生在館時大都由他接待,他外出時由我接待,我們都爲讀者查書和到書庫取書、還書。我的老同學楊鑒住在合眾附近,常來看書,這年下半年,顧先生問起我他有沒有工作,我說還沒有,他教我問他願不願意來圖書館工作。我將此意告訴楊鑒後,他就欣然來了。他來之後,就整理十多年來入藏的中文期刊,後來由他一手編成《上海歷史文獻圖書館期刊目錄》。附在後面的西文期刊,則是捐獻後由梁玉齡編的。由於歷年來入藏的圖書都未做過財產登錄,顧先生又要我介紹一個鋼筆字寫得端正的人來登錄,我把朱一冰寫給我的信封給他看了,他看了信封上的字跡予以認可,朱一冰就於 1951 年 2 月來了,除了登錄歷年入藏的古籍外,兼做新書編目分類,義務工作多年的潘承圭女士也改爲正式職員。此時正式職員七人,工友一人,是合衆職工人數最多的時期。還有一位當時在上海自行車廠工作的洪駕時先生(以前曾任職江蘇省立蘇州圖書館),多年來爲合衆抄了很多罕見的舊刻和稿本,《合衆圖書館叢書》中有一些書和幾種館藏的書本目錄,都是他手寫後石印和油印的,還有顧頡剛先生的《西北考察日記》《浪口村隨筆》《上游集》,劉厚生先生的《張謇傳記》,也都是他刻蠟紙油印的。

合衆圖書館誕生於公私藏書流失,古籍淪亡的抗日戰爭期間,徵集私家藏書共同保存,是它的藏書主要來源;其次是在這些私家藏書的系統上有目的補充,以擴充原有的系統,所以私家捐贈的藏書實際上也就是爲合衆收購的,1949年顧頡剛先生捐贈一批清末民初的史料給合衆後,在 4 月 5 日的日記中寫道:

予以清末民初之史料、雜志等贈合衆,皆彼館所未備,喜得其所。予自幼遇書攤必拾一些歸,而不知正爲合衆積也。

這批贈書於 1953 年編成《顧頡剛先生藏書目錄》,油印一百冊。1952 年 11 月,我曾跟顧頡剛先生到他蘇州懸橋巷老家,挑選抗戰期間內地出版的書刊,凡合衆未有的均贈與合衆。我造了一份清冊,可惜合衆捐獻後,忙於瑣務,未能編成書本目錄,至今引以爲憾。其中有一冊《論持久戰》是毛澤東主席寄給他的,他寫了一個題記,作爲紀念。其他各家所捐贈的,如葉景葵、張元濟、李宣龔、葉恭綽、胡樸安、周志輔、潘景鄭等先生的藏書,都是他們數十年來有系統的收藏。因此,合衆雖祇有十五年的歷史,但從藏書收集來看則應從清末算起,那就已有五六十年的積纍了,所以能够形成一定的系統。

合衆徵集私家藏書共同保存,得到社會各界的信賴,這裏舉我到合衆以後經歷的三個例子來説明:一是南洋中學校長王培孫先生的藏書,1952 年學校由於發展的需要,要騰空房屋,所藏七萬餘冊古籍不是中學所需要的,想捐獻出去,他們考察了上海各圖書館,認爲合衆最合適,可是合衆是私立的,又覺得不合適。後來想出一個變通的辦法,把書捐獻給上海市文化局,建議撥交合衆保管,得到文化局的批復同意,由合衆點收造冊。二是五十年代中華書局遷京時,於 1953 年舒新城先生等決定把抗戰以前出版的樣書五萬餘冊,全部捐贈給合衆。三是蔣竹莊(維喬)先生的捐贈日記,蔣先生是鴻英圖書館的館長,鴻英又以搜集近代史料著稱,按理他自己一生的日記,應該捐贈給鴻英保存,可是他却捐贈給合衆。蔣先生是我的老師,他寫了一明信片給我,説他的一生日記要捐贈給合衆保存,教我到他家中去取。可惜這張明信片在十年内亂中遺失了。由此可見合衆在文史界有很高的信譽。

合衆收購的圖書,是遵循顧頡剛先生收集中國書籍的思想的。顧頡剛先生認爲應該破除"聖道"和"古文"的傳統觀念,打破過去藏書樓以"經、史、子、集"爲書籍全體的看法,樹立"搜集材料"的購書宗旨,把圖書館辦成"供給許多材料來解決現代發生的各種問題"的機構。他認爲要收集的中國圖書有以下十六類型:一、經史子集及叢書;二、檔案;三、地方志;四、家族志;五、社會事件之記載;六、個人生活之記載;七、賬簿;八、中國漢族以外各民族之文籍;九、基督教出版之書籍及譯本書;十、宗教及迷信書;十一、民衆文學書;十二、舊藝術書;十三、教育書;十四、古存簡籍;十五、著述稿本;十六、實物圖像。顧廷龍先生在《介紹顧頡剛先生撰〈購求中國圖書計劃書〉》中説:

> 我從事圖書館古籍采購事將五十年,即循此途徑爲采購目標,頗得文史學者的稱便。(《文獻》第 8 輯)

正因爲合衆接受私家捐贈的或歷年收購圖書都是爲了供研究者參考的目的而有系統搜集的,所以董事會在捐獻時,特提出"本館圖書儘可能不予分散以保持爲參考便利而搜集的系統"的請求,得到文化局批復可予同意。可見合衆自始至終堅持系統地搜集材料的宗旨,并且希望捐獻後也能保持下去。四館統一後的上海圖書館正是在合衆系統基礎上陸續編成了《中國叢書綜録》《中國近代現代叢書目録》《中國近代期刊篇目彙録》《硃卷集成》等大型工具書和資料書,得到文史界的好評。顧廷龍先生之所以能成爲著名圖書館事業家,我認爲是他一輩子堅定不移地實踐了顧頡剛先生的爲供科學研究者而搜集材料的辦館宗旨,爲文史研究積纍了系統的、豐富的材料。五十年代初,我經手補充清末民初的舊期刊,舊書店、書攤送來的樣書不僅和館藏有重複,而且相互之間也有重複,但都不肯拆賣,讓我們補缺期,往往爲配補一期,要買好多期複本,使我很爲難,乃商之於顧先生,他看了一下,認爲有材料,他説如果怕重複不買,失之交臂,以後就難以有機會再配補了,決定盡力收購配補。前幾年《古籍新書目》第 120 期上刊載的上海古籍出版社影印的上海圖書館所藏《圖畫日報》,其中有一部分也是此時配補的。清末以來的文史學術刊物,合衆經常注意收集,在上海其他圖書館找不到的,到合衆來查閲,大都能解決問題,這也是文史界稱便的另一個原因。因此爲了供研究者參考的目的而收集保藏的圖書資料不限於它的形式,而以圖書資料的内容系統爲核心,所以十年動亂中把原合衆的期刊併到徐家匯藏書樓後,有的研究者反映感到不方便,這就是把原本的圖書資料系統分散存放帶來的後果。

合衆圖書館由於財力、人力微薄,一些現代圖書館對入藏圖書的基本加工整理工作都沒有做,日常收購及個人零星捐贈的書刊,僅用老式賬簿作一簡單的登記,再做一式三份的編目草片,就入庫上架,然後再在草片及登記簿上注上書架號,用的是固定排架;期刊没有劃到卡,僅在書架上用刊名四角號碼排列。基礎條件這樣差,檢索工具如此簡陋,來館尋檢圖書資料的專家們又爲什麼稱便呢?奥秘在哪裏呢?

原來合衆創辦的目的,僅"專供研究高深中國國學者之參考",來館閱覽者都是專家學者,以及由他們介紹來的有志於文史研究的青年學者,他們都有研究課題,都是爲了查閱研究課題所需的圖書資料而來。合衆雖没有卡片目録供閱覽者查閱館藏,但工作人員熟悉館藏,業餘又都有所研究,能够靈活地運用圖書資料,所以祇要他們提出科研課題所需要的圖書資料,并説明哪些已查閱過,還需要查閱什麼,即使他們不知道的,祇要合衆有的,都可以提供給他們。也有合衆没有而其他館有的,有些則已亡佚失傳,我們無不竭誠相告。所以文史界的專家學者及青年學子到過合衆的,都同聲稱便。另外合衆雖無卡片目録可查,但有據草片校對後編成書本目録可查。張元濟、葉恭綽、葉景葵、蔣抑卮、胡樸安、顧頡剛、李宣龔、潘景鄭、周志輔等先生捐贈的,都按家編了書本目録,零星捐贈及歷年收購的則合在一起編了書本目録,這些書本目録印成後分送高校文史系及科研單位及著名的專家學者,則他們在家中或本單位就可知道合衆的館藏,這也是文史界稱便的一個原因。

顧廷龍先生説:"不是自己有所研究,就不能理解圖書資料的内容,也不可能真正懂得圖書資料的運用,也不會重視圖書資料的搜集與整理。"(同上)這是他觀察顧頡剛先生治學歷程的體會,也是他主持合衆圖書館十五年的工作總結,或者説是他一輩子從事圖書館事業的經驗結晶。顧先生這些話,我覺得對在省市以上大型公共圖書館或專業圖書館的工作人員中,應該有一部分研究人員從事文獻研究工作,以提高圖書館的服務質量,是有重要的現實的意義。但圖書館研究人員的研究,應偏重於圖書文獻資料的研究,使各方面的科研人員能充分利用館藏的圖書資料文獻,充分發揮它作用。當然也可以作些課題内容的研究,因爲兩者本是相輔相成,祇要能分清主次,就不僅不會影響圖書館的日常工作,而且會提高圖書館的服務質量,爲學者歡迎了。

半個世紀過去了,往事猶歷歷在目。顧先生勤儉辦館,愛館如家,珍惜每一分錢的艱苦創業精神,使我永遠不能忘懷;而他系統地搜集圖書資料,爲科學研究服務,特别是"俯首甘爲孺子牛"般地爲青年學子無保留提供研究資料的精神,更永遠是圖書館工作者的楷模。

2003 年 11 月 15 日

序　三

沈　津

　　辭舊迎新，年年如此。當 2004 年新年的鐘聲悠揚響起的時候，我的耳旁似乎聽見了紐約時代廣場百萬人的歡呼，同時還夾雜着波士頓查爾斯河橋畔人群的互相祝福聲，當然，我仿佛也看到了北京、上海競放的那映亮天際的五色繽紛的烟花，以及那載歌載舞歡慶喜悦的情景。這個時刻，我的心情也并不平静，我仍然在爲這篇序言作最後的文字潤飾。有道是，有一分耕耘，就有一分收穫。回首那一年又四個月已逝去的業餘時間，我實在是把我幾乎全部的心力投入到這本《年譜》的寫作上去了。無論是編例、本譜，還是人物索引、書題留影，這其中的許多内容，都是從書桌旁堆叠至桌面的各種有關資料的複印件而來，那千萬字的資料已被閱讀并被濃縮成了這百萬字的《年譜》。看到已輸入到電腦中的每個字符、每個句子、每個段落，我都會有一種親切的感觸，因爲正是這一條條、一段段的纍積，纔逐步使全書形成了有條理的譜文。在即將寄出《年譜》的光碟之前，我還是想對自己説，我做了一件十分有意義的事情，因爲我以爲這本《年譜》或許是我一生中寫作的最重要的一本書，它和我寫的其他幾本書最大的不同，就在於這本書是帶着我對先師的感情去寫的。

　　二十世紀初，我國的公立、私立圖書館相繼建立。百年來，在中國圖書館學界裏，出了不少知名的專家、學者、教授，如繆荃孫、柳詒徵、沈祖榮、袁同禮、蔣復璁、劉國鈞、皮高品、汪長炳、李小緣、姚名達、王獻唐、王重民、趙萬里、屈萬里、顧廷龍等等，他們在分類法、目録學、版本學以及圖書館的管理上都作出了非凡的、重要的貢獻。有的學者雖然没有專著出版，但他們默默無聞地用圖書館的專業知識提供給研究者許多訊息和便利，或編出了各種專題目録、索引，他們爲他人作嫁衣裳的工作是值得人們讚賞的。可是，在這些有貢獻的專家、學者、教授去世後，後人雖會記得他們，但是幾十年來爲這些學者樹碑立傳，或有關研究他們的專著却少有出版，至於寫出年譜更鮮見其有。

　　這本書的寫作原先是我的朋友吳格兄所做的。兩年前，他曾寫信給我，希望我能支持此事。當然，我毫不猶豫地答應了。後來我纔知道，吳兄作爲博士生導師，再加上本身的業務工作，自己手裏的幾個大項目都壓在他的肩上而分身不開。由於 2004 年是先師一百周年誕辰紀念，所以《年譜》要趕在其時出版恐怕有些困難。

　　2002 年 7 月下旬，上海圖書館迎來了五十周年慶典，我被邀作爲嘉賓而自美飛滬，而先師哲嗣顧誦芬院士夫婦也由北京蒞臨上海出席盛會。在慶典的最後一天中午，上圖的繆國琴書記、吳建中館長宴請誦芬夫婦，我也叨陪末座。席間談及先師一百周年誕辰紀念之事，也議論了先師未出版的文稿以及爲先師編寫年譜一事。誦芬先生非常清楚年譜的寫作不易，且也知吳教授的困難所在。我作爲先師的學生，理解并明瞭家屬和領導們的心情。這天晚上，我想了很多，并和内子趙宏梅在越洋電話上談了此事，表達了我想接手此年譜的寫作意願。次日下午，我將返美，在上海浦東機場候機廳内打了幾個電話給上圖舊日的同事和朋友，徵求他們對寫作先師年譜的看法。承蒙他們的鼓勵，并應允將先師手札等予以提供，這對我來說，更增添了寫作的信心。

返美後的第二天晚上，我即開始了《年譜》的寫作，一周後，我將寫出的樣式約十餘張稿子以及我爲什麽想寫先師年譜的信寄給顧誦芬。不多久，誦芬即有回信，表示支持此一寫作，并願意提供先師的日記原件複印件，以及先師和顧頡剛先生之間的互通信件等。在此期間，我也打電話詢問吳格兄，如果他願意繼續此年譜的寫作，我願支持，如若有無法分身及時間上的問題，我可否接此題目。吳兄很爽快地說，希望我能撰寫此一年譜。今年 1 月，吳兄即把他寫的約二萬字的初稿全部用計算機傳給了我，這是我非常感謝他的。

截至 2002 年 10 月底，根據我手頭上的材料，三個月内我寫就了大約十二萬字。其間我和誦芬通過幾次電話，也寄了碟片給他，請他就寫作上的事提出意見。11 月初我利用休假，去了香港、北京、濟南、南京、上海，除了探望我父母外，主要就是收集有關先師的材料。在北京，誦芬、江澤菲已爲我準備好了先師的日記，他與顧頡剛之間的互通信件以及有關家世的資料（均影印件）。我也將先師遺留的小記事本全數翻閱一過，并將有資於年譜寫作的綫索或可提供時間考證之處全部複印。這十來斤重的複印件在我返滬和返美之時，均刻不離身，因爲它們對我的寫作來說實在太重要了。

2003 年 10 月底，《年譜》的初稿已大體就緒，大約寫了近八十萬字。11 月中旬，我再次抽暇返國，在上海、蘇州、廣州繼續收集材料。誦芬爲配合我的寫作，在百忙之中，亦如約飛滬。在先師上海的寓所内，誦芬和我翻閱了大約數千通先師友人的來往信件及其他材料，并選出部分有價值者，在上海圖書館的幫助下全部複印了下來。然而我却再也擠不出時間到上圖去核查原合衆圖書館及歷史文獻圖書館的檔案材料了，當然，我也無法再飛北京翻看在北苑所存的部分友人來信了，這是十分遺憾的。

年譜之作，昉於宋，盛於清，是以人爲主，并繫以年月之人物編年史。蓋以一人之道德文章、學問事業關係史學甚巨，而其焜耀史册秩然不紊者，則有賴於年譜表而出之。津早年嘗讀年譜十數本，有自訂年譜，也有子孫爲其先人所作，也有門生爲其師尊所著，又有後人因嘆服譜主在學術上造詣之深，而搜輯行實作譜者。究其目的，均在表彰前人之學問事業。所以說年譜的重要，是因爲那是爲歷史存真,爲歷史作證的學術著作。年譜的難作,難在搜集資料的不易,許多資料都必須點滴積纍,而絕非立馬得來,一蹴而成。即使得到了資料,也需要時間去思考、研究,甚或考證。因此,近幾十年來,出版的自然科學、社會科學方面重要學者的年譜很少。津曾對 1980 年至 1999 年出版的《全國總書目》作了一次統計,即二十年中的哲學、政治、軍事、經濟、文化、教育、體育、語言、文學、藝術、歷史、地理、科技、衛生、農業、林業等領域名人的傳記很多,但是年譜却出版了不足百種。由此可見,年譜的編著有一定的難度。

由於年譜叙事詳明,并可循是以求其時代背景,以及其在社會上之地位與所留給後人之影響,故先師對於年譜的撰著極爲重視。1949 年時,他曾自告奮勇,欲爲張元濟、葉景葵編撰年譜,但“因循坐誤,至今引爲憾事”。先生所著《吳窓齋年譜》,其始輒苦事迹多湮,搜訪不易,“及讀其家書,并致汪鳴鑾手札,所獲稍多,事無公私巨細,往往詳悉”。而後來所編的《嚴久能年譜》則遲遲不能定稿,蓋材料仍不足也。

日記是寫作年譜的重要依據,我始終認爲,日記雖非系統而詳細的叙述,但却是片段的真實史料。先生的日記内載有其個人讀書、友朋交往、學術動態、清末民初文史掌故、遺聞軼事,以及版本書畫鑒賞等。我在邊閱讀邊輸入的情況下,仿佛也陪侍先生,進入那段我尚未出生或在童年時的時空感覺。因此,這本《年譜》的四十年代所載,多以日記爲基礎。然而,日記也并非完整,最初存有 1937 年,但是斷斷續續,直到 1939 年下半年,方始爲每日功課。這樣完整的日記延續到 1945 年,以後直至六十年代則所記寥寥了。日記都是寫在印有“合衆圖書館”的格紙上的,先生的書法在四十年代即小有名氣,日記上所書多爲行書,偶作楷法。四十年代的日記最長的爲 1942 年,大約有四萬字。

先生嘗謂,近三百年來先賢年譜,其材料得自尺牘中者最爲親切,故余亦甚留意於此。也正是如此,先生昔日多次告我,整理、鑒定、運用尺牘的重要性。因此,在寫作這本《年譜》時,我盡我之所能將收集到的先師書信及友朋手札,多選取有用的内容編入年譜。我以爲如果我也像某些年譜那般,僅僅寫上某月某日致某人信,那別人就不知所云爲何,也不知從何處去進一步核查,它的價值也就無從體現。

我清楚地記得 1996 年上圖新館開館慶典前,我先飛去北京探望先師的情景。大約有一年多沒有見面了,所以老人家見了我表現得很興奮。我告訴他,我們師生二人實在是有緣分的,因爲六十年前他在北平燕京大學圖書館任中文采訪主任,後又兼美國哈佛大學哈佛燕京圖書館駐平采訪處主任,爲哈佛燕京選購圖書。而一個甲子後的今天,我却在哈佛燕京司善本書管理之職,這難道是巧合嗎?抑或“命中注定”?先師笑而不答,却和我談起了和哈佛燕京的裘開明館長的交往。美國哈佛大學是世界上最重要的大學之一,近百年來,國内的莘莘學子和有志青年都希望進入哈佛攻讀,三十年代的先生也不例外。

　　實際上,先師和哈佛燕京是有關係的。他的《吳愙齋先生年譜》和《古匋文
香錄》,就是得到哈佛燕京學社的資助而出版。三十年代末的哈佛燕京圖書館的
分類法、四十年代初的《哈佛燕京圖書館中文藏書目錄》在出版前,就是美方寄
去北平,或轉往上海請先生審定修改的,而該目錄的封面最早也是先生所題。我
在采集資料的過程中,在先師的日記中看到了當年哈佛燕京欲聘先生去燕京就
任中文編目主任的記載。而程煥文教授竟在哈佛燕京的舊存檔案裏意外地發現
裘開明和先生的通信,其中也透露了美方想請先生去耶魯大學、加州伯克利大
學、哈佛大學圖書館工作的設想。但是,由於種種原因,先師放棄了出國的機會。
如若先生去了美國,那麼歷史又會重寫。

　　這本《年譜》希能表彰先生劬學之點滴,故片紙隻字,祇要以詳淵源者,靡
不備錄,先生一生事迹,要盡於是。昔趙甌北詩云:"江山代有才人出,各領風騷
數百年。"我有時會想,如果在國內省市一級的公共圖書館、大專院校圖書館中
再找一位真正懂得校勘學、目錄學、版本學、古文字學、圖書館學、歷史學、文獻學
和對中國書法藝術有精深造詣的學者,那實在是難乎其難的了。這本《年譜》或
許也可以反映出一位知識分子在時代的變化和發展過程中的事業、著述、藝事、
思想等等,甚或也可窺見一所在大上海十里洋場中并不起眼、也不挂牌的小圖書
館,是如何從無到有、從小到大,直至爲國家、爲民族、爲社會保存了許多重要傳
統文化典籍的發展歷程,這一些,或許能給後來之人有所啓迪。

　　《年譜》中"文革"前後的一段時間,材料是十分稀少的,我雖和先生同在上
圖,但當時知道的一些事,却隨着時光的流逝逐漸地淡忘,三十多年前的往事,
依稀得有些許印象,而當我再轉而詢及當年的同事時,他們也和我一樣,在具體
的年月上却很難再回憶或寫得準確了。《年譜》中有些材料的補充多是靠電話、
信件、傳真及電子郵件的聯絡進行的。近十多年來,先生又曾爲國內一些重要名
勝古迹題有匾額、對聯等,但收集頗爲不易。而數十年來,先生爲喜愛其書法者
所寫條幅等那更是難以數計。在我收集到的各種資料中,尚有極少數的信及材
料,因爲考不出年月而祇得割愛。先生生前的願望之一,是想把自己爲各種書籍
出版的題簽,編輯成集。津歷年來僅收集了三百數十種,加上友人補充者,或當
倍之。津擬暇時,當專門編一本先生的《書題留影》,以了先師遺願。

　　先生是長壽之人,在他的晚年,仍是律己甚嚴,績學不倦,他不顧高齡,還主
持了規模宏大的《中國古籍善本書目》和《續修四庫全書》的工程,他實在是做
到了鞠躬盡瘁,把自己的一生都獻給了中國的圖書館事業。先生功在學術,不可
没也。津追隨忬履整整三十年,有十多年我們師生二人的辦公桌面對面,而先生
對我語重心長地教誨和悉心指導就是在這樣的環境下進行的,這使我獲得了受
益終身的啓迪。我有時會想到,我能從一個走出校門的對圖書館業務毫無所知
的學生,逐步成長爲八十年代後期中國圖書館學界最年輕的研究館員,這一路走
來,又不知凝聚着先師多少心血以及當時上海圖書館領導的精心培育。如果説,

我能在美國哈佛大學這一世界上最重要的學術殿堂裏,爲圖書館學、目録版本學做出一些微薄貢獻的話,那是先師的提携,是當年潘景鄭、瞿鳳起先生協助先師對我培養的結果。

在我寫作的幾本著作中,有兩本是屬於年譜的,第一本是《翁方綱年譜》,題目是先師在六十年代初期出的,寫作時間也最長,雖然僅有五十萬字,但直至出版面世,前後相加竟用了四十年,這也是我原先所没有想到的,因爲這幾乎占去了一個人的大半生。第二本即此《年譜》,從時間上來説,整整用了一年又四個月的業餘時間。這本《年譜》和我寫的《美國哈佛大學哈佛燕京圖書館中文善本書志》一樣,實在也是"急就"之作,蓋《書志》是在工作時間所寫,用了整整兩年,寫了一百五十萬字;而《年譜》則是爬梳耕耘,奮力而爲,其辛苦、急切、困難、快慰、愉欣,也非他人所想像。一年一度的感恩節、聖誕節等各種節假日,連同星期六、日,這對我的寫作來説,實在是非常重要的,因爲我可以每天工作十二至十四小時,而平日的清晨及晚間則不敢有任何懈怠。爲了保證《年譜》以及"著述年表""師友小傳""人名索引""引用書目"的順利進行,故除了爲臺北《書目季刊》寫的連載《雲烟過眼新録》我不能中斷外(每期約一萬四千字),我推遲了原來一些題目的寫作,有的雖已開始,但爲了"大局"而必須暫時放棄。

這本《年譜》的完成,實際上是許多人合作的成果,我衹不過是做了一些綜合的工作而已。如果没有顧誦芬、江澤菲夫婦的鼎力支持和提供多方面的協助,這本《年譜》是寫不成的。錢存訓、吳織、任光亮、周賢基、方虹、林公武、徐小蠻、水賚佑、王誠賢、陳石銘、周玉琴、吳建明、孫慧娥、王翠蘭、周秋芳、白莉蓉、李國慶、宮愛東、沈燮元、駱偉、高橋智、杜澤遜、程焕文、佘昌義、盛巽昌、姚伯岳、吳銘能、宋小惠、楊光輝、眭駿、王宏等,都對本書的寫作提供資料。我也要謝謝繆國琴、吳建中、繆其浩,以及上海古籍出版社的王興康、魏同賢,他們不僅支持本書的寫作,還安排此書的儘快出版。責任編輯吳旭民、姜俊俊爲此書花費了不少勞動。饒宗頤先生揮毫爲本書題簽,使之焕然生色。九十高齡的王鍾翰先生,早年即是哈佛的畢業生,和先生是多年的朋友;王煕華研究員曾是合衆的老館員,又是頡剛先生的高足,他們慨然爲《年譜》賜序,是我非常感激的。我也要感謝哈佛大學哈佛燕京學社社長杜維明教授、副社長艾貝克(Mr. Ed Ward Baker)先生以及蘇珊(Ms. Susan Albert)小姐,他們因爲先生早年對哈佛燕京的貢獻,并爲這本《年譜》的寫作提供去北京、上海等地收集資料的經費。我還要感謝哈佛燕京圖書館,它的豐富館藏和使用便利,一直爲我所心折。説句心裏話,如果我仍在上海或他處寫作這本《年譜》,那是不可能在較短的時間内完成的。内子趙宏梅,她和我一樣,對於先師充滿着敬仰和愛戴,所以她一直是本書寫作的督導者和支持者。《年譜》雖然寫就,但以我聞見狹陋,絓漏必定良多,尚請專家學者、大雅宏達不吝教益,此實津所企望也。

今年爲先生一百周年誕辰紀念,當我完成這本《年譜》的寫作時,我深深地懷念先師。我以爲，做先生的學生是我的緣分，和先生相處又是我的福分，三十年來，津受業門墻最久，相知最深，屢承餘論，備受啓迪，獲益良多。津去國後，先生也定居北京，安享天倫之樂。師生二人雖然大洋相隔，但心確是相通的。先生騎鯨西去，實是中國圖書館界之莫大損失，爲紀念先師，我願將這本記錄先師一生的《年譜》，作爲一瓣散發幽幽清香的花片、一盆茂密而生機勃勃的文竹獻給先師。

2004 年元旦凌晨於美國波士頓之宏燁齋

編　　例

一、本書資料以顧廷龍先生現存日記、書信、筆記、履歷表及已出版的《顧廷龍文集》《顧廷龍全集》爲主，另從多種圖書、雜志、報紙、檔案中搜集有關先生的記載，力圖反映先生在圖書館學、目錄學、版本學、文字學、書法藝術等領域，以及保存、整理、研究、開發歷史文獻諸方面之貢獻。

二、先生日記，於學業、行事、師友往來等頗多記載，今就所存者，略去瑣屑，悉以錄入。

三、凡涉及合衆圖書館、歷史文獻圖書館之材料，如董事會之會議記錄等，均錄入本書，以資考證。

四、本書按年、月、日順序排列。凡知悉何月而不知具體日期者，俱入其月之末。如不能確定月份者，均置於年末，以“是年”繫之。無月無年且不可考者，則捨之。

五、正文於每年之下，收錄與先生活動直接相關的内容。非先生事迹，但與先生同時期，間接相關的人事，酌情記錄，以供研究者參考，統一編於當年末，亦以“是年”繫之，但與正文空一行以區别。

六、書中涉及之人物，皆以名入譜，不知姓名者，乃以字號記之。

七、每條資料末均注明出處，以供研究者查詢。凡《顧廷龍文集》簡稱《文集》，《顧廷龍全集》簡稱《全集》。《文集》《全集》重見者，一般祇注一個出處。

八、引文資料一般依原樣照錄，明顯誤字用〈　〉將正字置於其後，闕字擬補用［　］表示，衍字用〔　〕表示。

九、書後附“人名索引”，收錄與顧廷龍生平有交集的親友、同事。需要說明的是，像張元濟、葉景葵、顧頡剛、潘景鄭、顧誦芬等與先生生活、工作密切相關且影響巨大、“互動”頻繁的人物，考慮到研究者不會以“按圖索驥”的方式獲取閲讀，索引的利用價值并不大，因此不列入索引了。另外，人名僅出現一二次，且事件純屬偶然，與先生事功無内在關聯的名字，也略去不列入索引。姓名以拼音排序，以在本書中記錄的日期作檢索，如“陳夢家 1936/5/27”，即可從 1936 年 5 月 27 日條中檢得。“陳旭麓 1981/2/22”，可從 1981 年 2 月 22 日條中檢得。

十、本書編寫時，《顧廷龍日記》尚未出版，凡書中引用日記資料，所據爲複印件，并按原題作“日記”或“平郊旅記”“讀書日札”等。當校樣排出時，《顧廷龍日記》（中華書局版）始出版。因《日記》和《年譜》皆有具體日期，兩者對應并無障礙，故《年譜》仍按原注方式，未以《顧廷龍日記》替換名稱和加注頁碼，讀者若需查找互勘，可按具體日期檢索。需說明的是，因各種原因所致，《年譜》中所引日記，個別有《顧廷龍日記》未收者。

　　十一、《顧廷龍日記》後半部分，附録了先生保存的合衆圖書館早期檔案（即《一個圖書館的發展——從合衆圖書館到上海圖書館（1939—1958 ）》），《年譜》編寫時尚未出版，凡引用資料，出處記作“原件”。現在這些檔案隨《顧廷龍日記》一起出版，爲區別於《日記》内容，方便讀者檢閲，本書對這部分檔案的出處，除按實際獲取來源仍標爲“原件”外，或亦標注作“《顧廷龍日記》”（區別於“日記”），提示讀者，特指《顧廷龍日記》中附録的合衆檔案。

目　　録

譜　前

先生諱廷龍，字起潛，號匋諓，又號隸古定居主人、小晚成堂主人，筆名路康。江蘇蘇州人。

明成化間，其家一世祖諱昇（允齋），孝悌力田，始遷長洲之唯亭沙湖，"卜築數楹，且耕且讀終其身，足不履城市，布衣蔬食，如庵居焉。鄉之人相與敬而慕之，因以姓姓其地，易名顧港"。（《重修唯亭顧氏家譜》）"一時薰而善良，醇風蔚然，至今猶有能道其盛德者。"（《元和唯亭志》卷十三）配莊碩人，生子雲。

二世祖諱雲，字東山。"以貲雄於鄉，好善樂輸，孳孳不倦。值歲瘠，爲鄉黨代輸八百緡，家以中落。有以急告者，雖典質應之，終不望其償。……惜年未四十而卒。"（《元和唯亭志》卷十三）配王碩人，子二，長名俸，字小山；次名爵。

四傳至諱應麒者，徙居郡城弦歌里，始以文行顯。

先生爲顧嗣立之八世從孫。嗣立，字俠君，一字心堅，別號奇庵。清康熙三十八年（1699）舉人，康熙五十一年（1712）會試特賜進士，改翰林院庶吉士，以疾歸。性嗜書，博學工詩，享有盛名。輕財好施，家以日貧，而風流文雅，照映一時。家居蘇州城内，構有草堂，取宋蘇軾《司馬君實獨樂園》句，顏曰"秀野"，水木亭臺之勝，實甲吳下。招邀四方賓朋，觴咏其中，一時朝野名士、文彦碩儒，莫不與之交游。康熙六十一年（1722）卒，年五十七。輯有《元詩選》。著有《昌黎先生詩集注》《温飛卿詩集箋注》《閭邱辯囿》《詩林韶護》《秀野草堂詩集》等。

高祖父顧春芳，號半梅。清山西遼州直隸州知州。

高叔祖顧元愷，後更元凱，字輔虞，又字佐虞，號印叟。道光二年（1822）進士，改庶吉士，散館授工部主事。道光十五年（1835）丁内艱，主講上海敬業書院。道光二十五年（1845）選授廣西潯州知府，咸豐七年（1857）卒於官，年六十六。校刻家集多種，著有《小小秀野草堂詩集》《茶餘草》《于役草》《待雪舫草》若干卷，俱未付梓。

曾祖父顧紹丙，號吉甫。諸生。五品銜候選訓導。太平天國戰争期間，舉董事辦善後事宜，遣送流民。嘗以寶山、新興沙田產十之三，捐入女善濟堂，貧民賴之。光緒四年（1878）卒。曾祖母宋氏，貤贈一品夫人。

曾叔祖顧紹申，字尹甫。弱冠入元和縣庠，即研求經義，輯先儒語爲《易書叢説》。又以《康熙字典》乃小學淵藪，博采經史及諸子百家，附益於每字之下，曰《字典叢釋》。爲文根柢深厚，有先正典型。光緒二年（1876）舉於鄉，旋卒。

祖父顧祖慶，字繩武，號蔭孫。元和縣庠生，封中憲大夫。生而奇穎，六歲就塾,過目成誦,勤讀不輟,益劬於學,楷法率更。先後從游顧培慶、顧㲉之、顧信芳、汪陶涵之門。應童試,輒列前茅。同治十三年(1874),以蘇郡第一人補縣庠博士弟子員。後兩試薦而未售,遂絕意進取,惟以養志承歡爲務。光緒四年(1878),以湖南協黔助賑,議叙中書科中書。是年,以父、叔、從叔相繼病故,由是摒棄詞章帖括,潛心經史有用之書,旁及諸子百家,兼通禪理。天懷曠淡,自奉菲薄,布衣蔬食而性好施,於地方公益及鄰里戚族有不給者,恒輔助之。有子四女六,孫男十有一。生於1859年(咸豐九年),卒於1919年,年六十。

祖母陳氏,爲海鹽陳德生(號申齋,五品銜候選州同知)女。敕封七品孺人,誥封恭人,懿德備著。生於1859年(咸豐九年),卒於1917年。

叔祖父顧烜慶,字百祿。力學早逝。

外祖王同懋,江蘇元和人。出繼江氏,改名輝。湖南候補同知,署安鄉縣事,後歸宗。精繪事。

外叔祖王同恩,字銘之,邑廩膳生。生而穎悟,讀書過目成誦,十三經背誦如流。年二十二,補博士弟子員。篤志劬學,娓娓不倦,屢試輒冠其曹。偶食餼,未逾年而右目亦病,遍歷中外名醫,卒不能了,冥坐者垂二十年。光緒二十二年(1896)卒,年五十。

外叔祖王同慰,國學生。候選鹽課大使。

外叔祖王同愈,字文若,號勝之,別署栩緣。光緒十五年(1889)進士,改庶吉士,散館授編修。兩充順天鄉試同考官,尋派充出使日本參贊,國史館纂修、文淵閣校理。簡放湖北學政,後任湖北總辦學務處兼兩湖大學堂監督、江寧學務處參議。因妻病女亡,以哀疾辭鄂事,養病里門。創設蘇州府學會、江蘇總學會,充學務公所議長、學部諮議官,公推爲蘇路股款清算處主任。奉派憲政編查館諮議官、實錄館總纂,簡授江西提學使。辛亥鼎革後,退隱滬上,摒絕人事,以書畫自怡。1941年4月7日去世,年八十七。有《王同愈集》。

伯父顧棨昌,字敬伯,號菊畦,祖慶長子。國學生,花翎五品銜候選布政司經歷。1872年10月4日(同治十一年九月初三)生,1922年6月10日卒,年五十一。娶長洲王氏候選守備達三(茂達)女,1872年9月1日(同治十一年七月二十九)生,1895年5月9日(光緒二十一年四月十五日)卒,年二十四。繼娶吳縣汪氏候選州同贈中議大夫候選道果(毅卿)孫女、光祿寺典簿附貢生清灼(鏡峰)女,1870年1月31日(同治九年正月初一)生,1902年9月18日(光緒二十八年八月十七日)卒,年三十三。續配吳縣周氏候選州同壽祺(介眉)女,1882年10月31日(光緒八年九月二十日)生。有子三,廷驤、廷翔、廷鵬,俱周氏出。女二,汪氏出,一未嫁卒,一幼殤。

叔父顧錫昌,字叔蕃,號杏林,祖慶三子。國學生,浙江候補縣丞,補用知縣,吳縣議事會議員,江蘇全省清鄉督辦公署諮議。1880年4月6日(光緒六年二月二十七日)生。娶紹興劉氏鹽提舉銜廣東補用州同國祥(秋亭)女,1880年

12 月 12 日（光緒六年十一月十一日）生。有子五，廷堅、廷象（俱幼殤）、廷牧、廷蟾、廷虁。女二，廷金、廷順（幼殤）。

叔父顧淇昌，幼殤。

父親顧元昌，原名先昌，納粟時改名元昌，字仲平，號竹庵，又號卓庵，晚號冰谷。烜慶子，本生父祖慶。生有異稟，"三歲能識之無，六歲課《詩經》即成誦。比長，學業日進，應邑中詩字課，時獲冠軍"。"讀馬、班書，過錄先儒校語甚密。尤喜鈔書，積巨册，首尾端楷，未嘗或懈。應郡邑試，屢列前茅，且兩登首選，而不獲雋，遂棄舉子業，有志于經世之學。"（《全集·文集卷·先考行述》，下册第971頁）監生，通判銜充國史館漢謄錄官，議叙以通判發安徽補用，歷充要差，勤慎爲臺司所知。欽加四品銜，賞給正四品，封典覃恩，誥授中憲大夫。歷充讞局委員，考察江蘇存古學堂，徵收潛太土膏牌照捐并調查實業事宜，勘丈綠營基地房屋，江皖賑捐勸捐等差。時值晚清政治窳隳，知事無可爲，遂挂冠歸去，於郡商務總會主文牘事，歷二十餘年，理紛劑平，有裨閭閻。先後充市議會董事、農會評議員、吳縣修志局采訪員、國務院諮議，隨事建白，多所匡益。鬢年即致力於八法，凝斂豪氣，專一藝以自怡。篤好石墨，力事網羅，又朝朝染翰，擘窠則沈雄靜穆，蠅頭則剛健婀娜。融會各家，并擅四體，寢饋其中者凡五十年，頗多心得，得者謂可接迹南雅、耕石諸宗老。晚年應江蘇省立蘇州中學、省立第二女子師範學校、蘇州振華女學等校之聘，任書法教師多年，鄉里後生經指授者尤衆。又喜鈔校群籍，首尾精整，充溢楗櫝。嘗訪得宋紹定井欄，後鑿"顧衙復泉"四字，即以署其齋，一時傳爲佳話。家風儒素，儉於自奉，而博於所施，數十年如一日，邑中老輩若汪鳴鑾、劉傳福、吳蔭培、張一麐皆甚推崇之。元昌生於 1876 年 8 月 28 日（光緒二年七月初十），以肝膽疾劇，卒於 1933 年 10 月 7 日，年五十八。（《重修唯亭顧氏家譜》；《全集·文集卷·先考行述》，下册第 971 頁；章鈺《清授中憲大夫四品銜安徽補用通判吳縣顧君墓志銘》；胡樸安《顧元昌傳略》）

先聘紹興高氏五品銜候選布政司理問榮春（遙翰）女，覃恩誥贈恭人，1877 年 11 月 4 日（光緒三年九月二十九日）生，1889 年 10 月 20 日（光緒十五年九月二十六日）未娶而卒，年十三。

元配王懷沅，字婉玉，江蘇蘇州人。廩膳生、贈資政大夫、江西提學使王賡伯（魯珊）之孫女，中書科中書、保升同知分發湖南候補，歷署安鄉縣知縣、晃州通判、江藍理瑶同知、澧州直隸州知州王同懋（勉之）之次女。有淑行，覃恩誥贈恭人，1924 年奉大總統曹琨獎給"孝闈流芳"匾額。1879 年 6 月 4 日（光緒五年四月初九）生，1923 年 8 月 16 日卒，年四十五。

繼配許葆真，浙江海寧人。提舉銜兩淮候補鹽運判、附貢生許均詩（季可）女。1884 年 2 月 8 日（光緒十年正月十二日）生，1928 年 10 月 7 日卒，年四十五。

繼配王一冰，江蘇陳墓人。三品封典花翎、知州銜浙江試用縣丞、元和縣庠附貢生王笏（潭春）女。1900 年 7 月 22 日（光緒二十六年六月二十六日）生。

元昌有子四、女二，長廷瑩（幼殤），次即先生，以下廷鳳、廷鶴。先生及廷鳳爲懷沅出，廷鶴爲一冰出。長女廷慧，字智文，適川沙黃樞培，懷沅生；次女廷況，字韵湘，一冰生。孫二，誦詩、誦芬，俱爲先生子。

先生三十年代初畢業於上海持志大學，獲文學士學位。再入北平燕京大學研究院國文系，獲文學碩士學位。在燕京大學圖書館時，專司采購之職，并任美國哈佛大學哈佛燕京圖書館駐平采訪處主任。1939 年 7 月至上海，參與創辦私立合衆圖書館，任總幹事、董事。1949 年後，歷任上海圖書館籌備委員會委員、上海歷史文獻圖書館館長、上海圖書館館長。曾任中國圖書館學會第一、二、三屆副理事長，國務院古籍整理出版規劃小組顧問，文化部國家文物鑒定委員會委員，中共上海市委宣傳部特邀研究員，華東師範大學、復旦大學兼職教授，上海圖書館名譽館長。先生也是上海市第三、四、五屆人大代表，上海市政協第五、六屆常委。

先生的著作有《吴愙齋年譜》[①]《嚴九能年譜》《古匋文香録》《説文廢字廢義考》《蘇東坡法書石刻目録》《章氏四當齋藏書目》《顧廷龍文集》。編有《明代版本圖録初編》（與潘景鄭合編）、《漢書選》（與王煦華合注）、《尚書文字合編》（與顧頡剛合編）及《卷盦書跋》《葉景葵雜著》《涉園序跋集録》《王同愈集》等。先後主編了《合衆圖書館叢書》《中國叢書綜録》《中國古籍善本書目》《明代書法》《清代書法》《清代硃卷集成》《續修四庫全書》等大型重要圖書。

先生是中國圖書館事業家、古籍版本目録學家，也是書法家。早年從胡樸安、聞宥、劉三等學者學習古文字與書法，在燕京大學時，常與容庚、商承祚同研書法，先取法吴大澂一路，後攻鐘鼎金文，所書豐茂雄渾、質樸古雅。作品多次在國內外展出，并爲多家博物館、紀念館收藏。1963 年，作爲中國書法家代表團成員出訪日本；1979 年 5 月，又作爲上海市書法友好訪問團去日本大阪交流書藝。先生是中國書法家協會、上海市書法家協會名譽理事，部分書法作品可見《顧廷龍書法選集》。

---

①1935 年初版時名《吴愙齋先生年譜》，2016 年上海辭書出版社《顧廷龍全集》收入該書，名《吴愙齋年譜》。

1904 年　1 歲

11 月 10 日　光緒三十年十月初四卯時,生於蘇州混堂巷舊宅一書香門第家中,屬龍。係三國吳丞相醴陵侯顧雍後,世爲吳人。

是年

潘承厚、潘伯鷹、馮家昇生。

顧翼東、王重民 2 歲,葉聖陶、容庚、吳湖帆 11 歲,顧頡剛 12 歲,王佩諍 17 歲,葉恭綽、徐鴻寶、陳陶遺 24 歲,胡樸安 27 歲,李拔可 29 歲,葉景葵 31 歲,冒廣生 32 歲,張元濟 38 歲,章鈺 40 歲,胡玉縉 46 歲,王同愈 50 歲。

1905 年　2 歲

是年

趙萬里生。

朱士嘉生。

1906 年　3 歲

2 月 27 日　先生夫人潘承圭生。

潘家,其先於清初遷蘇州,乾隆時,始以科第貴顯。夫人高祖爲潘世恩,由翰林院修撰,纍官至太傅、武英殿大學士,賜謐文恭。世恩生子四:曾沂、曾瑩、曾綬、曾瑋。夫人曾祖潘曾瑋,官刑部郎中,生子四:祖謙、祖均、祖疇、祖頤。因潘曾瑩長子潘祖同(咸豐六年進士,翰林院庶吉士,貤封光祿大夫,户部左侍郎)無子,立胞侄成毅和潘曾瑋第三子祖疇之子亨毅爲嗣。潘亨毅,光祿寺署正,附貢生,即夫人之父。夫人兄潘承厚,字温甫,號少卿,又號博山,別署蠡盦。弟潘承弼,字良甫,號景鄭。(誦芬電告;《清敕授徵仕郎誥封中憲大夫議叙中書科中書顯考蔭孫府君行述》;《近代藏書三十家·潘承厚潘承弼寶山樓》;《葉景葵雜著》,第 286 頁)

1907 年　4 歲

是年

　　2 月 5 日　俞樾卒, 86 歲。

　　吕傳元 (貞白) 生。

　　潘景鄭生。

1908 年　5 歲

是年　開始描紅，既而映寫，然後臨摹。"我父親是書法家，他每晚必作書，我必侍立觀看，寫大件，必須有人拉紙，我是最高興當這個差使的。"（《硯邊談屑》，載《聯合時報》1989 年 12 月 1 日）

先生曾回憶童年時代："我小的時候讀書，先是家裏請先生，5 歲的時候，舉行一個儀式，稱之爲'引學'。老師姓周，名翰，號良翰。他是我的姑父，舉人，特請他來教我識字。"（先生的回憶）

是年

蘇淵雷生。

1909—1912 年　6—9 歲

先生自幼由祖父教讀四書五經。(《全集·文集卷·我和圖書館》,上册第354 頁)

余童年開始讀書,初讀四書五經未畢,改讀商務印書館編印的國文教科書。猶憶第一課爲“天地日月人手足刀”八字,圖文并茂。(《文集·祝賀商務印書館百齡大慶》,第 683 頁)

廷龍童年得篆文《論語》《孝經》于家,喜而摹之,取以校讀本,奇其詰屈,未詳爲誰氏手筆也。過庭請問,乃知吳愙齋先生集古文字以書者。先君子且告之曰:“是與吾家有連,昔先曾祖姑姊妹歸韓氏桂舲尌、履卿崇先生昆仲,愙齋先生爲履卿之外孫,因爲中表親也。”廷龍于是識先生之名而惜不獲見焉。(《文集·吳愙齋先生年譜敘例》,第 525 頁)

回憶童年,隨母歸寧,時外叔祖王公同愈寓居蘇州古市巷之西口,余戲嬉庭院,瞢無所知。但見車馬盈門,賓朋滿座。蓋是時公所舉辦地方公益事業,如教育、商務、鐵路等,皆在吳中。(《王同愈集序》,第 1 頁)

根據先生回憶,老家混堂巷不長,住在隔壁的鄰居姓姚,再過去一點的一家姓金,是先生家的親戚。金家有一個兒子,叫金積餘,父母對他的教育很重視,就請了一位老師,叫郁士雄。先生去他家是附讀,讀的不是方塊字,而是簡單的教科書。

一年後,先生又去了姚家讀書,姚家請的老師是先生的族兄,叫顧松年(子蟠),顧的兒子叫誦濟,也去姚家讀書。姚家是做布匹生意的,他的兒子叫士昂,還有他的妹妹,所以四個人在一起讀。那時讀的是四書五經,讀完後,又讀《左傳》。每天課餘,顧松年總要講一段《三國演義》,講得很有趣,先生聽後印象一直很深,至今還能記得。

後來姚家辭了顧松年,先生又到孫景楚家讀書,孫家在混堂巷附近的倉街。(先生的回憶)

1909 年

吳豐培生。

1913 年　10 歳

是年

　　胡道静生。

1914 年　11 歲

　　入讀蘇州私立彭氏小學。學校在石泉街的一所祠堂裏,先生在彭氏小學讀了半年。

1915 年　12 歲

3 月　先生在蘇州私立彭氏小學肄業。（履歷表）

是月　轉入吳縣縣立第四高等小學讀書。（履歷表;《全集·文集卷·我和圖書館》,上冊第 354 頁)

1916 年　13 歲

在縣立第四高等小學讀書。學校在蘇州草橋,對面即江蘇省立第二中學。

1917 年　14 歲

先生仍在縣立第四高等小學讀書。

1918 年　15 歲

6 月　先生畢業於吳縣縣立第四高等小學。(履歷表;《全集·文集卷·我和圖書館》,上冊第 354 頁)

夏　至蘇州省立第二圖書館參觀。(《文集·柳詒徵先生與國學圖書館》,第 580 頁)"民國初,余聞江蘇省立第二圖書館在滄浪亭創辦,以存古學堂藏書移轉入館,後增收新書。我曾一游其地,入門買票,似爲銅元兩枚,看書多少不計。索取一書,久聞其名,尚不能讀懂,即以還管理員而歸。其時館長曹允源,號根蓀,工古文。"(先生小筆記本)

秋　考入江蘇省立第二中學。該校因地近草橋,又稱草橋中學。校中有圖書館,先生時往翻閱。"一年級有一課爲文字學,有一課爲書法。老師皆楊粹卿先生敦頤。在書法課上,嘗講蘇東坡兩句名言,曰:'大字結密而無間,小字寬綽而有餘。'其後我愛好蘇書。"(履歷表;先生小筆記本;《文集·蘇東坡法書石刻目錄跋、我和圖書館》,第 185、590 頁)

先生是該校第九屆學生。二中的創辦人是王同愈,校長姓汪。這所學校在當時很有名氣,教學質量很高。老師中有胡蘊玉(字介生,別號石予,昆山人),詩人,教語文。鄭逸梅、顧頡剛、葉聖陶、顏文樑等都出自該校。(先生的回憶)

先生在高等小學及中學,所讀歷史、地理課本皆爲商務印書館所編印者。(《文集·祝賀商務印書館百齡大慶》,第 683 頁)

是年

8 月 1 日　顧頡剛妻吳徵蘭以癆疾去世。(《顧頡剛年譜》,第 46 頁)

1919 年　16 歲

在蘇州江蘇省立第二中學讀書。(履歷表)

是年

　　12 月 22 日　繆荃孫卒,76 歲。

1920 年　17 歲

在蘇州江蘇省立第二中學讀書。(履歷表)

先生十六七歲時,讀《溫飛卿詩集》,其父告之此爲顧氏秀野草堂刻本。

余年十六七時,嘗侍家大人讀《溫飛卿詩集》,見板本清晰整潔,詔余曰:"此吾家秀野公所補注而刊之者。秀野公與兄迁客公,利濟積善,皆篤好刻書。秀野公雕板所曰秀野草堂,迁客公雕板所在家署依園,在岡署綠屏書屋,皆槧本精善,無遜宋元。惜傳本日鮮,不易得耳。"(《文集‧岡州遺稿跋》,第334頁)

1921 年　18 歲

7 月 13 日　陪父竹庵公至顧頡剛家,小談即去。(《顧頡剛日記》卷一,第 140 頁)

7 月 14 日　顧頡剛爲先生修改文章,"改龍叔文訖"。(《顧頡剛日記》卷一,第 141 頁)

1922 年　19 歲

2 月 11 日　至顧頡剛家，"托作聯"。顧頡剛爲先生"在《詩經》上湊得十四字，爲二中校十五周紀念頌"。(《顧頡剛日記》卷一，第 209 頁)

6 月　先生畢業於江蘇省立第二中學。(履歷表;《全集·文集卷·我和圖書館》，上册第 354 頁)

夏　受業於金松岑(天翮、天羽)之門。時金松岑主政太湖水利局，爲疏浚泖湖事，與持異議者撰文論辯，日不暇給。午後，則集同門講課，授諸子及古文辭。於時同學者爲馬介子、王巨川、顧志新。松岑先生令嗣季鶴亦隨侍聽講。(《文集·金松岑師贈詩書扇跋》，第 231 頁)

先生畢業後，曾報考北京大學，由於英語分數不夠，没被錄取。(先生的回憶)

7 月 3 日　至顧頡剛家。(《顧頡剛日記》卷一，第 247 頁)

7 月 11 日　至顧頡剛家，"談考事"。(《顧頡剛日記》卷一，第 249 頁)

是月　進入蘇州東吳大學附屬中學，專修英語，大約讀了半年。(履歷表;先生的回憶)

10 月 2 日　由顧頡剛陪同，宴請媒人。十點歸。(《顧頡剛日記》卷一，第 279 頁)

10 月 4 日　陰曆八月十四日，先生與潘承圭在蘇州結婚，顧頡剛"偕魯弟到嚴衙前賀龍叔喜事"。"嚴衙前喜事，送禮至七百餘號，朝夜客至六十桌，喜聯至挂在窗上，可見盡力交際之效。"(《顧頡剛日記》卷一，第 280 頁)

1923 年　20 歲

先生在東吳大學附中時,發生體育教員打學生的事情,引起學生的强烈不滿,導致罷課,學校提前放暑假。暑假後,校長規定,想繼續在校學習的學生,必須寫悔過書。大多數學生都認爲學校做得太過分,不願去校,由是先生結束了東吳附中的學業。(先生的回憶)

10 月 16 日　長子誦詩生。(誦芬電告)

是年　生母王氏病。"癸亥,先母以肝胃舊證,攖新邪濕温,卒以不起。"(《全集·文集卷·先考行述》,下册第 972 頁)

是年　到上海補習英語,住王同愈家。王家近鄰有蘇路清算處,吳湖帆的父親吳本善(訥士)是清算處的負責人,吳湖帆來上海鬻字,總是住在這裏。先生看到吳湖帆寫篆書,感到很有趣味,也躍躍欲試,想學寫篆字。但篆字究竟怎樣寫法呢?要讀《説文》,要琢磨字的形義,似乎很難。後來回到蘇州,父親爲他找了一位程老先生,此老曾與先生祖父同考進學,即祖父的"同案",指導先生讀《説文》的方法,又讓先生自己找一些書看。有一次,先生在觀前街的東頭街上遇見孫伯南,孫是舉人,江標任湖南學政時,他隨往閱卷,學問極好,先生叫他四叔。先生問:我想學寫篆字,要看《説文》,不知該怎麽入手? 孫説你跟我來,他引先生走到觀前街西首振新書社,店老板與先生父親也相熟。孫讓先生買了《説文解字》《説文續字彙》,并指點先生學習門徑。由此,先生對篆字的興趣越來越濃,不會寫的字就在《説文》中查,《説文》中没有的字,便查《續字彙》。從這兩本書中,先生知道了篆字的寫法,有些字必須通假,也慢慢地掌握了,由此初步涉獵《説文》。(先生小筆記本;先生的回憶)

先生嘗云:"余弱冠始習許書,從事段、桂、王、朱之書,得識文字之義例。四年而後讀器銘卜辭,其文字則真商周遺型矣。"(《文集·説文廢字廢義考叙》,第24 頁)

1924 年　21 歲

7月　在上海南洋大學（今上海交通大學）機械系讀書。教解析幾何、高等代數的教師是中國科學社的創辦人之一胡明復。（履歷表；先生的回憶）

是年　在潘氏攀古樓展閲尺牘，見左宗棠致潘祖蔭手札，爲謀運盂鼎事，即隨手拾紙記録，納之衣袋。"先是左宗棠被劾，祖蔭上疏營救，且密薦其能。""數十年後，偶然檢及，亟移録於景印本上，原件今不知尚存否？"（先生小筆記本）

1925 年　22 歲

是年　五卅游行,同學陳虞欽被反動軍警槍殺,學生罷課。先生因神經衰弱,體質欠佳,又由於對數學興趣不是很大,感到學習勉强,因此開學時就没有再到學校。此時,先生看到報紙上有新辦的大學廣告,叫國民大學,於是轉學到國民大學,從胡樸安、聞宥學習文字音韵訓詁之學。"國民大學以章炳麟爲校長,有商科,有文科。余入商科,主任蔣□□。余於選修各科皆國文系,蔣主任謂吾曰:你可轉國文系。余欣然同意。""當時國文系,胡樸安任主任,教授有劉三、陳去病、胡寄塵、聞宥諸先生。教務長殷定齡,校長則挂章炳麟之名。"(先生小筆記本;先生的回憶)

約是年　先生有信致王同愈。

久不承顔色,正深念繫,月前伯舅問安歸來,藉悉杖履泰吉,極以爲慰。前奉尊著《説文檢疑》,囑爲副墨,一諾經年未能報命,委因學課蝥繁,不遑握槧,遂爾木遲,歉罪歉罪。龍今因學校中輟變而爲家衖自修,欲奮其螳臂,轉致於音均文字之學,方虞孤陋,無自窺其門墻,適奉鈞命,繕寫是書,隨録隨習,居然卒業,且亦藉以粗識途徑,何幸如之。但急就成章,奪誤錯出,仍求校正是叩。伏念是書非僅便初學檢查,并足爲鄾書羽翼,蓋《説文》雖東漢字書,實亦文字之源流,學者尻今而猶能讀周秦以上書者,悉賴南閤爲之管籥。但三千年來,轉輾翻刊,譌舛屢增,不可究詰。幸有吳大澂書《説文古籀補》創於前,近人容庚《金文編》繼於後,更有商承祚之《殷虚文字類編》踵接繼起,而東漢以前文字遂相銜接,此溯上之説也;如大徐"新附",鈕、鄭、錢、王諸家并爲考訂,而東漢以後文字漸見推衍,此順下之説也。然唐宋以來,新字彌夥,散漫無歸納,苟無所肙據,相率效大徐作爲補苴,不免穿鑿附會,似順下尚無完本。兹有鈞著,以今字通假鄾書,博搜典籍,爲之引證,不謬於古,不詩於探今隸字之原,以窮孳乳迹,古今一母,視之暸然,實足超越鼎臣等書,嘉惠後學,殊非淺鮮,一旦刊行,不脛而走天下,不竢蓍撲也。龍拜籀之餘,謹口蠢管,伏求訓正。

一、是書序例依據黎□□屬稿,初意不過就原本略加掇修以備流覽耳。今增輯之字,逾黎本 [1] 兩倍以上,原注漏略舛誤均經補正,則原本已退處穆位,名稱尚可因循,序例似須另創。矧黎氏奉其師陳氏蘭甫指示着手編纂,而陳氏於檢字一部本有未滿(見陳蘭甫與胡伯薊書),何如迤橡筆纂定,以成

---

[1] 黎本:指清黎永椿《説文通檢》。永椿字震伯。

完璧。

二、每劃中各字之次序，長者不力肙書部凥，旋奉命謄録時改依《康熙字典》以爲先後，將以學子容易翻弇，洵有深意。友人王君佩諍探悉尊著，見詢體例，渠謂《字典》不隸鄦書之善，此君素性耆古，宜有是言。然自通行行楷以來，世視漢隸已似隔閡，進之而篆而籀而古，更格格不入。恒見學子依據《通檢》檢字綦難，弊在鄦書部凥久不慣用，故稱典疋，則彌束高閣，不如從衆之尚，足爲後學津梁。矧内有鄦書不載，無自集厠其間者，將何以附麗，抑於“五四”以外另創部首乎？《字典》則偏重今形，校易容内，不致多出總目以外，故鄙見佩諍之説，似不可盡信，諒長者必許其然也。

三、每字下一律標明部數及字數，如舜，篆作舜，部首，部首下均標明部數。又如菟，篆作兔，兔下須注明某部第幾字，俾清眉目。至注中括弧似可不用，即去之亦不嫌樊惑。

四、尊著遺取之字，寓目所及，另紙録呈，倘合鈞著意旨，還求采納。

右列四節，明知布鼓雷門，無當事理，而繆鼙之處，祈賜教益。龍孳修尊著，得其綱領，捧心效顰，擬作《説文廢字記》，惟搜字寥寥，自鄶無譏。尚有《論入聲之分配》一篇，皆係近作，并呈斧政，希予訓誨。竊爲鄦書淆若棼絲，段、桂各家僅爲闡發奧旨，未經條理，凡一字之重出兩部者，如院、劇等；字意相似，兩字同出一部，未免重複，如卟、占皆從卜口，櫳、襲皆從龍聲。又如本字與或文相懸特甚，玭之同文爲蠙，舛之同文爲踳等類皆是，指不勝僂。此外，“説解”之蓋闕者，能否就許書董理一過，重者與相似者，鄭删其一；本字與或文相異者，分部別居。其“説解”之蓋闕，約略補入，更作《説解考闕》叙其殿，輒眉目或稍清楚。王氏籙友《説文釋例》曾爲發創，而未見他家專書，亦研究説文之一憾事也。

龍生晚學薄，閭閈之中，請益無地，家寒又乏藏書。幸渭水侍坐，杏壇私托，得窺什一，尤盼長者優游興餘，郵錫南箴，不致誤入岐路，則更喜而不寐矣。前求法書先母小傳，秋涼之後臨池有便，乞爲一揮，俾裝裱徵題，以彰懿德，歿存均感。（手稿原件，今存上海圖書館）

1926 年　23 歲

4 月 21 日　顧頡剛有信致先生。(《顧頡剛日記》卷一,第 737 頁)

6 月 8 日　先生有信致顧頡剛,"謂國民大學胡樸安先生希望我去"。(《顧頡剛日記》卷一,第 755 頁)

6 月 12 日　顧頡剛寄《古史辨》第一册給先生。(《顧頡剛日記》卷一,第 802 頁)

6 月 23 日　顧頡剛有信致先生。(《顧頡剛日記》卷一,第 760 頁)

8 月 3 日　顧頡剛有信致先生。(《顧頡剛日記》卷一,第 775 頁)

8 月 18 日　先生有信致顧頡剛。

八月六日讀手書,越三日又奉惠賜《古史辨》,感謝感謝。

辱承指示《説文》蒐集漢人僞造古字甚多,説與昆山頡頑,良佩卓識。愚識字伊始,夙耆南閤。執事惡其僞造,而又惡其疏漏。如山、免、愈、鈺等字,習見經典,顧《説文》從其聲而無其字,或《説文》無而轉見於金文者,又或一書之中有兩引其文而訓各異者,迷離撲朔,無所適從,皆疏漏之證。惟捨此而外,集六書之大成,足爲後學津筏者竟無所聞。甲文金文誠極高古,而能辨認者,亦藉六書爲扃鑰,雖敗絮也,而不能不金玉視之矣。

足下挽國學之狂瀾,辨史謹嚴,與同志之討論,闡發精微,實堪欽敬。姚際恒及崔述兩公,愚曾未窺其著述,亦不悉其顛末,乞示略史,俾廣聞見。(《國立第一中山大學語言歷史學研究所周刊》第 1 集第 9 期,第 219 頁)

9 月 15 日　顧頡剛有信致先生。(《顧頡剛日記》卷一,第 793 頁)

11 月 15 日　顧頡剛有信致先生。(《顧頡剛日記》卷一,第 817 頁)

是年　因學生對殷定齡辦學不力感到不滿,遂起風波,導致國民大學改組。先生休學回到蘇州,從伯舅王懷霖(字董宬)和金松岑習古文詩詞。又去蘇州某氏家任家庭教師。(先生小筆記本)

1927 年　24 歲

1 月 7 日　顧頡剛有信致先生。(《顧頡剛日記》卷二，第 3 頁)

是月　在外叔祖王同愈家習金石目錄學。(履歷表)

3 月 5 日　顧頡剛有信致先生。(《顧頡剛日記》卷二，第 23 頁)

春　王同愈聘先生爲館師，乃得侍坐左右，時蒙教誨。因先生粗知文字之學，王同愈即"授以所批《説文通檢》，命繕清本。既竣，呈公審閱，乃自書叙文，授龍護持"。(《文集·小篆疑難字字典後記》，第 36 頁)

"這時王同愈先生住在南翔，家裏有幾個孩子要讀書，正在請先生，我就去了南翔，住在王老先生家，一住就是兩年。那裏平日很安靜，王老先生常與我談論文章之道。我呢，一邊教書，一邊自己讀書，也做些自己感興趣的事。"(先生的回憶)

"夜則聽外叔祖談故事，有時觀其寫字作畫。一日，余欲學畫，外叔祖爲作樹石，命臨摹數日。余見桌上有《四庫簡明目錄標注》，好之，即携至卧室，與莫氏所印略一校對，并非同本。遂向外叔祖請教，公曰：曩任職翰林院，與葉菊裳先生同寓，因向其借録一通。公曰此本葉氏傳自朱氏結一廬，主人名學勤，字修伯，仁和人。咸豐三年進士，官至大理寺卿。當年三家定期，各出所得，交流一次，互相補充。莫氏邵亭批注本，均已一再刊印，獨朱氏未有傳播。"(先生小筆記本)

一九二七年之春輟學家居，專習國學，公遂招爲館師。余以有承公教誨之機會，遂欣然前往。日則教讀，夜則聆公講述文藝、學術及掌故諸事。

一日，余偶從插架檢閱《十六金符齋印存》，公詔之曰："此憲齋師在廣州撫署時屬黄穆父、尹伯圜與余所編輯。玉印白文最難鈐印，必須耐心細緻，上印泥後，用細竹籤將白文中所沾印泥剔清，則鈐印清晰，工夫較大，又相互争勝，認爲一樂。"余曰："何以無公名？"公曰："無韵。"蓋此牌記以韵文叙述，題稱二十部，實僅十七部。書成以漢銅印有"王勝之"三字者贈之。全書原無目録，公興致所至，遂手編一詳目，冠於卷首。

余又閱《中日交涉史料》，有奏參吳大澂之摺不少，讀之頗疑其不實。有言其出關之時，所載服物器皿牲殺之具、伎巧狗馬之戲隨行等事，疑之。公曰憲齋先生無聲色犬馬之好，公事畢，即從事書畫、著述。可見流言之不實也。(《王同愈集序》，第 1 頁)

6 月 7 日　上午至顧頡剛家探視，并午飯，同席者有丁山、孟恕。(《顧頡剛日記》卷二，第 54 頁)

6 月 10 日　顧頡剛有信致先生。(《顧頡剛日記》卷二, 第 55 頁)

6 月 30 日　顧頡剛有信致先生。(《顧頡剛日記》卷二, 第 62 頁)

11 月 10 日　丁山發表《與顧起潛先生論説文重文書》。(《國立第一中山大學語言歷史學研究所周刊》第 1 集第 4 期, 第 24 頁)

12 月 25 日　顧頡剛有信致先生。(《顧頡剛日記》卷二, 第 115 頁)

1928 年　25 歲

4 月 30 日　顧頡剛有信致先生。(《顧頡剛日記》卷二,第 159 頁)

初夏　先生仍假館於王同愈家。(《文集·滂喜齋藏書記跋》,第 144 頁)

夏五　先生趨謁聞宥,出示重摹陳乃乾臨抄翁樹培、葉志詵、龔橙、汪鳴鑾四家校批《積古齋鐘鼎彝器款識》,注多采潘祖蔭語,綴"伯寅"爲別。先生見而愛之,乞假以歸。旋從表兄吳湖帆處假得吳大澂手批本,匯併迻錄之,一月後而畢事。(中國社會科學院文學研究所藏《積古齋鐘鼎彝器款識》顧跋原件)

6 月既望　跋諸家校批《積古齋鐘鼎彝器款識》。

當今金文浸明浸昌,而彝器拓本日益寶貴,價值尤昂,頗不易獲,則必借資款識,用以研索。阮書有椎輪大輅之功,而多亥豕魯魚之憾,無以昭示來兹,校勘之務爲不可緩矣。諸家考證辨僞,各具卓見,菁華薈萃,璧合珠聯,後之學者可節校讎之勤而得抉擇之便,何幸如之! 寫竟并綴校例於後:綠筆錄翁樹培宜泉校語,藍筆錄葉志詵東卿校語,紅筆臨龔橙孝珙校語,墨筆臨吳大澂清卿校語,赭筆臨汪鳴鑾柳門校語。吳縣顧廷龍識於樗南草堂。(中國社會科學院文學研究所藏《積古齋鐘鼎彝器款識》顧跋原件)

6 月 28 日　撰《釋克》。(《全集·文集卷·釋克》,下冊第 557 頁)

8 月朔日　用紫筆臨高野侯藏《積古齋鐘鼎彝器款識》吳校本。(中國社會科學院文學研究所藏《積古齋鐘鼎彝器款識》顧跋原件)

是日　先生又跋諸家校批《積古齋鐘鼎彝器款識》。

余既傳鈔四家批校,又得憲齋先生丁亥年手批本匯而錄之矣。今在外叔祖案頭復見武林高野侯家藏先生戊子硃筆所批本(時年五十四),較丁亥所批者爲精且詳,奇書相遇,欣幸奚似! 亟取紫筆過之眉端。綜讀先生兩批,所釋精確不磨,於奇古難識之字尤有懸解,足以匡糾阮氏之違失。……是書得先生之一再批校,而益見其盡善盡美矣。八月初吉廷龍又識。(中國社會科學院文學研究所藏《積古齋鐘鼎彝器款識》顧跋原件)

是月　撰《釋良》。(《全集·文集卷·釋良》,下冊第 559 頁)

9 月 28 日　再跋諸家校批《積古齋鐘鼎彝器款識》。

赭筆所臨者實爲潘氏之説,汪氏手錄一通耳,觀末附潘氏手札,有云"兄批處甚多,照此錄于尊書之上可也"等語可知矣。如以綴"伯寅"二字者爲潘批,餘皆汪語,則潘批寥寥二十數處,安得自謂"甚多"乎? 且汪批屬雜于中,亦必自署其名以爲別,今無一見,其全爲潘批益信。余依野鶴師所據乃乾之説,而乃乾自亦茫然也,焉得密均樓藏本一解斯惑。戊辰中秋起潛

記。(中國社會科學院文學研究所藏《積古齋鐘鼎彝器款識》顧跋原件)

是日　王同愈撰《起潛録諸家校批積古齋款識書後》。

余移家上槎溪,延外侄孫顧君起潛爲館師,授小兒女輩讀。起潛勤學好問,有志稽古。課餘輒手一編,研索六書,上窺倉籀。聞有藏家秘籍,必輾轉假歸傳寫。是書以五色筆彙録翁宣泉、葉東卿、龔孝珙、潘伯寅、吳清卿諸家之説於一篇,美哉備矣! 阮《款識》之批校本,當無有精於此者矣! 於其卒業也,不禁歡喜贊嘆而爲之記。(《王同愈集》,第 28 頁)

在王同愈家兩年,先生受益甚大,"余欲彙校《積古齋鐘鼎款識》,公爲輾轉商借校本,又從杭州高氏借到龔橙《叢稿》,論古文者爲多。余或景寫,或摘録,頗多啓發。偶從公案頭見有《四庫簡明目録》抄本,各書詳注版本,余甚好之。公曰:'此從葉菊裳先生處傳抄者。葉先生則録自朱學勤藏本。'當時朱學勤、邵懿辰、莫友芝皆好書,各以所見不同版本者詳記於《簡明目録》。三人又時相交流補充,是文人好書之樂事也。余亟購得藏園所印《邵亭知見傳本書目》,過録其上,以便校補。此是我從事目録版本之始,安知竟成我古籍整理終身之業"。(《王同愈集序》,第 2 頁)

先生又回憶云:在王同愈家"校了兩部書,一爲《四庫簡明目録》,王老先生家藏的這部書,有朱學勤的批注,我即取來過録。還過録了一部阮元的《積古齋鐘鼎款識》,此書吳大澂曾校了三遍,有三個本子,我將這些本子借來,一點一點的校録,終於完成了"。"此時顧頡剛在廣東中山大學任歷史語言研究所所長,并出版該所的專刊和學報,出一期寄一期,使我在這方面的興趣更大,由此也增添了立志鑽研學問的決心。"(先生的回憶)

1929 年　26 歲

2月11日　午刻,訪潘景鄭,留午餐。午後,玩"升官圖"游戲,潘擲得醫生出身,入太醫院,遂至負。(潘景鄭日記)

2月14日　潘景鄭至嚴衖前,與先生談。(潘景鄭日記)

2月16日　與聞宥(野鶴)見潘景鄭,爲潘紹介。繼又同往集寶齋及百雙樓兩處。先生邀往中央飯店夜餐,潘逃歸,怕應酬也。(潘景鄭日記)

2月20日　潘景鄭至嚴衖前先生處,應春酒之約。席散同往百雙樓,聞集寶齋、來青閣合得莫氏大批書籍,先往來青閣無所見,至集寶齋始見之。其清初精本不少,惜定價貴甚,令人興望洋之嘆。(潘景鄭日記)

春　以特異成績插讀上海持志大學國文系畢業班,此時初識胡道靜。

　　初無緣相識,旋《校刊》發表余《版匡釋名》一文,顧學長見而視爲空谷足音,訪得余住址,不耻下問,蒞寓相定交。余以學長識見高余萬倍,私心亟願居友生之位。學長長於目錄之學,傳録各家《四庫簡明目録標注》至勤劬,并補苴極豐,余極佩之。學長又有特殊見解,以爲《四庫存目》必須作版本標注。此見當時識者甚少,余亦不能深明就裏。至解放後撥亂反正年代,京師乃有《四庫全書存目叢書》之輯,即由學長主其事,[①]始知學長所見卓矣,早矣。(履歷表;《文集·胡道静序》)

3月25日　顧頡剛有信致先生。(《顧頡剛日記》卷二,第266頁)

4月4日　至顧頡剛處,談話一小時,同去雅園、依園、秀野草堂遺址,又到護龍街文學山房及百雙樓購書,并在"丹鳳"吃點心。(《顧頡剛日記》卷二,第269頁)

4月9日　顧頡剛跋先生手録諸家校批《積古齋鐘鼎彝器款識》。

　　起潛大叔自槎南草堂歸,見示手録諸家評校《積古齋鐘鼎彝器款識》,五色相宜,七襄成報,而又摹寫逼真,如見古人原迹,展誦一過,心目爲開。諸家所論,凡器物之真偽,製作之意義,名稱之是非,釋文之然否,或早具新知,或偶然會悟,記以數言,往往得其至當。莊子所謂"動刀甚微,謋然已解"者,於此徵之。金文之學,自阮氏以來二百年,進步彌速,而兹編所録之諸家,實爲其鼓吹宣揚之中心。又龔氏疏懶成癖,潘氏政事多勞,造詣雖深,未遑述作,後生聞其名者,亦但有想望耳。讀此一編,然後其鱗爪可得而窺,則此書之貴重爲何如乎!吾叔有志遠游,倘能北上故都,於此文物淵

①先生主編有《續修四庫全書》,非《四庫全書存目叢書》。

藪中求之,必更有所得。而張香濤、王廉生諸家之不著一書而於此學有大功者,其評本或不難旦暮遇之,繼續寫録,合爲一書,於以見有清一代金文學之大成,且溯本窮源,審其歷歷變遷之迹,於以知阮元之書所以得居大輅椎輪之功者,蓋如此謂非學術界中一大盛事哉?（中國社會科學院文學研究所藏《積古齋鐘鼎彝器款識》顧跋原件;冀淑英抄件）

是日　至顧頡剛家,取回顧跋《積古齋鐘鼎彝器款識》。（《顧頡剛日記》卷二,第 270 頁）

4 月 25 日　至顧頡剛家。（《顧頡剛日記》卷二,第 275 頁）

4 月 27 日　顧頡剛至先生家午飯,同席者有竹庵公、杏林公、翁頌禧、王叔亮、俞寶三、王董宬、汪詩卿。飯後,與顧頡剛到蘇州圖書館參觀,遇蔣犀林。（《顧頡剛日記》卷二,第 276 頁）

4 月 30 日　先生有信致潘景鄭。[①]

書籍表已否印就,可否寄吾數百張? 龍擬三夏日赴中央研究院參觀,可以用矣。博山已歸否? 所看之書,請其見是大概爲盼!

胡光煒《甲骨文例》已寄來,俟龍歸時奉贈,如欲先睹,當郵寄也。

吾弟所有《續匯刻書目》是否朱學勤與羅振玉者? 傅雲龍所續曾購否? 龍極欲將各書目匯録成編,朱修伯所批頗有可觀,尚聞中大藏有陸樹聲批《簡明目録》甚密,極想借來一過,未知能如願否?

百耐托介紹頡剛購書,總算應酬戲買了二百九十餘元,足副所望矣。

（《全集·書信卷·致潘景鄭》,上册第 241 頁）

5 月 24 日　顧頡剛有信致先生。（《顧頡剛日記》卷二,第 286 頁）

6 月 21 日　顧頡剛有信致先生。（《顧頡剛日記》卷二,第 294 頁）

是月　商承祚過吳門,見先生手録諸家校批《積古齋鐘鼎彝器款識》,“拜讀一過,以識欣幸”。（中國社會科學院文學研究所藏《積古齋鐘鼎彝器款識》顧跋原件）

7 月 12 日　先生從上海回蘇州,參加顧頡剛父六十壽宴,同去者有陳乃乾、衛聚賢等人。（《顧頡剛日記》卷二,第 302 頁）

7 月 13 日　與顧頡剛、錢南揚在青年會自由農場晚飯。（《顧頡剛日記》卷二,第 302 頁）

7 月 14 日　吳梅（瞿安）中午宴客,同席有先生、顧頡剛、商承祚夫婦及其子、錢南揚、鄒百耐、潘博山。潘景垣、潘博山、潘景鄭晚上宴客,同席有先生、顧頡剛、商承祚夫婦及其子、錢南揚。（《顧頡剛日記》卷二,第 302 頁）

7 月 15 日　顧頡剛中午宴客,先生與商承祚夫婦及其子、潘博山、潘景鄭、鄒百耐參加。宴畢,參觀顧頡剛所藏書畫。後與顧頡剛、商承祚夫婦游拙政園及

———————

① 原信貼在潘景鄭的日記本上。

獅子林。晚，先生與鄒百耐在自由農場宴請顧頡剛、商承祚夫婦及其子、吳梅、潘博山、潘景鄭。(《顧頡剛日記》卷二，第 303 頁）

7 月 17 日　至顧頡剛家，爲吳緝熙書"是良醫也"。(《顧頡剛日記》卷二，第 303 頁）

7 月 25 日　顧頡剛有信致先生。(《顧頡剛日記》卷二，第 306 頁）

8 月 4 日　撰《讀宋槧五臣注文選記》。書爲王同愈所藏，有王同愈跋，先生於槎南草堂窺得此秘笈。槎南草堂，王同愈卜築於南翔仙槎橋邊，臨水柴門，後有小圃，略具花木之勝。(《文集·讀宋槧五臣注文選記、清江西提學使王公行狀》，第 493、531 頁）

8 月 8 日　顧頡剛有信致先生。(《顧頡剛日記》卷二，第 311 頁）

8 月 11 日　先生將購得之《秀野草堂詩集》重刻本借與顧頡剛，顧頡剛云："將來有暇，當爲作一詳傳。"(《顧頡剛日記》卷二，第 312 頁）

8 月 18 日　上午顧頡剛來。下午偕聞宥至顧頡剛家，又同到青年會晚飯，并在來青閣看書。(《顧頡剛日記》卷二，第 314—315 頁）

8 月 19 日　與顧頡剛在吳苑品茗，後與顧頡剛、吳緝熙、振鶴同到三清殿、雷祖殿等處照相。下午，與顧頡剛、顧扶蒼同游三清殿以東各殿，在觀前購物。(《顧頡剛日記》卷二，第 315 頁）

11 月　國立北平研究院史學研究會在北平成立，先生爲名譽編輯。(《國立北平研究院史學研究會及北平廟宇調查大要》，載《北京檔案史料（2009.1）》，新華出版社 2009 年）

冬　將自槎溪返蘇州，行前與王同愈話別，并述《吳大澂年譜》事。

十八年冬，將自槎溪返吳門。先夕，侍外叔祖暨伯舅夜飲，銜杯縱論，具述纂輯年譜之意，兩長者嘉許之，余意乃決。比歸，得頡剛從侄書曰，"頃方編輯《燕京學報》，擬請吾叔在半年內箸成《吳愙齋先生年譜》一篇刊入第八期。以愙齋先生言行，吾叔既可在勝之先生前詢問，又可到吳宅訪覓也。此公之學，實開羅、王諸家之先，不應無一詳細之記錄。吾叔私淑其人淵源有自，尤宜以表章之責自任"云云。訝頡剛此書實獲吾心，更不敢不竭其才，遂于吳中收羅故實，先後承費仲深姻丈、吳湖帆表兄出先生手迹相示，親朋有藏弄者，亦咸以見告，施功未久而積稿已多。然惟其愈多，乃愈知其不足，終不敢輕付寫定也。(《文集·吳愙齋先生年譜叙例》，第 525 頁）

是年　在上海參加中國學會，會長胡樸安。(先生小筆記本）

是年

1 月 19 日　梁啓超卒，56 歲。

1930 年　27 歲

1 月 17 日　顧頡剛寄贈《國學論文索引》給先生。（原書）

1 月 20 日　顧頡剛有信致先生。（《顧頡剛日記》卷二，第 368 頁）

2 月 4 日　先生次子誦芬生。

4 月 29 日　跋《岡州遺稿》。此爲先生先人迂客公所撰。

今春擔簦來滬，偶過受古書店，插架有《岡州遺稿》一書，乃貽書燕京，以告頡剛，而頡剛更以稟聞于椿庭、子虬從兄太夫子。越三月覆書，謂屢擬購覓，屬代購置，計集都六卷，而一再商讓，始以銀三十元償入，則其罕見名貴可知矣。從兄博學方聞，所藏甚富，頡剛又名重當世，今得先人手澤，重列鄴架，殆亦冥冥呵護有以使之然乎！（《全集·文集卷·岡州遺稿跋》，下冊第 809 頁）

6 月 24—25 日　顧頡剛有信致先生。（《顧頡剛日記》卷二，第 412—413 頁）

暑假　自學校歸里。時金松岑“適假草橋中學一教室爲讀書消夏之所，承招侍坐，得親函丈，爲平生所難忘之樂事。余於草橋中學，曩曾弦誦於此者四易寒暑，舊地重游，尤爲欣幸”。“時吾師評點《史記》，余則讀《漢書》，并傳録各家批校，師閱讀有得，隨筆寫記一條，授龍繕正於劉氏嘉業堂刻大字本眉端。後此本歸藏清華大學圖書館。”（《文集·金松岑師贈詩書扇跋》，第 231 頁）

7 月 15 日　顧頡剛有信致先生。（《顧頡剛日記》卷二，第 419 頁）

8 月 3 日　顧頡剛有信致先生。（《顧頡剛日記》卷二，第 426 頁）

8 月 15 日　先生假滿將離，金松岑以王先謙《漢書補注》見贈，并書貽一扇，其文爲：“超宗才辯有深思，譚藝縱橫酒泛卮。説與東吳顧文學，兩京班馬是吾師。”其款云：“起潛仁弟與余結夏草橋中學，柳蔭幂户，凉蟬嘒風，以扇索字，書此爲贈。庚午閏六月立秋後七日，金天羽。”此扇曾於“文革”內亂中被劫以去，至 1982 年始歸還。（《文集·金松岑師贈詩書扇跋》，第 231 頁）

10 月 1 日　跋景寫本《論古雜識》。

今春擔簦滬濱，客蘇路股款清算處，課餘編輯《吳愙齋先生年譜》。承湖帆表兄出先生手稿多種相示，余往往録副以藏，手鈔不遑，輒蒙同寓諸君相助。此《論古雜識》，爲陸鴻達姻台、王元譽表弟所景寫，高誼可感，用志不忘。一九三〇年十月一日，廷龍補記。（原書；《全集·文集卷·論古雜識跋》，下冊第 835 頁）

10 月 10 日　跋《閭邱先生自訂年譜》。

龍弱冠，家大人出示七世從祖秀野公詩集如干卷，槧本似《元詩選》，惟首尾已不具。家大人曰，公詩工且富，隨作隨刻，訖未完備，良以性好刊書，精而又夥，所費不貲。迨晚景不裕，凡自作詩二十餘卷，自輯《閒邱年譜》暨《元詩選》癸集，皆悉欲付梓而力有未逮。歲道光壬午，公玄孫杏樓元凱從祖，以庶常出守潯州，蒞任之四年，懼先澤之將泯，始以鶴俸彙公之詩六十四卷，并《自訂年譜》一卷，重刊於郡署。板口字體俱歸一律，刻亦工善，從祖顯揚之功德偉矣。龍謹志庭訓，每留意公著，十餘年來，雖其原刻未能購獲，而重刻本幸庋篋笥。因念重刻時，詩集、年譜都爲一部，今版本久佚，而原書之流落坊間者，詩集無他，年譜泰半蓋闕，而龍獨得完璧，洵名貴矣。(《全集・文集卷・跋閒邱先生自訂年譜》，下册第 923 頁)

10 月 24 日　先生有信致劉承幹。

　　企印懿行，久膺懷抱。自維窒巷末戲，未敢肅一書上瀆典籤。厶俲拳拳，無日不縈夢轂。前由龐丈天笙頒到承賜精刊十二種，敬謹拜嘉，感謝不可言宣。

　　廷龍竊維往者先民殫章潛學，雕刊秘籍，爲世歸美，㦯皆時會隆平，從容弦誦，人民贍足，始獲塿舞辟雝。今則墨學西漸，我道淪胥，際此世變，各無安業，碩學通儒又相繼殂落，國學之危亡正繫千鈞於一髮，天下學子咸奔走號呼其無所歸肙，而先生能遍刻先儒遺箸，廣爲流傳，冀其不斷如縷，維數千年垂絶國粹，主持於憂患之中。此天不欲學術之靡遺，擇人以寄，先生應運而起，負荷仔肩，俾學問之道得以漸展，其盛業之偉焉，豈汲古閣毛氏、士禮居黃氏、粤雅堂伍氏、知不足齋鮑氏所能逮哉！蓋毛、黃、伍、鮑諸家之舉，正清季方興之時，士大夫揄裾研討，踵趾相接，其盛若日麗中天，而人才輩出，校勘治訂之功較易爲力。又值平世，手民刊刷，工價低廉，不過今日之百一耳。屈指縷之，尚僅此數家，則詳校精刊，非恒流所能卒業也。況先生挽狂瀾於既倒，黌門闃然，古人載籍禍等於祖龍一炬，無人問計者，故同爲刊行書籍之業，而處世有治亂，行事有順逆，先生遭離亂之秋，挈在山之水而不衰其志者，此尤古今中外同聲欽服者矣。昔吾從祖秀野公甄綜元人詩百家，鏤版行世，夢古衣冠來拜，傳爲美談。先生闡章之功，什佰于斯，當不僅冥通之異也。

　　廷龍厠身學校，泯泯夢夢，苦無專業，厥後肙外叔祖王栩緣學使，始好訓詁金石之學。上年游胡樸安、聞野鶴兩師之門，親承訓迪，觕窺殿最而乏藏本，鼠璞詒譏。今辱盛貺巨籤，焜耀斗室，若與諸先哲揖讓進退之間，樂也何如！他日學而盡行乎，公之賜也；有所不行乎，亦公之賜也。角弓隆誼，永矢勿諼，有非楮墨所能罄其謝忱者。(《文集・致劉承幹》，第 789 頁)

12 月 23 日　顧頡剛至先生家探視，并“看吳清卿年譜稿及其材料”。(《顧頡剛日記》卷二，第 471 頁)

12 月 24 日　訪顧頡剛。顧欣伯邀顧頡剛及先生等往松鶴樓吃飯。(《顧頡剛日記》卷二，第 471 頁)

是年　在上海持志大學國文系就讀。(履歷表)

1931 年　28 歲

1 月 7 日　顧頡剛有信致先生,評《墨子學辨》。(《顧頡剛日記》卷二,第 479 頁)

1 月 8 日　潘博山、潘景鄭兄弟和孫伯淵一起,請先生、顧頡剛、季融五在松鶴樓晚飯。(《顧頡剛日記》卷二,第 480 頁)

2—3 月　跋《皇華紀程》。

　　《皇華紀程》墨迹,臧秀水王韶九家,倩人轉乞羅叔言題跋,羅即録副刊之《殷禮在斯堂叢書》中。旋由王君九、許遹、伊從史、張厚琬單印以廣流傳。十九年春,先在坊間得見叢書本,不能單售,因借移録携歸,由表弟王君元馨助我鈔胥,末五葉是也。盡一日之力而畢事,自喜速藻,但筆誤恐不免耳。(《全集·文集卷·皇華紀程跋》,上册第 130 頁)

3 月 25 日　顧頡剛有信致先生,請其緩來。(《顧頡剛日記》卷二,第 511 頁)

4 月 6 日　顧頡剛贈先生《尚書》二十八篇,一册,爲國立中山大學排印之講義。(原書)

4 月 16 日　吳湖帆爲徐眉若洗塵,先生、吳梅、潘博山、潘景鄭、王君九、王選青作陪。(《吳湖帆文稿》,第 3 頁)

4 月 18 日　顧頡剛有信致先生。(《顧頡剛日記》卷二,第 518 頁)

6 月 2 日　顧頡剛有信致先生。(《顧頡剛日記》卷二,第 533 頁)

6 月 12 日　顧頡剛有信致先生。(《顧頡剛日記》卷二,第 536 頁)

6 月 23 日　顧頡剛有信致先生。(《顧頡剛日記》卷二,第 539 頁)

6 月 28 日　先生與潘博山、潘景鄭等至吳湖帆宅,"快談,至深夜始散"。(《吳湖帆文稿》,第 12 頁)

是月　從上海持志大學國文系畢業。(履歷表)

7 月 10 日　顧頡剛有信致先生。(《顧頡剛日記》卷二,第 544 頁)

7 月 12 日　王同愈有信致先生。

　　昨得毓孫來稟,悉檢書一事已於月之初九完畢,可謂神速之至。此舉苟非足下告此奮勇,永無就緒之日,感荷非可言喻。就目前情形估計約直幾何?鄙意亦殊無奢望,能脱此纍贅已欣然矣。翼東外孫望後可冀抵滬,台從如稍遲北上,則多年闊別之表弟兄猶可於行色匆匆之際,握手言歡於故鄉,亦一樂事。内外孫輩中,惟足下與翼東最爲老人所心折,學業、志趣、品行三者公備,恐千萬人中不易一二覯也。委書屏條,昨已寄交毓孫,便中可往

取之。(《王同愈集》圖版)

是月　考入北平燕京大學研究院國文系,并申請到美國哈佛燕京學社的獎學金每年五百元法幣(1931—1932)。先後受聞宥、姚明輝、容庚、郭紹虞、魏建功、黎錦熙諸師教導,習語言文字、目錄版本之學。(履歷表;先生的回憶;《全集·文集卷·我和圖書館》,上册第354頁)

夏　弟廷鳳就任上海《密勒氏評論報》編輯,先生尊人以"弧矢四方"相策勵,未嘗以睽違膝下,有姑息不豫之色。(履歷表;先生的回憶)

夏　容庚見先生手録諸家校批《積古齋鐘鼎彝器款識》,有跋云:"阮氏此書頗收偽器,余嘗斠訂一過,惜不獲見此校本相參證也。異日起潛先生携此北上,余將一借録之。二十年夏,容庚。"(中國社會科學院文學研究所藏《積古齋鐘鼎彝器款識》顧跋原件)

夏　徐中舒在蘇州見先生手録諸家校批《積古齋鐘鼎彝器款識》,有跋云:"近代鐘鼎之學以阮氏爲開山大師,此又阮書最善本,可寶也。起潛先生必不河漢斯言。二十年夏,中舒在蘇州。"(中國社會科學院文學研究所藏《積古齋鐘鼎彝器款識》顧跋原件)

8月29日　顧頡剛有信致先生。(《顧頡剛日記》卷二,第557頁)

9月11日　至顧頡剛家,同去容庚處拜訪。後與顧頡剛等去燕京大學觀看迎新游藝會。(《顧頡剛日記》卷二,第561頁)

9月12日　與顧頡剛、馮世五、趙肖甫同游琉璃塔及白石塔,"步歸"。(《顧頡剛日記》卷二,第562頁)

9月16日　晚,容庚在家宴客,先生與顧頡剛夫婦、瞿潤緡、馮焕章、沈勤廬參加。(《顧頡剛日記》卷二,第563頁)

9月20日　顧頡剛宴客,先生與王庸夫婦、錢穆夫人、郭紹虞夫婦、瞿潤緡參加。下午三時,又"同到清華,訪浦江清,并晤吳雨僧"。游校園一周,送王庸夫婦等上汽車進城,與顧頡剛等步行歸。(《顧頡剛日記》卷二,第565頁)

9月21日　與顧頡剛散步至達園,謁潘昌煦。(《顧頡剛日記》卷二,第565頁)

9月25日　至顧頡剛家。(《顧頡剛日記》卷二,第566頁)

9月26日　與顧頡剛散步燕農園,至南園而還。(《顧頡剛日記》卷二,第566頁)

9月27日　與顧頡剛夫婦、顧自珍進城,到聾校,交吳樹德學費。(《顧頡剛日記》卷二,第566頁)

9月28日　先生遷往南宿舍。(《顧頡剛日記》卷二,第567頁)

是月　北平圖書館文津街新館開幕,舉辦展覽會,先生前往參觀,洋洋大觀,美不勝收。(《文集·紀念袁同禮先生百齡冥誕》,第575頁)此後,先生時至北平圖書館閱書,由王庸之介,得識謝國楨、向達、賀昌群、劉節、趙萬里、胡文玉諸先生,"相談甚得,從目録版本、金石文字、興圖水利,導牅聞見,獲益良多",對先生後來終生服務於圖書館事業,從事目録版本之學有深刻的影響。(《文集·回憶瓜蒂盦主謝國楨教授》,第585頁)

秋　先生始識章鈺。"辛未季秋,龍來燕京大學肄業,時先生亦方自津步就養舊都,始克以年家後進,登堂展謁,獲聆緒論。"(《文集·章氏四當齋藏書目跋》,第136頁)"年家子顧子起潛,修業燕京大學,時過余織女橋僦舍,討論金石文字及鄉邦掌故,至相得也。"(章鈺《清授中憲大夫四品銜安徽補用通判吳縣顧君墓志銘》)

10月2日　至顧頡剛家,留吃蟹。(《顧頡剛日記》卷二,第569頁)

10月3日　與顧頡剛到藍旗營散步。(《顧頡剛日記》卷二,第569頁)

10月8日　顧頡剛與顧初謙至先生住處。(《顧頡剛日記》卷二,第570頁)

10月9日　與顧頡剛、聞宥、朱士嘉、蔣煥章晚飯。(《顧頡剛日記》卷二,第571頁)

10月11日　與顧頡剛游故宮博物院。(《平郊旅記》)

10月30日　至顧頡剛家并晚飯,同席者有商承祚等。(《顧頡剛日記》卷二,第577頁)

11月15日　跋《大晉龍興皇帝三臨辟雍皇太子又再莅之盛德隆熙之頌》,此碑出土於洛陽太學遺址。(《全集·文集卷·大晉龍興皇帝三臨辟雍皇太子又再莅之盛德隆熙之頌跋》,下册第561頁)

11月16日　至顧頡剛家午飯,同席者有朱士嘉、馮家昇、趙豐田。(《顧頡剛日記》卷二,第581頁)

11月20日　至顧頡剛家。(《顧頡剛日記》卷二,第582頁)

11月28日　顧頡剛爲先生"看所作《晉辟雍碑考》"。(《顧頡剛日記》卷二,第585頁)

11月29日　與顧頡剛進城訪倫明,參觀其藏書。"到前門一條龍吃點。到吳縣會館游覽""到白肉館吃飯。飯後同游萬生園"。(《顧頡剛日記》卷二,第585頁)

12月3日　顧頡剛爲先生"閱《晉辟雍碑考》"。(《顧頡剛日記》卷二,第586頁)

12月6日　在中國書店某書上見有王昶(蘭泉)印記,文字爲"二萬卷,書可貴,一千通,金石備。購且藏,劇勞勩,願後人,勤講肄。敷文章,明義理,習典故,兼游藝。時整理,勿廢墜。如不材,敢賣棄,是非人,犬豕類,屏出族,加鞭棰。述庵傳戒",遂將其録入筆記。(《平郊旅記》)

12月17日　顧頡剛爲先生"校晉碑跋"。(《顧頡剛日記》卷二,第590頁)

12月18日　與商承祚在顧頡剛家留宿,"開留聲機至十一時"。(《顧頡剛日記》卷二,第591頁)

12月20日　晚，與顧頡剛夫婦、容庚夫婦等在容庚家，合宴何富德夫婦、洪業夫婦、張文理。（《顧頡剛日記》卷二，第592頁）

12月22日　顧頡剛宴客，同席者有先生、趙泉澄、陳懋恒、沈勤廬、朱士嘉、蔣焕章、瞿子陵（潤緇）。（《顧頡剛日記》卷二，第592頁）

是年　先生負笈北平燕京大學，初寓顧頡剛家。時商承祚任教清華大學，每周來顧頡剛家，容庚師亦來，四人談笑揮灑，殊足樂也。（先生跋商承祚藏矛拓片并贈高橋智者）

在燕京大學研究院，從容庚游。以研究《説文解字》中廢字廢義爲題，承容先生教導，歷時一年，方告卒業。先生云："兹事體大，本非短期可就，蓋余平日閲讀之時，隨加留心，已積年之預備矣。"是時，先生嘗隨容庚游琉璃廠慶雲堂、墨因簃，翻簾插架，頗以爲樂。（《文集·説文廢字廢義考叙、歡呼中國書法全集之問世》，第26、690頁）

以《説文廢字廢義考》作畢業論文，始於在"持志"上胡樸安的課時注意到的，"説文中有些字從簡單到複雜，再回復到簡單，從中可以看出文字的演變發展。所以我的畢業論文就選了這個題目"。（先生的回憶）

是年　謝國楨購得吳大澂所題彝器屏幅，約先生賞鑒，時謝居小水車胡同。吳大澂以篆題器名，行書考識，先生移録以歸。（《文集·回憶瓜蒂盦主謝國楨教授》，第585頁）

1932 年　29 歲

1月2日　與顧頡剛夫婦、顧自珍乘八時車進城,至聚賢堂,賀顧孟剛喜事。十時許,至謝國楨家午宴,同席者有顧頡剛、孟森、徐森玉、吳子馨、鄭振鐸、侯芸圻、王庸、劉節、向達等人。飯後回聚賢堂,參加顧孟剛婚宴。(《顧頡剛日記》卷二,第597頁)

1月3日　與顧頡剛、商承祚、錢穆、王庸等同游孔廟、國子監。中午,商承祚夫婦在東四中美樓請吃飯。飯後,到朝陽門外東岳廟游覽。(《顧頡剛日記》卷二,第598頁)

1月15日　寫鄭楚生挽聯。(《顧頡剛日記》卷二,第601頁)

1月16日　顧頡剛請先生爲季達、鑑初等寫字。(《顧頡剛日記》卷二,第601頁)

1月20日　與顧頡剛夫婦進城,至王庸處。(《顧頡剛日記》卷二,第603頁)

1月21日　顧頡剛離京,去杭州省親,先生同去車站送行。(《顧頡剛日記》卷二,第603頁)

2月8日　顧頡剛有信致先生。(《顧頡剛日記》卷二,第609頁)

2月20日　先生有信致顧頡剛。

別後殊苦寂寞,正在懷念,而滬變遽作,想望益殷。旋聞有在杭甚安之電,日前又奉賜書,欣悉旅祉吉羊,上侍康娛爲慰。

我軍勇奮,着着勝利,物質上損失固巨,精神上痛快不少。……平寓一切,千祈勿念。

課務雖賓四不能代,洪先生自能爲之設法,聞渠已奉書告之,此時諒可收悉,亦請釋念。《尚書講義》戊種之三寫樣僅得三分二,一俟戊三畢,即付戊四寫之,上石刷印當不慢焉。(《全集·書信卷·致顧頡剛》,上冊第90頁)

3月15日　顧頡剛有信致先生。(《顧頡剛日記》卷二,第619頁)

4月5日　訪容庚。(《容庚北平日記》,第259頁)

4月16日　撰《説文廢字廢義考叙》。

余弱冠始習許書,從事段、桂、王、朱之書,得識文字之義例。四年而後讀器銘卜辭,其文字則真商周遺型矣。吳(大澂)、孫(詒讓)諸家之懸解,於許君或以證明,或有訂補,嘆爲古旨斯達。時值舉世學者侈言研究古文字惟從甲骨文、金文求之,薄《説文解字》者東漢字書耳,不足以言古焉。余遂潛志金文、甲骨文,於有清鐘鼎款識、貞卜文字之箸述,各若干種,或購或借,校讀再過,觀諸家釋字,別創理解,新奇可喜者固不少,而言人人殊,牽强付會者亦甚多。探其考釋之法,無非以許氏之說爲根據,有以與《説文》貌似而定即某字,往往不得造字之旨以闡古義。大都以《説文》之本義即爲甲骨文、金文之本義者,或從其引伸義以立説,亦即有用以訂正許氏者。容師希白之《金文編》、商君錫永之《殷虚文字編》可謂兩種古文字之總匯:其字金文共二千三百六十字,二百年來,所識得若干;甲骨文共一千五百七十餘字,三十年來所識得若干。已識者,以金文可信爲多,甲骨文則恐不及半耳。而兩書《附録》與《待問編》,至今能新識者幾何? 余嘗因循數年,絶無所獲,既而思之,甲骨文、金文者,其原則爲記事,重在史迹,并非重文字之締造焉。因欲考史實,而文字奇古,用先識字,并非所出者爲殷、周二朝之整個文字也。顧古文字之探索,端賴許書之精研以會通。當許君痛彼時"詭更正文,鄉壁虚造",變亂常行,敘篆文,合古籀,"博采通人,至於小大,信而有證,稽撰其説",是其志在具體之纂集古今文字,俾"前人所以垂後,後人所以識古",似較從斷爛之器銘卜辭而冥索,爲有憑藉。據《説文》以溯金文、甲骨文,是爲階梯。故《説文》一書,敝屣而不能不金玉視之。余嘗言於頡剛(見中山大學研究所所周刊),至今尚以此語爲不謬。

……文字因事物語言之演變,與時而增廢。《説文》九千餘字,自東漢訖今,有三之一相習通用,三之一經自然之廢棄,又三之一因假借而廢棄。相習通用之字,可不必論。經自然之廢棄者,蓋事物之變更,如祭祀鬼神之專名,其儀式今多廢除,是專字自無存在之必要……又以語言之變化,如古時名物之專稱……以上二類之字,今皆無其辭矣,乃自然之廢置也。其字甚顯見,不爲混淆,可無考焉。

……今於許君之大義,則奉段氏玉裁之言爲主,兼及諸家之説,考其因廢之迹,以明字義之本,從此廢字廢義中,倘可爲循識古文字之助乎。

初稿方畢,友人某君謂余曰,當今治金文、甲骨文,如日麗中天,子獨不致力於彼,而又暖暖姝姝篤守許書,不其迂乎! 余曰,不熟習許書,而欲解決金文、甲骨文者,是孟子所謂"不揣其本,而齊其末也"。因備述鄙見,就有道而正之。(《文集·説文廢字廢義考叙》,第24頁)

是月　完成燕京大學的碩士論文《説文廢字廢義考》,評閲者爲郭紹虞,郭爲國文系主任,也是燕大研究院導師。先生在燕大的學號爲31429。(原件)

先生曾回憶:"當時規定,若一年中完成論文,就可以畢業。我在一年中做完論文,在通過之前,還得到錢玄同先生的指點。當時黎錦熙與錢玄同在一個辦公室,他將我的論文給錢玄同先生,錢先生看過之後,提了一些意見,如哪裏解釋欠妥,哪裏論述不清等,大約有一二十條。於是我再參照這些意見修改,然後提交答辯。答辯時,委員會主任是郭紹虞,他是國文系主任。其他人有我的導師容庚,還有吳文藻(文學院院長)、黎錦熙(他當時在燕大兼課,主要工作在大辭典編纂處)和高燕德(外籍人士)。答辯會結束,我的論文算是通過了。"(先生的回憶)

5月6日　顧頡剛有信致先生。

昨接廿七日賜書,敬悉。論文完功,至慰。未識趕作辛苦否?侄四十之年,忽焉已至,惶愧不暇,乃蒙賜以三韵,感激無已。

日寇犯境,尊府移居滬上,想自叔祖大人以次均各安康,爲念。現在停戰之約已簽字,蘇州可保無恙,想月內當旋里矣。此次之事,政府太無心肝,苟稍予十九路軍以援助,日軍當不能越雷池一步也。外寇如此,政府如此,民心如此,隨處有發生戰事之可能,我輩真不知逃死何地矣。

吾叔暑假後職事自當盡力求之,惟現在各大學差不多均已破產,下學年之能開學者不知有幾所,其開學而能領到薪金者又不知有幾所。欲覓一確實可靠之地,則以求者之多,又不易逐鹿。一也。侄交游雖廣,忌者亦多,每有作爲,即引人之疑慮。年來息影衡門,亦苦無避谷之術。推薦之事固可爲,而其成否則殊難必,蓋朋黨之見實深中于衆人之心也。二也。故侄意,如能得固好,倘不能得,最好仍在北平讀書作文。下學年,侄接編《學報》,當可奉稿費稍厚。又《清華學報》如繼出,亦可介紹。以一年之力得燕大獎金之數,并不爲難。如能成名著三四篇,有以取信于人,則明年秋季或不待侄之介紹而自有來書索聘者。吾輩研究學問,本不當視爲弋取名利之具,但在如此不安之環境中,我輩既不事生產,又不肯隨人墮落,則捨此殆無可以自立之道。且一經入世服務,心神爲之淆亂,從此以後視學問之事即隔膜,雖勉力爲之,曾不逮未辦時之一半。故多讀一年書,即搶得一年學問,雖生計較苦,而在畢生計之尚有贏利。我輩生此時代,在學問環境中詔我以前進,而經濟環境則日逼我以後退,苟無勇氣,即終爲犧牲耳。未知尊意以爲然否?乞酌之。

康氏《新學僞經考》,粗枝大葉,罅漏正多,受人不滿固意中事。但其在學術史上之地位,則不能埋沒。蓋清代學術之精細,正以宋學之鹵莽爲之先驅。閻百詩之《尚書古文疏證》,實受吳才老以來五百餘年討論之結果。使無人導之于先,決不能突然出此精密之作也。康氏書大體雖鹵莽,必有一部分爲不鹵莽者;可駁者雖至多,而必有一部分爲不能駁者。袞甫先生以清人之學繩之,當然有許多不合。然中國無學術史則已,若將來有一部精當之學術史出來,則其對于兩漢學術之批判必以康氏之書爲其濫觴,可決也。即如袞甫先生所云"西漢無古文師說,衹有今文",試問康氏以前有人作是語者乎?此即《僞經考》之中心主張也。至說"許慎爲今文家,人以爲古文,誤也",則未敢以爲然。一則《說文》序中明云"其稱《易孟氏》《書孔氏》《詩毛氏》《禮》《周官》《春秋左氏》《論語》《孝經》,皆古文也",足證他是古文家的信徒。二則他作《五經異義》,分列今古文家異説而決定其取捨,謂之爲不純粹之古文家則可,徑謂之今文家則不可也。今古文問題誠爲中國學術史上最大問題,此問題如不弄明白,則古史、古禮、古書一切弄不明白。我輩應對于此問題分工合作,雖不能在短時間内解決之,亦當對此作一大略之估計,提出其可提出之問題。吾叔能在文字學方面細爲分析,實是最切實之工作,願終成之。

富陽尚未往游,僅到雲栖及五雲山耳。平郊可游處多,近日能一一游覽否?(原信;《顧頡剛書信集》卷二,第 491 頁)

5月14日　與潘昌煦(由笙)、沈勤廬兩先生至妙峰山游玩,"從南道三家店上去,從中北道廟兒窪下來。各種的廟會,果然好看,一路的風景,也很雄偉,令人可愛。游覽了兩天,可惜没有筆記"。(《全集·文集卷·妙峰山進香調查》,上册第 102 頁)

是月　閲《鐘鼎墨拓》并題識。

《長安志》棫陽宫昭王起。畢沅云橐泉、棫陽二宫并在雍縣。《蘇武傳》從至雍棫陽。《地理志》雍又扶風領縣。此爲雍棫陽共厨銅鼎,乃宫中故物也。(《廣東省立中山圖書館館藏金石書畫選》,第 7 頁)

6月11日　偕瞿潤緡至顧頡剛家。(《顧頡剛日記》卷二,第 648 頁)

6月12日　中午,顧礽宛在大陸春宴客,同席者有先生、顧頡剛夫婦、王拱之、顧冶仲、蔣傳綸等。(《顧頡剛日記》卷二,第 648 頁)

6月19日　晚上,侯芸圻在森隆宴客,同席者有先生、顧頡剛、錢穆夫婦、王庸夫婦、劉盼遂、徐中舒、嚴既澄、臺靜農。(《顧頡剛日記》卷二,第 651 頁)

6月20日　容庚參加燕京大學獎學金審查會,先生與馮家昇、鄭德坤、羅香林四人予以保留。(《容庚北平日記》,第 269 頁)

6月21日　燕京大學第十六屆畢業典禮,邀胡適演講。先生在燕京大學研究院修業期滿,被授予文學碩士學位。中午,顧頡剛宴客,同席者有胡適夫婦、先生、黄子通夫人、錢玄同、郭紹虞、商承祚、容庚。先生在顧頡剛家獲識胡適,即以《吴愙齋先生年譜》稿請政。胡適告知,其家先世與吴氏通好,藏有其手札。翌日即借得一册,皆爲吴大澂致胡適之尊人守三者。(《顧頡剛日記》卷二,第 652 頁;《全集·文集卷·吴愙齋致胡守三手札跋》,下册第 1034 頁)

"吾畢業之日,校方請胡適博士講演,題爲'往那裏去?'就是以他的名字作題。典禮畢,我和胡先生同往蔣家胡同。是日,頡剛邀的客人有錢玄同、洪煨蓮、黄子通、容庚等。吾桌上放的一部《邵亭知見傳本書目》,洪先生看了很欣賞,後來邀我到圖書館擔任哈佛燕京圖書館駐平采訪處主任,余欣然應命。"(先生小筆記本)

6月24日　至顧頡剛處談話。(《顧頡剛日記》卷二,第 653 頁)

6月25日　至顧頡剛處談話。(《顧頡剛日記》卷二,第 654 頁)

夏　唐蘭借閱先生手録諸家校批《積古齋鐘鼎彝器款識》并題識。

借閱半月，録其尤要者。阮氏椎輪之功不可没，而謬誤極多，諸家指摘未能盡也。諸家評語則以潘、吴爲勝，龔氏好爲異物説，鑒別亦遜，爲最劣矣。略書所見，希起潛先生教之。（中國社會科學院文學研究所藏《積古齋鐘鼎彝器款識》顧跋原件）

夏　從燕京大學研究院國文系畢業，應燕京大學圖書館洪業館長的邀請，擔任燕大圖書館采購古書的工作，又任美國哈佛大學哈佛燕京圖書館駐平采訪處主任，前後做了六年的圖書采購工作。先生畢業後，燕京大學文學院院長曾介紹先生去武漢一所教會中學教國文，先生以普通話講不好，不願教書。郭紹虞希望先生留在系裏，但非教書不可。"一日，顧頡剛歸，告我曰，洪先生邀我去圖書館做采購古書的工作，我很高興，可以多看書了。""我的前任杜聯喆女士，隨夫房兆楹出國。""采購部原有規定，各書店每周一、三、五送樣書三次，館裏一二月開采購委員會一次，委員有容庚、鄧之誠、郭紹虞、洪煨蓮、顧頡剛。我去後，不限書店，也不限送書日期，可以多見難得之本。小書店自己書不多，但接觸藏家多，往往可交流調劑。"（先生小筆記本；《全集·文集卷·我和圖書館》，上册第354頁）

夏　在燕京大學，輯録《吴愙齋先生年譜》，時往故宮大高殿，"檢閱清代軍機處檔案，讀者不多，而有老輩數人經常上下午皆至，認真檢録，余以初事閱讀檔案，幸蒙燕紹先生之教導，獲益良多"。（《文集·吴豐培邊事題跋集序》，第331頁）

先生回憶："吴大澂曾做過廣東巡撫和湖南巡撫，還做過河道總督，由於這些經歷，他與朝廷有較密切的聯繫，諸如上書、奏摺等，這些檔案都保存在軍機處。民國時，成立文獻館，軍機處的檔案全部移入。文獻館館長是沈兼士，管檔案的工作人員是單士元，每天早上九點開門，我即去那裏看檔案，從光緒年開始看起。"

7月18日　顧頡剛有信致先生。（《顧頡剛日記》卷二，第663頁）

7月21日　顧頡剛整理書籍，將先生爲其所書"晚成堂"額，高懸於書箱頂上。（《顧頡剛日記》卷二，第664頁）

8月17日　顧頡剛有信致先生。（《顧頡剛日記》卷二，第676頁）

是月　董作賓借閱先生手録諸家校批《積古齋鐘鼎彝器款識》并跋云："此書集諸家校訂之大成，洵足稱海内第一善本。倘更參以近今甲骨金文之研究，比勘考證，逐一理董，併舊説而刊布之，尤爲古學盛業，起潛先生其有意乎？廿一年八月，借閱一過。"（中國社會科學院文學研究所藏《積古齋鐘鼎彝器款識》顧跋原件）

暑假　旋里，始由婦弟潘景鄭之介，晉謁章炳麟於錦帆路寓邸，先生因方治隸古定《尚書》之學，章氏"爲言薛季宣隸古定《尚書》大致與《經典釋文》舊本相應,蓋開寶後儒者輯録釋文未改本爲之,亦有采《説文》諸書者,不盡依東晋本也。此説後著於《古文尚書拾遺定本》中。娓娓講述,半日而不倦"。(《全集·文集卷·章太炎先生篆書墨迹序》,下册第 649 頁)

暑假歸省,先生尊人云:"爾學程上雖告一結束,實于學業方爲發軔,毋以一得自封。故都人文薈萃,足資請益,可圖深造。"(履歷表;《全集·文集卷·先考行述》,下册第 972 頁)

暑假　謁外叔祖王同愈於南翔,盤桓數日,因得暇造訪姚孟壎(明輝)師於其老宅。姚氏引先生參觀其書庫,獲見日本抄本《尚書》兩函,姚云此即《經籍訪古志》所著録者,并檢《經籍訪古志跋》,爲日本森立之所撰,時光緒十一年春分後三日。先生與姚氏言,顧頡剛正擬編刻《尚書文字合編》一書,乞假影刻,即蒙見允。翌日,先生返蘇州,旋又回校,以示頡剛,頗加欣賞。(跋日本抄本《尚書》原件)

"其家藏書處爲舊式平屋三間,一間皆其父文棟自日本携歸者。先生逐架觀書簽,忽見日本舊抄《古文尚書》兩函,余正開始搜集《古文尚書》版本,見之喜甚。正就窗口翻閲,師曰:爾可携歸詳覽。并言此二帙見《經籍訪古志》,又稱其先人印《經籍訪古志》事。翌日,余即携之返蘇,又數日回校,亟出以示頡剛,頡剛亦甚賞之,決影寫付刻。"(先生小筆記本)

一九三二年夏,謁公於南翔,携有胡適之先生見借之慤齋致其尊人守三先生手札。公曰:"守三,吾故人也。"爲言當年故事,余即乞公撰跋記之。返平,還之胡先生,見還署栩緣,恍然曰:"吾家所懸家父之油畫像,上有題字,署名栩緣,久不知爲何人。"(《王同愈集序》,第 3 頁)

9 月 9 日　顧頡剛列本年工作計劃,擬請先生"編集《尚書》文字"。(《顧頡剛日記》卷二,第 685 頁)

9 月 14 日　顧頡剛致信教務主任,爲先生請假。(《顧頡剛日記》卷二,第 687 頁)

10 月 1 日　由蘇州抵達北京。黎明,過天津,"午十一時抵正陽門。下車後,行李未即領,徑至東堂子胡同舅氏家"。舅父詢鼎舅沉江慘事,相對唏噓。(《平郊旅記》)

10 月 2 日　晨,往車站領行李,徑至顧頡剛家。晚,郭紹虞來訪,先生將其兄托帶之件轉交之。先生詢及今年應否注册,據云照章非注册不可,"然注册限期早過,甚爲難矣。惟郭先生前言遲至廿六到校,此則已得高厚德批准云"。夜,與顧頡剛夫人略談蘇地情形。(《顧頡剛日記》卷二,第 693 頁;《平郊旅記》)

10 月 3 日　晨,入校。先至注册課領注册證。初不與,旋知曾得高厚德批准,乃發給。但云高氏所准爲廿六,今遲至三日,似須先請高氏簽字。午後,即訪高氏,立即簽字,并無一言。訪瞿潤緡"閑話"。(《平郊旅記》)

是日　至顧頡剛處談話。(《顧頡剛日記》卷二,第 694 頁)

10月4日　十時入校,驗身格,即往繳費十八元。至哈佛燕京學社今年更名,晤容媛女士,容即交先生獎學金四分之一支票。"歸途,交至會計處,轉換簽發花旗銀行支票。"午後,整理舊篋。夜,顧頡剛來,欲請先生幫其爲《尚書》學編纂計劃,擬先將正文以各種本子校定,其中有古文本、今文本之別,古文今傳則有隸古定、日本寫本、敦煌唐寫本,今文則今通行各本也;次輯各書所引《尚書》之"尚書目錄"。顧頡剛囑先生爲隸古定方面之工作。(《平郊旅記》)

10月5日　至圖書館,借《鳴沙石室佚書》,内有敦煌本《夏書·禹貢》數行、《商書》九篇、《周書·顧命》殘篇。又《雲窗叢刊》中有日本敦煌寫本兩種,與《鳴沙佚書》本同篇甚多,先生粗校之,知爲兩時寫,故有不同。晚,謁潘昌煦。(《平郊旅記》)

10月6日　"借敦皇石室真本"(按,指《敦煌石室真迹録》),王仁俊輯,中有《顧命》篇,此篇《鳴沙石室佚書》亦有,然清晰略遜,因祇録王氏跋文歸。(《平郊旅記》)

10月7日　閲涵芬樓秘笈《釋文》[1]據《吉石庵叢書》景本,吳絅齋所校頗多訛誤,蓋其所得景本不若《吉石》覆印本,即校一過。又取羅振玉所校《尚書》(載《國學叢刊》,名曰《群經點勘》),錯誤亦不少,"覆校上方,以備稽考"。先生云:"誠矣,校書之難也。"(《平郊旅記》)

10月8日　八時,乘汽車至西直門,搭電車至甘石橋,尋至闢才胡同二條三號,訪周善先先生,泉弟之内母舅也,交其家托帶之扇頭。雇車至北海圖書館,爲潘景鄭購西夏文專號。與王庸(以中)談片刻,穿北海,至歷史語言研究所,訪徐中舒,托購歷史語言研究所《集刊》,亦潘景鄭所需。至修綆堂,看《三古圖》,皆爲亦政堂本,乾隆十七年天都黃曉峰審定者,一爲原刻,四十元;一爲翻本,三十元。先生欲得此書,以價昂無力購。又見汲古閣本《金石録》四册,近刻,末有繆荃孫札記,前後無刻者序跋。所謂汲古本者,蓋謂毛氏擬刊入《津逮秘書》而未果也。往廠甸直隸書局,購王先謙校刊《水經注》、葉德輝藏《薛氏鐘鼎款識》(翻阮本),遂歸。(《平郊旅記》)

10月9日　晨,周善先來。訪王庸、殷綏真夫婦,二君新生一男,先生贈衣料兩襲。稍坐,進後院,晤商承祚,以屏紙求乃翁墨寶,并借《流沙墜簡》。往琉璃廠,再至直隸書局,購《尚書孔傳參正》、《經籍訪古志》、廣東刻《復齋鐘鼎款識》、《汗簡箋正》和本國地圖等數種。(《平郊旅記》)

10月10日　與趙肖甫、顧頡剛夫婦同游故宮博物院。去年10月11日曾來游,故路綫略熟,而頡剛最熟知,爲引導。一時走畢中路,即在乾清門食點心。前聞潘昌煦云,其處即從前收奏摺之處,每日五更,敬事房内監持燈候此。旋游西路、外西路及外東路,至五時出門。今日開放處均走一過,各宮陳列之物均不

---

[1] 指《涵芬樓秘笈》本《尚書釋文》。

見精好者,遠不如去年之多而佳也,蓋盛傳當局有意勾結出售一切古物,或謂因東北時局緊要,俱以裝箱入庫,不知孰是。歸返,雇不到車,走至景山書社休息半小時,又與顧頡剛、肖甫同行至南池子,彼乘汽車返校,先生乃返東城。夜,翻閱《流沙墜簡》。(《平郊旅記》;《顧頡剛日記》卷二,第 697 頁)

是日　跋《吳愙齋致胡守三手札》。此札一册,爲胡適借與先生者。

　　　年來爲吳氏愙齋輯年譜,雖相距未久,而事迹已多泯没,常苦搜訪爲難。及讀其家書,并致汪鳴鑾手札,所獲稍多,事無公私巨細,往往詳悉。竊謂近三百年來先賢年譜,其材料得自赤牘中者最爲親切,故余亦甚留意於此,先後得致夏同善、沈樹鏞、張之洞諸人者。今夏六月廿一日,在頡剛坐上獲識適之先生,即以拙稿請政。承示先世與吳氏通好,藏有其手札,翌日亟詣乞假,都一册,皆與其尊人守三公者。公與余外叔祖王勝之先生同客吳幕,極相契洽,吳氏尤重之。余侍外叔祖,爲言師友之敬佩者每及公,故心識久矣。旋暑假南下,呈諸外叔祖,感懷舊雨,即爲題記,皆當時軼聞也。返平後出而玩讀各札,雖不紀年,大致可考,裝表無差。(北京大學圖書館藏原件;《全集·文集卷·吳愙齋致胡守三手札跋》,下册第 1034 頁)

10 月 11 日　欲乘七時汽車已不及,即坐洋車歸。接開喜來書,尚能明白寫出,可歡喜也。録《群經音辨》引《尚書》。(《平郊旅記》)

10 月 12 日　直隸書局送書來,共價廿六元有奇。點《尚書孔傳參正》叙例。(《平郊旅記》)

10 月 13 日　點《集韻》引《尚書》,畢兩卷。閱《玉燭寶典》録引《尚書》文。此書景自日本寫本,寫時在中國元代。先生觀之,認爲尚是根據唐寫,於書體上可驗之也。但此書非出一人之手,後面一二卷寫時在僞周,緣有武后新字羼雜矣。前數卷字體與其他唐寫同出一原。(《平郊旅記》)

10 月 14 日　以《雲窗叢刊》景《尚書》寫本校《鳴沙石室佚書》本《尚書》,并與《玉燭寶典》引《周書·時訓解》校一過,略有出入,惜《寶典》缺卷九一截。夜,顧頡剛宴高夢旦、鄭振鐸、高君箴(鄭振鐸夫人)、劉師儀、[①] 馮世五、顧自珍、先生。先生詢高夢旦商務印書館百衲本《二十四史》之情形,知將續出,但印當須遲一二年。(《平郊旅記》;《顧頡剛日記》卷二,第 698 頁)

10 月 15 日　續作《吳愙齋先生年譜叙例》,在蘇州時曾起草,但未竟。午後訪瞿潤緡"閑話"。至海甸,在食堂晚餐。(《平郊旅記》)

10 月 16 日　修改《吳愙齋先生年譜叙例》并謄清。致舅父信,又致潘博山、潘景鄭信,因改裝之原因,托重寫所題《春樹閑鈔》。(《平郊旅記》)

10 月 17 日　閱玄應《一切經音義》序。夜,讀吳大澂與胡守三書,并録數通。(《平郊旅記》)

---

① 劉師儀:名淑度,鄭振鐸編書助理,與高君箴同學,畢業於北平女師大。

10月18日　點《尚書孔傳參正》六頁。爲瞿潤緡校所編"後編索引"（按，指瞿潤緡著《殷虛書契後編字類》十四卷附《考釋》二卷之索引，稿本今藏國家圖書館，爲"西諦藏書"之一，《北京圖書館普通古籍總目》第6卷《古器物學門》0276號著録）。[①]午後，至圖書館借書。閱慧琳《一切經音義》。（《平郊旅記》）

10月19日　閱慧琳《一切經音義》所引《尚書》，祇引孔傳，不引全句。玄應《衆經音義》亦有刻入，惟字略有異同，惜鮮暇詳校。承顧頡剛夫婦盛意，先生留宿其家，"且我是欲貪懶，即不客氣寄寓矣"。又寄潘景鄭托購雜志。晚，訪謝強，略談，"見自製算尺，值至廉，僅一角一分，頗可用"。八年前，先生習機械科，嘗購德國貨算尺，價八元，惜當時未能嫻熟，今僅簡單數之乘除尚能算。顧頡剛入城，借羅振玉景印之敦煌本《泰誓》《牧誓》《武成》等篇（印入《海東古籍叢殘》，見《續彙刻書目》），未得晤，即電話托商承祚函詢羅氏。（《平郊旅記》）

10月20日　擬《吳窓齋先生年譜》"光緒六年庚辰（1880）四十六歲，以錢基博與瞿光業撰《政績記》一校，知錢皆本諸瞿《記》"。托魏建猷借慧琳《一切經音義》七函。（《平郊旅記》）

10月21日　撰《吳窓齋先生年譜》，整理《年譜》材料。午後，羅根澤訪顧頡剛，先生因得相識。孫以堃來，繼劉盼遂來，略談。先生以《吳窓齋先生年譜》稿與閱，并以校本阮氏《鐘鼎款識》示之，頗獲羅、劉贊賞。劉盼遂云，謝國楨藏有吳大澂題拓屏四幅（謝之祖上與吳大澂爲知交），明日入城，擬往一觀。又訪魏建功於國文學系，"以近著見示，談甚久"。聞先生擬輯《古文編》，魏謂以古文及《説文》《三體石經》《汗簡》《古文四聲均》編爲《古文編》；以《玉篇》、隸古定《尚書》及《廣韵》《一切經音義》《集韵》《類篇》《龍龕手鑒》諸書中之古文集爲《隸古文編》。先生以爲"其言甚合余意"。魏又以虦羌鐘觀諸家（劉節、吳其昌、唐蘭、郭沫若）所考，尚未能盡，"因讀爲釋，較可通順"，其説"甚精"。夜，與顧頡剛談《吳窓齋先生年譜》事，顧勸以"用木刻爲佳，約價六百以上，渠或能設法挪移云"。閱《東華續録》六年九個月。商承祚見假吳大澂題拓屏照片，托容媛帶來。（《平郊旅記》）

10月22日　八時入城，即赴大高殿檢閱同治二年、十二年隨手登記檔八册，吳大澂爲秀才時《敷陳時事摺》及翰林《請令各國使亦行拜跪禮摺》均查到月日。午，至圖書館訪王庸，即在彼處午餐，適晤謝國楨於膳堂，"略談"，先生欲往觀吳大澂題拓屏，承許之。飯後，晤劉子植，言圖書館藏隋唐墓志拓見贈。旋仍回大高殿閱抄光緒元年、二年各摺。抄商承祚"見假之屏拓一條"。（《平郊旅記》）

[①]參見本年11月1日條。

10月23日　七時半,至孔德學校,訪錢玄同,未值。即赴大高殿,時已八時餘,而辦事尚無一人,門亦鍵關,先生即散步庭中。九時餘,絡繹而至,當即取閱光緒六年、十五年各摺十二件。下午四時,至按院胡同謝國楨家,獲見吳大澂題拓屏四幅,皆爲瓦當。先生先"鈔録一過,承許照相"。晚,至直隸書局,爲潘景鄭購《新元史》,未得。(《平郊旅記》)

10月24日　九時半,至大高殿,十時管理員尚未到,據云做紀念周去矣。乃於單某案上借閱《光緒朝中日交涉史料》翻閱。飯後,至景山書社,録畢"從錫永借來之屏拓"。往圖書館,請王庸將照片帶還商承祚。再回大高殿,閱奏摺八件,全抄者二,餘摘録之。四時,雇車至西直門,即轉車而歸。得譚禪生書。朱士嘉贈《史學年報》。晚餐後,閱《東華續録》八册。以王樹枏《尚書商誼》贈顧頡剛,據云王係新疆藩司,"所學方面甚廣,至五十歲乃發憤習英文,竟成。今爲東方文化董事會編輯,年可八十餘矣"。(《平郊旅記》)

10月25日　編《吳愙齋先生年譜》光緒六年并十六年、十七年。夜,趙肖甫來談。閱奏摺目。顧頡剛、趙肖甫、鄭德坤相約,後日入城游覽。(《平郊旅記》)

10月26日　編《吳愙齋先生年譜》光緒十八年,因須檢《東華續録》,即上圖書館,適爲人借去,祇好暫停。先編光緒二十一年以後數年,至晚畢。夜,趙肖甫來,偕與顧頡剛閑談,皆當年新文化運動時故事。"十一時半睡"。(《平郊旅記》)

10月27日　赴圖書館,借《權衡度量實驗考》《湘綺樓日記》,頗費時間。歸途遇費青南來,邀去乃弟舍中話舊。先生與費爲省立二中同學,費低一班,東吳大學法科畢業後,在滬爲執業律師。飯時歸。午後,容媛來談。通知去領寄來之獎學金。顧頡剛囑先生幫忙編《尚書》,給予先生津貼。得潘景鄭書,知蘇州組織國學會。(《平郊旅記》)

10月28日　晨八時,偕顧頡剛至校友門,遇趙肖甫,即購票登汽車,鄭德坤亦來。至西直門易電車,徑至天橋,時九點。步行至天壇,有發券門,入爲外壇。數十步又經一重門,爲内壇,須購票入,票價每張三角。又數十步而上臺,有甬道,亦數十步,至祈年殿門口,表觀堂皇。上殿有陛若干級,三層,所有禮樂器陳列如祭時形。殿中大柱有裝電綫痕迹,據管理員謂,從前憲法起草即在此處,"彼輩不知保護,聽其損壞"。祈年殿後爲皇乾殿,"儲神位,至祭時用亭往請"。祈年殿之前數十步,爲皇穹殿,其前爲圜丘,與祈年殿址同,惟臺上不建屋。此兩處皆以祭天,故顏色皆用青色,蓋取蒼蒼者天之[色]也。兩臺之旁有屋甚多,門皆不開,齋宮甚大,爲一中學校舍。天壇全部地廣周圍十里,空地上松柏森然,聞其處出益母草甚著名,有"天壇益母膏"之稱。十一時,至先農壇,與天壇相對,地亦相垺,惟已有出售者,故外壇之門已拆毀,僅略存墻脚,其處已改爲南城公園,故殿臺均已改飾。十二時,顧頡剛出所攜餅餌共啖。二時,至雩壇,一周皆用琉璃,爲黑色。至陶然亭,經香冢、鸚武冢,亭甚破舊,旁有文昌殿,從前赴春闈,多往祈詢,籤句皆集唐人詩,頗自然,顧頡剛録一首以爲紀念。出門走數百步,雇車至太和殿,爲時輪金剛法會之末日,衹留十餘喇嘛誦經,樂器與和尚絶異,其他法物則皆卸藏矣。四時半,游太廟。游畢,顧頡剛與趙肖甫往候汽車返校,先生則往訪商承祚,未晤,即至舅氏家。(《平郊旅記》)

　　　　乘八時車,與肖甫、德坤、起潛叔同進城,游天壇,觀禮樂器展覽會。出,到先農壇,在林中吃飯。

　　　　到陶然亭,吊高君宇之墓。到太和殿,看喇嘛念經,并參觀三大殿古物,及米帖刻石。到太廟,游一過。乘六時車歸。(《顧頡剛日記》卷二,第703頁)

　　10月29日　晨,赴大高殿,閱吳大澂摺五件,皆抄,約萬字,"腕已不勝"。(《平郊旅記》)

　　10月30日　晨,赴大高殿,抄吳大澂摺六七件。午後待提摺,徘徊室中,偶在老者書桌稍駐,即以籍貫相詢,因知爲吳燕銘,吳江人,"是爲同鄉,渠與季葽舅、贊廷叔、頡剛侄俱熟識。渠之姐嫁陳氏(培之先生家中,何人未言),與余外伯祖母有戚誼。相談頗得,邀往其寓"。三時半,至東四七條八寶胡同商承祚新居,借《石刻文編》①稿歸,抄録《三體石經》古文。五時半,往蘇州胡同廿九號訪吳燕銘,爲述掌故數事:(1)吳大澂丁憂起服,蘇州某司李銘燕饋銀一萬兩,不受。李,湖南人,知吳將起用,故先爲此交好。(2)吳大澂在山西放賑,聞知府某侵吞賑款四千兩,即參奏請汪鳴鑾出面呈遞,時汪爲司業,可上封章。旨下,處某極刑。其後某家境益窘,所遺孤寡無以存,尋皆殁。而賑事經此一參,足儆後效,於是漸有起色,灾民全活無算。惟吳氏子女在是冬先後殤折,有謂子本孝病中曾作囈語云:我侵吞賑款,罪死應得,特不知我全家因此盡滅,此則酷矣。後汪氏子亦卒,謂爲某之報也。(3)吳蔚老早年科第遲遲未達,蓋受其内叔許庚身之抑也。許之所以抑吳者,緣吳初娶曾孟樸之姑母,未育即殁。繼娶許庚身之侄女,生一女,亦亡。再娶某氏,人極凶悍,待許氏之女薄且刻,由婢僕傳聞於庚身,於是庚身以爲吳懼内如此,何能爲國事?因不爲識拔也。吳燕銘研究蒙藏回史三十年,爲學"實事求是,粹然學者,至堪敬佩"。夜,復書古文。(《平郊旅記》)

　　10月31日　七時起,寫古文,十時畢。至商承祚處,以《石刻文編》歸之。承以石經拓本見假,皆馬衡、徐森玉、孫伯恒等所集拓。旋赴大高殿抄檔。四時,至市場,閲舊書攤,一無所得。先生父親患兩目紅腫,經楊和慶治療,漸愈。(《平郊旅記》)

　　秋　助顧頡剛彙編《尚書文字合編》,所有不同載體、不同字體之《尚書》古本,均由先生爲之摹寫。先生曾回憶:"一九三二年秋,余暑假返校,頡剛先生欣然

---

①《石刻文編》:指商承祚《石刻篆文編》。

告以他有研究《尚書》的計劃，其中有《尚書文字合編》一項，屬予相助。時向達先生赴英，王重民先生赴法，瞭解敦煌古籍，顧剛先生即懇托兩君將所見《尚書》照相見示。余在燈光上蒙薄紙書之，書就幾頁，即發刻幾頁。"（先生小筆記本）

由于敦煌本原件縐紋紛紛，用直接攝影術，則忽明忽暗，以致筆畫多模糊，不易辨認。因思仍以刻版爲佳，影寫上木，當時尚有青年高手，藉此一編，并可使雕版之業流傳有緒。顧剛與余商酌既定，遂由北京文楷齋承梓，經理劉明廣，上手趙福亨，預備于德元，下手王玉林、劉明湘、郭振州。余則承寫本之影槧。（《全集·文集卷·跋尚書文字合編版刻樣本》，上冊第18頁）

先生與顧頡剛從事《尚書》之學時，正值日本京都大學東方文化研究所有《尚書正義定本》之纂輯，先生得與吉川幸次郎、平岡武夫等日本學者相往還。先生欲疏釋隸古定之演變，因以"隸古定居"名其書室。

11月1日　閱《湘綺樓日記》，檢摘與吳大澂往來者若干事。午後，顧頡剛爲包裹皮帽、手套寄蘇州，又附上致父親信。晚，孫海波來，略談。孫有《評簠室殷契徵文》一篇呈政顧頡剛，顧頡剛請先生閱，實爲一校記，所據爲商承祚攝自陳介祺所藏甲骨拓片，間有摹寫誤處，又一拓析爲二或數拓，或以殘辭除之，或以拓片無字處亦去之。先生以爲"摹誤雖不好，尚無大問題"。致費樹蔚（韋齋）信，索吳大澂照片，并詢吳大澂女公子生嫁年月。夜，瞿潤緡來，謂北大國學研究所可以結束，以所編索引請先生書眉篆，允之。（《平郊旅記》）

按，瞿編"索引"指《殷虛書契後編字類》索引。據瞿氏謂："今治斯學，亦猶是也：故必先製一完善之工具，羅列已著錄之甲骨文字，盡爲摹寫而類編之，分別部居，不相雜厠。……家貧，不能置前編，無已，以後編試其業焉。……今聞北京大學研究所行將改組，余工作適竟，以此爲結束紀念，亦一快事也！"（《殷虛書契後編考釋字類序》，載《持志年刊》1933年總第8卷）可知爲瞿氏在北京大學研究所國學門肄業時功課。該書稿本今藏國家圖書館（西諦藏書），似未刊行。

11月2日　晨起，閱英文法數頁。終日爲瞿潤緡作眉篆，又爲競進書社書額。晚，至瞿潤緡處交卷，并閑談。先生以爲"現在見古文，除《說文》所有可識外，餘皆不識，故以古文與小篆比列，其不識者何必雜入"。借《娛妻記》，周一良物，攜歸展讀，有中文對照，尚易讀。"余於英文基礎太壞，終未能深進，十年來從事考據之學，於此益疏，但在今日幾無人不能英語。"（《平郊旅記》）

11月4日　編《吳愙齋先生年譜》。午後，赴圖書館，檢郭嵩燾集、左宗棠集、李鴻章集。夜，顧頡剛爲鄧雲鶴洗塵。鄧自外洋歸來，纔一月，其爲山東人，七年前畢業於女師大，後在孔德學校執教，考得山東官費留學美國，先習製皂，繼學製糖，即博士論文題也。居美五年，歸途歷游德、法、英各國，現任燕京大學化學系講師。座有王穎婉、容庚夫人、容媛、馮世五及先生。（《平郊旅記》；《顧頡剛日記》卷二，第706頁）

11 月 5 日　　編《吳慤齋先生年譜》。午後，借左宗棠集、李鴻章集。左宗棠集中有與吳大澂各書，先生曾在吳氏手札中已録得。（《平郊旅記》）

11 月 6 日　　晨，入大高殿抄檔。十二時至西四同和居飯館，赴王庸、殷綬真宴。王庸出救濟東北學術團體游覽券囑購，價一元。飯後，偕顧頡剛先至北平圖書館，後往團城看西北科學考查團發掘陳列，其中有原供玉佛及玉盂，佛似羊脂，盂若翡翠，可愛也。西北所得簡册甚可觀，惜學閥把占，不肯影印公開於世。再游景山，方至中峰，時間已至，匆匆，壽皇殿等未及周覽。（《平郊旅記》；《顧頡剛日記》卷二，第 707 頁）

11 月 7 日　　晨，謁吳寄荃（按，吳燕紹），請題吳大澂《尊崇醇王禮疏》。暢談，謂李盛鐸藏敦煌唐卷甚精且多，蓋時甘肅藩臺爲李氏親家，故除外人携去者，其完整而精善者歸之，中有《尚書》兩篇不殘，先生即乞介往觀，吳氏允爲説項。"李氏係其師門也，己丑探花，與外叔祖同年，今亦七十餘，精神甚好，惟半身不遂，以其少年公子其父爲撫臺，多蓄姬妾，耄老以後，精力虧損矣。"十時，至大高殿，時張德澤介紹之抄書者耿增培已久待，即提摺付抄。而摺皆軍機處所抄者，多草字別體，此君不能識，已令其照畫。"年事可十七八，識字不多，遑論文理，奈何！"晚至魏建功處，頗能討論。（《平郊旅記》）

11 月 8 日　　核吳大澂奏摺目總數。午，游歷史博物館。二時，返蔣家胡同。得潘景鄭信，贈新得《王子仲父盂》《畢仲父敦》等彝器拓本，皆潘氏攀古樓遺物。"今以仲午夫人喪事，煩其昆仲料理，而以此相酬，亦可謂隆矣。攀古之物，自仲午捐館後，湖帆平時擇碑志拓本及宋槧之精者往往携去，今自名爲四歐堂之四拓皆是也。渠不欲銅器，贈亦却之，蓋避人耳目。博山則取銅器拓片，據爲己物，以炫於人，善本間亦有久假不歸者。其他則海紅、濟陽仲午孫婦之母家，尚有祁氏仲午繼配家、徐氏仲午長婿，皆有所得，一家孤寡，憑人支配，亦堪憐惜。此攀古遺物於甲子以後散失大概也。"（《平郊旅記》）

11 月 10 日　　檢李鴻章集，編《吳慤齋先生年譜》。（《平郊旅記》）

11 月 11 日　　編《吳慤齋先生年譜》。午後，訪魏建功於國文系，不知其因病未來。旋赴圖書館，以隨手登記檔中録得之吳大澂奏摺目，與《諭摺彙存》相校，得十之八。晚，顧頡剛以新得之李兆洛畫《歷代興圖》屏式懸壁相觀，每四幅爲一堂，共六十四條，價六十元，此圖平時甚少見。夜，趙肖甫邀赴清華看電影《野玫瑰》，同去者尚有頡剛夫人、自明、自珍、馮先生。[1]顧頡剛留家，爲先生題《春樹閑鈔》。（《平郊旅記》）

　　　頡剛年漸長，聞九世叔祖俠君先生名，亦時從小説筆記中得其一二軼
　　事，又從四庫書目知其所輯《元詩選》等之大概，然於書肆中未嘗見其書。
　　自來北平，乃睹其一二，然猶未有創獲也。從叔起潛先生好搜羅文獻，先後

－－－－－－－－－－

①馮先生：或指馮世五。

於蘇滬書肆得《秀野詩集》《八又集》等刻本，既又從上元宗氏得此鈔本，子遺之帙，歷卭年而猶存，而又輾轉得之，其可喜爲何如也。……吾父與吾叔有同好，所得先生遺著已積十數種，兹又得此手迹，雖著墨不多，而其可寶當在諸本上。吾叔此書，或足相抗行乎？（顧頡剛題《春樹閑鈔》，先生抄件）

11月13日　至大高殿，校兩摺。單士元檢假《中日交涉史料》十一册（廿年八月至廿一年四月）。晤吳寄荃，暢談。校摺。四時半，再至景山書社，泛覽各籍。七時，返成府。閱《大公報》，驚悉朱梁任先生父子因參加角直保聖寺羅漢陳列館落成典禮，中途舟覆淹没，極爲慘悼。暑假中，曾數晤，皆承枉顧。此公孤學而篤實，所閱之書無不校點，薄吳中之自命學者，往往不願與人談學，或敷衍之，隨意吐響，人即以瘋狂目之，非實情也。與余獨好，頗承嘉許，蓋吳中研究甲骨文字他最早，但已久輟，及十五六年與余相識一談後，自知數年來各家新説皆無所聞，又提其興而重理舊業。知余返里，往往來談，渠謂談甲骨文者，惟余一人。此次來之先三四日，屬購《歷史語言研究所集刊》寄去，可兩星期矣，諒及一見也。擬聯挽之。（《平郊旅記》）

11月14日　編《吳窓齋先生年譜》。晚至圖書館，閱張文襄集。"夜，續編至五十一歲畢。"（《平郊旅記》）

11月15日　讀《皇華紀程》一遍，節删若干，以入《年譜》。顧頡剛以新得李遇孫《書古文訓》釋文[1]原刊本一册（價八元）出示，先生"擬爲之補説"。（《平郊旅記》）

11月16日　編《吳窓齋先生年譜》。修綆堂送書來，購《三古圖》一部，翻亦政堂本，多爛版，價二十八元，可謂貴矣。檢《清史稿》。訪潘昌煦，暢談。（《平郊旅記》）

11月17日　編《吳窓齋先生年譜》。借瞿潤緡所購燕京大學一年級英文教材。（《平郊旅記》）

11月18日　編《吳窓齋先生年譜》。偕潘昌煦游延儲園。魏建功來談，至快至暢。夜，與顧頡剛夫婦及女兒、馮世五到校觀看電影《故都春夢》。（《平郊旅記》；《顧頡剛日記》卷二，第711頁）

11月19日　編《吳窓齋先生年譜》。收到費樹蔚（韋齋）寄來吳大澂遺象。（《平郊旅記》）

是日　顧頡剛致吳寄荃信，介紹先生去李盛鐸（木齋）處看隸古定《尚書》。先生與顧頡剛夫婦、何女士同去鄭振鐸家"看《西厢記》展覽會"，又去操場看燕京與清華兩校球賽。（《顧頡剛日記》卷二，第711頁）

11月20日　九時，偕瞿潤緡洋車入城。由西四步行至圖書館，檢《諭摺彙存》，取書手續繁而慢，不耐而行至大高殿，旋赴法源寺，略游一周。又至文楷齋

---

①指《尚書隸古定釋文》。

刻字一觀,再至宣武門内觀書攤,購殘本數種,得《軍機章京題名》一册,道光刊本。下午至大高殿時已晚,不及提摺校耿君所鈔。見吴寄荃,轉交昨日顧頡剛書信,允爲設法。夜歸東城。讀《劉長卿詩鈔》,吴寄荃題。(《平郊旅記》)

11月21日 至大高殿,校抄摺件。午後,吴寄荃來談,見《軍機章京題名》,托先生得見代購此種零本。先生以爲此種圖書可遇不可求,且於己并無大用,即以貽之。吴寄荃爲先生作書兩件,介紹往見胡綏之、章鈺。晚,返寓。讀英文。(《平郊旅記》)

11月22日 録王國維校《書古文訓》。下午,瞿潤緡請書對。十二時睡。(《平郊旅記》)

11月23日 録王國維校《書古文訓》。"夜,滿面升火,頗難受耐,頭痛復發較甚,今秋此來,已發過數回。余此病起於曩學工程科時,後因改科,未嘗一發,忽忽將十年矣。近於閲作稍勤,殆已不堪勝乎!"(《平郊旅記》)

11月24日 編《吴愙齋先生年譜》。録王國維校畢。研究所以《古籀餘論》屬復校訛奪,閲一卷。(《平郊旅記》)

11月25日 編《吴愙齋先生年譜》。午,爲祝廉先篆書對一副。祝爲吴雷川學生,昔在浙江高等學堂畢業,工詩善畫,字亦娟好,人亦高雅,見先生篆字而愛之,請顧頡剛轉求先生寫對。夜,與顧頡剛夫婦、自珍、肖甫到校看電影《續故都春夢》。先生"於影戲并無若何愛好,凡自一人,決不往看。今秋以來,已每星期必觀,在清華、燕京計已三次"。(《平郊旅記》;《顧頡剛日記》卷二,第713頁)

11月27日 洋車入城。十時半,持吴寄荃介紹信至太平橋胡同謁胡綏之,入談約一小時。胡謂抄録材料時,寧多寫數字,將書名卷頁注明,備他日檢閲,此老友許勉夫所授之法。又言歷史博物館龜形志一方,係僞作,書者姓馬,當時專以欺傅增湘者,價一千元,係四人合夥,四人分金,董康亦在焉。胡又出示跋敦煌寫本釋文,痛駁其非出唐寫。先生乞假録副。午後,至大高殿。夜回東城,録胡文。(《平郊旅記》)

11月28日 晨,訪許溯伊。赴大高殿。晚,往太平橋胡同,還胡綏之跋敦煌寫本釋文,胡外出未返,仍回東城。讀蘇東坡七律十數首。(《平郊旅記》)

11月29日 訪張德澤,托其覓鈔手。張以酬薄不易請,先生允出一角半,原來鈔手亦須加。赴圖書館,訪王庸,伴去寫經室看經卷。主任爲胡文玉,北京大學1917年畢業,人極老實,顧頡剛同學,持顧頡剛介紹信,招待益周。王庸邀午餐,趙萬里來,王庸介紹認識。午後,續看經卷四卷,別體字不少。四時半,胡文玉堅欲請夜飯,不能却。飯罷,六時餘,仍回東城。夜讀《六十年來中國與日本》二十頁。(《平郊旅記》)

12月2日 與顧頡剛整理耳房中書籍。(《顧頡剛日記》卷二,第716頁)

12月3日 中午,顧頡剛宴客,同席者有先生、查斯璞夫婦、史禄國夫婦、王

克私、黄子通等。(《顧頡剛日記》卷二,第 716 頁)

12 月 11 日　至顧頡剛處。(《顧頡剛日記》卷二,第 718 頁)

12 月 12 日　顧頡剛爲先生書墨盒銘。(《顧頡剛日記》卷二,第 719 頁)

12 月 15 日　與顧頡剛夫婦、顧自珍"同到貝公樓聽彌撒樂曲"。(《顧頡剛日記》卷二,第 720 頁)

是年　在顧頡剛處獲識日本橋川時雄,橋川正主編《文字同盟》,後在圖書館中時得見之。(先生小筆記本)

1933年　30歲

1月1日　撰《讀鬱華閣金文記》。鬱華閣金文墨拓,爲長白盛伯羲所集,計千百餘種,分裝四十册,册首各黏刊印自題之籤,曰《鬱華閣金文》。册中或繫釋文,或加題識,考雖勿詳,語多精警;記雖簡略,足資掌故。先生爲之校讀。"余在吳中,夙聞鬱華閣金文之富,亟望一讀。去夏既負笈來此,又以攻課不遑。今秋始得并諸家箸録,校讀一過,是爲記。"(《全集·文集卷·讀鬱華閣金文記》,上册第509頁)

1月5日　顧頡剛修改先生所草"致義莊提案"。(《顧頡剛日記》卷三,第2頁)

1月12日　顧頡剛病,先生往探視,"囑代邀汪醫",即汪逢春。(《顧頡剛日記》卷三,第4頁)

1月14日　顧頡剛與先生、郭紹虞等談話。(《顧頡剛日記》卷三,第4頁)

1月16日　撰《讀宋槧蘇詩施顧注題跋鈔記》。

曩客槎南草堂,外叔祖王勝之先生嘗出宋槧《五臣注文選》相示,天壤孤笈,幸飽眼福,展讀不忍釋手。外叔祖曰:"此籍固堪珍愛,嘗得宋槧《蘇詩施顧注》,亦孤本也。字大悦目,乾嘉以來名流題跋纍幅,更爲可寶。索價雖不謂昂,而力已不逮,失之交臂。旋爲袁伯夔所得,不戒于火,慘罹絳雲之厄。言念及之,終不能忘情。惟當時以首函題跋印記,手録一册,中有坡公、蘇齋之象,并以摹入,足資秘本掌故,繫一綫之傳,乃又不幸于辛亥之季失之贛江矣!惟章君式之曾從余録副,今不知尚存否耳。"言下不勝唏噓。竊嘆此書倘歸外叔祖,自不致淪劫,余亦將得摩挲之,今皆烏有矣……

今冬,謁章丈式之於其織女橋寓齋,殷殷以外叔祖杖履相詢,并以《宋槧蘇詩施顧注題跋鈔》手寫本一册見示,且曰:"曾在外家見之否?此乃宣統己酉冬,與勝老同客宣南時,彼居石燈庵,余寓邑館,從之傳録者。翌年,勝老即奉提學江西之命矣。"展卷覽觀,不禁狂喜,心儀垂十年,一旦獲讀,亦奇緣已。是日又值陰曆十二月十九日,坡公之生日也。當年,宋槧在蘇齋、筠清館、海山仙館時,年年有壽坡公生日之雅集,即席題咏,所以成此者也。今日披讀,踪迹前賢,何其歟!遂效瓶缽之乞,丈慨然許之,携歸走筆,兩日而竣事。

　　　…………

袁氏遭回禄,此籍獨燼,奇書中斬,爲之痛惜。神物顯晦,殆皆前定。今得傳鈔其題跋,亦萬幸矣。傳寫既竟,摘舊跋,書所聞,記之如此。及見廬山真面者,今日惟外叔祖一人矣,將以此記寄政。倘因之回憶前塵,更爲詳記,則又可爲此刊添一段故實,豈非盛事歟?(《全集·文集卷·讀宋槧蘇詩施顧注題跋鈔記》,下册第 765 頁)

1月19日　往顧頡剛家探視。(《顧頡剛日記》卷三,第 6 頁)

1月25日　在顧頡剛家吃年夜飯,同席者有郭紹虞等人。(《顧頡剛日記》卷三,第 8 頁)

1月26日　於章鈺處談刻石,"獲見巴蜀藏經目,吳中天慶觀造象,罕覯之拓也。又承以批校《語石》相示,眉注甚密,丈多見葉氏之未及見者,足資訂補。呕乞假讀,歸與頡剛共賞,即取其藏本過録一通。越兩日,副墨竣事,書此以志感幸"。(跋《語石》原件;《全集·文集卷·跋語石》,下册第 583 頁)

是月　跋褚逢椿撰《清籟閣文集》。(《全集·文集卷·清籟閣文集跋》,下册第 832 頁)

2月2日　撰吳縣潘氏攀古樓、吳氏窱齋兩家《藏器目》叙。

兩氏積年收儲,匯爲巨觀,攀古樓之盂鼎、克鼎、齊鎛,尤爲宇内重寶,非其他藏家所能望其項背。及伯寅歸道山,遺物南遷,僮僕乘間挾走,散佚不少。清卿解組歸田,清風兩袖,每變易以自給;風瘰以後,又被竊失。是故兩家所藏未嘗有一詳目也。江建霞雖編一《窱齋藏器目》,嘗聞外叔祖王勝之先生云:"此目所載,乃僅吳氏撫粤時携玩之品,江時游汪柳門學幕從而録存者,未可謂備。"余近年編吳氏年譜,將以藏目殿附,輯補得若干條。潘氏器,未有人編其目,余亦就所見拓本而鈐有其藏印者,録爲一册,計四百數十器,秦、漢物及其雜器則尚未在焉,洵足爲藏家之冠。至所藏總數,未由訪悉,惟褚禮堂嘗謂藏六百餘品,則余所輯録者三之二耳,餘者得非即秦、漢物及其他雜器也耶? 所見狹陋,絓漏良多,大雅宏達,如不吝教益,以所知見告,實所企望也。(《全集·文集卷·吳縣潘氏攀古樓吳氏窱齋兩家藏器目叙》,上册第 494 頁)

2月3日　在吳寄荃家吃午飯,同席者有顧頡剛、孟森、容庚、田洪都、毛子水等人。(《顧頡剛日記》卷三,第 11 頁)

2月5日　胡文玉贈先生《四庫薈要目録索引》。(該書上先生手記)

2月10日　在顧頡剛家吃晚飯,同席者有向達、賀昌群、牟潤孫、鄭振鐸、朱士嘉、郭紹虞、馮世五。(《顧頡剛日記》卷三,第 13 頁)

2月19日　顧頡剛修改先生致義莊信。(《顧頡剛日記》卷三,第 16 頁)

2月22日　與顧頡剛、瞿潤緡同乘汽車進城,送瞿及王庸夫婦南歸。(《顧頡剛日記》卷三,第 17 頁)

2月24日　與顧頡剛同到學校大禮堂,"聽義勇軍王慎廬司令及喻參謀長演説"。(《顧頡剛日記》卷三,第 18 頁)

3月17日　與顧頡剛到清華大學訪陳寅恪,不遇。(《顧頡剛日記》卷三,第

25 頁）

3 月 23 日　中午,顧頡剛宴客,同席者有先生、許地山、鄭振鐸、鄭侃嬚女士、容媛、馮世五。(《顧頡剛日記》卷三,第 27 頁)

是月　劉節跋先生手録諸家校批《積古齋鐘鼎彝器款識》,云:"癸酉三月,熱河淪陷,節方自承德遄歸。不數日,晤起潛學兄於燕東園,得讀其所録阮氏《款識》諸家校語,嘆爲難得,并題數語,以志欣慕。學弟劉節,時客舊京。"(中國社會科學院文學研究所藏《積古齋鐘鼎彝器款識》顧跋原件)

4 月 1 日　顧頡剛看先生"代寫毛姨母挽聯"。(《顧頡剛日記》卷三,第 19 頁)

4 月 2 日　參加顧頡剛組織的燕京大學哈佛燕京社考古團,去河北正定調查龍興寺等寺廟,同行者還有博晨光、劉兆慧、容庚、許地山、滕圭、張頤年、趙澄、翁德林、牟潤孫、郭竽、雷潔瓊、容媛、熊正剛等。早上七時十五分開車,傍晚六時二十分至正定。然後顧頡剛送先生與牟潤孫、郭竽、雷潔瓊、容媛、熊正剛到車站,"候北來車",去太原。(《顧頡剛日記》卷三,第 30 頁;《紀念顧頡剛學術論文集·顧頡剛先生學術紀年》,第 1037 頁;《容庚北平日記》,第 308 頁)據先生回憶,此行曾去山西省圖書館參觀,時館長柯璜正在作畫,并當場爲參觀者各畫一幅。(先生所記便條)

4 月 7 日　與顧頡剛、容庚同到正定縣天主教堂,又至開元寺。(《顧頡剛日記》卷三,第 31 頁)

4 月 8 日　與顧頡剛游正定縣東門,"上城樓,周南門,西門,由北門下,游崇因寺,步歸"。(《顧頡剛日記》卷三,第 31 頁)

4 月 9 日　與顧頡剛"到站旁季發館吃肉餃、炒肉絲以爲開葷,又飲酒"。十時半上車,晚十一時下站。(《顧頡剛日記》卷三,第 32 頁)

4 月 16 日　中午,顧頡剛夫婦在大柵欄厚德福請吃飯,同席者有先生、劉兆慧、容庚夫婦、許地山、牟潤孫兄妹、熊正剛、郭竽、雷潔瓊、寇思慈、滕圭。"凡十四人,吃了四十二元,兩盤熊掌值二十元,又猴頭(嵩山之菌)、燒鴨等。"(《顧頡剛日記》卷三,第 35 頁)

4 月 25 日　跋孫詒讓《古籀餘論》。此書即 1929 年容庚"爲燕京大學國學研究所校刊者,今春重印,倩余覆勘,舛謬滿目,即其手寫之篆文亦多筆誤,遂爲細校一過,小訛未能悉以剗改矣"。(《全集·文集卷·孫詒讓古籀餘論跋》,上册第 34 頁)

4 月 26 日　中午,顧頡剛夫婦宴請胡適,同席者有先生、鄭振鐸、高君珊女士、鄧雲鶴女士、趙巨淵、馮世五。(《顧頡剛日記》卷三,第 38 頁)

4 月 29 日　清晨,與顧頡剛、潘昌煦(由笙)去妙峰山,作進香調查。"乘七點十五分車到沙河,行半小時到。雇驢到聶各莊,行二十五里,約二小時半。十一時,由北道上山。經雙龍嶺、大峰口、磕頭嶺、葦子港等茶棚,于下午七時

至山頂,以上山氣急,故行甚緩。落座後即進夜餐。”(《顧頡剛日記》卷三,第39頁)

4月30日　與顧頡剛、潘昌煦“步行至滴水岩,一路小徑仄狹,且翻過幾嶺,甚苦。在滴水岩吃飯,游洞,仍依原路歸。到靈官殿,渴極矣。赴澗溝,宿於十九號吳姓家,稍卧,進棚吃飯”(《顧頡剛日記》卷三,第39頁)

5月1日　先生一行三人,“六時半起,到棚內進點。離店,由中道行,經蘿蔔地、上平臺、寨爾峪諸地,到大覺寺,至北安河吃飯。雇車歸,經白家疃飲茶,六時許抵家”。(《顧頡剛日記》卷三,第40頁)

5月10日　撰《妙峰山進香調查》。(《全集·文集卷·妙峰山進香調查》,上册第102頁)

5月13日　中午,顧頡剛和先生宴客,同席者有吳寄荃、潘昌煦、馬季明、洪業、容庚、田洪都。(《顧頡剛日記》卷三,第44頁)

5月22日　時局緊張,“自清華園北挖戰壕,人心已浮動,今日傳交涉將決裂,且將作近郊抵抗。清華學生走的極多,燕大感染其風,亦陷于恐慌中。燕大教員太太有走的,遂使郭(紹虞)太太與履安亦覺得非行不可。今晚商定,請起潛叔進城包一節車,由平漢、平浦行皆可”。(《顧頡剛日記》卷三,第47頁)

5月23日　“上午仍極緊張,下午得妥協訊,人心即鎮定。起潛叔等到城接洽車輛未得,予等遂不行矣。”(《顧頡剛日記》卷三,第48頁)

5月24日　與顧頡剛、趙澄、葛啓揚、馮世五等同到清華園站看挖戰壕。“戰壕分兩種,寬而高者,防坦克車者也。低者小者,居兵士者也。此壕甚長,聞自通州至昌平。”(《顧頡剛日記》卷三,第48頁)

5月26日　離平回蘇州,顧頡剛來告別。(《顧頡剛日記》卷三,第49頁)

5月28日　是日端午,抵蘇州。(潘景鄭《癸酉日記》,稿本)

5月30日　訪潘景鄭。“午時起潛來,暢談至午後五時,同至觀前。”(潘景鄭《癸酉日記》,稿本)

6月6日　潘景鄭來。“往嚴衙前省二姊疾,熱未退,而其所請醫生李怡庵,一不知名之孟河醫生,起潛信之頗堅,無下辭餘地,少坐而返。”(潘景鄭《癸酉日記》,稿本)

6月12日　午後,潘景鄭“至嚴衙前省二姊,與起潛長談”。(潘景鄭《癸酉日記》,稿本)

6月19日　先生獲下年研究生獎學金。(《顧頡剛日記》卷三,第59頁)

6月28日　潘景鄭爲先生作《窓齋著述考序》[①]一篇,“午後脱稿,未謄清”。《吳窓齋先生年譜》編成,潘景鄭爲作序,時“民國二十三年八月”。(潘景鄭《癸酉日記》,稿本)

────────

①《窓齋著述考序》:此篇今未見,待考。

6 月 29 日　　潘景鄭跋先生"所藏《晉臨雍碑》"。(潘景鄭《癸酉日記》,稿本)

6 月 30 日　　潘景鄭題先生"所藏《臨雍碑》,夜膳稿"。(潘景鄭《癸酉日記》,稿本)

是月　校《古文四聲韵》并跋。

　　廿二年六月,據碧琳琅館本校一過,知此本謬訛特甚,雖曰影印,殆出劣工,摹寫失真,羅氏實一書賈,祇知射利耳。碧琳琅館本爲巴陵方功惠校刊,仁和李岳雲篆隸并書,番禺黎永椿校字,黎出陳蘭甫門下,犖經小學,所示校當謹慎無誤也。(《全集·文集卷·跋古文四聲韵》,上冊第 35 頁)

7 月 6 日　　章炳麟有信致潘景鄭,爲《古文尚書》事,欲與先生探討。

　　北京大學受東人迫脅,令姊丈顧君想已南來。匯刻《古文尚書》之舉,究竟有端緒否? 僕自得《三體》殘石及《釋文》殘卷後,亦頗欲窮問斯事。《古文尚書》見引于顏氏《匡謬正俗》,其事不誣。至宋次道所得者,晁公武以之刻石,薛士龍以之作訓,雖未必枚氏原本,然《經典釋文》至開寶始易新本,其未經改竄者,北宋人當尚見之,如賈昌朝即其一也。……顧君如已南來,即欲與之一敘,望足下爲介紹也。(原信)

7 月 9 日　　顧頡剛抵蘇州,致先生電話。(《顧頡剛日記》卷三,第 66 頁)

7 月 10 日　　拜訪顧頡剛。(《顧頡剛日記》卷三,第 67 頁)

7 月 11 日　　顧頡剛來訪。(《顧頡剛日記》卷三,第 67 頁)

7 月 12 日　　拜訪顧頡剛。(《顧頡剛日記》卷三,第 67 頁)

7 月 14 日　　午後,至潘景鄭處,"晚七時,同往自然食品公司,應吳詩初之約,同座者僅顧公碩一人而已,席散而返"。(潘景鄭《癸酉日記》,稿本)

7 月 15 日　　午後,先生介紹之張天放至潘景鄭處,"此人是起潛之師,因出示書、金石等若干種。佩靜同來,即與同往安徽會館稍游,又至怡園略憩,至集寶齋坐久,揀金石拓片數品。起潛邀陪張君至凱司令晚飯。席散,同至新蘇飯店,略坐而還。予贈張君敦拓二、盉拓一"。(潘景鄭《癸酉日記》,稿本)

7 月 18 日　　顧頡剛有信致先生。(《顧頡剛日記》卷三,第 69 頁)

是日　　早上,至潘景鄭處,"與之同往季孺叔祖處,起潛索觀窓齋作品,出示信札等數種。談至十一時,始返"。季孺叔祖,即潘睦先,吳大澂女婿。(潘景鄭《癸酉日記》,稿本)

7 月 20 日　　潘景鄭往博習醫院,又至先生處稍坐,先生"以真定拓爲贈"。(潘景鄭《癸酉日記》,稿本)

7 月 24 日　　"應永瞻內弟雅屬",臨《兮甲盤銘》於扇面。

　　佳五年三月既死/靁盧/兮甲從王折首執/訊休/亡啟王易兮甲馬/三匹/駒車王令甲政龥/成周/三方責至于南淮夷/淮夷舊/我帛晦人毋敢不/出其/帛其責其進人其/貯毋/敢不即楝即市敢/不用/令則即刑屢伐其/佳我/者侯百生氒貯毋/不即/市毋敢或入蠻宄/貯則/亦刑兮伯吉父作/

般其／鬯壽萬年無疆子子／孫孫永／寶用。（原件照片）

7月27日　午後，與沈勤廬訪潘景鄭，“沈先去，起潛談至薄暮而去”。（潘景鄭《癸酉日記》，稿本）

7月28日　顧頡剛有信致先生。（《顧頡剛日記》卷三，第72頁）

是月　獲燕京大學圖書館聘，任中文采訪主任，又兼任美國哈佛大學漢和圖書館駐平采訪處主任。（履歷表）“燕京大學圖書館的負責人是田洪都。中文編目部是朱士嘉，辦公室主任是陳鴻舜。”“當時燕京圖書館中文采訪部没有人，洪業爲圖書委員會主任委員，他要我去幫助工作，搞圖書采購。這個委員會有兩項工作，一是爲燕京圖書館購書，一是爲美國哈佛大學漢和圖書館買中文書。書單由哈佛方面出，哈佛負責這項工作的是裘開明。我參加這項工作之前，是杜聯喆（她的丈夫即房兆楹，後來他們去了美國，在國會圖書館編《清代名人傳略》）在做，杜走後有半年無人辦這件事。”“哈佛卡片在燕京編後，覆印一式數張，亦由余主之，皆經裘開明先生同意而行，亦舊例也。印卡片，先用紫墨水寫實片樣張，覆蓋膠布上，可連印若干份，很方便。”（先生的回憶；先生小筆記本）

8月3日　潘景鄭“以牙石章十一方交起潛，請顧伊耕刻”。（潘景鄭《癸酉日記》，稿本）

8月5日　訪顧頡剛。（《顧頡剛日記》卷三，第74頁）

8月6日　上午，在過駕橋開族務談話會，先生及顧頡剛均參加。晚上，王佩靜夫婦請先生、顧頡剛夫婦、陳子彝、沈勤廬吃飯。（《顧頡剛日記》卷三，第75頁）

8月7日　中午，在家宴請顧頡剛及其父親、潘昌煦（由笙）、吳梅、汪詩卿、吳志道、潘景鄭。“飯後大雨，霽，與起潛叔同到子清[①]處談，看子清作畫。”（《顧頡剛日記》卷三，第75頁）“午時，至嚴衙前應起潛父子之約，瞿師及潘酉生先在，頡剛後來。飯後，與頡剛談至四時始返。”（潘景鄭《癸酉日記》，稿本）

8月9日　下午，顧頡剛和吳世昌來。晚上，請顧頡剛在老全城喝酒及夜飯，飯後“又步公園一周”。（《顧頡剛日記》卷三，第76頁）

8月10日　中午，潘昌煦請吃飯，同席者有顧頡剛、先生、陸棣威、盛霞飛、吳梅、錢穆。（《顧頡剛日記》卷三，第76頁）

8月12日　獲睹虞山舊山樓趙氏所藏《積古齋鐘鼎彝器款識》龔校本，匆録一過。（中國社會科學院文學研究所藏《積古齋鐘鼎彝器款識》顧跋原件）

8月21日　顧頡剛有信致先生。（《顧頡剛日記》卷三，第80頁）

8月22日　訪潘景鄭。（潘景鄭《癸酉日記》，稿本）

8月25日　顧頡剛來，“拜竹庵先叔祖母十周年。問竹庵叔祖疾，與起潛叔談”。（《顧頡剛日記》卷三，第81頁）午時，潘景鄭來，“起潛之母十周年”。（潘

①子清：指陳子清。

景鄭《癸酉日記》,稿本)

8 月 29 日　顧頡剛夫婦將返北平,有信致先生。(《顧頡剛日記》卷三,第 82 頁)

邇來叔祖大人氣體如何,至以爲念。姪今日北行,囑佩諍先生代奉上唱本若干冊、《詩辨妄》二冊(一贈景鄭姻丈,一贈吾叔)、《左氏春秋考證》一冊(贈景鄭姻丈者,吾叔一冊到平面奉)。唱本在蘇州方面有無可托代銷之人,乞酌奪,如其無之,全數分散可也。批價每一元二百冊,售價每冊一分,如此則代銷者每銷二百本冊即可獲利一元。不審小學校長及民衆教育館肯辦此否? 中央圖書館所擬《四庫未刊珍本目》一冊在佩諍先生處,囑其閱畢送上,見後乞即代擬意見書寄平。會中定期一月,大約九月十日左右須由平發出,未知有暇否? 不情之請,感激何似。(《顧頡剛書信集》卷二,第 493 頁)

是日　先生至顧頡剛處相送。(《顧頡剛日記》卷三,第 82 頁)

9 月 21 日　顧頡剛收到先生快信,"知竹庵叔祖月餘未下大便,病勢危篤,中西醫束手,恐將不起,因爲安排經濟方面事"。(《顧頡剛日記》卷三,第 90 頁)

9 月 30 日　訪潘景鄭。(潘景鄭《癸酉日記》,稿本)

10 月 7 日　父顧元昌卒,享年五十有八。

府君今春驟病黃膽,未盡復原,不孝等遠隔庭闈,不能稍服其勞,會務教務,力疾躬親,曾未安心調理,體質因此耗損。入秋後,肝脹復作,寢至三焦雍蔽,便閉不通,歷延名醫診治,于便閉雖以西法灌腸,終未能下,而所服藥亦如水沃石淹。纏兩月餘,自度不起,遂就枕口占聯語,瞑目而逝。不孝等坐視府君反側呻吟,無術挽捄,罪何如之,痛何如之!

……府君生于清光緒丙子歲七月初十日巳時,卒于民國二十二年十月七日,即夏曆癸酉八月十八日辰時,享年五十有八。(《全集·文集卷·先考行述》,下冊第 972 頁)

10 月 9 日　午時,潘景鄭"至嚴衖前,吊竹庵大殮"。(潘景鄭《癸酉日記》,稿本)

10 月 11 日　顧頡剛"接報喪條,知竹庵叔祖竟于八日去世矣,義莊之事更無主者,恐遂翻案,奈何"。(《顧頡剛日記》卷三,第 97 頁)

10 月 12 日　顧頡剛致先生"吊信"。(《顧頡剛日記》卷三,第 97 頁)

10 月 14 日　顧頡剛有信致先生。(《顧頡剛日記》卷三,第 98 頁)

10 月 19 日　午後,潘景鄭"至嚴衖前,與起潛長談"。(潘景鄭《癸酉日記》,稿本)

是月　先生有信致章鈺,請爲其尊人撰寫墓志銘,"請志父墓詞甚迫,日月有時,不忍稽也"。(章鈺《清授中憲大夫四品銜安徽補用通判吳縣顧君墓志銘》)

胡樸安《顧元昌傳略》云:

一九三三年十月七日以膽病卒,年五十有八。子三,長廷龍,從余治文字之學。當君之殁,馳訃乞傳,誼不能辭,時縮蘇政,不遑走筆,旋又臥病,而廷龍亦負笈燕京,倭寇俶擾,音問鮮通。前年秋,廷龍來滬上,領合衆圖書館事,時顧余寓齋,談藝甚歡。今將輯印君之遺墨,請重理宿談,忽忽十二年矣,不忍復稽。因念君清真淡泊,得於性,形於書,余嘗題其墨迹句云:"屋漏折釵無滯迹,和風甘露見天真。異常要在尋常出,筆筆平凡筆筆神。"蓋紀實也。君平生行誼家世,已著章鈺所撰墓志,今述書法淵源,以昭來者。

…………

嘗聞人言,清代書家劉石庵有富貴氣,王夢樓有書卷氣,張叔未有金石氣,趙撝叔有名士氣。又嘗聞人言,劉石庵不免酒肉氣,王夢樓不免文弱氣,張叔未不免山野氣,趙撝叔不免江湖氣。樸安不能書,亦不知書,難下斷語,惟天地正氣常在,清净静穆之中,空明萬里,不染纖塵,凡假雲烟顯其氣者,非氣之正者也。君之書,灝氣流傳,筆筆皆在規矩之中,而不受規矩之束縛。譽之者,不必以富貴、書卷、金石、名士之氣美之;毁之者,亦不能以酒肉、文弱、山野、江湖之氣訾之。蓋君之書,不以奇異見奇異,而以平正見奇異也。聖人之於人類也,出乎其類,拔乎其萃,樸安於君之書,亦云然。(《蘇州史志資料選輯》1990 年 2 月)

11 月 2 日　午時,潘景鄭"至嚴衙前,秋祭。飯後訪起潛,長談,至三時許返"。(潘景鄭《癸酉日記》,稿本)

11 月 14 日　顧頡剛有信致先生。(《顧頡剛日記》卷三,第 110 頁)

11 月 20 日　囑潘景鄭"轉致章式之書,求撰墓志"。(潘景鄭《癸酉日記》,稿本)

12 月 1 日　潘景鄭爲先生所托至孫氏集寶齋,"講墓志事"。(潘景鄭《癸酉日記》,稿本)

12 月 16 日　顧頡剛有信致先生。(《顧頡剛日記》卷三,第 123 頁)

12 月 21 日　午刻,至潘景鄭處。午後,與潘同至集寶齋,又至彭恭甫家,訪吳湖帆,"求其篆蓋也"。(潘景鄭《癸酉日記》,稿本)

12 月 22 日　容庚送先生禮金。(《容庚北平日記》,第 352 頁)

12 月 24 日　顧頡剛有信致先生。(《顧頡剛日記》卷三,第 126 頁)

是年　先生又申請到哈佛燕京學社的資助(1932—1933),得以繼續留在學校做研究,這樣,可以不用上課,祇管做自己的事。當時先生選了一個題目《宋代金文集釋》,即研究、考證宋代金文款識。這個題目先生後來忘記了,有個朋友在查閱《燕京周報》時,偶然發現先生的這個題目也刊登在上面。但是後來進入燕大圖書館,整日工作,研究就沒有完成。(先生的回憶)

1934 年　31 歲

1月4日　午後,至潘景鄭處,"坐久,同至百擁樓",又至集寶齋。(潘景鄭《癸酉日記》,稿本)

1月15日　顧頡剛有信致先生。(《顧頡剛日記》卷三,第150頁)

1月26日　潘景鄭來,爲先生父竹庵"安靈"。(潘景鄭《癸酉日記》,稿本)

1月29日　至潘景鄭處,午後同往護龍街集寶齋。(潘景鄭《癸酉日記》,稿本)

2月　顧頡剛與譚其驤商定創辦禹貢學會和《禹貢》半月刊,先生參與編輯工作。(《紀念顧頡剛學術論文集·顧頡剛先生學術紀年》,第1038頁;照片)

辦《禹貢》是爲了"研究中國地理沿革史及民族演進史的目的,爲了當時强鄰肆虐,侵略不停,作沿革地理研究,想對民族復興工作有所幫助"。(先生小筆記本)

3月1日　《禹貢》半月刊出版。

3月22日　由蘇州抵達北平。(《顧頡剛日記》卷三,第171頁)

3月23日　中午,顧頡剛宴請燕京大學學生,同席者有先生、侯仁之、王振鐸、陳家驤等。(《顧頡剛日記》卷三,第171頁)

4月1日　中午,顧頡剛夫婦宴請先生、贊廷叔祖、鍾素吾女士等。(《顧頡剛日記》卷三,第174頁)

是日　在女校稱體重,"得一百四十六磅"。(《顧頡剛日記》卷三,第174頁)

4月4日　與顧頡剛夫婦步行到海淀,雇車游鬼子墳、釣魚臺、農學院、月壇(弘達學院),乘西直門小汽車歸。(《顧頡剛日記》卷三,第175頁)

4月5日　顧頡剛與先生決定,明日赴包頭,連帶游綏遠、大同等處。(《顧頡剛日記》卷三,第175頁)

4月6日　中午,與顧頡剛去清華園站,十二點上車,赴包頭,雨中啓行。(《顧頡剛日記》卷三,第176頁)

4月7日　"六時到包頭,住宿南門內交通旅館。到大街吃飯,在街散步。"(《顧頡剛日記》卷三,第176頁)

4月8日　與顧頡剛"步出南門,問路到南海子,游禹王廟,坐黃河艇子,復步歸。往返約行五十餘里。到東門外游轉龍藏。又步至西門。在前大街吃晚飯"。(《顧頡剛日記》卷三,第176頁;《顧頡剛年譜》,第220頁)

4月9日　與顧頡剛"到平康里散步。到晉豐樓吃飯。乘十一時車離包,下午三時半到綏遠,住綏遠飯店。到女子師範訪蔣恩鈿女士,未晤。游大招及錫拉圖招（延壽寺）。在大招前吃飯"。蔣爲太倉人，振華女學畢業，入清華英文系，畢業後獨去綏遠任教。先生與之相稔。（《顧頡剛日記》卷三，第 176 頁）

　　4 月 10 日　　蔣恩鈿來，與先生、顧頡剛"伴游新城，至省政府、教育廳、農場等處參觀。歸旅館，與蔣女士同飯。譚在堂先生來，同出，參觀小招、五塔招、民衆教育館、圖書館、通志局等處"。蔣女士在綏遠飯店設宴，招待先生與顧頡剛，同席者有教育廳長閻致遠、廳長夫人莫淡雲、省政府秘書談在堂。（《顧頡剛日記》卷三，第 177 頁）

　　4 月 11 日　　"蔣女士與清華同學十二人來。同出，參觀民政廳、馬市、慶凱橋，到上三源茶館進茶點當飯。乘騾車游青冢，在冢前照相，往返約五十里。歸途因風大感冷，步行十餘里。"晚，到麥香村吃飯。（《顧頡剛日記》卷三，第 177 頁）

　　4 月 12 日　　上午十一時，乘車去大同，晚上八時到達。雇車進城，住靖安旅館。"原擬到大同後，乘長途汽車至渾源，游恒山。今夜到旅館詢之，乃知汽車不過渾源，游渾源者須雇騾車。一百二十里之地須走二天，游二天，回二天，共須六天，遂不得往矣。明日祇得仍游雲岡矣。"（《顧頡剛日記》卷三，第 178 頁）

　　4 月 13 日　　上午七時，"乘轎車赴雲岡，中途在觀音堂休息，吃飯。以馬劣，至十一時始到"。"游畢，三時半登車，七時許到棧。到興華春吃飯。"（《顧頡剛日記》卷三，第 178 頁）

　　4 月 14 日　　"與靖安旅館之經理張順同出，游師範學校（前總督府）、華岩上寺、下寺、圓通寺、九龍壁等處。到濟南村吃飯。""乘下午二時車到張家口，抵站已九點。住交通旅館。到天津館吃飯。"（《顧頡剛日記》卷三，第 178 頁）

　　4 月 15 日　　"到天津館吃飯。游張家口大街。""乘十時車赴下花園，十二時到。""在中華源客店吃飯。雇騾車游涿鹿北郊礦口寺及雲臺觀。"在中華源吃晚飯。（《顧頡剛日記》卷三，第 179 頁）

　　4 月 16 日　　在下花園站附近游覽，十一點上車回北平，五時許到清華園站。（《顧頡剛日記》卷三，第 179 頁；《紀念顧頡剛學術論文集·顧頡剛先生學術紀年》，第 1038 頁）

　　4 月 24 日　　撰《綏遠方志鱗爪》。此文記先生在春假中，與顧頡剛"作平綏路上的旅行，流覽山水"，在綏遠通志館裏見有《歸綏道志》稿本（光緒末年吉林貽穀等編），遂將此書引用書目中少見的書名鈔錄下來。（《全集·文集卷·綏遠方志鱗爪》，上冊第 93 頁）

　　4 月 27 日　　顧頡剛夫婦中午宴客，同席者有先生、張文理、張克剛、洪業、容庚、容媛、陳仙泉、馮世五。（《顧頡剛日記》卷三，第 182 頁）

　　5 月 2 日　　何殿英等在忠信堂宴請，同席者有顧頡剛、先生、馮世五等人。（《顧頡剛日記》卷三，第 184 頁）

　　5 月 5 日　　與顧頡剛、向達、賀昌群、王振鐸、侯仁之、容媛、侯碩之、黃兆開、王育伊、吳維亞、李子魁、李安宅、陳家驥、鄺平樟、李素英等游周口店龍骨山，觀洞穴，由裴文中、賈蘭坡、卞美年導游。"七時半，汽車出發。九時許，車開，擠甚。十一時許，到琉璃河站，在站旁小館吃飯。""四時到龍骨山。略息，即上山參觀洞穴。七時半歸。"(《顧頡剛日記》卷三，第 185 頁；《紀念顧頡剛學術論文集‧顧頡剛先生學術紀年》，第 1038 頁)

5月6日　與顧頡剛、向達等"七時吃飯，下山，趕赴車站"。"待車至三時，始有特別慢車自南來。車在竇店停半小時，在長辛店停一小時半，在西便門停一小時，直至九點始到平，即喚汽車出城。在西直門外小鋪吃飯。"(《顧頡剛日記》卷三，第 186 頁)

5月19日　上午，與顧頡剛去妙峰山看香會。同游者有王育伊、王錫昌、張維華、曲民新、吳世昌、趙肖甫、謝廷式等人。"十時半，上汽車，到西直門車站，乘火車到三家店。""一時，由三家店行，徒步上山，途中游莊士敦花園及仰山栖隱寺，七時許到澗溝，宿民家。九時吃飯，十時上山，遇葉德光等。十二時下山。""今日本擬乘六時五十分車赴三家店，乃黎明大雨，遂不克行。至九時小霽，決乘午車出發。"(《顧頡剛日記》卷三，第 190 頁)

5月20日　上午，早點後上山，到山頂吃飯。八時許，由老北道歸。下午二時許到聶各莊，雇汽車返校。(《顧頡剛日記》卷三，第 190 頁)

6月8日　晚，顧頡剛夫婦請先生、王錫昌等"到海淀斌泰吃飯"。(《顧頡剛日記》卷三，第 197 頁)

6月13日　晚，顧頡剛夫婦請先生、譚誨英等吃飯。(《顧頡剛日記》卷三，第 198 頁)

6月22日　吳大澂百歲紀念，先生撰成《吳愙齋先生年譜》叙例，叙其纂述之志及叙例十則。

先生之一生，其勞心於政治者，固不在學問之下。世人徒以考古審文推許之，蓋猶未睹其全，而惜乎以廷龍之愚不足以盡之也。先生負謗叢詬四十年矣，蓋棺論定，直古人之虛言。此書出，雖猶未能盡見先生之爲人，或可爲先生少洗過情之誣乎？是則廷龍纂述之志也。若夫讀而嚮往，聞之興起，以先生之心爲心，不介介於一時之毀譽，惟求心之所安，以撫育我黎民，保衛我家國，世將有其人乎？是又廷龍所馨香禱祝以求者也。(《全集‧吳愙齋先生年譜‧叙例》，第 16 頁)

一、每年大事，分立爲綱，其有可詳者則備叙爲目；由廷龍考證者，皆歸按語。

一、先生早年行事，根據《自訂年譜》。此譜爲先生癸巳六十攬揆時追記之作，故即斷自癸巳，而其中實不無挩漏。本編所引，多取原文，各注出處。

一、先生別有日記，於學業行事、師友往還，記載最詳。今就所存者，略去瑣屑,悉以録入。

一、先生内而部堂,外而開府,其政治經濟俱見奏議。兹先擇其要者録附一二,其全部則俟他日另輯。

一、先生於古文字、古器物,開近代研究之先河,在一生學術中爲最要。故此編所録,凡有關考據之斷篇殘簡,或題記隨筆,咸爲收采。

一、先生所作函札,藏之者甚多,又皆裝成卷册,不難檢讀。本編所録,凡關議政、論學、談藝、紀游者,皆依時插入。若僅注月日而不紀年歲者,則斟酌定之。

一、先生繪事,精心巨構,都在長卷,且多媵以游記題咏。兹取所經眼者,仿前人畫録之例,悉行附載。

一、先生著述,頗有未竟之稿,爲外間所未知。其藏器舊無目録,今亦略有散失,及今不考,後將更難。故力爲蒐輯成《著述目》《藏器目》各一篇,附于本編之後,以供參考。

一、是編之輯,距先生之卒歲纔三十有二年,而搜集史料已覺匪易。歷時五載,展轉訪求,僅乃得此一鱗一爪,并宜珍愛。故略取長編之例,依原文録之,寧蒙厖蕪之誚,而不忍慚戠之遺也。

一、先生手澤,可遇而不可求。廷龍個人之力,决無彙録完全之望。倘海内外人士有收藏其墨迹,記憶其行事者,惠而好我,悉以見告,俾得繼續編入,刊爲定本,曷勝感幸。(《全集·吴愙齋先生年譜·叙例》,第16—18頁)

6月24日   晚,與顧頡剛同去聞宥處。(《顧頡剛日記》卷三,第201頁)

6月27日   顧頡剛夫婦請先生及修中誠夫婦、洪業、王克私等午飯。(《顧頡剛日記》卷三,第203頁)

是月   跋顧元昌書法卷。

先君篤好八法,朝朝染翰,未嘗或閑,惟隨書隨棄,篋無遺存。而親朋故舊,有索輒應,獲者珍之。癸酉春莫,先君忽患膽病,養疴習静,臨池爲遣,右卷即其時所書者。夏中,不肖暑假歸省,從故紙中檢得庋藏。無何先君病又作,不復能握椠,未數月,竟以不起,此一卷者,遂成絶筆。先澤僅留,撫卷悲痛,亟付裝池,以傳永世。(《全集·文集卷·跋顧元昌書法》,下册第653頁)

是月   容庚、徐中舒、董作賓、商承祚、先生等發起成立金石學社(不久即改名爲考古學社),先生爲會員。(履歷表)

7月19日   顧頡剛與先生談話。(《顧頡剛日記》卷三,第213頁)

7月23日   顧頡剛夫婦請先生及容庚夫婦、容肇祖夫婦、容大槐、容媛、張蔭麟、聞宥夫婦晚飯。(《顧頡剛日記》卷三,第215頁)

是月   在燕京大學圖書館工作,有《讀書隨録》,詳記京中書估送來各書之紙張、印章、書價、内容、版本、序跋等,有百餘種。(先生手稿)

8月1日　顧頡剛與先生、錢南揚談話。(《顧頡剛日記》卷三,第219頁)

8月3日　鄧嗣禹請先生、顧頡剛、譚其驤、謝興堯、俞大綱、鄧之誠及子女在東興樓晚飯。(《顧頡剛日記》卷三,第219頁)

8月4日　顧頡剛請先生、郭紹虞、聞宥、錢南揚、黃子通晚飯。(《顧頡剛日記》卷三,第220頁)

8月8日　早七時,與錢南揚送顧頡剛至清華園站,去綏遠。(《顧頡剛日記》卷三,第221頁)

8月21日　先生有信致顧頡剛。

別後殊念,僕僕半月,真太辛苦。到杭後重以喪務,又無稍息,尚祈節哀節勞,千萬千萬。履安暨自明、自珍跋涉後,想均安好,念念。

《禹貢》裝訂愆期,至十八夜始送來,急於昨日一齊發出矣。定戶有止十二期者,擬發一通告,業已到期,俟發廣告信時寄之,現在正與馮先生寫致各圖書館信封。今日接夏定棫寄印刷品一件,繆然拆閱,適為浙江圖書館協會報告,於浙江所有圖書館可謂備錄,凡初中、民眾、黨部各圖書館皆除去。方寫浙江,得此至巧。日來郵件尚不多,有郵五,二即公發自百靈廟者,一為夏瞿禪,一為林培廬,又一用本校信封而未注誰緘,皆固封存之,將來併寄杭州,何如?或以後來件,即令郵局轉杭,但恐遺失,尚恐有關於《通俗讀物》及《禹貢》事者,轉杭後須稽遲矣。

日來院長蘊釀,聽季明談風,振鐸已不成立,子通未必能成,似乎季明希望最大。子藏以中不登其文,格于情勢,無可如何,然於振鐸,尚不甘心,乃將藏經事撰為新聞,交張德生發表(已兩三日,但尚未見,據云張病)。措詞大意謂燕京所得藏經僅千元,殊為便宜,知得於某人,但某人得來祇五百元,一轉手間牟利五百元之多,并扣留《目錄》全分,現在希望其以五百捐之百萬基金,《目錄》即日交出云云。如果登出,振鐸難堪矣。

星期往晤季龍,信及稿均面交。據云陳源遠已南歸,於編《禹貢》四期頗有難色。綏老、宗老處,龍或能索得一二篇,龍亦當盡棉力以助焉。杭寓有無遷蘇之意,開吊約在何日,在何處?甚念。

…………

下期《禹貢》當為第二卷,惟期數如何寫,由一期另起,抑用十三期?鄙意十三期為便。季龍當有函奉商也。(《全集·書信卷·致顧頡剛》,上冊第91頁)

是日　顧頡剛有信致先生。(《顧頡剛日記》卷三,第227頁)

8月22日　顧頡剛有信致先生。(《顧頡剛日記》卷三,第227頁)

8月24日　先生有信致顧頡剛。

昨發一緘,計可先達。頃奉快函,祇悉。開吊定九月九日(大約陽曆),匆促極矣。屬檢各處名錄付快郵遞去,北平應發之赴可將空白者寄來,於名録上加一記號，由龍辦理可也，又或便捷乎。

《禹貢》發行事半月一次，并不繁，暇爲之。二卷一期在印刷中，校字恐不能甚精耳。振鐸王君文當先校，付二三期刊之。寓中無事，李媽因聞家添傭，介其前往矣。一切龍當隨時奉聞，諸惟伉儷釋念。

盛意爲謀絜眷計，至感至感。龍即日函内人，徵其同意，鄙意甚爲妥善，容再奉復。馬禮當遵辦（馬氏卅一日開吊）。公等約何日旋蘇？如晤家叔，詢及賤況，不必詳告（圖書館薪亦請含糊），免意外之譏耳。

鄧嗣禹君因公南歸，前允《史學年報》之文不能即得，着急異常，屬商能否即以初稿付印，初稿携南否？西諦藏經事竟於《晨報》登出，地位又特别注目，聞學生方面有請求學校澈查之意。日來平綏路又斷，此君遄歸已無可收拾，亦可憐矣。《通俗讀物》無新出版忽已多時，似宜仍於此切實爲之，當促華秋也。《大公報》代售事，當即日去函，勿念。此間尊事龍可分效者，不妨見委，萬勿客氣。（《全集·書信卷·致顧頡剛》，上册第93頁）

8月25日　顧頡剛有信致先生。（《顧頡剛日記》卷三，第228頁）

8月27日　顧頡剛有信致先生。（《顧頡剛日記》卷三，第229頁）

8月29日　先生有信致顧頡剛。

日前得手書，知公侍奉椿庭，請假半年，孝意可佩。惟此間同人無不以公駕不來引爲失去中心，深爲悵然。鄙意公不來後，尊辦諸事不免影響。

《禹貢》譚其驤代之，而有同學幫忙，開學後文章亦可多來，按期出版大致不難，第二卷一期決不愆一日，二期稿亦够，此可釋錦注。惟《通俗讀物》一事，公不能不委一妥慎之員加以顧問。仙泉之才，偏於宣傳，不能實際工作，觀其來後所爲，無非欲擴張門面，報紙屢爲鼓吹，固其力也。不過經濟困難，最好能先充實内部。今日堪供其宣傳者，即以前出版之成績，現在無形停頓已久，銷路一層不急在目前，日來各處函購頗多，此決不會如中原公司之買賣，故無論如何努力，不過爾耳。昔日怕無銷路，今日怕無出版，虛實異時，如何如何！足下主張并不欲立刻生效，已得社會上之贊嘆，故祇能有佳作出版爲第一。日前奉示，屬托仙泉從事出版，往晤未值。據童、徐二君云，已赴定縣接洽推銷，聞其返平尚有赴南洋捐款之舉。數日前《晨報》有一消息，謂《通俗讀物》將以出版物挨户購送，每組索脚力二角。此種推銷入於下流，而流弊甚多，必使社會人士之厭惡。龍曾婉言勸止，托童君轉告，又聞此三人意見不甚融，且景山書店亦頗有所聞。總之，陳君辦事上不差，不過非有直接駕馭不可，公欲遥制，鞭長莫及。公之印信交其一方似不甚妥，盍乘在南，令其交此。諸希亮察。

訃尚未到，此間須預備謝帖若干張，恐有送禮來者。不盡百一，此請禮安！

《史記》文稿俱寄出。鍾鳳年一文，似經閱過甚多，未寄。潘景鄭校《説

文答問疏證》已交覺明。公等何日返蘇? 甚念。(《全集·書信卷·致顧頡剛》,上冊第 95 頁)

8月30日　先生有信致顧頡剛。

昨上一箋,計可覽及。足下請假半年,不知日來進行至如何程度? 頃余讓之來電話,述及請譚季龍代課事已與陳受頤提出,陳即商之胡適,胡意一面准公請假,一面聘季龍爲新講師。薪水一層,如公以請假論,八月份不再發,新講師例八月份無薪金云云。余君已有函告,惟誤寫門牌,恐不達。此間情形如何不知,惟偶從轟筱珊處聽其言,以爲季龍畢業未久,恐不服人。鄧嗣禹亦言季龍來此有種種困難,惟如何困難則匆匆未言,諒季龍亦必有函奉告矣。鄙意公能不請假半年爲最妥,一請假後,北大薪水一停,《禹貢》經費影響,即此間亦須代課之費,一出一入,損失甚大,而此間各種事業不能進展,尤爲可惜。《通俗讀物》未可輕托。公明年即休假,如請假半年,必致人煩言。好在此半年如請假兩個月再來,離寒假無多時,即可歸省。公初意無論請假半年,終須來一回,則來後稍遲南返,即不用請假半年矣。校中頗有人估量,公不來,《禹貢》不能久持,且作忠告之言曰,廣告等萬不可發,宣傳之後,不易下臺。公不來,固能在杭編輯,但印刷費籌措爲難耳。

大哥明年願就養北平,目前有履安暨自明、自珍侍奉承歡,公可安心一來,幸熟計之。在蘇開吊後,約有幾日耽閣? 甚念。卡片及會員録當覓便寄上。日來想忙於開吊一切,不識天氣能稍凉爽否? ……

再,《史記》鈔樣并文稿一宗均寄上,已收到否? 謝帖請寄若干張爲盼。日來已有幛送來(修綆及李延增、石兆原),即寄蘇州矣。(《全集·書信卷·致顧頡剛》,上冊第 97 頁)

8月31日　跋《金石録補》。

邃雅齋送別下齋刻本來,有劉燕庭喜海、李芝陔在銛二人批,劉皆浮簽,李亦爲簽,皆署"芝"字,餘似寫手謄録者,據云亦李批,則不可知矣。校語俱精確,即以朱筆過劉語,墨筆過李語,惟卷十六至二十三之一册墨筆盡誤朱筆耳。(《文集·金石録補跋》,第 167 頁)

是月　爲王大隆校補顧嗣立《春樹閑鈔》。王大隆跋云:"原本爲俠君曾孫達曾手録,今藏上元宗氏咫園。友人顧君起潛留心先世遺著,曾從録副。……此書鈔本舛訛殊多,苦於無從是正。適顧君起潛自舊京旋里過訪,遂允代爲校勘,越宿而畢,并録示諸家題識,然後始稱完善,而起潛之勤勤以傳佈先世遺書爲志,誠不可及也。"(《乙亥叢編·春樹閑鈔》)

是月　潘景鄭撰《吳愙齋年譜》序,贊先生是書"搜輯之勤,雖屢經阻折而肆志益堅,其毅力有不可及者"。

清季吳愙齋先生博綜經術,以考古爲專門之學,集諸家之大成,俾後世爲斯學者有所折衷,厥功至偉。吾姊夫同邑顧君起潛篤志好古,研治文字、聲音、訓詁之學，恒服膺吳先生之説，以爲精詣獨深。嘗有志搜羅先生行事，輯爲《年譜》。於是博稽遺聞，咨詢故舊，偶見先生片紙隻字，靡不備録。曩歲游故都，復由清軍機處檔案中録存先生奏疏若干通，以資采擇。又以先生著述浩繁，未盡刊布，復搜輯見聞，得已刊未刊者若干種，録其要領，別爲著述目，附《年譜》之後。由是而先生之經濟學問，睹此一編，瞭如指掌矣。君於是書專精畢力，載閲寒暑，今歲幸觀厥成。（《全集·著作卷·吳愙齋年譜》序）

9月2日　顧頡剛有信致先生。（《顧頡剛日記》卷三，第231頁）

9月4日　先生有信致顧頡剛。

何日扶櫬旋蘇？寄杭兩函均能達覽否？本校送禮者日有三四，已陸續付郵。截止昨晚送來者，計包裹不及趕到，即將幛留下，單寄款字付快郵遞去，想南中送幛必多，決不能一一全懸，當亦僅挂兩款耳。

請假事已妥否？甚念。大學校總會議當日因雨改在校中舉行，今日又未晴，龍以職員不能往。《黎明》情形似聞無所進步，公行後誰負其責？豐田心有餘而力不足，他不過敷衍而已。

龍擬廿號左右請假返里，請假尚不知便利否？一切當面詳談，不識彼時公在蘇在杭？如在杭，龍即趨前一二日可也。履安屬取各物統俟歸時帶行，勿念。《禹貢》第一期想入覽，以發稿太促，校未能精，且文章篇數太少。第二期大致可齊，擬今明即先付排。大約維持四五期決無問題，至多有些毛病耳。（《全集·書信卷·致顧頡剛》，上册第99頁）

是日　先生又有信致顧頡剛。

今午得快示，祗悉一一。連日杭、蘇開吊，辛勞可想，諸維珍護。

《通俗讀物》事情希白管理甚好，與仙泉可緩急相濟矣。《禹貢》編輯季龍任之極妥，士嘉倩其任發行，渠亦甚願。推銷方面（廣告登報事），當會商一次。現已開學，會費當即收取，勿念。北大薪水，如公請假恐不能領，前余遜似云八月份即不發，渠有函告，龍亦有一函寄杭州，不知究竟如何。目録信發出未久，尚無回音，想多少有些效力。謝帖已到，稍遲本校送禮數處權用尊片。世五兄發寄讀物、整理禮物，瑣瑣屑屑，忙無片暇，《尚書》索引致停數日，不日即可繼續從事，聞不久可畢。提及此事，龍甚感抱愧，橅寫唐卷景本閣置甚久，欲專從事則他事牽率。《年譜》至今未成，《陶文》亦未脱稿，終日碌碌，真正一事無成，每一念及，若芒刺背，唯自恨庸碌耳。博晨光已來。聞紹虞言，大學總會議無甚特別之事。又聞郭家傭人有一因事辭歸，紹虞夫人恐稍忙。履安須取皮衣，托代拆去面子，龍已勸其不拆，一爲省事，一爲携帶方便（無面子者，恐誤爲販買，須加税），想蒙同意。龍歸時，計公等返杭矣，當趨候，所携各物即可帶上也。餘容續上，不盡百一。（《全集·書信卷·致顧頡剛》，上册第100頁）

是日　顧頡剛收到先生 8 月 30 日信。(《顧頡剛日記》卷三,第 232 頁)

9 月 6 日　顧頡剛有信致先生。(《顧頡剛日記》卷三,第 233 頁)

9 月 9 日　胡適有信致先生,"謝他跋吳窓齋與先父手札冊子。他的跋極好,考據諸札年月均甚可靠"。(《胡適日記全集》第 7 冊,第 141 頁)

9 月 10 日　先生有信致顧頡剛。

聞兩校請假均已成,可慰。日來事忙可想,道阻不能相助,歉甚。五號以後送來之禮單、寄款、字,計可趕到。昨日送來聯幛則俟再有遲送者同寄也。

《黎明》展期一年開辦,諒豐田當有報告,公如不走,不致如此。《禹貢》第二卷第一期想已鑒及,必多粗率之處,幸隨時賜示。大約紙版尚未打也。第二期正在印刷,再校時當奉樣張。推銷一層,士嘉毫無意見,談到登報則亦茫然,察其情形,似甚忙碌,恐不暇及。囑其出"方志"專號,雖然首肯,若無把握,龍擬旋里旬餘,此事如暫交世五兄一辦如何? 每期所寄《禹貢》封套上正設法用謄寫版一印,祇寫一次,以後即令玉山粘貼可也。其他即定戶來得多(目録信已發出,望其回音),不會一擁,當陸逐來則陸逐應付,世五諒暇為之。如遇重要事件,再就士嘉酌之。印刷方面,想開學後季龍代課常來,必能顧及。《禹貢》係公獨辦,龍致為負責幫忙。廣告信早已發出,又添印六百份,國外者亦酌發,此種小事不必一再請示。廣告登報事,龍擬請新聞記者發表。關於《禹貢》消息一面,登《晨報》《大公報》兩種,隔日一登,登三四日,此事龍與新聞記者無熟人(有一《申報》駐平者可以轉托),擬以委吳子臧為之進行。子臧今年修業年限已滿,不能住校,校外無屋可賃,聞在宥先生留居,惟恐人言,或欲借尊寓暫住數日再搬聞氏,俾人祇知在此,後即有人知之,似較緩和,龍亦謬然允之(黎光明已搬走)。子臧熟人多,龍擬返南前辦竣。書鋪廣告當盡力為之,惟各肆俱稱年來生意不好,不願為此。亞新大約係以中之力,言明登一期,已去函招其續登。承示隨圖刊分送定報單,此事可不必,緣吾已發廣告信矣。士嘉《方志綜録》當為一登。第一期校對之粗,實為時間,龍匆閱一過即交季龍覆閱,不及三閱,原稿俟本期者併寄杭州。(《全集·書信卷·致顧頡剛》,上冊第 104 頁)

9 月 12 日　胡適有信致先生,托查"王韜入縣學之真姓名"。

王韜入縣學之真姓名,長洲《諸生譜》既不可得,我曾假定他改了姓與名。……現在已請羅爾綱君去查光緒五年修的《昆山新陽合志》,不知能得秀才名籍否? 最好還請你向昆山甪直一帶的舊家去訪求道光廿五年的諸生籍,證明那年昆山或新陽的縣學第一是否王畹。此瑣屑事,乃屢屢奉煩,不安之至! (《跋館藏王韜手稿七冊》附録,載《國立北平圖書館館刊》第 8 卷第 3 期)

9 月 15 日　顧頡剛有信致先生。(《顧頡剛日記》卷三,第 236 頁)

9月19日　先生有信致顧頡剛。

昨晤希白,述及《通俗讀物》,欲顧問而不便。華秋致其兩函,似有拒絶之意(希白閲之,氣憤異常,擬即不問)。華秋情形,各方致君函中可察大概。渠今托言,君初令豐田往管,繼又托李明往管,又托希白往管,無所適從,不肯交出。容、馬皆傳聞此君,或曰近患梅毒,或稱演戲賬糊塗,總之不可靠。容、馬皆主暫時收回,將陳婉辭,再謀進展,辭陳之法,擬不與較前賬,即其欲請補盤費即可酌助,急與了結。此事倘君同意,即請致書希白,一切托其全權辦理,方易着手(函中可不表示任何態度,遠道或有不詳)。馬聞有人擬藉陳事,設法謂君用人不當,與之爲難,故容、馬意能速即收回,則全無問題矣。……龍廿二行,廿六以後可到杭。(《全集·書信卷·致顧頡剛》,上册第106頁)

9月22日　由北平返蘇州。(《全集·書信卷·致顧頡剛》,上册第106頁)

10月3日　在杭州,訪顧頡剛。(《顧頡剛日記》卷三,第243頁)

10月4日　顧頡剛與先生、自明"同到第一公園,雇車到俞樓,邀健常同游,到嚴莊、放鶴亭、平湖秋月、三潭印月、汪莊,到高莊吃飯"。再"到劉莊、康莊(一天園)、郭莊(前之宋莊)、岳墳、海珊仙館碑帖鋪",抵家已七時,與先生又談話。(《顧頡剛日記》卷三,第243頁)

10月5日　顧頡剛"出書畫書籍與起潛叔觀",又"同到大學路圖書館參觀,由張慕騫導引。與起潛叔到忠義祠及東皋別墅";"同到新民路圖書館參觀。出,到石渠閣購書,到孤山圖書館參觀,由毛春翔導引,看至五時出。到公園乘汽車歸"。晚,與顧頡剛父親、顧頡剛夫婦等在小有天飯店吃飯。(《顧頡剛日記》卷三,第243頁)

10月6日　與顧頡剛到復初齋文藝書店看書。後顧頡剛夫婦送先生上車離杭。(《顧頡剛日記》卷三,第244頁)

10月7日　自南翔返蘇州。(《全集·書信卷·致顧頡剛》,上册第107頁)

是日　顧頡剛有信致先生。(《顧頡剛日記》卷三,第244頁)

10月9日　先生有信致顧頡剛。

此次游杭,乃承優渥逾恒,感快奚似! 別後惘惘。七日由翔抵舍,八日奉手書,敬悉一一。即日訪仲川,適赴滬,歸期未詳,龍行前不知能與一晤否? 博山處擬先與一談。枇杷膏六瓶,已屬孫如號由信局徑寄,較妥便,不日當可遞達也。(《全集·書信卷·致顧頡剛》,上册第107頁)

10月17日　顧頡剛有信致先生,"到珠寶巷林永和信局取起潛叔代購枇杷膏"。(《顧頡剛日記》卷三,第248頁)

10月19日　由蘇州返北平。(《文集·致顧頡剛》,第765頁)

約10月下旬　先生有信致胡適。

在平兩奉手書,均悉。時因有事旋里,未即裁答爲歉。

先生於王韜學籍,推測至確,深佩深佩! 歸來遵即訪《昆新青衿録》光緒廿七年編刊,展卷一覽,果于道光廿五年乙巳張宗師名芾,字小浦,陝西固城人科試新學榜中得王氏之名。

…………

先生又疑王氏曾名畹,極爲可能。字多因名而取,故作"蘭君""蘭卿"。觀其官名屢改,表字雖多,而皆與蘭字有關,曰"紫荃"(或作詮),"蘭""荃"本聯;曰"子久",與"滋九"音近,當即"滋蘭九畹"。惜尚無見其署"王畹"之名以一證耳。此事舍親曾爲轉詢,用人正在修《甫里志》,於王氏事迹本甚簡略,聞今將從事詳訂云。(《跋館藏王韜手稿七册》附録,載《國立北平圖書館館刊》第8卷第3期)

11月2日　先生有信致顧頡剛。

龍於十月十九日返平,適圖書館事特忙,至今稍閑。

《禹貢》第五期今日準出,廣告已徑函生活書店接洽,登聯合廣告,津(二圓)、滬(三圓)二報合五圓一次,擬先登兩次。郵局代售已經馮先生接洽妥當,托生活書店代售,亦已去函接洽矣。

在蘇時,仲川未及晤見,即將尊函送留其家,屬其徑復台端,不識有復到否? 潘氏昆仲似甚贊成,但未認定若干,擬聽仲川回信後最談,一切進行辦法,俟駕來後細密計議也。此間同人每晤必詢及公北返日期,想望極切,大約何日可以成行? 京、滬均須勾留否? 過滬有暇,可赴開明、生活一參觀之,爲整頓景山之參考。如京中耽閣,遇有機緣,幸爲圖之。《寒齋年譜》待賜序并教正,即排勘誤表付印,校印所催促甚急,亦托希白相催。龍自知心粗,必多謬誤,奉君一閱,尚得勘誤,以補救之。不情之請,尚希亮察。(《全集·書信卷·致顧頡剛》,上册第108頁)

11月10日　先生有信致顧頡剛。

前上一緘,計早鑒及,久不得來書,甚念。不識何時可以返平? 校中人時來探訊,子通又有事待商,屬俟駕到即以告知。何日起程,何日抵此,幸先示知,俾可奉迓,盼切盼切。

《元詩選三集》已得一部,惟印本太劣,兹寄上,即貽大哥清賞,幸哂納。《依園詩集》已向東方圖書館借到一部,首尾完善,有張匠門及秀野公兩序,末有鄭誼跋。惟全書祇六卷,校尊藏之本,短缺一卷(第七),而第六卷亦短數頁。蓋"東方"本實爲秀野公庚辰時刊者,尊藏本乃庚辰以後(或即庚寅續刊)續刊者,蓋第六卷第四頁第六行續刻處可見也。當將所缺一一補正,并擬將尊本重加裝潢爲之一新,不識以爲然否?

《禹貢》第六期稿已齊,付印矣。廣告已寄"生活",迄無復信,諒不致有何問題也。此間前數日稍冷,昨今又暖,大風再一起,恐須日冷一日矣。行旅中千祈珍攝。(《全集·書信卷·致顧頡剛》,上册第109頁)

11月13日　先生有信致顧頡剛,報告《禹貢》及燕大諸事。

兩緘并《元詩選三集》想先察入。一昨馮家昇兄交示孟心史先生新撰一文,爲讀大著,從地理上證今本《堯典》爲漢人作之討論。屬爲先奉覽,刊之七期《禹貢》發表之。孟先生先爲本刊撰一文,係考滿人堂子祭者,題爲《清代堂子所祀鄧將軍考》,季龍以爲與刊旨似疏,須俟裁奪。

振鐸祖母生日已爲代送一禮(合送一幛)。似憶宋夫人開吊,渠未送禮。紹虞謂渠時返滬,或忘之。此君約二十左右回南,國文學會爲渠編輯《文學年報》數年不出,群情不滿,或乘此時彈劾之。白滌洲故後,女院音韵學由羅膺中、羅莘田堅邀聞在宥兼授,盡義務,擬將薪水捐之國文學會爲印報之費。

地圖底本已有,各處轉展來問,出版以後銷路之廣不言可知,專盼駕來付印也。前晤贊叔,謂彼校四年級必欲求公作學術演講一次,屬爲先容。趙萬里屬轉求公爲《古史新證》(現已將王靜安手稿付印出單册)作一序。

田洪都意購書委員會必待公來而開議,積書樣甚多,各肆估人亦均引領而望矣。龍《年譜》稿亦俟校正賜序後結束。此間賴公解決之事何止如此,尚祈早日返斾。(《全集·書信卷·致顧頡剛》,上册第110頁)

11月15日　顧頡剛有信致先生。(《顧頡剛日記》卷三,第261頁)

11月22日　顧頡剛有信致先生。(《顧頡剛日記》卷三,第263頁)

約是月　先生有信致顧頡剛,催《年譜》序。

書春①日來促印《愙齋年譜》,急欲畢工,須向學報社支款,拙稿必欲得公一閲,俾作勘誤,不能再將就,并希大事粗畢後賜一序,以增聲價。(《全集·書信卷·致顧頡剛》,上册第112頁)

12月1日　晚,容媛在家請客,除顧頡剛、先生,還有"蘇州張女士振達、無錫張女士、湖北饒女士、容琬"。(《顧頡剛日記》卷三,第266頁)

12月2日　晚,與顧頡剛、容肇祖到容庚家吃飯,"并開《史地周刊》編輯會"。同席者有洪業、容媛等人。(《顧頡剛日記》卷三,第267頁)

12月7日　顧頡剛爲先生修改《甲午中日戰爭中之吳大澂》文,"又德輝寄來書法,寫魏碑亦好,起潛叔云可令寫《張猛龍碑》"。(《顧頡剛日記》卷三,第268頁)

12月10日　於《直齋書録解題》上題記:"廿三年十二月十日過潘文勤批注,原本今藏東方文化事業委員會。"(原書)

12月14日　鄭振鐸爲其祖母壽誕在家宴客,顧頡剛、先生、俞平伯、朱自清、黃子通、郭紹虞、馬鑒、容庚、劉廷芳、趙承信等赴會。(《顧頡剛日記》卷三,第271頁)

---

①書春:指李書春。

12 月 15 日　　與顧頡剛、王庸同訪聞宥，并晤吳世昌，十一時歸。(《顧頡剛日記》卷三，第 271 頁)

12 月 17 日　　與顧頡剛 "同到大禮堂看歐戰及日本軍事訓練電影"。(《顧頡剛日記》卷三，第 272 頁)

12 月 19 日　　燕京大學 "圖書館開購書委員會"，顧頡剛、先生、馬鑒、鄧之誠、郭紹虞、容庚、田洪都參加。(《顧頡剛日記》卷三，第 273 頁)當時燕京大學圖書館采訪業務由采購委員會領導，委員有鄧之誠、容庚、郭紹虞、顧頡剛等教授。由於經費支絀，無力購買的書，也祇能向其他館借來傳抄，或用藍圖紙曬印以供讀者。先生在致友人的信中云："在此僅以能不離書本投吾所好，他無可戀，一書購到速送編目，不克細讀，而俗務紛紜，不容其從容瀏覽，有如庖丁烹調盛宴，爲主人享客，安得染指。"(吳織《書海五十年——記顧廷龍館長》)

12 月 21 日　　與顧頡剛到蓉園，慶顧贊廷母八十壽，又同乘汽車歸。(《顧頡剛日記》卷三，第 273 頁)

12 月 23 日　　晚，《大公報·史地周刊》諸同人聚會，洪業、容庚、顧頡剛、先生等參加，十時半散。(《顧頡剛日記》卷三，第 274 頁)

是日　　跋《竢翁寓意編》。此爲王叕編撰，"以十數年中所得法書名畫，一一錄記"，"錄雖無多，而無一非精絕之品"，先生借得章鈺藏本予以傳錄。(《全集·文集卷·竢翁寓意編跋》，下册第 854 頁)

12 月 24 日　　顧頡剛爲先生修改《甲午中日戰爭中之吳大澂》文。(《顧頡剛日記》卷三，第 275 頁)

12 月 26 日　　與顧頡剛同訪聞宥，同歸。(《顧頡剛日記》卷三，第 275 頁)

是月　　完成《甲午中日戰爭中之吳大澂》文。甲午之戰，吳大澂以湖南巡撫請纓北征，然 "自出關至回湘，無一時一事不受人牽掣讒詆者。戰事之敗，吳氏固不能無咎，要亦大勢已去，莫可挽回。而後人評論，往往歸罪于彼一人，殊非公道"。"甲午迄今四十年矣，吳氏歿亦三十餘年矣，事實俱在，恩怨胥泯，因概述如上。知人論世者，悲其遇，諒其志，可也。" 按，此文發表於 1934 年 12 月 28 日《大公報·史地周刊》(天津版)。(《全集·文集卷·甲午中日戰爭中之吳大澂》，下册第 928 頁)

約是月　　跋《江左石刻文編》。(《全集·文集卷·江左石刻文編跋》，下册第 580 頁)

是年　　仍在燕京大學圖書館工作。(履歷表)

1935 年　32 歲

1 月 3 日　先生得家書,知"夫人發熱半月,醫謂恐變肺炎,因于今日午後南歸"蘇州。(《顧頡剛日記》卷三,第 293 頁)

1 月 21 日　返回北平。(《顧頡剛日記》卷三,第 300 頁)

1 月 26 日　晚,至聞宥家赴宴,同席者有浦江清、吳世昌、顧頡剛、朱寶昌等,十一時歸。(《顧頡剛日記》卷三,第 301 頁)

1 月 27 日　跋《依園詩集》。(《全集·文集卷·依園詩集跋》,下册第 808 頁)

1 月 28 日　中午,顧頡剛宴客,同席者有先生、譚誨英女士、吳世昌、李書春、侯仁之、馮世五、張子玉等。(《顧頡剛日記》卷三,第 302 頁)

1 月 30 日　下午,顧頡剛乘大汽車進城,由水關上車回杭,馮世五及先生送行。(《顧頡剛日記》卷三,第 302 頁)

2 月 13 日　顧頡剛"檢核起潛叔所作《愙齋年譜》一百餘頁,爲改正若干處"。(《顧頡剛日記》卷三,第 307 頁)

2 月 14 日　顧頡剛"鈔改起潛叔《愙齋年譜》序文,未畢"。(《顧頡剛日記》卷三,第 307 頁)

2 月 18 日　顧頡剛"鈔改起潛叔《愙齋年譜》序例,訖,凡三千言"。(《顧頡剛日記》卷三,第 308 頁)

2 月 19 日　顧頡剛"作《愙齋年譜》序,訖,千餘字"。

從叔起潛先生撰《愙齋先生年譜》成,俾頡剛讀之。既竟,作而嘆曰:有是哉,毀譽之不足以定是非也!自甲午一役之後,誰不以鹵莽咎先生者,咎之不已,更誚之曰浮誇,訛言朋興,前後相繼,耳食者遂信爲實然。雖以頡剛之敬仰先生學術文章如此其深,亦未能免于恒情也。及讀此編,乃識先生一生,未嘗以一己之榮華而忽生民之塗炭,又未嘗以外人之逼迫而隳國家之尊嚴,其謀國之忠,任事之勇,實迥非常人所可及。……起潛先生作此譜,俯而孳孳者垂六年,藏家書肆,片紙隻字,靡不搜焉。精神專注,實與先生之研究古文古器同,知其他日所貢獻于藝林者必不止是。愙齋先生未竟之業,意者將成之于吾叔乎?(《全集·著作卷·吳愙齋年譜》顧序;《顧頡剛年譜》,第 230 頁;《顧頡剛日記》卷三,第 309 頁)

2 月 20 日　顧頡剛夫婦"同改《愙齋年譜》序"。(《顧頡剛日記》卷三,第 309 頁)

2 月 21 日　顧頡剛有信致先生。(《顧頡剛日記》卷三,第 310 頁)

2 月 23 日　　顧頡剛有信致先生, 并“續開贈送《古史辨》第五册人名單與起潛叔, 兩單計甲種十四册, 乙種一百廿一册, 丙種七十册”。(《顧頡剛日記》卷三, 第 311 頁)

2 月 27 日　　訪鄧之誠。(《鄧之誠文史札記》, 第 66 頁)

2 月 28 日　　訪容庚。(《容庚北平日記》, 第 407 頁)

3 月 7 日　　顧頡剛有信致先生, 爲《禹貢》及《沿革史》事。(《顧頡剛日記》卷三, 第 316 頁)

3 月 15 日　　顧頡剛有信致先生。(《顧頡剛日記》卷三, 第 319 頁)

3 月 18 日　　訪容庚。(《容庚北平日記》, 第 409 頁)

3 月 24 日　　顧頡剛有信致先生。(《顧頡剛日記》卷三, 第 322 頁)

3 月 27 日　　顧頡剛有信致先生。(《顧頡剛日記》卷三, 第 323 頁)

是月　《吳愙齋先生年譜》由哈佛燕京學社出版(《燕京學報》專號之十), 内封由陳寶琛題署。此書爲先生著作中最重要的一種,《圖書季刊》第 2 卷第 1 期“新書介紹”發表玉府撰《吳愙齋先生年譜》介紹,《燕京學報》也報道了該書出版消息。

　　　　吳愙齋先生與晚清政治學術關繫甚巨, 此譜搜列遺事, 纖巨畢載。《年譜》之後有附録兩種: 一爲《著述目》, 一爲《藏器目》。

　　　　關於政治方面, 係從故宮博物院所藏清軍機處檔案中録出吳氏自秀才以迄去官所上摺奏, 擇要附入。若對俄葡一再發勘界之議, 督河時陳河工利弊, 皆有卓見。金石鑒別方面, 凡題記隨筆, 均行摭入。若《積古齋鐘鼎款識》批語向來未有傳録,《季貞彝》向亦不見形拓, 今得吳氏手摹之本, 皆極有神於考古。又《論古雜識》稿本, 於所得古物, 往往記之甚詳, 皆金石家之一掌故也。書畫方面, 凡所繪長卷巨册, 精心名構, 録其原題, 記其原委, 繫諸作年。吳氏畫筆山水人物花卉, 無一不能, 書首各製一景, 可見一斑。

　　　　此譜材料, 搜集垂六年, 編訂縝密, 間加考證。研究近代史及金石書畫者, 當引之爲良助也。〔容媛《二十四年(二十三年十二月至二十四年五月)國内學術界消息》, 載《燕京學報》第 17 期(1935 年 6 月)〕

春　與聞宥、吳世昌、朱寶昌登西山, 至秘魔崖, 聞、吳、朱三人共爲長句, 先生篆壁。

　　　　不緣多難廢登臨(臧), 直欲蒼茫攬遠心。百盤千磴回脚底(宥), 長空大漠變晴陰。人間魍魎知何限(臧), 世外波濤或更深。他日斜陽重捫壁(進), 勝游似夢不堪尋(宥)。(董運來先生提供,《朱寶昌詩文選集》, 第 42 頁)

4 月 1 日　　先生有信致黃炎培。

　　　　日前奉手教, 祗悉——。

　　　　承賜《人文》, 謝謝。所示鴻英購書範圍四類, 至佩卓見。鄙意二、百年以前者, 此各圖書館以及私人藏家皆知搜集, 可不急急; 三、外國文關於東方或中國者,刊物既多,價又昂貴,恐一時不暇兼及;四、參考書,此類最急要,亦最易辦;惟一、百年以後史書史料,此則人知注意者不多,往往取裹果餌。北方有清華收藏,南方有鴻英收藏,不患毀佚矣,甚望儘量購儲。

龍近爲敝校圖書館購得各處致清外務部譯電稿百數十本,粗視廢紙一簏耳。其中有宣統三年九月各督撫告急之電,惜未暇整理,如有新材,當以奉聞。前有隆福寺書估携來《愛國報》《外交報彙編》《諭摺彙存》等,均清華與敝校已有者,敬爲介紹,令其徑寄台端。如合意可即令寄全部,如無用儘可全退。該肆價格最爲公道,不致欺人也。

拙編《愙齋年譜》,草草付印,諸多未妥,心甚不安,敬奉一册,尚祈不吝賜教,嚴予批評,俾可修訂,勒爲定本,不勝禱盼。(原信;《全集·書信卷·致黃炎培》,上册第 55 頁)

4 月 17 日[①]　先生有信致黃炎培。

日前奉手書,祇悉。前上蕪函并拙稿請樸哥轉呈,諒先達覽,幸垂教焉。

三友堂書樣確龍介紹,今悉尊處選留三種。《白話》《京話報》已令先寄,《小公報》係人托售,尚未送閱。

光緒《諭摺彙存》,當時每月集刊各督撫奏摺甚備,較《東華續錄》材料爲富。日僞爭購,全者遂少。三友一部,十八九年者尚缺,傳係《京報》於十八年始易此名,卅三年後又改爲《華制存考》。上海朝記書莊有石印《諭摺彙存》,則選印僅十之二三耳。《華制存考》可留,《諭摺彙存》似亦可留。南方有藏此者恐不多,以後將更難得。價格有索每年八元者,此需六元,尚平準,曾與商及寄費在內不另加,或可諧洽。仍望裁奪,候示遵行。

瀋陽近出《宣統政紀》,價廿四元,體例如《東華錄》。滬上已見之否?原單附回。(原信;《全集·書信卷·致黃炎培》,上册第 54 頁)

4 月 21 日　顧頡剛有信致先生。(《顧頡剛日記》卷三,第 335 頁)

4 月 22 日　下午,訪鄧之誠。(《鄧之誠文史札記》,第 68 頁)

是月　余讓之贈先生《國立北京大學圖書館方志目》。(原書上先生手記)

5 月 5 日　顧頡剛探望胡適,帶去先生所贈《吳愙齋先生年譜》。胡"匆匆翻讀,甚喜其詳實。可惜起潛不曾問我借看先君日記,故鄭州河工一段太略"。(《胡適日記全集》第 7 册,第 196 頁)

5 月 16 日　與顧頡剛同到蔚秀園訪馮家昇,并晤崔君。(《顧頡剛日記》卷三,第 343 頁)

5 月 17 日　與顧頡剛、吳世昌、容媛至大禮堂聽昆曲,十一時歸。(《顧頡剛

①《全集》中此信末署"(一九三四年)四月十七日",疑誤。此信與 4 月 1 日致黃炎培信內容相關,信中所謂"拙稿",指 3 月哈佛燕京學社剛出版之《吳愙齋先生年譜》,故移置於此。

日記》卷三,第 344 頁)

5 月 18 日　中午,在朱士嘉處吃飯,同席者有洪業夫婦、田洪都夫婦、馬鑒夫婦以及顧頡剛。(《顧頡剛日記》卷三,第 344 頁)

5 月 21 日　與顧頡剛、林耀華往蔚秀園看周懷民畫展。(《顧頡剛日記》卷三,第 345 頁)

5 月 23 日　與顧頡剛"到穆樓聽適之先生講李剛主"。按,李塨,字剛主。(《顧頡剛日記》卷三,第 346 頁)

5 月 26 日　與顧頡剛"乘八時車進城,到楊繽女士處,并見其夫鄭侃。到元胎處。到孔德學校,參加馬隅卿先生追悼會。到東安市場吃飯"。(《顧頡剛日記》卷三,第 347 頁)

6 月 1 日　完成《漢代壙專集錄叙》,此書爲王振鐸輯。

> 壙專築於古墓,非崩圮不能見,即暴露矣,亦且爲土人取實墻垣,鮮遘青睞。而前人考古又皆從事於款識,其無文字或文字不多者,皆在屏棄之列。石室之刻,雖無儈盜攘竊之患,而終有風雨飄零之蝕,是金石之堅,尚藉梨棗以永壽。而壙專有畫鮮字,方甿零落,拾取既便,棄擲亦易,流傳保存之不能廣長,宜其更甚於石刻。瓌寶淪亡,良可慨嘆!吾友王君振鐸,嗜古多蓺,懼斯文之將喪,遂廣搜壙專實物拓本,選其精品,編爲塼集。前列全形,次析範模,以類相序,曰幾何圖案,曰鋪首,曰樓樹,曰人物,曰動物,曰騎射,曰車御,曰營造,曰貨幣,別爲附説一卷,考證簡要,足徵爲學精勤,令人心折。(《全集·文集卷·漢代壙專集錄叙》,下册 587 頁)

6 月 2 日　中午,顧頡剛家宴,同席者有先生、毛子水、姚從吾、鄭天挺、馮世五等。(《顧頡剛日記》卷三,第 350 頁)

6 月 3 日　下午,與顧頡剛"同到校,尋德王,未遇"。(《顧頡剛日記》卷三,第 350 頁)

是日　撰《舅氏王董宬先生家傳》。

> 伯舅王公之喪,龍以交通阻梗,不克馮棺一慟,渭陽情切,爲之愴然。回憶公乞養言旋,時與先君飲酒譚蓺,龍隅坐忝聞緒論,暇爲削正文字,指示讀書之法,竊能略窺門徑者,公之啓誘爲多。前塵如夢,迢然莫追,每欲詮次行誼,以昭後來。因念公周甲之歲,嘗書平生知遇簡龍燕京,南北播遷,猝不可獲。荏苒兩載,始檢行篋得之,慮更湮放,不忍復稽。……公諱懷霖,字董宬,江蘇吳縣人。初依父出繼江氏,名國霖,入泮後隨侍歸宗,改今名。清同治十一年壬申七月二十八日生,中華民國二十三年六月三日歲次癸未五月初一日卒,享年七十有二。嚮所爲詩文,隨作隨棄,今搜輯遺詩,得八十六首,都爲一卷,題曰《董宬詩存》,一鱗半爪,何足盡公之學。晚年著有《閨閣事略》若干卷,未及寫定。(《全集·文集卷·舅氏王董宬先生家傳》,下册第 944 頁)

6月4日　完成《薛允升服制備考稿本之發見》。

　　日前休沐，踥蹀小市，在某肆瞥見塵封之敝架，有叢殘一束，標簽曰"漢律稿本"。取而視之，零亂無次，無序無跋，不署作者姓氏。粗檢一過，未見題及漢律者。及重閱之，則三冊考服制，而餘爲論唐明律。因思考漢唐明律與服制者，非薛允升莫能爲，必爲其稿本無疑。遂詰其所標之漢律何在？則伴言夥友誤題，詢之再三，未詳究竟。即就所有者，議值購之，歸而理之，在論唐明律之一冊中見有"唐明律合刻"并"長安薛"數字，是此一束叢殘，爲薛氏遺稿有鐵證矣。唐明律係出寫官所繕，又經增删，校諸刻本，頗有異同，凡所附清律，刊本均汰去。增删之筆，剛健樸茂，當猶薛氏手墨，疑脫稿之後，數經修訂，據以付梓者當爲定稿，則此其初稿也。考服制者，必爲《服制備考》，計三冊不分卷，其字迹全如唐明律稿之改筆，則全爲手稿矣。得之偶然，不亦幸哉！後晤李祖蔭先生麋壽，告以薛氏久失之《服制備考》今歸寒齋。李先生大爲稱快，且曰尚有《漢律輯存》稿本，近亦知其所在，蓋爲東方文化事業委員會所得。余始恍然當時所見之簽題"漢律"，固知必有是書，而不圖已爲捷足者先登矣。《服制備考》幸係原稿，塗改滿幅，不題書名撰者，賈者遂不辨而棄置一隅，不然，豈能爲余所得邪？（《全集·文集卷·薛允升服制備考稿本之發見》，下冊第 598 頁）

6月5日　爲《趙定宇書目》書跋。

　　趙氏身世不可詳，觀目中《明儒文集》題曰《本朝文集》，是必明季學人也。所藏褌統一，書近已無傳，并罕見著録，今賴以存，亦可貴矣。是目原本藏余婦弟潘君景鄭處，冊首有"棟亭藏印""玉雨堂藏印"，知從曹氏、韓氏輾轉而出。余見《棟亭書目》嘗載之，他家藏目尚均未有，想猶未經傳鈔者耳。吾館力搜目録之部，余遂乞景鄭借鈔，以廣其傳。（《全集·文集卷·跋趙定宇書目》，上冊第 141 頁）

6月6日　與顧頡剛、周一良"到蔚秀園看趙澄照片展覽"。（《顧頡剛日記》卷三，第 352 頁）

6月7日　中午，顧頡剛宴客，同席者有馮老太太、馮沅君、馮友蘭夫婦及幼子鍾越、郭紹虞夫婦、馮世五、先生等。（《顧頡剛日記》卷三，第 352 頁）

　　晚，顧頡剛宴客，同席者有先生、聶崇岐等。（《顧頡剛日記》卷三，第 352 頁）

6月10日　顧頡剛與先生談話。（《顧頡剛日記》卷三，第 353 頁）

6月13日　顧頡剛"到圖書館訪洪都談起潛叔事"。（《顧頡剛日記》卷三，第 354 頁）

6月20日　天津《益世報·讀書周刊》發表先生的《漢代壙專集録叙》。

6月21日　與顧頡剛"同訪李安宅太太，不遇"。晚飯後，又與顧頡剛出外散步。（《顧頡剛日記》卷三，第 357 頁）

6 月 22 日　飯後,與顧頡剛"散步清華園,訪芝生,見其夫人"。(《顧頡剛日記》卷三,第 358 頁)

6 月 25 日　與顧頡剛"到朗潤園訪超英夫婦"。(《顧頡剛日記》卷三,第 359 頁)

6 月 28 日　與顧頡剛同到田洪都家夜餐,同席者有薛瀛伯、聶崇岐、李書春、鄧嗣禹、陳鴻舜、朱士嘉等。(《顧頡剛日記》卷三,第 360 頁)

6 月 29 日　與顧頡剛"及童君散步校中,并至蔚秀園訪家昇"。(《顧頡剛日記》卷三,第 361 頁)

6 月 30 日　先生有信致葉景葵。

每從式之先生處備聞風誼,深爲仰慕! 比見景印《諧聲譜》全稿,發潛闡幽,令人欽敬。是書爲研究古聲韵學必讀之籍,自來學人咸苦學海堂所刻之不足,今乃以全璧行世,嘉惠士林,豈淺鮮哉! 龍欲得已久,遍訪市肆,無一代售,用敢冒昧仰懇慨賜一部,倘蒙俯允,感激無既。

附上拙編《吳愙齋先生年譜》一册,冀爲引玉之資,敬請教正。(《全集·書信卷·致葉景葵》,上册第 4 頁)

7 月 1 日　先生撰文介紹朱士嘉編《中國地方志綜録》。(《燕京大學圖書館報》1935 年 7 月第 78 期)

是日　趙泉澄、陳懋恒嘉禮,先生寫條幅賀之,内容爲《詩經·周南·關雎》中的"窈窕淑女,鍾鼓樂之"。(原件,李軍提供)

是日　顧頡剛"始到北平研究院辦公,擬各項章程及工作計劃",聘吳豐培、張江裁、吳世昌、劉厚滋等任北平研究院史學研究會歷史組編輯;聘先生及孫海波、徐文珊、馮家昇、白壽彝、王守真、鄺平章、楊向奎、王振鐸、童書業、楊效曾、王育伊等任名譽編輯。(履歷表;《顧頡剛年譜》,第 233 頁)

7 月 4 日　北平研究院院長李煜瀛聘先生爲該院史學研究會歷史組"名譽編輯員"。(聘任書)

7 月 7 日　中午,聶崇岐、李書春、先生及朱士嘉夫婦在顧頡剛家設宴,同席者有顧頡剛、齊思和、翁獨健、鄧之誠、容庚夫婦、容媛、聞宥、馮世五、童書業等。(《顧頡剛日記》卷三,第 363 頁;《容庚北平日記》,第 422 頁)

7 月 10 日　先生有信致葉景葵。

昨奉惠答并《諧聲譜》一部,如拜百朋之賜,感幸無似! 張氏父子一生心血賴先生而不没,後之學者研求古韵賴是書以識塗,誠不朽盛業也。又讀式丈叙語,敬悉高齋所藏先哲稿本甚多,聞之神往。它日南旋,不識能慨許一睹,以廣眼界否? (《全集·書信卷·致葉景葵》,上册第 5 頁)

7 月 14 日　從容庚處"取《海外金石録》二部代售"。(《容庚北平日記》,第 423 頁)

7 月 30 日　顧頡剛有信致先生。(《顧頡剛日記》卷三,第 373 頁)

8月22日　携家人同至北平,顧頡剛夫婦到站迎接。(《顧頡剛日記》卷三,第381頁)

8月24日　晚,顧頡剛夫婦宴客,同席者有先生夫婦及誦詩、誦芬二子,劉治平太太及其二女(毓珍、毓琴)一子(毓燕),九時許散。(《顧頡剛日記》卷三,第382頁)

8月25日　中午,劉治平夫婦宴客,同席者有先生夫婦及二子、顧頡剛夫婦及自珍、馮世五,并照相存念。(《顧頡剛日記》卷三,第382頁)

9月1日　先生一家與顧頡剛到東大地散步。(《顧頡剛日記》卷三,第385頁)

9月7日　録《梁溪余氏負書草堂秘笈書目》并跋。梁溪余氏,指余一鰲,乃清楊芳燦之外曾孫,工詩文,曾助丁紹儀輯《國朝詞綜補》。余氏藏書甚富,1933年夏"散於吳市,龍侍父疾,未獲往觀。月前返里,從王佩諍先生所得見余氏所藏秘笈書目,雖非全豹,而載目多鈔校稿本,甚爲可貴。其中以楊氏一家之稿,尤爲難得。……所著均富,或刻或未刻,或傳或不傳,目中所有,皆未經刊行者也。即外此各著,亦無非名家稿本。余裔編寫此目,求善價而沽之,他日各書將不識流落何所。録存副本,聊紀負書草堂蓄書之迹,與夫藏書家、詩詞家以資掌故也"。(《全集·文集卷·梁溪余氏負書草堂秘笈書目》,上册第190頁;《燕京大學圖書館報》1935年9月第80期)

9月8日　早上,先生一家與顧頡剛"到圓明園,行戲庭中,到農會茗憩。又到達園,十二時半歸"。(《顧頡剛日記》卷三,第387頁)

是日　顧頡剛家遷入城内棗林大院一號居住,以方便去北平研究院辦公,原成府寓所由先生一家住入,代爲照看。(《顧頡剛年譜》,第237頁;《歷劫終教志不灰——我的父親顧頡剛》,第177頁;《顧頡剛日記》卷三,第387頁)

9月13日　葉景葵有信致先生。

奉示知《諧聲譜》一部,已登籤室,并承寄贈《禹貢》一册,謝謝。以前尚有三册,能否爲搜集一份,一併見惠,以後當由鄙人自己定購也。敝齋藏先哲稿本并非宏富,惟尚有幾種可供研究。台駕如有南游機會,定當倒屣歡迎。〔《葉景葵致顧廷龍論書尺牘(便箋)》,載《歷史文獻》第1輯,第17頁〕

9月16日　葉景葵有信致先生,談《讀史方輿紀要》事,并請先生爲《禹迹圖》《華夷圖》題跋。

奉示知前次足下南游曾經過訪,失之交臂,恨歉奚如。敝藏《讀史方輿紀要》……惟全書内黏籤甚多,對於原書多所糾正,未知有無顧氏親筆,抑華商原諸人之所爲,此蓄疑者一也。又原書有朱筆删改,對於地里沿革自欺欺人,往往增删甚多,且文義亦有更改,此又何人之所爲耶,蓄疑者又一也。……惜蓄疑二端迄無人爲之解釋,是以藏庋多年,每一展卷,輒思就正有道。幸貴會同人對於古今輿地之學極有研究,弟願將此書運至貴會考究一過,加以論定。秋末或有北行,當酌帶重要者十餘册先行面交,其餘覓便寄平可也。商務影印之説毫無所聞,已函詢雲五先生矣。弟字迹庸俗,三十以後從未臨池,今已垂垂六十二,荒落可知。命書條幅本不敢應命,惟弟今日正寄上《禹迹圖》《華夷圖》各一軸,托式之轉懇足下題跋,爲抛磚引玉計,自當勉遵來教。〔《葉景葵致顧廷龍論書尺牘(便箋)》,載《歷史文獻》第1輯,第17頁〕

9月18日　葉景葵有信致先生,告知“今日訪王雲五,知商務影印者係《天下郡國利病書》原稿,即士禮居舊藏者,非《方輿紀要》也”。〔《葉景葵致顧廷龍論書尺牘(便箋)》,載《歷史文獻》第1輯,第18頁〕

9月21日　顧頡剛有信致先生。(《顧頡剛日記》卷三,第392頁)

10月5日　顧頡剛乘七時車歸,先生“全家送至大門”。(《顧頡剛日記》卷三,第397頁)

10月10日　先生夫婦及誦詩、誦芬至顧頡剛處。(《顧頡剛日記》卷三,第398頁)

是日　跋林紓撰《春覺齋論畫》。

右《春覺齋論畫》遺稿,乃萃數十年中揮翰之心得而成。評隲古人,期於至當,闡論法理,敢斥時風,蓋論畫之作,曾無有如此之俊偉者也。先生之畫,師法漁山,漁山嘗浮游澳門,多覯西方名迹,故其設色,頗受薰陶。先生既私淑之人,又見聞之廣出漁山上,融化筆墨,自宜更甚,故實爲溝通中西文化之一人。……其箴俗匡謬之深心,不待煩言而自顯。他若述布局之清高在乎氣韵,理參光算,象形栩然。一字一語,皆有至理,洵可謂後學之津逮,迷途之筏寶矣。吾館既得先生稿本,藏諸善本書庫,念此作雖於民國初年分載都中報紙,而今已罕見。爰舉印行,以餉藝林,而先生遺文墜稿得藉以流傳,亦後學者之應有事也。(《燕京大學圖書館報》1935年10月第82期;《全集·文集卷·春覺齋論畫跋》,下册第842頁)

10月12日　在家宴請潘博山夫婦,同席者有顧頡剛、郭紹虞夫婦、容庚夫婦等。(《顧頡剛日記》卷三,第399頁;《容庚北平日記》,第434頁)

10月13日　顧頡剛來吃飯。(《顧頡剛日記》卷三,第399頁)

是日　晚,容庚在東興樓宴請潘博山,先生與徐中舒、李棪、譚琭青作陪。(《容庚北平日記》,第434頁)

10月18日　中午,與顧頡剛一起宴請胡玉縉(綏之)、章鈺、葉景葵,同席者有章元義、潘博山、洪業、容庚、田洪都、錢穆。(《顧頡剛日記》卷三,第401頁)

是日　容庚向先生借《積古齋鐘鼎彝器款識》。(《容庚北平日記》,第435頁)

10月20日　秋祭顧亭林,與祭者有胡玉縉、胡文森、陸增煒、陸繼舒、章鈺、章元善(章鼎代)、章元美、章元群、章元義、王福昶、戴姜福、汪惟韶、王慎賢、朱修爵、陸輔賢、王世澄、曹壽丞暨先生。時先生負篋至北平四載，"初預祀禮，景仰彌深"。"先生之祠，自慈仁寺移蘇太誼園范祠之右廡，歷久廢弛，去年經章鈺等規復其舊，明年將葺專祠於園後，以歌妥侑，是足以見先生遺澤之遠矣。"（《全集·文集卷·題亭林先生遺像卷》，下冊第 921 頁）

是日　與顧頡剛陪同潘博山夫婦等"游懷仁堂、研究院"，後又陪潘博山去琉璃廠古董店及吳縣會館。（《顧頡剛日記》卷三，第 402 頁）

10 月 25 日　葉景葵有信致先生、顧頡剛云："到京邂逅，渥承寵台，縱論古今，益我神智，并荷導觀燕校各部，作竟日之歡，感篆曷極。別後已于廿三抵滬。"又告知寄出"《方輿紀要州域形勢説》抄本五册"和托購《古文尚書撰異》原稿事。〔《葉景葵致顧廷龍論書尺牘（便箋）》，載《歷史文獻》第 1 輯，第 18 頁〕

"秋天，葉揆初先生到北京，我和他在章式之先生家裏初次見面，討論版本目録之學，很投契。先生回滬後，就常常通信，都是講校本的各種問題。"（先生的回憶）

10 月 27 日　顧頡剛與先生夫婦并誦詩、誦芬到容媛處，又去李安宅夫人處，并到大鐘寺。四時，回到李宅。（《顧頡剛日記》卷三，第 404 頁）

11 月 6 日　葉景葵有信致先生，請查核清紀容舒撰《玉臺新咏考異》、孫氏《唐韵考》二書，不知有刻本否？〔《葉景葵致顧廷龍論書尺牘（便箋）》，載《歷史文獻》第 1 輯，第 19 頁〕

11 月 12 日　訪顧頡剛，"談時局"。（《顧頡剛日記》卷三，第 409 頁）

11 月 15 日　葉景葵有信致先生。

日前收到《華夷》《禹迹圖》兩幅，今日得誦賜書，均悉。尊書雅正，懸之座右，如晤良朋，敬謝敬謝。屬件容努力爲之。日來南北謡言均熾，未知校中均如常否。所存顧氏遺稿如緊急時，請覓相當之處保存。敝行在東交民巷亦有保藏所，可以暫時庋閣，特以奉托（兄有要件亦可保存，附上介紹書一件，乞酌行之）。〔《葉景葵致顧廷龍論書尺牘（便箋）》，載《歷史文獻》第 1 輯，第 19 頁〕

11 月 22 日　葉景葵有信致先生，討論《讀史方輿紀要》，并爲先生書條幅和購買《古文尚書撰異》事。

今日接奉復示，欣悉一切。……賓四先生欲得《方輿紀要》全部一讀再下論斷，弟亦贊同，俟稍緩再謀輸運之策。刻已校出北直第八、第九兩卷，計一册（用新化魏氏本，以其書頗較寬暢），郵呈共賞，請與賓四先生一閲。以弟所見，稿中朱筆增删及書眉墨筆加注皆極有價值，的係定稿後隨時改良之工作。其時宛溪先生業已病廢，是否其子士行及華商原諸人之所爲，衹能以情理揣測，若無諸人墨迹一爲印證，亦憾事也。賓四先生意欲過録一部，的係正辦，弟擬努力爲之，如能南北分工，彼此交換，則奏功更易，公意如何？前次囑書條幅，昨已寫成，萬分拙劣，不寄則嫌爽約，易紙更書則近于矯揉,祇得冒昧寄上,已交文祿堂書友孔君帶呈,以之覆醬瓿可也。《古文尚書撰異》……不必急急寄來,弟購買是書,以臧、段兩賢手迹稀如星鳳,故鄭重保存之,備他處印證也。〔《葉景葵致顧廷龍論書尺牘(便箋)》,載《歷史文獻》第 1 輯,第 19 頁〕

11 月 23 日　先生夫婦與顧頡剛、誦芬、容玢、容肇祖夫婦等,"到故宫博物院,參觀乾隆花園。出,游景山。到中原公司,五芳齋吃夜飯"。(《顧頡剛日記》卷三,第 413 頁)

11 月 27 日　葉景葵有信致先生,再論《讀史方輿紀要》。

奉示敬悉。朱棠刊《方輿紀要》九卷本,弟昔年亦購得一部(測海樓吳氏故物),每卷後有當塗彭萬程刊戳記,不知是原刻,抑係覆刻。第九卷"汎掃纓① 燕"條下,有克長蘆(又小注)逾直沽(又小注)一行(在下德州之後),近刻脱去。又九邊固原後,有孫氏論曰十行,而王氏曰雙行小注廿行,近刻概删去,而與敝藏原稿却合,可證朱氏係從定稿抄出付刊(敝藏原稿惟《州域形勢説》各卷并無朱墨筆校改)。賓四先生謂爲第二刻,洵不誣也。〔《葉景葵致顧廷龍論書尺牘(便箋)》,載《歷史文獻》第 1 輯,第 20 頁〕

是月　跋《華夷圖》。(《全集·文集卷·華夷圖跋》,上册第 68 頁)

12 月 1 日　先生有信致葉景葵。

叠奉手示,并尊校《方輿紀要》,先後拜悉。《古文尚書撰異》款已照收付,餘數已即返。是書承許留校,當珍護,盛情感荷無既。

顧稿由南北分工校録,賓四兄亦贊同,留此十册已屬入手。龍在敝館庫中亦見一鈔本《方輿紀要》,鈔手紙墨似尚舊,係一滿人故物。《州域形勢》卷九各條同朱棠本,與今本異。又與尊校本校,有數處如刻本,有數處則如校本,北直八一卷,另紙校録奉鑒。據此可以分出原稿幾種改筆之先後,與燕本同者係何色校筆,便希示及。燕本初不詳其佳處,今可據尊校約定其鈔時,幸何如之。尊校各批能否以色筆别之,似尤醒目。朱棠刊本此間所得一部,"吳興"之"興"誤刻作"典","當塗彭萬程刊"一行祇在卷八尾有之。而敝館亦藏一部,與朱本刻全同,疑即一板,則"彭萬程"一行每卷皆有,"興"字亦不誤,惟末無朱棠一文,而首有封面題"嘉慶乙丑鑴,友蘭堂藏板"。現由賓四兄取去校閲。

頃讀台示,所述尊藏一本,竊疑尊藏爲原刊,敝館者原刻而失朱文,新得者乃據之翻刻或補版者也。賓四兄將撰朱本跋,來書已鈔供其參考矣。彭刻、魏刻字有異處,不知與廣雅本何如? 惜不能得暇時併取一校耳。原稿校記俟將來録載《禹貢》時,龍當以燕本逐條校注。間亦有與稿中所改不同者,如有所見,尚希不吝教誨……

————————————
① 纓:據《讀史方輿紀要》卷九,當作"幽"。

大局變幻莫測,目下尚安,惟城内戒嚴,晚九時閉城。知念,奉聞。(《全集·書信卷·致葉景葵》,上册第6頁)

12月3日　顧贊廷及顧孟剛在東興樓宴請,同席者有先生、顧頡剛、王拱之及其子、張劍秋、張少墨、張丹墀及其兄。(《顧頡剛日記》卷三,第416頁)

12月4日　葉景葵有信致先生,論《讀史方輿紀要》。

奉示及文殿閣收條已悉。承示燕校有舊抄本《方輿紀要》及第八卷尊校兩紙,已與原稿核對,以朱筆注於原紙,仍寄上備核。燕校抄本與散藏原稿底本相符,惟底本所加之朱筆校改、墨筆添注,則燕校本均無之。此種抄本均自康熙年間傳抄,顧書寫定後,宛溪即作古人,一時杰作,必有人從原稿迻寫一副本,又輾轉傳抄,弟所見不下三四本。敝齋亦有一本,係臨清徐氏故物,察其紙墨時代,大約與燕校本不相上下,卷八内容亦同,惟抄而未校,訛奪甚多耳。此書問題,在朱墨筆增删改定處,其因避忌而改者,入清朝後,既思傳播,又畏禁網,故將夷、虜等字塗改,不足異也。所異者,凡古今沿革變遷及山川考證,頗多校改,皆極有關係之處,所改又均勝於原文,此最宜研究者也。惟有將全書照原稿及改筆,寫一校記,必于地里學有所貢獻。至區區一二字之異同,則其末節矣。敝藏朱棠本"興"字不誤,後有朱棠附論一卷,而失去封面,但紙色不似嘉慶時物,容再考定。即此一書,經三數人研求,已發明異同如此,真有浩如烟海之嘆。白頭更短,不能不厚望於群公矣。

〔《葉景葵致顧廷龍論書尺牘(便箋)》,載《歷史文獻》第1輯,第20頁〕

12月7日　先生有信致葉景葵。

今午接奉快示,拜悉一一。日前游隆福寺,又見一《讀史方輿紀要》十卷本,其九卷與朱棠、友蘭堂兩本全同,惟多卷十之各省序文一卷,及長沙黃冕一跋,即將各本互校,似即一板,甚難判辨,疑經展轉收藏,略有修補耳。"吴興祚"朱本誤"興"爲"典",友蘭本雖已改正,而刊補之迹甚顯,可知朱本在友蘭本之前,或友蘭堂得朱板爲之正誤補缺,截去《附論》,加鑴引首,因題所刻時爲"嘉慶乙丑"。黃本跋署道光□□年,則又得友蘭板而補刻各叙爲卷十也。前函所推測之友蘭堂爲原刻,朱棠爲覆本,則全然錯誤矣。惟尚有卷尾所刻之"當塗彭萬程刊"一行,各本不同,朱棠本僅八、九卷有之,友蘭本則每卷均有,黃本則卷四、六、七無之,使即一板,何有此異?又尊藏一本,"興"字不誤,前無引首,而後有朱論,是爲朱氏原刻,抑係友蘭本?則不可解矣。即此一書,已難考明其原委,甚矣,板本之學,亦匪易談!賓四先生於此書,早在考證,不日可成一文發表。……承示尊藏本問題在朱墨筆增删改定處,均勝原文,寫一校記,必於地里學者有所貢獻,甚是甚是。北直一,賓四先生亦已入手校錄,一星期内當可畢事,俟與尊校北直八、九兩卷銜接,即可分期在《禹貢》刊載。深望從各方面考究,或有經竄之迹可尋,倘更得由以推知原稿朱墨筆之出於誰手乎?是稿歸諸鄴架,乃承不遠數千里，慨然示讀，且首作校記，以供刊布，使宛溪之學賴以大昌，可爲稿本得所慶，而於先生校勘之精勤，通假之高厚，尤爲感佩。（《討論〈方輿紀要〉函札六通》，載《禹貢》第 4 卷第 9 期）

12 月 11 日　葉景葵有信致先生：“奉七日手書，詳示朱棠、友蘭兩本之同異，足廣新知，甚感。”又答錢穆所詢三個問題。（《討論〈方輿紀要〉函札六通》，載《禹貢》第 4 卷第 9 期）

12 月 12 日　顧頡剛回成府《禹貢》校印所，先生赴訪之。（《顧頡剛日記》卷三，第 419 頁）

12 月 23 日　顧頡剛有信致先生。（《顧頡剛日記》卷三，第 422 頁）

是日　在《清史藝文志》上題記。

　　此爲朱師轍排印本，售兩圓，板式仿《清史稿》，誤字棘目。至甄采簡陋，尤多可議。乙亥冬日，得于開明書局。龍記。

　　據金梁云，此稿由章鈺、吳士鑑原纂，朱師轍復輯。嘗見式老原稿，全非其舊矣。又記。（《全集·文集卷·清史藝文志跋》，上册第 152 頁）

12 月 29 日　晚，鄧嗣禹在東來順宴客，同席者有先生、顧頡剛、吳世昌、朱寶昌。（《顧頡剛日記》卷三，第 424 頁）

是月　先生有信致顧頡剛，并附葉景葵往還札，述及《讀史方輿紀要》，云：

　　寅四兄致公一書，刊載後，揆初先生已鑒及。來書慨允將《方輿紀要》全稿覓便携平，目下先校出八、九兩卷，已寄下。龍偶從燕京圖書館庫中檢得鈔本一部，取與葉先生所校校之，凡爲近刻所删節者，亦多存在，是可推知燕本當爲顧氏第一次改後傳鈔之本……

　　前得朱棠刻九卷本，惟間有誤字，如吳興祚“興”誤“典”等，後又見友蘭堂本，刻工同精，誤字已正，因謂朱本爲覆此者。及昨日又得有長沙黄冕跋本，三本板式字全同，細校之，始知朱棠確爲原刻。其中有近刻所删者數則，是必據二次改定付梓者，實可貴也。至此板如何一再易主，則莫可考見矣。版本之學，甚不易談，兹以與揆初先生往還各札録呈台閲，公有所見，幸以惠教。

　　再敷文閣本冠有《御題聚珍板》十韵，是書《四庫》目中既未著録，《聚珍板叢書》又未收入，胡列此詩，實不可解。殆以字體仿諸聚珍（四川刻本有仿聚珍敷文閣一牌記），因并御詩而刻之，以示仿聚珍板之逼真乎？星期六想可駕臨，餘容面罄。（《全集·書信卷·致顧頡剛》，上册第 113 頁）

是月　爲《國史地理志》稿本撰跋。是書爲清姚元之撰，“爲海豐吳氏石蓮闇故物也。……全書似係寫官清繕之本，經纂輯者一再修訂，粘簽塗乙，朱墨爛然，似出數手者”。（《全集·文集卷·國史地理志稿本跋》，上册第 58 頁）

是月　撰章氏四當齋藏《鄭盦藏匋》跋。

　　古匋文字，樸茂精美，與鉥印、化幣之文偏旁近似，當爲六國時所用者。

惟多奇古難識之字，取與甲骨、鐘鼎及各種文字比而觀之，可察文字變遷之迹。古匋出土，始于齊、魯，後於燕、趙。齊、魯出時，當清光緒庚壬之際，陳氏簠齋以近水樓臺所收最富，次之爲潘氏鄭盦，又次則王氏天壤閣、吳氏愙齋。從事於考訂者，以愙齋爲勤，鄭盦則政事多勞，未見專著。……簠齋藏匋約二千餘品，今拓本流傳尚多，蓋陳氏飼工於家，專以藏器精拓雠人。鄭盦則鮮加椎拓，每得新物，一拓而止，小品銘文，往往截取朱卷餘紙爲之，故其墨本向稱難得，藏匋僅聞其多，未詳其數。余爲編録古匋文字，於其所拓訪之久矣，嘗詢内弟潘君景鄭，亦謂未有，春間聞其爲攀古樓整理彝器圖書，獨此未見，且并拓本亦無一存。今謁式之太世丈，乃承出示此册，鄭盦藏匋始見一二，積念爲之冰釋。册中集拓百八十二紙，雖猶鱗爪，而其可貴爲何如哉！假橅既竟，率附數語，以志眼福，即乞教正。（《全集·文集卷·鄭盦藏匋跋》，下册第 590 頁）

是年　先生與顧頡剛兩家在成府蔣家胡同三號有合影。（顧潮《顧頡剛先生與顧廷龍先生的交誼》，載《顧廷龍先生紀念集》，第 119 頁；《歷劫終教志不灰——我的父親顧頡剛》，第 178 頁照片）

是年　仍在燕京大學圖書館工作，時住蔣家胡同三號顧頡剛寓所。（履歷表）

1936 年　33 歲

1月1日　撰成《古匋文畚録自叙》。

　　余夙好古文字,以匋文未有專録,刻意搜訪。舊時藏家,今多星散,幸陳氏所藏既富,又嘗置工專拓,故流傳尚多。潘氏、吳氏所藏較遜,而拓本亦較難得。婦兄潘君博山承厚仰承家學,耆古彌篤,所集各家墨拓,蔚爲巨觀,猥承相假,乃獲研讀。繼來燕京,從友人周君太初一良得謁乃叔季木世丈進,又窺其所藏古匋之富,陳氏而後一人也。凡存拓片,盡以見示。得此兩家之藏,乃如貧兒暴富,并益以劉、黃、太田諸書,於是手橅香録,分別部居,汰其複重,選其完整,慎校闕蝕,嚴區真贗,凡傳橅之字概不敢卒然收入,誠恐豪釐之失遂成千里之謬。余末學膚受,采擇無當,乃荷師友不吝教迪,成此兩編,自維草創,必多扉訛,惟願當世學人加以助正。他日尚擬選集各家藏拓付之景印,以供同好,則是録即爲之通檢可也。(《文集·古匋文畚録自叙》,第35頁)

1月3日　顧頡剛回成府,下午,與先生談并晚飯。(《顧頡剛日記》卷三,第428頁)

1月4日　與夫人訪顧頡剛。(《顧頡剛日記》卷三,第428頁)

1月11日　爲募禹貢學會款,顧頡剛去南京,先生夫婦及朱士嘉夫婦、容肇祖夫婦、吳豐培、許道齡、王姨母前來道別送行。(《顧頡剛日記》卷三,第430頁)

1月16日　顧頡剛有信致先生。(《顧頡剛日記》卷三,第431頁)

1月22日　張一麐以《集韵》十卷贈先生,并在名帖上寫有"丁校《集韵》十册,檢出送上,此書久淹没,得兄理而董之,可謂得所矣。許君勉甫跋語在首本末頁"。(原件)

2月2日　先生有信致顧頡剛。

　　日前奉手書,敬悉一一。

　　"禹貢"立案各件,已屬馮先生檢寄,并附去簡章、會員録等,以備不時之需。十一期已出版,十二期中應登贈書目,外來已盡,須以其他紀事實之。張石公《中國地方志考》雖已交"引得"檢字,知十二期及下卷一、二、三期皆不及登矣。頃接黃任之先生寄來新撰《川沙志》"導言"及"概述",共約六七千字,頗有新見,爲全志之一部分。全志已成,未知已付手民否?即已付排,亦未必一時可就,"導言""概述"似可先在《禹貢》一登之。返旆在即,候閱定奪。五卷一期封面須改何式,"引得"謂須早日預備,望早示。

商務王雲五有信致公,謂去年請任編纂《中國疆域沿革史》一書,能否允許,請速復,以便定約云。

雲圻婚當爲繕聯送之。季龍婚則爲送分洋兩圓,渠於"禹貢"并未論及,婚前三日始至,致請柬發而都未收到。婚書臨時發覺人名誤填,重買重填,吉時延兩時之久。不三日奔父喪回籍,蓋其行色匆遽如此。(《全集·書信卷·致顧頡剛》,上册第 117 頁)

2月4日　顧頡剛有信致先生。(《顧頡剛日記》卷三,第 438 頁)

2月5日　顧頡剛有信致先生。(《顧頡剛日記》卷三,第 438 頁)

2月8日　顧頡剛有信致先生。(《顧頡剛日記》卷三,第 440 頁)

2月10日　晚,與李書春訪容庚,九時歸去。(《容庚北平日記》,第 449 頁)

是日　葉景葵有信致先生,代友人訂購《禹貢》合訂本。〔《葉景葵致顧廷龍論書尺牘(便箋)》,載《歷史文獻》第 1 輯,第 21 頁〕

2月20日　中午,洪業、顧頡剛、先生、田洪都、馬鑒等在容庚家吃飯。(《顧頡剛日記》卷三,第 444 頁)

2月23日　先生有信致葉景葵。

久疏箋候,無任馳念。日前奉手書,欣悉動定勝常爲慰。

屬購《禹貢》,已屬會中徑寄蔣君處,發單遵呈台端,請察入。

頡剛近從張曉峰先生處借得景范先生手札照片,龍覆攝一分,敬贈賞鑒,俾可與稿本中朱、墨筆校認字迹也。留平十本,賓四業已過録畢事,本擬即日妥交便人帶奉,因長者曾命閲後須加題識,賓四初未着墨,今遂倩其補記,旬後當即奉趙。尊校已成若干? 甚念。

邇來高齋有何新得秘笈? 前承惠假鏞堂批本《古文尚書撰異》,過録僅三分之一,緣拙編《古匋文香録》急待寫付石印,遂以閣置,大約尚需兩星期方可續録,秘本稽歸,心殊不安。龍又以寫刊隸古定本(從敦煌所出)卷子本照片橅寫《尚書》(已刻成二十餘篇),將來擬作校勘記,於《撰異》頗多參考,臧批必多卓識可據,是以一再遷延,必欲校讀一過爲快。(《全集·書信卷·致葉景葵》,上册第 10 頁)

2月26日　葉景葵有信致先生。

奉二十三日手示,敬悉。茲復如下:

(一)賓四兄已將《方輿紀要》校完十册,可敬可佩! 弟因忙於各事,又移寫段校《集韵》,故已作輟。俟十册寄來,當將北直全分寄上,請賓四兄續校,假以時日,必可告成,謹以奉托。商務頗有影印原稿之意,弟亦不吝,但總以校出一部爲正辦。因校改朱墨筆迹不易影印,恐失真相也。以後續有題識,可書於每册之首尾。

(二)承影示景范先生書札墨迹,狂喜之至。如此則可決定總叙後所題一行(所題爲"兩叙及總叙兩篇俱要刻"云云)是顧先生親筆。卷中尚有添注者數十處，在雲貴册中，愈後則或不成字，蓋已病廢矣。弟向以爲卷中朱、墨筆皆及門所書，但經顧先生病中鑒定，蓋不謬也。近又考得助顧先生成此書者，尚有馬君潤，爲世奇之孫，在丙午本凡例所書六人之外。

（三）臧批《古文尚書撰異》請留案頭，俟校畢再還，勿急急。弟舊藏楊惺吾代蓼綏閣傳抄日本古卷子唐寫本《古文尚書》，即羅雪堂所惜爲人書俱亡者，記有九篇，今日歸家當檢出郵寄，以助吾兄校勘。

（四）近日所購各件，以海豐吳氏所藏《鐘鼎款識》拓本，即《攈古録》底本二十二巨册爲最佳，不知吾兄已見過否？

（五）弟助禹貢學會購書費壹百元，又蔣女士定報費，一併由敝行匯奉，乞收。（《通訊一束》，載《禹貢》第5卷第5期）

是月　聞宥爲《古匋文眷録》作“叙”，謂“起潛平居治學，宗其鄉吳窓齋先生，故書中多采其説”。（《古匋文眷録·叙》）

是月　以顧嗣立撰《閭邱先生自訂年譜》交王大隆，印入《丙子叢編》。王大隆跋云：“是譜道光戊申玄孫元凱曾刊附全集，今傳世亦希。顧君起潛有藏本，爰爲印行，以廣其傳。”（《丙子叢編·閭邱先生自訂年譜》）

3月7日　下午，顧頡剛離開北平，先生夫婦與吳世昌、許道齡來送行。（《顧頡剛日記》卷三，第450頁）

3月12日　葉景葵有信致先生，談《方輿紀要》和《集韻》校本事。〔《葉景葵致顧廷龍論書尺牘（便箋）》，載《歷史文獻》第1輯，第22頁〕

3月19日　先生有信致顧頡剛。

前接來書，奉復後又得一書，均悉。

項接張公權部長致公函，知會中領款信已達。惟嫌詞旨簡略，聲説未詳，屬叙述研究工作與鐵路有關，請求補助，俾可批交所司以爲付款之根據云云。自當即日重繕請求書寄去。至前函懇公函張氏撤回此間領款信一節，即請作罷爲荷。

……承屬訪購薄本邊防書籍，已托各肆羅搜，必不致貴也。（《全集·書信卷·致顧頡剛》，上册第119頁）

3月22日　顧頡剛有信致先生。（《顧頡剛日記》卷三，第454頁）

3月26日　《大公報·史地周刊》第123期發表先生撰《唐鷦安先生藏書考略》。“鷦安”者，即唐翰題。先生撰此文，蓋因“當日同好，皆以藏書著，獨先生之名未彰，殊爲遺憾，兹就見聞所及，粗述一二”。（《全集·文集卷·唐鷦安先生藏書考略》，上册第159頁）

3月29日　馮雄有信致先生：“《大公報》見大著《唐鷦安先生藏書考略》，甚佩。唐氏《唯自勉齋書目》稿本一册，今在雄處。吳氏《拜經樓書目》亦收得費氏寫本一册，特此奉聞。”（原信）

3月30日　曹經沅有信致先生。

　　惠緘奉悉，就審撰著康娛爲頌。執事與頡剛教授主持禹貢學會，發揚國光，網羅散佚，曷勝欽佩！承囑各節，敝處官有諸刊物即囑檢寄。各縣方志，本未齊全，變亂頻仍，蒐求不易，當徐圖之。《紅崖碑》在關嶺縣境，文字奇古殆不可識，容飭該縣拓送，即爲奉上。大刊推銷一項，當廣爲介紹，藉副雅屬。（《通訊一束》，載《禹貢》第5卷第6期）

　　4月19日　先生一家與郭紹虞夫婦及二女、容肇祖夫婦、田洪都夫婦、李瑞德夫婦、陳觀勝夫婦、顧頡剛、趙肖甫、鄧嗣禹、劉選民、侯仁之，以及燕大學生約五十人，乘車至青龍橋站，爬長城。下午"乘十二點五十分車南行，到居庸關，下車游關。步至東園站，乘車到南口。下車，游南口鎮，入南口飯店小憩。四時半車開"回北平。（《顧頡剛日記》卷三，第466頁）

　　4月26日　與夫人同至顧頡剛處。飯後到華樂園，顧頡剛夫婦請先生夫婦、鄭侃嬨夫婦、容肇祖夫人、容媛、連喜弟看榮慶昆弋劇社演出。（《顧頡剛日記》卷三，第468頁）

　　4月27日　晚，偕家人與顧頡剛、童書業散步至朗潤園及達園，九時歸。（《顧頡剛日記》卷三，第468頁）

　　5月22日　顧頡剛"修改起潛叔《匋文編》序"。（《顧頡剛日記》卷三，第476頁）

　　5月24日　下午，禹貢學會在燕大臨湖軒（校務長住宅）召開成立大會，"選舉職員，修改章程。至七時畢"。到會者有顧頡剛、先生、于省吾、容庚、唐蘭、錢穆、田洪都、雷潔瓊、侯仁之、童書業、王育伊、成鏞、汪華、吳世昌、吳豐培、王振鐸、王伊同、王鍾翰、李棪、陳觀勝、郭紹虞、費孝通、樂植新、李書華、張政烺、楊向奎等四十餘人。選舉第一屆職員，理事七人，爲顧頡剛、錢穆、馮家昇、譚其驤、唐蘭、王庸、徐炳昶；候補理事三人，爲劉節、黃文弼、張星烺；監事五人，爲于省吾、容庚、洪業、張國淦、李書華；候補監事二人，爲顧廷龍、朱士嘉。"九時半歸，與起潛叔等談至十一時。"（《顧頡剛日記》卷三，第477頁；《紀念顧頡剛學術論文集·顧頡剛先生學術紀年》，第1042頁；《歷劫終教志不灰——我的父親顧頡剛》，第171頁）

　　5月27日　偕夫人與顧頡剛夫婦等同游妙峰山。上午"五時十分開車，到黑龍潭，繼到北安河。七時上山，遇潤章先生"。"上頂，遇風雨，在僧寮坐待。雨霽，即行。到金仙庵"訪胡泛舟夫婦，遇博晨光等十餘人。"十二時，步至澗溝，吃飯。遇許道齡及侯君。"同游者又有徐祖甲、周杲、陸欽墀、蒙思明、關斌、王懷中、鄭國讓、唐子清、陳夢家、陳鼎文、王鍾翰、李魯人、陳孟猶、孫葆、侯仁之、鄺平樟、周恩慈、容庚夫人等。（《顧頡剛日記》卷三，第478頁；《紀念顧頡剛學術論文集·顧頡剛先生學術紀年》，第1042頁）

　　5月29日　至顧頡剛處。（《顧頡剛日記》卷三，第479頁）

　　5月30日　《世界日報》報道禹貢學會成立的消息。

〔特訊〕燕京大學歷史學系教授顧頡剛,前曾集合同志發起組織禹貢學會,出版《禹貢》半月刊,爲中國地理沿革史及民族演進史之專門刊物,此外又編印禹貢叢書,創繪地圖底本,進行極爲緊張。最近國内外會員已達三百餘人,因于日前下午二時半假該校臨湖軒開成立大會,并選舉第一屆職員,屆時到會會員及通信會員共一百九十四人,并北平市社會局及公安局代表三人到場監視開票,結果選出理事顧頡剛、錢穆、馮家昇、譚其驤、唐蘭、王庸、徐炳昶等七人,候補理事劉節、黃文弼、張星烺等三人。監事于省吾、容庚、洪業、張國淦、李書華等五人,候補監事顧廷龍、朱士嘉等二人。并通過該會簡章二十二條,會間并請新自廣西歸來之該會會員費孝通,講演瑶山調查經過,費氏并著有專書,亦將由該會出版。至于該會最近工作,約有下列六項:(一)編輯中國民族志,(二)編輯中國地理沿革史及沿革圖,(三)編輯中國地名辭典,(四)考訂校補歷史正史地理志,(五)輯錄地方性之文化史料作專題之研究,(六)與其他科學者合作求地理問題之解答云。(《顧頡剛日記》卷三,第480頁)

5月31日　鄧嗣禹在東興樓宴客,同席者有先生、顧頡剛、畢乃德夫婦、博晨光、海松芬、容媛、謝强、李瑞德夫婦、薛瀛伯、卜德、朱士嘉。(《顧頡剛日記》卷三,第479頁)

是月　撰《藥園文集》跋。

文肅以忠正立朝,德行高潔,而遺箸歷三百年猶未流布,孤本相傳,其能不湮没者幾希。何如謀爲刊行,用資激勵後生,因即馳書商諸妻兄潘君博山、景鄭,蓋博山昆仲敬恭梓桑,拳拳于鄉邦文獻者也。乃承式丈之許,并以是集隨函遞去。郵筒往返,終以需款甚巨,不能集事,殊以爲憾。景鄭遂付胥傳寫一帙,多留一本種子,且俟來日。博山藏文肅手札數通,丈亦別有所録存,善丈又傳録得文肅奏議若干篇,均爲此殘帙所佚者。他日衣食稍裕,當再圖之合輯板行,以廣其傳,書此爲券。(《全集・文集卷・藥園文集跋》,下册第805頁)

6月6日　中午,顧頡剛宴客兩桌,同席者有黃賓虹、羅長名、于省吾、劉節、孫海波、容肇祖、容庚、吳文藻、費孝通、陳觀勝夫婦、吳其玉夫婦、鄭騫、謝强及先生等。(《顧頡剛日記》卷三,第483頁)

6月13日　晚,先生一家與顧頡剛夫婦、馮世五等至劉治平家吃飯。(《顧頡剛日記》卷三,第485頁)

6月15日　《燕京大學圖書館報》刊出《古匋文舂録自叙》。編者按云:"古文字不同之體態,其大别曰甲骨、鐘鼎、匋器、璽印以及小篆,各有專編以資檢閲,匋文實爲樞紐而獨未有。今顧君此編一出,古文字之脉絡貫通矣。聞不日可由國立北平研究院出版云。"(《燕京大學圖書館報》1936年6月第92期)

是月　《古匋文舂録》十四卷附編一卷(一册),作爲"國立北平研究院史學研究會文字史料叢編”之一，由國立北平研究院總辦事處出版課印行。封面題簽爲馬衡，扉頁爲王同愈題。

陳邦懷跋《古匋文香録》云：“所收匋文其可識者，依《說文解字》部居分十四篇，其不可識者爲附編，摹寫匋文工飭，可與《金文編》媲美，一九三六年石印本。余披讀一再，舉所見者條列於後。”（《一得集》，第262頁）

《燕京學報》第20期“出版界消息”中，報道了署名“蓉江”（即朱士嘉）寫的《古匋文香録》出版消息：

> 吳縣顧起潛（廷龍）君編了一部《古匋文香録》，現由國立北平研究院史學研究會出版。卷首有聞宥序，次顧《自叙》，次凡例。他所根據的材料，其主要的爲周季木、潘博山兩家所藏的拓本，大都爲景本所不見的，極可珍貴。顧君不但把所有的匋文收集在一起，而且同時對於新識的字，加以精細的考釋。他在《自叙》裏考叙古匋的發現及前人已經研究的成績詳盡無遺。他又從各匋所著里名推知里巷取名之概。……所以這一部書可以說是集古匋文字之大成，對於研究比較文字學以及先秦史的人都是不可少的參考資料。顧君在《自序》裏已經說過，將來打算選集許多拓本，付之景印。好使研究文字學的人，不但能夠看見殊異的字，而且能夠看見綜合的圖，這不是一舉兩得的事情嗎？

是月　跋《讀書敏求記校證》。此書爲章鈺薈萃乾隆以來諸家校注爲一編，是研究版本目録之“學者不可不讀之書也”。（《全集·文集卷·讀書敏求記校證跋》，上册第143頁）

7月1日　顧頡剛有信致先生，托人帶去。（《顧頡剛日記》卷三，第498頁）

是日　國立北平研究院續聘先生爲史學研究會歷史組名譽編輯員。（聘書複印件）

7月3日　晚，顧頡剛、先生、馮家昇、張瑋瑛、陸欽墀、蒙思明等人，在蔣家胡同禹貢學會聚會，商量水利考察團事。（侯仁之《旅程日記》，載《禹貢》第6卷第5期）

7月8日　顧頡剛有信致先生。（《顧頡剛日記》卷三，第501頁）

7月19日　顧頡剛有信致先生。（《顧頡剛日記》卷三，第505頁）

7月26日　顧頡剛有信致先生。（《顧頡剛日記》卷三，第508頁）

7月27日　顧頡剛有信致先生。（《顧頡剛日記》卷三，第508頁）

是月　贈王伯祥《古匋文香録》。（王湜華《獎掖後進的顧廷龍》，載《書城》1996年第1期）

是月　贈潘博山《古匋文香録》，封面上朱筆書“博山內兄教正。廷龍。廿五年七月”。（照片，李軍提供）

8 月 2 日 [1]　先生有信致葉景葵。

久未稟候,時深馳念。敬維起居清勝,著述日富爲頌。

承借《讀史方輿紀要》稿,賓四以教務之忙,遲至最近方過錄畢事,屬致歉忱。是稿兩函現還龍處,日內當覓妥便帶上,以下各函,尚盼陸續見假,俾窺全豹。

龍半年之中以校印拙稿,未遑兼及其他,故藏批《尚書撰異》及隸古定《尚書》俱不能從事校錄。久假不歸,雖海涵不以相責,而私衷抱疚,若芒刺背。開學前當速將藏批錄出,先行奉趙。拙稿已由北平研究院出版,聞見固陋,疏繆無當,業屬該院徑奉一冊,不識已登籤閣否? 尚祈不吝賜教爲幸。

前見吳子苾先生《待訪碑目》手稿,實前此未有之創制。飛鳧人手之展轉求售,未有顧者。風雨飄搖,終慮東流。因倩式丈商請先生收之,則是稿慶得其所。頃接式丈來示,悉已爲先生買妥,可喜可賀。他日如能爲之刊傳,則又盛舉也。夏中須赴莫干山避暑否? 日來酷熱,諸惟珍衛。(《全集·書信卷·致葉景葵》,上冊第 15 頁)

8 月 4 日　下午一時,偕杭州圖書館陳某拜訪容庚。(《容庚北平日記》,第 468 頁)

8 月 9 日　曹經沅有信致先生。

前辱惠函,久稽裁復。頃承損畢,欣慰奚如。敝處官刊久未得達,容當再囑檢奉一份。黔省漢苗雜處,久苦文化不通,故年來施政此間,頗嘗留意此點,以爲西南民族復興之基。近已將平日考察所得,寫爲《苗民問題》一書,另附崇函,略抒所見,似可酌入貴刊,以與海內人士商討。承惠大刊五卷十期,均已收到,惟尊著《古陶文香錄》刻尚未奉到,亟盼先睹爲快也。(《禹貢》第 6 卷第 2 期)

8 月 12 日　下午,顧頡剛回燕京大學,晤先生等人。(《顧頡剛日記》卷三,第 516 頁)

8 月 13 日　葉景葵有信致先生,云"賓四先生校讀顧書既精且勤,極爲佩慰,俟回滬當再檢山東、山西兩省由郵寄奉,以便續校"。又談吳子苾《待訪碑目》和《訪古錄》事。〔《葉景葵致顧廷龍論書尺牘(便箋)》,載《歷史文獻》第 1 輯,第 23 頁〕

8 月 21 日　顧頡剛有信致先生。(《顧頡剛日記》卷三,第 520 頁)

8 月 22 日　參加在同和居飯館召開的第一屆禹貢學會理、監事會,與會者有洪業、于省吾、容庚、徐旭生、馮家昇、朱士嘉、吳志順、韓儒林、張維華(西山)、譚其驤、唐蘭。顧頡剛被推爲理事長。(《紀念顧頡剛學術論文集·顧頡剛先生學

————————

[1]原信末署"八月二日",《全集》編者注爲"一九三七年"。然信中"拙稿已由北平研究院出版……業屬該院徑奉一冊,不識已登籤閣否"句,當指 1936 年 6 月出版之《古匋文香錄》,故此信當寫於 1936 年。

術紀年》，第 1042 頁）

8月23日　與顧頡剛、容庚夫婦、吳豐培、劉蕙孫（佩韋）等“到左安門張園，看李勁庵所藏書，并吃茶點”。（《顧頡剛日記》卷三，第 521 頁）

8月25日　晚，劉詩孫宴請先生、顧頡剛、陳公穆、吳豐培、朱自清等，在墨蝶林飯館吃飯。（《顧頡剛日記》卷三，第 522 頁）

是日　與商承祚、于省吾、魏建功、孫海波、唐蘭訪容庚。（《容庚北平日記》，第 471 頁）

8月27日　至顧頡剛處，“商學會事”。（《顧頡剛日記》卷三，第 522 頁）

9月7日　曹經沅有信致先生。

前奉大示，承詢苗寨著述一節，自去歲從政入黔以來，因職責關係，對於苗民即甚注意，除向各方收集材料外，復派員深入苗寨調查，攝製照片，并將所搜獲之資料編述爲《貴州苗民問題》一書，刻已脱稿，在謄寫中，計有十六章，都二十餘萬言，插圖百餘幀，已由商務特約出版，届期當贈請指正。惟此項問題關係貴州之開發及整個民族之鞏固，非海内賢達群策群力難收實效。既承垂詢，特將《編述貴州苗民問題之動機及其經過》一文寄奉察閲，冀供海内賢達研討，尚希錫之指正爲荷。（《禹貢》第 6 卷第 6 期）

9月13日　偕家人與顧頡剛同游卧佛寺，到西苑營市街吃飯，先生付賬。晚，顧頡剛在墨蝶林宴客，先生夫婦與誦芬、吳豐培、劉蕙孫、陳公穆等在座。（《顧頡剛日記》卷三，第 530 頁）

9月14日　顧頡剛回燕京大學，在先生處吃晚飯。乘七時車歸，先生夫婦送至車站。（《顧頡剛日記》卷三，第 530 頁）

9月15日　陳公穆在致美齋飯館宴客，顧頡剛、吳豐培、劉蕙孫、先生等在座。（《顧頡剛日記》卷三，第 531 頁）

9月17日　朱士嘉在長順和飯館宴客，顧頡剛、葛詠詠及先生在座。（《顧頡剛日記》卷三，第 531 頁）

9月18日　曹經沅有信致先生。

大示奉悉。前寄拙著《貴州苗民問題》導言，計邀察及。貴刊年來益見充實，爲海内研究古史者所共佩。編印《西南專號》，尤所贊同。但鄙意此項材料應力求實際，不宜爲外人調查著作所惑，以達其分化我整個民族之目的。蓋西南省份不同稱謂之同胞，日人調查謂近於蒙古種，法人調查謂近於安南、東京人種，英人則謂爲西藏種。更奇者，貴州苗民有花衣裝束，竟有外人在苗寨宣傳其來源爲高加索者。年來率屬深入苗寨研究之結果，所謂不同稱謂之苗民，確係古代來自内地，絶無漢苗界限可分。兹乘貴刊《西南專號》行將問世之便，略陳所見，以供諸君之參考，務乞加意注及，予以糾正。此項專刊，尚希早爲賜寄，俾快先睹。（《禹貢》第 6 卷第 6 期）

9月19日　葉景葵有信致先生，謂已收到《古匋文香録》，并告知 10 月 10

日後有北行之計劃。〔《葉景葵致顧廷龍論書尺牘(便箋)》,載《歷史文獻》第1
輯,第23頁〕

9月20日　先生在東興樓飯館宴客,顧頡剛及父親、胡玉縉、陳慶和、吳豐
培、劉蕙孫等出席。(《顧頡剛日記》卷三,第533頁)

是月　《圖書季刊》第3卷第3期"新書介紹",發表署名"風"的文章,介紹
《古匋文香録》。

是月　跋清唐翰題輯《安雅樓藏書目録》。(《全集·文集卷·安雅樓藏書目
録跋》,上冊第172頁)

10月1日　與顧頡剛同到機器房。(《顧頡剛日記》卷三,第537頁)

10月4日　與顧頡剛、劉壽民、聞一多、容庚、聶崇岐、朱南華、侯仁之、孫
敏之、周冀先及清華學生二十餘人,乘七時車,九時半到涿州,步行進城,往游二
塔,又游張將軍廟。"出南關,到乾隆行宮。乘三時半車回平,六時到。"(《顧頡
剛日記》卷三,第539頁)

10月6日　中午,與顧頡剛夫婦、顧柏年、吳儀廷夫婦、吳其玉夫婦在郭紹
虞家吃飯。(《顧頡剛日記》卷三,第540頁)

10月7日　中午,顧頡剛在蔣家胡同宴請,先生及蔣復璁、錢稻孫、朱自清、
俞平伯、田洪都等在座。(《顧頡剛日記》卷三,第540頁)

10月12日　下午六時,與顧頡剛、朱士嘉等同乘車到城。校講義。又與顧
柏年、顧頡剛夫婦在大陸春飯館宴客,程屏藩夫人及其女、顧贊廷夫婦及其孫在
座。(《顧頡剛日記》卷三,第542頁)

10月15日　顧頡剛宴客,同席者有先生、楊蔭瀏、郭紹虞、容庚、陸侃如、劉
盼遂、董魯安、沈國華、陳夢家。(《顧頡剛日記》卷三,第543頁)

10月18日　馮世五、趙肖甫在蔣家胡同宴請,顧頡剛及先生、郭紹虞、劉治
平幾家聚會。(《顧頡剛日記》卷三,第544頁)

10月20日　下午,在臨湖軒開"燕大教職簽名宣言"會,與會者有顧頡剛、
先生、梅貽寶、陳其田、梁士純、容庚、雷潔瓊、洪業、容媛、田洪都、郭紹虞、夏雲、
于永滋、侯樹彤、董魯安、劉盼遂、陸侃如、謝玉銘、趙承信、謝景升、馮家昇、薛瀛
伯、聶崇岐、陳鴻舜、沈心蕪等。(《顧頡剛日記》卷三,第545頁)

10月21日　與顧頡剛同進城。晚上與顧頡剛夫婦、顧柏年同到勸業場,在
致美齋飯館吃飯,由吳豐培、劉蕙孫等人宴請。(《顧頡剛日記》卷三,第546頁)

10月25日　中午,與顧頡剛在禹貢學會午餐。下午"二時攝影,開會,五
時半散"。"在會夜餐",同席者有馮世五、史念海、韓儒林等。席散,顧頡剛與先
生同返家。(《顧頡剛日記》卷三,第547頁)

10月26日　與顧頡剛到新大路浙江興業銀行訪葉景葵。晚,顧頡剛在同
和居飯館宴請葉景葵,同席者有先生、吳豐培、王則先、劉蕙孫、劉文興。席散,顧
頡剛送先生到青年會而歸。(《顧頡剛日記》卷三,第547頁)

10月27日　　偕瞿潤緡去顧頡剛處。(《顧頡剛日記》卷三,第548頁)

10月29日　　訪顧頡剛。(《顧頡剛日記》卷三,第548頁)

10月31日　　晚,魏建功夫婦、于省吾、盧季忱等在同和居飯館宴請,同席者有顧柏年、顧頡剛夫婦、先生、趙萬里、孫海波、容庚、謝國楨、孫伯恒、陸侃如等。(《顧頡剛日記》卷三,第549頁)

是月　　"禹貢學會始出版邊疆叢書,由吳豐培、顧廷龍二人主編。叢書《刊印緣起》云:'求民族之自立而不先固其邊防非上策也。'""叢書第一種是清代陳克繩《西域遺聞》,至次年七月又先後出版《哈密志》《科布多政務總冊》《西藏日記》《敦煌雜鈔》《敦煌隨筆》。另有多種已排竣,因七七事變故未及印出。"(《顧頡剛年譜》,第261頁)

11月1日　　北平《民聲報·星期論壇》刊載顧頡剛《我們的本分》,并附《宣言》,共有一百零四人簽名,先生在其中。(《顧頡剛日記》卷三,第549頁)

11月3日　　顧頡剛回燕大,至圖書館訪先生。(《顧頡剛日記》卷三,第555頁)

11月10日　　偕賀昌群訪顧頡剛。(《顧頡剛日記》卷三,第558頁)

11月19日　　葉景葵有信致先生,謂"在平承枉顧并侑食,劇談快慰"。又收到先生寄呈的《西域遺聞》及池東王氏簡目。〔《葉景葵致顧廷龍論書尺牘(便箋)》,載《歷史文獻》第1輯,第23頁〕

11月24日　　先生有信致葉恭綽。

　　　　每從報載藉悉興居迪吉,著述日新,慰如所頌。

　　　　一昨拜奉墨寶,舍弟仰慕已久,一旦獲之,無任珍感。

　　　　龍近爲禹貢學會發起輯印《邊疆叢書》,第一種爲清歸安陳克繩所撰《西域遺聞》,現已出版,敬奉一冊,尚祈鑒存。續擬付印各種,另紙録呈。先生博大之宗,見聞自廣,敢乞指教,俾有遵循。

　　　　天寒,諸維珍衛。專此鳴謝,祇請道安。(《全集·書信卷·致葉恭綽》,上冊第57頁)

是月　　聞宥贈先生《篆隸萬象名義》。(原書)

12月3日　　先生有信致葉景葵。

　　　　前奉手諭,拜悉一一。旋又由郵遞到《集均》首冊大跋,敬讀一過,并將尊校貿然傳録,素蒙垂愛,諒不見責。所校各條無不佳勝,陳氏藏本校筆尤多,自益可貴,爲之神馳。尊校本首冊業已奉趙,其餘各冊能否亦假一鈔,俾窺全豹,至所禱盼。

　　　　《集均》宋槧本,國中早失其傳,諸家所校,亦僅據影宋鈔本。惟查日本宮内省圖書寮尚藏有淳熙刊本,惜闕卷一,字大悦目,當稱孤本。……商務之《續古逸叢書》及《四部叢刊》搜傳善本甚夥,獨不及此,殊爲憾事。先生如晤菊生先生,盍慫恿其訪攝景本,刊入《續古逸叢書》,早日公之同好,不其盛歟!

　　近有書賈送閲鈔本兩種,皆滋疑寶。一爲明人傳記,未題書名,藍格舊鈔,共三十九卷,板心上刻"寓真日紀",下刻"叠翠山房",所記人物,首徐達,末徐禎卿。書衣有題字數行,曰"《皇明故實》,袁袠著(按,每傳後有'袁袠曰')。《吳中人物志》",又曰"書中多所諱避。袁老先生大約是明時人,其博古通經,自有迴出時人者。九十老人仲虎"。此書係石蓮闇舊藏,有式丈一跋云:"袁永之事附見《明史·文徵明傳》。此書著録《明史·藝文志》,計二十卷,與此書三十九卷不符,細加點對,知此書原裝四冊,目録四葉本分裝冊首,重裝時乃併列首冊。疑此爲《傳録》初稿,《明志》所收乃定本,故數目參差,理或然也。《四庫全書》及《存目》均未列入,而《提要》項篤壽《今獻備遺》下云:'本袁袠所著,而稍增損之。'似非未見此書者疑莫能明也。從石蓮盦借讀,因記。長洲章鈺。"不知此書是否其名,曾否刻過。索價八百元,亦謂奇昂。一爲《皇祐廣樂記》,八十一卷,舊鈔五十二冊。宋馮元、李照等奉敕撰,後以李律不合,廢不用,遂有《新樂圖記》出,《四庫》收之,今已景印。《廣樂記》雖曾刊行,至今非惟刊本、鈔本不見,即書名亦不聞,初一瞥見,驚爲孤本。後經一再覽觀,始察及其每卷書名俱出剷改,而藏印若陳仲魚、何夢華、鮑以文、季滄葦、吾家秀野公,均似僞作,惟章綬衡數印不僞耳。因知此書僞非新作,特不知由何書所改。又章氏亦以精鑒別稱,諒有可取而收焉,不易考辨。索價一千五百元,更奇昂矣。先生於此兩書知其原委否?

　　又有《王氏遺書》一種,萬年王朝梁輯,亦吳氏石蓮闇遺物。據書賈云未曾刊行。其體例專在輯逸。其"子目"爲:《周易遺篇》《周易遺文》《夏商二易遺文》《書遺篇》《書遺句》《詩遺篇》《詩遺句》《石鼓釋》《周禮遺官》《周禮遺文》《考工記遺職》《考工記遺文》《儀禮遺篇》《儀禮遺文》《禮記遺篇》《禮記遺文》《春秋經傳遺文》(左氏、公羊氏、穀梁氏),《論語遺篇、遺文》《孝經遺章、遺文》《孟子遺篇、遺文》《爾雅遺文》《樂遺篇》(六種),鈔本甚工整。朝梁字揆方,號達侔,乾隆舉人,著有《唐石經考正》《需次燕語》,均刊在《豫章叢書》中。又《艾學閑譚》則自刊單行,遺書尚未見印本,殆誠未刻者也。索價亦須式百元左右,館費支絀,恐不能購,甚爲可惜。承詢所觀,拉雜奉告。長者如有新得,便希亦示一二,以廣聞見,幸甚幸甚!(《全集·書信卷·致葉景葵》,上冊第11頁)

12月9日　葉景葵有信致先生,告知近日所購得之善本,并屬先生爲《集韵》校本寫一題記,以作紀念。〔《葉景葵致顧廷龍論書尺牘(便箋)》,載《歷史文獻》第1輯,第24頁〕

12月10日　葉景葵有信致先生,告知已寄出《集韵》。〔《葉景葵致顧廷龍論書尺牘(便箋)》,載《歷史文獻》第1輯,第24頁〕

12月17日　顧頡剛來先生家,留飯,八時歸。(《顧頡剛日記》卷三,第573頁)

12月20日　顧頡剛"與起潛叔同到禹貢學會,商檔案事"。(《顧頡剛日記》卷三,第573頁)

12月21日　葉景葵有信致先生云:"《集韵》兩小包于十日寄出,已向郵局報查,不致遺失。"〔《葉景葵致顧廷龍論書尺牘(便箋)》,載《歷史文獻》第1輯,第24頁〕

12月22日　下午,顧頡剛回燕京,先生至史學系往見。(《顧頡剛日記》卷三,第574頁)

12月25日　先生有信致葉景葵。

兩奉手諭,均悉。承録示《息園詩》,於欽佩姓玉之疑可以釋矣,感甚。

《集韵》兩包至今未到,十日付郵,計已半月,與此間郵局人員研究,亦莫測其因。按平時遞寄,一星期可達。是書長者心力所萃,萬一有失,心何能安。特不知尊處根查以後,如何説法,無時不在念也。龍近從各集檢録關於《集均》之文,因於尊跋所言,略得頭緒。《集均》之學,實由段氏首倡,其後成書者,惟馬遠林(《集均校勘記》)、方雪齋(《集均考正》)兩家。馬著未畢而又不傳,故此學尚未大盛也。尊跋云:"有引甘泉師者、錢校者,疑皆謂錢警石(泰吉)。"《甘泉鄉人稿》卷五有校《集均》跋二則,藉可知晋江陳氏校本之淵源。自段氏以迄孫籀高,均未一見宋本。今知日本官内省圖書寮所藏有南宋本,亦可貴矣。他日如有印傳者,裨益學術甚大,蓋研究是書第一步必先校勘耳。(《全集·書信卷·致葉景葵》,上册第14頁)

是日　先生有信致胡道静。

前奉手書,遲未作答爲歉。承示《西藏大記》一書,學會查尚未備,倘蒙慨賜,感激莫名。

龍近爲校印《邊疆叢書》第二種《哈密志》,即日可以出版,甚碌碌也。兹有懇者,比聞山東圖書館藏有《尚書》漢石經與石,頗欲得其拓本,因念吾兄與王獻唐先生訂文字交甚久,倘能爲吾索致一份,感幸無似,如必須價購,亦當照繳也。拜托拜托。

學會藏貴館期刊,查有缺者,敢煩吾兄與慎吾兄設法覓賜配補,俾成全璧。不情之請,統祈亮察。慎吾兄須補《禹貢》,已照寄。(《全集·書信卷·致胡道静》,上册第294頁;《王獻唐師友書札》,第1865頁)

12月26日　偕家人同至顧頡剛處并吃飯。下午,隨燕大、清華師生參觀古物陳列所。(《顧頡剛日記》卷三,第575頁)

12月30日　胡道静致王獻唐信,爲先生欲得山東圖書館藏《尚書》漢石經拓本事。

兹有懇者,友人顧起潛先生,精斠金石文字,現在燕京大學圖書館。頃聞貴館藏有《尚書》漢石經,擬得拓本,屬爲代乞一份(原函附呈),如荷俯允,實深感激,尚祈直接寄與起潜先生爲禱。倘需手續費,即乞示知,以便轉達。不情之請,至懇鑒宥。(《王獻唐師友書札》,第 1863 頁)

是年　仍在燕京大學圖書館工作,又兼任國立北平研究院史學研究會特約編輯。

是年　先生題簽的《利瑪竇坤輿萬國全圖》,由北平禹貢學會編印出版。

是年　先生題簽的《史記》(顧頡剛、徐文珊點校),由國立北平研究院史學研究會出版。

是年

6 月 14 日　章炳麟去世,67 歲。

7 月 23 日　高夢旦去世,68 歲。

1937年 34歲

1月1日　閱《銓叙年鑒》。偕夫人入城,至顧頡剛處,與頡剛父親、頡剛夫人殷履安略談。又往隆福寺閲肆,在文奎堂見新收陶珙藏書三十種,均明刻本。有過録何焯、方苞、吴汝綸諸人所批《五代史》,甚精。在寶文書局見"鈔本《説文校勘記》一册",首爲惠棟校,次何焯校,次王念孫校,前有佚名跋,以字迹察之,當爲吴子苾手筆。"王校《晨風閣叢書》已刊入,惠、何所校,則未見傳本,可貴也,索價四元。又《補寰宇訪碑録》兩册一函,朱槐廬刊本,有批注若干條,或正原誤,或補新出,蓋一篤好石刻者案頭所置之本。"又以四角錢購得魏造象拓本一册,封面有張伯英書"黄易拓本""丙寅年十月"。(日記)

是日　晚,校《哈密志》。寫《尚書·胤征》。(日記)

1月2日　閱《新疆圖志·職官》,"哈密辦事大臣"下多有訛誤,"據《哈密志》可知,此一項之誤如此,他可想矣"。(日記)

是日　將上星期六參觀古物陳列所(武英殿等處)所記宋郭熙《關山曉行圖》中仇遠、倪雲林題詩録出,蓋《元詩選》所未録者。(日記)

是日　收到葉景葵寄來的《集韵》。夜寫《尚書》,此爲作《尚書文字合編》之始。(日記)當時無複製手段,先生用定製的透明燈盒,將日本棉紙覆在敦煌文獻照片上,描摹後刻爲木板。在成府寓所顧頡剛書房,每晚工作至深夜十二時。

1月3日　至顧頡剛處。代顧頡剛復王重民信,告巴黎所藏隷古定《尚書》篇目。午後,偕大哥游廠甸,見"書攤寥落,究不如舊曆新年之盛。走視一周,一無所得"。(日記;《顧頡剛日記》卷三,第582頁)

1月4日　校《趙城藏》中《大威光明鎧仙人問疑經》兩張,此卷爲《宋藏遺珍》中未及,先生以五十二元爲燕京大學圖書館購得之。晚,與顧頡剛略談近事。夜寫喜聯,送許景初,溯伊先生之長子。寫《尚書》五行。接潘景鄭函,囑購《搢紳録》。(日記)

1月5日　修緶堂送到《滇考》一部,康熙間馮甦撰,湘鄉陳毅闕慎堂紅格鈔本,有宋曾昀昆仲、郭石齋跋。但燕大圖書館有康熙原刻本,且天頭有批。夜寫《尚書》。(日記)

1月6日　邊疆問題研究會請鄭允明講赴拉薩途中之經過,往聽。致潘景鄭信,托懇日本吉川先生"代映敦煌《尚書》"。寫《尚書》。"爲景鄭欲購搢紳、齒録,道光以前者極難得。聞吴向之(廷燮)已搜得近全,誠不易也。景鄭家藏本富,渠又有志收集,亦可覓全。此類書籍初無人注意,實傳記中之良材也。"又復王以中信,晚赴薛瀛伯先生宴。(日記)

　　1 月 7 日　　顧頡剛回燕京,先生往訪之。夜,代顧頡剛出席燕京大學國文系座談,會上,先生略述歷來學者對於《集韵》的研究。九時半散會,歸寓,寫《尚書》。(《顧頡剛日記》卷三,第 583 頁;日記)

　　1 月 8 日　　下午四時半接電報,云叔父病故。"欲即刻歸,館務須稍清理,當日不能行,明日行則不及送斂,惟待寒假再歸。先復一電。入城發電,并送顧頡剛赴京。"晚,寫《尚書》。(日記)

　　　　南京方面關于我的謠言多,驅先先生囑我前去辯解,因于今日行。(《顧頡剛日記》卷三,第 584 頁)

　　同到站送行的還有吳世昌、趙紀彬等人。

　　1 月 9 日　　陳鴻舜來談。至圖書館,借《復初齋集》《東洲草堂集》《邵亭遺文》《述學》等,檢題漢器之文,爲修改舊作《兩漢器銘考》之參考。夜,校王朝桀《尚書遺篇》。(日記)

　　1 月 10 日　　晨,入城,赴直隸書局,借《吳摯甫文集》、俞曲園《文集》,校正潘星齋先生《碑志》,即交文楷齋付梓。所寫《尚書》之《禹貢》《甘誓》《五子之歌》《胤征》四篇亦交刻。往法源寺,吊陳徵宇夫人之喪,朱士嘉之外姑也。晤姚從吾,朱士嘉新連襟。接顧廷鳳信,知叔父之故,小輩俱不在側。知大殮定在十一日,若電報説明,尚及動身回蘇州送殮。(日記)

　　1 月 11 日　　夜,校王朝桀《尚書遺篇》及《尚書遺句》兩卷。(日記)

　　1 月 12 日　　先生題簽的清鍾方《哈密志》,新近由北平禹貢學會出版,先生撰文爲之介紹。(日記)

　　是日　　接大舅來信,云代撰三叔挽聯:"壬戌癸酉,相繼呼天,造物不仁,忍再諸孤啼季父;孟秋仲冬,痛遭大故,征途遄返,怕聽兩弟泣嚴親。""蓋與諸弟合書者,包羅甚多,不易撰也。"(日記)

　　1 月 18 日　　葉景葵有信致先生,云:"奉示知已遄返吳門,并郵包(《集韵》)寄到。……吾兄在蘇約有幾日句留? 惜弟近頗冗于俗事,不克至蘇一晤。"〔《葉景葵致顧廷龍論書尺牘(便箋)》,載《歷史文獻》第 1 輯,第 25 頁〕

　　1 月 24 日　　顧頡剛回蘇州家中,先生前去拜訪。時先生於中旬回到蘇州。(《顧頡剛日記》卷三,第 589 頁)

　　1 月 25 日　　顧頡剛取家中書畫箱,送至先生處。當晚顧頡剛在潘宅吃飯,同席者有先生、王佩諍、孫伯淵等。(《顧頡剛日記》卷三,第 590 頁)

　　1 月下旬　　由蘇州返回北平。

　　是月　　跋吳縣潘氏藏秀野公手札,此爲潘博山贈予先生者。跋云:"博山内兄搜集明清名人尺牘甲于海内,余藏一通即兄所訪得者。今又獲此札,所謂物聚於所好也。頃自平歸,留宿齋中,縱談之餘,得盡讀所藏,快幸無似。"(《全集·文集卷·秀埜公手札跋》,下冊第 1021 頁)

　　2 月 5 日　　葉景葵有信致先生,知先生已返抵北平,謂"此次台從來滬,未

克樽酒言歡,邕聆雅教,至以爲歉"。〔《葉景葵致顧廷龍論書尺牘(便箋)》,載《歷史文獻》第 1 輯,第 25 頁〕

2 月 8 日　下午,顧頡剛回到北平,先生前去探望。(《顧頡剛日記》卷三,第599 頁)

2 月 10 日　完成《補吳歌小史》。此文乃爲補顧頡剛《吳歌小史》及陸侃如《讀吳歌小史》而作,先生把"在書本見到的古吳歌及與吳歌有關的故事也抄寫下來,以備將來併入《吳歌小史》"。(《全集·文集卷·補吳歌小史》,下册第886 頁)

2 月 14 日　顧頡剛及先生兩家等同游白雲觀及天寧寺。(《顧頡剛日記》卷三,第 601 頁)

2 月 25 日　顧頡剛回燕大,先生訪之。(《顧頡剛日記》卷三,第 606 頁)

2 月 27 日　中午,張維華在同和居飯館宴請,先生夫婦與顧頡剛父親、顧頡剛夫婦、欒植新、吳豐培、段繩武等出席。(《顧頡剛日記》卷三,第 607 頁)

是月　爲黃蕘圃先生畫像題跋。

　　　癸酉入廠肆,王賈得蕘翁所校弘治本《司馬温公稽古録》附有此像,即爲攝存。據云原有題偶肩宋本《揮麈録》所附者傳摹。按蕘翁初校《揮麈録》爲嘉慶壬戌年,政四十,是必當時所寫留者也。(《全集·文集卷·跋黃蕘圃先生畫像》,下册第 927 頁)

3 月 9 日　顧頡剛回燕大,先生訪之。(《顧頡剛日記》卷三,第 617 頁)

3 月 11 日　天津《益世報》發表張政烺《讀〈古陶文香録〉》書評,以爲"搜羅最備,考釋最精,以專書形式問世的,則推顧先生這部《古陶文香録》"。

　　　本書是用《説文》的部次編排的,這是向來編次古文的成法,不過却有些人反對。因爲《説文》是一部晚出的書,所收的文字,不完不備,與古代文字大有出入,而且分析偏旁常有錯誤,以致分部屬字也多有不對的地方。因此有人便主張據形繫聯,另創系統。我以爲這意見却也有討論的餘地。我們編一部辭書,目的是在供人翻檢,所以怎樣纔最便於翻檢,是第一件應注意的事情。假如廢除一切舊有法則,另立新的系統,在短期間既未必能够作得周密無訛,而别人檢查起來,更未必能便利實用。《説文》是研究我國古文字學的寶典,凡是研究古文字學的人大致都曾讀過,它的部次大家也十九可以熟記,所以依據《説文》的部次來排編,雖不能合於我們的理想,終不失爲一個妥當而適用的辦法。至如《説文》的字有許多合〈和〉古文字的偏旁不同,那正好用古文來證明《説文》的錯誤,而《説文》所無之字,也正好藉古文來補苴。并且,這種編排方法於研究上還有一點方便之處。前面我們已經説過,研究陶文應當把它看作一個單位,來考訂古文字的變遷史,這種意見前人已曾有過。王静安先生曾根據陶文及六國兵器、璽印、貨幣諸文字,與《説文》中所收之孔壁古文比較,而有"戰國時秦用籀文,六國用古文"的説法。王氏的理論雖要妙卓絶,可惜没能舉出充分的證據。現在有了這部陶文字典,并且是按《説文》部次排列的,那麽我們可以很容易的用以與《説文》的古文對勘一下,來證成或反證王氏這個驚人的學説。

由於排印的不便,并且一部字書的優良,亦非三二例證所可表現,所以關於本書考釋的如何優美一層,此處暫置不談。至於本書摹寫的準確,印刷的精工,則絶非一般同類作品所可比擬。

總之,這是過去陶文研究成績的總匯,也是第一部成功的陶文字典。一個研究中國文字學、中國古器物銘,甚至中國古代史的人,是不可輕輕把它放過的。(《益世報·讀書周刊》1937年3月11日)

是日　顧頡剛回燕大,先生訪之。(《顧頡剛日記》卷三,第617頁)

3月14日　上午,開會討論禹貢學會決算事,先生與顧頡剛等出席。"會畢,到禹貢學會照相。"據現存照片看,參加會議的尚有張維華、馮家昇、吳志順、陳增敏、史念海、趙貞信、欒植新、馮世五、童書業、韓儒林、李秀潔等人。(《顧頡剛日記》卷三,第618頁;《歷劫終教志不灰——我的父親顧頡剛》,第172頁)

3月15日　顧頡剛回燕大,先生訪之。(《顧頡剛日記》卷三,第619頁)

3月18日　顧頡剛回燕大,先生訪之。(《顧頡剛日記》卷三,第620頁)

3月21日　晚,偕夫人與顧頡剛夫婦同到崇文門正昌飯店,參加周一良、鄧懿訂婚宴,同席者有洪業、容庚夫婦、郭紹虞夫婦、侯仁之、朱士嘉等,約七十人。(《顧頡剛日記》卷三,第621頁)

3月22日　顧頡剛回燕大,在先生家吃飯。(《顧頡剛日記》卷三,第621頁)

3月29日　顧頡剛回燕大,至先生處。又與先生、謝國楨等同進城,到顧頡剛家。(《顧頡剛日記》卷三,第624頁)

4月10日　顧頡剛有信致先生。(《顧頡剛日記》卷三,第628頁)

4月11日　上午,進城至顧頡剛家,中午同至同和居飯館。宴請者爲日人小竹武夫、橋川時雄、本多龍成、平岡武夫、名畑應順、渡邊幸三、市原亨吉。同席者又有蘇炳琦、劉師儀。(《顧頡剛日記》卷三,第629頁)

4月14日　顧頡剛夫婦與顧柏年回成府,邀先生夫婦并誦芬同游香山,"遍歷上下。出,在門口飯館午餐。到松堂,到臥佛寺,到玉泉山,茗于第一泉"。(《顧頡剛日記》卷三,第630頁)

4月18日　與夫人、誦芬進城,至顧頡剛家。又與顧頡剛夫婦、顧柏年"同游法源寺,中山公園看花。在來今雨軒品茗,看雪廬畫展"。中午,顧贊廷夫婦請客,同席者有先生夫婦、顧頡剛夫婦、李延增夫婦等,約二十人。(《顧頡剛日記》卷三,第631頁)

4月20日　中午,與顧頡剛在成府寓所宴客,同席者有橋川時雄、本多龍成、小竹武夫、平岡武夫、洪業、鄧之誠、錢稻孫、于省吾、于式玉、容庚、聶崇岐、陳

鴻舜、田洪都、劉蕙孫、張孟劬、朱士嘉等，"二時半散"。(《顧頡剛日記》卷三，第632頁)

4月22日　去顧頡剛處。(《顧頡剛日記》卷三，第633頁)

4月26日　顧頡剛回燕大，去先生處。(《顧頡剛日記》卷三，第634頁)

4月29日　中午，與夫人在西來順飯館宴請葉景葵夫婦和顧頡剛。(《顧頡剛日記》卷三，第636頁)

5月1日　爲燕京大學圖書館藏《淮揚下河水利稟議》《黄運下河疏治備議》《淮揚下河水利集要》寫跋。下河者，淮河之下游也。此爲研習治河史之資料。(《全集·文集卷·熊煐下河議說集要跋》，上冊第85頁;《燕京大學圖書館報》1937年5月第104期)

5月8日　中午，顧頡剛在同和居飯館宴客，出席者有先生、柯昌泗(燕舲)、蕭一山、程枕霞、張維華、韓儒林、馮家昇、史念海、陳增敏、李秀潔等。(《顧頡剛日記》卷三，第640頁)

5月9日　章鈺去世，享年73歲。根據遺囑，家屬將章氏藏書中抄本、校本寄托燕京大學圖書館，舊刻、舊抄之善本暫寄五年，普通本捐贈燕京大學圖書館。

5月10日　晚，顧頡剛來吃飯。(《顧頡剛日記》卷三，第640頁)

5月11日　進城，與顧頡剛、顧柏年同到章鈺家吊喪。(《顧頡剛日記》卷三，第641頁)

5月26日　中午，顧頡剛與馮家昇在成府宴請樂育才(拉丁摩之華名)，同席者有先生、吳其玉、梅貽寶、雷潔瓊、陳其田、李安宅、侯仁之、張維華。(《顧頡剛日記》卷三，第646頁)

是月　爲常鈞《敦煌雜鈔》寫跋。(《全集·文集卷·敦煌雜鈔跋》，上冊第96頁)又跋常鈞《敦煌隨筆》："此書未見刊本，僅有傳鈔者。吳君玉年家藏舊鈔本，較少訛誤，即據之以付手民。"(《全集·文集卷·敦煌隨筆跋》，上冊第97頁)

6月1日　顧頡剛回燕大，在寓中宴請，同席者有何叙父、劉節、容庚及先生。(《顧頡剛日記》卷三，第649頁)

6月5日　中午，劉盼遂在成府宴客，同席者有顧頡剛、容庚、郭紹虞、楊蔭瀏、陸侃如、陳夢家、董魯安及先生等。(《顧頡剛日記》卷三，第650頁)

6月13日　端午節，顧頡剛家"祀先"，留先生夫婦吃晚飯。(《顧頡剛日記》卷三，第653頁)

6月17日　顧頡剛回燕大，先生訪之。(《顧頡剛日記》卷三，第655頁)

6月19日　中午宴客，同席者有王大隆、謝國楨、錢穆、郭紹虞、田洪都、陳歷農、朱士嘉、顧頡剛及其父親。(《顧頡剛日記》卷三，第656頁)

7月1日　北平研究院聘先生爲該院史學研究會特約編輯。(聘任書)

7月12日　下午，顧頡剛來訪。(《顧頡剛日記》卷三，第664頁)

7 月 13 日　顧頡剛在大美番菜館宴客,爲父親祝壽,先生一家與顧贊廷夫婦及子女等出席。(《顧頡剛日記》卷三,第 665 頁)

7 月 20 日　顧頡剛來燕大,至圖書館訪先生及朱士嘉。(《顧頡剛日記》卷三,第 667 頁)

7 月 21 日　顧頡剛因從事反帝宣傳,遭日本特務追捕,於晚間倉促離開北平。其存燕京大學之書,均由先生裝入木箱,藏於司徒雷登居所之地窖中。(《紀念顧頡剛學術論文集·顧頡剛先生學術紀年》,第 1044 頁;《緩齋藏書題記》,載《歷史文獻》第 2 輯,第 27 頁)

全國抗戰爆發後,顧頡剛隻身離開北平,所有存留在燕京大學成府寓所的藏書、稿件、信札,均由先生代爲保管。隨着形勢的變化,先生感到成府寓所已不安全,便找侯仁之相助,由侯氏出面找燕大總務處蔡一諤商量,同意將這批書稿存入臨湖軒司徒雷登校務長住宅之地窖內。先生買了二十多隻大木箱,連同顧頡剛原有的若干書箱,將成套之書放入,約三萬五千册之多,另外還有兩箱講義和稿件,一箱信札。先生在裝箱時,將自己用紅、綠、赭、藍、黑五色筆過錄的吳大澂、潘祖蔭等人批校《積古齋鐘鼎彝器款識》(并有顧頡剛、王同愈、容庚、商承祚、董作賓、徐中舒、唐蘭、劉節等人題記)和另一部珍貴藏書也放了進去。顧頡剛的另一些藏書,約萬册,也由先生存入燕京大學學生宿舍四樓。其時,章鈺之子元善、元群因爲形勢緊張,欲將章鈺所遺書稿存入天津美英租界之中國銀行倉庫。先生知悉後,認爲天津有水陸交通,日後出路較北平方便,故與顧頡剛夫人殷履安將兩箱顧頡剛手稿隨同章家物件存至銀行倉庫。後來日本人接收該銀行,章元群得知後,又將這批物件轉存浙江興業銀行。直至抗戰勝利,顧頡剛於 1946 年 2 月 28 日赴天津接回原物時,打開木箱,凡昔年日記、筆記、游記、信稿,皆一一呈現,不禁"熱淚奪眶,若獲亡子"。(《歷劫終教志不灰——我的父親顧頡剛》,第 216—218 頁)

9 月 13 日　顧頡剛有信致先生。

別後幾兩月矣,想府上均各安好,鴻庵全家亦好也。侄在蘇匝月,將家中什物整理一過,現定今晚與承彬叔同乘車赴京轉漢,再至武功訪辛校長,商其繼續求學事。此後侄再到甘肅等處考察教育,爲期將三個月,屆時東南半壁不知將呈何種景象也。世五近狀若何?侄意彼本哈燕社書記,而吾叔所作隸古定《尚書》工作,即爲哈燕社之工作,未知能將所刻漢唐諸文交其剪貼卡片否?如此則將來可另編《異文表》一種,而彼之薪水亦得維持下去矣。昨由諸函中檢得德坤寄來之廿元五角支票一紙,及與世五一函,特寄上,乞轉交爲荷。又侄之書籍,如大學及他處有人要,請爲參照市價定價出售,俾償還校印所欠款。如晤植新,乞囑其寄一函來,以免盼望。賜書即由辛校長轉。嬸母及兩弟前道安。(原信)

10 月 23 日　章鈺夫人王丹芬女士將章氏藏書分別捐贈、寄存燕京大學,雙

方於是日定約并移交。王丹芬云:

> 先夫霜根老人式之公,家寒力學,平時節衣縮食,遇有所餘,輒以購書。自念其得之非易,昕夕勤讀,并以"霜根老人四當齋藏書"命其積年所集,蓋取宋尤延之"飢讀之以當肉,寒讀之以當衣,孤寂讀之以當友朋,幽憂讀之以當金石琴瑟"之義也。先夫易簀遺言,即以藏書贈諸丹芬分配處之,由丹芬定之。

> 丹芬因念燕京大學之締造,其艱苦正與先夫採集書籍相同。除略選留有其手澤及善本書數種,暫行寄託燕京大學保管,以備傳諸後人外,其餘悉贈燕京大學。

於是"雙方於二十六年十月二十三日定約。全部書籍約計三千數百種,當即點收運校。校中特闢紀念室,專以儲存,并將先生生前書齋用物,一併陳列,如北平圖書館于梁任公之例也"。

> 全部藏書,計分三類。

> 子、手澤本:凡先生手校手抄及經批點題跋者。

> 丑、善本:凡家抄、舊抄、精槧、舊刻、批校稿本,以及朋好題字者。

> 寅、普通本:凡子、丑兩類以外者。

> 子、丑兩類爲寄託者,寅類爲贈與者。

> 是項書籍,現由該校圖書館分別整理,編纂目録。目録將次就緒,凡書中所有先生及朋輩題跋、收藏印記,均著於録,以詳淵源;未經刊行之本,其叙跋亦并附入,以資考稽;凡先生題語所及友朋往還者,酌注其人履貫,以志因緣……

> 贈與書籍,凡普通應用之本大都有之,其他清初精刻、近時精刻,亦均不少,至清季以來名家著述,尤爲多數,或尚流傳未廣,或尚初刻試印,四十年中,藝林之盛業,幾畢萃于此,一時徵求匪易,况皆先生故舊之貽贈,其可貴爲何如乎?

> 綜觀先生所藏,以乙、丁兩部爲最富,而其中以鄉邦文獻收蓄尤多,嘗自謂珍視鄉先輩遺著,如護頭目,即此可以略知先生爲學之所尚矣。(《燕京學報》第 22 期)

贈書後,章鈺夫人王丹芬、章元美、俞陛雲、田洪都、洪業、先生等十四人,在燕京大學貝公樓側合影留念。(章鼎的回憶)

10 月 29 日　張元濟至兆豐別墅葉景葵寓,爲其整理藏書。時葉因浙江興業銀行業務身在武漢。葉寓鄰近戰區,張元濟擔心藏書有失,故主動承擔整理之責。(《張元濟年譜》,第 453 頁)

11 月 5 日　葉景葵有信致張元濟,爲其幫助整理藏書致謝,并透露欲將個人收藏"捐入可以共信之圖書館"的意願。

> 頃接通丈(指陳叔通先生)信,知長者于危險之下爲葵理故書,感徨無

地。揆初購書，皆普通瀏覽之書，近來稍得先儒稿本及明刻各書，然亦未成片段。以近來物力之艱，得此已覺匪易，今歲室人物故，私計不再購書，并擬將難得之本一爲整比，捐入可以共信之圖書館，而于普通各書，則當爲隨時消遣之用，雖未暇爲之，而已有就正有道之意。蓋自省鑒別不精，恐以珷玞亂玉也。今于危險時期，承學者慨然代爲檢點，私衷何等慶幸。但敝寓正在炮火之下，敝藏無多，儘可將書箱送至尊寓，因稍爲罕見之書皆存入柚木書箱之內，移送不難也。歷年雖有草目，但凌亂無倫次。凡無價值而易得者置之可耳。(《全集·文集卷·張元濟與合眾圖書館》，上冊第 326 頁)

11 月 29 日　過録許克勤校光緒二年(1876)川東官舍刻《集韵》十卷。(原書)

12 月 1 日　跋麟慶《娜嬛妙境藏書目》。

余嘗歷觀各圖書館藏書，及瀏覽書肆插架，所見有"麐見亭讀一過"及"娜嬛妙境"等印記之本甚多，初僅以爲《鴻雪姻〈因〉緣圖記》主人之舊物，顯宦之家，大都略有所貯，不知其固一愛好藏書者也。本館近得麟氏藏書目録自定原本，展讀之餘，不能不嘆其收藏之富、編録之善，亟宜爲之表彰，以補藏書家之故實。

……編録體例，首列御製，次列先人，又次列師長，又次列凡載有關主人著述者，末附家集總目，以名從主人之例，寓尊親近疏之序，意至善也。從此可尋師友之淵源，可作自著之索引，可窺一門撰述之隆盛，允爲私家藏書著録之創制也。惟各書未能詳注板本，則美猶有憾。雖然，簡目之存，亦足以資考稽，尤氏《遂初堂書目》即其例也。較昔人嘗有萬卷之貯，而未有一目之傳者，其優劣爲何如邪！

…………

是書爲廠肆由豫中收來，已傳鈔一本，售之上海，此則原本也。余既檢讀一過，不獨喜故家遺物流轉得所，而於《藏書紀事詩》之未備，亦足以資補益。(《燕京大學圖書館報》1937 年 12 月第 107 期)

12 月 22 日　爲李仲閎編《歷代名人年譜目録》撰序。

一人之文章事業關繫史學甚巨，而其文章事業之焜耀史册秩然不紊者，則賴有年譜表而出之。……二百年來，傳記文學之進化，年譜爲最，歷代所成，蔚爲巨觀，將別樹專學，要非有總目，無以綜核其流傳之廣遍。李君仲閎有志于此，乃就目睹所及，隨手筆記各家著録，采摭增補，歷時二年，得目千百餘種。……蓋以事迹之搜集難易有別，於此可知一代遺獻之存亡。凡此諸端，皆可證歷代學術之遷流，風尚之趨嚮，然則是目豈獨爲按圖索驥之便哉！(《全集·文集卷·歷代名人年譜目録序》，下冊第 914 頁)

是月　爲朱士嘉藏道光《重纂光澤縣志》撰跋。

自來邑志成於一人之手至難至少，蓋秉筆者不易其選，必德高望重，學博文雅,乃堪勝任。明康對山《武功縣志》之爲後學企重者在此。凡合纂之志,意見紛歧,言人人殊,多所牽掣,下筆無準。一人所撰,則體例既可謹嚴,而行文亦自純正。有清一代二百年中,所成方志不謂不多,而出一人之手者有幾何哉!就余所知,洪稚存之《寧國府志》《固始縣志》,章實齋之《和州志》《水清縣志》,然皆客籍之人代主筆政,終不若邑人之爲親切也。其有出之邑人一手者,則高澍然之《重纂光澤縣志》是也。……澍然學望重於鄉里,深明尼父褒貶義雅,擅董狐良史之筆,自能抗衡康、洪、章諸家,而優於他志也。……蓉江先生專於方志之學,所見甚廣,已成《地方志綜錄》一書,風行中外,而於是志尚未收及,一朝得之,珍如球璧,而亦可爲此書得所慶。余幸獲覽讀,率附所見,知蓉江必將有以益我也。(《全集·文集卷·跋重纂光澤縣志》,上冊第 69 頁)

是年　撰《讀漢金文小記》。計七十三則,爲龍淵宮鼎、谷口鼎、楊鼎、博邑家鼎、上林鼎(器三蓋二)、雲陽鼎、安陵鼎蓋、汝陰侯鼎、商鼎、西鼎、譙鼎蓋、平陸鼎、柴是鼎、宣曲鼎、臨菑鼎、櫟鼎、杜陽鼎、濕成鼎、脩鼎、迎光宮鼎蓋、平陽鼎蓋、廣陽鼎蓋、中水鼎、宜陽鼎、西鄉鼎蓋、滎陽鼎、美陽鼎、汧鼎蓋、南皮侯家鼎、薗川鼎、盩厔鼎、好時鼎、雍械陽鼎、鄅鼎、安邑鼎、平陽鼎、平陽宮鼎、雖鼎、平陽宮鼎、橐泉宮鼎蓋、安成家鼎、藍田鼎、頻鼎、新成鼎、杜鼎、中私府鍾、祝阿侯鍾、平都家主鍾、長沙鈁、鄂邑家鈁、駘蕩宮壺、范陽侯壺、池陽宮行鐙、林光宮行鐙、桂宮雁足鐙、萬歲宮高鐙、延壽宮高鐙、隆慮家連釘、步高宮高鐙、天梁宮高鐙、信都食官鐙行、壽春鈁、山陽邸鐙、土軍侯高足豆、曲成家高錠、汲犯家行錠、陽平家鐙、富平侯家銷、富平侯家溫酒鐎、敬武主家銚、魏其侯盆、昭臺宮扁、杜陵東園壺。(《全集·文集卷·讀漢金文小記》,上冊第 511 頁)

1938 年　35 歲

1月1日　編舊鈔本《尚書》目録。(讀書日札)

1月2日　命誦詩將金刻《尚書》照片粘裝成册,照片係日本友人吉川善之所贈,共二十八葉,原本藏江安傅增湘處。樞敦煌本《君奭》六行。讀《荀子》。(讀書日札)

1月3日　讀《鐵琴銅劍樓藏書目録》,瞿氏亦藏金本《尚書》,且係全豹,傅增湘本僅存《周官》《君陳》《顧命》三篇。據瞿《目》稱,"佳處甚多"。寫《君奭》四行。(讀書日札)

1月4日　以日本大阪每日新聞社景印圖書寮藏宋本《尚書單疏》,校金刻《尚書》殘本,竟《周官》篇。寫《君奭》六行。(讀書日札)

1月5日　校金刻《尚書》,竟《君陳》篇。寫《君奭》六行。(讀書日札)

1月6日　讀內野本《尚書》,"竟一卷"。(讀書日札)

1月7日　讀內野本《尚書》卷二。"閲《留真譜》所載八行本及《單疏》兩景本,今皆得見全書,快哉! 又見張石銘刻八行本,與熊本源刻不同。熊刻後有黃唐跋,當出黃刻無疑。石銘所刻係據天一閣宋本宋印,後無黃跋,惟因其亦爲八行,即以爲黃本,當非也。日内當取一校。"(讀書日札)

1月8日　讀內野本《尚書》卷三。來薰閣送明監本《尚書注疏》,萬曆十五年刻本,阮氏《校勘記》所稱神廟時刻者,爲汲古閣所自出者,索價六元。寫《君奭》六行。讀《尚書古文疏證》。(讀書日札)

1月9日　讀內野本《尚書》。讀《尚書古文疏證》。(讀書日札)

1月10日　"體憊,休息"。(讀書日札)

1月11日　校金刻《尚書》殘本。(讀書日札)

1月12日　校金刻《尚書·顧命》畢,"金刻誤字甚多,并不見佳,別爲記論之"。讀內野本《尚書》。寫《君奭》六行。(讀書日札)

1月13—14日　讀內野本《尚書》。(讀書日札)

1月15日、20—21日、23—25日　寫《君奭》五至七行不等。(讀書日札)

1月16—17日　讀內野本《尚書》畢。(讀書日札)

1月18—19日、22日　讀《尚書古文疏證》。(讀書日札)

1月26日　寫《蔡仲之命》。(讀書日札)

1月27—28日　校《君奭》。(讀書日札)

是月　跋章鈺手批《語石》。

辛未秋後,龍負篋來舊都,謁式丈于織女寓齋,以金石目録之學請益。

丈即出此書見示，簡端加墨滿幅，間有吳氏昌綬印臣手筆，或爲訂補，或志見聞。鄉先輩銘心之作，得此補苴，益稱精審矣。龍即借歸傳録一過。明夏省親南下，携示妻弟潘君景鄭承弼，又據傳一本。迄今忽忽七年，丈已墓有宿草，遺書亦存燕京大學。龍與校理之役，檢閲及此，重加讀展，乃見丈於此數載中又增益甚多。(《全集·文集卷·霜根老人手批語石跋》，下册第582頁）

是月　撰《金石萃編原目》跋。(《全集·文集卷·金石萃編原目跋》，上册第489頁）

2月5日　王大隆有信致先生。

前奉復一函，諒先達到。宗丈墓志，鈔得附上。但文中於收藏書甚略，咫園善本，既無簿録，又乏印記，與丁氏緗素樓同，一經轉徙，即無能考，將來即有撰《藏書紀事詩續》者，將何所據耶？平估在南收書甚多，兄必見之，乞略舉其尤見示。

頃有人送閲抄本道光時纂《西南備邊後録》卷五一册，爲“沿邊土司記上”，無撰人姓名，黄綾面，似恭繕進呈底本。又抄本嘉慶時纂《塔爾巴哈臺事宜》四册，又光緒時纂《圖説》一册，皆不知有刊本或傳抄本否？吾兄熟於邊疆書籍目録，務乞查示。又有友人示抄本翁氏《蘇齋筆記》，殘存四卷，從目録書中見有民初影印本(不知内容相同否)，但未睹原書，坊間亦不能得，貴校諒有之，亦請查示。以上諸書，如無刊本，皆擬陸續印入《叢編》也。

大著《漢金文記》拜讀，佩甚。弟嘗欲據各家印譜，集瞿木夫未見各印，爲《古官印考續補》，于唐宋以後官印尤宜留心，惜貞松堂外，無有專書，荏苒多年，未能着手。吾兄博學多聞，曷不從事於斯，亦不朽之業也。四當齋書續影各種，請先鑒定内容，然後付影。《戊編》擬先采印一二種，其餘或專編一集，爲《己卯叢編》如何？公餘乞常惠教。(原信)

2月13日　葉景葵有信致先生，這是七七事變後首次與先生通信。

半載不通音問，聞燕京照舊開課，則尊居當亦如常，不得近耗，至以爲念。博山昆仲亦不知近在何方，故無從探尊處消息也。弟自夏初出京到家，即苦内子患病，沉綿兩月，竟至不起。弟因心緒惡劣，陡患失眠，乃至莫干山静養。迄戰事起後不能下山，乃於十月間因料理行務至漢皋，一住三月，至一月杪始得返滬。兵燹之餘，意態蕭索，重憶故人，作書奉訊，尚乞詳示近狀。茗理遺物，歸君料理，永存燕校，可稱得所。課餘所校、所著各書，必有增進。嘉業、傳樸兩堂藏書受劫，即近時勇於購置之九峰舊廬，聞亦多損失，子遺所存，更可寶貴矣。頡剛近在京否，念念。《禹貢》諒已停版。……賓四先生仍在京否，弟有《讀史方輿紀要》山東八册，在其弟蕩口寓所，已馳函問訊，未得復音。〔《葉景葵致顧廷龍論書尺牘(便箋)》，載《歷史文獻》第1輯，第25頁〕

2月19日　王大隆有信致先生。

手示誦悉。凌、陳二君收據附上，請轉交，費神，謝謝。前函奉叩《西南備邊後錄》殘本，不知何人所撰，且既稱後錄，則必有前錄。吾兄熟於邊疆掌故，祈有以示之，或一問吳君玉年如何？四當齋傳景各書，承允過舊曆新年即從事，感感。弟所擬之目，或恐有遺珠，請兄鑒定。凡無刊本而有價值者，將悉景一副。今將先檢小品一二種印入《叢編》，餘則已編輯爲專集，尊意以爲如何？貴館所藏吳槎客《論語皇疏考證》，[①]不知可否傳抄或曬景？弟有槎客他稿未刊者，將以一人之作，合爲一集印行之。堯翁《題識續識》續得者，編爲三卷，即將付梓。聞北平圖書館所得海源閣書，堯跋出《楹書偶錄》外者甚多，久思鈔得合刊，一則不知其書尚在館中否，一則應托何人始可傳抄，不甚明瞭，祈兄詳示之。屬題《春樹閑鈔》，以得附名卷末爲幸。(原信)

2月22日　先生有信致葉景葵。

懷仰君子，何日不勤，忽奉損書，欣慰奚若。乃承垂念殷拳，尤可感篆。去年十月間始從彥威兄處藉悉長者鼓盆之戚，時值交通梗塞，又不詳行止所在，馳唁末由。回憶夏初老伯母來游燕京，見其慈容和藹，精神矍鑠，孰意變化多端，不數月而人天永隔，殊爲悵惜。惟望長者善自珍攝，付之達觀爲幸。

暑假中，龍以南旋不易，即困守於此。今幸學校無恙，照常開課，館務亦依然進行。舊居因當時雀苻之驚，又爲減薪節縮，移居蔚秀園中(與校西門相對)，賃屋三椽，主僕五人，周旋其間，僅容一架一桌，聊陳書卷，簡陋極矣。惟自十月以來，《集均》尊校與丁校(士涵)兩本及《古文尚書撰異》臧、錢校語均已錄畢，欲作跋文，則卒卒未遑。邇來餘暇以續刻《尚書》爲主，不及他事，然仍恐此半年中不及竣工耳。承惠借之三書(《集均》、《古文尚書撰異》、楊鈔《尚書》)延閣過久，海涵不以爲罪，而殊不能自安於心，寒舍無能什襲，不得已即送存貴行，交由鍾君翔雲手收，俟便奉趙也。

式丈遺書，彥威承慈命存散校，極爲相宜。龍幸與檢理之役，全部三千餘種，四閱月得遍翻一過。惟以丈批校題記之本六百種，一生精力所粹，尤可敬佩。現在《目錄》大體編就，已陸續付手民植字，下月底或可出版。《目錄》分三卷：上卷均有丈手澤者；中卷爲鈔本、各家校本及較少見之精刊本，此兩卷略仿書志之例，備錄題跋，凡丈跋語所及友朋，并加按略歷，以詳淵源；下卷普通書則僅列一目而已。尚擬俟目成之後，將各校本依《通鑒校宋記》例，悉爲錄出，彙刊一編，足與抱經《拾補》相抗衡，而丈勤學之苦心藉以表彰。此事進行幸有張孟劬先生在此，得其贊助，諸多順利也。

[①]此處《論語皇疏考證》，應指吳騫《皇氏論語義疏參訂》，本年3月20日王大隆致先生函“槎客《論語參訂》承許錄副”可證。據《中國古籍總目》著錄，北京大學圖書館藏有吳騫《皇氏論語義疏參訂》“日本油印京都大學藏本”，爲國內稀有版本，或由燕京大學繼承而來，待考。《論語皇疏考證》爲桂文燦撰，復旦大學圖書館藏有“清南海桂氏稿本”和“吳縣王氏學禮齋傳抄稿本”兩種。

聞嘉業、傳樸之厄，爲之嘆息，攀古何如，尚無確信，甚以爲念。博山、景鄭已四月未通一書，從滬上舍親傳來消息，知鄉居尚安。剛侄遠去皋蘭，魚雁甚稀，禹貢研究已告星散。賓四聞已入滇。乃弟在蕩口甚安，顧稿當能無恙，不識已接復音否？（《全集·書信卷·致葉景葵》，上册第 16 頁）

是月　編《章氏四當齋藏書目》并撰跋。

式之先生，吾吳名宿，流寓北中，垂三十年。辛未季秋，龍來燕京大學肄業，時先生亦方自津步就養舊都，始克以年家後進，登堂展謁，獲聆緒論。以龍於金石目録之學有同耆焉，不鄙頑鈍，引而教之，休沐良辰，輒詣請益，或出孤拓珍本、名書法繪相與賞鑒，或述鄉邦掌故、前朝舊聞昭示愚蒙。逾年，龍既卒業，即傭書母校圖書館，仍得不時奉手。六年以來，相契益深。龍或經月不入城，則必貽書垂詢，而龍亦以久不見長者爲念。平日見先生危坐斗室，丹黄在握，患瘍以後，猶日詣書齋，雖四支舉動維艱，而神明不衰。嘗温習《十三經注疏》一過，頗著新説，戲謂龍曰："吾可當往時童生報考默經矣。"耄年劬學，何可企及。攖疾侵尋，尚檢示所聚金石墨本屬爲審定，手臨碑版，命加篆題。曾幾何時，乃有龍蛇之厄，痛梁木之遽摧，撫牙弦而輟響。諸子以世難方殷，楹書爲慮，秉承慈命，將所藏圖籍歸諸燕京大學圖書館，闢紀念專室分別儲之，以示來學。當事諸公，知龍有舊，即以檢理編目之役見委，峀篋藏書，遂得遍翻。綜其遺籍，可類别爲三。一經丹鉛者十之二：凡治一書，必貫首尾點勘，多至六七周不倦，即數百卷之巨帙不止一種，而亦校不一次，益爲難能。拾遺補缺，闡揚數百年來未發之覆，功在學術，不可没也。按程日課，新知創見，傷事感時，隨書卷末，所作題識，可以越縵、緣督《日記》視之。至若蠅頭細字，琳琅五色，妍舞行間，尤爲校本生色，世難其儔，人間至寶。一可珍秘者十之一：宋元舊槧，明清精刻，雖不稱富，足備一格。前哲遺稿，家傳稀籍，蓄之篋衍，有待流布。蕘圃、淥飲校勘名家，同叔、泖生文行君子，賸墨遺翰，當同球璧。他如朋好之所評題，賞奇析疑，羽翼元書，皆一時名流之手筆，不尤可貴乎。一爲通行者十之七：有清中葉之書，壘經滄桑，昔爲尋常，今已難得。近時名家所刻，則插架甚備，又多出先生所校讎者，一代刊書之盛，實與有倡助之功。至四方故舊所貽贈先集自著，皆試印新本，爲晚清、國初馳聲藝林者，幾畢萃于此，卷册繁多，自非徵集所易也。先生家世儒素，求書匪易，節衣縮食以得之，卒業乃已。歷數十年，積數萬卷，雖不足與名藏家相頡頏，若掇其精而嚌其胾，豈他人區區以多藏爲富者哉！觀其經丹鉛者，一字未嘗放過，即略加批點，亦復紙敝墨渝，瀏覽洽熟，讀書之精且博如此，爲吾家澗蘋而後一人也。抑余又有言者，先生素重鄉先輩遺著，隨遇蒐觀，頗多孤本，經此喪亂，梓里文獻，賴存墜緒于什一，九京有知，將以爲幸乎否耶！

四閱月來，日坐紀念室中，編校藏目，遺挂在懸，文籍旁臚，猶若侍四當齋中，親承馨欬時也。余末學膚受，不足以表揚先生之學行於萬一，編成，爰志其從游校理之緣於後，聊酬當年誘掖之誠，稍盡後生之責。倉卒將事，容多未洽，惟有道是正之。(《文集·章氏四當齋藏書目跋》，第 136 頁)

《章氏四當齋藏書目》是先生編的第一部書目，先生曾回憶道：

　　在燕大讀書與工作時，有位長者對我關心幫助很大，他就是吳中名宿、寓居京師的章鈺先生。先生字茗理，晚號霜根老人，清光緒癸卯進士，長於金石目録及乙部掌故之學，聚書二萬卷。他認爲讀書不求善本，則郢書燕説謬種流傳，爲學之大蠹，遂發憤遍校群籍。取宋人尤袤“飢讀之以當肉，寒讀之以當衣，孤寂讀之以當朋友，幽憂讀之以當金石琴瑟”語，顔其居曰“四當齋”。還在我讀書時，他就對我甚爲垂愛，或示以孤拓珍本、名書法繪相與賞鑒，或備述鄉邦掌故、前朝舊聞昭示蒙昧。當我的習作《晋臨雍碑跋》一文發表後，他對我勉勵有加，認爲該文通過對學籍統計表證明“當時蜀吳尚未統一”的觀點，“爲他人眼光所不到，老輩爲金石學者，鮮能精密如此”，使我很受鼓舞。我搞圖書采購特別看重鈔校稿本，也得到他的贊賞，因他自己即日坐四當齋中，露鈔雪纂，丹黄齋下，十分用功。

　　一九三七年夏天，章先生病逝，根據遺囑，家屬將其藏書的一部分捐給燕大圖書館，另一部分委托代爲保存(後來捐給北京圖書館)。此舉在當時藏書家中實屬難得。歷來私家藏書總希望子孫永寶，然而鮮有久而不散者，故黄宗羲爲天一閣作記云：“讀書難，藏書尤難，藏之久而不散，則難之難矣。”章先生能破除舊習，以數十年節衣縮食聚得之書，不私子孫而公諸社會，以整理、保存之責托之社會，其心志超曠，使人欽佩。我正是懷着這樣崇敬的心情，接受燕大圖書館的委托，對這批圖書進行編目。

　　由於初次編纂書目，没有經驗，爲此我着實下了些功夫。雖説因個人興趣愛好與工作需要，我對前人目録已作過大致瀏覽，但此時則從編纂者與使用者不同角度對各類目録進行了審慎的分析研究。我認爲强調實用與著録的嚴謹是編製各類書目的前提，而編製書目又應因書制宜，能充分反映出藏書家的收藏意圖、特點及其讀書治學的傾向。章氏的藏書大致可分爲三類：一爲手自校勘及傳鈔之書，乃其一生心力所萃，其中著名者如手校《資治通鑒》《讀書敏求記》等，極爲精審，曾會以專書付梓流傳。其次是宋元舊刻、明清精刻及名家鈔本，均爲不可多得之善本。第三類係普通習用古籍，但在當時亦已不便購求。我遂根據其特點，依上述三種情況分爲三卷，每卷各以經、史、子、集别其部居；對前兩類書，又采取前人藏書志編例，凡章氏的題跋、友人的識語及章氏移録前人題記不經見者全部備録，以資讀者參考。此外，凡校證之本有章氏假自前人者，我還在各題識之後加以按語，就見聞所及，記其姓氏、爵里、行誼之概略，以詳淵源。這樣做，在當時可作析疑之助，在後來可充文獻之徵。

這部三十萬字的書目,從草創到問世,歷時十個月。(《全集·文集卷·我和圖書館》,上冊第 360 頁)

俞陛雲序云:

章君霜根,爲吳中耆學,其諸子遵易簣遺言,悉舉藏書置燕京大學圖書館保存,以嘉惠後學,校中董其事者則啓精舍以弆藏之。而篋書至七萬餘卷之多,其中霜根翁校證題跋尤爲精審,而編目未詳,讀者苦檢閱之艱。吳縣顧君起潛,力任編校之役,別其部居,録其題識,其中校證之本,有假自友人者,起潛於各書題識之後加以按語,紀其姓氏、爵里、行誼之概略,匪特見當日析疑之助,兼可爲後來文獻之徵。歷四月之辛勤,書目乃粲然大備,將付梓以廣流傳,而索余一言以紀之。余與霜根翁締交五十載,相知最深,起潛以鄉後學請益於霜根翁,備承啓迪,曾有英年好學之譽見於集中,今既喜故友之遺著彙存,章氏諸子之楹書能保;起潛爲余受業師蓉舫公之從孫,更喜德門之後起,敬識數語,以告後之覽者。霜根翁没世,而名稱凌雲神歸,遺書朗列,當深許起潛之薪火能傳也。(《章氏四當齋藏書目·序》;《燕京大學圖書館報》1938 年 5 月第 115 期)

田洪都序云:

若霜根老人者,殆亦深悟南雷先生之言而能自解其難者矣,其心志之超曠爲何如乎?夫以私人藏書寄托公共圖書館供衆閱覽,在歐美各國不少概見,而我國則自梁氏飲冰室藏書寄存國立北平圖書館開其先例。踵而行之者,厥有王氏洗心精舍、瞿氏補書堂、法人普意雅氏、德人穆麟德氏數家焉。而霜根老人則以燕京大學之締造艱難,與生平蒐羅書籍之堅苦刻厲如出一轍,因囑以所有藏書歸而存之,同方同術,相得益彰,是雖循梁氏之先例,而別有深意存乎其間也。學校當局感其盛意,以洪都主柱下之藏屬董其事,爰爲闢紀念室弆藏其書,得顧君起潛爲之分別部居,編輯目録。目録凡上、中、下三卷,分子、丑、寅三類,蓋依其存書契約所規定之類別也。自此四當齋之牙籤玉軸,輝映於勺園層樓高閣之間,與玉泉、香山并壽,而尤氏"四當"之語亦從此昭若日星,可數千載而聲欬如聞也。(《章氏四當齋藏書目·章氏四當齋藏書目序》)

3 月 11 日　顧頡剛有信致先生。

去年奉到賜諭,敬悉。適以游歷隴西,遂未作答,歉甚。上月游鳥鼠山,探渭水源,自詫眼福,然鳥鼠同穴之實狀則仍未能探得也。鳥鼠山爲一分水嶺,山東之水皆入渭,山西之水皆入洮,洮水即《禹貢》之桓也。本月又至康樂,其山皆積石山脉,其人有漢有回,亦有番,土司雖已不存而遺堡尚多。回民頗有禮貌,有二教主,皆穆罕默德之裔孫,然其生活亦完全漢化矣。前方多難之際,猶能作此漫游,真可謂得天獨厚。侄已决不返校,然《尚書》未了工作,仍時時在心,未審仍在刻版否?能於何時刻完?尚需若干費用？索引如須人做，可由肖甫爲之，取其較細心，且與彼研究亦有益也。所需費用，履安處能出則出，否則俟自一月份起在此亦可領薪，當設法寄上也。俟自離家，舍間諸煩照顧，家父年老多病，不便移徙，常住平中，亦無不可，乞常加安慰，使忘疾苦。蘇州府上有信息否？屋與人俱無恙否？俟在此安好，頗有作甘肅人之想，以此間人樸誠易交也。兩弟學業何如？承彬叔是否仍在武漢？俟意如能請胡經甫先生介紹到此間科學館服務最好，以此間正缺生物學方面人才也。可由胡先生致俟一函，再由俟將此函轉至杭先生處，事當易成。此間實在需要專門人才，惟經費不多，路途難行，致來者不敷所用。承彬叔敢冒險，正可乘少壯之年到西北苦幹一回，乞轉告爲荷。俟一旬內即回蘭州，待一個月後再出，或先至寧夏，後至臨潭，蒐集回藏材料，必有新材料可得。天使我生活作一轉變，亦未嘗非有以默啓之也。來書乞寄蘭州賢侯街四十五號。嬸母大人前請安。兩弟均好。（原信）

3月16—19日　寫《洛誥》。（讀書日札）

3月20日　訪日本學者平岡武夫，"出示林之奇《尚書全解》第卅四，丁杰校。此書前年在東來閣見過，因《通志堂經解》粵本已刊入，故未收。末附丁輯附錄，今復閱之，甚有用，即假歸傳錄，深悔當時之不應放手也。又焦里堂批閻氏《尚書疏證》，余曾在富晉見過，索價廿餘元，力不能辦，既悉爲群玉購去轉售他人，今又爲平岡得矣"。（讀書日札）

是日　王大隆有信致先生。

前日由景鄭兄轉到大函，尚未奉復，又得手書，并賜蕘翁小象及詩文，開函雀躍，百朋之錫，曷勝感謝。如能得千里小象，以成雙璧，懇爲留意。蕘翁小象曾見《玄機詩思圖》所摹，因物主矜重，未能借攝。宋刻《揮塵錄》，今在南海潘氏，正請陶蘭泉先生借出攝影，今得此可作罷矣，他日當製玻璃版，訂諸卷首，并志大惠于不諼也。《塔爾巴哈臺事宜》從友人借讀，以卷帙稍多，且無寫人，未能傳錄。《西南備邊後錄》僅存卷五殘本，容謀錄存，但中記道光初年事，非明人所撰。樬客《論語參訂》承許錄副，感感。曾見有《拜經樓詩話續編》《海寧防□紀略》及輯佚二種，異日當匯印之。北平書館善本運滬，丁丑之春，本可設法展覽，適弟以例假旋蘇，至失良機。頃已專函斐雲，乞其錄示，尚祈吾兄便中慫恿之，是感。《藏園題記》昨從張菊老借讀，似無可補。沈刻《三婦人集》《倚杖吟》均見過。鐵橋《說文翼》手稿，揆老已馳書托兄物色，可如願否？（原信）

4月18日　王大隆有信致先生。

去歲北海一別，不圖風雲頗洞，一至於此。頡剛先生南下，得知覃祉吉祥，深以爲慰。弟去年避地洞庭，歲初始返，直至前月方挈眷來申。浩劫之餘，蘇地十室九空，所好群書尚未全失，差爲幸耳。北方情形，想各較好。木犀軒藏書作何歸結，頗欲聞之。前日晤葉揆老，知式丈遺書悉捐入貴校，甚慶得所，將來校記一一刊行，應慰式丈在天之靈。其《四當齋集》聞初板存書無多，敢請代向元美世兄一述，式丈與弟交誼非同恒泛，務懇惠賜一部，以資拜讀，幸甚感甚。《邊疆叢書》之輯，想在停頓中，以前已出各種，弟皆無之，能否寄一全份？《丁丑叢編》幸早印成，因贊同者頗衆，弟僅分得六部，轉瞬送罄，稍緩將乞鄰奉贈。子虬先生一股，書已面交頡剛（今年決仍續印，虬老想仍贊同，并乞代致爲感），便乞轉告。清初有藏書家吳人顧若霖，字懿儒，又字可潛，藏書處曰勤有堂，其藏印於宋本書中往往見之，不知是否華宗？現在南北郵通，至盼時時賜教。弟仍住梵王渡校內，一時并不他遷。斐雲、剛主地址，乞示爲感。（原信）

5月19日 錢玄同有信致先生。

子陵（按，瞿潤緡）兄所示明板《韵書》一冊，弟尚未讀。本星期一（即子陵兄見訪之翌日），弟因不慎而傾跌，致將口鼻傷破，又因跌時驚悸而頭目震蕩，醫者囑靜養數日，故日來不敢用腦。子陵兄曾言，本星期日（廿二日）將再見訪，取還此書并索跋語，弟已面允。茲緣僕病未能，請先生費神轉達子陵兄，請其遲一星期再來，當可報命，惟能否略有所見，殊未敢必耳。關於圖章問題，弟所見先師自藏之本亦有一章，其文似是"劉子駿私淑弟子"七字，與先生所示之殘章相較，意同而文句頗異，似非一物。惟事隔三十餘年，弟不敢斷定弟昔年所見者必是此七字，故弟所見，與先生所示，是一是二，殊難臆斷，茲謹就所憶者奉告而已。竊疑"長沙賈傅中壘劉公"上面所闕之三字，或是"私淑於"三字，但此全是臆測，毫無根據，不過因其爲三字，且似當有動詞及介詞也。（原信）

5月28日 潘景鄭有信致先生。

旬日不奉手教，至懸懸也。昨得士峨來函，承代曬申氏先著，知均□到。附來一緘，屬轉上記室，彼欲出五百金匯印申文定《外制》集及《綸扉》諸種（《賜閑堂集》除外）。弟意此數相去尚遠，恐此金猶不能藏事，因函彼多費若干，亦孝子順孫不朽之盛業，但恐猶豫未能決耳。前函曾及先德《秀野草堂圖》一卷，詢之旬日，始得借來一看。繪圖者爲邑人黃玢，不甚著名，畫頗工緻，題詩甚多，亦有名家，惟輾轉覓致，遂復居奇，索三百金，不知弟在借觀，并無得之之意。茲將內容、姓名另紙錄呈，未知先著中有無著錄及之否？邇來滬上書畫趨騖若狂，想此物雅俗共賞，不比典籍非篤好者不欲一看也。比數日中略走各肆，頗有所見，雖無十分精，不似尚足取。中國書店所見者，有藝海樓抄本《讞論集》五卷、《李遐叔文集》二冊，又湘舟先生手跋明本《李衛公集》，索價均不可談。來青所見有明本《張以〈異〉度自廣齋集》，亦頗希覯。又高麗舊抄《東國文獻備考》二百數十卷，從未見過，蓋即高麗之《文獻通考》也，著作約在乾隆時，惜亡圖獻實無足徵采。楊估已與海外函洽，索值八百金，而此間有平館接洽人亦願爲館購致，但不知究入誰手耳。弟頗願其不出國門，他日尚有一見之時，否則如雲烟矣。昨無意中以二金得殘抄《歷代古玉彙》四卷，存三至六卷，以油紙影摹，與《古玉圖》等書體例相仿，標題云"宣德三年臣呂震奉敕編"。查此書各家藏目俱未著録，每卷上鈐"廣運之寶"四字大印，疑自内府散出之帙，以案頭無《明史》未及一查，吾兄見聞必廣，能爲之一考否？如實罕見，則雖殘帙亦足寶之也。其他零星之帙間有可取，弟闌珊未得購致一二，實以綿薄不敢動手耳。邇來心緒稍寧，以小兒輩次第漸愈，惟精神疲倦，尚懶於披閲一書，益覺筆札日益荒傖，奈何奈何。吾兄近復致力何業，能一聞之耶？匆上，不盡萬一。(原信)

6 月　撰《雪夜校讀圖》跋。此爲汪希董繪章鈺校讀之圖。

先生越四年辛卯以優行第一登賢書，專精經小學，而旁及乙、丙諸部，實事求是，不立異以爲高，篤守乾嘉諸老之家法，力袪俗儒門户之錮見。辛亥以後，息影舊都，閉户讀書，撰述自娱，近人所著亦無弗覽。耄年好學，不苟不懈，洵當代大師也。龍於辛未夏負笈北來，始克奉手承教。嘗詔曰："考據之學，務求證富，驗其通假，始能成説。若單誼孤證，徒炫新奇，何足徵信。年來考據之風甚熾，類多游辭不根之談。方寸之木，可使高於岑樓。"誠針對時病之論也。前年中秋，先生觀風雲之將變，乃有蓴鱸之思，命駕南歸，結廬鄧尉，發篋陳書，手定名山之業。嘗倩汪孟舒表丈希董爲寫《雪夜校讀圖》，荒寒幽寂，以寄高懷。……先生今年政八十，精神强固，天錫純嘏，必享期頤，子賤傳經，重在斯人，豈僅吾鄉人之所頌禱者哉。客臘，孟丈承先生命，出此圖屬題。宿儒長者，珠玉滿前，末學鮅生，烏敢塗抹。重以誘掖之誠，聊述鄉邦學術之大概與昔日侍坐之所聞，以告來者，以質先生。

(《全集・文集卷・雪夜校讀圖跋》，下册第 707 頁)

8 月 18 日　撰《西吳韓氏書目》跋。此爲劉盼遂藏傳抄本。西吳，湖州之舊稱。先生考證後以爲，"西吳韓氏實係僞托，其何以名西吳韓氏者，則不可知矣"。(《全集・文集卷・西吳韓氏書目跋》，上册第 144 頁)

9 月 1 日　《章氏四當齋藏書目》出版廣告在《燕京大學圖書館報》刊出。(《燕京大學圖書館報》1938 年 9 月第 118 期)朱士嘉撰文評該《書目》云：

自來藏書家而得著稱者，其蓄書焉，或躋顯貴，以資賞玩；或擁多貲，以命風雅。百宋千元，傲視儕輩，名鈔精校，故秘篋衍，編著書目，牖於善本，所謂書志，襲取人言，題記纍幅，僅述流轉之緒，擘箋分韵，聊徵盍簪之盛，皆無關於學問，此則藏書而不讀者也。其藏而能讀者，有若康熙間長洲何義門，嘉慶間元和顧澗蘋，皆蘇之吳人也。何有《讀書記》，顧有《書跋輯》，而皆未有藏目傳於世，蓋讀書以規模古人之言行，爲立身處世之大本，豈亟亟自編其藏目，而圖騖名於是者乎？顧何、顧二君，幸際國祚郅隆之日，乃能悠然書卷之間，若丁陽九百六之會，每感故國黍離之痛，丹鉛一握，卷軸自娱者則惟長洲章式之先生，秉淵明之亮節，紹先哲之遺芬，不求名而名自至者也。先生名鈺，字式之，又字堅孟，晚號霜根老人，後顧之三十年而生。清光緒癸卯始成進士，官郎曹，未幾謝歸，食貧沽上，却掃杜門，校書遣日。自幼至老，積書至七萬餘卷，無不手經披讀，朱墨行間。平生治學，專精乙部，而於金石目錄尤有深研。嘗取宋尤延之“飢當肉，寒當衣，孤寂當朋友，幽憂當金石琴瑟”語，揭其居曰“四當齋”，繪《勘書圖》，吳昌綬爲之記。所著有《讀書敏求記校證》《胡刻通鑑正文校宋記》《四當齋集》。殁後，妻子遵易簣遺言，將藏書歸諸燕京大學圖書館保存，不私於家，公諸學府，此又讀書人處置其藏書之異於收藏家一散而盡之有始無終也。館中既闢專室儲之，復屬其邑人顧君廷龍編纂目錄。顧君私淑先生，曾侍杖席，頗聞緒論者。是目分類仿四庫總目，惟別立叢書爲一部。每目於書名、卷册、著者及其籍貫、版本年代，均詳著之。分爲三卷，卷上爲先生手自批校，或曾經題識之書，卷中爲舊槧精刻、名家鈔校，卷下爲通行之本，末附《書名通檢》一卷，井然有條，甚便檢閱。顧君復以先生題跋，悉繫于目，以見校讀之勤，他人識語，亦均錄附，以爲考證之資。凡題識所及之友朋，各撰按語，詳其履貫，以見當年賞析之樂。而於各書著者又均冠以地望，益可見愛護鄉邦文獻之熱誠，是皆爲此目新異之點，極能表彰先生劬學之裏面，可謂不負所托矣。年來私家藏書，歸諸公而由公家爲之編行目錄者則有梁任公。然任公以政變聲震天下，其與先生恂恂儒雅，有不同焉。而此目獨能發揚讀書者藏書之辛苦，尤足紀云。(《燕京學報》第 24 期）

9月8日　爲《續恒言録》撰跋。

　　太初學長聞龍有纂匏廬年譜之志，即承畀以所刻《十經齋遺集》。竭一日之力諷誦一過。復蒙檢示手鈔《續恒言録》稿，當敬傳録一本，惟人事紛紜，不知何日可以脱稿奉教也。□荷寵愛，汗顏無地。戊寅閏望，顧廷龍記。(《周一良讀書題記》，第 24 頁）

9月10日　於聞宥案頭獲見“陶樓藏本《説文解字均譜》”，因記：“有手批數則，蓋據日本本所校，頗有不同，惜所校甚少。是書傳本僅《小學彙函》五卷本及此本，今始知東邦亦有傳本，不知鈔本抑刻本，想必由宋槧出也。録竟率記。匋謰。”(先生小筆記本）

9月15日　寄《章氏四當齋藏書目》給鄧嗣禹，并在封面上書：“倥傯之中成此一編，疏誤無足觀。惟霜根老人題識，均關考證，可資異聞。即奉持宇吾兄正之，藉寄想念。”(王貴忱藏本）

是日　又寫《與裘闓輝論編目書》。

　　去歲龍編著《章氏四當齋書目》，適闓輝先生携《哈佛大學漢籍分類目》來燕校印，辱以校字之役見委，遂得時從先生商榷編目之旨。竊謂編纂目録之業，足以便人於用，而繁瑣不易見功，其最難之處有二，一爲分類，一爲著録，咸須視藏者以爲指歸。分類重於内容，著録重於板本，譬之爲人作象傳,分類爲闡發其性情云,著錄乃描畫儀表,偶一不愼,即失其真於斯。二者若能精確詳明,則編目之能事已畢,而古籍不傳猶傳矣。能畫象者甚多,未必盡能動中窾要;能操觚者甚多,未必盡能形容簡顯。若能事分類著錄者亦甚多,然其欲能精確詳明者,蓋亦甚難。夫畫象生動,撰傳入神,非修養有素者不辦,編目一事,何獨不然,惟其不易,此中國目錄之所以能自成專學也。此一年中,與先生同處俶擾之中,曾共編目之甘苦,今先生已首塗返美,而龍編簡陋,幸先告成,即陳左右,敬乞鑒教,并藉抒鄙見,相與印證。二十七年九月十五日燈下,顧廷龍。(《全集·文集卷·與裘開明論編目書》,上册第 368 頁)

9月 16日　先生有信致汪孟舒,寄贈《章氏四當齋藏書目》。

久未晤教,爲念。式丈藏書目草草編就,誤繆必多,尚祈指正。

謝表弟事,此時有無機緣,乞爲留意,暇時當去一視,再將其近況奉聞也。匆上。祇頌著祺。

內附燕京大學圖書館贈函:

敬啓者:去秋章君元善昆仲,將其先德霜根老人藏書輦歸敝校,分別寄存、贈與。兹經敝館編成目錄四卷,分裝五册。倉卒從事,不免舛誤,亟思就正大雅。爰遵章君之屬,奉贈一部,即希鑒教,并乞簽復收條爲幸。肅請著安。

附收條一紙。

　　　　　　　　　　　　　　　　　　　　燕京大學圖書館啓

　　　　　　　　　　　　二十七年九月十四日(照片,張人鳳提供)

9月 19日　寄《章氏四當齋藏書目》給葉景葵。(《全集·書信卷·致葉景葵》,上册第 18 頁)

9月 20日　先生有信致葉景葵。

疏懶箋候,忽已半年。每從欣夫、景鄭來書藉悉杖履康泰爲慰。前承賜題復泉闕拓,勉勖備至,感荷彌極。

式丈《藏書目》草草編就,忽忽已十閱月,分類著錄,不免舛誤,惟於丈及其友人題識備錄無遺,其量可與丈集相埒。昨由敝館代章氏昆仲寄陳一部,即希教正。《離騷經講錄》近由藻玉堂又送來館,兩年以來竟未獲售,當時索價太昂,今改爲八十元,雖已稍減,實東來初開之價也。敝館同人頗有購留之意,將來又擬慫惠館中付之手民,雖則不全,似爲定稿也。欣夫曾來函述及長者近於收書意興闌珊,擾攘中安得從容於書卷。此間書估欲寄書樣奉覽,屬爲介紹,均未敢應聞。各肆無處收貨,偶有所得,均爲習見之本,其窘可知,或不如上海之盛也。《讀史方輿紀要》已否取回,甚以爲念。龍還存貴行《集韵》《尚書》等三種,聞由元美兄帶滬,不識已收到否? 亦念。暇時希賜教言爲幸。(《全集·書信卷·致葉景葵》,上册第 18 頁)

9月28日　葉景葵有信致先生。

久不通問，接到《四當齋書目》一部，體例極善，足以表章式老劬學之裏面，吾兄可謂能不負所托矣。弟近狀如昨，敝行總經理徐新六先生忽焉徂謝，頓失長城，弟不得不暫時兼理，俗塵較多，無暇理舊業矣。……《集韻》等早已收到，勿念。〔《葉景葵致顧廷龍論書尺牘（便箋）》，載《歷史文獻》第1輯，第26頁〕

9月29日　王大隆有信致先生。

手書及《章氏書目》先後拜登，收據謹簽名附上，乞轉致貴館。承爲招得貴館與哈佛印《戊編》股份，甚荷。今年因時局關係，舊友或不通消息，或無意及此，故徵集倍難，迄今僅得五十餘股。擬中秋後即付手民，能於年內出書爲佳。子虬令兄之款項已匯來，勿念。《邊疆叢書》遽行中止，殊覺可惜。已印各種，無一不佳，所收材料必不少，許借數種，印入《叢編》否？式之丈藏秘籍，當日曾有抄賜印行之約，今檢目，開列別紙，請覓抄胥傳錄寄下，以竟丈之遺志。其抄資當照繳不誤（或先約計字數見示）。目中有傳錄惠校《國志》，此書弟所見者，皆寥寥不多，此冊不知如何，懇示及。剛主款已由黃公渚兄匯下，斐雲或交去稍後，頃舊京股款，多托公渚代收也。敬言兄函，乞轉交……

請傳抄四當齋所藏書目：《張易參義》（元和李繼沇）；《逸書事緯》（歙汪宗沂）；《九經古義參證》（吳縣鈕樹玉）；《戲鷗居詞話》（寶山毛大瀛）；《逸禮定論、附錄》（歙汪宗沂），此書弟有抄本，題《逸禮大義論》者，六卷而無附錄，今讀汪氏後序，言多有增益，則當以此手稿爲定本。弟極愛此書之精博，故付諸剞劂，已寫成宋字兩卷，因亂擱置，今見此冊，必求得以爲據，務請與上四種同付抄胥，并乞詳校，至感至感。世事不可知，能速則尤妙。東廠胡同之書，曾允傳抄，久不踐諾，頃報載失火，甚可念也。如敬言兄有款交上，即乞代收，作爲抄資可也。（原信）

是月　爲周叔弢移錄四當齋藏《前塵夢影錄》中批語。

戊寅九月，據章氏四當齋藏批本，爲叔弢世丈移錄一通。朱筆傳式之章鈺先生語，藍筆傳吳伯宛昌綬先生語，綠筆傳某氏語。間附管見，并希鑒教。顧廷龍記於燕京大學霜根老人紀念室。

《懷米山房吉金圖》，原石拓本極難得，吳中有翻本，頗精。其影印本甚多，以《百一廬金石叢書》本爲善。齊侯罍，民國初年歸之滬商周湘雲，十年前曾聞中罍尚在吳氏平齋侍君處，恐親友之索觀，什襲衣箱中，并子孫輩不易一見也。戊寅八月。龍記。（卷上第18頁）

湘舟好刻石，吾吳蘇公祠及定慧寺中壁間嵌其題記刻石甚多。甲戌夏，余嘗慫恿其玄孫翼東表兄大榮訪拓一過，所覆《舊館壇碑》石曾傳已失，實在甫橋老屋中，亦經檢出椎拓，未有損泐也。《七姬志》原石拓本，吳湖帆曾得一本,遍徵題咏,并倩馮超然作《潘仲昭七姬圖》冠首,翻本轉未獲見。《滑臺新驛記》,嘗見唐蕉庵《安雅樓藏書目》載之。廷龍。(卷上第 30 頁)

《梅花譜》沈氏覆本,向士璧跋後有"嘉慶辛未雲間古倪園沈氏用影摹本重雕"三行,又葉紹翁跋後有"僑吳七十老人魏塘夏天培鑴"二行。後某氏翻沈本,工劣而無此刻款。戊辰夏,高野侯出所藏沈本景印,實翻沈刻耳。古倪園尚刻《紹熙雲間志》,亦精絕。龍。(卷下第 6 頁)

霜根丈藏《玉笈金箱》及毛鈔《絕妙好詞》兩書,係生前遺其次子元美,因不在寄存燕京書中,故目亦不載也。龍。(卷下第 8 頁)

按,此書又有周叔弢批語,據周景良所記:"此冊乃亡兄珏良故物,蓋受之先父者也。其上卷之第十、十二、十八、二十四、二十八、二十九各葉,及下卷之第一、二、三、四、五、六、七、九、十一、十七、十八、二十二各葉諸墨批,是先父叔弢公手迹,而皆未署名,因書此以志之。一九九九年七月十一日,周景良志,景良婦朱宜書。"(原書;《全集·文集卷·靈鶼閣叢書本前塵夢影錄跋》,下冊第 613 頁)

10 月 16 日　跋吳伯宛先生遺墨。

松鄰先生一代通儒,讀其所著所刻,贍博精審,近罕其儔。昨游廠肆,偶得先生叢殘一束,手墨如新,至可珍也。先將所撰詩文稿理治成冊,乞張孟劬丈爲之審定,承以所藏手札爲贈,朱蓉江君見之,亦以新得先生遺像相貽,并冠冊首,以志景仰。諸稿多集外之作,雖有出於酬應之筆,而有關故實者甚多。先生遺集前僅試印五十本,聞將列諸《雙鑑樓叢書》,以廣其傳。然失收之文,輒有所覯,他日倘能輯刊補遺尤善。余嘗求讀先生碑傳不獲,後見遺集詩注有"曩語式之與沅叔,乞他日作二吳君傳,今殆近矣"之語,即以詢章式之丈,則曰:"沅叔已允有所撰述矣。"繼游陽臺山,展先生墓,則有傳,沅老題碣,而未有志文。噫,式丈往矣,惟沅老有以慰故人之托,豈僅爲論世知人之助哉。(《全集·文集卷·跋吳伯宛先生遺墨》,下冊第 646 頁)

10 月 22 日　潘博山、潘景鄭訪張元濟,帶去先生托呈之《章氏四當齋藏書目》,"并求題復泉拓,又請審定《史記》《隋書》二種。《史記》丈審爲秦藩本,《隋書》審爲元本"。(潘景鄭《盍广日記》,轉引自《張元濟年譜長編》,下冊第 1097 頁)張元濟批語:"潘博山昆仲交來。顧君起潛送。"(《上海檔案史料研究》第 3 輯,第 227 頁)

10 月 23 日　王大隆有信致先生。

手示拜悉。四當齋傳抄,因格於定例,不能即抄,自當函商元美昆仲,得其許可。弟不知其香港寓址,頃已函問揆初先生矣。陳同叔所抄,似多詞章家言,先抄四種,成後自當續抄數種付印。貴館股款廿元已匯到,茲具正式收據二紙,乞轉繳。其書年內或不及出版,則遲至明年春間,并望聲明。前附函係致貴校新聘國文教員吳江凌君敬言景埏者,便乞袖交。其款如繳到，即乞代收，以作傳抄潤資，衹須示知，以省轉匯手續。斐雲股款不知是否交與黄公渚兄，便晤請一問。吴君玉年所編書均甚有用，不知《叢編》可加入一股否？霜根丈一生聚書，今得足下爲詳編目録，得一知己，可以無憾，此弟所傾倒無地者也。（原信）

11月18日　再跋《趙定宇書目》。

定宇子琦美，字元度，自號清常道人，富藏書，精校讎。《讀書敏求記》嘗云，清常殁，其書盡歸牧翁，武康山中，白晝鬼哭，嗜書之精爽若是。伊予腹笥單疏，囊無任敬子之異本，然絳雲一燼之後，凡清常手校秘鈔書，都未爲六丁取去，牧翁悉作蔡邕之贈，豈非幸哉？按清常藏書，有《脉望館書目》傳世，定宇楹書，遺之脉望，兩目相校，淵源可尋。此目猶足存趙氏收書篳路之業，未經刊行，尤可珍也。

去冬，吾吴遘巨劫，藏家多散失。常熟丁祖蔭，寓吴中公園路西圃，富藏書，殁後其子守之，今亦爲人盗售。中有《古今雜劇》一書，二百四十二種，而出脉望傳録者百七十二種，每種後有萬曆某年月日清常道人校寫款。絳雲劫餘，天壤孤笈也。

館中比得定宇《松石齋集》，萬曆刻本，於是當年抗疏直諫，言人所不敢言者，遂得畢讀，足以激厲來學。明本向不易得，聞有乾隆間重刊本。詩集有光緒刻本，則余尚未之見也。

是目原本爲景鄭所藏，聞景鄭藏書樓之一因鄰屋被炸，震撼崩塌，不知此書在其中否？吾想武康精爽，鑒景鄭之嗜書能讀，不異古人，亦當呵護其所藏秘笈也。二十七年十一月十八日，顧廷龍重出披讀牽連記之。（《全集·文集卷·跋趙定宇書目》，上册第141頁）

11月27日　先生有信致葉景葵。

前奉手諭，拜悉一一。《四當齋書目》承許能表彰式老劬學之裏面，龍編纂時確曾刻意於是，惟目録體裁所限，無發揮之地，今邀洞鑒，快幸何如！此目編印匆遽，尚欠詳核，必多訛誤。記得式老嘗爲龍言，《通鑒校宋記》之刊行，曾承長者之助，目中按語曾加叙入，洎付印覆核，元美已南行，他無可詢，恐有失實，因又改板删去。但龍素知長者有此義舉，《松鄰遺集》得有一二流傳於今日，實爲長者一人之力，故龍尚以所憶之不誤，便希示及，爲他日藝林增一掌故也。

《離騷經講録》已爲敝館所得，斷非方棨如之筆墨，唐鷦安所題往往有誤，不足爲據。此惜殘稿，然有機會，終當謀爲印行。前年長者在東來閣所購萬年王朝璩《十三經拾遺》稿，今館中得嘉慶間刊本一部，惟刊本不多見，尊藏恐未必爲原稿，殆據刊本傳録者乎？龍感於購書以鈔校稿本最難審定，而較刊本有深味。龍上星期日游廠，見雙照叢殘一束，雖多蕪雜不完，重其遺墨而收之。携歸檢理，得傳鈔之越縵《蘿庵游賞小志》全一册，遍查坊肆及各圖書館目皆未有,殆未刊行者。細審此册格紙,版心有"全國水利局"等字,疑當時爲王書衡鈔,昇雙照刊行者。書衡服膺越縵,特不知何以未果入梓,長者當知原委,乞示一二。如確係未經刊行,擬奉贈鄰架,冀得長者爲謀流傳(或交商務,或交欣夫),亦盛事也。今日得元美函,謂鈔録式老《讀書札録》,何書應鈔,曾乞酌奪,不知有選定否? 此事由龍慫恿而成,開寫以來,計成五種,爲《大金國志》《契丹國志》《南齊書》《語石》《魏書宗室傳補注》(羅振玉撰),鄙意擬將《宋史》接而寫出。昔式老嘗謂"校書要從大部起"(見《雙照詩》),今鈔《札録》,似亦應從大部起。此史據校底本,式老以爲元本,惟讀張菊老百衲本跋文所考,此種版本尚係明本,然此本完整,既可補出《田况傳》闕文,其他佳勝自多,極應録爲校記。即菊老他日據百衲本亦校兩部,底本實在不同(昔《北平圖書館月刊》中曾載元本校記,僅存數卷),正足兩存以資參考,尊意以爲何如? 所困難者,録校不易得其人。去年適龍友閑居北中,挽之從事,張孟劬先生嘗稱之。今年此君謀得教席,不能專任此事,進行遂遲。又招得散校畢業生一人,每日祇能寫二小時,此種事非聚精會神爲之,其效不宏,而非薄有根底之人不能相托。散館主者於此道夙未親嘗甘苦,遂必欲龍相助照料,龍亦自當盡心力而爲之。乘今有此兩君能將大部録成,明年設均他去,則另招較差之人,小種或易辦矣。大部書尚有《三朝北盟會編》,校雖密,然光緒間四川刊本大都已刻出,故可緩爲。《舊五代史》校邵底本實與嘉業堂所刊無甚異處,方開寫即停。擬先將史部各本寫畢,而子而集,倘能全部竣事,一旦刊行,可與《群書拾補》並行,而式老一生勤學斯可不朽矣。

　　尊藏書籍目録之纂不識已成幾部? 甚盼力事詳盡,秘篋多鈔校稿本,即不能刊行,可繫此目而光顯,誠足爲後來文獻之徵。倘長者相助須人,景鄭似可招之,渠嘗寢饋流略,方感無書之苦,必能欣然應命也。

　　從弟廷翔,服務蘇州上海銀行十餘年(由練習生升至出納員),去秋因病未能隨行移徙,遂賦閑居。家中須其照料,又不克遠行,倘他日該行在吳有復業之舉,擬仗鼎力一言,使能蟬聯。設貴蘇行恢復,能隸拼幨,尤所感幸! 恃愛干瀆,不自知其不情也……

　　此間書賈自東來在杭得抱經堂藏會通館活字本《諸臣奏議》,闉得三千金(歸誦芬室董氏),於是接踵南行,皆懷奢望而去,不知果能有所得否? 得來主顧安在,亦在不可知之數也。比廠肆收得樂亭史夢蘭藏書,皆通行本,惟舊鈔《國榷》較善,惜缺首數卷,《四部叢刊》擬目原有此書,不知尚能印出否? 倘必能印,則此本又不足爲奇貨矣。拉雜奉聞,以補餘白。又行。

(《全集·書信卷·致葉景葵》,上册第 19 頁)

　　是月　跋《樂圃餘稿》。此爲影宋舊抄本,有唐翰題、章鈺識語,乃章元美、元群得之沽上,郵贈先生,"以爲編纂《四當齋書目》告成之酬"。(《全集·文集

卷·樂圃餘稿跋》,下册第 771 頁)

12月1日　再跋《敦煌隨筆》。

《敦煌雜鈔》及《隨筆》,友朋中皆未嘗見其刊本,余當排印之時,曾令賈人力搜而未得,故跋有未見刊本之語。比厰肆收得樂亭史夢蘭家藏書,乃有此刊本,文禄堂夥友亟以示余,據校一過,尚無大誤。(《全集·文集卷·敦煌隨筆跋》,上册第 97 頁)

12月27日　先生有信致顧頡剛,時頡剛在雲南。

奉來書,敬悉儷駕先後抵滇,至以爲慰。川資之昂,真感旅行之不易也。

《尚書》寫刻,此半年中未敢稍懈,極望明年暑前竣事。惟擬先將正文趕完先出,校勘記嗣後再説,此事非從容著筆,必不能精確,即橅寫一事,一字不愜即重改寫,而重寫之字必須手自挖改,俾可上板。先曾屬刻手爲之,往往不合式,蓋欲稍有勝於景印之處耳。校記已有他處爲之者,但不能如李遇孫之於《書古文訓》,與我所欲做者不同,不妨各爲其校。所苦者,退值之暇,疲神昏燈,日得無幾。去年耒先生在此編印《哈佛漢籍目録》,堅屬夜間亦爲之助,龍以《尚書》寫刻力辭,然時有商榷,致仍稍閣置,甚願早日告成,釋此重負。將來各篇之首所空一行,鄙意即刻“尚書文字合編”,下端注版本(用兩行),版口祇刻篇名……書名下別加注篇名二字,因殘卷往往無篇名,注則雖有與原文重複,然可一律。將來尚須吾侄一序,龍擬作一小跋,僅叙寫刻之經過。至今古文問題,毫無心得,殊以爲愧。近得兩書,一爲嘉慶中高郵孫喬年寶田所著《尚書古文證疑》四卷(推廣閻説),一爲光緒間丹徒謝蘭庭《古文尚書辨》八卷(專駁梅、閻、王、惠之説),書實居兩端而極也。又得李富孫《尚書異文釋》(《皇清經解》獨未刻此),頗足爲校勘之資。此三書惜皆不得細讀之時耳。

刻資尚有存者,大約至改板印刷時或稍不敷,容後再説可也。此間尚安好,勿念。尊寓已否租定? 自珍已入學否? 滇中水土均能習慣否? 甚念。暇中希叙家常,以慰遠懷。此間入冬以來降雪三次,天氣似較去年爲寒,室中生火僅華氏四十度,南中何如? (《全集·書信卷·致顧頡剛》,上册第 121 頁)

12月29日　跋《石城哈密紀略》,北京大學圖書館藏。(《全集·文集卷·跋石城哈密紀略》,上册第 98 頁)

冬月　跋《蘿庵游賞小志》,此爲李慈銘同治元年(1862)客居京師時所作。

此本自吴松鄰叢殘中檢得,觀板心有“全國水利局”五字,知爲王書衡飭胥傳録者,而志中尚有比匪之語,殆删削未盡者耶? 書衡與松鄰友善,而又服膺越縵,或异以輯入叢書者,行間校字,審出松鄰手筆,惜未貫徹耳。檢視松鄰所刻,未及此志,或猶未經刊行之本,奉貽揆初仁丈賞鑒。(《全

集·文集卷·越縵生蘿庵游賞小志跋》，上册第 120 頁）

是年　題章鈺書《蘇文忠九百生日詩卷》。

　　　霜根先生書名噪海内，屹然爲當今一代宗匠。先生始則寢饋於初唐諸家，而於正臣致力尤勤。嘗手臨《明僧紹碑》至百數十通，深入堂奧。繼則出入於六朝碑版，擷其精英，頗得剛健婀娜之態。後乃服膺文忠豪爽瀟灑，汰去劍拔弩張之勢，歸於雅正，故先生書合行真爲一體，融諸家於一爐。作書之難，在能凝其氣韵，行真小大，馳赴腕底，若即若離，或疏或密，於放浪之中不失其規矩。先生與龍論書，嘗曰："詩以自然高妙爲極致，書以平澹天成爲極致。"先生之書真能得此邃旨也。(《全集·文集卷·題霜根老人書蘇文忠九百生日詩卷》，下册第 644 頁）

1939 年　36 歲

1月1日　葉景葵有信致先生。

奉十一月廿七手書,以卧病未克即答爲歉。《蘿庵游賞小志》承惠賜,當遵約交欣夫編入《叢編》。惟戊寅已付印,須遲至來年耳。近得先德所撰《春樹閑鈔》(出自上元宗氏),係曾孫達尊校録本,是否即《叢編》之底本?君家手澤當以奉贈,俟到行即郵寄。今年六七月間書價甚廉,頗收得罕見之本,近則客頻來,貨少而價昂矣。式老所校各書以《敏求記》《通鑒正文》《大金國志》三部爲最,因取精用宏,爲近百年所罕觀也。二書均已刊行,惟《大金國志》未刊,已復彦威專意於是,惟渠近況亦不甚佳,當徐俟之耳。前購《十三經拾遺》稿,疑爲王君自録清本,惜無確證(其工整非他人所爲,字體亦合時代)。令弟事當與光甫言之,渠尚未返。松江韓氏臘餘零種尚有六十餘本,爲文禄堂舊夥喬景熹(近開敬文閣)捆載而去,皆屢經選擇之,所餘無多文采,兄盍往觀?〔《葉景葵致顧廷龍論書尺牘(便箋)》,載《歷史文獻》第1輯,第26頁〕

1月19日　撰錢玄同先生遺札跋。

玄同先生自病血壓高以來,謝客習静,不獲接言笑者久矣。去春檢理四當齋藏書,見太炎先生舊著《春秋左氏讀》,鈐有小印曰"□□□長沙賈傳中壘劉公",龍異此本之罕觀,又欲補印文之殘闕,因念先生熟于師門故事,即以原委奉詢,承示復甚詳,深爲感幸。又有明本韵書,亦四當齋物,殘存一册,首尾不具,誰著何書,莫能辨悉,并乞先生審定,知爲章黼《併音連聲韵學集成》也。瞿君子陵走謁之日,先生嘗自謂舊恙已稍愈,龍屢欲造訪,一疏結念,而卒卒未果,今忽噩耗傳來,已爲先生接三之期,爲之愴悼。檢視遺稿,手墨如新,而音容已邈,不勝山陽鄰笛之感。二十八年一月十九日,顧廷龍記。(《與顧起潜書》,載《制言》1939年第50期)

1月21日　先生有信致葉景葵。

日前奉手諭,拜悉一一。比想興居迪吉,飲食勝常爲頌。

《春樹閑鈔》上元宗氏所藏,係先五世從祖榮緋公(諱達尊)手録之本,寒族中竟無别本。歲庚午,承子戴丈見假,先君始手録一副。越年家子虬兄又從傳録,乙亥始得列《叢編》印出,是實爲先著僅存之祖本。今爲長者所得,而又承見賜,感幸何如!尚祈賜題數語,以志紀念,至爲叩禱。

喬賈在滬收來書籍甚多,龍與此人不識,又懶進城,故未往一觀。今悉其所辦之貨均已售罄,年内須再到滬收買。承示松江韓氏臘餘書,曾見沈大成校《禮部韻略》一種,由他賈送來議價,索百番四十元已諧,後因蟲損,屬稍修綴,彼堅不允,卒未成交,殊爲可惜。幸所批各條,龍已草草過録,可存大概矣。聞長者曾在喬處得戴東原稿本一册,不知何名? 已有刻本否? 近隆福寺書估送來自南所收書,有翁文恭題識,據云翁氏書有二百餘箱在接洽中,不知宋本《集韻》尚在否? 趙氏天放樓書亦有所見。又聞隨盦、適園所藏亦皆有散售之説,不知確否?

舍弟事承許晤陳公爲之説項,至感! 如能先在總行中占片席以維生計,則尤盼幸! 不情之請,尚乞亮察。

式老校本以史部爲多,校記已寫成五種(均史部者)。現正從事《宋史》,《宋史》畢,重要者已全,可暫結束告一段落矣。彦威方與敝館接洽下年修理裝潢及寫校記等計劃,即擬以此復之,不知彦威之意何如。越縵《游賞小志》已寄出,當可先此遞達也。(《全集·書信卷·致葉景葵》,上册第22頁)

1月30日　葉景葵有信致先生,告以購書事,并詢燕京圖書館工作情況。

奉一月廿一日手書,敬悉種切。《春樹閑鈔》一册前日已寄敝行沈君轉交,當已收到。喬賈在蘇所收各書以曹君直先生校本爲最可貴,弟皆未見(由蘇徑寄示),惟曹校《三國志》一部(以單注本、明抄本合校),價僅十六元,曾經弟手,以欣夫篤嗜,遂讓歸之。弟在喬手所購者有朱箋《水經注》殘本,蓋乾嘉間有擬撰《水經注治要》者,即以朱箋爲底本,止存十七卷半,批注叢雜,破碎不堪,書估僞造戴震印章鈐於卷首,其實不知名也。喬賈購去松江韓氏臕餘抄本六十餘種,弟留四五種,有李鍇《睫巢集》(刻本大半未收),王祖嫡之《王司業雜著》(萬曆河南人,未刊),王乃昭抄《陸右丞蹈海録》,古香樓抄嘉靖《桐鄉縣志》,明抄黃蕘翁校《寓簡》。其餘如沈學子校《禮部韻略》,不甚精要,弟以已有桂未谷校宋本甚佳,故不留。其實喬之原本祇廿四元,弟出價祇卅二元,早知如此,當爲兄留之也。喬又購宗氏書,有刻本附圖《客座贅語》,弘治本《丁卯集》,嘉靖本顧氏《文房四十家唐宋小説》,皆弟出價而未諧者。喬以極廉價得之宗氏子,忽明忽昧,皆此類也。宗有全謝山重校本《水經》四十卷抄本兩種,即七校之底本,弟已取得有六卷,係謝山手稿,合二書觀之,王腹軒之七校本皆湊合謝山各校本,以意爲之,非真面目,宜王氏合校不取之也。此書議價未成,大約可得。弟又在喬手購明抄李文察著《興樂要論》《樂記補説》《律呂新書補注》《皇明青宮樂調》四種,尚係錢遵王故物,恐世間無刻本也。此外則無足觀矣。京師歲寒,意興如何? 燕京圖書館經費尚充足否? 吾兄在校是否兼教員,每年收入若何? 有契約否? 暇乞見示。隨庵老病時,以賣書支持。適園在潯普通書均已薦售,披沙揀金,常有奇貨,惜不得一一親見也。令弟事容爲相機進言。……前在燕館所見之殘本《地志》稿本,已可證明確爲沈落颿手稿。

〔《葉景葵致顧廷龍論書尺牘（便箋）》，載《歷史文獻》第 1 輯，第 27 頁〕

2 月 8 日　先生有信致葉景葵。

日前拜奉手論，快如良覿。承示滬上書林珍聞，廣益鄙陋，感幸何如！

松江韓氏剩餘書爲喬賈購得，景鄭亦曾見告，該賈與敝館向無往來，故不送閱。既經長者略選一過，想其餘亦無甚重要者矣。即如沈學子校《禮部韵略》，丹鉛滿幅，乃爲引經異讀，分別標識，以便省覽，批校則寥寥，誠如長者所云，不甚精要，龍亦以爲如此，故卒至垂成交而又罷也。

宗氏咫園書爲修文堂孫實君（新從修綆分出，此次與文殿閣合夥辦貨）購得甚多，送來求售，以弘治本《春秋繁露》十七卷（二百四十元）、嘉靖本《正續演繁露》（二百六十元）兩書較罕覯，而館費已竭，衹可失之交臂，聞已爲文奎堂二百四十元（兩種）購去矣。《繁露》，《四部叢刊》輯印時僅得内聚珍本，匆匆不獲一校，至爲可惜。弘治本《丁卯集》亦修文（文殿、喬某三合夥）書，頃已送來，索值百六十元，并謂在滬時喬某曾得主給價百元，未諧，今此間董氏及天津周氏亦均給價百元，必至百元以外方可脱手云。龍閲此刻與席刻次第多寡相同，誤敚亦不少，惟此本不多見耳。《客座贅語》有宗湘文跋，圖甚佳，索百廿元。兩書館中未必能留，如長者尚有意於此，請示一價，姑與一商。尚有萬曆何養純刻《林和靖詩集》，楷體精工，豐華堂舊物，不知見及否？

適園澶藏已到津，聞有百餘篋，鈔本數種郵寄先到，送龍閲者亦甚平常，若郭琇《華野疏稿》（鈔本甚多），《安晚堂詩集》（宋鄭清之撰，有李氏宜秋館刊本），《江月松風集》十二卷續一卷（清錢惟善撰，小山堂鈔本，顧湘舟先生舊藏，此有錢保塘刊《清風室叢書》本），明鈔《賈浪仙長江集》（有沈子培跋），必皆一校乃可知其真有佳勝也。購書以鈔校本爲最有趣味，而亦以鈔校本最難審別，館中人無同此好者，故不能多搜也。

秘篋新得李文察所著四種，難得，可賀。惟按《四庫存目》尚有兩種，不知能踪迹否？敝館新得錢竹汀《講筵日記》手稿一册，未見刊印，可補其《自訂年譜》。又方朔（小東）所輯《復初齋題跋》一册，中多嘉業堂所刻外集附載逸文篇目之文。此兩書較爲最善。其次若胡之驥《江文通集彙注》、《陳白陽集》、黄訓輯《皇明名臣經濟文録》、陳全之《蓬窗日録》等，俟稍整理，當再擇善奉聞。去年所得者曾草草記述，另郵呈誨，閲後請轉交景鄭爲荷（静安寺路潤康村二〇二號）。

龍傭書燕館，專任采訪，因校例所限，不能兼任教課，既無聘書，亦無合同，月薪百廿五元，循資而上，暑後學校無恙，當可增加十五元。所幸此間生活程度較低（以房租而論，不過上海十之一耳），勉强維持。每届學期開始，爲兩兒籌學費（一在高中一年，一在小學四年）則形拮据，在此僅以能不離書本，投吾所好，他無可戀。然一書購到，速送編目，不克細讀，而俗務紛紜，不容其從容瀏覽，有如庖丁調味盛宴，爲主人享客，安得染指其間。退值以後，昏燈一卷，日益無幾，任意涉獵，不能專治一學，致年逾三十而修名不立，每自慚疚。去年以來，朋輩星散，依依送别，吾以一家四口，欲歸不易。顧今滿目瘡痍之日，人多流離顛沛，我尚草間偷活，已邀天幸，復有何求，惟誦宗子相之言曰"人生有命，吾惟守分而已"，聊以解嘲。素蒙垂愛之深，舉實奉告，不覺其覼縷也。

昨日内人晤賓四夫人，述及其蕩口家中曾罹胠篋，一空如洗，不知《方輿紀要》數册已否歸趙，殊以爲念，便希示復爲盼。

承賜先世手澤，俾吾世守，戴德無既。題識尚蒙獎飾，彌增感愧。月前承元美兄昆仲見惠舊鈔《樂圃餘稿》(宋朱長文撰)，吴免床、唐鷦庵、吴仲飴遞藏之本，有式老長跋，至可珍貴。一年之中頻添兩部善本，爲寒齋增光，歡喜欲狂矣……

敝館所藏《地理志》，承示確爲沈子敦所作，不識有何新得之證，尚祈不吝教益爲叩。又行。(《全集·書信卷·致葉景葵》，上册第24頁)

2月10日　先生有信致葉景葵，告以《春秋繁露》版本事。

昨上一緘，計先達覽。《春秋繁露》書賈以爲弘治本，實則未有刊版年月，惟爲黑口，與《四部叢刊》本後來所補郁序一葉之本相同，據云此間商務有人稱，即爲當時總館曾經登報徵求者。龍已屬文奎再行送來，略一檢校即可得其大概。至商務曾否徵求，何以徵求不到，宗子岱先生亦在發起編印之列，豈有秘而不宣？又《叢刊》既得采補一序，豈有不見全書？既見全書而善，何不重印抽换？不知長者聞其原委否？乞示，以資參考。果善，當力勸館中收之，誠恐力有不逮耳。但已轉入文奎手中，又須多費數十元矣。(《全集·書信卷·致葉景葵》，上册第27頁)

2月13日　葉景葵有信致先生，由愳園藏書散出，思欲"謀永久保存之法"。

今午得快函，開誦欣喜，如與故人覿面晤言也。愳園精校本以敝齋所得爲多，其他則有應接不暇之勢。弘治《丁卯集》尚可割愛，惟《客座贅語》既有圖又有湘文丈題跋，請兄爲我留之，其價則酌爲代定(湘文父子補校之《讀書敏求記》管芷湘校本亦歸弟齋)。喬賈又來，謂《丁卯集》可以八十元相讓，弟已却之，則《客座贅語》或可持至百元以内。其子售書初則昂價，迨告急則不暇精粗美惡，惟以得錢爲目的，可憐可惜可痛也。耿吾懷抱未遂，弟所得之書，將來必爲謀永久保存之法，或可以對故友于地下也。夏間讀道光間文集，謂沈落颿書法專臨晋帖，而點畫則一遵鄦書，正與館藏殘《地志》所校之筆意相符。今得書問我出處，則竟倉卒不知所對，大約是施北研、楊秋室同時人所言(是否月齋所言不甚詳記)，暇當檢查之。令弟事已得復，允囑人事股設法，不知有消息否。……《讀史方輿紀要》山東六本沈淪蕩口，雖有無恙之信，但日久終可慮，而急切又無取回之策，如何？〔《葉景葵致顧

廷龍論書尺牘（便箋）》，載《歷史文獻》第 1 輯，第 28 頁〕

2 月 23 日　葉景葵有信致先生。

令弟廷翔事，頃得上海銀行復云，因停薪留職人數太多，不能偏於一人，至群衆有後言，所以未必有效，特馳告。弘治本《繁露》請暫留，因涵芬樓有影抄本尚在弘治之前，已囑取來，俟閱後當有所得，再行奉告（請與《兩京遺編》本一校，如有異同，即可留。據菊老云，影抄本更佳。如館中無力，弟頗有意，但恐文奎堂居爲奇貨耳）。寄來新收書録已閲畢，昨已面交景鄭矣。《客座贅語》須價若干，候示。〔《葉景葵致顧廷龍論書尺牘（便箋）》，載《歷史文獻》第 1 輯，第 28 頁〕

2 月 24 日　葉景葵有信致先生，囑留《春秋繁露》。

昨發快信，頃得見涵芬樓所藏明影宋嘉定十七卷本《春秋繁露》，佳甚。文奎堂所稱弘治本請與《兩京遺編》本一對，如不同即可留下，如館中無力，請爲弟購之，候信即將款交京行奉上可也。《客座贅語》價已諧否？〔《葉景葵致顧廷龍論書尺牘（便箋）》，載《歷史文獻》第 1 輯，第 29 頁〕

2 月 25 日　葉景葵再告先生《春秋繁露》校勘事。

午間發一快信，頃細閱明抄宋本，知即《永樂大典》所據原本，聚珍本出於《大典》，故佳處與明抄本同。《四部叢刊》重印時所補序文，蓋從明抄本出，與弘治本無涉。弘治本究如何，非親見不能知。惟據傅沅叔言，知其勝於《兩京遺編》本耳。如此則弘治本亦無可居奇，不妨從容審定之，能寄來一閱最好。〔《葉景葵致顧廷龍論書尺牘（便箋）》，載《歷史文獻》第 1 輯，第 29 頁〕

是月　跋《麓雲樓書畫記略》。此爲汪士元所藏書畫目，手寫石印本，書畫“聞今已散盡，多入於廬江劉氏善齋矣”。（《全集·文集卷·麓雲樓書畫記略跋》，下册第 841 頁）

3 月 2 日　先生有信致葉景葵，談《春秋繁露》版本諸事。

今日叠奉廿三、廿四日快諭，拜悉一一。

文奎所稱弘治本《春秋繁露》十七卷，已將全書送來，首尾并無刊版年月，該肆因其黑口而以爲弘治本，又因商務分店職員言弘治本爲總館登報徵求未得之本，遂視爲奇貨，且謂有人勸其影印，仿《四部叢刊》本式樣，必能致利。但龍出《四部叢刊》本逐字校勘，已畢十一卷，并無佳勝，與《四部叢刊》本所采補序文之本，雖同爲明黑口本，行款亦同，惟文奎本誤字甚多，即以序文末句而言，《四部叢刊》本“大理評事四明樓郁書”，此本“事”誤作“寺”。兹將第一篇不同之處另紙録呈，希與影鈔宋本一校其不同何如。《兩京遺編》適爲人借去，須數日後可還，不能即校。惟此爲八卷本，當有不同。文奎本目録上有“樸學齋”“葉樹廉印”“石君”三印，卷末有跋云“世所刻者止八卷，此本多九卷，真善本不易得也。長武”兩行，是明本中之別一本，不能獲其源流,一俟全書校畢,當并攝取一景,寄呈審定。是書文奎與《演繁露》共價二百四十元,得之修文,如長者有意購留,請酌加若干,約示一數,如館中決不留,當爲代定也。《客座贅語》,《金陵叢刻》所據即同此本,亦有圖。修文因過新年,尚未來過,俟議價後奉告。

舍弟廷翔事難望有成,命運所致,無可如何,而高誼不敢忘也。旬日中兩接家報,謂廷翔閑居年餘,憂鬱成狂,不食不眠,勢甚危篤,醫治後不知能否轉機,倘一旦告痊,尚須求長者別爲圖之。心頭悶損,不知其言之不情矣……

《四部叢刊》所采序文之本,其全書何在?昔景鄭曾借錄孫氏小緑天所校明殘本二卷,孫氏未注明何刻,竊疑《叢刊》所采序文之本,或即孫氏據校之殘本。明本中較善之本,一嘉靖潙陽周氏所刻,抱經已校過;一天啓王道焜刻,則孫星華亦已校過(見江西刻聚珍板書)。此又不知何刻矣。景宋鈔本必勝諸刻,不知第五十五篇及五十六篇首三百九十六字、第七十五篇中一百八十字、第四十八篇中廿四字,又第三十五篇之缺誤能否完正,甚念。

適園書已到,尚未往閱,俟有所見當續告。楊文瑩藏書亦散,有二百種歸稽古,聞亦有精本云。又行。

喬佶到滬,似在接洽隨庵所藏,又不知別有得否?如有書林珍聞,尚希見示,則諸賈携書北來,或不致爲所炫惑耳。又行。(《全集·書信卷·致葉景葵》,上册第28頁)

3月9日　葉景葵有信致先生,談《春秋繁露》校勘事。

奉二日函并校記一紙,知所傳黑口本實爲明初無價值之本,舍旃舍游。明抄本樓郁序,樓郁題名在文前,無結銜。第五十五篇及五十六篇首所闕,明抄正短二板,第七十五篇一百八十字不缺,第四十八篇板爛廿四字,第三十五篇無缺誤。另一孔莊谷校《大典》本,其底本亦黑口九行,行十七字,却與京中所傳本不同,不如聚珍本,而孔校則已據《大典》本完全改正,故涵芬二本并美,皆非他本可及也。《客座贅語》既無特異之點,亦姑舍旃。楊氏豐華堂之書早已售罄,近來京客南來,無甚大批新得,必造作謡言,謂有某家珍品收到,却將舊存不銷之書趁機傾銷,如上海拍賣場之所爲,正意中事。南中時有佳品出現,却無大批。我輩亦利其無大批,可以分段籌資,不至目不暇給,但亦往往有望洋興嘆之苦,蓋積之多則零星亦成巨款也。錢氏所存《方輿紀要》山東八册已有信來,仍健在,不日可以設法寄滬,特以奉慰。〔《葉景葵致顧廷龍論書尺牘(便箋)》,載《歷史文獻》第1輯,第29頁〕

3月15日　葉景葵有信致先生,托購"嚴鐵橋手寫《説文翼》稿本下册",并詢"圖南"事。

昨在中國書店見嚴鐵橋手寫《説文翼》稿本下册(逸其上册),精美可愛(精楷精篆),但已爲通學齋以二十元廉價購去(中國書店不知是原稿),郵寄北京,求之不得。吾兄得信後,望至該店問有新到之書否,如見此書,務乞爲弟留下。但通學齋孫君頗知書,恐其居奇耳。上海方面如有圖書館組織(私人事業,性質在公益方面),需要編纂校勘人才,吾兄願意圖南否? 每月須有若干金方可敷用,移家需費用若干,幸斟酌示我。……《朋齋集》三《落颿樓文稿序》"子惇作字,模範鍾、王,而偏旁點畫必蘄合于六書"云云,觀此知館中所收《地理志》殘稿,其精楷皆沈氏所書。前承詢及,頃始檢得之。〔《葉景葵致顧廷龍論書尺牘(便箋)》,載《歷史文獻》第 1 輯,第 30 頁〕

3 月 18 日　撰《潘氏攀古樓所藏彝器輯目》序。

　　文勤收藏彝器之備,鑒別之精,審釋之慎,當爲研究金文之圭臬。乃薨逝後,所藏多流散,幸賴介弟仲午比部之善守,獲存其十五。余生也晚,不及接文勤之謦欬,比部爲余婦之叔祖,乃得恎聞其緒論,嘗隨內兄弟輩摩挲覽賞。曾幾何時,遽遭丁丑之變,玄黃易位,六丁忽降,毀失殆盡。耗音傳來,嘆劫運之所屆,桑田滄海,復何暇爲區區惜哉! 第念文勤一生搜求考訂之辛勤,雲烟等過而未及成著以垂後學,所撰《攀古樓彝器款識》僅三十器,皆同治壬申、癸酉所得,其他重器,則多得於光緒戊己之間,故有待考述者方多。前年,景鄭內弟嘗就所存,悉按舊例,踵事編纂,經此喪亂,成稿散佚,非一時可以殺青。余遂出曩時所輯藏器目,重加編訂,以資紀念。昔靈鶼編刊諸家藏器目甚備,而獨遺攀古樓,是或可彌其缺憾。余所據者,容希白師新得《攀古樓彝器款識》拓本八冊,精整完好,類別器蓋,鈐識分明,至爲罕覯。又參閱《郁華閣金文》,採獲亦多,其他各家景印之本,皆有補苴。攀古墨本,雖流傳不廣,而均有文勤印記,可以此爲準也。編竟,乞希白師、景鄭弟校正一過,庶足徵信矣……

　　廿餘年來,爲金文之學者甚衆,多僅以景印之本爲據,器之真贗,隨人所定。惟希白吾師,既遍觀清宮及善齋所藏,又自蓄亦漸富,遂能鑒別獨精,非朋儕可及。考釋文字,尤爲矜慎,不故立奇論,强搆古史,得不蹈文勤所言之"三蔽",時風衆勢不爲移,抑亦難矣。承示新獲《攀古樓彝器款識》拓本八冊,因據之重編舊輯《攀古樓藏器目》,編竟,呈師審定,屬以目序書於耑。當今俶擾之世,獨燕京弦歌不改,師其繼文勤而宏勵後學,使斯文無墜於地,不亦盛乎! 即乞教正。(原稿;《全集·文集卷·潘氏攀古樓所藏彝器輯目自序》,上冊第 497 頁)

3 月 21 日　先生有信致葉景葵,探討《春秋繁露》版本并《客座贅語》《清實錄》等事。

　　奉三月六日手論,敬悉一一。

　　《春秋繁露》得詳示源流,爲之豁然。文奎所收黑口本與《兩京遺編》大致相同(亦有一二異字,而與涵芬藏孔荭谷校《大典》底本,雖黑口、行款并同,而一正一誤,相去甚遠,文奎所收是一劣本無疑矣。傅沅老稱孔本勝于《兩京遺編》本，甚是，亦即勝于文奎本。《四部叢刊》本補序一葉，即采自孔本者，據"大理評事"，"事"作"寺"一字，足證兩本之霄壤矣。

《客座贅語》曾爲議價，許其六十五元，已允，價尚公道。而其書爲傅氏重刻後校，可緩圖，如重其原刻及湘文先生手跋，欲備一格，亦無不可（此書修文堂與文殿閣合夥者，今修文主人孫實君又赴滬上收貨矣）。倘長者以爲價不甚昂（雖與議價，并未定奪，不欲留亦不妨也），尚有意於此，當令寄上，便希示及。

《清實録》（聞祇印三百部）初未流通，近有廠肆可設法，價約千八百左右，平中公私所藏有五六部，敝館在物色中。竊思滬上之習前朝舊聞者亦不乏人，不識能見此書否？公私藏家有此者否？如尚無所藏，似可設法令留一部，以惠士林，長者其有意乎？

來薰所得書無特異者，惟有吾鄉陳培之先生手批《廣韵》甚佳，索價四十元。其他各種其價均昂，議價殊不易也。《方輿紀要》曾托竇四夫人函其夫弟速謀歸趙，久未晤見，不知回信如何。今奉來示，得知安好，爲之大慰。（《全集·書信卷·致葉景葵》，上册第32頁）

3月27日　先生有信致葉景葵。

日前奉十五日手示，拜悉一一。星期六下午無事，即入城往通學齋檢閱近收各書，一無所得。旋見墻角有中國書店新到郵件四十餘包，即屬夥友拆視，拆至第四包，而《説文翼》果在其中，惟以耀卿尚無價目寄到，未曾索價，龍即欣然携歸。此去不先不後乃爲訪獲，展轉南北終歸高齋，是鐵橋先生靈爽不昧，自投其久托之所，有奇緣也。此稿篆楷精整，的是手稿。編纂體例實爲愙齋之先河，爲所擬撰長編之第七種（《答徐星伯書》所附著述目，此種未注已刻）。逸去上册殊爲可惜，然據《清史列傳》稱其已佚，今得殘帙則亦幸矣。俟價言妥，當即寄上不誤。

承詢一節，編纂校勘之事乃龍夙好，此間所爲雖近乎此，但雜務叢遽，不能專注，不能從容。故龍既服務圖書館，而又司采訪之職，人僉以爲可多讀書，豈知不然。一書把手，序跋尚不及全閲，走馬看花，雖多奚益？欲求橫通而不能，終成吳諺"挨米困餓煞"之誚。倘有稍可安心校讀之機會，求之不得。且自親朋星散，感切蒓鱸，言旋海上，既可時聆教益，而與至親亦可相會矣。至月用一層，現在此間可〈百〉廿餘元，[①] 出入差抵。然日來物價騰貴，終慮不敷，暑後即增，恐仍拮据。南北日用想必相仿，惟房租一項高下甚大，若租四五間，恐即須五六十元（至少有四間，須得一間以安硯席，而殘書亦有寄焉）。他若小孩學費，似亦較昂。兹就目下所用，益以房租估價，即須有兩百餘元，方可敷用，非敢有過分之望。移家須費約四百餘元（四人

---

①據2月8日先生致葉景葵信中所言"月薪百廿五元"可知，此處"可廿餘元"，當爲"百廿餘元"。

川資,有行李書籍運費)。素蒙關垂,傾其肺腑,尚祈相機圖之,無任感禱。

今日有書友送來兩種甚好,一爲沈學子批《韓昌黎詩集》,工楷,似爲手筆,亦通學自南得來,索價四十元;一爲《四庫表文注》,無撰人名氏,察其筆迹乃李仲約手稿,迹其所自,知由李勁庵(仲約孫)押出,今已逾限矣。惟林樸山亦有《四庫表文箋釋》(嘉業堂刻),且謂嘗見李仲約注本,互參聞見,相校之下,尚有詳略。索價二百元(振文齋舊爲來熏閣夥),館中尚未定其去留耳。通學此次所收多有汪雲蓀藏印,間有手批。汪氏里貫未詳,長者知之否? 雖多明本,皆普通之品,無可取也。修文、修綆、文殿、文奎、文禄競趨滬上,尚不知有所得否。(《全集·書信卷·致葉景葵》,上册第34頁)

3月30日　葉景葵有信致先生,再提南來之請。

奉廿一日手書,敬悉。《客座贅語》已承議定六十五元,請囑寄來,爲保存湘文先生遺墨,決購之。以前尚有一函詢兄,如滬上有類似燕大圖書館機會,兄能否屈就,所需報酬如何,希即示復。此爲絶對有望之公共事業,與弟有深切之關係,故弟負有養賢之責任也。〔《葉景葵致顧廷龍論書尺牘(便箋)》,載《歷史文獻》第1輯,第30頁〕

3月末　葉景葵有信致先生:"前聞《清實録》衹須繳費一千元即可頒給一部,所謂一千八百云云,必有過手人潤利在内。鄙意三百部一時銷完必不易,儘可從容設法(一千一部須三十萬元),望再調查。"〔《葉景葵致顧廷龍論書尺牘(便箋)》,載《歷史文獻》第1輯,第30頁〕

是月　跋明刻黑口本《春秋繁露》十七卷。

去冬修文堂主人孫實君赴滬販書,得黑口本《春秋繁露》十七卷來館求售,曰"此上元宗氏舊藏之物,極爲罕覯",索價百六十元。翻簾一過,見首尾無雕板牌記及刊行序跋,惟有"葉樹廉""石君""樸學齋"及"歸來草堂"諸印記,末有長武一跋云:"世所刻者止八卷,此本多九卷,真善本不易得也。"乃知其爲明初刻本,曾藏舊家者。檢讀數章,誤字觸目,因未議價還之。越日,文奎堂張夥來云:"《春秋繁露》已歸其肆,實爲弘治刊本。昔涵芬樓輯《四部叢刊》時登報徵求之而未得者,有人勸仿《叢刊》本景印之,可致大利。"余仍未信此本之善也。又越日,有客過談曰:"弘治本《春秋繁露》世不多見,君何失之交臂耶!"言下若有譏余目盲之概,不得已,遂欲一明其究竟。翌晨,即令張夥將全書再送審閱,則索價三百元矣。近日書價之無準類如此。留置余齋者四十日,即以《四部叢刊》本景印《聚珍板書》本詳校一過,于是確知其一無佳勝也。……舊本之優劣,必校勘而後可知,非舊本盡善也。或有佳槧,歷年既久,滄桑屢經,流傳遂少,自甚可貴。至若當時坊本,雕板既劣,校字未精,而善本漸多,乃爲淘汰之未盡者,傳至今日,雖同罕覯,事實霄壤。倘執迷於舊本爲必善,不加審擇,不亦慎乎! (《全集·文集卷·春秋繁露跋》,上册第26頁)

4月3日　葉景葵有信致先生,闡明籌辦合衆圖書館之意,并請先生來滬主持。

　　奉廿八日所發復示,欣悉一切。弟因鑒於古籍淪亡,國内公立圖書館基本薄弱,政潮暗淡,將來必致有圖書而無館,私人更無論矣。是以發願建一合衆圖書館,弟自捐財産十萬已足,加募十萬已足。此二十萬爲常年費,動息不動本,又得租界中心地二畝,惟尚建築基金,擬先租屋一所,作籌備處。弟之書籍即捐入館中,蔣抑卮君書籍亦捐入之。發起人現祇張菊生與弟二人,所以不多招徠,因恐名聲太大,求事者紛紛,無以應之也。惟弟與菊生均垂暮之年,欲得一青年而有志節,對于此事有興趣者,任以永久之責。故弟屬意于兄,菊生亦極贊許。今得來示,有意南還,可謂天假之緣。所示待遇一節,克己之至,必可在此範圍内定一標準。弟意尊眷現在南來,雖出五六十元亦無屋可住,弟所擬租之屋,可以作館員寄宿及住眷之用。在新館未成以前有屋可住,則除去租費,酌定月薪若干(大約爲一百五六十元);新館成則須自租屋住,屆時再酌量加薪較爲兩便,至遷移費則可照尊示另送。現在所擬租之屋尚有糾葛,不能定準何日可以起租,一有起租把握,即行飛布,特以密聞,乞先秘之。《説文翼》務請代爲留下。沈批《韓集》能否寄閲?《四庫表文注》則館中倩人一抄足矣(如館中不欲抄,乞爲代抄,費由弟寄上)。匆匆不盡。
〔《葉景葵致顧廷龍論書尺牘(便箋)》,載《歷史文獻》第1輯,第31頁〕

4月10日　先生有信致葉景葵。

　　疊奉三諭,拜悉種切。玄黄易位,典籍淪胥,有識之士,孰不慨嘆!一旦承平,文獻何徵,及今羅搜於劫後,方得保存於將來。長者深謀遠慮,創建偉業,風雨鷄鳴,欽佩奚似!龍自畢業之後,自顧空疏,力持孟子之戒,不爲人好爲之患,遂托迹傭書,瀏覽適性,勞形終日,浮沈六年,茫茫前程,生也有涯,心有所懷,無以自試。嘗一助舍侄經營《禹貢》,方具規模,遭變而輟,殊深惋惜。竊謂人不能自有所表現,或能助成人之盛舉,亦可謂不負其平生。兹蒙青垂,折簡相召,窮寂之中得一知己,感何可言。菊老素所仰慕,曩在外叔祖王勝老齋次,曾瞻丰采,忽忽已十年矣。倘得托庇帡幪,時承兩公之誨,幸何如之。柴愚之質,一無所長,惟以勤慎忠實,嚴自惕屬。生計可維,身心有寄,他日以館爲家,有所歸宿矣。不識籌備已能就緒否?規模當由小入大,發起人外别有主任者否?他日趨前亦有名義否?甚念。龍在此間經手之事,須六月底可結束,兒輩讀書亦其時期終,故南渡至早須七月中。尊處定奪後,擬早向館中告辭,俾可聘人。雖學校視職員不重,而館中主者與龍尚厚,不願其驟不得替也。

　　《客座贅語》今日已屬修文堂逕寄左右。前告《實録》(千二百廿册,式如古香齋本)之價,係遂雅、來薰兩肆所開,倘能多讓一扣,則尚不昂。緣聞此書由官費開印,及垂成而費告罄,乃由大老各報效千元,書成即蒙給一部。共印三百部，海東取其半，聞美國得贈二十部。分發所餘，存者無幾，後遂歸諸文化機關，因爲非賣品，肆中尚未有過舊家流出，現甚罕聞，但想邃雅、來薰必知有舊家之願讓者，故來探意。或謂是書成本須千三百元，加以運費種種則須千五百元，故鄙意二千能打八折，則甚公道矣。敝館物色一部，尚未得到，三百年史料取之無盡也。修綆堂近自常熟坊間收得翁氏均齋所出書籍多種，有知聖道齋鈔校本及松禪老人手批手跋之本，惜索價奇昂而皆已刻過。又孝拱手校手鈔《定盦文集》定本十四卷，殘存八卷（前有蝯叟手跋），至爲可惜。餘者疑在風雨樓，蓋風雨樓曾印《補編》一册，其文即爲所闕耳（想早經分散）。索價三百，館中有意留之，而議價尚未能諧。前見沈大成批《昌黎集》，諦視係出過録，非手筆也。若農《四庫表文箋注》如能多留數日，必爲傳鈔。孫耀卿尚未歸，書價亦未寄到，據敝友推測，大約不久即可北返，故書單遲不開來，當由自帶矣。（原信；《全集·書信卷·致葉景葵》，上册第 36 頁）

4 月 18 日　葉景葵有信致先生，談籌辦圖書館設想。

奉示知於鄙人所擬圖書館事極荷嘉許，且許以他山之助，感如挾纊矣。鄙意組織愈簡愈好，大約即以弟與菊老及陳陶遺（彼在江蘇聲望極隆）三人爲發起人，即爲委員。委員中或推菊老爲主任，其下設總編纂一人，請吾兄作任之，不再設其他名義。總編纂下須用助手（總編纂或稱總務），招學生爲之。會計收支之類，委托敝行信托部爲之，掃除一切向來習氣，使基礎得以鞏固，則可久而又可大。大略如此，以後或有更改，亦不致過於歧異也。至何時可以設籌備處，則全視所欲租之屋何時可以起租（有無其他變局，尚不可知，因上海租屋，難於塵天）。屋能租定，則可以電請吾兄南來，否則來無住處，亦無辦事之處，徒喚奈何。故現在請兄秘密，俟租屋有成議，當即電聞，彼時再與校中説明。至何時可離校，則全視兄之便利而定，弟亦不能過拂人情也（所謂拂人情者，指不顧校中有無替人而倉卒搶親之謂也）。〔《葉景葵致顧廷龍論書尺牘（便箋）》，載《歷史文獻》第 1 輯，第 31 頁〕

5 月 4 日　租定"舊辣斐德路（按，今復興中路）六百十四號房屋爲籌備處"，葉景葵即日致先生電報，告以"屋已租定"。（《合衆圖書館小史》，載《總結·開拓·前進：建館三十五周年紀念文集》，第 1 頁）

5 月 5 日　葉景葵有信致先生，告知先生之待遇、薪水、行資等。

昨發一電云"屋已租定"，諒已接洽。請兄即向當局聲明覓替，并將何時可以來滬預先函示。此間對於兄之待遇已定如下：名義，總務（或組或系未定）、總務組（名義或主任或其他），其宗旨在委員之下設總務，而請兄爲總務之首領，其餘諸人先歸總務統率，以期呼應靈通。薪水，每月一百六十元（房屋除外），自七月一日起支；如兄七月内尚不能來，即將此款爲兄在滬開辦購置必需品（此事托景鄭最妥）。行資，送六百元（因聯銀跌價），先由敝行

劃奉，既乞查收。〔《葉景葵致顧廷龍論書尺牘（便箋）》，載《歷史文獻》第1
輯，第32頁〕

5月12日　完成《朝鮮紀事校記》。是編乃明景泰元年（1450）倪謙“奉使
朝鮮頒詔紀行之作”，傳本甚少，先生自“隆福寺文殿閣書肆獲見舊鈔一本，新自
常熟翁氏散出”，勝於上虞羅振玉重刻本。（《全集·文集卷·朝鮮紀事校記》，上
冊第122頁；《燕京大學圖書館報》1939年6月第132期）

5月16日　先生有信致葉景葵。

奉電後已復一緘，計可先達。十三日由沈君轉到手諭，拜悉一一。川
資優厚，感何可言，現暫存貴支行，用時再領。龍已疊向館中主者聲請覓
替，不意挽留甚切，伯樂一顧，聲價遂倍。擬再婉辭，緣相處多年，不敢操
急，致傷感情。在龍權衡兩事，此間不過眾人待我，而於長者有知己之感，
沒齒不忘，是以亟欲得如趨前之願。便中乞賜一見召之函，言盼龍一放暑假
即行之意，俾可持去再辭（因館中堅屬龍向長者函辭）。預計結束一切以至
成行，至少須在七月中，當以能早行爲是。館名已否定奪？如果純收古籍，
命名似可取一於此略有關切者。又，將來館中如名義不擬多設，則暫時可不
分組系，即以總幹事之類之名目統之，尤爲簡捷。管見無當，姑瀆清聽。新
屋地點何在，便希示及。龍離滬忽將十年，路途恐皆不復認識矣。

聞修文、文殿在南夥得常熟趙氏天放樓藏書全部，未及北來，即在滬轉
售他估矣。不知有所見否？前赴滬辦貨諸賈，因匯水之大，利無可圖，絡繹
言歸，但異本一無所遇。孫耀卿大約不日即返，《說文翼》至今未定價格，其
將居奇無疑矣。（《全集·書信卷·致葉景葵》，上冊第38頁）

5月23日　葉景葵有信致先生。

奉函敬悉，此間籌備處已租定辣斐德路六百十四號，館名合眾，因希望
社會中堅眾擎易舉之意。惟一切事宜全仗執事到後布置，尚望迅速料理，務
於暑假開始即行南下，盼切盼切。立盼立復。〔《葉景葵致顧廷龍論書尺牘
（便箋）》，載《歷史文獻》第1輯，第32頁〕

同日　張元濟有信致葉景葵，談合眾創辦之事。

昨奉手教，謹誦悉。合眾圖書館緣起、簡章及與法領事說帖均讀過，甚
妥。惟前此代譯與伯希和信之張君現調往渝館，在該處擔任編審事宜，即
日就道，不克代辦。此外有無堪以勝任之人，現工潮尚未解決，一時無從探
聽。謹將各稿先行繳還，還祈另行覓人辦理爲幸。（《張元濟全集》第1卷，
第313頁；《張元濟年譜》，第468頁）

5月25日　張元濟有信致先生。

凤從博山昆仲飫聞行誼，久深企仰。先後獲誦鴻著《愙齋年譜》《章氏
四當齋藏書目》，尤欽淵雅。近復承寄《燕京大學圖書館報》第一三〇期一
冊，大作《嘉靖本演繁露跋》，糾訛正謬，攻錯攸資，且感且佩！敝友葉君揆

初雅嗜藏書,堪稱美富。以滬上迭遭兵燹,圖書館被毀者多,思補其乏,願出所藏,供衆觀覽,以弟略知一二,招令襄助,事正權輿,亟須得人而理。閣下在燕京研究有年,駕輕就熟,無與倫比,挨兄馳書奉約,亟盼惠臨。聞燕館挽留甚切,桑下三宿,閣下自難忍焉捨去。惟燕館爲已成之局,規隨不難。此間開創伊始,倘乏導師,便難措手。務望婉商當局,速謀替人。一俟交代停妥,即請移駕南來,俾弟等得早聆教益。異日館舍宏開,恣衆瀏覽,受惠者正不知凡幾也。(《張元濟書札》,第167頁)

是日　葉景葵有信致先生,催促"即行南來"。

此間各事均已備妥,專候兄來,即可開始辦事,務望暑假開始後即行南來。燕館是已成之局,而敝處則百端草創,得人爲難。將來文化合作彼此互助之處甚多,目前則懇求燕館讓賢,俾敝處得以成立,想爲文化界之所深許也。何日啓行,尚祈迅賜電示,至盼至禱。〔《葉景葵致顧廷龍論書尺牘(便箋)》,載《歷史文獻》第1輯,第33頁〕

是月　撰《創辦合衆圖書館緣起》。

中國文化之淵邃,傳數千年而探索無窮。東西學者,近亦競相研求,矧吾國人,益當奮起,繼承先民所遺之宏業。惟圖録典籍,實文化之源,兵燹以還,公私藏家,摧毀甚烈,後之學者,取資綦難,心竊憂之。爰邀同志,各出私人之藏,聚沙集腋,薈萃一所,命名曰合衆圖書館,取衆擎易舉之意焉。同人平素所嗜,皆爲舊學,故以國故爲範圍,俾志一而心專,庶免汗漫無歸之苦,乃得分工合作之效。精鈔名校,舊槧新刊,與夫金文石墨,皆在搜羅。而古今名賢之原稿,尤所注重,并擬仿晁陳書志、歐趙集録,撰列解題,以便尋覽。風雨如晦,鷄鳴不已,不求近效,闇然日章。世有同情,惠而好我,斯厚幸已。(《全集·文集卷·創辦合衆圖書館緣起》,上册第311頁)

按,此文有手稿及打印稿,由顧誦芬院士捐贈上海圖書館保存。打印稿後有先生手書"張元濟、葉景葵、陳陶遺全啓。中華民國廿八年五月"。

6月1日　葉景葵有信致先生。

連發兩快函,想已接到。此間專待責臨辦事,愈速愈妙,望將行期電示。薪水自六月份起,今日已收到一百六十元,代立顧潛記特別往來摺一扣存弟手。尊寓應先備各物,最好開示一單,或托博山昆仲代辦均可,用款即在摺內支取,候示辦理。〔《葉景葵致顧廷龍論書尺牘(便箋)》,載《歷史文獻》第1輯,第33頁〕

6月7日　葉景葵有信致先生。

奉電及卅一函,欣快之至。輪艙難得,應預托人定好。敝平行亦可代托津行辦理,請與沈範思兄接洽。此間租屋臨街,極爲寬敞,現在空無一人,空無一物。派朱君子毅(湖州人,習法律)看守,此人爲弟司銀錢多年,將來可充收支庶務之任(兼任可省開支)。其餘均待兄到再行布置,俾有統系(弟意兄之下考取學生寫手若干人,即可指揮)。新屋租期兩年,弟意祇須置書架應用,將來材料可改作。至於永久計劃,仍須從建築新館上著手。目前認爲臨時可也。……現在行李檢查極難(青島檢查尤嚴),布置須覓有經驗人預商之,書籍古物尤須留意(書籍以郵寄爲妥)。〔《葉景葵致顧廷龍論書尺牘(便箋)》,載《歷史文獻》第1輯,第33頁〕

6月9日　葉景葵有信致先生。

　　前日復一函,即得二日快函,欣悉。薪水於六月份起支,即以代滬寓布置各費,已詳前函。昨與博山昆仲商定,尊眷到後,暫在潘宅借宿,再從容布置,辦法極妥,已囑徑與兄函洽矣。租屋甚寬,尊居不加限制,到後自定,至少三間可用。校中所求之江兼課事,鄙意難以允從,因敝館幾乎是獨脚戲,時間萬難分割。天下事專則有成,分則兩誤,望吾兄婉却之。將來燕館合作之事儘多,不患無聯絡之機會也。兄之書籍如先寄來,可徑遞辣斐德路六百十四號合衆圖書館籌備處朱子毅先生收。館中器具一切未辦,均待兄到再定。建築則更屬後圖矣。……菊生近不購書,東方圖書館亦無形停頓。〔《葉景葵致顧廷龍論書尺牘(便箋)》,載《歷史文獻》第1輯,第34頁〕

6月10日　潘景鄭有信致先生。

　　前肅兩緘,度達左右。昨挹丈邀談,欣悉吾兄有南歸之訊,闊別經年,聚首在邇,得罄積愫,何幸如之。挹丈曠懷邁古,其嘉惠後學之志,成兹宏業,爲不可及,而吾兄能綜理規畫其事,他日首屆滬上可預卜也。何日啓程,擬搭何輪,務懇先行示及,當到埠恭迎也。至蒞滬後,可暫下榻敝寓,儘可從容料理後再行商遷耳,萬勿客氣也。先德遺卷本擬懇汪君帶奉,以兄不日到滬,當可面奉矣。晤談非遥,餘不多贅。即頌雙安。(原信)

　　是月　先生題簽的《翁文恭公軍機處日記》,由燕京大學圖書館影印出版。(原書)

　　夏五　爲夏孫桐題《觀所尚齋詩存》扉頁。(原書)

　　上半年　在燕京大學圖書館,於采購古籍時遇有稀見者,隨記其特徵、内容、行款、版本、序跋等信息。(《全集·讀書筆記卷·起潛備忘》,下册第455頁)

　　7月13日　離開北平赴上海。晨,聶崇岐、王佃雲等來"助理行李","同居黄兆臨(迪)夫婦設早餐相餞"。八時,乘校中公用車赴車站,在校門口送者有田洪都、謝景升、高貽粉、薛慕蓮、聶崇岐、王佃雲、朱士嘉等。到站送者有趙肖甫、顧培懋、李書春。"薄暮,始達塘沽登船,船名盛京。夜卧安。"(日記)

　　7月14日　夜十時,啓碇。(日記)

　　7月15日　經威海衛,抵烟臺,"初次横海,胸襟爲之一暢"。因上下貨物未畢,即宿。(日記)

　　7月16日　晨九時餘,啓碇,夜達吳淞口。(日記)

　　7月17日　晨六時,船抵上海太古碼頭。"三弟、五弟、八弟均在埠來候。亂離之後,把晤相叙,歡忭莫名,會慶之喜益難掩矣。領齊行李,徑赴圖書館賃屋,晤朱子毅君。館舍於五月一日起租,子毅即宿照料,水電及屋内損壞處均已收拾接通矣。器物有數件,他皆無有也。同赴潤康村謁外姑,未值。會慶購床兩隻來。泉弟到埠來接稍遲,余等已赴寓。午前謁揆丈,略談創辦之意。午謁繼母,并晤泉弟婦。午後揆丈來。"(日記)

　　我們剛到上海住在現在的復興路思南路口的一座花園洋房裏。樓下是辦公室,樓上則是書庫和我們的卧室。書庫是原來的舞廳,開始書不多,主要是葉家、張家和杭州蔣家的。(顧誦芬《我與上海圖書館的情誼》,載《我與上海圖書館》,第 12 頁)

7月18日　草擬《創辦合衆圖書館意見書》。

　　抗戰以來全國圖書館能照常進行者,僅燕京大學圖書館一處,其他或呈停頓,或已分散,或罹劫灰。私家藏書亦多流亡,而日、美等國乘其時會,力事搜羅,致數千年固有之文化,坐視其流散,豈不大可惜哉! 本館創辦於此時,即應負起保存固有文化之責任。

　　爲保存固有文化而辦之圖書館,當以專門爲範圍,集中力量,成效易著。且葉先生首捐之書及蔣先生擬捐之書,多屬於人文科學,故可即從此基礎,而建設一專門國粹之圖書館(……),凡新出羽翼國粹之圖書附屬之(……)。至近代科學書籍以及西文書籍則均别存,以清眉目。否則各種書籍兼收并蓄,成普通圖書館,卒至汗漫無歸。觀於目前國内情形,此種圖書館雖甚需要,但在上海區域之中,普通者有東方圖書館,專於近代史料者有鴻英圖書館,專於自然科學者有明復圖書館,專於經濟問題者有海關圖書館,至於中學程度所需要參考者有市立圖書館。他地亦各有普通圖書館在焉,本館自當别樹一幟。

　　本館從事專門事業之理想,書籍專收舊本,秘笈力謀流布(……),當别設編纂處。即就葉先生藏書而論,名人未刻之稿當爲刊傳,批本、校本當爲移録,彙而刊之。罕見之本當與通行本互校,别撰校記,以便學者。編纂目的,專爲整理,不爲新作;專爲前賢行役,不爲個人張本。圖書館之使命一爲典藏,一爲傳布。秘籍展覽僅限當地,一經印行,公之全球,功實同也。

　　…………

　　總之,鄙意本館以保存古書爲職志,并當保存其式樣,一以舊時庋藏爲主旨,略采現代之方法,不求形似而取其實利。觀于日本京都東方文化研究所所編《漢籍目録》一以四庫爲準,美國哈佛大學漢和圖書館對於漢籍以不改動舊樣爲原則,就此兩處情形觀之,本館略守舊法,未爲不宜,否則不將發禮失求野之嘆歟! 普通書加寫書根,一律宋體。卡片書寫須毛筆楷書,不寫减筆字。(《全集·文集卷·創辦合衆圖書館意見書》,上册第 312 頁)

先生的職務爲私立合衆圖書館總幹事。合衆圖書館創辦之目的,"是在搜集

各時代、各地方的文獻材料,供研究中國及東方歷史者的參考,因爲歷史的範圍
廣大,和它發生關係的學科很多,所以形式上不限於圖書,凡期刊、報紙、書畫、
書札、拓片、古器、服物、照相、照相底片及書板、紙型等,亦均收存,務使與考史
有關的東西,不致遭無人問津而毁棄"。(《合衆圖書館小史》,載《總結·開拓·前
進:建館三十五周年紀念文集》,第 1 頁)

　　是日　　與朱子毅一起選購傢具。(日記)

　　7 月 19 日　　張元濟來訪,適外出購物未歸。(日記)

　　7 月 20 日　　上午謁張元濟。晚,葉景葵"招飲",座有王賽、王大隆、姚光、陳
陶遺、陳漢第、陳叔通、潘博山、潘景鄭。(日記)

　　7 月 21 日　　葉景葵致先生短信:"送上書目四册,自文字起,至白字止,共
八十四箱,連書架廿八隻,準星期日上午運至尊處。"〔《葉景葵致顧廷龍論書尺
牘(便箋)》,載《歷史文獻》第 1 輯,第 34 頁〕

　　7 月 22 日　　葉景葵送書目四册及鑰匙兩匣。(日記)

　　7 月 23 日　　浙江興業銀行送書來,計八十四箱。(日記)

　　7 月 25 日　　葉景葵有信致張元濟,送呈先生草擬之《創辦合衆圖書館意見
書》。(《張元濟年譜》,第 469 頁)

　　7 月 30 日　　拜謁葉景葵,面呈修改後之《意見書》,葉"允批注後送菊丈核
定"。(日記)是日,葉景葵致張元濟信云:"起潛草一本館意見書,葵已將鄙見僭
書於上,請長者詳細斟酌,其不當者教正之。或須與起潛面洽,可以電話召之。
一切均仗卓裁定奪。"(《葉景葵年譜長編》,下册第 941 頁)

　　是日　　"菊丈見訪,未值。履安、誠安同來,未值。履安略待,獲晤。"(日記)

　　7 月 31 日　　謁張元濟,"商館中計劃"。(日記)

　　8 月 1 日　　張元濟有信致葉景葵,并送還《創辦合衆圖書館意見書》。

　　　　前日奉手示,并顧君意見書均謹悉。意見書展誦數過,已就管見所及
　　簽出粘呈,敬祈核定。顧君曾晤數面,持論名通,爲館得人,前途可賀。(《張
　　元濟全集》第 1 卷,第 313 頁)

　　是日　　葉景葵持張元濟批注之《意見書》來談,大旨按先生所擬辦理。
(日記)

　　是日　　爲馮氏翻刻本《説文解字韵譜》題識:"自平旋滬,初次閲肆,得於中
國書店。家藏初印本,不知無恙否?"(先生小筆記本;《全集·文集卷·跋馮氏
翻刻本説文解字韵譜》,上册第 32 頁)

　　8 月 2 日　　王大隆在晋隆招飲,座有冒廣生、瞿良士、高燮、姚光、吕思勉、張
乃熊、錢穆、施維藩、潘博山、潘景鄭及先生。(日記)

　　8 月 4 日　　葉景葵來閲書,交季錫疇所録王峻(艮齋)批校《水經注》,囑先
生録艮齋按語。(日記)

　　8 月 5 日　　過録季錫疇所録王艮齋批校《水經注》二卷。"喉痛,形寒,即睡。

午後三時起,與子毅商做書架事"。(日記)

8月6日　喉痛,略有發熱,晚稍愈。謁王同愈。(日記)

8月13日　張元濟有信致先生。

前由撰翁交閲大稿,附注管見,想由撰翁送還,仍祈核定。書籍整理想已著手,書片等已否製成?均甚懸念。前承示需用寫官,已否雇定?并乞示及。(《張元濟書札》,第167頁)

8月14日　訪張元濟,"談合衆圖書館編目事"。(《張元濟年譜》,第470頁)

8月16日　張元濟有信致葉景葵,商合衆圖書館編目事。

前日顧起潛兄來寓,談合衆圖書館編目事,并携有各家書目,均采四庫而略加變通者。其意以四庫編次不無可議,擬就後出諸家擇善而從。弟意本館既以國粹爲主,各家書目雖各有見地,而資格究在四庫之下,且亦未必盡善。何去何從,頗難適當,不如悉從四庫,較爲持之有故,言之成理。惟起兄提出兩條:(一)四庫以叢書入雜家,現擬另編;(二)近人著哲學類可附入國粹者,應否增加哲學一門。鄙見叢書日新月盛,與四庫成書時不同,自當變通。惟第二題殊難決定,或勉附雜家各門,似亦一道,謹請裁酌。(《張元濟全集》第1卷,第313頁)

8月17日[①]　葉景葵有信致先生,并附張元濟16日信札。

菊老來函奉閲,編目一遵四庫定例,宗旨相同,惟中國文化日漸發展,新出之範圍不僅哲學一門難於歸納,譬如敝藏所有《殷墟書契》各編,既不能歸入小學,又不能歸入金石。又如《漢晋西陲木簡》,非金石,又非雕刻。又如《安陽發掘報告》及城子崖、貔子窩諸書,亦不能以地理古迹包括之。又如各種學報、各種季刊周刊之類,似非叢書。又如教育學、心理學、美術學之類,亦在國粹範圍以内。中國地質地文之類,非地理所能概括。細思問題甚多,望兄詳細思之,就所得酌定一目,再與菊老討論定局爲盼。〔《葉景葵致顧廷龍論書尺牘(便箋)》,載《歷史文獻》第1輯,第34頁〕

同日　葉景葵再致先生信。

頃已與抑卮先生言明,可以請兄幫忙理書(因其倂每星期不過一二日工作,所以迂緩),弟約以每〈明〉日下午可先至抑兄處接洽一次,再行定期。又函告營業執照事云:

營業執照事如再來,請囑子毅與信托部裏理李英年君接洽。法界并無定章,可由董事隨意制定法律。因捐票漏寫"籌備處"三字,須費一番唇舌,惟如辦登記亦不甚嚕囌,能不辦尤妙。已囑英年先與下層人設法接洽矣。致陳信附上。〔《葉景葵致顧廷龍論書尺牘(便箋)》,載《歷史文獻》第1輯,第35頁〕

---

①此函及以下同日兩函,原信末皆署"十七日",據文意置於8月。

8 月 20 日 [①]　葉景葵有信致先生,送上明抄本《隸釋》、李文藻校《隸釋》、桂馥校《隸續》、董醞卿校《金石錄》及《戲鷗居詞話》共五種。〔《葉景葵致顧廷龍論書尺牘(便箋)》,載《歷史文獻》第 1 輯,第 36 頁〕

8 月 24 日　葉景葵有信致先生:"送上書箱十二隻,架子四個,皮箱三隻(無目無鎖,皆普通書),又書五包(總理衙門檔案三包,《晋書斠注》二包),乞查收。函內附書目十二紙(舒向金玉淵海卿雲龘齪河漢),又鑰匙十二個并收。"〔《葉景葵致顧廷龍論書尺牘(便箋)》,載《歷史文獻》第 1 輯,第 35 頁〕

8 月 30 日　張元濟有信致先生。

前日奉手教并編定四部分目表暨後幅詳説,展誦再四,具見慮周藻密,至深欽佩。惟既承垂問,竊願再進一言。《四庫總目》疵類誠多,然本館收藏既以國粹爲界,《四庫》奉行已久,且集歷代之大成,鄙見既已奉爲準衡,則凡《四庫》已收之書,原屬之類,似不必加以移改。移改究屬少數,或去或留,事有未周,言之亦難成理。至於近出之書,無可比附牽合者,則以增析濟其窮,原表所增所析,經閣下再三斟酌,自無可議。原稿繳上,即希察入。此爲弟泥古偏見,是否可行,仍乞卓裁,并請揆翁核定。(《張元濟書札》,第 167 頁)

夏　袁同禮來滬,訪合衆圖書館。先生告以合衆圖書館創辦目的,是在搜集各時代、各地方的文獻材料,供研究中國及東方歷史者參考。收購的標準是工具書、叢書、地方志、地方總集、批校本、稿本等等,袁大爲贊賞。(《袁同禮先生百齡冥誕紀念專輯》)

9 月 1 日　葉景葵有信致先生。

送上鄭君單内之元寫本《目連寶卷》一册,又原押據一紙,轉期據一紙,請將全書照目檢出,將來連書目及押據等一併照交,至收款辦法及送書地點容再奉洽。〔《葉景葵致顧廷龍論書尺牘(便箋)》,載《歷史文獻》第 1 輯,第 36 頁〕

是日　聶崇岐有信致先生。

前由令親潘君處得悉,台端及寶卷已安抵申江,今奉手書,知諸事已大致捫擋就緒,深爲欣慰。燕京一切如常,惟自文旌南旋,勺園人士無可與暢讀者,斗室孤居,日與陳編爲伍,不免索然耳。《秀野草堂詩集》及《樂圃餘稿》,恐郵寄或將遺失,擬托朱蓉江帶上。朱君赴美已定,大約月之中旬南下省親,然後搭輪東游,所遺中文編目主任一缺,或將以王育伊君填補,現已去信徵詢意見,未悉王君能北來否耳。《四部叢刊》零種,弟頗有欲購買者,詳目容開好寄上。王俌雲近來頗有所獲,惟乏佳品。弟頃獲購潘文勤對聯一副,與兄在蔣家胡同所挂者筆勢相類,諒非贗鼎也。滬上近日生活情形

如何？誦詩、誦芬已覓妥學校否？崇德學校刻已停閉，學生大部分安插于志成中學，倘誦詩留此，又將多一層麻煩矣。（原信）

9月2日　葉景葵有信致李宣龔，介紹先生前去商務印書館選購書籍，"懇照同業格外優待，能否賜以優待券"。〔《葉景葵致顧廷龍論書尺牘（便箋）》，載《歷史文獻》第1輯，第36頁〕

9月3日　葉景葵有信致先生，奉還《澤雅堂文集》《傅氏女科》等，并送還先生托寫之扇。〔《葉景葵致顧廷龍論書尺牘（便箋）》，載《歷史文獻》第1輯，第37頁〕

9月4日　聶崇岐有信致先生。

前函計達左右。朱蓉江赴美，又有不由上海徑發神户之意，《秀野草堂詩集》等，前已帶至城內，托之携赴上海，今其行程既變，故又將書帶回。頃已交欒先生加細包扎，用雙挂號寄上矣。（原信）

9月7日　葉景葵有信致先生，認爲《歧韵備覽》"確係手稿，但其書内容已落伍，不足留存"。〔《葉景葵致顧廷龍論書尺牘（便箋）》，載《歷史文獻》第1輯，第37頁〕

9月8日　葉景葵有信致先生，囑將葉瀚未刊稿"再爲整理一過"。

先叔浩吾公瀚劬學五十年，生平著述甚富，大半未付刊行。弟竭數十夜之力，已大致整比就緒，均送入館中珍藏，請兄暇時再爲整理一過。如《墨辨斠注》《墨子詁義》《老子古誼、新誼》《靈素十二經脉考》之類，可列專著，其餘各稿可編爲《晚學廬叢稿》，其重出者可以删汰。散片應設法裝釘，共三包，暇時乞寫一目交下，以便通告其門弟子，蓋及門均以刊行爲囑也。〔《葉景葵致顧廷龍論書尺牘（便箋）》，載《歷史文獻》第1輯，第37頁〕

9月9日　跋季錫疇傳録王峻批《水經注》。

金山姚光石子得槐蔭草堂覆項絪刻《水經注》，有王峻録何義門校，自有案語亦甚多，跋後有兩印，曰"王峻之印"，曰"艮齋"。惟字迹非出王手，原藏宗氏戚園，相傳爲季錫疇過録本，致有疑錫疇作僞者。揆初丈從石子借得，屬余將王氏按語移録項本上。是本舊有某氏所録何校，因得并勘一過。何校傳録本甚夥，經人展轉移寫，文字奪誤，庸有差異，即此兩本比勘，互得是正。……王校原本不可見，賴季氏移録而克傳於今，亦云幸矣。聞此本原有季氏跋文，爲書估毁去，藉炫爲原本以射利者，惟其筆迹可辨，而卷中又有季氏加案兩則，足當明證，不然不獨無以彰傳述之盛，而且冒僞作之嫌，豈不誣哉！倘王氏原本尚在人間，吾信其終有發揚之一日也。（《全集·文集卷·季錫疇傳王峻批水經注跋》，上册第73頁）

9月11日　葉景葵有信致先生："送上牛角圖書〈章〉一個，已付以四十元，因角章亦由福厂預備也。此款便中支還弟處。"按，當指合衆圖書館之館藏章。〔《葉景葵致顧廷龍論書尺牘（便箋）》，載《歷史文獻》第1輯，第37頁〕

9月17日　葉景葵有信致先生。

致叔諒函稿改正數字送還，乞交子毅。又館中基地捐費須付一百九十三元四角，望在開辦摺內支取，送交敝信托部可也。單乙紙附上。……陳叔諒復信送上乞洽。羅鏡泉《輶軒錄》云新城人，但各著述皆云錢塘人，應再審定。《直介堂叢刻》可向抑之借閱，詩稿恐未刊過，楊氏之説無徵。……喬賈又寄來《南朝會要》、敬亭年譜、詩文稿（自訂年譜，玄孫宗約補，家刻，太倉沈起元，八卷、四卷，乾隆甲戌刊），請查有刻本否？（《葉景葵年譜長編》，下冊第946頁）

9月18日　聶崇岐有信致先生。

前接來示，當即作覆，諒蒙收閱。今接鄧持宇君寄兄信，謹附上。昨奉手書，所詢各事，敬一一上達。

一、讀《靖康稗史》，此間尚未着手，王君如欲收入《己卯叢編》，弟甚爲贊同。

二、《四十七種宋傳引得》前日已寄上一部，此信到時，該書想亦能到。

三、令親所藏抄本《宋人文集》，頃已商得田京鎬主任同意，請兄分神覓人代抄，用款當如數寄上。

四、劉選民缺刻尚無人遞補，朱蓉江缺本擬約王育伊君，現聞王君已隨頡剛先生就事齊魯大學行校，故又改約他人。至講義一節，以輔仁事突成泡影，并未編製，不能如命，不然必當寄呈一份請斧正也。

輔仁之事，發生頗爲突兀，而癥結則在鄧文如先生一人，叨在相知，敢略陳顛末。弟之擬往輔仁兼課，最初發動者爲張亮丞先生。張先生在輔仁名雖主任，實無大權，系內諸人皆爲陳門弟子，頗欲引弟藉得臂助。最初陳援庵先生亦頗有意提掖，種種經過在文旂未離平時已達諸左右。乃在六月杪，柴君德賡來鄧文如先生處有所接洽，鄧先生對弟大事恭維，呼爲洪門二大弟子之一，燕京史系少壯派中堅份子。柴君回城，即將此情報之陳援庵先生。陳、洪關係，兄所深知，陳先生以爲，弟在洪先生地位既然如是重要，倘到輔仁，于其陳門整個體系殊爲不利，故不惜自食其言，將六朝史授與牟君傳楷，而欲爲弟開中國近代史一課。起潛試想，現在環境，近代史何能講授？陳先生之意，明知弟不肯擔任，不過故弄此花槍以敷衍耳，故弟當即謝絶，而此一幕短劇遂告終結。惟此事動機本不在弟，得之固好，失之亦無可惜，深願故人不必爲我悒悒也。（原信）

9月22日　葉景葵兩致先生短信。

送上書兩包（一《知希庵稿》，一《唐紀》等），又磁合印色兩合，乞查收。又陳子彝《吳郡金石文字鈔》跋尾一紙，望訂入原書首，以正唐跋之誤。

惲衷白《知希庵稿》原本四冊，新鈔四冊，乞復校。原本係王欣夫物，校

後徑還之。欣夫所題請兄寫入卷首。〔《葉景葵致顧廷龍論書尺牘（便箋）》，載《歷史文獻》第 1 輯，第 38 頁〕

9 月 26 日　葉景葵有信致先生。

欣夫送來《禮記注疏》姚春木校本半部八册，乞查收。丁秉衡鈔校《靖康稗史》，欣夫欲借原本一對，望付之。又《千金方》半部十六册恐原箱遺漏，特送上，乞查明歸入。……頡剛夫人已來過，此事已托敞平行代辦。渠將赴滇，囑將收條交兄，以後代取，并聞。〔《葉景葵致顧廷龍論書尺牘（便箋）》，載《歷史文獻》第 1 輯，第 38 頁〕

是日　長子誦詩因患傷寒，後轉腹膜炎，搶救無效，病逝家中，先生和夫人悲痛之極。（誦芬電話并信）葉景葵聞訊，致信慰悼云："喪明之痛，誠哉難遣，尚祈勉副達觀，并安慰尊夫人，勿使以憂戚致疾，是所至囑。款壹千元交子毅奉上，即祈收用。"〔《葉景葵致顧廷龍論書尺牘（便箋）》，載《歷史文獻》第 1 輯，第 38 頁〕

10 月 5 日　葉景葵有信致先生。

來書兩包，又《説文翼》一包，原單三紙送上，乞查收。張校《文選》是佳書，惜不知所據何本，俟全書復勘後再商。〔《葉景葵致顧廷龍論書尺牘（便箋）》，載《歷史文獻》第 1 輯，第 39 頁〕

10 月 10 日　跋《秀野草堂第一圖》（亦名《秀野草堂圖》）。（底稿，參見 1977 年 8 月條）

10 月 11 日　葉景葵有信致先生。

前日來函及書一包收悉。《文選》雖未能確實提出證據，但爲張敦仁對校考異之親筆，有八九成可靠，百元不肯可照七折（加十二元），再多則不值（因原校未完了）。《昆山郡志》《鑄學齋叢書》可留，價請酌定。《畏壘筆記》留下録副（字極少），餘二種可割愛。《埤蒼》輯本已抄就，連原本并送上（原單并附）。〔《葉景葵致顧廷龍論書尺牘（便箋）》，載《歷史文獻》第 1 輯，第 38 頁〕

10 月 12 日　聶崇岐有信致先生。

頃由謝景升先生所驚悉令郎誦詩遽遭不禄，英年夭折，曷勝愴悼。吾兄痛抱西河，雅不欲以浮辭相慰藉，惟希善爲珍重而已。（原信）

10 月 16 日　張元濟有信致先生，談袁同禮事。

旬餘未見，伏想儷祺曼福爲頌。昨得袁君守和來信，爲充實圖書館月刊、季刊材料起見，屬爲代求，如合衆圖書館所藏善本有昔人題記可供觀覽者，懇祈録示。謹代陳，并請於晤葉揆翁時道及。又前呈景印《四庫全書》四册，如已閲畢，祈便中發還爲幸。（《張元濟書札》，第 168 頁）

10 月 17 日　於馮氏翻刻本《説文解字韵譜》封面上書："二十八年九月十日，從聞在宥先生案頭獲見陶樓藏本，有手批數則，蓋據日本本所校，頗有不同，惜所校甚少。是書傳本僅《小學彙函》五卷本及此本，今始知東邦亦有傳本，不知鈔本抑刻本，想必由宋槧出也，録竟率記。匃詧。頃得南陵徐氏景印之種善堂本，亦五卷，與黄氏所見日本本相同，容精校。二十八年十月十七日。"（原書；《全集·文集卷·跋馮氏翻刻本説文解字韻譜》，上册第 32 頁）

10 月 19 日　張元濟有信致葉景葵，呈閲《涵芬樓燼餘書録》稿本。

昨奉還示，謹誦悉。涵芬樓餘書未知吾兄擬抄何類？今屬將所編書録呈閲，需用何種，均可代爲借出。有《明文海》，外間傳本甚少，亦係大部書，本數較多者，可分爲數次。惟不欲人影寫，恐時人不善爲此，損及原書。再寫官居處難免有危險之虞，最好在尊寓或圖書館中抄録，即托起潛兄校閲，保存尤便也。（《張元濟全集》第 1 卷，第 313 頁）

10 月 24 日　葉景葵有信致張元濟。

兩示均悉。承賜閲《涵芬樓燼餘書録》，已交起潛鄭重檢擇。將來借抄時均照定章辦理。馮君事，前聞頌丈提及，此件目前轉運爲難，存儲處所亦非新屋不能容納，亦屬起潛設法一訪馮君，俟熟諗後再行交換意見。繕寫生已用妥，通丈舊人潘士霖，目前一夔已足，嚴君祇可緩圖。如楷法可用，將來有鈔書機會，尚可代謀。（《葉景葵文集》，下册第 1351 頁）

10 月 25 日　葉景葵有信致先生。

欣夫送來《禮疏》校本十二册，兹奉上，乞查收。喬賈送來《常談考誤》（周夢暘著）、《筠齋漫録》（黄學海著），均萬曆本，請查各書有無著録，示知爲幸。……外書一包，送合衆圖書館。〔《葉景葵致顧廷龍論書尺牘（便箋）》，載《歷史文獻》第 1 輯，第 39 頁〕

10 月 30 日　葉景葵爲新招繕寫生事致先生信。

潘士霖已與説妥，渠家住滬西，因晚間環境不良，故非回家不可，早八點到館，晚六點散值，午飯自出外吃，有脚踏車，來往不致誤公，月薪四十元，已與約定試辦。明日赴法院辭職，如一號不能到館，薪水可按日扣算。特與此函爲憑。〔《葉景葵致顧廷龍論書尺牘（便箋）》，載《歷史文獻》第 1 輯，第 39 頁；《葉景葵年譜長編》，下册第 950 頁〕

是月　撰南海潘氏影印宋本《禮記正義》跋，葉景葵藏。（《全集·文集卷·跋景宋本禮記正義》，上册第 23 頁）

11 月 1 日　葉景葵有信致先生。

繕寫生潘士霖，頃遣其進謁，請兄面加考詢，并問其志願，即行當面決定可也。〔《葉景葵致顧廷龍論書尺牘（便箋）》，載《歷史文獻》第 1 輯，第 39 頁；《葉景葵年譜長編》，下册第 950 頁〕

11 月 9 日　葉景葵兩致先生信。

示悉。《香岩小乘》即照三十五元付給，不算價貴，究係康熙間物也。《鄭堂讀書記》，擬囑其將全部寄來一閲再定。《石渠續編》《達叟文稿》留，餘書乞交下。《説文群經正字》係邵君手書，敝藏有邵氏《説文引經偶箋》著

述殘本(忘其名),可以核對,如肯貶價,亦擬留之。昨晚以電話接洽不通,
未知因雨損壞也。

　　送上書四包(又一包),乞收。《畏壘筆記》原本不記何處借來,似係中國
書店。《量倉通法》(入龍箱)、《曾南豐集》(入逸字箱)、《物類集說》已列前
目之內,餘皆新收。《宣統政紀》係向劉翰怡借來,閱畢可再借《光緒實錄》。
清末要政均在電奏內,燕京所收如有光緒末年及宣統朝者,洵可寶也。〔《葉
景葵致顧廷龍論書尺牘(便箋)》,載《歷史文獻》第 1 輯,第 41 頁〕
是日　聶崇岐有信致先生。

　　頃接平岡寄贈台端《尚書》校勘油印草本及其近作《金縢篇與今古文》,
今將前者轉寄,後者暫留弟處。前數日洪先生來,談寄贈《引得》全份與貴
館事,昨已囑馬君檢出寄上,不日諒可收見。惟一、三、四等期已絕版,勢難
送齊耳。

　　前示《四部叢刊》零種事,未悉現尚可購得否?《四庫珍本》零種,此間
書賈有每冊索價一元者,滬上如何? 倘能以三四角錢購得一本,如有宋人
集部,尚希代爲購寄也。(原信)
11 月 11 日　葉景葵有信致先生,談購《江南圖書館善本目錄》事。

　　送上《常談考誤》《筠齋漫錄》,已購妥。又《江南圖書館善本目錄》校
本(校者趙氏,未知其人)四冊,似係國學圖書館初次點收編目底稿,可留,
當與喬賈議價(索廿八元)。又來青閣新目一冊,看有可選者否。〔《葉景葵
致顧廷龍論書尺牘(便箋)》,載《歷史文獻》第 1 輯,第 42 頁〕
11 月 14 日　葉景葵有信致先生。

　　(黄紙《諧聲譜》乞交去手帶下一部)送上曹元傑先生致李拔翁原函一
件,新聞紙《叢書集成》承李、曹兩公格外通融,照售價減半,實付三百元,
已囑承情之至,可以遵辦,望持原函送款取書,并道謝忱。至《叢刊》三編,
存書不全,已承李拔翁函致分館照配,仍須預定一部,亦照售價減半優待,
尤爲感激,請洽定爲盼。〔《葉景葵致顧廷龍論書尺牘(便箋)》,載《歷史文
獻》第 1 輯,第 42 頁〕
11 月 19 日　顧頡剛有信致先生。

　　半載未通音訊,時時間接聽到消息,祇以事務□□,迄未肅箋奉候,至
以爲悵。月前承囑典韶叔所匯一款,業已照收,至感。又接履安來信,駭悉
尊寓移滬後,開喜弟竟以腹膜炎夭逝,青年不禄,曷勝悼嘆! 想吾叔暨燼母
傷心必甚,亦苦無以相慰。然當此亂離之世,一切俱反正常,生命財産都無
保障,祇得略爲看破,自己保重,即所以安亡者之心也。佢年來飽經憂患,
髮白更甚,失眠又劇,爲療養計,決然來蓉。此間頗有北平、蘇州況味,生
活方面遠較昆明爲安適,物價以當地出産豐富,雖亦繼長增高,而較之昆明

固望塵莫及,大約與上海差不多,而土產特廉,但得不購洋貨,伙食零用百元一月足矣。研究所雖舊日所有,而人物兩空,一切須從頭作起。現在西山、①育伊兩兄在此相助,經費年約五萬,尚有發展餘地。惟此間書籍藏家太少,書肆中遂甚貧乏,將來擬托吾叔在滬代購,未識可否,乞覆示是幸。又所中擬出季刊一種、叢書若干種,如有大作(能否作一《宋元本著錄表》),萬請寄我爲感。成都印刷業家數不少,而鉛字大都窳劣,故本所出版擬托上海開明爲之,而貼與印刷費。曾函伯祥兄商量,而以章雪村先生還鄉,至今尚未得具體答覆,甚以爲念。便中可往一詢否? 侄交游較廣,故徵集稿件絕非難事,惟懲於十餘年來之受人攻擊,擬提高水準以杜流言,想叔亦以爲然也。此間尚需人,擬邀仁一兄來,不知彼能暫時放棄碩士學位,即與瑋瑛就道否? 瑋瑛到此亦有事做,兩人生活不成問題。如彼必欲待至暑假後,則深恐彼時人數已滿,轉增困難。吾叔如與通信,乞一勸之。瑋瑛家居在津,想離平之法渠當能措置也。履安已於前日到此,黑而且瘦,幾不認識,往返勞頓,遂至於斯,爲之一嘆! 渠所托匯款項,如叔能電匯最好(如電匯則零數不必匯來),但此函到時,升水如低,亦可遲匯,請代酌奪,分次與否,亦請酌之。至於收款之人,則請寫侄(名號俱可)轉履安可也。諸事費神,無任感激。貴館係何人所辦,藏書情狀如何? 將來計劃如何? 并願一聞,得便乞賜告爲幸……

《尚書文字合編》刻工,請留下千元,特未知够否? 乞示知。如尚不足,乞多留些款。

夏瑋瑛女士之衣,其姊已送到,僅單衣五件,誤書三件,煩轉告。(《顧頡剛書信集》卷二,第 494 頁)

是日　葉景葵有信致先生。

修綆堂送來《適園叢書》一部,擬留。孔款由喬并算,不成問題矣。送上抑卮先生藏書簡目十三冊,望披閱,多數日不妨,能印出一分最便(渠目外之書尚不少)。

再文祿一單擬留《石渠續編》(至多可五十元)、《達叟文稿》、《鄭堂讀書記》,此外有無可留,乞示。價須稍減,乞酌一數目示知。

又喬賈送來《馮太師集》(宜秋館刻過)、《紹陶錄》(十萬卷樓刻過)、《林外野言》(又滿廔刻過)、《南唐書》,均莊仲求校本,有無可取。《南唐書》(從箱)所據何本?《南詔野史》(《楊升庵雜著》刻過)。又汪文盛《後漢書》不全,係何義門校本,價祇三十元左右。敝藏係後印本,銜名已挖過,一併送去一查。喬賈約五六日後行。(《葉景葵文集》,下冊第 1131 頁)

11 月 22 日　顧頡剛有信致先生,邀爲齊魯大學國學研究所名譽研究員。

---

①西山:指張維華。

敝校國學研究所經歷亂離，重建伊始，剛忝主所務，人才未充，設備猶簡，亟需鼎力扶持，俾得有所就正。夙仰先生獎掖後進，惟恐不及，用敢聘請先生爲名譽研究員。（原件）

11月25日　葉景葵有信致先生，談購書事。

《天文主管釋義》舊抄、《太乙統宗寶鑒》（此處記有刻本，但查不出）、《局法遁甲》（均明抄），三書皆有存留之價值。惟書既落伍，《天文主管釋議》紙已渝敝，《寶鑒》又有傳抄，如價廉則可備一格。鄙意估價每本十元，不知孫君意下如何，想非居奇之貨也。《楚辭》現有成化本，此可不留，刻印亦不精。《抱經目》當選購。〔《葉景葵致顧廷龍論書尺牘（便箋）》，載《歷史文獻》第1輯，第42頁〕

11月26日　葉景葵有信致先生，介紹朱祖謀之子趨訪。

茲介紹朱容孺兄詣館與兄一談。容兄係古微侍郎哲嗣，極願在館習練，待遇條件，弟再與兄面洽可也。〔《葉景葵致顧廷龍論書尺牘（便箋）》，載《歷史文獻》第1輯，第43頁〕

11月27日　葉景葵有短箋致先生：“外書兩包，又一冊，送合衆圖書館。”〔《葉景葵致顧廷龍論書尺牘（便箋）》，載《歷史文獻》第1輯，第43頁〕

是日　聶崇岐有信致先生。

手示祗悉，平岡謝柬已遵囑寄去，希勿念。承代購《四庫珍本》，甚感。書尚未到，想以時局關係，包扎郵件寄遞稍遲，尚須候三五日也。前所言《四部叢刊》零本，請暫不必代爲覓購，惟《四庫珍本》倘市間尚有零種，凡係宋人著作，皆請分神購寄，不必顧及其爲文集否也。書款將來如何匯去，亦希示及爲禱。此間一切照常，敝處工作現有四種，《杜詩》及日文期刊皆已付印；《漢書》及《六藝之一錄》正在分排，預計在明年暑期前皆可出版。弟私人工作，頃應《燕京學報》之囑，草成《宋遼交聘考》一文，下期或可發表，屆時單行本出，當寄呈請教也。蓉江頃有信來，知其已于十月中到美任職，此公稍嫌粗疏，深望其不要弄出笑話也。（原信）

11月29日　私立成都齊魯大學校長劉世傳聘先生爲該校國學研究所名譽研究員。（聘書；履歷表）

12月1日　日記云：“余頗有志日記，往往不久即輟，深自悔恨。今年七月，葉揆初丈、張菊生丈招來滬上，創辦合衆圖書館，余挈眷於七月十二〈三〉日離平，十七到滬，徑寓館中。斯時也，蓄意重作日記，與館俱始。不意九月下旬，詩兒夭折，心如槁灰，遂又中斷，忽忽已七十日矣。茲屆十二月之始，重新記述，可憶者補書之，以此自勖，以此自見，無復玩忽。”（日記）

是日　葉景葵有信致先生。

菊老來函，附《宋史記凡例》，此係奇秘之書（不知另有傳抄否，乞查），不可錯過，已囑送樣本來看。又直隸書局一單却無甚必要者，《范聲山雜著》

似少見，須要否，乞酌。此外有無可取，可徑函。〔《葉景葵致顧廷龍論書尺牘（便箋）》，載《歷史文獻》第1輯，第43頁〕

12月2日　葉景葵有信致先生。

送上許校《隸辯》，抄本《習學記言》（有跋），《思復齋初集隨筆》，《萬曆祺祥時憲書》，《養生月覽》（應與《養生類纂》合併），《富山先生文稿》（原本還景鄭，抄本須校對），又題跋二頁歸入《養知書屋文集》冊首（記得此書已送館），乞查收。〔《葉景葵致顧廷龍論書尺牘（便箋）》，載《歷史文獻》第1輯，第43頁〕

12月9日　跋王欣夫藏《知希庵稿》。

欣夫先生獲此鈔本，至可珍異。葉丈揆初既命胥傳錄，復屬校字，因獲展誦。婦弟潘君景鄭所藏惲遜庵文稿間有手筆數篇，似未經刊行者。遜庵與衷白為從兄弟，今兩集得并錄副，它日儻能同謀印行，發潛闡幽，亦藝林快事。（《全集·文集卷·知希庵稿跋》，下冊第804頁）

12月14日　顧頡剛復先生電報。（《顧頡剛日記》卷四，第319頁）

12月16日　聶崇岐有信致先生。

手示敬悉，前承惠購之《四庫珍本》宋集，現時尚未收到，滬上聚珍本書如易買，請照另紙所開代購，多費清神，感甚感甚。燕校鬧鬼事，傳聞不一，小偷似未必情侶，可能真相如何，殊難明也。此間物價近來尚未冒漲，麵每袋八元餘，米每包四十餘元，與滬上相仿佛，惟米不易購得耳。燕京諸事照常，僅有錢階級購買古玩書畫之風大熾，陸志韋已花去四五千元，容希白近收得惲南田花卉八開冊頁，價八百元。洪煨蓮頃買妥傅青主草書屏條十二幅，價三百五十元，又伊墨卿山水中堂一張，價二百元。此種數字在豪富觀之雖類于九牛一毛，但就一群教書匠言之，亦可謂之不顧命矣。貴本家敦錄教授昔本樂于斯道，近以新婚宴爾，無暇思及他事，不然恐亦將有所獲也。圖書館編目部中日文組組長自朱公西游，恐缺三月，近始聘妥前清華大學圖書館編目主任施廷鏞，昨日聞已到任視事，從此燕校圖書館又多一專家，人才濟濟，猗歟盛哉。蓉江前十餘日曾有信來，謂于十月十六日到華府，事情尚屬順手，僅飲食未甚慣習。且每日下班後斗室獨居，舉目無親，但見異類，稍感岑寂耳。頃聞陳鴻舜兄言，蓉江之二小姐（亦可稱四小姐）于前月以疾夭折，此事蓉江恐尚未知，何今歲離燕京者皆不幸若是耶。（原信）

12月21日　持潘博山藏繆小山輯友人手札一冊至張元濟處，張次日題跋云：

比聞吾友潘博山得繆小山先生所輯朋輩書札數十冊于北平，昨介其戚顧君起潛攜一冊見示。中有余書十六通，大都作于光宣之際暨民國初年者，皆討論收書及通假藏書之事，中有三通為記室湯君頤叔代筆。當時所見多為湘中袁氏漱六、豐順丁氏持靜齋、滿洲盛氏意園之物，琳琅滿目，亦已幻若雲烟矣。册中凡九人,存者滿洲寶瑞臣,今在長春;山陰蔡鶴廣,僑居香港;武進董授經,今在北平。南北睽隔,邈不相見。餘如萍鄉文芸閣學士、山陰俞恪士觀察,稍長于余;吴縣王扞鄭、湘鄉李亦園、蕭山湯蟄仙三君皆余壬辰同榜,年齒亦相若,今盡化爲異物。故交零落,世事滄桑,爲之黯然。(《張元濟全集》第 10 卷,第 210 頁)

12 月 27 日　葉景葵有信致先生,囑借書并送書。

　　昨示悉,向涵芬借書單可由館正式函借,托菊老轉交。函中聲明可陸續洽借,悉遵該樓定章。群碧三種本在滬,新購妥。餘書尚未散出,然非售不可。李芳農書有無批校及稿本,望向燕大一詢。送上《中吴紀聞》《南朝會要》二種,請入藏。〔《葉景葵致顧廷龍論書尺牘(便箋)》,載《歷史文獻》第 1 輯,第 44 頁 〕

是日　聶崇岐有信致先生。

　　手示祇悉。前所寄來之《四庫珍本》尚未收到,本月初南來郵政車曾失事于豐台,聞平市書賈由滬寄來之書被焚不少,不知此百餘册亦在劫中否,敬希囑書店一查爲荷(是否書店尚未發寄?)。此後如有新購者,請暫令書鋪包扎妥當,存于尊處,俟郵政秩序稍佳再行寄遞,以免意外損失爲荷。《中西交通史料》之購得照定價(7.50)八折,合洋六元,《地學雜志》尚有全份,惟堆積一室,稍難檢齊,請俟明春如何?《廣宋遺民録》承代抄一份,甚感,需款若干,希示及也。訓夫于兩月前舉一女,近已由蔣家〇〇遷至南門内從前劉兆慧住所,想或爲明年升級之預兆乎。駝絨事已托王倬雲,俟探聽清楚,再爲函達。(原信)

是月　《燕京學報》第 26 期在“國内學術界消息”刊有《上海合衆圖書館籌備近況》云:

　　江南藏書,古今稱富。歷兹浩劫,摧毀殆盡。滬濱一隅,僅獲保其萬一,可勝痛惜。張菊生(元濟)、陳陶遺、葉揆初(景葵)三先生有感於是,乃即在滬有圖書館之組織。搜孑遺於亂離,徵文獻於來日,冀集衆力,以成斯業,因命名曰合衆圖書館,亦衆擎易舉之意也。葉先生首將藏書悉數捐贈,其最精者爲稿本,若顧祖禹之《讀史方輿紀要》,張惠言、成孫父子之《諧聲譜》,嚴可均之《全上古三代秦漢三國六朝文》,皆可訂正通行之本(《諧聲譜》葉先生已爲印行),誠人間至寶也。又蔣抑卮先生(鴻林)亦願盡出所藏,以示贊助,數量甚富,四部兼備,又多清代精槧,昔錢塘汪柳門先生(鳴鑾)藏書大半歸之,彌足珍異。現已設立籌備處,以利進行。擬一面編纂目録,分卡片、書本兩種,以資在館内外檢閱之便;一面校印前賢未刊之稿,嘉惠後學,并廣其傳。所謂風雨如晦,鷄鳴不已也。

是月　跋《文中子》。(《全集·文集卷·文中子跋》,下册第 596 頁)

下半年　來滬後,往謁王同愈,“公見龍往謁,甚以爲慰。合衆籌備處與公

寓所相距不遠,嘗一承枉顧,頗爲贊賞"。(《王同愈集序》,第 3 頁)

　　是年　先生題簽的《藝風堂詩存附碧香詞》(繆荃孫撰),由燕京大學圖書館
出版。

　　是年　撰《簡明目録標注》跋。

　　　廿八年春,余在燕館,有書賈持此求售。見板格鐫"算鶴量鯨室"字,
書衣又有端方題字,知爲章式之先生所抄贈者,惟缺失四卷,殊爲可惜。余
以此本眉上增注多於刊本,曾録示邵伯絅先生,而章氏原本及此板格均即
寄在館中,抄補甚易,可爲璧合,豈不善哉?旋余來滬,即函托田君洪都玉
成其事,歸諸本館,以資珍庋。(原件)

1940 年　37 歲

1 月 1 日　録《鳳阿山房圖》諸家題咏。午後，王謇（佩諍）來，索閲朝鮮《文獻通考》"樂律"一類。晚赴葉景葵宴，交閲王禔録吳式芬《鐘鼎款識目録》三册，又潘季孺藏鈔本《墨井詩鈔》《王烟客詩鈔》各一册。歸校土山灣所印宣統元年李杕編《墨井集》，鈔本多錢謙益、錢陸燦兩序，張鵬翀、陸道淮兩跋，文字亦小有不同。"今年復欲作日記，寧簡略而不可斷，如再偶輟，無恒之病誠不足勞巫醫之治矣。切志之。"（日記）

1 月 2 日　葉景葵來，并交來《鐘鼎款識》八册、《攟古録金文》底本十四册、羅紋紙百衲本二十四史《漢書》等十四史。《衲史》羅紋紙者僅印兩部，一爲商務自印以贈陳寶琛者，一爲葉景葵預約者，因印數不多，延遲至今，尚未印齊。陪葉景葵參觀書庫，後偕訪單鎮，未值。游中國書店，取浙刻《韓非子》，有各家校録。又《州域形勢説》九卷，嘉慶刻本，盛氏愚齋物，書賈以爲不全，非也。經樹人書店，購商務近出《吳窗齋尺牘》。至來青閣，主人楊壽祺贈所翻莫友芝《宋元舊本經眼録》二册。購《大公圖書館目録》一部、慈谿童氏重刊《鮚埼亭詩集》一部、商務校印《夷堅志》。"吾國私人設立圖書館（學校附屬者在外）甚屬聊聊，大公實爲最先，次則木齋，他無所聞。而兩館皆闌珊無所進展，吾館崛起此時，任重道遠，當弘毅行事。大公之目，他山之石也。"夜至潤康村，與潘博山、景鄭昆季小飲縱談。景鄭以錢勛所撰《吳中平寇記》八卷稿本兩册見借，當傳鈔一本。又代購《灌園未定稿》二册、《知止齋詩集》四册。（日記）

1 月 3 日　寫《鮚埼亭詩集》識語。校《恬養齋文鈔》排樣，并斟酌分卷，分定四卷，補遺一卷。閲王禔題署《鐘鼎款識》裱本，各拓器名皆從《金文著録表》之説。曹仲安來，取恬養齋稿，今日全稿交去，印五百部，約一月内可成書。校彭尺木未刊稿兩篇，從潘博山處借來。接邃雅齋來片并《邃雅齋叢書》。函通學齋，告《説文翼》緩寄原因。（日記）

1 月 4 日　訪蔣抑卮，還劉聲木（十枝）撰《匯刻書目》及送館書目一册。談及殿本《圖書集成》流傳甚少，曾聞伶人楊小樓獲賜一部，楊近化去，詢諸其戚唐某，知此書尚珍守平家。歸途訪張元濟，托借涵芬樓燼餘書五種，略談商務創辦情形及港館設立經過。先生云："凡百事業不能不求擴充，擴充則須人多，人多則意見分歧，分歧則無可約束，終歸失敗。盈虛剥復之理歟？吾於本館之希望，平穩即是發展，不求躁進，不貪暇逸，不須人多，不事宣傳。非如是，不足以持久也。"（日記）

1 月 5 日　"校傳鈔繆小山藏親朋尺牘。閲書樣。鈔王文村稿。"張元濟有信致先生:"《山書》及《彭尺木文稿》兩種,徑送尊處,如果發抄,務祈轉招寫官至館或揆翁府上逐録,勿任携歸私室。"(日記;《張元濟書札》,第 168 頁)

1 月 6 日　抄王寶之(文村)稿。謁葉景葵,出示韓小亭校《太平御覽》殘本、《燕園石墨》、王寶之影抄《律音義》。因葉景葵之介,訪中國農工銀行齊雲卿。貼《趙尚書奏稿》畢。(日記)

1 月 7 日　赴平江公所,督漆誦詩兒柩,此第七次也。校繆荃孫藏親朋尺牘。(日記)

1 月 8 日　校繆荃孫藏親朋尺牘。接燕京大學圖書館函,知寄去《四庫珍本》郵包尚未收到,爲之懸懸。(日記)

是日　與潘景鄭"久談,暮返"。(潘景鄭《盍∧日記》,稿本)

1 月 9 日　校繆荃孫藏親朋尺牘。群玉齋寄常熟周昂輯《元季伏莽志》十卷、《彤管遺徽》二卷,"是書上月由蘇賈收來,爲群玉齋主人得之。余聞訊稍遲,踪迹之,知歸群玉,謂已寄平,允即寄回,頃始遞達。展誦跋文,感遺稿之淪落,痛世變之靡定,守此叢殘,以保文脈"。(日記)

1 月 10 日　接群玉齋函,《元季伏莽志》十卷、《彤管遺徽》二卷,"索價四百元,可謂奇昂"。謁葉景葵。(日記)

是日　涵芬樓見借《山書》《彭尺木文稿》。(日記)

1 月 11 日　以涵芬樓藏《山書》《彭尺木文稿》校潘景鄭藏鈔本,知潘本《山書》誤脱甚多,須細校。潘景鄭來訪。葉景葵遣人送《杭州藝文志》底本與吳祁甫(按,吳承志)批本,先生爲之核對,"即所從出也"。又送王寶之原稿及《律音義》一册。〔日記;《葉景葵致顧廷龍論書尺牘(便箋)》,載《歷史文獻》第 1 輯,第 44 頁〕

1 月 12 日　校繆荃孫藏親朋尺牘。"孫耀卿來,《説文翼》肯讓矣,須請揆丈給價耳。"(日記)

是日　葉景葵有信致先生,爲送書事。

> 書一包奉還(原單附繳),價極廉,除《長歷鈎元》可不要外,餘均佳。前單《師二宗齋讀易》,查係關綱之之父關棠,號季華,在湖北游幕,極有名。與陳藍洲先生友善。抄者爲謝鳳孫(非親筆,其女所書),其子在敝行。謝爲乙盦先生西席,擬托陳、關、謝各題記,以增重之。(《葉景葵年譜長編》,下册第 1005 頁)

1 月 13 日　孫實君送謝年伯集,乃胡樸安藏本,索值二百元,是書曾經抽毁。將彭尺木集送葉景葵餉抄,并還《杭州藝文志》及《律音義》。校《山書》一卷。今日身體不適,"胸中微作脹痛,大約一飯即伏案所致,不知須成胃病否,奈何"。(日記)

1 月 14 日　謁張元濟,述及宋刻本《周易單疏》已歸陳澄中,價"三萬數千元,宋本價值如此之巨,可謂聞所未聞矣。閲肆,無所得,購另本數種"。(日記)

是日　葉景葵有信致先生。

　　送上書兩包：（一）《求是堂詩集、文集》，（二）喬景熹書十種附原單，内有景鄭書，欲收回否？館中可留者何種？乞審查。《漱六編》恐未全。送合衆圖書館。（《葉景葵年譜長編》，下册第1006頁）

　　1月15日　檢《周易》上下經，有寶熙跋，定爲倪文貞手寫草字本，并有潘文勤、王文敏印記。然“諦審字迹，浮而不實，轉折不靈，斷出仿製，印記悉僞”。校《山書》半卷。校《鏡泉文鈔》排樣一卷。葉景葵送閱《不是集》鈔本五册，先生昔爲燕京收一部，旋即慫恿排印。“集中《史通通釋》及《讀杜心解》兩序均無，且首尾不具，嘗疑不全。今核此部，多出三之二，兩文果然在焉。各類文皆多若干篇，類則多雜著、語録、聯語等，極可貴也。他日有緣，當擬選未印者印之，俾三山老人著述獲全行於世，豈不盛哉！”（日記）

　　1月16日　校《恬養齋文鈔》卷二畢。孫耀卿送來鮑廷博知不足齋鈔本（有鮑校）《吳下冢墓遺文》一册，索價一百六十元，又明萬曆滇中官刻本《莊義要删》，索二百元。先生以書價太昂，抄録《吳下冢墓遺文》中鮑校語。（日記）

　　1月17日　赴謙吉旅館，晤孫耀卿，閱所收新書。“嘗謂昔在貴州收得家譜極多，均爲松筠閣購去（約前七八年事），此爲收家譜之最早者，今美國力收，已步後塵矣。但今昔價格相差不啻十倍也。詣揆丈，博山亦至，商估鄧（按，邦述）書價，出新由傅某送來草目一册，《寒瘦斸存目》則不盡在内矣。草目携歸，傳録一份，再詳爲估計。校羅文補遺（按，指羅以智《恬養齋文鈔補遺》），誤字太多，傳抄之忽也。”（日記）

　　1月18日　檢書數種，欲補《恬養齋文鈔》缺字。得聶崇岐信，知《四庫珍本》已達。誦芬本學期成績揭曉，一班四十七人，其獲冠全班，先生大爲歡喜。（日記）

　　1月19日　補《恬養齋文鈔》缺字，得若干處，仍不能全。爲葛詠梧寫册頁一張。（日記）

　　1月20日　校《山書》。修文堂送閱盧文弨録桑弢甫校《元詩選》初集，有莫楚生跋，共十八册（配七册）。爲邵鋭題書衣三種，《思庵題跋》《中秘日録》《西園題跋》，“皆渠所手抄秘笈也”。（日記）

　　1月21日　天寒甚，在家爲自藏書蓋印。手裝《趙尚書奏議》。閱家譜并顧嗣立集。（日記）

　　1月22日　葉景葵遣人送來顧廣圻校《國語補音》抄本，囑與明刻本及孔刻微波榭本一對，“是否影宋抄（顧校鄙見似靠得住，兄謂然否）？又雜抄一册，似失去首頁，内中有無珍貴史料？此二書請查復後并原書交下”。先生核對後認爲，“三本均有不同，顧校有特長，筆迹亦非僞作。又雜抄一册，《紀事略》《監國日録》《閩紀》皆明季史料之未經刊行者也”。“揆丈得文禄覆函，知寄還之《石渠寶笈續編》已到，爲慰。余同時寄筱珊《四庫珍本》另種，日前亦來函告已到，皆免火厄,幸何如之。秋農(按,即楊敬涵)夫人來,付鈔繆牘七次共卅五元。又交去兩册,一葉昌熾,一沈曾植。又《知希庵稿》一種,爲燕京傳録。"〔日記;《葉景葵致顧廷龍論書尺牘(便箋)》,載《歷史文獻》第1輯,第44頁〕

　　1月23日　將《國語補音》及雜抄一册送還葉景葵。葉景葵遣孫實君送書一包(盧文弨録桑弢甫批《元詩選》初集等四種)給先生,《元詩選》四十元,即購之。夜校《恬養齋文鈔》印樣。〔日記;《葉景葵致顧廷龍論書尺牘(便箋)》,載《歷史文獻》第1輯,第44頁〕

　　1月24日　校《恬養齋文鈔》印樣。晚訪潘博山,獲觀黄丕烈跋《静春堂詩集》四册、《簫臺公餘詞》,皆亂後由丁氏散出,跋已見王欣夫輯《蕘圃題識續編》。潘景鄭印成《春秋左傳讀》,贈先生二册。(日記)

　　1月25日　謁葉景葵,商鄧邦述群碧樓書價。"博山先到。途遇姚清溪丈,邀至其寓,略談葉緣裂遺書情形,據云王氏遭亂後,所有什物凌亂不堪,須待他日整理後再作計議。束老(單鎮)來,即告姚丈之語,蓋束老本吴穎老舊意,主張葉書應歸公藏,因欲勸王氏將全部送來保存,即托姚丈與王氏商洽。姚丈與王氏至好,其言或易生效也。束老并携來《辛壬簃詩讌》,朱古微、顧聰生、夏閏枝、費仲深、張仲炤、翁銅士、王君九、劉翰怡諸家批注,即乞見假傳録一本。代冒鶴亭還趙刻《管子》,收據即托轉去。"(日記)

　　1月26日　校《辛壬簃詩讌》。潘景鄭托代寄還朱祖謀(古微)手批《詞綜》,以爲出朱手者不多。先生翻閲後認爲,非一時所批,確出一手。(日記)

　　1月27日　挂號寄還群玉齋《彤管遺徽》《元季伏莽志》。函三友堂,購《中州詩徵》《文徵》《先哲傳》等。又函來薰閣,購《盾墨留芬》。葉景葵來電,謂《詞綜》確爲朱祖謀手筆,可留。中國書店介紹一修書人,原爲富晋書社夥計,月薪十元,供膳宿,與先生商需用與否。午後,訪中國書店經理郭石麒,又過富晋書社,"觀其夥友共六人,皆北方人,似皆老實,不比滬肆各家之狡猾也,似可用,容與揆丈酌定之"。(日記)

　　1月28日　校《恬養齋文鈔》稿。(日記)

　　1月29日　校《恬養齋文鈔》畢。接邵鋭函,知所書書衣已收到,并告其用紙係郭葆昌(世五)所定製,以印《磁器圖譜》者。"即函托購,盡其所有以收之,紙質在連史、毛邊之上,惜花紋須裁損耳。中國書店楊夥介富晋崔夥來見,即欲來任裝訂者。察言觀色,似尚老實,與揆丈商之,似可試用也。"校繆荃孫藏親朋尺牘。邵章録示《香影樓研銘》,可入《恬養齋文鈔補遺》。(日記)

　　1月30日　校繆荃孫藏親朋尺牘。葉景葵藏書中題跋均已鈔出,即將着手編目,"舊歲云,莫須過新年。積極爲之,倘能夏中編成,則大快事也"。(日記)

　　1月31日　齊雲卿來,參觀書庫,略談,并謂法租界關於教育文化事業皆由法國人管理,他日圖書館開幕,可請來一觀。校繆荃孫藏親朋尺牘,中有盛宣懷札,"商刻《常州先哲遺書》及《經世文續編》,勇往之氣,令人敬佩。又籌圖書館似有成就,何以卒歸泡影,不知結癥何在。圖書館辦理之難,在於經費不充,人才又其次也。雲卿亦言,世界圖書館昔曾極事編目,今亦以費絀仿佛停頓矣。余欲考究各館之弱點,以爲吾之借鏡,俾不致成曇花"。又於日記中録有愚齋圖書館事兩則,并曰"此貪多務得之弊,卒至不成"。(日記)

是月　跋《墨井集》,先生以潘季孺藏《墨井詩鈔》校補後所記。(《全集·文集卷·墨井集跋》,下册第807頁)

是月　聶崇岐有信致先生。

前函計達,十一月中寄下之《四庫珍本》零種,今晨已收到。其中第六包似因檢查被拆,失去《天台集》第二册一本。此書在途中約將兩月,豐台一炬,弟意此書或付劫灰,今乃僅失一本,餘均安然寄到,真萬幸也!此間一切如常,惟米價高漲,暗盤聞已至六十元一包,麵粉亦非十二元以上不能購得,而小米等麵僅數鋪户在清晨賣一二時,過八時即無貨。長此以往,殊非了局,不知滬上如何?燕校現正考試,下星期中即放寒假,任教職者可將清閑兩周矣。前所云之《慶元條法事類》,昨已由修文堂送來,索價千六百元,大約非千二三百元不能購到。聞董康亦有意收買,不知將來鹿死誰手也。(原信)

2月1日　校《王烟客詩草》,撰跋一首,未寫定。選出所録藏書題跋十種,交葉景葵閲定,擬寄袁同禮。本月起,合衆館費增加一百元。購商務印書館出版之圖書館學書三種,"無一種有深意,膚淺之論,何勞楮墨!廢書,三嘆"。(日記)

2月2日　校《山書》四卷。葉景葵遣人送《詞綜》十册、顧抄題跋一册給先生。擬寄袁同禮書跋"由揆丈審定擲還,明日可抄寄也"。〔日記;《葉景葵致顧廷龍論書尺牘(便箋)》,載《歷史文獻》第1輯,第44頁〕

2月3日　顧廷鵬來,略述鄉中情形,知物價昂貴不亞於滬。各書肆來算賬。鈔題跋。葉景葵送《説文段注》批本,囑爲審定。(日記)

2月4日　潘博山來,暢談至晚,爲言鄧邦述藏書情形甚悉。(日記)

2月5日　理書架。審定批本段氏《説文》係皖江馬徵麟筆。復葉景葵,并送還胡批《左傳》三册。致張元濟函,附去從藏書中録出未經刊布之序跋十則,托其轉交袁同禮,并乞北平圖書館出版物,又請題《恬養齋文鈔》引首。抄王烟客文一頁。撰《辛丑銷詩讕》批本跋,未竟。葉景葵來電話,謂批本段氏《説文》中又檢得"徵麟案"云云,并檢出舊藏《歷代疆域沿革圖説》[①]一書,爲馬徵麟撰,且批語中有"説詳《歷代疆域沿革圖説》",據此數證,此段氏《説文》係馬徵麟所批則無疑義矣。(日記)

是日　葉景葵有短信致先生,囑將"史序《徐霞客游記》八册,望與乾隆抄本及丁文江新印本一校,有無多出之篇,示復。《繪事微言》亦望一核有價值否"。

① 《歷代疆域沿革圖説》:疑指馬徵麟《歷代地理沿革圖》,下一處同。

〔《葉景葵致顧廷龍論書尺牘(便箋)》,載《歷史文獻》第 1 輯,第 45 頁〕

　　是日　擬定索平館書單,均爲北平圖書館出版物,計:

　　　　《北平圖書館方志目録》(正續編) 穆麟德遺書目録 《館藏清内閣大庫輿圖目録》 館藏書目目録類 《博野蔣氏寄存書目》 梁任公遺書目録 《北平圖書館善本書目》(甲乙編) 滿文書聯合目録 《日本東京所見中國小説目録》《中國通俗小説書目》《晚明史籍考》《中興館閣書目》《宋國史藝文志》《清代文集篇目分類索引》《書畫書録解題》《中國地學論文索引》《宋會要稿》《瞿氏補書堂寄藏書目》 李越縵《讀史札記》又《文集》《全邊略記》《通制條格》《埋劍記傳奇》《鬱岡齋筆塵》《平寇志》《鴉片事略》《孫淵如外集》 辦理《四庫全書》檔案 《國學論文索引》一、二、三、四編 《文學論文索引》一、二、三編 《日本訪書志補》〔《一個圖書館的發展——從合衆圖書館到上海圖書館(1939—1958)》,[1] 載《顧廷龍日記》〕

　　2 月 6 日　小除夕。葉景葵送來舊鈔本《徐霞客游記》(史夏隆序本,有余紹宋跋)。先生校以原藏一本,文字略有異同,字句亦略有多寡,首尾又多出數則。原藏鈔本有缺字處,頗有可補者。(日記)

　　2 月 7 日　葉景葵請人送《三藏志略》來,爲抄岳鍾琪初稿,沈宗衍補纂,周蓮校正,囑查此本已否刊行。先生記云:"蓮,咸豐間人也,有跋,記載甚簡略。附歷汗事迹,可補《衛藏通志》,如價廉,稿本可以收也。"〔日記;《葉景葵致顧廷龍論書尺牘(便箋)》,載《歷史文獻》第 1 輯,第 45 頁〕

　　是日　訪葉景葵,還《徐霞客游記》,"據云索價百番,易於磋商者也"。(日記)

　　2 月 8 日　年初一,與同事一起賀歲。(日記)

　　2 月 9 日　往潤康村,"與外姑暨諸内兄弟賀歲,晚飯歸"。(日記)

　　2 月 10 日　出外賀歲。赴潘博山約,觀書籍、書畫、尺牘,甚精。計有倪瓚書立軸、仇實父畫册、沈石田畫名勝册。書籍有元刻《顏氏家訓》、藍印活字本《墨子》(有黃丕烈跋)、《隸釋》(顧廣圻校)。晚飯,座有葉景葵、李宣龔、陳叔通、華繹之等人。(日記)

　　2 月 12 日　游中國書店、來青閣、富晋書社,携歸《楷法溯源》《國語補音》《匠門文集》《楹書隅録》《范聲山雜著》及程雪樓《奏稿》。崔估來。午後,謁夏地山,出示《開成石經》拓本,精裝全帙。又李玄育《一中》,是書頗罕見,各目無著録,惟《千頃堂書目》載之。此二種皆欲檢贈合衆者。(日記)

----

[1] 《一個圖書館的發展——從合衆圖書館到上海圖書館(1939—1958)》:此爲顧廷龍保存的合衆圖書館檔案資料,内容有工作總結、會議紀録、書信、收支報告等,已由李軍、師元光整理完成,隨《顧廷龍日記》一起,由中華書局出版(2022 年)。"一個圖書館的發展"是顧廷龍先生寫於便箋上的擬名,故沿用之。

2月13日　赴劉書銘宴，約撰《目録學》，并先付稿費。即與潘景鄭商合作辦法。(日記)

是日　誦芬生日，顧廷夔、顧廷鵬、潘景鄭、潘永瞻、潘家嶸等均來。(日記)

2月14日　謁葉景葵。往商務印書館，借文華《圖書館使用法》。閲肆。夏地山來，贈《開成石經》《一中》，略事瀏覽。接邵鋭函，郭葆昌處紙已購定廿四刀，即函請沈範思照付。(日記)

2月15日　試撰目録，得十種。《元豐官志》一書疑僞作，俟考定。致顧頡剛函，約撰《目録學》。擬改《版本圖説》，并預商印刷辦法。(日記)

2月16日　還潘季孺《墨井詩鈔》《烟客詩鈔》。將王睿托鈔《東國文獻備考》中《樂考》十一頁寄去。"景鄭來，商《中國板本圖説》體例。"(日記)

2月17日　校書片。閲肆。張元濟有信致先生，告知"《稼軒詞》已付印，不久當可出版"。(日記;《張元濟書札》，第168頁)

2月18日　潘博山携示《兩浙場所圖説》兩册，乾隆間進呈之本，寫極工緻。(日記)

2月19日　爲《青霞集》《圖注難經》《淮南子》編目。單鎮來，見借《庚子西狩叢談》二册，贈王丹老文集四册，并以潘舀盦字卷囑求王同愈題記。日記云："非易事也，又不能却。"(日記)

2月20日　撰《淮南鴻烈解》書録一則。燕京大學圖書館寄到出版物全份，"計余經理者居大半"。復燕京大學圖書館諸君函。將鄧邦述書送張元濟估價。閲《圖書館使用法的指導》，絶無奥妙。外姑來，帶還潘博山《兩浙場所圖説》，轉交潘景鄭《秀野草堂圖》，托代攝。(日記)

2月21日　撰書録。(日記)

2月22日　撰《元豐官志》提要。午後，葉景葵來，携交書數種。同赴孫伯淵家，觀鄧邦述群碧樓書，合選若干種，所見皆記於目。(日記)

2月23日　葉景葵送書來，爲《四部叢刊》等若干種。(日記)

2月24日　葉景葵借《徐霞客游記》《冬暄草堂師友箋》兩書。午後，招往觀前日所選各書，開價皆奇昂，力不能盡收，剔去若干，即注於《寒瘦山房鬻存書目》上，因此知群碧編目之草率矣。(日記)

2月25日　檢《國學圖書館年刊》，補《嚴元照年譜》若干條。午後，葉景葵來，偕去續閲鄧邦述群碧樓書，選若干種。(日記)

2月26日　將擬退之書略加記録，并查對昨日所選書。閲《庚子西狩叢談》，頗有趣。譚其驤入黔經此，明日即行，匆匆不及暢叙。檢《鮚埼亭集》抄本、《思益堂日記》兩種送葉景葵。葉景葵送《中吳紀聞》來。(日記)

2月27日　赴商務印書館，借《春秋分紀》，交潘博山與鄧邦述藏鈔本一對。鈔本有孫淵如、嚴鐵橋校。審閲選携各書，并擬批書價。過中國書店，見道光間蔣氏別下齋刻《辛齋詩稿》，有管芷湘手跋，先生録之。此書索價四十元，後爲鄭

振鐸購去。郭石麒云,此書陳乃乾亦有一部,所題略有不同。先生謂"此爲修版時所改者也"。(日記)

是日　聶崇岐有信致先生。

多日未通音問,維動定咸宜爲祝爲慰。昨平岡來信,彼處已知文旂南旋,并詢歷次寄來《尚書》校記事。弟已據實答覆,但未告尊寓何所耳。日前令親潘君承彬來談,謂潘景鄭先生藏有乾隆平定廓爾喀銅版戰圖八幅,意欲出讓,囑代詢之洪先生。今日與洪、田相晤,便中提及此事,田有意爲燕京圖書館購買,不知該價若干,敢祈分神與景鄭先生接洽,并希直接通函田公商辦爲盼。

洪自抵燕後,連日大忙,東邀西請,逐日皆有筵宴。蓋其背後隱有數萬美元,金光閃爍,自應有多人趨附也。薛老昨約弟聯名宴洪,已推辭拒絕,此老年逾耳順,猶熱心乃爾,吾輩後生真望塵莫及矣。

大著《學政年表》已脫稿否? 前應雅囑代草序文,本擬寒假中爲之,豈意俗務紛擾,未著一字,想下月中或可動筆也。前示勘乘中匯低垂購書一節,甚感盛意提醒。惟一年來舊儲已净,而每月收入僅敷開支,心力相違,僅有徒喚奈何而已。

尊藏百衲本《二十四史》,曾與洪言及,但此書在平市價祇七八九百元,超過一千,恐不易售,不知我兄在他處曾有接洽否? 司徒先生頃自滬還,帶來不少樂觀,于是一般愁慮燕京關門者,又多喜笑顔開,不似昔日楚囚之態矣。(原信)

2月28日　先生有信復聶崇岐。校《彭尺木文稿》。(日記)

2月29日　校《彭尺木文稿》。此書"原稿經臺山、大紳删改者十之九,評語率直,不稍假飾,自改之句,濃圈密點,毫不謙讓。日前閱寒瘦山房藏王惕甫評石琢堂詩,亦復如是。余始知所謂切磋琢磨者如此,賞奇析疑者如此,古人朋友之樂,爲可羨也"。(日記)

3月1日　校《彭尺木文稿》。往集寶齋,見徐俟齋尺牘一厚册,有錢大昕跋。先生録錢跋,并云:"竹汀佚文甚多,頗擬輯録成册,今後當致力焉。"(日記)

3月2日　先生前在富晋書社見《北郭》《覆瓿》兩集,當時索價八十五元,還價兩共五十元,今日允售送來。先生云:"日來書價高漲,此價較昔似昂,今日視之,尚不爲貴。"王大隆來,估鄧邦述書三種價,與先生意略同。又和王長談,據云傳聞林則徐、翁方綱皆有日記,均藏葉恭綽處。(日記)

3月3日　校《彭尺木文稿》,鈔總目。送《中吳紀聞》給潘景鄭。(日記)

3月4日　校《彭尺木文稿》。接邵鋭信,知郭葆昌自製紙已漲價,邵代先生所購一簍現存松濤閣。先生云:"民國以來製紙印書者兩人,一爲關百益,印《河南金石圖》及《伊闕石刻志》;一即郭葆昌,印《中國瓷器圖譜》。此紙即爲印剩者也。"(日記)

3月5日　校《彭尺木文稿》。還《洪武聖政記》及張元濟函給葉景葵。葉景葵送書來，計《弢園隨筆》、《徐霞客游記》史夏本鈔本、陳稽亭集鈔本。"《弢園隨筆》有長跋，記當年與史念祖共事之誼及其遺聞，可以史料視之也。丈熟清季掌故，吾將勸其撰一筆記，以垂後世。讀《隨筆》。"（日記）

3月6日　校《彭尺木文稿》畢。校繆荃孫藏親朋尺牘三册。潘博山托查顧亭林門人李既足，蓋博山得其手札一通，所述爲師編録諸著甚詳，"他日可撰一《亭林門人録》，頗有意趣之作也"。美國格洛特圖書館用具公司寄來樣本，於布置頗多式樣，堪資參考。（日記）

3月7日　校繆荃孫藏親朋尺牘。（日記）

3月8日　葉景葵送來《四部叢刊初編》史、子及集之半，逐一檢理，足費半日工夫，其中經葉景葵略校者數種。先生以爲"此編采本不精，校記又不忠實，吾於孫毓修之信仰頓滅"。檢點集寳齋送來鄧邦述書，"所選者，皆普通本也"。潘景鄭來，暢談。（日記）

3月9日　校《恬養齋文鈔》卷三。前二卷已印出，尚不惡。（日記）

3月10日　校《恬養齋文鈔》。謁葉景葵，"暢談，爲述趙次珊故事"。先生詳録故事原委於日記。接聶崇岐函，也稱《元豐官志》疑僞作也。（日記）

3月11日　還商務印書館《春秋分紀》。在受古書店，見朱曜東書目，皆曩時普通書，今皆列精本矣。其中最精者，當推毛斧季手校《中吳紀聞》及張刻《儀禮》。主人居奇，佯言非賣品，蓋欲待價也。潘景鄭來，共酌度《恬養齋文鈔》訛字，暢談甚快。（日記）

3月12日　假校繆荃孫藏親朋尺牘。偕夫人及誦芬出外購物。謁張元濟，不晤已月餘矣。以《清太祖史料》及《元豐官志》兩書名實不符，呈請審定。張出示袁同禮復函，"知索書有允有不允，大約價廉者可購，價昂者務購。《宋會要》又非購不可者也"。"近來石印工人竟無事做，出書因紙貴不能印，丈因擬將《册府元龜》宋本著手先行做版，一俟平定，即可開印。此書皇皇巨編，頗須時日，良策也。又言紙，據云昔日開花紙精潔美好，無與倫比，今開花所造紙皆粗劣，用以糊雨傘矣。昔時開花紙之稍粗者，書估謂之榜紙，丈云此種開花紙爲寫榜之用，故名之曰開花榜紙。"夏地山挈眷來游。（日記）

是日　葉景葵有信致先生云："送上書四包，内小包中有趙學南贈館《顧千里年譜》一本，又借用嚴久能尺牘一本。又《靖康稗史》兩册，欣夫已交與弟，望登記，其餘均入藏之書。"〔《葉景葵致顧廷龍論書尺牘（便箋）》，載《歷史文獻》第1輯，第46頁〕

3月13日　檢館藏《宛陵集》兩部，一明刻清初修印本，一康熙柯炌本，送張元濟審定。校繆荃孫藏親朋尺牘。（日記）

3月14日　張元濟送還《宛陵集》，并加有題識。校繆荃孫藏親朋尺牘。（日記）

是日　葉景葵致先生信云：“修書人倪介眉與之説定，月薪十五元，供膳宿，先囑謁見吾兄即可試用，如彼此不合式可以分手，由兄面定一試用期間可也。”〔《葉景葵致顧廷龍論書尺牘（便箋）》，載《歷史文獻》第 1 輯，第 46 頁〕

3 月 15 日　張元濟送袁同禮函來。即訪李照亭，接洽購《宋會要》事。校繆荃孫藏親朋尺牘。修書人倪介眉持葉景葵函來見。（日記）

是日　葉景葵致先生信云：“《周易本義辯正》及《華陽國志》均加一跋送還。日記無精彩，其人是尋常官僚，似不足取。葉稿請束笙同年加跋極好。”〔《葉景葵致顧廷龍論書尺牘（便箋）》，載《歷史文獻》第 1 輯，第 46 頁〕

3 月 16 日　校繆荃孫藏親朋尺牘。倪介眉今日開始工作。閲肆，遇潘景鄭於來青閣，得《桐花館詞鈔》（曹毓秀撰，此爲光緒丁丑增改之本）、《春岩居士詩》（作者爲甪直人，刊否未可知）、《默庵詩》六卷《文續》三卷《日記鈔》十卷（續三卷及日記皆未印過）、《勸學淺語》一卷。皆鈔本，似皆清稿本。（日記）

3 月 17 日　汪禮卿表叔來，略談。赴平江公所，督漆誦詩兒柩。“今日漆第八次。頭户刻‘顧誦詩之柩’五字，向例加‘冢男’等字而不書姓。吾以爲不具題人之名，上加稱謂則爲不根，加題人一行則成雙行，俗例所不許。思維再三，不如直書之爲顯也。”晚校《恬養齋文鈔》。（日記）

3 月 18 日　潘季孺來。文殿閣書估來，議鄧邦述書價，以五五折酌加三十元，湊足千元成交。寫楹帖兩副。（日記）

3 月 19 日　校《恬養齋文鈔》卷三、卷四，發排目録。傷風體憊，早早休息。（日記）

3 月 20 日　校繆荃孫藏親朋尺牘。潘景鄭來談，送書八種，請葉景葵審定。（日記）

3 月 21 日　爲葉景葵借潘博山藏蔣杲校《後山集》（似爲明弘治刻本）。夜，排比自寫唐寫本《尚書》。（日記）

3 月 22 日　校繆荃孫藏親朋尺牘中王先謙札一册。復夏孫桐信，并爲潘景鄭乞題潘星齋先生遺著引首。録繆荃孫藏親朋尺牘中人名單。理《尚書》。（日記）

3 月 23 日　校繆荃孫藏親朋尺牘。午後偕潘景鄭閲卡德路書堆，購《皇朝經世文三編》。至中國書店，選國學圖書館書四種，購墨兩錠。又至來青閣，再赴抱經堂，明日開張，正在布置。先生見有《劉忠誠遺書》，此書訪之久矣，即令留出。歸，偕顧廷羹夫婦、冰若、夫人、誦芬和侄往味芳齋小酌。冰若留宿暢談。（日記）

3 月 24 日　録潘景鄭新得《辛臼簃詩讕》夏孫桐注語，此册爲張仲老手録者。“今忽得此，虎賁中郎，亦稱奇緣也。”“寒食在即，偕會慶往平江公所祭詩兒之靈，悲惻難忍。”歸途往來青閣，得《詞林人物考》，價一百五十元。此書渠適得自中國書店，僅八十五元，以明人傳記參考所需，忍貴留之。（日記）

　　3月25日　謁葉景葵,出示新得《海昌外志》(静得樓鈔本)、惠定宇稿本兩種,丁芝生遺物。郭紹虞來函,聘任教職。先生作書謝之。(日記)

　　3月26日　邃雅齋估董金榜來,備述北平書市情形,向不買書者,近皆大收,各有類屬,或購詞曲,或購初印。中南銀行經理趙元方力購無限,不畏價昂,皆托文禄堂王晋卿(文進)代辦,抄校稿本均要。董康仍大收,偏於稿本。"其燕京、哈佛、大同收購極勇,故書價亦飛漲,各肆大都重訂價目,或照舊碼無折扣。近來湖南書及各官書局書均太缺,或恐板已不存,或有板而紙昂,無法印刷。故《韓非子集解》一類書,昔僅一元左右,今須五元。《前漢書補注》《後漢書集解》兩種,今須六十元,亦奇變也。"(日記)

　　3月27日　董金榜來,携《安禄山事迹》二卷(鈔本,三册,有翁同書、翁心存、翁曾源跋)、《仁宗睿皇帝大事檔案》、《唐栖志稿》(稿本,八册)、《皇祐新樂圖記》(翁同龢手抄本,一册)四書求售。(日記)

　　3月28日　校《恬養齋文鈔》。姚光來。訪陳陶遺,請寫《恬養齋文鈔》簽。董金榜取回四書。(日記)

　　3月29日　校《恬養齋文鈔》。修文堂孫實君來,述及群玉齋所購隨盦藏書事。(日記)

　　3月30日　校《恬養齋文鈔》畢。潘博山來談。洪業來函,托探瞿氏藏書有出售之傳説。寒食將近,晚祀祖先,繼母、弟妹均來。(日記)

　　是日　張元濟致先生信云:"前購殘本《稼軒詞》,辱蒙介紹,得使樂昌之鏡歸於復合,甚感雅意。頃景印已成,謹以一部呈覽,伏乞莞納是幸。"(《張元濟書札》,第168頁)

　　3月31日　赴平江公所,看漆材,今日第九次,可告蔵工矣。校《恬養齋文鈔》。夜,潘景鄭電話,告傳有某氏書將散,品質不亞於鄧氏群碧樓。旋詢葉景葵,知爲袁伯夔書。郭石麒正在接洽,擬不爲京估知也。校哈佛目録,即寄回。(日記)

　　4月1日　校《恬養齋文鈔》。張元濟贈《稼軒詞》景毛鈔四集本,附校記,三册。接顧頡剛書,知誦詩兒傳已撰就,爲之一慰。從潘景鄭處鈔得《宋遺民廣録》贈聶崇岐,并加跋云:"婦弟潘君景鄭得此鈔本於冷堆,示余曰:聶君筱珊所纂《宋代傳記引得》及之否? 檢之不獲,蓋筱珊未見者,亟假録副。原書未題撰人,讀《亭林文集》,有爲吴江朱不遠明德作《廣宋遺民録》序,疑即是書。惟序稱朱《録》收四百餘人,此僅百餘人,豈别有同不遠之志者歟? 抑爲殘存之本與? 輒贈筱珊審定。"誦芬感冒。(日記)

　　4月2日　校《恬養齋文鈔》。誦芬感冒,熱度未退净。接夏孫桐寄贈《文存》二册。(日記)

　　是日　葉景葵致先生短箋:"文禄堂來書七包,望審查。"〔《葉景葵致顧廷龍論書尺牘(便箋)》,載《歷史文獻》第1輯,第46頁〕

4月3日　誦芬熱度退净。葉景葵囑人送文禄堂書七包,先生閲後覺無甚佳本。接夏孫桐函,承撰《藝風堂友朋手札》跋,"高年勇於撰述,獎及鄙人,殊可感愧"。(日記)

是日　葉景葵致先生短箋:"文禄堂又來書四包,送請選擇。《琴隱詞》可留。"〔《葉景葵致顧廷龍論書尺牘(便箋)》,載《歷史文獻》第1輯,第46頁〕

4月4日　審閲文禄堂樣書。殷履安來函,知顧頡剛病。劉承幹代購《清實録》,先生致謝函云:

夙慕碩望,末由晋謁,時引悵惘。兹辱損書,無任快幸!

承公代購《清實録》一百三十八包,業已拜領,瀆神,至感。

敝館籌備伊始,刻在整理編目,開放尚需時日。倘蒙從者不吝指導,極爲歡迎,緩日容再詣教。(日記;《全集·書信卷·致劉承幹》,上册第78頁)

4月5日　葉景葵來電話,謂景印《周禮》已購定。又致先生短箋:"送上格紙一包,《靈芬館詩續集》(或《三集》)有嚴煉序,乞檢來一閲。袁書尚無把握,前途甚刁。"〔日記;《葉景葵致顧廷龍論書尺牘(便箋)》,載《歷史文獻》第1輯,第47頁〕

是日　先生有信致顧頡剛,時顧頡剛在四川成都,擔任齊魯大學國學研究所主任。

日前奉手示,昨又獲履安來書,拜悉一一。聞貴體時感不適,無任繫念。尊患春温,此時當已復元,日爲禱祝。此固由滇、蓉氣候潮濕,不合體氣所致,然足下勤事深思,不自稍息,亦是一因。世傳前來述,悉足下規畫研究所事興致甚高,吾即能想象公之孟晋矣。惟治事以體健爲本,兹公血壓太高,是用腦力過度之明證,長此恐虧體質,幸勿再事勉力。記得戊寅之春時,公展轉西北極形勞勩,大哥頗爲憂念,謂龍曰:"頡剛究亦四十以外之人,體質非素强,不宜過於辛苦,正盼其能閉門讀書以資休養。"此一語焉亦逾三年。公今處憂患之中,任勞心之事,尤足催人衰老。平常五十多歲人猶如少壯,然人之素質有不同,勞心勞力有不同,即勞心亦有深淺之不同也。昔乾嘉諸老,生際承平,生計優裕,無外事之擾,專心於典籍之中,宜其所成之厚。吾輩生不逢時,何可企及! 惟公隨時珍攝,萬勿過於操勞用心,至爲禱盼。詩兒傳業蒙賜撰,感幸無既,俟公康復寫擲,并不定印用之期,聊爲舐犢之私有以稍慰耳。……致景鄭聘書已轉交,當欣然撰述以副雅命。《版本圖説》將來印刷,曾數與伯祥商談,似以鑄銅板爲最方便。兹擬目録定後,按目借書,隨借隨鑄板,有銅板可以任意編排,較珂羅板爲便利而價廉。草創之作願早成書,不計工之精劣,公謂然否? 龍曾得王舟瑶《默盦詩存》六卷、《文續》三卷、《日記抄》十卷、《勸學淺語》一卷,黑格鈔本,後三種似未刊行,有王氏後凋草堂印,聞書估自寧購得,便請一問育伊兄,諸稿究皆刊過否? 爲托。(《全集·書信卷·致顧頡剛》,上册第123頁)

4月6日　合衆圖書館召開第一次董事會。添舉陳叔通、李宣龔爲董事,張元濟、葉景葵、陳陶遺三位發起人爲當然董事。(《張元濟年譜》,第477頁;《卷盦札記》)

4月7日　赴平江公所,包誦詩兒柩。"午後,往曹氏診治胃"。偕潘景鄭閱肆。(日記)

4月8日　"胃部仍不舒"。校繆荃孫藏親朋尺牘。(日記)

4月9日　校繆荃孫藏親朋尺牘。文禄堂估王文進持葉景葵條來,索閲正德本《中吴紀聞》《華陽國志》等。王於版本所見較廣,經驗頗豐,因"勸其一一記出"。葉景葵短箋云:"老友王晉卿奉訪,乞招待。渠與兄見過二次,書友中之博聞者也。"〔日記;《葉景葵致顧廷龍論書尺牘(便箋)》,載《歷史文獻》第1輯,第47頁〕

4月10日　校繆荃孫藏親朋尺牘。(日記)

是日　聶崇岐有信致先生。

《廣宋遺民傳》昨已收到,除謝費心外,尤感誦芬抄録之勞也。囑填補之《明詞林人物考》,今録竣寄上。燕校所藏者亦有缺葉,另片列上,得暇可否依尊處所藏者録補寄上?

日來滬上情形如何? 燕京無何要聞,僅田公翻印西文書籍事,有外國人誤會爲洪公所爲,來信大肆呵責,真"無妄之灾",可笑復可氣也。田公去年財運亨通,聞翻書所賺不下兩萬金云。(原信)

4月11日　校《恬養齋文鈔》畢。單鎮介沙武曾來閲《拜經堂文集》及《諧聲類篇》《諧聲譜稿》。葉景葵送兩家書目,一爲黎潔心藏,存張堯倫家;二爲豐華堂鬻餘書。并致短箋云:"豐華堂尚有殘書十餘箱,開來一單未全。弟本欲全開後再來看,但書存復旦,非星期不能往檢,又不能久存,兹送去,乞于星期日到舍,偕楊世兄同往復旦檢閲(渠尚住兆豐墅)。價由兄定(其意不昂),無者盡留可也。"又有短箋云:"有舊書百餘種,僅開來《大戴禮》及《夏小正》一單,已屬聚集不易。兹有介紹信一封(來頭係商務同人),請兄往閲,須下午五點以後方在家。"〔日記;《葉景葵致顧廷龍論書尺牘(便箋)》,載《歷史文獻》第1輯,第48頁〕

4月12日　校《恬養齋文鈔》目、跋。五時往張堯倫家閲書,"惟《夏小正》却有少見單刊之本,其他多庚子時及清季記載時事之書"。接北平文楷齋函,知劉明廣未離櫃,爲之一慰。此人爲先生經手刻《古文尚書》者。(日記)

是日　張元濟來簡,約星期天午飯。簡曰:

前數日呈上新印《稼軒詞》一部,計登籤掌。下星期日在寓薄具蔬酌,奉約駕臨一叙。附呈小束,千乞勿却,同時兼約博山昆仲,并祈代邀同莅。(《張元濟書札》,第168頁)

是日　先生有信致張元濟。

時欲趨詣,卒卒未果,深爲馳念。承賜《稼軒詞》拜領,謝謝！尊跋齒及賤名,感幸何如。前請長者函索北平圖書館出版物,今獲見贈該館各種目録計十四種,其餘覆印者七種以七折價購,《宋會要》則特價壹百六十元。倘與袁君通信,乞致謝忱爲荷。《通俗編》已購得一部,如需檢閱,當即奉上。《恬養齋文鈔》引首便煩一揮,正文印將竣矣。星期寵召當趨陪,博山昆仲已代邀,餘面馨。（原信）

4月13日　以一百六十元購《宋會要》。午後,赴張堯倫家閱書,"皆另本,毫無精品"。惟《古緣萃録》有鄭文焯長跋,間有批注。又有揚威將軍奏摺稿一册不欲售者,有翁同龢手跋。歸途經抱經堂,獲見譚獻校玄應《一切經音義》（曹籀刻本）,校甚密,夾籤亦多,每卷末有校記數語,先生皆録入日記。葉景葵致先生短箋云:"昨日所看書主又來一單,兹送上,望選購之。"〔日記;《葉景葵致顧廷龍論書尺牘（便箋）》,載《歷史文獻》第1輯,第47頁〕

4月14日　謁葉景葵,暢談。午赴張元濟宴。致胡玉縉書,索其積稿,擬爲録副保存。聶崇岐來函,爲查補《詞林人物考》缺頁缺字。（日記）

4月15日　補《詞林人物考》缺頁缺字。往張堯倫家議書價。（日記）

4月16日　校《彭尺木文稿》。赴張堯倫家付款取書,終嫌其價昂也。（日記）

4月17日　董金榜携示《半塘詞稿》二册,有鄭文焯商榷之處甚多。又抱經堂校刻《輶軒使者絶代語釋別國方言》樣本,有盧文弨手校,并孫志祖、丁杰（小雅）校語。又抄本《帝學》,翁曾源據宋本校。（日記）

是日　葉景葵致先生短箋云:

送去書兩箱,内有《兩河奏疏》《海塘成案》《續海塘新志》三部,係嚴鷗客先生捐贈,應寫一謝信。又另單五紙,係拙友大興黃松丞先生遺書,其子志勤、志劭、志勗奉其太夫人之命捐贈本館者,亦寫一謝信。餘係《四部叢刊》《清儒學案》《續溪胡氏學案》,望檢閱。〔《葉景葵致顧廷龍論書尺牘（便箋）》,載《歷史文獻》第1輯,第47頁〕

4月18日　録《輶軒使者絶代語釋別國方言》校語畢。謁陳陶遺,索《恬養齋文鈔》書籤。陳陶遺談及《漸西村舍叢書》及《舒藝室全集》版片皆毀於兵燹,爲之慨嘆。又述松江封文權自命道學家,亂時未離家鄉。亂稍定,即設一文具店,力收書籍及影像,故家所藏爲宵小盜出,悉以歸之。渠以惜字爲名義,論斤購之,給值甚薄,乃藝林中之投機者也。謁張元濟,催題《恬養齋文鈔》書衣。葉景葵致先生短箋云:"王晉卿來,送閱存貨總帳一册,囑爲選擇,兹送上,望閱覽有無可選之書。"〔日記;《葉景葵致顧廷龍論書尺牘（便箋）》,載《歷史文獻》第1輯,第47頁〕

4月19日　張元濟將《恬養齋文鈔》書衣題字送來。鴻英圖書館吕紹虞來訪,見目録櫃及閱覽桌、書架,皆贊許。對書籍以各色書籤以示分別,嘆之思慮

甚周,云:"考究中國書籍之處理,尚未有人專其事,實甚須要。於此可知專家之
對於中國書籍太爲隔膜,隔膜則何能有心得? 僅能從外國方法因循襲取稍加變
化,則已了不起。"先生大有同感:"余致力於此者有年矣。吾既專爲中國書,當
堅定吾固有藏庋方法,不能任意模仿外人,祇可力謀補充或改善,將使外人藏中
國書籍者皆來效法於吾。"(日記)

4月20日　先生有信致邵銳,托購故宮出版物。致文殿閣函,購《紹興先
正遺書》《遼海叢書》等。與葉景葵商定約楊敬涵來館相助檢理。葉景葵致先生
短箋云:"楊敬涵君請其相助半日,月薪定四十元,暫無名義,想可屈就。抄件奉
還,故宮出版物即定。"〔日記;《葉景葵致顧廷龍論書尺牘(便箋)》,載《歷史文
獻》第1輯,第48頁〕

是日　撰《輶軒使者絕代語釋別國方言》跋。此本爲盧氏抱經堂刻初印樣
本,有盧文弨、胡重等校。"平估邃雅齋主人董金榜會卿得於吳市,携來求售,索值
三百元,可謂離奇矣。"(《全集·文集卷·輶軒使者絕代語釋別國方言跋》,上冊
第43頁)

是日　錄《辛臼簃詩讔》跋。(原書)

4月21日　排定繆荃孫藏親朋尺牘各家次序。原裝大致兩榜,以科第先
後分,乙榜者以名位崇卑相次,文士以齒序,作札多者別爲專冊。今仍之,惟科
分誤者正之,專冊并次之。潘景鄭來,暢談,先生深盼其能來相助。"揆丈意,將
來須主金石一部,則景鄭尤爲相宜,實爲圖書館中難得之真才,與龍意見融洽,
合力爲之,必能薄具成績,非爲私也。揆丈發宏願,舉此偉業,特以重任見委,吾
自當鞠躬盡瘁,不負其熱心知己。但獨木不能建大厦,然得人之難若登天。奈
何!"王欣夫、屈伯剛來談。(日記)

4月22日　校《山書》。楊敬涵始來工作。謁王同愈,交屬擬《趙鄤夫人
傳》,王頗贊許,并以曹廣楨墓蓋屬先生代篆。訪單鎮,還《辛臼簃詩讔》。(日記)

4月23日　校《山書》第二冊畢。閱肆,在來青閣得《映雪樓藏書目》,清莊
仲方輯,稿本,五冊,索價百元。(日記)

4月24日　撰《映雪樓藏書目》跋。僕人葛柏青以母疾,乞假歸省,將終養
不復來。柏青招得同鄉王水元來替之。篆曹廣楨墓蓋二張,均不愜意,"明日重
書,久不作篆,退步多矣"。(日記)

4月25日　擬分類號及研究如何定一著者號,可使著者依生年順序而列
總。采四角號碼總難辦到,不采四角號碼亦難假定。(日記)

是日　撰《映雪樓藏書目》跋。"余以是目關係浙中文獻,備藏書家之掌故,
又與吾家有淵源,雖書賈視爲奇貨,不惜重價收歸本館,以資永保。"(《全集·文
集卷·映雪樓藏書目錄跋》,上冊第182頁)

4月26日　仍爲著者號斟酌,不得佳法。赴東方圖書館參觀,較燕京大學
館反而簡單,書多之後,易有困難。"蓋東方書少,又應用目片者不多,編者不易

發見困難,而用者亦不易發生問題,不如燕京也。"(日記)

4月27日　《恬養齋文鈔》印樣全部送來,復閱尚有誤。"王淉馥帶到硃墨兩錠"。(日記)

是日　張元濟有信致先生。

> 發還書籍兩種已收回。敝處所有嘉興人著述,原擬按日〈目〉檢呈,今因商務印書館暫行停業,無從領取,祇可中輟。現在寓中檢得四種,先呈上。前承惠假陳仲魚《恒言錄補注》,遲遲尚未奉繳,欲得錢氏原本一讀,如貴館有之,擬求續假。(《張元濟書札》,第168頁)

4月28日　楊崇善(紀彤)來,其爲豐華老人之子,約同赴復旦大學取書,計大小八箱。將俟其有暇來館同檢閱。岳母誕日,往祝,在潘景鄭案頭見有《契蘭堂書畫記》(謝希曾撰)。飯後,潘博山自蘇州返滬,携來愛日精廬抄校本《熊勿軒文集》,有李兆洛、蔣因培、張金吾跋,先生均錄之。又有《襄陽耆舊傳》一册,有黄丕烈、莫棠跋。黄跋見《蕘圃藏書題識》,因錄莫跋。(日記)

是日　葉景葵有信致先生云:"頃介紹楊世兄至館奉訪,乞接待。存書可商運至館中,再會同開箱細閱。"〔《葉景葵致顧廷龍論書尺牘(便箋)》,載《歷史文獻》第1輯,第48頁〕

4月29日　校《恬養齋文鈔》印樣。檢點豐華堂鬻剩書。代王同愈書曹廣楨墓蓋篆字。接袁同禮信。(日記)

4月30日　校《恬養齋文鈔》印樣。檢點豐華堂鬻剩書。(日記)

5月1日　校《恬養齋文鈔》印樣畢。發現倒字一處、仄字兩處,招印刷所人來,約之未到。檢豐華堂書畢,頗多浙人別集、弈譜及術數、醫書,浙江方志有數種。夜估價。潘景鄭代作《題孟松填詞圖》(浣溪紗兩闋)。(日記)

是日　葉景葵致先生短箋云:"《畫徵錄》一册(館購),張仲雅文兩册,《東國通鑒》一册,曹君直校《三國志》一部(欣夫物),金陵局本《三國志》一部,望囑楊君以兩色筆迻錄(明抄影宋單注本,大字宋體),錄畢即歸館中收藏。"〔《葉景葵致顧廷龍論書尺牘(便箋)》,載《歷史文獻》第1輯,第48頁〕

5月2日　葉景葵來電話,知顧廷翔已承推薦通業公司。印刷所人來,交涉後允重印。估豐華堂書價,最高價約值千金,五六百元則爲公道。葉景葵送《鮚埼亭集》抄校本兩部計兩包給先生,閱之不忍釋手,以爲精絶,"惜無暇再過錄一部耳"。潘景鄭借得宋于庭文集三卷本,先生擬鈔一本存之。沙武曾來,見示批本《日知錄》兩部,一康熙間人批,一同光間人批,皆精。單鎮來,以笯盦草書卷囑題。〔日記;《葉景葵致顧廷龍論書尺牘(便箋)》,載《歷史文獻》第1輯,第49頁〕

5月3日　來薰閣陳估來,携示《韓詩內傳徵》(宋綿初撰)刻本一册,有夾簽甚多,皆有案語,與館藏一本不同。謁葉景葵。顧廷翔來。(日記)

5月4日　偕顧廷翔謁葉景葵。夏地山來閱書,托修《太平寰宇記》《湘軍志》。復袁同禮函。葉景葵又送書兩包至合衆。〔日記;《葉景葵致顧廷龍論書尺牘(便箋)》,載《歷史文獻》第 1 輯,第 49 頁〕

5 月 5 日　傷風,竟日未做事,亦未出門。"外姑來閑談"。(日記)

5 月 6 日　校《彭尺木文稿》。感冒仍未愈。晚閱《草字彙》。(日記)

是日　先生有信致顧頡剛,談處理留存燕京大學傢具事,又談《版本圖說》事。

前上一緘,想早達覽。前賓四夫人來述,悉有惠函托轉,因誤填門牌而付洪喬,不知有事否? 念念。

誦坤近體諒早復元,深以爲念。燕京尊處傢具存一樓者,據紹虞來信謂總務處須收寄費,因與馮先生商定,移置其家代存矣,諒有函告。尚有書架、書箱存四樓頂(圖書館儲藏室總務處不管)者,頃洪都來信云:"四樓頂由兄經手所存顧先生物件,日前馮先生來,請將該項物件移置郭紹虞先生處,當以吾兄離校時未曾提及,不便擅許。如須仍寄此樓,亦無不可,或須轉置他處,亦聽自便,均乞示知,俾便處理。"龍即去復云:"舍侄什物承公厚愛,特許存寄四樓,彌感大德。今後仍許續放,并無變更,尤勝欣幸,自不必多一移置也。馮先生并無信來提及此事,惟舍侄存一樓之物,郭先生來信謂總務處忽須收寄費,價似甚昂,因與馮先生商定移存郭家,此次欲移四樓之物或亦恐收費兩百,此意郭先生處煩瀆已甚,先生既許續放,則不欲偏其勞矣。"龍因書箱有五隻,當時未有細單,恐移出之後難免不致借用,借用之後難能還原,四樓頂甚安妥,平常無人上去,尊意以爲何如? 下半年國文系新聘教員甚多,傢具實繁有用,得不爲鄰醯之施乎? 鄙意不如自標一價,即托郭氏售去之爲乾脆,下半年新教員多,不致無問津者。四樓物至不能存時再設法可也。臨湖軒所存爲多,誦坤務切托司徒,一樓爲蔡一諤管,吾早慮其必出花樣也。孟舒來信,租費先後由王太太、欒先生兩處送到一年,惟言書箱笨重,無法翻晾爲慮耳。其實平地乾燥,決無問題,如在南中則皆毀矣。孟舒近有續弦之訊,龍即馳函欒先生,爲公在尊帳支送賀禮六元,龍老實不客氣借光附寫一個名字也。

《版本圖說》已屬草大綱,宋元部分已成,現擬明清部分,全無依旁,較爲萬難,亦較能最有精采,將來分出,即可先出明清部分,尊意何如? (《全集·書信卷·致顧頡剛》,上冊第 125 頁)

5 月 7 日　校《彭尺木文稿》。托邵銳所購故宮出版物到二十一包。葉景葵托抱經堂朱遂翔送來《桐乳齋詩集》《雪莊西湖漁唱》《碧城山館詩鈔》《頤道堂詩外集》,請先生審閱,葉意《雪莊西湖漁唱》似可留。〔日記;《葉景葵致顧廷龍論書尺牘(便箋)》,載《歷史文獻》第 1 輯,第 49 頁〕

5 月 8 日　校《彭尺木文稿》,撰小跋未竟。葉景葵送《蘇藩政要》抄本來,與原藏一本小有不同,擬補録之。朱容孺來辭,不能習清苦,爲之痛惜。(日記)

5月9日　朱容孺來,送本月薪,優視之也。謁葉景葵,商人事,先生擬請潘景鄭,"不知能如願否耳"。由陳漢第處借到孫慕韓(寶琦)奏稿,以備傳錄。校《彭尺木文稿》畢,加題數語,即訂成冊。(日記)

5月10日　重訂分類表號碼。文殿閣寄到《杭郡詩三輯》。葉景葵致先生短箋云:"前送去《庭聞錄》缺卷五、卷六,居然配齊,奇極,但索價二十元。"〔日記;《葉景葵致顧廷龍論書尺牘(便箋)》,載《歷史文獻》第1輯,第49頁〕

5月11日　重訂分類表號碼。往商務印書館還《彭尺木文稿》《山書》。購《世界地圖》《馬相伯年譜》。葉景葵送書來。與楊敬涵商補朱容孺遺缺,楊欣然允之。成都寄到齊魯大學新出版《責善半月刊》,仿佛讀書札記,極有味。(日記)

5月12日　潘景鄭、潘諮孫來。午後,偕潘景鄭閱肆,"至聽濤山房,選零本廿餘種"。(日記)

5月13日　撰《秀野草堂圖》跋。顧廷翔歸,"知發表薪金月六十元,頗悻悻然"。"余夙知人在謀事前任何事無不承應,一入門便覺有屈。今後更知凡閑居之人無不有絕大懷抱,萬不可請教者也。噫!知足云何哉?"(日記)

5月14日　撰《秀野草堂圖》跋竟。又撰潘召盦草書卷跋。(日記)

竊念公遺著遺翰,所刊所藏,自經洪楊之役,蕩焉無存。先君與先從兄子虬公,夙嘗力事搜羅,以保手澤,余與頡剛從侄隨侍訪求,先世文物知稍愛護者四人而已。去年春莫,余留滯故都,婦弟潘君景鄭獲遘此卷於滬市,知余所好,恐一縱即逝,遂斥厚值收之。秋初南旋,亂離重晤,悲歡交集,乃持此卷相贈,謂據賈人云:前年難後自泰和蕭氏散出者,不知幾經轉徙,而終歸於君家,亦奇緣也。余篝燈展覽,實爲草堂第一圖,翰墨燦然,惜先君先兄已不及見,而頡剛又遠在滇南,不獲共賞之樂。撫卷彷徨,根觸百端矣。嗍八年前余與頡剛同客燕京,獲交一時知名之士,盍簪之樂,足儗前脩。由今思之,迢然不可復即,況當康熙極盛之時,前塵夢華,豈勝羨耶。今者承平,故物復歸吾家,是光復中興,吾生有及見之。朕其餘各圖,倘亦神物呵護,有楚弓復得之一日,當馨香以禱之。(《全集·文集卷·跋秀野草堂第一圖》,下冊第700頁)

5月15日　擬分類號。邵銳來函,告"代購硃墨五錠"。王大隆來,贈《己卯叢編》。潘景鄭來暢談。(日記)

5月16日　擬分類號。檢點《兩浙輶軒續錄》、何校《後漢書》。夜"鈔潘星齋先生《鎖闈偶記》"。(日記)

5月17日　擬分類號。開吳印丞集外文目。理《松鄰叢殘》一冊,今日裝就。夏孫桐來函,詢《幸臺記》有無見過,謂有刻本在某小叢書中。收到朱士嘉信。鈔《偶記》畢。(日記)

5月18日　葉景葵送《穆天子傳補注備考》,屬查。是書無著者,賈者以爲劉師培稿。先生細核之,例舉四證,以爲必非劉稿。又送《石匱書後集》(張岱撰），丁氏百尺樓抄本，原本藏南京國學圖書館，傳鈔不廣，可貴也。又有《元儒學案》，馮登府校，“聊聊數字，似無可取”。又文禄堂書目一册，備采購。先生感冒較甚，旋耳鳴，不耐伏案，請張爾梅醫生診治。服藥早睡。（日記）

5月19日　體憊遲起，不耐伏案。與夫人探視顧廷鵬夫人疾，歸益憊，不能做事，服藥早睡。（日記）

5月20日　感冒略愈。還葉景葵囑審定各書。潘博山屬托人分繕《石渠寶笈續編》四册。偶檢藏目，發現館中有劉師培《穆天子傳補釋》傳抄本，“捨近就遠，反不能得，可笑。檢閱一過，知前書確非其稿也。因思爲便檢查起見，先做草片，用四角號碼一排，隨來隨添，至正式片成而止。即着手寫，計畢十五箱”。（日記）

5月21日　寫草片。將明本刊板紀年者分別開列，即以年爲經，以目爲緯，藩府所刻另列，以便查考。考究明本，尚無人及之。劉承幹偕其典書者施維藩來參觀。施云，劉晦之藏書按《四庫》收，將全備，僅缺八十餘種，鈔本爲多，今擬出售，索四十萬元。又云張聰玉藏書有百餘種，亦謀出讓，其中宋槧《施顧注蘇詩》燼餘本，索價萬元。其餘各種，施言之甚詳，先生不能悉憶。又云張芹伯亦欲鬻書，其藏多出其父張石銘所收之外，且較精，《藏書志》所未有者。劉承幹云，《適園藏書志》，繆荃孫子所代撰，故多疏誤也。因欲“刻意編一精采藏書志，以壓衆編”。（日記）

是日　撰《松鄰叢殘》跋。

　　余得先生亂稿，已將詩文手治成册，并乞夏閏枝、邵伯絅、葉揆初三丈題識。兹復出餘者，命工裝爲一册，總名之曰《松鄰叢殘》。先生藏書大都歸諸揆丈，揆丈今創辦合衆圖書館，并以捐贈，此兩册余亦持以贈館，俾雙照遺獻聚于一堂。展轉南北，離而復合，殆有夙因，非偶然也。（《全集·文集卷·跋松鄰叢殘》，下册第847頁）

5月22日　送葉景葵《兩浙輶軒續録》請題，并繳文禄堂書目。《恬養齋文鈔》送來二百部，“印裝雖不甚精，勉可觀矣”。復聶崇岐函。（日記）

5月23日　續將明刻本分類列單。《恬養齋文鈔》又送來三百部。收到田洪都信。（日記）

是日　撰匋盦草書卷跋初稿畢。（日記）

　　書契代興，體變有數，要而論之，大別爲四，曰篆、曰隸、曰草、曰楷是也。篆隸爲時間之變，草楷爲空間之變。遠溯三古，迄於兩京，惟篆籀是用。漢魏以降，寖成楷法，其間雖筆畫繁省，偏旁迻置，變嬗萬端，至難尋其本原，縱極變化驅遣之能，而形體固無所異也。隸爲篆變之過程，草又隸變之支流，壹皆起於漢世，推行未廣，應用不久，今所見者，隸書傳勒碑版，草書見摹法帖。流沙簡帛之書，隸多而草少，又皆近似行楷，蓋未嘗深入於民間，後人之習隸書，臨橅不敢差失，兩漢碑刻猶存，未容造作。草書則自急就而下，晋唐祖述，具有變遷。覽夫娉婷宛轉之致與奔逸之奇、點畫結構之微，似不經意，然其中有榘矱存在，不容增損。……溯自二王草法，幾同絕業，唐賢繼起，孫氏《書譜》，差堪媲美，張草真本無傳，次則懷素、懷琳，各擅能事。懷琳《絕交》一帖中多古字，前賢稱有所本，洵然。宋元代作規隨而已。有明三百年，斯道漸隆，揮灑淋漓，豪氣旁薄，幾文人無不習之，方之前朝，有異曲同工之妙。清代館閣課士，草法漸形寥落，嘗謂書如其人，作草尤能傾抒襟懷，人之性靈有隨風氣而潛移，風氣恒因治亂而轉更，習俗好尚非偶然也。光緒間，吾吳惟潘文勤公嗜草書，日必臨《書譜》。智盦先生爲文勤從子，夙侍几席，克承家學，四體并擅，融會各家，爲鄉里所稱譽。先生之於稧書，猶文勤之於《書譜》，揮毫落紙，各盡其能，一燈親傳，密有指授。束笙單丈獲從先生游，傳其衣鉢，蓋老輩爲學無不有師承者也。恨吾生也晚，值茲書法荒墜之日，舉世搶攘之中，庭訓已邈，孤露摘植，不復容其含毫養性、潛心翰墨，每念前塵，徒增慨慕。比與丈居望衡宇，時從請益，乃承不鄙頑陋，出示此卷，命加題識。焚香展對，想見驚沙者〈圻〉壁，曲盡懷琳神髓，摩挲嘆賞，聊書管見，籍以質正。信手塗抹，知不免夫點汙卷軸也。中華民國廿九年五月顧廷龍滬上辣斐德路寓齋。(《全集·文集卷·跋潘智盦陸懷林絕交書》，下冊第 640 頁)

5月24日　寫草片。復田洪都信，囑購《中國版畫史》，即托王淳馥代辦。(日記)

5月25日　寫草片。謁王同愈，允題《秀野草堂圖》卷，即以跋稿呈正，王閱後謂可用，當即清繕。(日記)

5月26日　寫草片。鈔《秀野草堂圖》題咏，計二十二家，查其里貫得十八家。閱肆，見《蘭湄幻墨》石印本，於是知王佩諍所藏鈔本不足奇矣。先生嘆曰：鈔本之難收如此。(日記)

5月27日　寫草片。抱經堂、富晋書社、中國書店三家書友來。涵芬樓送來見借《周秦名字解故》(按，又作《周秦名字解詁》)三冊，當謀校録。訪張元濟不值，留贈《恬養齋文鈔》。歸，重整所繕《尚書》，"今後必積極爲之，不能再有延擱矣"。(日記)

5月28日　寫草片。夫人有熱度。葉景葵請人送宋槧《施注蘇詩》來，并有短信云："宋本《施注蘇詩》二十冊送閱，閱後即還中國書店可也。金武祥補校王輯《陽羨風土記》已刻過否，乞查示。"先生聞其書久矣，"亟啓覽觀，燼毀甚多，共二十冊，大多火於口，僅一冊數頁版口尚有存者，題跋皆殘"。〔日記；《葉景葵致顧廷龍論書尺牘(便箋)》，載《歷史文獻》第 1 輯，第 49 頁〕

5月29日　夫人熱度"退净，爲慰"。寫草片。還《施注蘇詩》，交中國書店楊佶。謁陳陶遺、姚光、潘季孺，皆贈《恬養齋文鈔》。(日記)

5月30日　寫草片。摘瞿氏明本。致文殿閣函，托覓便帶紙。致來薰閣函，商《韓詩内傳徵》價。身體不適，頭眩并便秘，服果子鹽。(日記)

5月31日　病愈。摘瞿氏明本。閱《通鑑》卷七十九。校《尚書》唐寫本，作《尚書校勘表》。(日記；讀書日札)

是日　聶崇岐有信致先生。

　　頃奉手示，敬悉種切。燕校圖書館所藏《明詞林人物考》，現正改裝《呂枬傳》，俟該書裝竣，再行抄録寄上。前所抄者，均係散處書記在辦公時間內所作，不必另致報酬。囑代告傅、李二君事，當日即行轉達，諒二人已有函陳諸左右矣。吴老奬金募啟，聞出自董魯庵手。《吴漚烟語》吴序，俟與《呂枬傳》同時寄上，諒不亟亟也。弟處尚存尊處款二十四元，現屆端陽，不知應寄還否？暇希示及是荷。燕校下年出洋者項已發表，我兄相識僅有二人，一爲謝大哥，將于八月赴美哈佛神學院，研究宗教；一爲葛啟揚，將于七月赴美芝加哥大學教中文，年薪二千四百金元，較之以往馮、朱二公待遇均優，加以年來外匯高漲，故葛公近日得意忘形，大有不可一世之概。貧兒乍富，可笑亦復可憐，不知我兄聞之作何感想也。附以奉聞。(原信)

是月　題《二林居集》。1939年秋"從涵芬樓借得《彭尺木文稿》未刊者，傳録一册，與已刊有不同者即校于此本"。(《全集·文集卷·題二林居集》，下册第818頁)

6月1日　擬分類號。校《尚書》一葉。葉景葵送書來，并附短箋云："送上書一包，除《花溪集》外，皆敝處捐贈之書。陳仲恕送兄莽陶拓乙紙，又金塗塔拓一紙(係贈弟者)，存館免遺失，可附入《浙江金石志》。扇面乙個，乞兄摹鐘鼎或陶文一段。"〔日記；《葉景葵致顧廷龍論書尺牘(便箋)》，載《歷史文獻》第1輯，第49頁〕

6月2日　謁葉景葵，出示孫德謙稿。訪陳漢第，"示匋量、匋釜，形制稍別，全器，殊罕觀"，承檢贈全形拓各一張、金塗塔全形一張。午後往國粹書店，選定《國粹學報》全份七年、清風室刻書六種、《仙源書院藏書目》。又至漢文淵，選定雜書十二種，中有李耘松集一册，欲得久矣。又去商務印書館，爲誦芬購下半年用教科書，并購新出《歷代屯田考》，歸而翻閱，以爲"專鈔數書，毫無心得，不成其爲著作"。陳漢第告先生，篆刻家頓群(立夫)原爲王禔之御者，因平時見主者作字作印後，退即橅習之，數年後所刻果而不惡，今在滬鬻刻。(日記)

6月3日　復邵鋭函。《松鄰遺集》五部到一部，并《周易·上下經》送葉景葵。往國粹書店、漢文淵取書。歸經春秋書店，購《金石粹編補略》。潘景鄭來，暢談。(日記)

6月4日　檢理《國粹學報》，缺末三期，赴來青閣補得一期。經抱經堂，選書數種。去中國書店，郭石麒告有《浙江公報》民國元年至十五年全份，"囑先留下，明日作覆"。又經忠厚書莊，購《高昌專集》。寫補《尚書》誤字。(日記)

6月5日　得聶崇岐等函，作覆。寫補《尚書》。赴中國書店，看《浙江公報》，未值，囑告郭石麒，將貨先留下。去忠厚書莊，購《周金文存》卷一，尚缺第

四,不知何日可得。(日記)

6 月 6 日　定分類號畢。張指逵來,談書畫古物之價。校《尚書》。(日記)

6 月 7 日　撰吳雲甫《顧詩箋注》跋,初不詳其身世,從潘景鄭處借得其詩文殘稿,考得一二。"今日起,當續撰書志,并校目片。"校《尚書》。(日記)

6 月 8 日　葉景葵送書來,有《桐乳齋詩集》,梁文濂撰。文濂爲詩正之父、同書之祖,子若孫皆極人臣之榮,而集中絕少爲子孫紀恩之作,"其襟懷高曠,非一輩文人可及也"。祀先,繼母率弟妹來。(日記)

6 月 9 日　校《尚書》。寫匋盦草書卷跋。訪禮卿叔,并訪單鎮,交卷。承示張一鯤刻《國語》,有呂留良圈點校字,可貴也。夜校《尚書》。(日記)

6 月 10 日　校《尚書》。檢點《尚書校勘表》,知所校尚有遺誤數處。夜,再校《尚書》。(日記)

6 月 11 日　中國書店送《大清會典》來,計八十二函,四百九十四册,附圖兩幅。寄《尚書》寫樣十五張至北平文楷齋。誦芬忽患寒熱,由校中送歸。醫生云食阻,無他病。(日記)

6 月 12 日　撰《欒城集》書志。《浙江公報》送來,無缺,"如此全部,亦匪易矣"。誦芬"熱退净"。(日記)

6 月 13 日　撰《群書考索》提要。此書《皕宋樓藏書志》《適園藏書志》均有,惜甚簡略,先生所記皆各家所未及者。潘景鄭檢假《聽鶯居文鈔》三十卷。寫扇面,臨匋文尚屬首次,蓋葉景葵所囑者。袁同禮來函。誦芬熱度復升,"午後又退,未净"。(日記)

6 月 14 日　復袁同禮函。誦芬熱度又升,同往醫治。校《咸淳臨安志》,以抄本校汪刻,抄本係從盧文弨傳録,間有盧校正處。寫扇一葉,爲樸奇侄夢招作。(日記)

6 月 15 日　誦芬熱度退又升,延葉幼達醫生診治。擬略校《藝文類聚》四本異同,適繆荃孫親友尺牘後來檢出三册亦寫畢,即校一過,"傳鈔繆牘之事,遂告完工"。(日記)

6 月 16 日　檢點繆荃孫親友尺牘,編排次第,擬分十册。誦芬稍愈。顧叔英表舅招飲,蓋爲王世徵(君宜)洗塵,"君宜一見,即促宿諸書聯,謂今日當尚易請,他日必甚難求,於余頗多獎借,至爲惶愧。君宜屬余書聯,憶在廿四年春祭亭林祠,以式之先生之介,并當坐譽揚余篆。君宜即席相屬,余亦極願應命,不知何以一再遷延,實未敢忘却也"。(日記)

6 月 17 日　復來薰閣,購《韓詩内傳徵》,與舊一册有不同,中有批校多條,不知出誰手。潘景鄭來,"約同觀存古書店携來各書樣,選十餘種,皆不廉也,其中多翁氏物。歸復查一過"。寫繆荃孫親友尺牘總目,擬撰跋,未竟。潘景鄭云,葉氏緣督廬藏石刻拓本約計六千種,經人估價,至少每種可值二元,則價已不貲矣。潘景鄭草就《明本圖説》擬目,大致具矣。(日記)

6月18日　赴商務印書館，"擬借《借月山房叢鈔》中之《花當閣叢談》不得，爲印《叢書集成》取去未歸"。歸經國粹書店，詢知有此本，即告借，與《村老委談》校之，《委談》後有附《石田事略》一卷，查無刻本。查嚴估書樣并議價。撰繆荃孫親友尺牘跋。葉景葵送書兩本，"望審查，已見刻本者幾種，示復爲盼"。〔日記;《葉景葵致顧廷龍論書尺牘（便箋）》，載《歷史文獻》第 1 輯，第 50 頁〕

6月19日　昨葉景葵送抄本兩册，均已見刻本，即復，并將存古書店書請審。《叢書集成》第六期送到，檢書。校《尚書》。冰若妹來，索書小匾四字。（日記）

6月20日　檢《藝文類聚》，四本互對，小字本訛甚多。謁劉承幹，出示《爐火錄》，他日當商借鈔。校改《尚書》。接北平文楷齋函，知前寄寫樣已收到。誦芬因有考試而上學，歸後尚舒適。（日記）

是日　跋《藝風堂友朋書札》。此爲潘博山所藏，清光、宣間名流畢萃於是，先生爲合衆圖書館傳抄錄副。

> 藝風以金石目錄鑽研特深，而掌故辭章亦所兼擅，時譽所播，儼然領袖。若清史之先後編纂，各省之重修方志，主講書院，創辦學堂，收書刊書，訪碑訪拓，無不競相咨聘，故往來翰牘，多屬於學術商兑。余往曾一觀，今獲重讀，既喜其頗資異聞，又幸其未罹劫灰，孤本流傳，慮有萬一，乃爲本館（合衆圖書館）乞假錄副。（《全集·文集卷·藝風堂友朋書札跋》，下册第 1036 頁）

6月21日　校《藝文類聚》，各本皆有誤字。撰提要。（日記）

6月22日　撰提要。存古書店書皆送到。携誦芬就葉醫生診治。夜謁王同愈。校《尚書》。（日記）

6月23日　潘景鄭來談，下半年可應合衆之約。（日記）

6月24日　"校《周禮故書疏證》，此書刻本不多見，因令童子鈔一本存之。"寫對三副。擬購容庚書并東雅堂書，各發一函。（日記）

是日　聶崇岐有信致先生。

> 前寄上之《呂相傳》及《吳漚烟語》序，諒已收到。今晨接平岡寄贈台端頡剛先生《古史辯》自序日譯本一册（平岡譯者），現存敝處，擬日後再行轉寄。來示所囑購書及硃墨等事，暇當遵辦，惟復命何日不敢必耳。燕京國文系以下年度新生增額，助理及助教階級聞增有四五人。其中舊曾教一年級國文者，現皆爲各顯專長，紛開新課，如王西徵講《周易》，楊明照講《校勘學》，不圖喪亂之秋，文星乃大聚于燕京，真盛事也。歷史學系翁獨健將北來，王鍾翰、侯仁之皆留系授課，王教一年級通史，侯教地理沿革史。洪公爲敷衍，且爲翁獨健計，堅囑弟任宋史一課，而以遼金元史與翁，弟雖謙避

再三,終不得不勉爲其難。以背時逆俗之老諸生,而與新近之翰苑諸君同馳逐于學海中,其必失敗,不待著龜,知我如兄,將何以相教? 平市以義大利參戰,金價萎縮,物價亦趨低垂。滬上如何? (原信)

6月25日　校《周禮故書疏證》畢。寫《尚書》。許石枬來談金文。(日記)

6月26日　謁葉景葵,遇王欣夫。訪陳漢第,悉夏孫桐病,"今日有航快,托身後,出示其手書,字裏行間,神明湛然,何至劇變,爲之懸懸"。朱士嘉有信來,"約吾赴美,吾欲助揆丈經營此館,不便捨去,爲事業不能爲個人利益矣。謝書却之,而蓉江盛意,極可感也"。過録何焯批校《李長吉集》,并録翁之廉跋于後。(日記;《顧廷龍録何義門批校本李長吉歌詩》)

6月27日　校《李長吉集》。寫《尚書》。復朱士嘉信并附致裘開明一箋。誦芬今日考畢。(日記)

6月28日　撰《藝文類聚》書志。(日記)

是日　許石枬送《解中伸許辨》見示,復許石枬信,談對古文字之看法。

日前承枉教,快幸無似。頃奉手書,并賜示大著《解中伸許辨》,循誦再三,頓開茅塞。敬録一通,附請一校,原件奉繳。

僕夙好古文字之學,孤陋擿植,心得毫無。年來移其所好於版片之業,遂益荒疏。竊謂研究甲文、金文,務以許書爲圭臬。許書傳世既久,自不能免傳寫槧刻之誤訛,然非許書本身之舛繆也。許書不容輕議,祇可悉心細〈紬〉其致誤之由。許君撰此,將以理群類,解繆誤,曉學者,達神恉。甲文、金文,則僅爲紀事之工具。一則今叙篆文合以古籀,博采通人,至於小大,信而有證,其鄭重如此;一則行文所便,作書求□,隨意增損筆畫,移置偏旁,一文之中,同字儘有異體,故彼與許書本旨絶異也。別體安有規則,年代遼遠,正體、別體莫從辨定,千數百年之後,忽馮一人一時之想象,即欲以駁許君之非是,實爲對象未能認清,謂之得魚忘筌可也。以許書爲説甲文、金文之階梯則可,若以甲文、金文正許書之繆則不可,蓋三種文字實有時代之不同耳。要之甲文、金文與《説文》之差異,其間必尚有沿革,倘能求得此沿革,則考釋古字迎刃而解。研尋此沿革,必先從古文字偏旁細加分析,偏旁不能確定,所説之字亦即含胡,字認未確,考證古史終多附會,各人各考,百無一同。今有楷書之文一篇,令通國之人閲之,不致生異義。是以古文字必先求得其準則,有準則始可謂字識矣。背時之論,未敢輕發,既蒙獎掖,敬略陳之,尚祈明教。

僕昔有匋文之排比,檢呈雅誨,本當奉贈,因篋中僅存此一册,便希審定後發還,非敢視爲享帚也。(《全集·書信卷·致許石枬》,下册第711頁)

是日　過録何焯批校本《李長吉歌詩》竣,并記"中華民國二十九年六月廿八日過録一通"。(日記;《顧廷龍録何義門批校本李長吉歌詩》)

6月29日　撰《藝文類聚》書志。訪張元濟，未晤。今日腹中不適。（日記）

6月30日　訪潘景鄭。赴吊吳湖帆母親。歸，腹未愈，略睡。夜校《尚書》。許石枬送《匋文釋》來，先生讀之"不敢苟同也"。（日記）

是月　跋傳鈔本《孫心青行狀》。先是來青閣持來刻本一册，索值五元，可謂奇昂，即付倪介眉傳鈔一本存之。（《全集·文集卷·孫心青行狀跋》，下册第926頁）

是月　《圖書季刊》新第2卷第2期刊有《上海合衆圖書館之創設》消息。

軍興以來，江南藏書，大遭浩劫，滬濱僅獲保其萬一，良可痛惜。張菊生先生等有感於斯，乃邀聚士林同好，作合衆圖書館之組織。徵集文獻，廣收典籍，現已着手籌備，計畫編藏，頗得各方之贊助。入藏中有清代名人秘稿甚多，如顧祖禹、張惠言、嚴可均等著述稿本，皆可訂正通行本者。其他精槧之本亦不少，嘉惠學者匪淺，該館尚擬校刊前賢未刊之稿，以廣流傳。館址在上海辣斐德路六百十四號云。

7月1日　撰寫《合衆圖書館籌備一年紀略》（又名《二十八年度工作報告》）。

光陰荏苒，倏焉經歲。籌備以來，成績式微，良用愧恧，略述經過如後。

（一）設備

本館於中華民國二十八年五月二日租定座落上海第二特區辣斐德路六百十四號爲籌備處，由朱子毅君主持修理房屋，裝置、水電備極周妥。七月十七日，廷龍自平携卷到館。規畫書庫三間，辦公室三間，會客室一間，餐室一間，宿舍二間，僕役室一間，儲藏室一間。二十三日，葉先生始將精本八十四箱送來，均有書箱，占書庫一間。嗣後，葉先生陸續檢送，又占一間。擬具意見書呈葉先生、張先生審核，即爲進行方針，以專收國學書籍爲範圍，以中國典藏爲體，以歐美管理爲用。由投標式招申泰、新華兩木器鋪，承做柳安七層書架五十隻，深可容四開本，六十抽屜目錄櫃一隻，閱書桌兩隻，文件櫃一隻，香樟櫥兩隻，桌椅若干事。其他目錄卡片、書簽、稿格以及一切文具應用之品類皆購備。

（二）入藏

一、葉先生捐書，計一千八百二十二種，一萬九千八百八十三册、三百五十九張、一包、一幅。

二、蔣抑卮先生捐書，計六百六十七種，四千七百五十五册。

曾由廷龍前往相助整理蓋印，約兩星期，先將理出者送來。

夏地山先生贈《唐開成石經》裱本全部，明刻《一中》一部，《夏侍郎年譜》二部。

三、各家捐書，計三百二十二種，一千五百二十二册。

題名如下:

北平圖書館　燕京大學圖書館　引得編纂處　哈佛燕京學社　齊魯大學　美國國會圖書館　明復圖書館　禹貢學會　張菊生先生　夏地山先生　夏潤枝先生　潘景鄭先生　吳湖帆先生　姚石子先生　王欣夫先生　任心白先生　胡正攴先生　王丹揆先生單束笙先生介紹　嚴鷗客先生　黄志劭、勤、勗先生　趙學南先生　李拔可先生　黃蔭亭先生李拔可先生介紹　嚴伯玉先生全上　聞在宥先生　陳矩孫先生　中國書店　來薰閣書店　修文堂書店　廷龍

四、購置書,計七百九種,一萬一百九十七册、六十一張、兩幅。

一　購書方針:先爲參考所須者,次爲善本,又次地方總集及叢書,又次民國以來所刊布之清代史料及覆印舊本。

二　採購故宮博物院出版書籍,函托邵茗生先生代購,商得優待,按新價七折計算。北平圖書館編印各書,經張先生之函商,亦得按新價七折優待。

三　從張堯倫處購得其所集《大戴禮》十四種,《夏小正》四十九種,頗有難得之本。

四　所得較善之本列簡目如下:

《歷代長術輯要》手稿本　《胡刻文選》張敦仁手校本　《三朝野史》抄本,有《荊駝逸史》之闕卷　《東池茅亭札記》傅以禮手稿本　《法帖釋誤》稿本　《湘城訪古録》許勉夫手校本　《丁氏家譜》丁丙撰稿本　《今雨集》顧沅編刊并手校本　《唐紀》《四庫》底本,見存目　《六唐人集》汲古閣刊本　王文村殘稿手稿本　《北郭集》明萬曆中陳邦瞻、汪汝淳校刊本　《元詩選》初集盧抱經手校本　《覆瓿集》明朱同撰,萬曆本　《詞綜》朱彊村手校本　《皇明詞林人物考》明刊本　《説文翼》下册,嚴可均手稿本　《龔定盦文集》原刻本　《映雪樓藏書目》沈〈莊〉仲方撰稿本　《清實録》

五、傳鈔書,七種十七册,約六十五萬字。

一　凡邁小種,隨即録存。

二　從涵芬樓借傳秘本。

一《彭尺木文稿》,有未刊之文甚多,各篇均經汪大紳、羅臺山、韓公復等一再删改,旁行斜上評點滿幅,可以見古人作文之審愼。惟字體既草,又來回塗乙,傳鈔甚難,乃由葉先生手鈔其最難辨讀者,并依式删改,以存其真。其他各文倩人録副,由廷龍據《二林居士集》《一行居〔士〕集》通校一過,并編寫總目於首。

二《周秦名字解詁》,此爲刊本,曾經作者一再手自改訂,復即寫定爲《春秋名字解詁》附《經義述聞》中者,此實其底稿也,而《周秦名字解詁》遂不可見。原本中頗有後來以爲闕疑而删去者,又修訂之時,

有證例數條書于上方，皆定本所無，于此可見古人治學之經歷，傳鈔其原本，復度其校改。

　　三　從吳縣潘氏借録法書卷册。

　　　　一《彭尺木文稿》二篇，爲涵芬樓藏本所無。

　　　　二《介烈汝公殉節編題咏卷》汝公崇禎壬午殉難故城。

　　　　三《藝風堂友朋手札》，計一百四十餘家，關於晚清收書、刻書掌故甚多。

　　四　從錢唐孫慕韓中丞後裔借録《撫東奏稿》。

六、過録批校秘笈。

　　一　吳雲甫以淳批《顧亭林詩集》。

　　二　季崧耘錫疇録王艮齋峻校《水經注》。

　　三　曹君直元忠校《三國志》。

　　四　惠定宇棟校《禮記正義》。

　　五　翁錦芝之廉録何仲子過何義門批校《李長吉集》。

七、輯録書兩種。

　　一　《道德經注疏札記》葉瀚。

　　二　宣統廷寄趙爾巽。[①]

（三）編目

一、分類：根據《四庫總目》，分爲經、史、子、集四部，并增叢書、期刊兩部。又於史部別立金石類，子部增工程、商業、耶教、回教、東方各教、哲學、自然科學、社會科學等類。《四庫》原定各類之中，迄今所出書籍漸多，子目則亦酌量增益，他則悉遵《四庫》部居。擬具分類表并製定分類號碼，號碼順序編次，不拘於十進之法。蓋號碼爲類別之代表，類別多寡不可强加限制，若用十進法則不免有削足適屨之病。國內外各圖書館不採十進法者亦不少也。

二、目録：分編卡片、書本兩種。

　　一　卡片目録，仿燕京大學圖書館格式。各書著者并查列其字號、生卒，一則同姓名者可易辨別，一則著者先後亦易排次，編時雖繁瑣費時，而實便於用。現在已起成草片者一千一百二十張，凡遇叢書，隨即分析，因鑒各館往往先作總片，分析片留待後補，久而不暇復及，卒于無成，故特隨時爲之，以矯其失也。

　　二　書本目録，仿藏書志例爲之。前人著録均注重於宋元本，次鈔校稿本，明本以次或甚簡略，或竟不録。兹就本館入藏書籍而言，大都明清刊本以及鈔校稿本，因此編纂時苦乏參考之資而益覺詳

―――――――――

①即上海圖書館網站目録著録之《廷寄趙爾巽》。

細紀録之需要,遂不厭求詳,凡原序、跋,或摘録,或全録,行款、刻工詳記之,各書所有題記則均録入,藏書印章悉以附記。鈔本而曾有刻本者,務訪一校,定其優劣。清代著述夙少記載,倘能成一詳志,其功或不亞於《四庫提要》之續。已見著録詳確者闕之,誤訛者正之,現試撰就者二十四篇。

三、書籤:以六部分六色,經部綠色,史部紅色,子部青色,集部赭色,叢書部紫色,期刊部黑色。

四、鈔録藏書題記,約二十餘萬字。

（四）裝訂

二十九年三月十九日始工,計修補并穿綫書籍二十一種,二百三十二册。

裝修大綱:

一、凡裝修各書,以不改舊觀爲原則,綫釘、紙捻釘均視原本。

二、凡用洋紙襯釘之書,襯紙均須拆出,以免傷書。

三、凡新自傳鈔之本,均用紙捻毛釘。

四、凡訂善本書,均用真絲綫,普通本均用蔴綫,取其堅韌不俗,惟手工所製,間有不匀净處,由商務印書館介紹購得之。

（五）出版

排印《恬養齋文鈔》四卷《補遺》一卷,仿《觀堂遺書》板式,計九十九葉,由國光印書局承印,列爲《合衆圖書館叢書》第一種。紙用中國毛邊,分釘兩册,定價每部二元四角,實售七折。

（六）館際往還

燕京大學圖書館

本館托從彼藏外務部電檔中鈔録《趙爾巽電奏》一册;本館代彼鈔補《蕭皇外史》二卷、《知希庵集》、《不遠堂集》。

北平圖書館

商録本館藏書題記,以實《圖書季刊》,遂鈔出未經刊行各書序跋十種,名曰《卷盦藏書紀略》付之。[1]

潘履園先生遺囑執行人寄存百衲本《二十四史》一部無《漢書》。

（七）人事

朱仁　廿八年五月一日到館。

顧廷龍　廿八年七月十七日到館。

朱方飭　廿八年十二月一日到館,廿九年五月八日去館。

楊敬涵　廿九年四月廿二日到館。

---

[1]刊登於《圖書季刊》新第2卷第3期(1940年9月),題《卷盦藏書記略》。

裝訂工　倪介眉　廿九年三月十六日到館。

僕役二人。

半工花匠一人。

（八）來賓

凡來館請閱藏書或參觀書庫者題名如下：

王勝之　單束笙　趙萬里　王以中　聞在宥　夏棟三　華毅如夏棟三同來　姚石子　潘博山　潘景鄭　冒鶴亭　潘季孺　劉翰怡　施韵秋　蔣抑卮　王欣夫　王佩靜　沈劍知　吳銳儕沈劍知同來　林仲駒同上　沙武曾單束笙同來　齊雲青　呂紹虞　陳叔通　陳永青

中華民國二十九年七月一日顧廷龍識（原件）

是日　寄贈《恬養齋文鈔》數處。還存古書店書。發《尚書》寫樣十張給文楷齋。夜，理《尚書》餘樣。（日記）

7月2日　查蘇估寄來書目。潘景鄭見假《經義述聞》，中有《春秋名字解詁》，與《周秦名字解詁》不盡同。《經義述聞》中雖爲定本，而此乃初稿一再改正者，可以觀其修訂之勤。凌大斑來，傳其外舅鄧之誠（文如）之語：知余在此不甚好，因屬田洪都委余在滬代采書籍，俾可略予津貼。田君極端贊成，并謂能請余回燕，尤所歡迎，徵予之意如何，并携《滄趣集》，蓋矩孫托贈者。（日記）

是日　跋《石田先生事略》。此本原附於《三家村老委談》後，爲常熟“翁氏家人鈔本，經松禪老人手加校跋”。常熟賈人嚴瑞豐携售，索值奇昂，“因即傳鈔一本還之”。（《全集·文集卷·石田先生事略跋》，下冊第919頁）

是日　顧頡剛有信致先生。

因病久未奉函，至罪。想吾叔在滬一切安好。惟每日覽報，海疆風雲日緊，未悉尊寓所在亦成問題否？不得已時要否移居？至念。侄等因成都強迫疏散，而侄又久病，必須靜養，出力尋找，居然在離城卅里外覓得一所大屋，有花木之勝，竹園十畝，參差萬竿，雖非深山，而靜謐則與同，日間僅聞鳴鳥，不聞人聲，蓋離鎮尚有五里許，又不當道，非附近農夫亦走不到也。既有廿餘間屋子，索性將研究所一起遷來，非有大變故，不作再遷計矣。如能在此環境中住上兩三年，必與學業、身體兩有裨益。惟履安等來此則嫌太靜，蓋去年居昆明浪口村時尚有村民數十家，此則獨家村也。研究所既來，男女二十人，雖地僻，可無懼，日來部署初定，因即奉告。侄血壓本高，西行後，以地高氣薄，患此尤甚，失眠之症亦遂加劇，精神既壞，遂無抵抗力，一感寒暑，即致臥疾，若不以大決心處理之，恐此生即此便了。今幸得村居習靜，日入即息，覺前途尚有望也。吾叔與景鄭叔合編書，敬乞源源交付開明印刷，如費用已畢，乞將賬單寄來，當續付，總期陸續成書，爲言目錄學者作一寶藏耳。又海疆封鎖，恐此間之稿無由得寄上海，然既取哈佛之錢，不能不有報銷，故望滬上同人竭力撐此場面，使開明每年能爲齊大出書十種以上，而皆爲有用者。刻此間已聘吕誠之先生爲教授，特許其在滬研究，如賓四兄之例。吕先生《通史》稿積叠已多，如能年出一二册，則五六年可畢。此書一出，鄧氏《二千年史》自然倒墜。賓四兄遲遲不行，現不知能成行否，如猶不能來，則甚望其能在通史方面與吕先生同着力也。自來言目録學者條理清楚無如《書林清話》，不知吾叔能將此書標點、作索引，兼爲之注否？如能如此作，則大學中目録學一課可取是作課本矣。侄俟在此定心後，亦當將皮氏《經學通論》如此整理，俾充大學經學史課本也。誦詩弟傳日夕在心，非病即忙，竟未草畢，現既居鄉，當於兩旬内改就奉上，以慰吾叔之心。《齊魯學報》發刊詞亦當即作，如晤伯祥兄幸告之。(《顧頡剛書信集》卷二，第 495 頁）

7 月 3 日　　訪崔玉林，約 5 日晚便酌。查存古書店及松石書店目。誦芬牙痛就診，拔去一齒，痛甚，發熱甚高。先生徹夜未睡。(日記)

7 月 4 日　　誦芬熱度略退。查書目。"兩日來心緒不定"。(日記)

7 月 5 日　　撰《藝文類聚》書志竟。誦芬漸愈。(日記)

7 月 6 日　　校《周秦名字解詁》。顧廷鵬自蘇州來，托檢《宋槧施顧注蘇詩題跋鈔》不得。(日記)

7 月 7 日　　上午寫信。下午撰報告，聊爲一年之小結束耳，未竟。(日記)

7 月 8 日　　校《周秦名字解詁》。葉景葵來電話，告冒廣生借《管子》已送還，并介紹書記。訪潘景鄭。借得《吳門七孝子傳》，刻本不多見，朱遯先藏，擬傳一部。潘博山贈仇十洲、沈石田畫册兩本，商務印書館方影印者。獲見《五百經幢館碑目》四册、劉燕庭《鐵如意館碑目》四册。(日記)

7 月 9 日　　葉景葵送還豐華堂書目。校《周秦名字解詁》。(日記)

7 月 10 日　　葉景葵請人將孔繁義、孫耀卿送來的樣書若干種給先生，"乞審查可留與否"。先生查閱一過，録存序跋兩種。〔日記;《葉景葵致顧廷龍論書尺牘（便箋）》，載《歷史文獻》第 1 輯，第 50 頁〕

7 月 11 日　　校《周秦名字解詁》。夫人賀潘景鄭喜。繕報告。許石枏來，談金文。(日記)

7 月 12 日　　録報告畢。午後閱肆，購時吉臣《聲譜》《聲説》。在樹人書店購《金文編》《鉢印集林》，皆商務印書館新書。又在國粹書店購張豫泉《明代千遺民詩咏》，因昔聞劉承幹言，此書印後，經亂毁盡，不可不收矣。(日記)

7 月 13 日　　復東雅堂函。校《周秦名字解詁》。接顧頡剛 7 月 2 日函，屬爲標點《書林清話》并爲之注。檢《文獻叢編》。葉景葵致先生短箋云："送上《君車》朱拓一軸，用後即寄存尊處。"〔日記;《葉景葵致顧廷龍論書尺牘（便箋）》，載《歷史文獻》第 1 輯，第 51 頁〕

7 月 14 日　　標點《書林清話》，頗有可注者。潘景鄭來談。校《尚書》。許

石栴有信來。《圖書季刊》出版,載及合衆消息。[①]（日記）

7月15日　校《周秦名字解詁》。呈報告。（日記）

7月16日　校《周秦名字解詁》。葉景葵送袁文藪藏《清詞目》。謁王同愈。夜,胃疾作。（日記）

7月17日　校《周秦名字解詁》。謁葉景葵。朱子毅帶來葉景葵條,加薪。潘博山來。抄袁氏藏《詞目》。（日記）

7月18日　校《周秦名字解詁》。跋《杭縣袁氏藏清詞目》。

　　　　杭縣袁文藪先生聞本館之創設,極表贊助。曾函陳仲恕先生,願以所藏詞集見贈,先示草目,即録存之,共二百二種,二百六十一册。（日記;《全集·文集卷·杭縣袁氏藏清詞目跋》,下册第909頁）

7月19日　校《周秦名字解詁》。接陳漢第函,見示夏孫桐手翰并近作《老作》《國是》各一首,其病已愈。先生作書乞夏氏題《秀野草堂圖》,"此圖五世叔祖續題,皆請當時老輩,故余亦必乞當代老輩,闓老不可不求一言爲幸也"。午後,赴韵社曬圖公司,擬將《尚書》照片放大,示之,有難色而罷。游書肆,一無所得。（日記）

7月20日　校《周秦名字解詁》。潘景鄭"送《明代版本圖説》叙例,明代版本大體備矣"。分十二項,惟"經廠"一項,擬易爲"内版"。（日記）

7月21日　謁張元濟,呈報告。張談及昔時東方圖書館開幕,曾將明代"各朝所刻排列無遺,即建文、景泰亦皆備也,惜其書已毀,目亦無存耳。詢以《四部叢刊》是否由葉德輝一人發起,據云此事從最早有景印《四庫全書》之議而起,彼亦熱心從事之一,陪往常熟訪鐵琴銅劍樓,其力也"。編定敦煌《尚書》目録。（日記）

7月22日　檢《歌謡周刊》及《天籟》送張元濟。校《周秦名字解詁》。潘景鄭來,以"先母遺像及傳贊,托景鄭熟裝潢家裱之"。編《尚書》目。又宋元本著録表、片,請倪介眉檢理一過。（日記）

是日　張元濟有信致先生云:"今晨奉到《天籟集》第二卷、《歌謡周刊》各一册,至深感謝!《歌謡周刊》甚爲合用,尤以王國棟君之《河北省諺語類輯》爲佳。凡分十三類,所收僅十之一,共見六期,不知此《周刊》于第二卷後有續刊否?戛然中止,殊爲可惜,如有所知,尚祈見示。《天籟集》已閲竟,謹先繳上,乞察收爲幸。"（《張元濟書札》,第168頁）

7月23日　校《周秦名字解詁》。檢《歌謡周刊》三卷送張元濟。編《尚書》目。（日記）

7月24日　校《周秦名字解詁》畢。謁王同愈,"謂余容貌清減,勸少勞。而余致力館務,不敢暇逸"。潘景鄭見假《吴下方言考》。（日記）

─────────

①指6月出版之《圖書季刊》（新第2卷第2期）刊登的《上海合衆圖書館之創設》一文。

7月25日　以《周秦名字解詁》與《春秋名字解詁》校增損處。晚閱肆，抱經堂有《太函集》（萬曆本）、《大滌山房集》（張吉安撰）。在中國書店遇老友，"見余挾殘書一包，戲曰：汝又購何種佳本耶？實則吾已久不涉足書肆，又不願出巨價，安有好書可得。有三書失之交臂：1.顧棟高《萬卷樓集》十册，孫估實君告我，最早索五百元，余以其鈔本，恐有刊本，則未免太昂。實君又言，售主須至賭場中可遇，欲閱而不敢，乃爲有力者收去。2.《雪竇山志》，前有圖，刊有弘光乙酉款，余於來青見之，時楊估正與蘇估議價，須五十元，余意斥十元尚可留，鄭公至，以二十元成交。3.長壽院僧《惜蛾草》，在中國書店見，爲翁估四元購定，余知此爲答潘稼堂之攻擊者，稼堂文僅見初印本《遂初堂集》，後印本已删去，遂願加三元收之。而翁估堅欲十元，卒不諧，爲粵人屈某購去。此三書至今可惜"。（日記）

7月26日　校《周秦名字解詁》條數。盧藻翰來，請其放大《尚書》照片，交十一張。致文楷齋信，詢《尚書》樣收到否。接劉承幹束。（日記）

是日　先生有信致顧頡剛，談《明代版本圖録》及續刻《尚書》等事。

久不通問，忽奉手書，欣悉尊况安吉，深慰鄙懷。

《版本圖説》因明本向少人留意，故先從事於此，以便人之參考。叙例、目録業已擬好，本欲先呈審定，恐稽時日，今擬就近請菊老指正後即着手借書攝景，并徑與開明商酌印刷事，如能商定用珂羅版較爲精美。來款輯《明本圖説》當能敷用，將來能續輯須再商。

《尚書》仍在續刻，惟刻資每百字加四角，合式元，百物昂貴，實在情理之中。現在逐續整理，每晚一二時，俾細心校改。此事稽遲太久，皆吾之過，但實生活不能安定所致，公能諒吾，恐希白不能諒公耳。

此間情形一如平中。龍埋首故紙，尚不聞塵囂，惟近來身體不佳，胃呆納少，興致索然。滬上書市近甚寥落，加以平估麇集坐收，吾輩遂一無所見矣。

承屬標點注釋《書林清話》一事，極願試爲，必有以報命也。……詩兒承賜撰傳文，存殁均感，暇時爲之，不汲汲。（《全集·書信卷·致顧頡剛》，上册第127頁）

7月27日　録《周秦名字解詁》目録。晚赴劉承幹宴，座有劉詩孫、潘博山、潘景鄭、王大隆、葛詠梧、周子美、施維藩、沈剛父。（日記）

7月28日　校曹棟亭奏疏，命陸松壽自《文獻叢編》中録出。赴中國書店，略選鬻存者數種，一無佳本。潘景鄭交來南洋中學書目。標點《書林清話》，畢第一卷。（日記）

7月29日　先生有信致田洪都。葉景葵送書來，有孫隘庵（德謙）稿本數種。點《書林清話》。（日記）

7月30日　"校補《詞林人物考》缺字。寫《周秦名字解故》目。"葉景葵送

《續古逸叢書》《四部叢刊》來。點《書林清話》。先生云："近時名刻書所用楷體字，皆謂之軟體字，余終不知何以字有軟、硬之別，今悟北人元、軟音同，蓋謂元體字，南人誤書之，今則南北同誤矣。"（日記）

是日　張元濟有信致先生。

　　發下第三卷《歌謠周刊》暨抄本《吳下方言考》均收到，因賤體又小有不適，致未即復，甚爲歉仄。前承交閲《圖書館籌備一年記略》，捧讀一過，巨細不遺，足備異日編輯館史之助，謹繳還。又《吳下方言考》，卷二、三《歌謠周刊》，均已閲過，一併呈上，統乞察收。蒙開示有關方言諺語諸書，其孫錦標、朱雨尊兩人所著業經訪得，其餘各種亦已函托敝館各分館搜訪。辱承指示，不勝感荷。①（《張元濟書札》，第 169 頁）

8 月 1 日　潘景鄭來合衆圖書館工作，爲先生校正所擬書志稿二十餘篇，俾商定體例，以便續撰，將來擬兩人分撰，然後互閲。録《周秦名字解故》目。客來，索閲《集韵》，有葉景葵過録段玉裁校。携贈宋元書影箋一盒。（日記）

8 月 2 日　點《書林清話》。（日記）

是日　撰王引之《周秦名字解故》跋。

　　余嘗謂考據如猜無底之謎，皆祇近似，莫獲其真，是在讀者之審辨矣。然則文簡删汰之條，見仁見智，當亦有可采者。兹特傳鈔一本，并以朱筆照録所改，聊存其治學之徑途，但先後着墨之處，不復爲別矣。（《全集·文集卷·周秦名字解故跋》，上册第 42 頁）

8 月 3 日　"繕《周秦名字解詁》跋、《映雪樓藏書志》②跋、吳雲甫注《顧亭林詩》③跋。"葉景葵有短箋致先生云："中國書店送來南通錢氏所著《周史》及《續後漢書》稿本（稍有缺卷），却未刻過，但内容有價值否不可知。請兄與景鄭兄審查一過，有無留之價值（索價五百元，請估一價）。該書係郭石奇購來，遲數日復之不妨。"〔日記；《葉景葵致顧廷龍論書尺牘（便箋）》，載《歷史文獻》第 1 輯，第 51 頁〕

8 月 4 日　謁葉景葵，奉還去年誦詩喪事時承惠之款。葉堅以相贈，"惟感激受之耳"。過録焦循批《經學卮言》。點《書林清話》。（日記）

8 月 5 日　拂曉，陸松壽來報失竊。辦公處幸無恙，僅將所洗晾衣服及自行車盡收去，"損失價值雖不大，至可憂慮"。報捕房，填失單一紙。爲善後計，將百葉窗一律修好，使能上銷，無百葉窗者，皆加鐵條格，并爲物色猛犬。點畢《書

---

①據《張元濟書札》第 169 頁，此函末署"三十年七月三十日"。然信中提及《歌謠周刊》《吳下方言考》《圖書館籌備一年記略》等事，與顧先生稍前幾日活動聯繫看，此信當寫於 1940 年（二十九年）無疑，不解爲何原信寫作"三十年"。

②《映雪樓藏書志》：即 4 月 23 日在來青閣購得之"《映雪樓藏書目》，清莊仲方輯"。據上海圖書館網站目録，題作"映雪樓藏書目考"。

③《顧亭林詩》：即 6 月 7 日提到的《顧詩箋注》。

林清話》卷二。"昨有小竊,今特守夜"。(日記;《書林清話》原書)

8月6日　訪劉文興於旅館,時在抄録翁方綱《四庫全書提要稿》,有因違
礙而删去者,有爲紀昀改定尚有與刻本不同者。此從劉承幹處借得,約百餘册。
座有柳貢禾君,其云陳慶年爲其親戚,曾面告皮錫瑞《經學歷史》本爲陳氏擬撰
之稿,時同在兩湖書院,因爲皮述其事,皮即詢體例如何,陳并以所定章次示之。
皮欣然請爲任之,囑稿三月而成。此外間尚無人知之。又言印《金陵梵刹志》事
甚詳。容庚寄來書均收到。姚光來,并借示王大隆藏《畫扇齋叢録》,囑先生書
扇面。(日記)

是日　跋影印本《金陵梵刹志》。

《金陵梵刹志》原刻罕見,所知僅四部,南北兩圖書館兩部,寺中一部,
某處一部,他無所聞。影印曾經精校,不致有大謬矣。歸途至富晉書社,
夙知其亦藏一部,索觀之,書品整潔。……是四部之外,又得一部也。因
購景印本一帙,并記見聞于端。(《全集·文集卷·金陵梵刹志跋》,上册第
90頁)

8月7日　檢《水經注》跋稿,修改一過。單鎮來,携祝允明字軸一幀,欲
二百元,囑示葉景葵有意購之否。寫扇對。鈔《南江文鈔》畢。(日記)

8月8日　東雅堂寄書到。午後,王大隆來,囑書扇面,并言儀顧堂藏金石
拓本約二萬元,其幼子正在求售。先生請一閲其目。"晚暴雨,乙庫屋漏甚劇,移
書繁忙,屋太舊,屢修不復,奈何!余今求加工爲之,雖做時費錢,如能不損書,
即爲合算。適房東來收租,與之言,囑吾自修。"先生母親忌日,設供。(日記)

8月9日　補記校録惠定宇批《禮記正義》。赴浙江興業銀行,并訪叔英表
舅,繳寫件,未值。葉景葵送《小學盦遺書》管庭芬編校本來,"望與敝藏本一校
異同,徑還中國書店"。即與館藏稿本、刻本核校,未竟。〔日記;《葉景葵致顧廷
龍論書尺牘(便箋)》,載《歷史文獻》第1輯,第51頁〕

是日　先生有信致顧頡剛,托照料葉景葵之堂侄女葉纕事。

前上一緘,想已先達。兹有懇者,葉揆初丈之堂侄女曰葉纕,今年僅
二十一,向由丈撫養,今在黔中高中畢業,聞現到成都投考齊魯大學。丈以
其弱小女子展轉客地,深爲憂念。因切屬奉托吾侄鼎立〈力〉使能録取,俾
得安心求學,并希伉儷加以照料,俾有所依,諒愛屋及烏,定蒙俯允也。便
中賜復數行,至爲盼禱。(《全集·書信卷·致顧頡剛》,上册第128頁)

8月10日　校《小學盦遺書》,刻本亦有誤字,抄本多管庭芬、臧在東、周松
靄語。竟三卷。得夏孫桐函,謂《秀野草堂圖》已題就,并爲轉請階老(按,俞陛
雲)加題。(日記)

8月11日　校《小學盦遺書》。抄《明代版本圖録》叙例。夏孫桐、階老題
《秀野草堂圖》各四絶。(日記)

8月12日　校《小學盦遺書》畢,撰跋。撰《嚴元照年譜》數則。(日記)

8月13日　繕《水經注》跋。校《百文敏書札》。補《嚴元照年譜》數則。送還來青閣書目三種。(日記)

8月14日　撰《百文敏書札》跋。此爲百齡致韓對(桂舲)者,計三十餘通,潘博山收藏,先生假録。又繕正《小學盦遺書》跋。鐵匠來裝無百葉窗之鐵條。(日記;《全集·文集卷·跋百文敏書札》,下册第1024頁)

8月15日　撰汪文盛刻《五代史》提要。跋《小學盦遺書》。(日記;《全集·文集卷·跋小學盦遺書》,下册第821頁)

8月16日　周子美(延年)來,贈編著各書。葉景葵送《吳氏一家詩録》原本及鈔本,即校。(日記)

8月17日　校《吳氏一家詩録》。董金榜來,以《説文聲讀考》手稿等求售。從存古齋購《借月山房叢鈔》及《津逮秘書》寄到,檢點無誤。(日記)

8月18日　謁葉景葵,携《説文聲讀考》等交審定。赴中國書店選書數種,得《始豐稿》六卷,蓋從朱彝尊所藏出也。(日記)

8月19日　校《吳氏一家詩録》。(日記)

8月20日　參觀海關圖書館。偕潘景鄭赴蟫隱廬、中國書店、抱經堂選書。(日記)

8月21日　校《吳氏一家詩録》。中國書店送書來。許石枬來,談古文字,并示陸士衡《平復帖》珂瓅版。(日記)

8月22日　校《吳氏一家詩録》畢。抱經堂送書來。又"先妣像傳裱成一册,可資世守矣"。晨三時,夫人發痧,經刮痧服藥,漸愈。(日記)

8月23日　檢《舊唐書》聞人銓本,本館有兩部,相比之下,頗多不同,一爲原刻,一爲翻本,原刻中補板甚多。繕《明代版本圖録》目。(日記)

是日　跋《吳氏一家詩録》,吳慶坻輯,未梓行,"葵初先生從其後人假傳一副,屬爲校字"。許石枬來還《平復帖》。(日記;《全集·文集卷·吳氏一家詩録跋》,下册第855頁)

8月24日　"校《舊唐書》,以余所見聞人本,有補板,有翻刻,景印本亦有誤字,前人未有注意及之,尚須細校可定。"董金榜持池州本《文選》樣三本,係劉聚卿欲梓之底本;又《嫠本評點重言重意尚書》,亦其欲刻所寫之底本。先生云,此二書"寫梓不精,而改避清諱,殊爲荒謬,無用之書也"。又有金刻趙城廣勝寺經一卷、宋刻"福州藏"殘本一册。夏承燾(瞿禪)來。赴蟫隱廬取書,回來細查羅氏書單,不能全有。(日記)

8月25日　抄《明代版本圖録》目。訪施維藩,未值。偕夫人游永安公司、大新公司。(日記)

8月26日　校《舊唐書》,仍未能定爲翻刻本。葉景葵致先生短箋云:"《文選》寫樣曾見過,不足取,兹與《尚書》寫樣同奉繳。苗仙露著作未刻過,《竹書》校本雖無名,亦甚詳贍。兩書并計擬不出二百元(近來書價高,不能少給),出口

須給若干,乞酌辦。"〔日記;《葉景葵致顧廷龍論書尺牘(便箋)》,載《歷史文獻》第 1 輯,第 51 頁〕

8 月 27 日　赴蟫隱廬,擬購貽安堂書,未成。經富晋書社,購《吕氏春秋集釋》。見《古詩管》,宗室文昭手抄本,有翁同龢跋。葉景葵來,述及高夢旦所遺木版書擬贈合衆,由陳叔通徑與先生接洽。(日記)

8 月 28 日　檢《唐書》刻誤之處。葉景葵有短箋致先生云:"送上董會卿書兩種,又《聚學軒叢書》一包,乞查收。《漢魏叢書》乞檢交一閱。"并送還《説文聲讀考》稿本。出《説文聲讀表》相校,聲讀文字全同,惟考各字下多注《説文》之説解,是必初稿棄置者。"余信經學大師之著述,其迄今未刻者必所廢棄,前人刻行著述嚴謹之至,今人得之矜爲瑰寶,實則非也。焦里堂未刻之稿,吾亦云然。董估來,退之。"〔日記;《葉景葵致顧廷龍論書尺牘(便箋)》,載《歷史文獻》第 1 輯,第 53 頁〕

8 月 29 日　撰《唐書》提要一則。葉景葵送書來,有《山左星軺隨筆》,不詳何人所著,先生考爲李汝嶠所撰。午後,又送陳元禄《羽琌山民逸史》一册。細閱之下,"此書後爲張祖廉改名《定盦年譜外紀》,著者署張名,僅序中提及'鈔得此本,相校一過',惟各條先後一過重排,又語氣亦均動,他無所異。不見此本,不知張祖廉之襲取矣"。(日記)

是日　張元濟致先生信,假以"涵芬樓藏陳樹華《左傳考正》六本、《外傳考正》二本",建議將卷端眉批用"敝館前印《郡國利病書》例摘出附入卷末"。(日記;《張元濟書札》,第 169 頁)

8 月 30 日　赴富晋書社還書。往來青閣借《鎮洋志》,鈔得《李汝嶠傳》,快甚。再往中國書店,得零種數種。鈔《唐書》缺葉。鈔《明代版本圖録》目。葉景葵電話,告知沈曾植藏書目録已見,鈔校、明本甚多,在鄧氏群碧樓之上。(日記)

8 月 31 日　謁葉景葵,取沈氏《海日樓書目》,頗多佳槧,携歸傳録。經有正書局,購李懷琳《絶交書》,於李懷琳事迹仍不能得考。屈爔來,述胡玉縉已作古,"爲之淒然,夙荷期許,不能忘懷"。函汪孟舒,請其馳告胡氏後人"勿爲所給,切以手校、手抄、手稿留出保存"。(日記)

是月　跋《欽定四庫全書簡明目録標注》。

　　　　廿八年春,余在燕館,有書賈持此求售,見板格鑴"算鶴量鯨室"五字,書衣又有端陶齋題字,知爲章式之先生所鈔贈者,惟闕失四卷,殊爲可惜。余以此本眉上增注多於刊本,曾録示邵伯絅先生,而章氏原本及此板格均即寄在館中,鈔補甚易,可爲璧合,豈不善哉。旋余來滬,即函托田君洪都玉成其事,歸諸本館,以資珍庋。(《全集·文集卷·欽定四庫全書簡明目録標注跋》,上册第 145 頁)

9 月 1 日　抄《海日樓書目》。(日記)

9月2日　抄《海日樓書目》。松石齋寄清人集十四包四十八種，價七十五元。(日記)

9月3日　謁葉景葵，還《海日樓書目》。午後，葉景葵送祁宿藻行狀、祁寯藻手稿卷、沈振麟《懷棣圖》(即祁寯藻像)一卷。又《梁燕孫年譜》二冊，“叙述時事極多，惟皆近乎報紙體裁，空論飾詞太多，體例不純。電稿或載或不載，不相呼應。語語欲謀洗刷當時之譏，於洪憲稱帝時尤盛”。“年譜之作，必須數十百年後，聽恩怨胥泯後爲之，乃稱史實。若梁譜所叙梁之談話以及三言兩語，何以編者能聞而牢記之？謂有日記，然亦不能記兩人之言而不誤也。於是對從前達官年譜之簡要，真可推爲客觀矣。是非今日時流所知也。”謁王同愈，乞補先生母親傳脱字。函胡文森，探胡玉縉遺稿。〔日記；《葉景葵致顧廷龍論書尺牘(便箋)》，載《歷史文獻》第1輯，第53頁〕

9月4日　點松石齋書。許石枏來，示所藏宋拓《陶弘景墓志》。又談及楊昭儁(湘人)家藏宋拓《谷朗碑》，與後拓非但筆畫異致，且有誤字，蓋屢拓屢模糊而屢鐫深，致愈演愈遠。寫《明代版本圖録》目。(日記)

9月5日　購存古齋書到。聶崇岐寄贈《遼金元傳記引得》及《宋遼交聘考》。寫《明代版本圖録》目。張元濟有信致先生，詢代合衆從友人處乞得《三水梁燕孫年譜》一部收到否。“又昔年北平學界印行蒲留仙之白話文，尊處如有藏弄，乞惠假一閲。”(日記；《張元濟書札》，第170頁)

9月6日　董金榜携來《史鉞》，明景泰刻本，甚少見，以八十元成交。點查存古齋書。冒廣生來，查《管子》安正堂刻本。高君珊來函，附陳叔通書，知高夢旦所遺木板書悉捐贈合衆。即於下午二時前往接洽，先搬回六箱，皆尋常之本。歸即檢理一過。(日記)

9月7日　先生有信致陳叔通，并乞書扇。撰挽楊鍾羲聯并唁函，“去年陰曆除夕，嘗得雪老手書，許爲相契。憶昔在平，爲述掌故甚多，至可念也”。李寅文來，贈《群雅》六冊。楊估送書來，暫與結束。謁張元濟，請審定《舊唐書》刻本，“整齊一律者，渠斷爲原刻初印，百衲史所采者後印。良然。余以爲翻本，誤”。葉景葵有短箋致先生云：“《史鉞》一部奉繳，又《嘉禾徵獻録》一部，乞入藏，刻本係後人改動，伯剛似未了了。”〔日記；《葉景葵致顧廷龍論書尺牘(便箋)》，載《歷史文獻》第1輯，第50頁〕

9月8日　謁陳叔通，“此老誠篤可親，暢談”。訪葉景葵，未值。得汪孟舒函，“於余言極贊成，并謂他日委理，當仁不讓，勿避嫌謙遜。自當遵其所屬。附致胡夫人書，即刻快郵寄去。孟丈至密切，大約胡夫人事事諮詢而行。如能收效，則可慰綏老於九泉矣”。復汪孟舒函。得聶崇岐轉來《古史辨·自序》東譯本，蓋譯者所贈也。(日記)

9月10日　寫《唐書》聞刻初印本書志。接聶崇岐、田洪都函。赴文殊院，定誦詩兒周年佛事，童烏之痛，忽忽一年，心傷莫釋。葉景葵送《毛詩通義》等書

來。(日記)

9 月 11 日　致函引得校印所,商加印叢書卡片。陳濟川來,謂將返北平。以《擇是居叢書》款付之,又將《山右叢書初編》樣本交其帶回。校含綠堂《牡丹花下集》。(日記)

9 月 12 日　校《畫扇齋叢録》,王大隆藏。存古齋寄《申報館叢書》來。高夢旦家送目録來。(日記)

是日　先生借王大隆藏《畫扇齋叢録》曬印,此書爲程銘敬輯。(曬印本;《全集·文集卷·曬印本畫扇齋叢録跋》,下册第 734 頁)

9 月 13 日　點高夢旦家書,目有誤,殘本甚多,十之九爲尋常書,惟元槧《大戴禮記》誠爲秘笈。盧澗泉(按,盧學溥)來函,詢上海各圖書館名稱。即開一單復之,并索其所編《烏青鎮志》。將《明代版本圖録》目交潘景鄭復閲。抄《秀野草堂圖》跋。(日記)

9 月 14 日　校《畫扇齋叢録》。盧藻翰放大《尚書》,先得八張,尚有三張重放。陳叔通介紹馬叙倫來,閲《説文》。葉景葵有短箋致先生云:“字幅一,請送姚石子先生。《蔡中郎文集舉正》抄本一册(附原本,校後交還),《金石萃編補跋》抄本七册(附原本,校後交還)。”〔日記;《葉景葵致顧廷龍論書尺牘(便箋)》,載《歷史文獻》第 1 輯,第 53 頁〕

9 月 15 日　“詩兒周年,借文殊寺諷經永日,與祭者其外家諸舅夫婦及叔父母、姑,繼祖母、太姑母亦到。”謁葉景葵。森吉得裘開明信并十金,托購《二十五史》等。夜不能寐,“十九年前之今日,吾正結婚。去年今日,長子喪亡,悲歡何如”。(日記)

9 月 16 日　董金榜送《恒言録》(陳鱣批本)來,此本曾聞葉景葵言及,即送張元濟閲。“叔英表舅來,囑書楹帖六付。”(日記)

9 月 17 日　謁葉景葵,商《恒言録》價,又商新館圖樣。潘景鄭得胡玉縉手稿一種,先生馳書其家,詢有失否。張元濟有信致先生云:“校本《恒言録》,的是仲魚先生着意之作,除跋語外通體完善,惟八百元未免過昂。如能購成,異時尚擬假讀。”(日記;《張元濟書札》,第 170 頁)

9 月 18 日　董金榜來議《恒言録》價,約其後日來談。抄録《恒言録》陳鱣批語。(日記)

9 月 19 日　抄録《恒言録》陳鱣批語。寄裘開明函。(日記)

9 月 20 日　抄録《恒言録》陳鱣批語。董金榜來,諧價。(日記)

9 月 21 日　董金榜來領書款。撰《誅和録》書志一則。訪蔣抑卮,借得《清秘述聞》正續補、《簡莊綴文》正續編,“據云藏書章已蓋畢,不日可送來”。(日記)

9 月 22 日　午後,偕夫人往平江公所祭誦詩兒,繳寄柩費。“世亂不已,歸葬何日,家運屯蹇,英才萎折。余命多舛,生不逢時,言念身世,不勝愴惻!”(日記)

9月23日　葉景葵來電話,謂將有估人送到《陳學士文集》十八卷(陳儀撰)。復校羅以智《蔡中郎集舉正》并跋,此書原有楊見心藏鈔本,未刊,葉景葵請人傳鈔一部送贈合衆圖書館。

去歲本館創辦之第一年,爲謀傳布先哲之精神,即有叢書之編印。揆丈舉羅鏡泉先生《恬養齋文鈔》爲第一種,并搜得遺文若干首。數月書成,丈以持贈豐華堂主人楊見心先生,承出示鏡泉《蔡中郎集舉正》鈔本,未刊稿也。自序一首,亦爲《文鈔》所未及。噫,見聞之難周如此。丈既命胥傳鈔一本付館藏庋,余得粗校一過。(日記;《全集·文集卷·蔡中郎集舉正跋》,下冊第748頁)

9月24日　撰《朱石君年譜》書志。高夢旦家來函,囑明日往取書。葉景葵送《不是集》來,"較余爲燕館得本多三之一"。(日記)

9月25日　校補《恒言録》缺字。赴高夢旦宅,取書五箱,皆雜書及不全雜志。(日記)

9月26日　理高夢旦雜書。讀鴻英等數家圖書館報告,頗足借鏡,"益徵鄙見之不謬,當撰文詳論之"。浦江清夫婦來,告知"清華置重慶之書籍皆菁華,不幸俱罹劫灰矣。聞之殊爲慨然"。董金榜自蘇州寄到集部書十一包,價奇昂。去函止其續寄,檢點一過,無佳槧。(日記)

9月27日　理高家雜志。景海女學校長江貴雲女士托顧廷鵬來聘先生授國文,謝絕。(日記)

9月28日　理高家書。校草片。(日記)

9月29日　赴中國書店、富晋書社、來青閣閱書。葉景葵送書來。嚴鷗客送舊報來。閱《愚齋存稿》,有葉景葵、陳漢第批牘。(日記)

9月30日　理葉景葵送到書。(日記)

是月　跋《恒言廣證》,此爲陳鱣手批本。

平賈董金榜在杭金元達家收得《恒言録》陳仲魚手批本求售,葉丈揆初斥重值購之。按各條皆有補證,楷書上方,於原本引書篇第及誤訛之處,亦注改行間。卷末跋文一篇,則紙浸濕而敝,損蝕三之一,秉筆之意,從事之年,均不可詳。因檢羊復禮所刊《簡莊文鈔續編》,有《恒言廣證叙》,校讀兩文,構造雖異,大旨則同,是即《恒言廣證》之原稿也。叙云"疏記上下,積而成帙",蓋別有移録成書者,改定叙文,以冠諸首。迨光緒戊子羊刻《文鈔》跋有"《恒言廣證》六卷,舊爲吳氏竹初山房所藏,今亦存亡莫卜"之語,迄今又幾更滄桑,益不可問矣。展誦底本,書體清整,當非率意之稿,靈爽所寄,歷劫不磨,亟重寫正,以俟好事者爲之刊傳也。(《全集·文集卷·恒言廣證跋》,上冊第44頁)

葉景葵跋《恒言廣證》云:

此書十五年前懸值二百元,欲以百二得之,不諧。曾見北平圖書館得一傳録本,似未全録,疑即藏者所爲。今董估以五百元出售,因其繁富切實,足與錢注并行,且爲鄉先哲未刊遺著,故不嫌其昂而收藏之,以公諸世間爲快也。(《卷盫書跋》,第13頁)

是月　撰《卷盫藏書記略》在《圖書季刊》上發表,收有:《演易》不分卷(清錢大昕撰,手稿本),《論語孔注證僞》二卷(清丁晏撰,手稿本),《爾雅漢學證義》二卷(清陶方琦撰,姚振宗寫本),《金石録》三十卷(宋趙明誠撰,順治庚寅陽丘謝世箕刻本),《慈雲樓藏書志》不分卷(清李筠嘉輯,周中孚校稿本),《家語》十卷(魏王肅注,明陸治手鈔本),《法書釋辯》十二卷(清魏維新撰,手稿本),《列子冲虛至德真經釋文》二卷(唐殷敬順撰,宋陳景元補遺,顧廣圻校鈔本),《王黃州小畜集》三十卷(宋王禹偁撰,清乾隆庚辰太平趙熟典刻本),《東城老父鬥雞懺傳奇》二卷《注譜》一卷(清孔廣林撰,手稿本),《璿璣錦雜劇》一卷《注譜》一卷(清孔廣林撰,手稿本),《女專諸雜劇》一卷《注譜》一卷(清孔廣林撰,手稿本)。(《圖書季刊》新第2卷第3期)

10月1日　理高家書,開清單。理嚴鷗客舊報。(日記)

10月2日　大雨,積水漲潮,水深至膝。潘景鄭等人皆不能來上班。女傭病,煮飯烹調,皆夫人一人爲之。(日記)

10月3日　查董金榜寄來書,無甚可取,衹得退去大半。接汪孟舒函,知胡玉縉遺稿已由王大隆商去整理。復汪孟舒函。(日記)

10月4日　與潘景鄭商致汪孟舒函。快郵遞去後,意猶未盡,午後再作一書,爲愛護胡玉縉遺稿也。(日記)

10月5日　撰《畫扇齋叢録》跋。撰書志兩首。潘景鄭爲撰《隸古定居記》後段,叙命名之意,極精。楊金華送《辭通》來。(日記)

《畫扇齋叢録》,程銘敬輯。跋謂:

> 嚴氏久能,清才博雅,著述斐然,而戒香熏修,競傳好事,績學風流,并足千古。余特重其學問淹貫,慮久湮没,因有《年譜》之作。而程君憶雲,哀艷傷逝,先有《叢録》之輯,寓意不同,表章則一。其録采擷甚富,《夷堅志瑣記》一篇,識香修事爲多,皆署月日,可以日記視之。世無刊本,傳鈔亦甚鮮,余年訪不獲一遇。吾友王君欣夫,博覽多聞,以此相叩,承出是録見假,遂傳一通,以實《年譜》。(《全集·文集卷·畫扇齋叢録跋》,下册第735頁)

10月6日　檢《清德宗實録》。(日記)

10月7日　校草片。午後,外姑、内嫂來。楊金華送《二十五史》等來。夜,打字。(日記)

10月8日　赴中國書店,約郭石麒明日往熊希齡宅看書。過來青閣,得鈔本一種,格紙爲胡玉縉物,因疑胡氏遺書遭胠篋。王同愈邀去看書,計宋刻本《柳集》、元刻本《杜詩》、高麗刻本《山谷詩注》,又"自校《沈下賢集》,即携歸"。(日記)

是日　張元濟有信致先生，爲潘景鄭贈張氏《王摩詰集》事，云：“景鄭兄慨然見惠，萬不敢領，謹繳上，乞察入轉交爲荷。”（《張元濟書札》，第 169 頁）

10 月 9 日　偕郭石麒去熊希齡宅觀書，計三十小紅木箱，約一百餘種習見書籍。熊夫人毛彦文不願捐出，而欲望甚奢，且熊氏作字之宣紙及扇面皆欲鬻錢。訪王同愈，商定價。（日記）

10 月 11 日　寄還邃雅齋集部書六包。寄邵鋭《諧聲譜》一部，托轉贈柯純卿。又函求倬老題《秀野草堂圖》。檢點《金石萃編補跋》，“撰小記一則”。得田洪都函。（日記；《全集·文集卷·題金石萃編補跋稿》，上册第 490 頁）

10 月 12 日　寫蔡正華扇，爲王大隆轉求者。送還葉景葵《蔡中郎集舉正》及《金石萃編補跋》兩種，托還王大隆《畫扇齋叢録》一册。撰何孟春注《家語》跋。閲劉世珩《札記》，録何校多誤，不僅不足信，實能貽誤後學。以此盜名，卑鄙之極，其後有張鈞衡者亦如此。《尚書札記》亦多訛，相傳爲繆荃孫所代作。“札記、校記之作，最須忠實，且不易掩飾，劉、張如何，不論何人取其所據之本，皆可知之。吾不能誣人也。”（日記）

10 月 13 日　謁葉景葵，知蔣抑卮病傷寒，甚危。携歸浩吾先生《自述》一册、《諧聲譜》序原稿。謁王同愈。（日記）

10 月 14 日　存古書店主人來滬，携來書包，選若干種，有吳善繼手稿兩册，似未刻，尚佳。（日記）

10 月 15 日　查存古書店書。撰書志一篇。（日記）

10 月 16 日　撰書志。（日記）

10 月 17 日　潘景鄭示以文學山房清代文集目一册，細查一過，即令寄來，價尚不貴。葉景葵來電話，告知喬景熹寄到明刻本《南野集》三十卷（歐陽德撰）。此書各家書目未見，惟《四庫存目》載之，其罕見可知。别有《文選》四卷，實全集十之一耳。任心白代乞得周達（梅泉）《今覺盦詩集》二册贈館。（日記）

10 月 19 日　撰汪一鸞刊《淮南鴻烈解》書志。此書“爲利進取舉業之梯，其旨鄙矣”。（日記）

10 月 20 日　寫對八付。（日記）

10 月 21 日　撰《白孔六帖》書志。此本相傳明嘉靖刻，“疑爲康熙間覆刻，房玄齡作‘元齡’，他處‘玄’字有缺筆者，可證也”。陳叔通送來爲先生所寫扇面。文學山房寄來集部圖書二十六包。（日記）

10 月 22 日　接王大隆信，囑篆黃丕烈遺像題耑。汪孟舒來函，知胡玉縉遺書生前已托諸白下帝君。查文學山房書樣。單鎮來，談吳下近事，相與慨嘆。（日記）

10 月 23 日　篆黃丕烈遺像題耑。復高君珊、汪孟舒、樂植新函。接胡玉縉訃。查文學山房書樣。（日記）

10 月 24 日　查文學山房書樣。接北平燕京館轉來《尚書正義定本》卷三、卷四,對之滋愧。"余以人事牽率,創稿不能寫定。余之所得,在彼之外,余雖視爲終身之業,特不知何日可成耳。"誦芬感冒,有寒熱。(日記)

10 月 25 日　　查文學山房書樣畢,即復。將吳繼善稿兩種并《恒言録》《靜思軒藏書記》送葉景葵。潘季孺來,獲聆掌故頗多。誦芬感冒未全愈。先生亦有不適。(日記)

10 月 26 日　　先生感冒,携誦芬同就張爾梅醫生診治。午後,熱度升高,即休息。(日記)

是日　　撰《謹庭老人自訂年譜》跋,該書由楊敬涵抄成,先生有校。

　　　　清乾隆、嘉慶間,吾吳陸氏松下清齋撫〈橅〉刻碑帖既富且精,馳譽海內,至今爲人珍重。主人謹庭先生淹雅多藝,爲鄉里有數人物,而邑志僅於《藝術傳》載四十一字,不太率略乎。一昨潘季孺内叔祖睦先携示先生《自訂年譜》一册,曰:"此昔日香雪草堂鈔存者,未經刊行,亂後幸存,遂録副置行篋,子可爲館鈔一本,以廣其傳。"余受而讀之,于先生之孝友誠篤,劬學精鑒,令人蕭然起敬。香雪草堂爲西圃先生栖隱之所,凡所鈔書板格皆有此四字。某年藏書散糶,自留若干種,此其一也。季孺爲西圃幼子,今年亦七十矣。倩楊君秋盦傳寫畢,粗校一過,率記於尾。(《全集·文集卷·謹庭老人自訂年譜跋》,下册第 922 頁)

10 月 27 日　　"熱未退净",勉强起床。楊復來閱所存書,八箱,閱完四箱。晚熱退。(日記)

10 月 28 日　　腹瀉,略憊。潘季孺命孫送來陸謹庭年譜一册,告借《愚齋存稿》十册。葉景葵來電話,告李宣龔將以書若干種見贈,囑往面洽。檢豐華堂書,李堂《梅邊笛譜》有嚴元照序,爲《學文》原缺,即録補之。盧藻翰代放大《尚書》,尚有一張未合。(日記)

10 月 29 日　　訪李宣龔,許以明刻本數種贈合衆,"渠稱東方圖書館主持者不能負責辦事,故不願相贈,是對本館之望甚厚"。托購十種叢書,冀得一特價,不知能諧否。任心白來,借顧亭林詩文。感冒甚劇,勉鈔《梅邊笛譜》嚴元照序兩頁。(日記)

10 月 30 日　　葉景葵偕楊復、嚴鷗客來,楊閱書竟日。送任心白顧亭林詩文,并以宋闌拓請李宣龔題。(日記)

10 月 31 日　　謁葉景葵,告豐華堂書提出一百七十餘種,多浙人集部,先生所欲留其書即在於此,如提去,則糟粕無用矣。潘景鄭帶來《瀾溪贈咏》原刻一册,爲蘇賈新寄到,索值十元太昂,還價二元,恐不能諧。胡道静來,持贈《樸學齋叢書》,暢談,知胡樸安病已大愈。葉景葵送書來,中有沈文起批前、後《漢書》,"五年前在平肆藻玉堂見過,展卷覽觀,如對故人"。(日記)

是月　　邵章爲《秀野草堂圖》題詩,云:"春樹鈔共閬丘譜,刊布都緣繼美好。秀野名圖今又返,百年喬木爛清門。書林涉足邁西山,頞洞風塵負笈還。安得重

新小秀野,與君談故覓銀灣。庚辰孟冬,敬題先德《秀野草堂圖》,即希起潛吾兄雅正。"(先生抄件)

11月1日　楊敬涵抄《山書》畢,即寄燕京圖書館。任心白屬借燕京館所藏顧亭林未刻詩文。單鎮述胡玉縉遺著、遺書未有所托。"昨與張復五(按,一作張服五)及雲搏談此事,嘗勸將書籍捐贈本館。復五與綏老家爲至戚。束老對本館贊助甚烈,先有勸王心葵將菊常先生書捐來,今又有此議,倘兩事俱成,則本館益充實矣。"(日記)

11月2日　先生有信致任心白。訪單鎮。葉景葵來電話,知歐陽德集已諧價六百四十元。王大隆訪葉景葵,稱胡玉縉書爲董金榜購得,來青閣亦已收得有其藏印之書。(日記)

11月3日　客來,寫屏一幀,半日即了。午後,赴李宣龔家,取到所贈書十種。先生生日,夫人備麵以享諸弟。文楷齋寄到新刻《尚書》樣。接瞿潤緡信,知"霜根書移至敗屋中,雖新修,潮濕不堪,往視既罕,恐有黴爛之虞"。(日記)

11月4日　謁葉景葵,商告章元美霜根紀念室再遷消息。李宣龔送書來,即作謝緘。閱《木犀軒藏書目》。潘景鄭昨在來青閣獲見安吉文集稿本,查似未有刻本,王謇於安氏一家著述收羅甚備,電話詢之,謂僅詩集,文集未見刻過。景鄭再往來青閣,書已無蹤迹。先生有信致顧頡剛,"不通問者三月矣"。(日記)

11月5日　浦江清來,談西南聯大事甚詳。接任心白函并贈書。(日記)
是日　聶崇岐有信致先生。

　　頃奉手書,敬悉種切。小墨數錠,贈呈點勘之用,微末之物,不足挂齒也。滬上日來情形如何?北平以日前發生狙擊案,閉門大索,今之一周,城內外交通尚未恢復。燕京于上星二開吳老七十誕辰慶祝大會,簡單肅穆,《燕京新聞》并發特刊,尊處亦接到一份否?《杜詩引得》已出版,今日詢之馬錫用君,方知自去年寄贈全份《引得》與貴館,後新出者并未續贈,弟已囑其檢齊各本一併寄上矣。《絳帖》事,已與田公談及,渠意非但燕京不能買,即哈佛亦不買,因外國人不懂此道故耳。日前偶以事與容希白閑談,渠甚惜我兄之去,并云曾與洪公披露此意云云,揆其語氣似當真實,特以附聞。日來關于鄧公謠詠甚多,甚至有謂學校將對之解聘者,于是其走卒等相率爲之運動奔走,呼天搶地,結果探知學校根本未作如此打算,亦可謂之庸人自擾矣。(原信)

11月6日　良翰姑丈來,出示沈文起《王荆公詩文補注》稿,查劉承幹已刻過,當借新本一校也。李宣龔來參觀。訪姚光,以楊秋室批本《鮚埼亭集》借之。又訪潘季孺。任心白輯《歷代名人家書》清人小傳,略加簽校歸之。(日記)

11月7日　檢書。安吉文集取到。(日記)

11月8日　以安吉文集送葉景葵。楊復來,選書。(日記)

是日　葉景葵有信致先生。

　　《十二山人集》奉繳，不第詳于安氏世系，且有關錫邑文獻（志傳墓表均佳），可以留購。楊壽祺近頗老辣，書價請景鄭兄與之磋磨，此等書無標準價也（能八折便好）。送上羅紋《廿四史》預約券一紙，即留館中，并請與商務定書櫃一對，所收是否即符（祇須查對未印者是否六種）。據拔可言，商務必踐約印完，因所銷止兩部，其一部係商務送陳弢老，出錢者祇鯫生一人而已。〔《葉景葵致顧廷龍論書尺牘（便箋）》，載《歷史文獻》第 1 輯，第 54 頁〕

　　11 月 9 日　與潘景鄭估豐華堂書價。葉景葵送書來，并有信云：“有人送來一書，甚奇，既非《圖書集成》，又非《圖書編》，板口無書名，亦無頁數（《全禮圖》第一冊有‘圖書編’三字，殿板開化紙）。《天文曆算》廿二冊，《堪輿》十二冊，《全禮》二冊，共三十六冊。乞與景鄭審查是何書（總在康雍以後）。又《周史》一包，昨日所漏，頃已全送去。……陳永青擬乞尊著《陶文》一部，不知尚有存否？”先生疑出《古今圖書集成》。又見抱經堂新收《兩浙輶軒續錄》，許湄祥等校本，缺數卷，索百金，價不能諧而捨之。〔日記；《葉景葵致顧廷龍論書尺牘（便箋）》，載《歷史文獻》第 1 輯，第 50 頁〕

　　11 月 10 日　晤張服五，談及胡玉縉遺籍，其子頗有意承先志贈圖書館保存，當先去函探詢，再行接洽。先生“略表意見，如無他人進行，龍自當力事辦理。如有他人覬覦，則不敢參與是非之場”。任心白送李宣龔捐書，暢談。（日記）

　　11 月 11 日，自抱經堂購到《小方壺齋輿地叢鈔再補編》一部，此書配齊。訪葉景葵，交《井華詞》等二冊。點李宣龔贈書，其中《文體明辨》應四十三冊，實來二十九冊，即電話任心白，請其一查。（日記）

是日　跋族祖杏樓先生手札。

　　前後兩札係龍高叔祖杏樓公手筆，論文風、漕弊至爲透澈，非深究經世之學者不能道也。當録載家乘，爲吉光片羽之存。按公諱元愷，後更元凱，字輔虞，又字佐虞，一號印嫂。清道光壬午進士，改庶吉士，散館授工部主事。歲乙未，丁内艱，主講上海敬業書院。乙巳，選授廣西潯州府知府。咸豐七年卒于官，年六十六。校刊家集多種，著有《小小秀埜草堂詩集》《茶餘草》《于役草》《待雪舫草》若干卷，俱未付梓。（《全集・文集卷・跋族祖杏樓先生手札》，下冊第 1029 頁）

　　11 月 12 日　葉景葵來電話，商豐華堂書價。又得電話，知書價已談妥。抱經堂送書來。任心白來電話，稱《文體明辨》所缺十四冊已尋出，囑明日去取。（日記）

　　11 月 13 日　抱經堂送書來。取《文體明辨》十四冊，配齊。（日記）

　　11 月 14 日　閱《晚報》，知葉景葵被綁架，幸即脫險，殊深繫念。（日記）

　　上午，葉景葵携書一包外出，在寓所附近突遭數名匪徒綁架，幸即脫險。當日上海《大美晚報》刊登《浙興業銀行行長被綁脫險》新聞,云:"今晨九時左右,浙江興業銀行行長葉揆初在白利南路卅七號被數綁匪架上八一九八號汽車綁去。車經白利南路凱旋路時,適值日軍因該處於一小時前發生盜匪槍殺'市警'案,在該處轉施行特別戒備,各綁匪情慌,乃將肉票自車上推下後,駕該車疾駛逸去,葉乃安然脫險。"(《大美晚報》1940 年 11 月 14 日)

是日　張元濟有信致先生。

> 前承惠假《直語補證》抄本、《續恒言錄》、《磨難曲》,留置案頭甚久,業經翻閱,謹繳還。又《辛白簃詩讞》,指陳當日時事,所可揣者,均已分見眉崗批注,此外竟無可裨益,一併奉還,即乞檢收。《蒙古游牧記》敝館祇有鉛印本,不可信。貴館如有刻本,擬乞假一閱。(《張元濟書札》,第 170 頁)

11 月 15 日　與嚴鷗客通電話,知葉景葵安好,"大慰"。旋赴浙江興業銀行,嚴鷗客爲述當時詳情。葉景葵亦來,歡然把晤,亦述大略。惟置車中兩書,一吳騫校《南部新書》,一豐華堂藏鈔本浙人集,又先生手錄《豐華堂鬻存書目》亦夾在其中,損失不大,萬幸也。校《樸學齋文集》畢,借自姚光者,即還。帶回《南江文鈔》,有陳、胡兩序,即付楊敬涵補鈔,又《求是堂集》兩册。汪禮卿表叔來談。(日記)

11 月 16 日　校《南江文鈔》序、目并撰跋。楊復來,揀回書數種。李宣龔來,贈書三種,并示楊鍾羲手札,頗有掌故,即囑楊敬涵鈔錄。任心白爲李宣龔送書三種。赴書肆,見李眉生稿二十餘册,"均糟粕耳"。(日記)

11 月 17 日　訪張元濟,面交《蒙古游牧記》刻本及《恒言廣證》錄本,暢談。李宣龔、任心白等來,贈書十箱,又寄存八箱,皆西書、西報,係李宣龔婿之物。與任心白點書。(日記)

11 月 18 日　閱《海日樓書目》,選一百八十三種,交葉景葵復選。校《南江文鈔》并繕跋文,寄燕京館。撰楊雪橋(鍾羲)手札跋文。校《聽鶯居文鈔》。蔣抑卮於今晨七時病逝,爲之惋悼。(日記;《全集·文集卷·南江文鈔跋》,下册第 819 頁)

是日　浙江興業銀行創辦人之一、常務董事蔣抑卮病逝,享年 66 歲。遺命不發喪,不開吊。又遺命捐贈合衆圖書館基金五萬元,并捐資在家鄉蔣家坳辦小學一所、醫院一所,爲鄉人謀福利。(《葉董事長演詞紀要》,載《興業郵乘》第 107 號)

11 月 19 日　校《聽鶯居文鈔》。檢理李宣龔贈書。李宣龔又送書箱兩隻、雜志若干册。繕正《儗山簃手札》跋,此爲楊鍾羲致李宣龔札。(日記)

> 聖遺先生清高絕俗,鼎革以後,息影舊都,罕接交游。龍負笈燕京,因外叔祖王勝之先生之介,時獲踵門請益,爲述清代三百年典章制度、人文學術之變遷,關于八旗者尤多。旋龍爲燕京圖書館司采訪,乃於旗人著述力事搜羅,備後來文獻之徵,實先生有以啓之也。欲編專目如藝文志,頗蒙嘉許,而

因循未果。又嘗輯印《邊疆叢書》，承以《散木居奏稿》實之，盧溝變作而罷，愧皆未有以副先生之望。去夏謁別南旋，偶爲言平生友好，首推李拔可先生風義之盛，且謂近年通家中尚時通問者一人而已，而未獲晤面者四年矣。後來滬上，獲識拔翁，積慕爲之冰釋。未幾，先生騎箕天上，拔翁既補印遺詩四十首，又裝潢手札廿五通。比承見示，莊誦一再，不獨以見師弟之篤誼，即其中堪資掌故者甚夥。先生簡牘不輕作，拔翁所得稱多，復僅如許，它可想矣。龍歸歲除夕，曾奉一緘，吉光片羽，珍視球璧。它日可從各家訪求所藏，彙集景印，俾遺墨長留天地間，不其盛歟！先生著述多已問世，惟文集尚待付梓，龍昔曾詢及，知有存稿，今讀第二十札，亦言有稿本。拔翁高義，夙有印傳之意，世變方殷，藏稿可慮，亟宜圖之。龍不敏，敢效校字之役，拔翁得不以爲宕突乎？（《全集·文集卷·儗山簃手札跋》，下冊第 1037 頁）

11 月 20 日　理李宣龔贈書。浙江興業銀行設靈堂，吊蔣抑卮。晤陳漢第、陳叔通、李宣龔諸老。陳叔通云，夏孫桐近來身體較前大好，堪慰。歸途過秀州書店，購《太平天國叢書》等數種。張元濟還《蒙古游牧記》。（日記）

11 月 21 日　理豐華堂書，蛀本甚劇、甚多。鈔《息影庵詩鈔》馬瑛跋。接任心白電話，謂李宣龔有將書全部送來之意，囑明日先往取若干種。姚光來，慰葉景葵受驚，并還楊秋室批本《鮚埼亭集》。葉景葵“送還《王荆公文集》注稿一冊”。〔日記；《葉景葵致顧廷龍論書尺牘（便箋）》，載《歷史文獻》第 1 輯，第 54 頁〕

11 月 22 日　葉景葵有短箋致先生云：“送上《燃藜室記述》三十冊、續八冊，與前次所送之別集十九冊合爲一書，已成全璧。……心白先生之家書，弟可銷五十冊，請其徑送行。”訪葉景葵，交豐華堂書款七百元。理豐華堂書。〔日記；《葉景葵致顧廷龍論書尺牘（便箋）》，載《歷史文獻》第 1 輯，第 55 頁〕

11 月 23 日　理豐華堂書。任心白爲李宣龔送贈書來，并爲誦芬借《三國志》一部。承其熱心，代向各家徵求，夏敬觀、周越然皆有所允，即請葉景葵先致函夏氏，介紹往謁。撰《息影庵初存詩》跋。（日記）

豐華堂鬻剩書將售於館，連日得與主人楊見心先生復共案檢理，因知其當時凡購一書，板本不同，多寡略異，無不兼收并蓄，有資校勘之益甚大也。……主人藏書有特嗜，凡一人所著，其書品不一者，每喜截長補短以齊之，此本與馬藏《集外詩》及它集適如同裝，故不惜以馬氏原藏書分散之也。（《全集·文集卷·息影庵初存詩跋》，下冊第 840 頁）

11 月 24 日　訪陳叔通，欲請其轉囑頓群（立夫）刻印六方，未值，即留其家。歸途於秀州書店“取還定書數種”。訪夏敬觀。單鎮來。（日記）

11 月 25 日　理豐華堂書。謁葉景葵，知館舍圖樣已定，已送交工部局審核。（日記）

11 月 26 日　理豐華堂書。蔡謙持朱士嘉函來見，擬請先生介紹，以宋拓

《絳帖》售諸哈佛燕京圖書館。容媛寄金石編目卡片樣來。(日記)

11月27日　與潘景鄭選豐華堂書,以重本剔出。葉景葵送來《漢書正訛》一册,《通俗字語編音摘抄》一册,《經濟特科同徵録》一册,《甲午辛丑中俄交涉文電評注》九册。〔日記;《葉景葵致顧廷龍論書尺牘(便箋)》,載《歷史文獻》第1輯,第55頁〕

11月28日　讀王元啓《漢書正訛》,頗有前人未發之説,可付排印。任心白送書來,購其新編《歷代名人家書》五册。(日記)

11月29日　讀錢恂輯《甲午辛丑中俄交涉史料》,"頗有當時曲折可見,序文尤多深味"。葉景葵送來"冒鶴亭交還王校《淮南》四册"。〔日記;《葉景葵致顧廷龍論書尺牘(便箋)》,載《歷史文獻》第1輯,第55頁〕

11月30日　抄周廣業詩稿,原本塗改殊甚。晚,赴潤康村。(日記)

12月1日　理《尚書》校記。冒廣生來,據云先生所得《冒氏叢書》已稱足本。渠尚刻有《楚州叢書》,較少見。談《春秋繁露》版本。任心白送李宣龔書兩箱,一《漢魏百三名家集》,一《漢魏叢書》。(日記)

12月2日　抄周廣業《蓬廬詩鈔》。借冒廣生《春秋繁露》。葉景葵來電話,告館舍已招建開標,今日簽字,約明年6月畢工,預計年底可以遷入。(日記)

12月3日　鈔《蓬廬詩鈔》。復燕京館信。致邃雅齋文友信。葉景葵送館舍外圖及《世廟識餘録》、趙君閎卦來。外圖"即懸壁上"。〔日記;《葉景葵致顧廷龍論書尺牘(便箋)》,載《歷史文獻》第1輯,第55頁〕

12月4日　鈔《蓬廬詩鈔》。邱右京持胡樸安介紹信來見,探燕京研究院情形。謁葉景葵,閲館舍詳圖,"匆匆未暇推敲也"。(日記)

12月5日　鈔《蓬廬詩鈔》。李宣龔送書來。涵芬樓見假陳樹華校定《春秋經傳集解》六册。邵章題《秀野草堂圖》寄來。(日記)

12月6日　鈔《蓬廬詩鈔》。抱經堂送《冒氏叢書》來,爲最足本。邱右京來,囑函詢燕京入學情況。王伯祥來函,謂顧頡剛囑書齊魯大學各出版物書衣。潘景鄭自蘇州返滬,往訪之,知吳中竊書之風甚熾,損失甚大。葉景葵來電話,告孔繁儀收得曹君直書,有《增廣鐘鼎篆韵》抄本,許印林校。又《元秘史》,李文批。又有短箋致先生云:"送上書二種,喬景熹信一封,《詩故考異》有無刻本,乞查示。另潘書一種,望與景鄭一閲,需收回否?"〔日記;《葉景葵致顧廷龍論書尺牘(便箋)》,載《歷史文獻》第1輯,第55頁〕

12月7日　爲齊魯出版物寫書簽。來薰閣主人陳濟川、景文閣主人喬景熹來,談北平、蘇州書市情形。《詩故考異》還喬估。作書致郭紹虞,詢問燕京研究院入學手續。(日記)

12月8日　李宣龔、任心白來,送書二十餘種。(日記)

12月9日　鈔《蓬廬詩鈔》。冒廣生來,并介紹其子孝魯來見。潘景鄭借示《欽氏宗譜》,有吳大澂手寫序文,遂録於日記。(日記)

12月10日　鈔《蓬廬詩鈔》。抱經堂送書來,無可取。(日記)

12月11日　鈔《蓬廬詩鈔》。陳叔通來,代囑頓群刻印"朱文均不佳"。陳述及張元濟病況,又云夏孫桐體氣已復,索書者甚多,其子可代筆。(日記)

是日　聶崇岐有信致先生。

頃奉田公轉來手書,當即檢查抽屜所積書報,另尋出《尚書》校記葉四〇四至四八二諸葉,今已東雅堂代寄矣。此數十葉之所以漏寄者,蓋在收到之時,正當郵政新章頒布不久,手續聞頗麻煩,故暫置抽屜中,擬候數日再行發寄,不圖日久便爾忘掉也,尚希諒之。敝處現正編《大戴禮記引得》,近月所出者,除《杜詩》《六藝之一録》引得外,又有《論語》及《周禮》引得,其《爾雅》及《孟子》二引得均擬于農曆年前出版。前函敬詢未及奉答,特補陳之。徐星伯之《靜庵文集》序已收到,[①] 謝謝!　(原信)

12月12日　鈔《蓬廬詩鈔》。潘景鄭贈先生《閭邱詩鈔》,"榮緋公所選刻,附有秀野公年譜,罕見可珍也"。王伯祥來信,囑爲齊魯大學訪君車畫像拓本。顧廷龍生日,招飲。(日記)

是日　跋《蓬廬詩鈔》。

《蓬廬文集》稿藏燕京大學圖書館,去年余檢得之,已促主者付之排印。將竣事,比見景鄭內弟藏其詩鈔兩種,曰《吳歈》一卷,曰《江上吟》一卷,雖非《詩鈔》之全豹,而各自爲書,亟勸讓諸燕京,俾可附印并傳,馳書相商,皆報曰可。余因手稿塗乙不易辨,手録一本存之。願《詩鈔》其餘二十卷亦能次弟發見,逐謀傳世,惟蒼蒼者其無爲儒生厄乎!　(《全集·文集卷·蓬廬詩鈔跋》,下册第814頁)

12月13日　校華玉淳文集。夏敬觀贈書。任心白送劉刻《王荆公詩文補注》。(日記)

12月14日　校華玉淳文集。又校《止泊齋詩集》(殘存卷九),傳抄一本。"此類詩稿未必入目,將來主選政者可存之也。"葉景葵來電話,知《白氏文集》(蘭雪堂活字印本)、《渭南集》(弘治刻本)等,皆中國書店自沈曾植家取來,聞大宗爲當地所扣,不能出境。(日記)

12月15日　校華玉淳文集。午後,偕誦芬參觀華中墨水廠,表弟王元譽任該廠工程師。冒廣生招談《春秋繁露》版本。(日記)

12月16日　校華玉淳文集。謁葉景葵。閱沈曾植海日樓藏書十數種。(日記)

12月17日　校華玉淳文集。葉景葵電話,告知蔣抑卮藏書,"其孤已商定重複者須留下,如送館,作寄存,屬開已送來書目"。先生以"蔣氏後人不知書,恐以書名相同即以爲重複。即函葵丈,屬與蔣氏言明,凡板本不同,或印工先

①徐星伯、《靜庵文集》:指清代徐松和左眉《靜庵文集》。

後、紙張優劣,皆不能以爲重本,并言願往相助選理云"。檢録蔣抑卮書。校冒廣生釋《春秋繁露》。(日記)

12月18日　録蔣抑卮書目。(日記)

12月19日　録蔣抑卮書目畢,重者誠不少,當剔之。(日記)

12月20日　李宣龔送書來,述及張元濟稍愈。寄書燕京圖書館。引得編纂處贈《引得》數種。訪葉景葵,示沈曾植海日樓書數種,謂係鄭某選剩者。書中有《大藏目録》一種頗似元刻,《四庫》底本《曾文昭集》,嘉靖本《潛溪集》,小字本《周易本義》(有宋蘭揮藏印)。聞徐森玉來滬。(日記)

12月中下旬　葉景葵撰《蔣君抑卮家傳》,記述蔣氏生平,及參與創辦浙江興業銀行與長期擔任辦事董事期間,爲興業銀行、爲社會做出的杰出貢獻,其中涉及合衆圖書館,云:"君善讀書,亦喜聚書,所藏約五萬册,遺命捐贈合衆圖書館,并捐助基金五萬元。……民國廿九年秋,忽染傷寒症甚危,治稍愈,又患腸穿症,成腹膜炎,施手術無效,延至十一月十八日,即庚辰年十月十九日逝世。君生於光緒元年五月十四日,享年六十六歲。"(《葉景葵文集·蔣君抑卮家傳》,上册第348頁)

12月21日　點李宣龔書。任心白又送李宣龔書來。校《澹園文集》畢。跋《求是堂文集》,清胡景孟撰,此本甚難得,擬傳鈔一部。楊崇善約明日送書來。冬至,祀考妣。(日記;《全集·文集卷·求是堂文集跋》,下册第827頁)

12月22日　閲《白孔六帖》。冒效魯來,欲介紹《國學通訊》屬某來見,并邀先生加入。先生"於學社、學會,自事變後絶不加入,不願挂名人間也"。楊崇善送書來,計十三箱。閲《清聖祖實録》,校《學政年表》,頗可正法式善之誤。李宣龔送書來。接邵鋭函,囑購《乙亥叢編》。存古齋寄到曹君直批醫書,"丹黄滿幅"。(日記)

12月23日　存古齋送書目來,選查一過。曹君直批醫書送葉景葵審定。閲《清聖祖實録》。(日記)

12月24日　撰蔣抑卮追悼會演辭。文友堂寄《青虚山房集》鹿刻本來,校稿本,多有不同處。閲《清聖祖實録》。(日記)

12月25日　李宣龔送書來。邃雅堂送書來,價昂無可商,書亦非精品。訪劉承幹,索所刻書,允之。晤施維藩。閲《清聖祖實録》,每夜竟一函,甚草草。(日記)

12月26日　送邃雅堂書樣給葉景葵。閲來青閣書目,選若干種。(日記)

是日　葉景葵有信致先生。

《慈湖遺書》傳書堂有一部,由弟經手售與涵芬樓,已燒却。當時馬一浮先生曾影抄一部,謂從未見過,其罕見可知。索價六百,能否打七折,擬還以四百元,再慢慢磋磨。書價既貴,祇好揀而又揀,買得少了。大觀堂康熙刻本雖少見,但三百元實無法還價(百元或百廿元則可留),此種書或尚可遇之。除《慈湖》一册外，餘均送還。演説稿極妥。劉刻《史》《漢》《三國》，弟均無之，抑厄記得有的，但多要一部亦不妨，可索取之。〔《葉景葵致顧廷龍論書尺牘（便箋）》，載《歷史文獻》第 1 輯，第 56 頁〕

是日　先生有信致劉承幹。

一昨獲聆教益爲幸！承慨許檢贈尊刻諸書，深感！《四史》已詢揆丈，未有藏弆，便請先惠。其它俟查明所闕，再行奉懇。尚祈見賜《嘉業堂刊行書目》一兩册，爲禱。

附呈先君《墓志》一份，敬乞察存。（《全集·書信卷·致劉承幹》，上册第 79 頁）

12 月 27 日　存古齋寄到書一包。燕京大學圖書館寄來《蔣山傭殘稿》兩册。來青閣送到所選各書。撰《青虛山房集》跋。（日記）

12 月 28 日　存古齋寄到書兩包，選定即復。王大隆來長談。來青閣所送各書亦選定，不留者退去。任心白送《藝術叢編》來，惜不全，即函請尋覓。《蔣山傭殘稿》送任心白校閲。（日記）

12 月 29 日　下午，浙江興業銀行二百餘人舉行蔣抑厄追悼會，葉景葵、項叔翔與先生相繼致辭。先生云：

今天蔣抑厄先生追悼會，廷龍代表合衆圖書館來參加。

剛纔聽過諸位先生的報告，蔣先生對於金融事業的貢獻，非常偉大，這是來賓和社會人士都敬仰的了。蔣先生於金融事業之外，又於文化事業非常努力，他自己的修養學問也很認真。就吾所知道的也來報告一些。

去年春天，葉揆初先生同幾位朋友發起組織合衆圖書館，蔣先生是贊助最出力的第一人，他很慷慨的約定願將全部藏書捐到館裏，作一個堅實的基礎。他的熱心，使我們值得佩服的。

廷龍曾幫過蔣先生整理藏書，有半個月的工夫，差不多天天見面，談談收書的宗旨，談談治學的途徑，談談藏書的掌故，興致很高。蔣先生對吾説：“從前的風氣，大家注重人文科學，所以家家要收藏些舊學書籍。今後的趨勢，大家必然注重自然科學了，舊書應該歸到圖書館，讓社會上從事這種學問者利用，并且一人的搜求是有限的，終是要靠着互相通假的，所以圖書館是藏書的歸束。”這種見解，這種言論，多麽遠大，多麽明通！

蔣先生的收書，一部份是得到蘇州寓公汪柳門先生的舊藏，此外均隨時隨地積聚起來的。他的收書很有計畫，既有了大宗書籍，四部圖書，應有盡有了，纔把前人著述分作若干單位，從每個單位去搜集補充。他說：“吾曾想把前清康熙、乾隆兩朝的詞科諸人的著述以及桐城文派的各家文集收羅完備，以此看他們爲學的風氣以及文章的演變，可惜這個工作尚未能完成。”這是有系統的讀書人的藏書。

現在我們圖書館籌備了剛一年，正希望蔣先生幫着葉先生來促成這個文化事業,使得我們圖書館跟浙江興業銀行同樣的一天一天發達起來。可是不幸得很,蔣先生忽然一病不起了,實爲浙江興業銀行的損失,我們合衆圖書館的損失,也是社會國家的損失。我們悲悼之餘,還希望諸位來賓和蔣氏家屬與我們合作,盡力地去完成他一部份未竟之志,作爲永久的紀念。(《合衆圖書館總幹事顧廷龍君演辭》,載《興業郵乘》第107號;日記)

葉景葵致辭云:

先生素喜讀書,留日時既因病未竟所學,歸而改致力於國學。其學自漢學入手,而精於小學。能讀深奧古籍,人所茫然者,先生獨能提要鈎玄。某年注意桐城文派,其研究之法,先廣搜桐城派之專集,泛濫閱之,即能言其師承傳授及派別門户之不同。其研究聲音訓詁及清代諸家經説,亦復如是。先生略通東文,不習西文,而於譯本中之近代經濟學説,無不周覽而能言其優劣異同。因先生之好讀善讀,故藏書甚富而有系統。憶民國二十四年夏,先生與王綬珊先生及景葵均避暑莫干山,論及藏書之歸束問題。景葵以爲辦法有二:一則捐贈浙江省立圖書館,該館管理尚善,當可不負委托;或則合辦私家圖書館,王先生所藏最多,可即以"綬珊"名館。抑巵先生謂二法均可酌用,并提議圖書館應有相當基金,俾垂久遠。抗戰起後,王先生病殁,其後人旨趣不同,無從接洽,綬珊圖書館之議無形取消,而浙江省立圖書館亦已破壞。景葵有感於此,發願創辦合衆圖書館,抑巵先生異常贊同,并整理所藏,以待捐贈,不幸今秋逝世,而遺命猶有捐助圖書館基金五萬元之語,先生爲人之懇摯爲何如!(《葉董事長演詞紀要》,載《興業郵乘》第107號)

蔣世承《我的父親蔣抑巵》一文,記述了蔣氏藏書及其歸宿:

抑巵公同時又是個藏書家。他在上海范園宅後造了一幢藏書樓,取名凡將草堂(漢司馬相如有《凡將篇》,爲早期文字學著作,抑巵公愛攻小學,故名),藏書15萬卷以上,以購得蘇州汪柳門萬宜樓藏書爲基礎,陸續擴大經、史、子、集、叢書各部常見書,應有盡有。他曾經表示過收集這些書籍是爲了研究前人"爲學的風氣以及文章的演變"。尤爲難得的是他收藏了江南一些名門望族的族譜共526卷、451册,最早的有明成化和萬曆年間的抄本或刊本,彌足珍貴。抗日戰爭開始後,葉揆初、張元濟、陳叔通共同發起組織合衆圖書館,以防止各人手中的古籍流失於市,於1940年[①]聘顧廷龍(後來曾任上海圖書館館長之職)主持其事。抑巵公捐出明庶農業公司股票五萬元作創辦經費,并率先捐書97593卷,計34463册。葉揆初等均出藏書捐贈。對於贊助創辦合衆圖書館的宗旨,抑巵公曾對顧先生説過:"舊書應該歸到圖書館,讓社會上從事這種學問者利用,一人的搜求是有限的,終是要

----

①當爲1939年。

靠着互相通假的。"1952 年 9 月，由諸子世俊、世遜、世適、世顯、世承出面，
又將自留的凡將草堂藏書 1213 種，計 20887 册，約 59110 卷，全部捐贈給
華東軍政委員會文化部。至此，前後共捐古籍 15.67 萬卷，計 5.5 萬餘册。
這批圖書後來全部併入上海圖書館。(《浙江文史資料選輯》第 46 輯，第
72 頁)

是日　謁王同愈，長談。校《山谷外集》。任心白送書四箱，多外文教科書，
各科均有。(日記)

是日　跋《止泊齋詩存》。

　　蘇賈寄來歸安管蘭滋撰《止泊齋詩存》稿本，殘存卷九一册，不知其共
若干卷。曾經朋好評點，丹鉛行間。審諸題記，皆出吾邑咸、同間老輩手
筆，想管氏必僑居吳中者。詩皆亂後所作，清雋可誦，因傳抄一本，并照度
評改，略存其面目。復從《市隱文稿》得傳文一篇，錄冠于首，爲尚論之資。
(《全集·文集卷·止泊齋詩存跋》，下册第 839 頁)

12 月 30 日　校《山谷外集》，王同愈藏朝鮮古活字本是其祖本，確有勝處。
葉景葵送書來。去來青閣取《平定新疆戰圖》，封面有題字："謹考是圖原板鑴
於法國巴黎，光緒庚寅夏月，輪船招商局以全册三十八幅，重用西法敬謹縮影上
石，恭志。"先生云："當時係盛杏生宣懷所印，今已不多見矣。"(日記)

12 月 31 日　嚴瑞峰來清前賬，又携來宗廷輔稿數種、李崧《芥軒詩草》。又
日本刻《普濟本事方》(有《續》)，爲莫友芝舊物，近從曹君直家散出，有莫楚生
簽題，謂當清雍正刻。《續》又罕見，有日人據宋本校。將《石渠寶笈》一箱五十
册送葉景葵，蓋爲周梅泉代借者。(日記)

是日　先生於日記後寫有："一年盡矣，日記無間，差堪自慰，惟草率簡略，
一無足取耳。明年當稍知改進，或可步越縵、緣裂之後塵。勉之哉！勉之哉！"

是日　撰《青虛山房集》跋。(《全集·文集卷·青虛山房集跋》，下册第
811 頁)

是年

2 月 7 日　陶湘卒，71 歲。

7 月 14 日　胡玉縉卒，82 歲。

1941年　38歲

1月1日　邀冰若、潘博山等在華龍飯店午餐,皆歡。飯後與冰若、潘博山同歸,暢談至暮。(日記)

1月2日　謁王同愈。朱憶劬送書兩種來。邃雅齋寄《慈湖遺書》來。(日記)

1月3日　跋吳蔚若訃告。書對六副。代王同愈書聯一。(日記)

1月4日　赴來青閣、富晉書社、抱經堂,查《藝術叢編》,在富晉配得兩册。閱《東洋文庫十五年史》。(日記)

1月5日　誠安來談,贈案頭日曆一本。(日記)

1月6日　將《普濟本事方》送葉景葵閱。偕潘景鄭赴聽濤山房,閱存古齋寄來批本數種,選《韓非子》《淮南子》《呂氏春秋》,頗有按語,惜校者不詳。又見宋硯一,有篆書銘,潘景鄭購得。(日記)

是日　葉景葵有短信致先生。

《曹氏醫書》四種及《普濟本事方正續》(極佳之書)價共二百十元,由弟自購,奉上支票乙紙,乞轉帳(《慈湖遺書》可允以四百元)。此五書以時價論可謂便宜之極,但中醫書已無人問津,故價不能高耳。《讀說文札記》是否翁廣平不詳,翁字記曾見過,不能記憶,亦不知是否別號紫珊。《石箋補正》可由館自留,其價似以七八十元爲公允。另奉上書五種,皆佳。〔《葉景葵致顧廷龍論書尺牘(便箋)》,載《歷史文獻》第1輯,第53頁〕

1月7日　送葉景葵校本三種。録《白孔六帖》刻工。邃雅齋夥來,《慈湖遺書》加價不諧。(日記)

是日　聶崇岐有信致先生。

頃奉大示,敬悉種切。台端及景鄭先生惠贈多書,感愧之至,此後益當策勵,庶不負雅意也。囑附五條,另紙奉答。《學政年表》與個人年譜性質相類,《燕京學報》既可刊載年譜文字,則年表、目亦可登録也。序文擬于寒假中爲之,惟懼拙辭徒令佳作減色耳。洪煨蓮先生頃來電,謂將于二月五日抵滬,大約三二日耽擱即將搭輪北上,聞洪夫人已函張君天澤,托其代訂來津艙位,我兄晤張君時可問之,一詢究竟也。刻下因國際局面日深一日,燕校前途實不可測,司徒先生前曾布告闢謡,但人心依然不定,將來如何,聽之而已。昨晚無事,與陳君歷農長談三小時,知朱蓉江夫人近來精神甚爲不佳,蓋自其嚴君謝世,姑嫂間不能水乳所致。蓉江前移居陳府時,弟曾婉言相勸,今不幸而所料者皆中,在爲友人者亦徒喚奈何而已。據王倬雲講,燕校會計課每月轉特付朱夫人美金五十元，俾作日用，以現在兌換率計，是每月朱夫人花消六七百元，將來如何是了。蓉江在美月薪不過百五十元，除去食宿零用，能餘者最多難超七十元，再去五十元，則月僅能剩二十元，倘不另想開源之道，三年之後，祇能敷回國車船之費而已，我等前途固無可言，而蓉江前途似尤黑暗也，奈何！弟前日購得朱英所繪《晚香玉》一幀，有潘星齋先生題辭，惟圖章爲"曾瑩"二字，不知何故，可相告否。（原信）

1月8日　文奎堂寄新書目來，即選十餘種。葉景葵來談。（日記）

1月9日　致文奎堂信。復存古齋信。撰《唐音戊籤》書志一篇。校《學政年表》，自康熙四十七年至六十一年。（日記）

1月10日　撰《書傳會選》書志，於趙府味經堂略有考證。閱《書舶庸譚》，注《書林清話》一則。葉景葵來電話，謂建築照會已簽出。（日記）

是日　顧頡剛有信致先生。

前接十一月四日賜書并尊著《秀野圖跋》一篇，敬悉。以履安有書奉寄，故未即覆。近值新年，想潭祺迪吉，定符遠念。揆老之侄繼係在重慶考試，以英算較差，未得錄取，現亦不知何往，侄在蓉鄉，未得如囑照拂，至歉。尊著《清代學政年表》想已訂寫畢，乞交伯祥兄付刊是荷。《版本圖錄》已成若干？爲念。《責善》恐郵寄遺失，故未續寄，既承見索，當試投寄。如未收到，或有斷續，亦可補配也。《秀野圖跋》當刊入。美方來書云，《責善》不成研究，可見洪某破壞之烈。但侄打定主意，決不被脅離蓉。履安身體日壞，雞皮鶴髮，宛然一嫗，老境之速有如是者。侄白髮雖益加甚，幸飯量不劣，猶可支持。上月曾游臨邛，觀卓文君古迹，不必可信，慰情勝無而已。又至大邑，登鶴鳴山，是張天師登返之地也。游覽兩旬，體似較好。……請吾叔即辦數事，其一請催文楷齋速刻速印（按，《尚書文字合編》），能在半年內出版最好；其二請囑文楷齋算賬，以前共收若干，以後再要若干。印刷不必多，祇要百部即可。（《顧頡剛書信集》卷二，第496頁）

1月11日　閱《書舶庸譚》畢。撰《溫飛卿詩集箋注》書志。又撰《林泉隨筆》書志。"《千頃堂書目》於明人略歷頗資考證，出八十九種之外者亦不少。"（日記）

1月12日　閱《清實錄》十四、十五兩帙。赴來薰閣書莊，無所得。（日記）

1月13日　撰《淮海集》書志。訪葉景葵，述請建屋照會尚未發出，并告知"法領事屬捕房今日往訪陳埴，叩詢詳情，恐開賭窟。答以現有書五萬册，尚有五萬册未來。發起人葉、陳、張三人，捐書有蔣抑卮、李宣龔、張元濟、葉景葵以及其他，并告以本館爲私家公共藏書之所，係專門國粹書籍，閱覽人數有限，每日不過十人。云尚須來館調查。此種事業在中國固屬少見，豈法國亦未之見邪"。訪任心白，未值。（日記）

1月14日　晨，法國總巡捕房警務處政治部派探目高琪道來，聲明本部并未派人來館抄查之事,詢先生究有何人來查。先生答未有,恐出傳誤,本館現正建築打樣,呈請發給照會,容有須調查之處,且本館主持者爲浙江興業銀行葉景葵。高云,部長馬來得其友人電話,謂好好圖書館,何以有抄查之事,捕房實未有其事,因來一言,毋任冒充者來此。囑以後如有人來,可電彼,遂去。"其實因日前法領事之猜疑,因托齊雲青(法公董局華董、中國農工銀行總經理)一言,免其誤會耳。雲青即與捕房各部詢問,皆稱不知。後知訪陳埴者,領事館人員耳。法租界事總周折,可氣亦可笑也。"嚴瑞峰來,前書議價諧。葉景葵送喬景熹書十種,內有潘景鄭失竊之物,無甚可取,價則過昂,難與商價。〔日記;《葉景葵致顧廷龍論書尺牘(便箋)》,載《歷史文獻》第 1 輯,第 58 頁〕

1月15日　閱《静嘉堂書目》,記其所藏稿本。午後,訪明復圖書館劉重熙,暢談。借《圖書館協會年報》,"余總思爲本館規定一範圍,總不可得一恰當者。稱爲國學,意義雖是而并不具體,今始想得宜,名之曰中國歷史科學,不限文字,雖分類定經、史、子、集,'經'章實齋早有六經皆史之説,至諸子學説及別集亦已成史,即子類包括之原有自然、社會諸科,然關於此種著作,亦必成爲歷史上之陳説再入本館也"。誦芬腹痛疲乏。(日記)

是日　施維藩有明信片致先生,有關明刻本《歐陽修撰集》八卷事。"維藩謹案,是集刊于永樂丙申,吳溥(署銜爲承德郎國子監司業)後序乃洪熙元年增入者。黑口,半葉十三行,行二十四字,録備。"(原件)

1月16日　閱《圖書館協會年報》。嚴瑞峰送善本來。(日記)

1月17日　校陳樹華《春秋左傳集解考正》,此書實文字校勘之作。法國總巡捕房政務處督察朱良弼偕何耀梅來,調查發起人姓名、履歷及捐書人姓名、藏書册數、價值約計、經常費、房租、職員姓名、新館地址等項,另紙留底。并參觀書庫,啓箱檢示《唐石經》等,旋去。"年來上海游戲場所及種種消費之處,規模無論大小,籌開最易。若本館之文化事業,建築房屋請一照會費事如此,蓋在此時期中,辦正經事業反足驚人,世道如斯,爲之浩嘆!"(日記)

1月18日　葉景葵送孫叔和稿本來,先生即作謝函,略謂先哲精神,集於一庫,文字丙舍,付托有所。他日"後生展誦,可增高山之仰;苗裔摩挲,用慰先澤之思"。葉景葵函云:

　　餘杭孫和叔先生(樹禮)爲吾杭耆宿(光緒十一年乙酉舉人,丙子夏卒),年九十始壽終。頃其家屬以文集稿二册、詩集稿十五册,皆先生手書,介陳叔通丈送捐本館。集稿于杭郡掌故頗有關係。先生生平行誼詳見叔通所撰《八十壽序》,經先生手抄并有删正,亦附入文集之首。收到後請寫一正式復信,托叔通轉致其世兄,以答其捐贈之厚意。〔日記;《葉景葵致顧廷龍論書尺牘(便箋)》,載《歷史文獻》第 1 輯,第 57 頁〕

是日　校《春秋左傳集解考正》。王同愈以侯峒曾《絶纓書》卷相贈,即鈔録全文,親往璧還。潘博山屬意此卷已久,請以轉讓,即托潘景鄭帶去。晚應李宣龔招飲,座有徐森玉、趙萬里、鄭振鐸、瞿鳳起、潘博山、王仲明。徐森玉云清華藏書精華,在北碚被燒夷彈毀盡,殊可惜。先生詢趙萬里王國維校《水經注》下落。趙云有兩部,一部僅以趙一清等本校,爲張繼借失頭本;一部以朱箋校文義,最精密。"原本爲羅叔藴索去,願代整理付印,卒卒未成。故後詢其子,置之不理。渠曾傳録一部,静安尚爲跋尾,則爲傅孟真借去,隨身携行已去西南,然已數年,不知無恙否。"(日記)

1月20日　校《春秋左傳集解考正》。復燕京大學圖書館信。謁王同愈,求書屏聯共八件。文奎堂寄書來,《五十萬卷樓藏書目録》二十册,編撰不甚精。謁葉景葵,暢談,葉交藏書章兩方,并作介紹信,往訪孫世偉(俶仁),其藏書甚多,或有可借鈔借閱之用。(日記)

是日　聶崇岐有信致先生及潘景鄭,云:"今晨郵局遞到書三包,計《儀顧堂集》《克齋集》《南宋六十家集》,爲各一部,祗領之下,莫名感愧,此後于天水一朝史迹益當奮勉,用答厚意也。"(原信)

1月21日　先生有信致沈範思。又復文奎堂函。葉景葵送書兩箱來,略點一過。還蔡謙《絳帖》照片,并詢《天風環佩山房詩草》,蔡倫撰,是否其族人,曾否刊行?據云確係族人,惟其詩集皆無存者。(日記)

1月22日　接顧頡剛信,知美方"於《尚書學》尚未完成加以譴責,聲言須索還費用,可嘆也。《尚書文字合編》初不過屬余相助,後乃交吾一人,當時體例未全定,倉卒付梓。今則隨寫隨刻,隨時擬例,他日成書,難能卓然。自今以後,當日日爲之,不令稍懈,則半年中必可藏事。總之,研究之事,絶對不能分心。余傭書糊口,何暇及此,黄昏一燈,能成幾何?豈余一人如此耶"。聶崇岐來信,知洪業將於2月5日抵滬。赴明復圖書館,借《圖書館學季刊》七册。謁孫世偉,暢談。寫《尚書·禹貢》一段。發文楷齋函,囑開細賬。致沈範思函。(日記)

1月23日　贈俞階老畫册十八册。中國書店來邀看沈氏蠟剩書,無可取。寫《尚書·無逸》一則。葉景葵送書來,皆沈氏物。閱《圖書館學季刊》。(日記)

是日　先生有信致顧頡剛,談橅寫《尚書》及《明代版本圖録》諸事。

日前得履安信,今日又接手書,祗悉一一。

公爲《尚書學》編纂遲延受人指摘,此實龍一人之咎。年來傭書以後,僅能晚間從事,有時客來,有時體憊,皆不能握管。此三年中播遷一再,不能專心致之,實有不得已之苦衷在也。兹決定從速結束,不計工拙,適屆陰曆新年,休沐一周,并擬告假一周,當可整理就緒,零縑斷片,偶有遺漏,不及橅入,亦祗聽之,半年内或可出版。文楷齋已函屬其將詳賬開下,印刷紙費亦屬估計,函到計在陰曆新年,回復必須稍遲。搜集古寫本、拓片、照片,擬報五百,除容女士處經手所付英法敦皇卷子百數十元外,龍處須開二百餘元。但就龍大約估計,似不到此數,因有許多材料各處借來者(至公所收《尚書》著述則甚夥,然無法開列矣),且所收得之照片等,將來儘有爲彼索去之可能，故非爲此而備者不能開，容龍仔細查後，俟文楷之復，一併奉告。至龍所受影寫之費，似爲五百左右，記不清楚，兹開具收條一紙奉鑒。哈佛報銷有無期限？

　　燕京對於刻《尚書》一事不贊成者，何止洪某一人，因吾稍遲，竟爲口舌。將來出板，如無特長，譏議尚多，惟盡吾心而已矣。洪某對《責善》真能責善，諍友不易得也。聞渠二月五日來滬返平。燕校因國際情形前途莫測，雖司徒有布告闢謡，而人心尚依然不定，且彼處真能研究學問者實無幾人，或學力不足，或兼理事務，恐欲印如《責善》者而不可得，宜其狼狽也。龍自公行後，尚能與彼敷衍，兩年感情亦尚不惡，皆老田之力。一得撳老之招，急出是非之場，爲私人辦事較易。譬如做媳婦，在燕京，上邊有阿婆、太婆、太太婆、太叔婆等，旁有小姑、妯娌，酬酢其間，殊覺乏味。現在小家庭，阿婆且不管事，祇要不荒唐，就有成績也。惟此間情形宛如蘇州等處，事事須小心謹順。《責善》擬懇代存一份，不必見寄，恐郵寄遺失之成分爲多耳。《清代學政年表》因得《清實録》檢點之便，摘録成册，俟覆校畢即可托伯祥付印，擬先請夏閏枝先生(孫桐)審定，不敢草率。

　　《版本圖録》現已決定斷代爲之，因宋元本書影已多，并非亟需之作，明代尚無人做過，故特以參考者實急，遂爲《明代版本圖録》，而名之曰《初編》，叙例、目録已定，過陰曆新年即當與伯祥商印。現在借書不易，挂漏不免，導此先路，恭候他人之糾繆補缺矣。此事由景鄭兄負責爲多，渠現在散處共案編摹，有賞析之樂。預計卅年之一年内，此三事必竭力成之也。

　　此間物價之昂雖不如蓉，亦已可觀，白米每石九十七元；橄欖普通者每個兩角，好者五角，尤爲奇聞；電車、公共汽車以及水電亦皆一再漲價，其他可知。北平似略便宜。度此生活，實無好壞。(原信;《全集·書信卷·致顧頡剛》，上册第129頁)

1月24日　閱《圖書館學季刊》，頗有啓發。中國書店送來《嘉業堂藏書樓明本目録》二册，約一千八百餘種，二萬九千餘册，索值五十萬，"現有古董鬼胡某欲捐售美國"。王伯祥送《齊魯學報》來。寫《尚書·無逸》一則。(日記)

1月25日　閱《圖書館學季刊》。謁王同愈，爲潘博山送禮券，酬侯峒曾《絶纓書》之贈。寫《尚書》。(日記)

1月26日　除夕晚，祀先，繼母暨小弟、妹來夜飯。"馬齒又增，而一事無成，殊深愧恧。"(日記)

1月27日　年初一，賀繼母及王同愈等新禧。潘博山、潘景鄭等先後來賀歲。閱《清實録》。兩日未寫《尚書》，不能静心耳。(日記)

1月28日　顧翼東夫婦等來賀年。偕夫人往三舅處、外姑家賀年。(日記)

1月29日　晨，潘景鄭來，同至葉景葵處賀年，未值。叔英表舅來，囑求楊敬涵畫兩幀。往顧翼東等處賀年。接郭紹虞信，詢存燕京大學臨湖軒書箱數，即

作函致侯仁之代往一點。(日記)

1月30日　先生有信致郭紹虞,并附致侯仁之、田洪都各一箋,托點箱數并示顧頡剛。訪楊敬涵,爲叔英表舅求畫。旋訪王伯祥、徐調孚,商《明代版本圖録》印刷事。經酌定,製銅版,用桃林紙印,約下星期中遣製版人來談。徐調孚告《中美周刊》第2卷第17期有記孤島圖書館文,略及合衆,"謂其他有辣斐德路六一四號合衆圖書館,其組織及借書等,均與流通圖書館、業餘圖書館同"。(日記)

1月31日　葉景葵有短箋致先生云:"文禄寄來《守山閣叢書》十四包送上,過録畢即送交富晋。"謁葉景葵,暢談。購《中美周刊》。〔日記;《葉景葵致顧廷龍論書尺牘(便箋)》,載《歷史文獻》第1輯,第58頁〕

2月1日　校《春秋左傳集解考正》。誦芬生日。(日記)

2月2日　赴各親戚處賀年。新年碌碌,一事不能做。(日記)

2月3日　校《春秋左傳集解考正》畢。過録王菉友批點《守山閣叢書》中之《易説》。陸雲伯來,述其藏有魏錫曾批校舊鈔《金石録》十卷三册,又稱美國有版本展覽會之舉,袁同禮將前往參觀。中國書店送書來,楊金華携示《大元一統志》兩頁,有傅增湘跋,知傅從内閣大庫檢出携南,以贈沈曾植。"舉公物以贈私交,何異盜賊。公然題於紙尾,可耻孰甚。"(日記)

是日　巡捕房簽發建築照會,新館正式動工。新館由華蓋建築事務所設計,投標招工,由久大營造廠承造,委請浙江興業銀行信托部監工。書架由申藝木器店施炳根包工。(《合衆圖書館第二年紀略》)

2月4日　校《易説》畢。姚光來,檢假《續學堂詩文集》,爲燕京大學圖書館訪者。(日記)

2月5日　還商務印書館《春秋左傳集解考正》。簽繳李宣龔贈書單,還《西游記》,皆交任心白。贈王伯祥《恬養齋文鈔》。致田洪都信,寄還《蔣山傭殘稿》,并贈《漢研室詩鈔》,擬交换《制言》半月刊四十八期。葉景葵送書來。檢點中國書店書。理《尚書·禹貢》。(日記)

2月6日　中國書店書查畢。又查文學山房書單,即囑檢寄。點《周禮疑義舉要》。再赴中國書店選書。(日記)

2月7日　校點《周禮疑義舉要》。謁王同愈,暢談。歸,知凌某來告,洪業自美抵滬,囑往晤。即赴旅館,不值。游書肆,再去始晤,略談。(日記)

2月8日　午後,徐森玉、趙萬里來,參觀一周,索閲善本,即出顧廣圻校《史通》《華陽國志》及惠定宇校《三國志》。"徐、趙皆以惠非的筆,尚待詳審。"李宣龔贈《守信録》。商務印書館優待券請任心白更换。檢點所選中國書店鴛湖沈氏剩書(經人一再選去,真所謂着底貨也),尚不惡,惟價昂耳。中有沈叔埏補注《昌黎詩集》、黄培芳批翁方綱《近體詩鈔》、楊鍾義校《孔叢子》。閲《清實録》,録得有關殿板一則。(日記)

2月9日　約洪業午膳,夫人自煮,請李宣龔、潘景鄭、姚光及張天澤作陪。出顧廣圻校《史通》共賞,此本爲蜀刻本,洪以《史通》版本專家自命,謂此張鼎思本,大謬。李宣龔謂,冒孝魯聲稱葉景葵辦圖書館,而書不借人,辦之何用!其"不知本館方在籌備,何能出借? 即開幕後,亦須有相當限制。用功書,總須自備"。寫《尚書》。(日記)

2月11日　點《周禮疑義舉要》。閱《中和》雜志,從姚光處借來,頗有掌故可觀。楊鍾羲《來室家乘》今改名爲《雪橋自訂年譜》,載故事甚多,體例不固執,詳簡得宜,爲"自訂年譜之佳作也"。送書交葉景葵審定。錢卓英、童書業來談。(日記)

2月12日　葉景葵來電話,告移居門牌,并稱所選中國書店書皆極廉,蓋彼不知批校之人也。馬君眉來,約《明代版本圖錄》製版攝影,因天氣惡劣不便去。(日記)

是日　沈範思有信致先生,爲付書店款及王大隆印《庚辰叢書》諸事。(原信)

2月14日　撰書志兩篇。文學山房寄書來。葉景葵偕侍君來,暢談。夜,先生初以照相機試攝静物,"余於此事必刻意爲之,如有成,則過眼不致化爲雲烟矣",惜膠卷奇昂耳。葉景葵有短箋致先生云:"送上《詩説解頤》一部,乞查價值如何(抱經堂)。又沈範思信乙封。"〔日記;《葉景葵致顧廷龍論書尺牘(便箋)》,載《歷史文獻》第1輯,第58頁〕

2月15日　接燕京大學館函,知正印《簡松草堂文集》,手稿佚文擬刊入,即手錄之。王大隆來,暢談,商曹揆一文集印刷事,因排印工加價,籌得之款尚不足,先生建議"改用石印,請好書手書正,款行字數可稍密,則須費較廉,當能成之"。并告胡玉縉手稿已領到兩册,現正覓人清繕。描《尚書》。(日記)

2月16日　單鎮來,暢談,携示新題冒廣生手寫《戊申詩》卷,記當年舊事,足資掌故。并告近在鴻英圖書館閱《政府公報》,擬自訂年譜,以資參考。任心白來,携示所輯《清千家詩》,略一翻閱。"余於詩詞實門外漢,其序中提及由余閱過,愧甚。"寫《尚書》。(日記)

2月17日　葉景葵來,送書一包。從姚光借楊鍾羲(雪橋)《年譜》,内有記先生往謁一則,云:

　　　丙子,承弨爲刻《竹山堂文剩》《詩補》各一卷,介顧起潜相贈。起潜名廷龍,與王勝之同年有連。甲戌冬,勝之年八十矣,居南翔,爲作書介紹來見。能讀書,著《古匋文香錄》,乞余書"匋諼"橫額,有其鄉先生鄭盫、悫齋之風。(日記)

2月18日　復文學山房信。任心白送來代攝影書四册。葉景葵來電話,欲借《明通鑑》。馬叙倫介紹其子龍章來借書,清晨過早,未見。寫《尚書·無逸》。張元濟寄示病後新詩,末章猶振作有爲,亦壽徵也。(日記)

2月19日　理案頭積件。得潘景鄭藏張仲仁過録夏孫桐箋注葉昌熾《辛巳簃詩讔》,先從單鎮處借得夏重注本,無此詳,補録一通於眉。燕京大學圖書館贈先生與合衆《愚庵小集》《蓬盧文鈔》《保觺文録》《藝風再續藏書記》《袖海樓雜著》各一份。美國哈佛燕京學社贈《燕京學報》28期。復沈範思、趙萬里信。接聞宥函,托購《藏語文法》,即函托孫博純辦理。寫《尚書‧胤征》。(日記)

是日　葉景葵有短箋致先生,介紹鄧邦述之堂弟鄧駿聲去合衆,“披閱先世手澤,特爲介紹,乞將所藏供給閱覽爲荷”。〔《葉景葵致顧廷龍論書尺牘(便箋)》,載《歷史文獻》第1輯,第58頁〕

2月20日　先生有信致燕京大學圖書館,寄代鈔《樸學齋文録》《簡松草堂集》佚文四篇。致容媛箋,索補《燕京學報》第27期。致于省吾書,索其新著《雙劍誃殷契駢枝》《古器物圖録》《諸子新證》等,贈《恬養齋文鈔》一部。偶與潘景鄭議,從各家文集輯録清代吳賢《碑傳集》,次從家譜、又次其他,擬凡例六則,即日着手,命館童鈔之,得兩百人,即出一集,或較邑志之用爲大,成十冊,即可稱巨觀矣。讀《甘誓》《五子之歌》《胤征》。(日記)

2月21日　潘景鄭將《明通鑑》餘十冊帶來。出分類表,重新斟酌,前所定頗不安。晚,與夫人謁葉景葵,交《明通鑑》傳鈔本,還《詩説解頤》,暢談。(日記)

2月22日　致陳漢第函,請索還丁輔之借《丁氏家譜》,又催楊復寄存書早日解決,皆陳所經手者也。訪沈信卿,詢鴻英圖書館如何請求免房捐事,又詢藏書數,約五萬冊,雜志七萬冊。旋赴古拔路(今富民路),觀新屋動工情況。訪潘季孺,談《十六金符齋印譜》事。(日記)

2月23日　楊復來,理存書,其中有盧文弨校《傅子》,又浙人集甚多。《清進士題名碑》,自順治至光緒戊戌,甚難得。尚有碑帖不少,若《七姬志》(有跋)、蒯子範墓志、陶勤肅墓志等。(日記)

2月24日　重擬分類表。致夏孫桐、俞階老函。訪劉重熙,未值。盧藻翰來,托放大《尚書》照片。(日記)

2月25日　重擬分類表。吳豐培贈《藏紀概》。存古齋寄書單來,選一過。北平圖書館寄《圖書季刊》新2卷4期。謁葉景葵,授《太康物産表》《進士題名碑》拓入藏。馬君眉約往金星製版所攝影,托潘景鄭去。從施維藩處借到嘉業堂藏明泰昌本《南沙文集》、明洪熙本《歐陽修撰集》,皆難得之本也。(日記)

2月26日　先生有信致任心白、陳漢第。録明洪熙刻本《歐陽修撰集》跋,“此本甚難得,其四、五、六卷爲《飄然集》。後《豫章叢書》所刻據八千卷樓鈔本,實出萬曆,與《四庫》所采同。此洪熙本,下宋本一等耳,足以補正甚多,即校讀一過”。赴中國書店,見汪繼培箋《潛夫論箋》稿本,携歸細閲,此書經《湖海樓叢書》及《龍谿精舍叢書》刻過,特不知異同何如。昨潘景鄭赴大同製版局,攝書八種,合前三種,共計十一種。(日記)

是日　從中國書店購回汪繼培手稿，送葉景葵審定。葉云：“閲汪繼培手稿《潛夫論箋》，密行細字，塗乙甚多。眉端有王晚聞父子按語，經汪校定，與刻本對讀，或從或不從，箋中亦有刻與稿不同之處，蓋初稿也。”（《葉景葵雜著》，第186頁）

是日　聶崇岐有信致先生。

　　昨函計達。《晁氏三先生集》及閔刻《世説新語》，燕館及哈佛購書片皆無其書，豈大示中有誤字耶？承詢明代藩府之分，查明制，皇子封一字王，又稱親王，如周王、蜀王皆是；親王子封郡王，如文城王、静江王，皆世親王。通常可稱藩，可稱府，如周藩、蜀藩、周府、蜀府皆是。郡王則僅能稱府，如文城王府、静江王府皆是。諸藩宗室，世人爲辨别計，多冠其本枝國封，如周府中尉、蜀藩中尉之類，無敢祇稱何藩何府者。惟按宗法制度，大宗有收垣教養小宗義務，故每藩府皆有宗正，司本藩（包括本藩分出之郡王在内）宗子教導之責，而宗子賢者亦可服役于藩府，如朱睦㮮即其例也。因此，倘有賢宗子欲有何善舉（如刻書之類），在本藩之王允許後，亦可用本藩名義，如板本中之“蜀藩大字本”即有如此情形也。（原信）

2月27日　校《飄然集》畢。理《憚世臨奏稿》。托任心白借《湖海樓叢書》之《潛夫論》，《龍谿精舍叢書》無此。重理《尚書》寫本，“余所得者，較日本京都研究所缺兩段，一鳴沙石室本《盤庚》上之半，又李木齋藏《君奭》《蔡仲之命》”。（日記）

是日　撰明洪熙刻本《歐陽修撰集》跋。

　　比歲潘君景鄭與余有《明代版本圖録》之纂，歷朝以次，惟仁宗在位僅一年，洪熙刻本尤爲難得，久訪竟無一遇。施君均秋主南潯劉氏嘉業藏書樓事，承以樓中有洪熙本《歐陽修撰集》見告，并荷商假，于是難得之刻、難得之集竟獲展卷覽讀，即以胡刻《飄然集》詳校一過，足資補正者甚多。（《全集・文集卷・洪熙本歐陽修撰集跋》，下册第775頁）

是日　房東代表林炫偕律師羅時濟來館，續訂房租合同六個月。（《合衆圖書館第二年紀略》）

2月28日　先生有信致文楷齋，催開賬，估寫刻《尚書》價。又寄田洪都信，索要書目。任心白借到《湖海樓叢書》，并爲李宣龔轉示楊鑒資函，附有楊鍾義自訂文稿目録，甚謹嚴，僅百餘篇。見贈《明湖秋泛圖記》照片一幀。細閲各分類編號，大有所得，此次重訂較前周妥矣，惟分類擬用國學圖書館所分者。顧培懋來。許石梆父子來。還嘉業堂書。（日記）

3月1日　查存古齋寄來書樣及文學山房書單。午後，往中國書店，得《撫浙疏草》《撫浙檄草》《撫浙移牘》七册，《教經堂詩集》十四卷，《桂花塔傳奇》，送葉景葵細審。（日記）

3月2日　校《尚書》數頁。閲《古籍叢殘》，得偏旁誤用例數條。爲誦芬購

《世界地圖》一册。夫人生日，"小飲，略熏欲睡，失眠已數夜，今日可免此苦矣"。（日記）

　　3月3日　復任心白信，還書。致叔英書，送楊敬涵畫。葉景葵送書來。楊復來理書，中有《孔子家語》各種及《詩名識解》《毛詩名物略》《可如錄》《異苑》《不如異類鈔》等較善。寫《尚書》，改字。任心白來函，謂楊鍾羲文集決在滬排印，李宣龔欲請先生校字。（日記）

　　3月4日　改《尚書》寫樣。楊復來，助其理書，無甚善本。又出示所撰《宋元輿志題識叢錄》稿兩册，欲請先生求王同愈題識。施維藩函，謂《歐陽修撰集》等已收到。馬君眉來，送日前所攝《明代版本圖錄》銅版，皆好。校《尚書》寫樣。（日記）

　　3月5日　改《尚書》誤字，即寄文楷齋，計《洛誥》二，《顧命》一，《伊訓》一，《蔡仲之命》三，《多方》一。審理存古齋書，退二包。訪陳漢第，談及製筆，頗思一試朝鮮筆，苦不能得。陳即"檢贈大、小各一枝，又出自製筆一枝，即仿束制，稍有改動耳"。邵銳來信，"謂伯綱先生今年七十，欲余求外叔祖作篆'壽'字四尺中堂一幅，又博山、湖帆畫"。晚謁葉景葵，暢談，索閲《遂初堂集》兩部，帶書四包。寫《堯典》兩張。任心白送書來。（日記）

　　3月6日　檢閲豐華堂售書。馬君眉來，約攝《圖錄》之書影，請潘景鄭去，選十九册，照二十二片。浦江清來閲書。謁王同愈，王氏近日身體不甚佳，爲先生夫婦及誦芬各書一聯，并謂題《秀野草堂圖》已有稿，惟尚未寫，因文略長，恐腕力不濟。寫《尚書》兩張，今日試朝鮮筆，確佳。陳漢第所選亦遜一籌。潘景鄭贈倭筆兩枝，係譜孫托人在虹口所購，亦尚佳，"皆與中土製有不同，恐有唐代遺制，惜今無人考究矣"。（日記）

　　是日　葉景葵審定先生選購的豐華堂藏書，其《札記》云：

　　　　起潛選購豐華堂餘籍一批，有盧抱經校《傅子》，譚復堂校《詞學叢書》本《詞源》，塘栖勞氏校方鳳《存雅堂遺稿》，并有浙江人詩集、文集六十餘種，内有稿本、抄本、罕見本。百足之蟲，屢經鬻讓，尚多零縑斷璧，在今日已難得矣。（《葉景葵雜著》，第188頁）

　　3月7日　檢明刻本九種，交潘景鄭攝影。擬撰《明代版本圖錄》叙。寫《尚書》。盧藻翰來，放大之照片不能用，請其重放。（日記）

　　3月8日　葉景葵來，未值，留下書十包，有漢石經《堯典》《舜典》，昔所未見者。因鑄版工人罷工，《明代版本圖錄》攝影事衹可俟諸後日。紀彤來，交下目錄，囑由本館估價，即留以核對。（日記）

　　3月9日　理豐華堂書。潘博山出示趙文俶彩繪《本草》十二册，四函，"每頁標目皆彦可所書，趙靈均撰序文及書目錄，前有張鳳翼、楊維樞等序，以六千所得。并示群碧樓舊藏文俶畫翎毛一幅，尤工。據云丁丑前所得，僅四百元"。陳叔通來，不值，留一字，囑檢還孫和叔手錄格言屏幅，此非贈館者，係托陳裝裱

而誤夾他稿中者。葉景葵還《遂初堂集》,加有跋文。接容媛信。(日記)

3月10日　理豐華堂書畢。燕京大學圖書館寄書目來。爲姚光藍曬紙製《武陵山人制藝》。接夏孫桐3月5日信,談《學政年表》事,云:

> 雒誦台函,知有《學政年表》之輯,一朝文化,足補史表之未備,擬例精密,至爲欽佩。尚爲芻蕘之詢,愧謭陋之不足以贊高深也。竊以清初因明制設提學道,不過爲疆臣承流宣化而已。後改學政,出於特簡,體制始尊,權力乃擴,得自建樹。故賢者益能發舒,有裨於文化者匪鮮,如李文貞之於畿輔,其最著也。乾嘉以來,翁覃溪於廣東、江西,洪北江於貴州,錢南園於湖南,阮文達於浙江,其造士皆有成效。咸同以後,張文襄於湖北、四川,尤爲昭著。黄漱蘭、王益吾之於江蘇,規模皆不局於凡近。尊著《年表》告成,似可擇其尤者,勒一專書,以昭一代文化之盛,爲後來所鑒,可與《年表》相輔而行,亦佳事也。昔繆藝風在清史館,曾擬爲學政有名者立數佳傳,惜未竟其事。公可續成其志,亦有關係之作也。弟衰頹已甚,臣精銷亡,祇可期諸同好者耳。因公垂詢,啓其盲論,高明以爲何如? 率書奉報,并謝嘉惠。(日記;原信)

3月11日　批豐華堂書價,約值四百元。將豐華堂書送葉景葵閱覽。田洪都來信。王重民自美國華盛頓抵滬,有信約先生晤面。寫《尚書》。盧藻翰放大《尚書》照片,尚失一角,明日當補放之。"連日夜寐不能達旦,勢成失眠,内人促早休息。"(日記)

3月12日　先生有信致聶崇岐。葉景葵來電話,"謂新屋書庫電燈安置照余所規定,三樓庫招余前往再細酌之"。謁王同愈。寫《尚書·立政》一頁。馬君眉送銅版《圖録》樣來,已六十餘張。(日記)

3月13日　訪陳叔通,繳孫和叔格言屏四幀。承以原刻馬昂《貨布文字考》及童二樹《梅花詩》稿本贈合衆。在案頭見有漢匋器數事,"有朱書刻象,書體與《流沙墜簡》無二致,紀有年號熹平三年,象爲道家,可貴也"。陳謂將來願悉以贈館。赴浙江興業銀行,訪建築師,商安置書架事。午後,往明復圖書館,借《文華》及《圖書館學季刊》,并約量明復圖書館書庫尺寸,以資參考。寫《尚書·立政》兩頁。(日記)

3月14日　選定書架式樣。商務印書館送羅紋紙百衲本《宋史》一包,此書乃全。午後,訪馬俊德,商新屋書架及電燈事。寫《尚書》一頁。張元濟有信致先生云,所借《宛陵集》兩種收到,《清太祖史料》"鄙見皆書估作僞之作,編目時姑仍其名而糾正於下"。(日記;《張元濟書札》,第170頁)

3月15日　撰《圖説》。王重民自美返國,道經上海,來與先生相見,談英、法、美藏中國書情形甚詳。倫敦、巴黎藏敦煌卷極多,巴黎藏者經伯希和編號,八千以後者王重民爲之續編。經卷皆非整卷,其破碎者,法人不知修補,而以日本薄紙糊於正面,致字迹蒙蔽。葉景葵來,送到書數包,與王重民值門前,談片刻。晚,潘博山招陪,請徐森玉、鄭振鐸、張珩、孫邦瑞、吳湖帆,出示《嘉祐集》,字體精絕。(日記;《全集·文集卷·中國目録學史論叢跋》,上冊第405頁)

3月16日　撰《圖説》。偕夫人、誦芬往蒲石路(今長樂路)看新屋興建處。袁同禮來,告知將游美,北平圖書館館務由王重民主持。寫《尚書》。(日記)

3月17日　抄史部分類。美國哈佛燕京圖書館贈《西園聞見録》一部。葉景葵送碑帖七包,内多宋元之刻。謁葉景葵,暢談,云拓本多祖庭之藏,得自河南馬氏存古閣爲多。(日記)

3月18日　訪王重民,不值。葉景葵偕嚴鷗客來。(日記)

3月19日　訪王重民,詢伯希和住址。訪袁同禮。夏地山偕華毅如來閲書,夏查關於景教文事。華頗收書,有景泰經廠《君鑒》殘本、成化經廠《資治通鑑》、安氏桂坡館《初學記》,"雖非奇品,而於吾《明代板本圖録》大可取資也",約星期五借攝。請夏地山寫扇。嚴瑞峰携書來,有蔣超伯詩稿三册,當刻過。嚴瑞峰見借蘭雪堂活字本《春秋繁露》、宣德本《丙軒集》。單鎮携示張曜孫致顧子山手札長卷,皆論述鎮壓太平軍事。并爲冒廣生贈合衆小吾亭近刻一册。喬景熹來,葉景葵托其送來《南史》三册,從莫干山設法取回者,又帶去《守山閣叢書》一百十五册。抄張曜孫致顧子山手札。邵鋭來信,并贈王同愈《四庫標注》一部、《雲淙琴趣》一部。(日記)

3月20日　訪張元濟,未見。葉景葵來還存古齋樣書,述及喬景熹携有龔孝拱校《兩漢金石記》,皆據拓本細校,索二百元。存古齋人來,又選其普通書二十餘種。葉景葵送《明書》來,潘景鄭略校一過,一無佳勝,即繳。葉景葵請人譯出《東洋文庫十五年史》中"組織"一章送來,并楊復見售顧氏明朝小説四十種,計十册,索價百元。前次留此書二百餘種,索價一百五十元。寫《尚書》。致邵鋭信,贈《恬養齋文鈔》,并托催文楷齋復信。陳叔通爲邵鋭送紙來,囑徵書畫,爲其父七十壽。(日記)

是日　聶崇岐有信致先生。

　　頃奉手示,敬審種切。生活困難,實有同感。平地食糧雖廉于滬,惟麵之佳者尚十六元一袋(合三角六一斤),米之中常者亦七十元一包,比之事變前約漲五倍,而燕京薪水僅加六成,連同增薪,計之所得者不過三百三十元,較前四年恰爲一倍,故在昔日百六十元并不感覺拮据,今則未免左支右絀。弟與燕園友朋閒談,嘗言"錢值錢時不惜錢,錢不值錢反貴錢",語雖矛盾,實有至理。雖然吾二人不合時宜人也,既不善于蠅營,復不屑于狗苟,處此鬼域世界,不凍不餓已爲上帝莫大恩典,何敢再冀非分乎。君子居易以俟命,聽之而已,在未餓死以前,固不必戚戚,即不幸餓死,亦不知戚戚矣。百衲本《二十四史》事,當盡力爲謀出路,惟此間買書聲氣頗爲消沉,一時恐難有結果耳。影照《晁氏三先生集》事,已商之榮山,俟購得膠片後當即攝好寄上,但閔氏五色套版《世説新語》,榮山以設備及技術關係,謂不好辦,容另想善策。弟年來搜集宋代役法材料，已有數十萬言，暇擬整理問世，《燕京學報》固有專號辦法，但新博士等皆無成績發表，弟一老諸生耳，何敢不自度量，不爲翰苑諸公留一席空地？故擬向外發展，不知商務印書館可承印否，希爲一進行之。昨日王西徵來談，謂初來時，本擬韜晦，俟以系內巨公嫌其不鳴不吠，乃稍露鋒芒，今則又惡其近好揚才矣。弟年來處境與王仿佛，前登于《史學年報》及《燕京學報》諸文，自視實無多大價值，然以頻年屢有寫作，殊遭上鋒之忌，昨嫌我懶，今又惡我勤，左右爲難，啼笑皆非。嗚呼起潛，此豈人世界也。（原信）

3月21日　爲單鎮查張曜孫事迹。偕潘景鄭訪夏地山、華毅如，見明版多種。借明安氏桂坡館印本《初學記》及明成化經廠刻本《資治通鑑綱目》頭本各一册。文楷齋有復信并細單來，校核一過，有誤。（日記）

3月22日　先生有信致文楷齋。整理書架。葉景葵送陳漢第信來。還華毅如書兩册。張元濟有信致先生云："今又送去海鹽人著述三包，乞檢收。中有俞浩《西域考古録》，前揆初兄曾問及，乞檢出送與閱看爲托。"（日記；《張元濟書札》，第171頁）

3月23日　與葉景葵一起宴請袁同禮、徐森玉、王重民、劉重熙、浦江清等，潘博山、潘景鄭作陪。"聞森玉言，蘇州某估有趙文俶畫《本草圖》二千餘頁，均著色，尤物也。博山言，澄中所得許博明書，有天一閣影鈔北宋本《隸釋》，聞之神往。"（《葉景葵雜著》，第191頁；日記）

3月24日　葉景葵來，囑書《安陽縣葉公渠碑記》册頁。（日記）

3月25日　董金榜、童書業來。寫《尚書·立政》。接聶崇岐、淑翰、王重民信。書《安陽縣葉公渠碑記》册頁，"并撰小跋"。此爲葉先人葉濟光緒二十一年知安陽縣時，"疏管道，俾上游廣闊，下游免淹没之虞"，縣人建生祠并立碑記其事。（日記）

跋謂：

揆初先生近理先澤，得尊甫初宰安陽時開挖新渠稟稿三紙，將以裝治成册，并檢出邑人所立《葉公渠碑記》拓本，命移録附後，以詳始末。

謹按民國廿二年《續修安陽縣志》，立《循政志》一門，其引云："讀《兩漢循吏傳》，如文翁化蜀，宋均渡虎，生魚懸庭，蝗不入境等事，求之晚近，戛戛難矣。然當叔季之世，有能慈祥悱惻，實心愛民，或摧奸禦暴，明决如流者，亦可以循吏稱矣。安陽近數十載，治訟如鄭季雅，弭盜如葉作舟，皆卓卓在人耳目，其它有可節取者備載焉，作循政志。"

傳曰："葉濟，字作舟，光緒二十一年如安陽事，清勤自持，禁奸究有鄭季雅風。疏管道，俾上游廣闊，下游免淹没之虞。崔家橋等數十村不病水患，濟之力也。當時建有生祠，今巋存云。"

又《雜記門》云："二十一年四月，漳水復决二分莊，老河斷流。至七月水漲，大溜仍趨老河。知縣葉濟會同臨漳知縣周秉彝、內黃知縣鄗鑁督率邑紳修堵，被水村莊皆賑之。"

　　讀此可知當時政績卓舉，治水其一端耳。四十年後，是邑之人大書特書，稱述不置者，其遺愛之入人也深矣。（《全集·文集卷·安陽縣葉公渠事實》，上冊第 89 頁）

3月26日　閱書架圖樣。午後，赴浙江興業銀行，與李英年、馬俊杰商改式樣。訪葉景葵，送還《安陽縣葉公渠碑記》冊頁，暢談。陳叔通贈其叔鄂士手校本三種。（日記）

3月27日　接聶崇岐信。體憊，"無力作事，早睡"。（日記）

3月28日　申藝木器公司施炳根持李英年設計書架圖樣來。先生意不可表面好看，須實在堅用。今日"仍不能振作，喉癢時咳，仍早睡"。（日記）

3月29日　先生有信致聶崇岐，托售百衲本《二十四史》。葉景葵送《袁壖秋京卿日記》來，借自劉承幹處，擬抄一冊存之。謁王同愈，知昨晚略有熱象，經打針後今日稍愈。時馮超然、張穀年、顧翼東、顧延鳳均在，王同愈告先生曰："兩脚不能下地，兩股皆以臥席擦碎不愈，反側爲苦，實則陰症也。"又曰："吾前兩日囑穀年雇車陪訪超然辭行，今日乃超然來送行矣。"語有不祥，且說話時有舌音不自然處，因與顧翼東商，宜進參苓，即托曹融甫代選數支。袁同禮來辭行，"先返香港一行，辭氣間有牢騷"。先生向其索《圖書館學季刊》等，謂已航郵北平圖書館囑寄，并謂傳聞劉承幹藏書有一部分已售鄭振鐸。（日記）

　　是日　葉景葵有信致先生，囑將袁昶《京卿日記》抄録一冊，兼評王文韶、劉壽曾。

　　向翰怡借得袁爽秋日記一冊，皆庚子就戮以前之實録，請閱後送還之。聞翰怡言《中國日報》新近登出，不知此報見過否。又聞葉浦蓀擬付刊，亦不知葉爲何人。

　　王文勤以黃老之術自全，在樞廷時暗中斡旋之功頗多，而委蛇遜順、人云亦云之誤事亦不少，生平不輕動筆（弟曾得見數次，從未見其筆迹），既無日記，亦無存稿，終日惟水烟袋作伴而已，故從未聞有藏文勤書札者，可決其無遺稿。外任之奏牘不知有存者否（湘撫有亦例行，樞廷大老可以不留隻字），其子孫頗不能守成，恐亦喪失矣。袁日記朱校似係劉恭甫（壽曾）手筆（此人不甚高明，即裁割《宋會要》原稿之人）。楊抄誤字并不多，惟草書不甚有根柢，往往以意爲之。李稿廿一巨冊，如價能大減，館中似可留，酌之。弟意至少總須六七十元。楊書尚有四種漏送，奉上。〔《葉景葵致顧廷龍論書尺牘（便箋）》，載《歷史文獻》第 1 輯，第 57 頁〕

3月30日　午後，視王同愈疾，稍愈。赴潤康村晚餐，潘博山自蘇州歸，購得王雪澄遺書數種。（日記）

3月31日　寫分類表。馬君眉來，謂《明代版本圖録》攝影製版明日又須

漲價,請潘景鄭往攝三十餘張。寫《尚書》。(日記)

是月　代張元濟草擬致伯希和信。[①]

伯希和先生:

我們許久未有通信了,想念得很。

中國經過了這回戰事,從文化一方面説,損失已不可計算了,即以書籍一事而論,江蘇、浙江兩省向稱藏書豐富的地方,如今公家、私家所藏,差不多散失盡了。所以吾的至好朋友葉揆初先生、陳陶遺先生和吾三個人,發願以私人的力量,創辦一個中國國學的圖書館,命名爲合衆圖書館,在上海法租界租屋籌備,將近兩年了。現在新館已動工建築,地址亦就在法租界蒲石路 Route Bourgeat、古拔路 Rue Amiral Courbet 轉角,大約六月中即可完工遷入的。

我們這件事業,想先生必很贊成的。但是我們力量極爲微薄,建築館屋已費錢不少,完工遷入之後,每年應納地捐和房捐爲數更不少,經濟上很覺困難。查法租界中有鴻英圖書館,亦敝國私人所創辦,現設在法租界霞飛路一四一三號,昔年創辦之時,曾蒙法租界當道免去一切捐項。現在合衆圖書館事業相同,丞擬援例陳請。但吾等和貴國現任駐滬總領事 Roland Jacquin de Margerie 不相識,不敢冒昧的去相懇。因此想及先生是一位西方的漢學泰斗,爲貴國外交界的先進,又是吾的老友,對於我們的事業,當然格外的瞭解與贊助。所以吾相信你必能替我直接或間接的跟現任駐滬總領事 Margerie 極力關説,使我得到這個合理的要求,那是感激不盡的了。

盼望你早日給吾回信啊。

敬祝身體康健,著述日新。

張(原件)

春　跋《祥麟日記》。(《全集·文集卷·祥麟日記跋》,下冊第 1008 頁)

春　張元濟"以歷年收藏舊嘉興一府前哲遺著四百七十六部一千八百二十二册贈與本館,并以海鹽先哲遺徵三百五十五部一千一百十五册,又張氏先世著述及刊印評校藏弄之書一百四部八百五十六册,及石墨、圖卷各一,事先作寄存,冀日後宗祠書樓恢復或海鹽有地方圖書館之設,領回移貯。既經倭亂,鑒于祠屋半毁,修復無力,本地圖書館之建設更屬無望,遂改爲永遠捐助"。(《全集·文集卷·張元濟與合衆圖書館》,上冊第 334 頁)

春　原租舊辣斐德路房屋,"借住兩年,已不敷用。其時工料騰貴,基地雖已由葉先生購置,而建築費尚成問題。爲圖書館根本打算,非自有房屋不可,承陳萊青先生等熱心捐助,始克完成。……委托華蓋建築事務所設計,招工承保,建築鋼筋水泥館屋一所"。(《合衆圖書館小史》,載《總結·開拓·前進:建館

---

①此信幾經修改,數易其稿後,由張元濟請人譯成法文,法文信署日期"22 日"。

三十五周年紀念文集》,第4頁)

4月1日　寫分類表畢。傷風,服藥早睡。(日記)

4月2日　葉景葵來,送書五包。出示謝墉撰《聽鐘山房集》稿本,似未刻。言孫慕韓之弟寶瑄有《忘山廬日記》,今訪得十二冊,聞遺失約十八冊。又言及蔣氏書已説妥,重複者及不重複而實用者須自留,以備後人誦習之用,概由先生爲選定之。陪夫人去廣慈醫院看牙齒,上藥少許。先生以爲有風熱,復偕至張爾梅醫生處服中藥。視王同愈疾。(日記)

4月3日　赴商務印書館,購趙元任等譯《中國聲韵研究》。至國粹書店,購《解春文鈔》附《補遺》《詩鈔》,二十二元;又宋至撰《緯蕭山房詩集》,[①]精刊本,三十三元。友仁書店送書目來,"選一單并索閲樣本"。單鎮來還書,長談。寫《尚書·立政》畢。(日記)

4月4日　分類表號碼定就。赴浙江興業銀行訪李英年,接洽書架事。貼《尚書》。視王同愈疾,吳醫旭丹診云,心臟尚好,脉搏亦正常,胃腸似不消化耳。(日記)

是日　李宣龔有信致先生:"《古今》并無十分精采,閲畢謹以奉還。屬書各件,病後殊無氣力,徒蹧蹋紙張而已。"(原信)

4月5日　校《袁塽秋京卿日記》并跋。是書爲葉景葵借自劉承幹者,原係楊紹廉傳鈔所得,先生爲合衆圖書館傳抄一本。貼《尚書·立政》七張。(日記;《全集·文集卷·袁塽秋京卿日記跋》,下冊第1003頁)

4月6日　訪李宣龔。祭誦詩兒柩,"風雨飄零,殊覺不安。公所中司事之不負責,可恨。惟早謀入土耳"。描《尚書》。顧翼東來,未值,由夫人代見。(日記)

是日　陳叔通有信致先生。

　　　奉上地氈一張,即以爲合衆圖書館落成之預賀,乞先爲查收。合衆聞欲改國粹,弟以爲不如改國學,蓋國粹沿用不知是否出於日本名詞。(原信)

4月7日　接北平圖書館信,可贈《圖書館學季刊》。赴中一信托公司,訪靈岩公墓接洽處,探詢有關事宜。歸來知王同愈於午刻病逝,即往吊。葉景葵偕關志良來,未值,囑明日往于晦若後人宅取書,爲之整理。得沈範思信。(日記)

4月8日　赴王同愈宅相助照料一切。下午四時,送靈至上海殯儀館。夜歸,寫挽聯,句云:"書畫文章,優游林壑,藝事千秋成絕業;琴尊杖履,侍坐槎南,春風兩載愴前塵。"由潘景鄭修飾成之。(日記)

4月9日　點存古齋書。赴殯儀館吊王同愈。晚歸,收到北平圖書館寄到《圖書館學季刊》等。朱子毅取回于晦若藏書數箱。葉景葵送書來。王重民來閲書,未竟,約下星期再來,贈《敦煌殘卷跋尾》第二輯。(日記)

---

①《緯蕭山房詩集》:當指《緯蕭草堂詩》。

4月10日　理于晦若藏書，并無佳槧。蕭亮舅招談，囑編《王同愈事略》，携回雜記等，當編《文存》一卷。(日記)

4月11日　夫人早車赴蘇州，同行有顧廷翔等人。晚得電話，悉已安抵家中。致北平圖書館謝函。惠臣從舅來，托擬挽聯。伯舅來信，囑與顧翼東設法保存王同愈遺著。作書致顧翼東，囑録王同愈所有題跋。理王同愈遺稿。吳湖帆來信，欲爲王同愈開追悼會及擬私謚。郭石麒來估于晦若書價，僅值三百元。訪葉景葵。(日記)

4月12日　抄王同愈文稿，試編年譜。録《史通》校，以應洪業之囑。誠安來長談，贈以《秀野草堂圖》印本一幀。葉景葵告知，于晦若本家，願以四百元出售其書。(日記)

4月13日　編王同愈年譜，閱縣志，查學務公所，僅有叙及，未有專條，當係遺漏。今值首七，往拜。葉景葵送書來。得信，知夫人赴蘇州途中安好。(日記)

4月14日　赴三舅處，出示王同愈隨筆六册、日記七册，頗有可觀，携歸細讀，年譜或可有成。午後，王大隆、王重民、單鎮等來談。馬君眉送《明代版本圖録》書影樣來。閱王同愈隨筆。"碌碌終日，不能安心伏案，奈何！"(日記)

4月15日　謝于省吾贈書。復邵鋭、田洪都函，告王同愈逝世事。葉景葵遣人送來吳穎芳《説文理董》前稿，存第七卷起，係喬估收自揚州，據稱得於繆荃孫藝風堂。其他抄本三種皆刻過。許石枏來談。寫《尚書》。(日記)

葉景葵函曰：

喬估寄書一包，送請審查。《説文理董》，查國學圖書館本是否止六卷，此本自七卷起，當是藝風抄本，已否刻過，有無流傳？如係罕見，則可影抄一部。因三百元之價太昂，渠等載至北京，如售一百五十元便上算，決不肯過于貶價也。《蜜梅花館文》有無刻本？餘二種似已刻過。前致伯希和書有無底稿？請再依樣作一説帖，致法領事，以備先托人譯成法文。陳萊青所捐五萬元已交到，在中華民國乃罕見之事，復信稿底送上一閲，可存案。自行車如空，望再來搬書。……外書兩包内一包係散藏送館者。〔《葉景葵致顧廷龍論書尺牘(便箋)》，載《歷史文獻》第1輯，第58頁〕

4月16日　葉景葵來談，囑理蔣抑卮藏書複本并送書來。惠舅來，囑書挽王同愈聯，句由先生與潘景鄭代作，曰"三百年仁孝家風，魏科獨擅場，世德長垂繩祖武；四十載恩勤教誨，彌留猶隨侍，涓埃未報愴終身"。馬君眉來，交《明代版本圖録》鋅版。顧翼東來，商輯王同愈遺稿事。任心白送所編《高僧詩》，又催爲李宣龔書編目，其書不甚多，即提前編一草目報之。寫挽聯兩副。試用分類號，即以李目先用之，如無窒礙大佳。貼《尚書·堯典》。(日記)

關於蔣抑卮藏書，先生後在《私立合衆圖書館藏書概況》中，曾有較詳細的回憶，云：

葉揆初先生於一九三九年夏，有創辦圖書館之意，首出自藏鈔校稿本。

其次蔣抑巵先生藏書數萬册捐出,余到滬後,即言等藏書章蓋好陸續送去,
但目前尚無蓋章之人。余即應曰:蓋章之事,吾能爲之。抑巵設午宴於家,
時家居海格路范園,座有葉、陳氏昆仲、高欣木、王福庵等。次日,我即前
往,在書庫中每册蓋章,積一出租車,即携回合衆。未幾,抑巵忽以傷寒逝
世。揆初則方自綁匪手中獲歸,爲撰《家傳》一篇,并曰:凡未經抑巵送館
者,均由蔣家自留。是批善本,約十餘箱,交由蔣彦武保管。彦武爲抑巵侄
孫,浙江興業銀行董事。"文革"中,造反派闖入,監視至晚,腹飢,見此書若
干箱,即損至廢紙鋪論斤售去,得錢各吃幾碗餛飩,而書入廢紙鋪者,均送
紙廠做回魂紙,無有幸存。抑巵之書,得之汪鳴鸞家。汪書出,抑巵與蔣孟
蘋合購,善本歸孟蘋,普通本歸抑巵。抑巵以一部分歸合衆,尚留於家一部
分,此部分解放後送華東文化部,華東撥交合衆。抑巵生前捐合衆者,合衆
編有書目,曰《蔣氏凡將草堂書目》,潘景鄭編,洪駕時刻蠟紙,印數十部。
(《顧廷龍年譜》,第 507 頁)

是日　葉景葵表弟吳諫齋致葉景葵信,願將杭州吳氏老宅藏書捐贈合衆圖
書館。

　　昨晤寄廎先生,并奉賜書,敬審起居安康,快慰奚如。吾哥建立圖書館,
保存叢書,垂諸久遠,弟萬分贊佩。弟於五年前回里,環顧家中書樓,室被塵
封,架爲鼠噬,蠹魚侵蝕,尤爲可惜。深慮歷代藏書將次毀滅,後人既無讀
書餘暇,又乏整理之人,當時即欲提議將藏書捐之浙江圖書館,不料戰事爆
發而此議作罷,更不料此項藏書居然幸存,則此時之重視尤應勝於往昔。故
聞尊館行將落成,乃有捐入尊館之意。一以吾兩家之交誼,當有捐贈之可
能;一以尊館地址較內地爲安全;一以幽谷遷於喬木,且有專人整理。種種了
便,益何樂不爲? 進思以御賜爲問題,殊欠理由充分。要知絧兄之書并非完
全御賜,如以御賜而言,先曾祖雲貴總督時代御賜者亦不少,況御賜之物尤
應寶貴,不應置之高閣。至先君朝夕翻閱書籍,在絧兄生前早經移入書樓併
爲一起,并不在弟婦處,進思所言殊覺費解。絧兄《晋書斠注》稿,吾兄送還
後存於周伯伊家中,渠爲黄筱彤之戚,在商務書館辦事,住康腦脱路三星坊
十六號(如已移居可請轉詢筱彤),兹書一片請兄派人前取。最好由行中同
事往領,因弟從前存時藤箱有數隻,未知書箱外面有無標記,或須在周家打
開一看,如茶房啓箱恐不經意,書籍零散,或有遺失之虞。該書稿將入尊館,
亦該稿莫大之幸福也! 弟病後始於最近脱離醫藥,消費似較減,然生活指數
日高,所入依然難以平準耳。(《葉景葵年譜長編》,下册第 1026 頁)

按,絧兄,指吳士鑒(絧齋)。先君,即吳慶坻。

4月17日　擬章程,未及著筆。午後,王重民來,同去聖約翰大學圖書館訪
王大隆,參觀學校圖書館。歸赴葉景葵處,商蔣氏書目。描《尚書》三行。夫人
來電話,詢問誦芬近況,定 21 日返滬。(日記)

4月18日　校李宣龔書編目片。葉景葵來談并送書。選蔣目。通學齋寄新收集部目求售。任心白見借《張季子九録》。惠舅來取挽聯。寫《尚書》。抄王同愈文一篇。(日記)

4月19日　校李宣龔書編目片。冒廣生來,述"近得涵芬樓藏明抄本及孔荭谷校《春秋繁露》,重校一過,始知明抄本尚留宋本之舊。宋本行款當爲十行,非九行,以十行書之,闕文處正爲兩頁。孔荭谷所校,蓋先以各本校過,後得錢獻之校本,即過録其上,故跋有'重校'一語。鄧孝先乃誤爲孔荭谷全據錢本度一過耳,大誤。今知館臣未見明抄,故殿本有改《大典》本,《大典》本有改宋本處。冒先生今年六十九矣,校書精勤,能不佩服邪"。校《大戴禮》,以高氏贈元刻校景袁刻本,有勝處。抄王同愈文。還單鎮商部奏牘等三册。顧廷鳳來索書,"余近無暇臨池,亦無此興也。奈何奈何"。葉景葵電話,謂劉承幹書明本千數百種、鈔本三十餘種,以二十五萬售中央圖書館,徐森玉鑒定。尚有一部亦欲售矣,擬請張元濟及葉景葵爲之評價。(日記)

4月20日　王同愈眚回,携誦芬往拜。抄王同愈文數篇。寫對四副、小屏一幀。接施維藩信,謂劉承幹移居他處,藏書亦隨移去。須借各種圖書,當有以應命云。(日記)

4月21日　校李宣龔書編目片。接聶崇岐信,勸赴美國,任哈佛大學燕京漢和圖書館編目主任,月薪美金百餘元。夫人自蘇州歸來。(日記)

4月22日　校李宣龔書編目片。禮卿叔及葉景葵先後來,同談大清銀行事。抄王同愈文。復洪業信。接容庚贈《彝器通考》兩册,此書編纂先後亦八年之久。(日記)

4月23日　撰《明代版本圖録》圖説三種。友仁堂寄書單來,售去已多。任心白來電話,告知《人名字典》正補輯竣事,王同愈尚可加入,囑先生撰小傳,并爲章鈺、胡玉縉各撰一篇,擬同送去。先生嘆曰:"吾吴耆碩行將盡矣!奈何!"貼《尚書》。(日記)

是日　張元濟有信致先生,擬將收集之嘉郡先哲遺著分批捐贈合衆圖書館。

囊弟搜輯嘉郡先哲遺著,多歷年所,亦積有數百種。去歲曾爲兄言,擬歸之合衆圖書館,俾免散佚。不意冬間一病,侵尋數月,遂致久延。各書本寄存東方圖書館所賃市樓,今當陸續取回,呈諸左右。今日先送去第一批,以後當排日檢奉。惟中有蠹蝕者,如不便收拾,則竟棄去可耳。七邑之中以海鹽人著述爲多,鄙意擬暫時留出,冀異日敝邑或有圖書館之設,則仍以歸諸故土,稍助鄉邦文獻之徵。合先陳明,務祈鑒察。昨日檢得劉君翰怡昔年景印宋刊《漢書》零卷,謹以一册奉贈,伏乞莞存。勝老逝世,曷勝人琴之感,設奠有日,望先示知。賤體尚未復元,脚力衰乏,故迄未能詣謝。言不盡意。(《張元濟書札》,第171頁)

按,第一批書爲《樸溪剩草》《漱六軒詩抄》等二十二種六十八册。(《張元濟

年譜》,第 488 頁）

4月24日　理拓片。赴中國書店,選《中央研究院報告》等。潘季孺來長談,言軼聞甚多。訪葉景葵。友仁堂寄來韓桂舲日記,確係手筆,叙及與先生高祖往來甚多,惜定價不廉,恐須割愛,如不成,祇可鈔一本。貼《尚書》。葉景葵送百衲本《二十四史》第六期一箱。（日記）

4月25日　校李宣龔書編目片。（日記）

4月26日　校李宣龔書編目片。復友仁堂函。致書春函。貼《尚書》。理拓片。（日記）

4月27日　葉景葵借《州域形勢》鈔本、刻本各一部,并告《讀史方輿紀要》稿本確多顧祖禹手筆。伍崇善持葉景葵介紹信偕其妹來參觀,謂其父有遺書數笈擬以相贈。王同愈三七,往拜。顧翼東出示王同愈臨《九成宮》,極精。訪冒廣生,獲觀涵芬樓所藏舊鈔本《春秋繁露》,半葉十行十八字,字甚大,作歐體,當從宋本影鈔者。卷十三有缺頁,缺字處最易辨。他本行款多更動而多轉誤矣。殿本原注有王道焜本之注,亦混入。又殿本所注,他本均已考明,冒撰札記長跋一卷,現又從事《淮南子》。旋沈恩孚來,二老於先生多所獎借,“鶴老謂吾蘇州後起之秀,信老謂吾亦已中輩。鶴老又謂不久亦即將推爲老輩之列,彼等昔在也是園攝景時年尚青,曾幾何時,已成老輩,相與慨嘆”。先生於冒有“髦而好學,極可敬佩”之語。閱王同愈丁酉日記,抄王詩數首。（日記）

是日　張元濟第二次捐贈合衆圖書館嘉郡先哲遺著《勺水集》等四種十九册,并借《恒言録》一部。張有函云:“本擬按月檢送贈書,因寄存東方圖書館,而商務暫時停業,祇可中輟。”（日記;《張元濟年譜》,第 488 頁）

4月28日　王大隆來,述孫伯淵新收書大宗有文素松印。查《民國名人圖鑒》有之,萍鄉人,訓練總監、參事,嗜金石,曾得《尚書》熹平石經一塊,葉景葵有拓本送來。其人收金石稿本甚多,擬刻《思簡樓叢書》,未成。浦江清來,閱《演繁》《玉篇》等數種。（日記）

4月29日　徐森玉來,約晚間訪劉次羽,閱其祖庭所撰《左氏疏稿》。致伯舅書,詢王同愈早年事。潘景鄭往孫伯淵處閱文素松書,來電告知,鈔本雖舊而多,皆熟名,明刻本亦不少,惟《思簡樓叢書》不在内。郭石麒來,商于氏書,以四百元定奪。其新自南通來,得舊刻地方志多種,皆爲京客收去。又有王念孫批校《荀子》,甚佳,將以呈葉景葵。晚飯後,徐森玉來,托借平館書二十餘種。旋即偕至古拔路劉次羽寓,劉捧出《春秋左氏傳舊注疏證》,第一卷爲劉文淇撰,以後爲劉毓崧、劉壽曾撰,實出壽曾手爲多。計原八本,清稿七本,清稿中有貼籤甚多。原稿有凡例三則,爲清稿所未録。“前聞人謂,劉氏三世所撰《左傳疏》失於此次避亂蜀中,實係誤傳。次羽云,辛亥間曾由申叔携去蜀中,又傳申叔續纂甚多,亦非事實。次羽出示《申叔遺書》,武寧南氏所排印,當時托錢玄同經理其事,南與徐森翁山西同學,故曾助搜稿本甚勤。成書後,玄同即請蔡子民撰一事略冠首,南以示張溥泉,張、蔡有隙,頗致微詞,而南遂不敢發行。玄同知而大怒。南又招森翁商善後,遂定送至南京者皆去蔡文,以陽應之,後即遭亂閣置矣。近始發出,恐尚不能暢通耳。森翁又謂,其中有《說文校語》一種,嘗有《說文》一部,批校甚佳,未題名,而書買謬署申叔之名,實不足信也。次羽曾校印壽曾《傳雅堂集》,見贈一部。"(日記)

4月30日　郭石麒、楊金華來,捆于氏書去,"款四百元即交清"。赴西人郵票社爲誦芬購芬蘭、阿根廷、愛沙尼亞等郵票,五色繽紛,頗有可觀。(日記)

是日　與葉景葵、潘景鄭同往孫伯淵集寶齋。"萍鄉文素松思簡樓遺書盡歸集寶齋。與起潛、景鄭同往,選取數十種。有《全上古三代文》抄本四册,見其凡例,與嚴稿不同,上有'彭甘亭'印,携歸閱一過,知非嚴輯,不知何人著作,可異也。"(《葉景葵雜著》,第206頁)

是月　葉景葵整理舊碑帖,送合衆圖書館。其《札記》云:"起潛來,謂余送館之金石舊拓本頗多,而造象一類尤爲豐富,談次頗有喜色。余祖專研造象,尚有裱本四巨册未曾檢來。余叔浩吾公所收曾氏造象,尤爲精博,尚在杭州舊居,倘能悉數運出,可成大觀,整理之役,則非起潛莫屬矣。余祖所收碑拓,以河南馬氏存古閣舊藏爲最多,皆乾嘉間拓本,在今日已可貴。"(《葉景葵雜著》,第204頁)

是月　李宣龔爲先生題復泉手卷,云:"十室存忠信,泉幽不用名。請看心匪石,真見水如城[①](閩方言有源之水曰有城)。願力關兒女,波瀾屬老成。故家專一壑,井裏漱餘清。"(原拓;原信)

5月1日　校片。葉景葵索閱嚴可均輯《全上古三代文》,送去三册,附去《續昭代名人尺牘》一册,有彭甘亭札。《卷盦札記》云:

> 審定《全上古三代文》四册,後附《先秦文》一卷,係彭甘亭手稿,其名與嚴輯同,而内容不同,不及嚴輯之繁富。……疑此意本創於孫淵如,且有集合衆手以成一書之意,如修《全唐文》然,故嚴、彭皆致力於此。嗣以合作爲難,各行其是,故嚴輯凡例有"不假衆力"之語,而傳者因此議發起於孫,遂有嚴攘孫稿之謠。嚴書具在,所謂"不假衆力",并非虛言。今又有彭輯出現,更可爲嚴辯誣矣。此意應查彭、孫關係再定……

> 閱彭集畢批,甘亭曾輯《南北朝文鈔》。顧千里曾入《全唐文》館。(日記;《葉景葵雜著》,第206、208頁)

5月2日　午後,往孫伯淵處選購文素松遺書。晚,應徐森玉招飲,座有葉景葵、潘博山、潘景鄭、吳湖帆、王重民、鄭振鐸、張珩、李玄伯、蔡季襄。1932年,先生曾因沈兼士之介,和李玄伯晤於故宫博物院,欲觀其所藏吳愙齋致陳簠齋書

---

①真見水如城:此爲拓本句,李宣龔信作"真有水如城",或即5月4日内容中提到的"李宣龔亦來,出示所題復泉拓,已改易數字"。

札。據李云非其所藏,亦僅於其裔人處見之。先生初疑其托詞,迨 1937 年北平圖書館得一宗,乃知非托詞,吳札今已由商務印書館景印。徐森玉言及近年北平又出吳窓齋手札一宗,不知歸往何處。是晚,蔡季襄携示在長沙得新出土古物數種。徐森玉又述及昔往東陵參觀盜掘後重葬事,嘗檢出高宗頭顱,觀其牙齒,均未脫落,年屆期頤而能如此,嘆爲奇事。(日記)

5 月 3 日　任心白來,示李宣龔爲題復泉稿。理存古齋書。葉景葵送還《讀史方輿紀要》第一函,有長跋。貼《尚書》。(日記)

5 月 4 日　訪施維藩,述及劉承幹藏明刻本一千二百種及鈔校本三十餘種,以二十五萬元歸鄭振鐸。又詢劉氏自刻叢書事,施云《吳興叢書》已缺《周易通解》《陵陽集》《胥石詩文鈔》《歷代詩話》,《嘉業堂叢書》及《求恕齋叢書》尚有全者。訪陳叔通,適李宣龔亦來,出示所題復泉拓,已改易數字。王同愈四七,往拜,見沈恩孚挽王同愈詩,云:"多難乾坤息影身,卧薪歲月正回春。河山指日看重秀,何意文星隕老成。"(日記)

5 月 5 日　葉景葵來,送來田普實校《人物志》。閱蔣目。接聶崇岐函。李宣龔送題宋闌拓本詩來。(日記)

5 月 6 日　校韓桂舲日記,是書於先生家掌故甚多,可輯成瑣記,以入家乘。校《尚書》。葉景葵送來王念孫校《荀子》,破爛殊甚,似即《讀書雜志》之底本。查田普實係江都之通四元者,諸可寶撰《羅士琳傳》附見篇末。李宣龔送還題宋闌拓一册。(日記)

《卷盦札記》云:"中國書店送閲王石臞校讀謝刻《荀子》,以宋錢本、元本、世德堂本及《御覽》《治要》《類聚》諸書校正,極爲細密。内有'引之曰'三條,係父采子説,是難得之佳書。索價一千二百元,不似從前之易與矣。"(《葉景葵雜著》,第 207 頁)

5 月 7 日　校韓桂舲日記畢。友仁堂來函,書價不能讓,衹可退回原書,幸已抄得一部,當可以流傳。理存古齋書。校《堯典》半篇。劉承幹電話,邀約 10 日晚餐。(日記)

5 月 8 日　校李宣龔書編目片。復存古齋函。復王仁楨函,托存古齋轉。赴孫仲淵處,未值。見文素松所有方志俱爲平賈收去,計一百八十餘種,售五千餘元。校《尚書》兩篇。興業銀行薛佩蒼贈明游居敬編《韓昌黎集》、明刻《金陵瑣事》。(日記)

是日　再跋《語石》(清宣統己酉刻本)。(《全集·文集卷·跋語石》,下册第583 頁)

5 月 9 日　校李宣龔書編目片畢。接《責善半月刊》。擬合衆圖書館簡章,構思未有所成。孫仲淵處送書來,計四百六十五册,略選一過,即送葉景葵閲。改《尚書》。(日記)

5 月 10 日　查孫仲淵處書。晚,與葉景葵同應劉承幹招飲,座有何炳松、鄭

振鐸、徐森玉、張芹伯、瞿鳳起、施維藩。葉景葵介紹先生晤袁帥南，袁氏藏書甚富。(日記)

據劉承幹日記：

晚六時，何柏丞、徐森玉、鄭西諦、^①葉揆初、瞿鳳起、顧起潛、張芹伯先後來，由韵秋幫同招呼，以柏丞、森玉均第一次見面也。七時，宴諸君於外間。九時客散。……席間，聞森玉、西諦二公所談所見之書，淵博極矣。見聞多，記憶力强，真可佩也。(《求恕齋日記》，第 13 册第 367 頁)

5月11日　訪張珩，因前曾言有浙人集部稿見贈，故先拜訪之。王同愈五七，往奠。閲肆，見《兩漢文鈔》，係撰《花鏡》之陳淏子所編。陳字爻一，似爲他書所未見。《唐人萬首絶句》一百十元，尚不甚貴。葉景葵將孫仲淵處書選定，請先生明日與之議價。改《尚書》。(日記；《張葱玉日記·詩稿》，第 190 頁)

5月12日　致文楷齋函，并寄刻字款。寫《堯典》三頁、《多方》二頁、《主政》七頁，共計十二頁。爲《霜厓詞》商了結事。擬《合衆圖書館章程》。孫仲淵來議價，不諧。接聶崇岐信。郭蟄雲贈書八種十函。校《尚書》。(日記)

5月13日　燕京大學圖書館寄來《美國哈佛燕京圖書館目録》校樣，爲閲一過，改正數處，即寄回。接田洪都函。擬《合衆圖書館章程》。偕潘景鄭應蔡季襄之約，"賞鑒錯鏤古物帶鈎，皆精，花紋亦細美，有兩鈎有字文"，皆近年所出土者，蔡將有《圖録》之纂。徐森玉云，曩商承祚(錫永)從蔡君得照片一份，携至成都，即開展覽會，并邀森翁往觀，實則森翁已在長沙蔡家見過實物矣。商承祚又藉此撰《長沙訪古記》一書。觀畢，主人宴於成都菜館，同席丁福保、周予同、徐森玉、鄭振鐸、李玄伯、張珩、潘博山、潘景鄭。先生以宋刻本《周易單疏》流出事，外間頗多傳聞異詞，詢諸徐森玉，以明原委。據徐云，"此書徐梧生物，梧生子托柯鳳孫持此以向潘復謀事。某日，柯晤潘，即面懇之，未及以書相贈也。而潘重柯，屬翌日即委以優差，既亦忘送其書。或人從徐處得聞《周易單疏》之歸潘，僉乞一閲。潘力辨其未有，人益責其晦莫如深，潘卒至賭誓以爲信。後柯子昌泗夫婦素不睦，夫人甚悍，係薛叔芸之幼女，鳳老頗欲令仳離，曾托森翁宴法界名流共商此事，咸謂不可，或勸昌泗他適，與之別居，遂納一寵。既有子，鳳老知其媳之爲人，恐將來子之妾斷難分得家産，爰出此書付之，曰異日鬻此，足爲爾子之教育費矣。鳳老殁，森翁即向昌泗物色之，而昌泗謂在其妾處，不獲見。商之再三，昌泗乃約森玉與其妾面晤，後言定價值萬三千元矣。森翁擬以歸北平圖書館，館有委員會，陳援庵爲主席，往請裁定，則曰不必費此巨值購一《周易》，力主勿購，遂罷。森翁不得已，訪傅沅叔，勸其收之。傅有難色，卒勉力籌款以得之。某日，在番菜館與昌泗及其妾三面清交。後爲日人橋川得悉，極欲得之，與傅商再三後，乃借之影印。前年，傅售與陳澄中三萬三千元，爲自來

———————

^①何柏丞、徐森玉、鄭西諦：原日記中三人名下附有小字簡歷，今略去。

宋本價值之最巨者矣。森翁又言,元刻《困學紀聞》舊藏于右任家,某年,張作霖將到平,于不得不行,而窘不能治行囊,遂此求售,猝不得主。森翁乃爲介紹讓與傅,九百餘元成交"。是皆書林掌故也。(日記)

5月14日　擬《合衆圖書館緣起》一篇,甚短,不愜意。"惟余不欲爲大文章,不發宏論,力求平庸,庶免招忌,一意以闇然日章爲吾鵠的。"寫扇一。孫仲淵來議價,不諧而罷。楊金華來,交宛溪(顧祖禹)手札,托製珂瓓版。(日記)

5月15日　將《合衆圖書館緣起》及《合衆圖書館章程》潤色脱稿。致郭蟄雲贈書謝函。陳漢第贈剛卯拓本(珂瓓版印本)兩紙。燕京大學圖書館寄來《里堂家訓》(從《傅硯齋叢書》中曬出),即托單鎮帶交王大隆。孫仲淵取書去。晚,訪葉景葵,遇雨回。(日記)

5月16日　整理影印本書畫、金石零頁。接王仁楨信,告知已得顧嗣立手校《有學集》,先生馳函索閲。訪沈恩孚,詢王同愈辦教育會事,亦已不詳。惟謂三年前曾得山水畫一幀,有詩有跋,允録示先生。晚謁葉景葵,交《説文理董》稿并所擬《合衆圖書館緣起》及《合衆圖書館章程》稿。見示于晦若家藏信札,皆當時名流也,間有章太炎上李鴻章札一通,頗有見地,惜失末葉。携歸,以待潘景鄭讀之。葉景葵送到《晋書斠注》稿全部。任心白來,未值。俞彦文贈其母傅太夫人詩集二册,即作書謝之。(日記)

5月17日　點《晋書斠注》稿。致聶崇岐、田洪都、潘承彬、容庚信,并附致郭笒書,索其父《瓷説》一書。胡文楷持任心白函來見,爲佐張元濟校《四部叢刊》及百衲本《二十四史》者,人極誠篤,英年好學,欲搜輯閨秀文及柳如是遺著。馬君眉送明周藩刻《金丹正理大全》印樣。交攝《園冶》等三種。孫仲淵遣夥計來取書款,與之。查蔣目。葉景葵送還先生所擬《合衆圖書館緣起》及《合衆圖書館章程》稿,易數字。致朱士嘉、王重民函,托攝《盤庚》《費誓》。理《尚書》照片。(日記)

5月18日　訪袁帥南,携《笥河文稿》八册去,其亦出示所藏笥河稿,計手鈔《詩集》副本七册、《笥河詩稿》八册、《笥河遺》十一册(編年,自癸巳至辛丑,其中庚子有三册)、《笥河文稿》十一册、《笥河續編》十册、《笥河遺編》三册(戊戌上下二册、己亥一册),較館藏爲多。兩稿皆用椒花吟舫格紙寫,館藏鈔手出一人,彼出三人,一與吾同,一有署名,爲侄孫澍(錫罄子),一爲錫庚。時錫庚開藩濟南,有小記兩則。册中往往有手録原草及底稿等語,擬錫庚輯録,不知經若干次之繕録刪定,倩父執校閲,多有粘籤,似亦有石君之筆。詩文皆紀年月日甚詳,頗疑從日記中録得者。彼請留館藏本校閲。又示嚴元照手批《自怡軒詞》八卷,時壬申至甲戌,朱墨三四次批校,語皆精警,可補入《年譜》。閲袁伯夔《剛伐邑齋目》,匆匆翻帑,不能多記,僅憶《尚書訓詁》,王引之撰,有段懋堂題簽,當爲稿本未刻者;《夷堅支志》,有黄丕烈跋,似尚未經著録;錢大昕、東壁父子合鈔《安南志略》,疑《緣督廬日記鈔》中(卷四頁八)載有錢竹汀《安南志略》校本,或二而一耳;勞校多種;黃丕烈跋《曹子建集》;嚴元照手鈔《夷堅志》;德藩刻《漢書》。接植新贈書《史學年報》《文學年報》《杜詩引得》《巴黎敦煌殘卷敘録》兩輯和《教案史料編目》。閲《緣督廬日記鈔》。(日記)

　　5月19日　偕潘景鄭訪華繹之,獲見鄭元祐撰《華孝子祠記》,題咏甚多,有榮緋公題詩一章,書體近董其昌,有印曰"秀野曾孫"。先生初見其墨迹,甚爲可喜。又見寄暢園所刻帖,有其臨十三行,署"時年七十七",惜未紀年。又王寵《東吳小稿》雜著一册,元人手稿而未經刊行、未經著録者,有陳繹曾至元元年序,可貴之極。又《爇火録》,李天根撰,鈔本,曾在劉承幹處見傳鈔本,亦無刻本。得洪業函。視新屋工程,大體已竣,三個月後落成。赴抱經堂選書數種,有磊盦稿本一册。訪靈巖公墓接洽處蔡君,交平江公所執照一紙,號一九一,收條兩紙,托運誦詩柩回籍,亟欲爲謀入土安,此事祇能任其委運柩公所爲之,但願早日安抵里門。楊金華來,點前所留沈氏海日樓書。(日記)

　　5月20日　校《補松廬文》,原稿歸葉景葵。檢蔣目。閲《緣督廬日記鈔》。理髮。(日記)

　　是日　先生有信致華繹之(士巽)。

　　　　一昨趨叩崇階,獲聆教益,積慕爲之冰釋。承示諸珍,見所未見,尤深感幸。

　　　　《僑吳集》散藏有鈔本,查無《孝子祠記》,當係佚文,將來擬懇傳録補入。集中有《貞節堂後記》一文,貞節爲幼武(彥清)之母,都功德使司都事之室,是亦君家掌故也,不識墨迹亦尚存否?

　　　　命録先從祖事迹,茲將先君撰《春樹閑鈔》跋附後。《春樹閑鈔》爲秀野公撰,先從祖所録,原藏宗丈子戴家,先君傳鈔得之,後宗氏書散,歸諸葉丈揆初,承以相贈,今在敝齋。徵之昨見題詩筆迹,益信爲手鈔本矣。《東吳小稿》散藏尚無其書,倘蒙慨許傳鈔一本,以廣其傳,藝林幸甚,敝館幸甚。相見伊始,本不求有所干瀆,素知先生提倡學術,當與敝館有同情也。

　　　　奉上先君墓志一份,尚祈察存。(《全集·書信卷·致華士巽》,上册第88頁)

　　5月21日　葉景葵來,携示文芸閣致于晦若手札及《冬暄遺文》。重撰《合衆圖書館緣起》,用語體文。閲《緣督廬日記鈔》。(日記)

　　5月22日　將《合衆圖書館緣起》《章程》及函稿送葉景葵,轉懇張元濟請人譯成法文,爲向法租界當局申請合衆圖書館開館及免税等事宜,葉景葵致張元濟信云:"應將預備前致法領事説帖及《緣起》與《簡章》先行擬妥,茲囑起潛起草,送請長者裁定後,仍托前譯法文之貴友,代爲譯成法文,俟伯希和函到,一併送去,將來説帖須請長者簽名也。"(日記;《張元濟年譜》,第489頁)

　　是日　葉景葵來電話,告知文禄堂王文進携去王念孫校《管子》、丁晏《春秋胡傳申正》稿、張皋文批點《漢書》,皆爲珍本。據云其以二千元收得,無從與之議價而還之，是皆精思軒所藏，較當時得價三倍餘之多。《卷盦札記》載：“王晋卿携書三種，索價二千元，以款巨不能得。一張皋文評點《漢書》，丁柘唐加批；一王石臞批校《管子》，前有藏在東題記，又有孫淵如加批；一丁柘堂《春秋胡傳申正》稿本。三書皆自江北來，均以款紬不能購留，甚爲可惜。”（日記；《葉景葵雜著》，第 210 頁）

是日　閱肆，無所得。送格紙樣付上海印務局排版。查蔣目。顧言是陪其伯顧燮光來，其人邃於金石之學，先生“企仰有素，今承先施，可感也”。蔡書峰來電，告誦詩靈櫬已由運枢公所領出，“一切費用四十二元，開船尚未定期，暫擱碼頭，風雨飄零，任彼所爲之”。（日記）

5 月 23 日　檢蔣目。寫“合衆圖書館”館榜，“四易皆不愜意，明日重書之”。葉景葵電話，謂王文進求售三書可商，或可諧。任心白來談。改《尚書》寫樣。（日記）

5 月 24 日　檢蔣目。王同愈終七，先一日設祭，往奠。致存古齋札。閱《萬物炊累室類稿》。（日記）

5 月 25 日　檢蔣目畢。王文進持《文禄堂訪書記》來，乞先生教正，允之，“書估能有紀録，尚屬有心。至其行迹專在貿利，不能計矣”。謁葉景葵，獲見高郵三世校本《管子》，丁晏稿本《春秋胡傳申正》，張成孫過録張皋文評注《漢書》，小楷甚精，有丁晏批并丁賜福點讀。貼《尚書》寫樣。（日記）

《卷盦札記》云：“起潜來云，皋文批點係彦惟所過録。文簡書確有與石臞不同處，皆由書法中辨別之。”（《葉景葵雜著》，第 211 頁）

5 月 26 日　閱徐堅《餘冬璅録》，論書畫治印，即其年譜，擬傳鈔一本。葉氏《札記》云：“閱《餘冬瑣録》二卷，清初吳郡徐堅字友竹稿本，經沈文起修正。友竹係印人，又工畫，得張篁村之傳，頗似麓臺，此即晚年自著年譜。徐靈胎係其族兄。自述生平學畫心得，蓋天資與學力兼到者，同時師友多知名之士，植品甚清峻，可傳之書也。”（日記；《葉景葵雜著》，第 211 頁）

是日　李宣龔有信致先生：“景鄭兄所贈明人手札，至爲感謝。早起爲其寫扇，手又戰，無爲何也。”（原信）

是日　校閱《文禄堂訪書記》史部，“誤奪觸目，體例亦未劃定，改不勝改，祇可略標誤字而已”。接美國哈佛大學哈佛燕京圖書館贈《學報》并交換出版物之信函。（日記）

5 月 27 日　葉景葵來，商議整理蔣抑卮藏書事宜。任心白來。閱蔣目，與潘景鄭分録。（日記）

5 月 28 日　祀先，顧廷龑、繼母等來。葉景葵送來蔣抑卮藏書目。（日記）

5 月 29 日　凌晨，合衆附近有巡捕被暗殺，劫去公事手槍。“上海伏莽遍地，甚於豺狼，當局絕無制止之策，殊可慨嘆。巡捕之死，良可悲慘。”潘博山因受王同愈所貽侯忠節《絕纓書》，封二百元請先生送其如夫人，午後往交訖。謁葉景

葵,暢談,留飯,座有關志良。葉將洪文卿致李文忠手札一包見交。復核蔣目一過,録出草目繳去。(日記)

5月30日　端午,放假。整理《明代版本圖録》稿,補撰數則,日内可成。"晤金寶珠女士,自稱前在振華曾受書法課於余,相見垂髫,今已及笄,竟將不識,蓋别忽九年矣。閲《密勒氏評論報》,載滕君若渠五月二十日殁于重慶,年四十。事變以來,音問久杳,聞耗爲之傷悼。"(日記)

5月31日　録王菉友致馬岱陽函稿,論《六書正訛》頗有精義,惜首已殘損。囑華敏初拓中國書店藏漢磚六塊,每份十二張,價十七元,潘景鄭與合衆各一套。王文進來,携來《文禄堂訪書記》七册。顧言是來談,贈書數種。晚,王文進偕朱瑞軒又來,"欲乞料理排印事,拒之。還《説文考異》等一包"。(日記)

6月1日　徐森玉來,談及近獲見張芹伯、瞿鳳起藏書,皆極可珍。瞿書除售宋本二十餘種外,餘皆在,政府有收購意。撰《明代版本圖録》説明。赴書肆,一無所得。夜,目痛,燈下不敢閲書作字。(日記)

6月2日　將《明代版本圖録》分類,以時、以地縱横次列,知吴郡刻者大半也,將來可别爲《明代吴郡刻書考》。文楷齋寄到刻就之《尚書》八頁。潘景鄭携來稼堂稿,送葉景葵。入夜,目又作痛,晨起則愈,當係用力過度。誠安來電話,其自蘇州來,在蘇見顧頡剛信,述夫人殷履安腰子病、膀胱炎,"嘗入城就醫,謂須開刀。奈時有飛機,轟炸無常,病人素體屢弱,財力又不繼,遂罷,返鄉調養,其窘苦可念也"。(日記)

6月3日　閲《文禄堂訪書記》,錯誤殊甚,校閲極費力。目痛稍愈,燈下不敢看書寫字。(日記)

6月4日　閲《文禄堂訪書記》,分類多誤,爲之查改,史部粗竣,子部以下懶於翻動矣。王文進嘗請人校閲已數年,經數人俱未改易一字,今乃知人之無從下筆也。黄慰萱拓來錢都衙橋曹文遫題記,慶曆五年十二月,楷書,每份三元。華敏初所拓亦送來,"畫像雖簡,所作人馬姿態甚奇,它日當爲之一考其來歷"。貼《尚書》寫樣。寫"合衆圖書館"館額,屢易,甚不愜心。(日記)

6月5日　王文進來,以百衲本《二十四史》售之,"值二千元,即交現鈔、期票各半清訖",誦詩負土之資可以無慮,宿逋亦可一清,餘無幾矣。王文進因有求於先生,故出價稍高,"亦可感也"。應潘博山、潘景鄭、吴湖帆招飲作陪,首座徐森玉,次蔡季襄(未到),又張芹伯、張珩叔侄及孫邦瑞、鄭振鐸。張珩携有歐陽文忠手札一通,裝成手卷,請吴湖帆題記。吴湖帆出示沈石田《西山紀游圖》長卷,以金粟箋畫;又吴小仙《鐵笛》,工緻潔白,皆精絶。(日記)

是日　李宣龔有信致先生:"小屏日内即書,《學海》補購各册,容詢該社後乃能答覆。孫徽廬住何處,乞詢揆公後電告爲感。"(原信)

6月6日　撰《明代版本圖録》。改《尚書》寫樣。(日記)

6月7日　整理洪文卿(鈞)致李少荃手札,以備裝潢。還富晋書社閔刻五

種。（日記）

6月8日　訪黃樸奇、潘季孺，均得暢談。改《尚書》寫樣。（日記）

6月9日　整理洪文卿致李少荃手札。改《尚書》寫樣，成《胤征》一、《甘誓》一、《五子之歌》一、《無逸》三、《禹貢》六。任心白來談。（日記）

6月10日　葉景葵來，囑訪林子有（葆恒），謂有贈書。即刻往見，年七十許，藏詞集稱富，以近人集數十種捐合眾館。祖母忌日，設祭。改《尚書》寫樣。（日記）

6月11日　理林子有贈書八十餘種。華敏初來，商定洪文卿手札裝法。寫扇一。改《尚書》寫樣。《明代版本圖錄》中益藩刻本《玉篇》付鑄版。（日記）

6月12日　致林子有謝函。校《餘冬璅錄》，沈欽韓改筆高雅自見。葉景葵來電話，取回劉楚楨尺牘一冊，又詢書架高。先生於此事曾頗加斟酌，不致誤也。董金榜來，《文橄》六冊還之，《玉篇》價未諧，約後日再談。袁帥南約星期日十時觀書。（日記）

是日　聶崇岐有信致先生。

多日未接音問，甚念。未悉近況如何？燕京一切如常。陳君出國，業已規定待遇，月百三十元，暫以一年爲期。明年或可續聘，或可另尋讀書機會。美舶以時局關係，艙位極難購得，陳君擬赴日搭輪，大約七月中可成行也。昨晤令親潘君，知其碩士論文適過，口試亦完，靜待金榜題名矣。潘君云，其令兄春初托賣乾隆銅版戰圖，抵今燕京圖書館未曾回信，言外似有誤會弟不盡力或未向田君提説之意。弟今日午後晤田，詢及此事，彼初甚茫然，繼方想起似有此事，最後乃真記起。弟確曾提及，請其直接與令親或□兄代爲接洽，惟彼以事繁又兼其時曾有大不順心事，已置之于九霄以外矣。弟之爲人，兄所深知，對友朋事能幫忙無不幫忙，絕非輕諾寡信者。此層經過，暇希代向令親解釋，免得再生誤會也。（原信）

6月13日　撰《餘冬璅錄》跋。録《明代版本圖錄》目。謁葉景葵。改《尚書》寫樣。（日記）

6月14日　董金榜來，告以《玉篇》不欲留，當爲寄回北平。計算一年來所收書籍。偕夫人及誦芬觀館舍工程。改《尚書》寫樣。（日記）

6月15日　偕潘景鄭訪袁帥南，獲觀嚴元照手鈔《夷堅志》，每卷末均有紀事，先生已得程敬銘傳鈔本，補數則；又洪武十五年刻《強齋集》，《四庫》底本，孤籍也；又勞巽卿校《爾雅匡名》，精嚴之至，惜未有跋，此校似擬重爲刊板，故于經原跋文亦有改字；又《尚書訓詁》，王引之撰，蓋《經義述聞》之前身。還《笥河集》。訪朱子毅。改《尚書》寫樣。接文楷齋信。（日記）

6月16日　校《笥河文稿》，多刻本未有者八十二篇。檢閱重裝錢兆鵬《周史》《續漢書》稿。葉景葵送《副使祖遺稿》等，考作者不得。（日記）

6月17日　檢理《周史》稿，重裝多誤。得聶崇岐、士濤書。改《尚書》寫

樣。(日記)

6月18日　校李宣龔書卡片。整理《秘書二十一種》,原分散以爲不全久矣,檢而復合。葉景葵得王君九書,開目詢諸合衆有無,如未備可贈。選《震澤別集》《天津文鈔》《慎餘録》《小謨觴館拾遺》等。馬君眉送樣來,詢其可否代攝照片,曰可,惟彼從未做過,須先一試。《尚書》寫樣校定,計《禹貢》六張,内有"東爲""中江"兩頁,前刻適與今寫者接合。又《胤征》四張,以武内所得照片兩張,與王重民攝得兩張適可合成一卷。"費時拼凑,匪易也。使吾得見原卷,必能接合甚多而較準確也。《甘誓》《五子之歌》各一張,《無逸》三張。"寫《明代版本圖録》目録。(日記)

6月19日　校李宣龔書卡片。秉志、王志稼、劉咸偕來參觀,相談甚快。將《尚書》寫樣挂號寄發。(日記)

是日　合衆圖書館召開第二次董事會,葉景葵報告圖書館財務概要,并當選爲常務董事。(日記;《張元濟年譜》,第489頁)

6月20日　校訂《明代版本圖録》。夏地山、任心白先後來長談。寫"合衆圖書館"館額,"差可應懸",擬呈葉景葵正之。總閲《明代版本圖録》稿,月内即可付印。(日記)

6月21日　李宣龔來暢談。任心白來,閲《江蘇詩徵》,方有《清代閨秀詩箋》之選,因出《家乘》中所載頡亭公夫人黄汝蕙及杏樓公女藴吾詩示之。北平楊季子(晳子弟)寄贈其亡姐詩文詞一册。(日記)

6月22日　校定《明代版本圖録》。潘博山約往林遐年處看畫。遐年爲林炳奎之子,寧波人,有王石谷長卷,無款,甚精,有王澍、翁方綱、戴衢亨、龔易圖跋。又有徐青藤畫《松竹蘭菊圖》一卷,亦佳。返潘博山處晚飯,見借嚴元照尺牘一幀。(日記)

6月23日　校定《明代版本圖録》。劉承幹送《嘉業堂叢書》一部,即謝,并乞題井拓。(日記)

6月24日　校定《明代版本圖録》。葉景葵來。寫扇。(日記)

6月25日　赴浙江興業銀行四樓,訪華中煤業公司副理姜紹亮。謁葉景葵,觀王文進押款宋元本五種,爲建本《尚書》、紹興刻本《後漢書》、元刻本《三國志》、建安刻本《大易粹言》、元刻明補本《金佗續編》。(日記)

是日　誦芬領得畢業證書,獲第五名,"可喜"。(日記)

6月26日　將李宣龔書分類。李宣龔送《同聲》及《微尚齋詩》足本。赴中國書店,領燕京圖書館還款。在來青閣查《安徽通志》,檢得畢效欽事迹一則,補入《明代版本圖録》。潘景鄭携來清人墓志八十種,頗可觀。其中書丹當推張薔庵第一,篆蓋則吳愙齋第一,其文可補《碑傳集》者甚多。復田洪都、聶崇岐信。(日記)

6月27日　將李宣龔書分類。(日記)

6月28日　將李宣龔書分類。張元濟第三次捐贈合衆圖書館嘉郡先哲遺著《竹雨吟草》等二十六種六十七册。其中《仁山書院志》，岳元聲撰，較難得，餘亦可貴。(日記;《張元濟年譜》，第489頁)

6月29日　侄顧誦銘患痢疾中毒症，在兒童醫院病夭。(日記)

6月30日　先生有信致顧頡剛。張元濟第四次捐贈合衆圖書館嘉郡先哲遺著《養心光室詩稿》等十七種八十册。葉景葵送王君九贈書，即謝。(日記;《張元濟年譜》，第489頁)

7月1日　校定《明代版本圖録》稿，面交王伯祥。據云此時因趕印教科書，須假後可排。遂囑其閲後送回，俾可修飾，一俟可印，再來取去。(日記)

是日　張元濟第五次捐贈合衆圖書館嘉郡先哲遺著《漱芳閣集》等三十種一百零六册。(《張元濟年譜》，第489頁)

7月2日　檢閲去年8月以來日記，以備撰一年來之工作報告。所傳鈔之本尚不少，皆有小跋，亦不惡。誦芬領到畢業文憑，并得"品學兼優"獎狀，"可喜何如"。(日記)

是日　張元濟第六次捐贈合衆圖書館嘉郡先哲遺著《嬰宋園詩集》等十八種八十九册。(《張元濟年譜》，第489頁)

7月3日　收集報告材料，一年中所鈔書，葉景葵處不在内，竟有一百七十餘萬字。完成草片四千四百四十二張。書志七百零三篇，約五十二萬字。撰跋二十餘篇。致顧頡剛信。(日記)

是日　張元濟第七次捐贈合衆圖書館嘉郡先哲遺著《碑傳集》等十六種一百二十九册。(《張元濟年譜》，第489頁)

7月4日　統計購書册數。葉景葵來電話，"齊雲青言，趙志游已見高某"，此爲合衆圖書館請予設立事。(日記)

是日　張元濟第八次捐贈合衆圖書館嘉郡先哲遺著《金匱要略論注》等三十五種一百零八册。(《張元濟年譜》，第489頁)

7月5日　張元濟第九、第十次捐贈合衆圖書館嘉郡先哲遺著《檇李遺書》等六十種二百零五册。(《張元濟年譜》，第489頁)

是日　統計購書册數。姜紹亮來電話，"謂高某已見過，屬備正式公函，請求准予設立及免地捐、巡捕捐事。高某私告姜言，請求准予後，立即可批准。至免捐則此半年中已來不及，恐須明年再說。函備就後，由姜或趙面交高某，不必送總領事署。先是姜稱，能否以名譽顧問名義畀之，使其對此事别有興趣。兹復稱，渠係行政人員，不能擔任此名等語。即電告揆丈。丈已備函并《章程》草案，與陳陶老、張菊老商定簽署。對於《章程》草案所定董事五人，發起人爲當然董事，則尚缺兩人，擬暫空，俟將來再聘。菊老稱有空穴來風之患，不如即行聘定爲妥。因擬請拔可、叔通二翁最爲相宜。兹擬定開一正式發起人會，通過《草案》并聘定董事，再開董事會，皆不可不有手續也"。(日記)

7月6日　統計購書册數。訪李宣龔，未值，求題先生父親手卷，留之。還袁帥南鈔本一册，未面。潘博山約晚飯，出示新得《春草堂詩集》卷，共兩卷，第一卷皆元人所撰，第二卷皆明人所撰。袁氏碑傳，爲《袁氏家譜》中未及者。又仇山村《興觀詩》卷，詩已刻入《元詩選》，有俞希魯、瞿佑、吳訥、龔翔麟、翁嵩年跋，此卷值二萬元。（日記）

7月7日　撰一年來之工作報告。張元濟第十一次捐贈合衆圖書館嘉郡先哲遺著《觀水唱和集》等五十種一百四十一册。（日記;《張元濟年譜》，第489頁）

7月8日　撰一年來之工作報告。張元濟第十二、第十三次捐贈合衆圖書館嘉郡先哲遺著《華陔吟館詩鈔》等六十六種二百五十一册。（日記;《張元濟年譜》，第489頁）

7月9日　撰一年來之工作報告畢（即《合衆圖書館第二年紀略》，又名《二十九年度工作報告》）。

　　本館賃屋籌備實始於廿八年（一九三九）五月一日，惟接受贈書、布置館舍皆在廷龍來滬之後，時在七月，故自廿八年七月至廿九年六月爲第一年《紀略》。兹續從廿九年七月至卅年六月爲第二年《紀略》，按之年度之制，當自一月至十二月，今復擬自七月至十二月半年中別紀一篇，將於明年起，按年度爲報告。

　　（一）入藏

　　一、葉揆初先生捐精本、普通本書籍九四五種，一一九九九册，金石拓片八十包。

　　二、李拔可先生捐書五〇二種，二九八四册。

　　有明本二九種，方志四種。其他近人著述及公司報告、雜志等，皆可貴史料。近著中若《涵芬樓書目》、《親民電報彙編》、杜錫珪《考察海軍報告》尤難得。

　　三、長樂高氏捐書三九九種，二五八九册。

　　有元刻《大戴禮》一種，玉海堂所景刻者即同此本。其他若清季維新時盛行之譯本，以及近時之雜志、公報，皆爲本館所待訪者，可喜何如。

　　四、張菊生先生捐書七一種，一六四册。

　　舊嘉興府屬之先哲遺著網羅甚備，積年辛勤所得尤足珍秘，此先送到者也。

　　五、孫成伯先生捐其先人和叔先生詩文手稿十七册，他著三册。

　　六、潘景鄭先生捐書七十二種，一四九册，各家闈墨一八〇册。

　　七、楊見心先生捐書二種，二册，闈墨一五四册闈墨作一種計。

　　八、其他各家捐贈:嚴鷗客先生贈舊報七種。餘列表如下。

　　…………

九、本年購置書籍共一三八一種，六二八八册；景印佛經十一卷；《惲世臨奏稿》一宗，摺片七二件；拓片九六種。

1. 本年書市因平賈蜂涌而至，挾其倍值之幣，見書如價而收，蘇滬賈人樂於交易，我輩遂無所得。一入平賈之手，價即騰貴，自有有力者收焉。初皆注意於宋元明本、方志及史料，本館故從清人别集搜購，取彼尚未顧及價較低廉時。去年冬季、今年，平賈亦力事訪求集部，又難問津矣。

2. 楊見心先生鬻賸書，因陳仲恕先生之介，購得兩次，其中多浙人别集，又浙中縣志數種，明本、批校本、稿本亦皆有之，價極公道。

3. 本年所得善本列簡目如後：

《太函集》明刻本　《史鉞》明景泰翠岩精舍刻本　《兩浙輶軒續録》刻本校改竟有易以校者代作，故關係甚大　《淮南子》許克勤批校本　《莊子》楊沂孫批本　《歷代沿革圖》屠寄批本　《石箋袁文補正》稿本　《宗月鋤雜記》稿本　《三橋春游曲》稿本　《芥軒詩草》舊鈔本　《淮南子》或曰錢振鍠批本　《韓非子》仝上　《吕氏春秋》仝上　《常熟二馮先生集》仝上　《穀遺詩草》《斐園詩存》稿本，近人李寶章撰　《惲世臨奏稿》原摺原稿　《萬首唐人絶句》明萬曆趙本　《山薑詩抄》田雯，舊抄　《傅子》盧文弨校本　《冬花爈餘稿》奚岡，丁刻，沈景修手跋　《秋嘯堂詩稿》孫麟，稿本　《薌門遺稿》卜爾昌，稿本　《驂鸞小草》《南海小草》魏成憲，稿本，曾賓谷批　《陵迹易圖》順治八年刊本　《歸田漫稿》錢騰蛟，萬曆刊本　《石經屋詩稿》趙鏓，稿本　《麗農樓藏草》宋守一，萬曆本　《詞源》譚復堂校本　《了了庵詩草》姚文，稿本　《豐川續集》清王心敬，刻本，失首册　《吟碧山房稿》王椿齡，稿本　《唐詞紀》萬曆本　《方韶卿遺稿》順治刊雍正補，鮑校、勞校　《東天目山志》稿本

十、傳鈔有刻本、無刻本書籍，計四七種，六六册，約一七〇五，四八七字。列目如下：

《石田先生事略》《周禮故書疏正》宋世犖撰　《孫心青行狀》《癸巳存稿遺篇》《百文敏公書札》　桐庵《袁氏藏清詞目》　丁儉卿手札　《固溪漫稿》吴以淳撰　《海日樓藏書目》《趙爾巽電稿》燕京代抄　《山書》孫承澤　《幼學堂集》《陸謹庭年譜》　楊雪橋手札　《聽鶯居文鈔》翁廣平撰　《樸學齋文録》《求是堂文集》《春秋繁露釋文》冒廣生撰《止泊齋詩存》歸安管蘭滋撰　《古今方輿書目》《蓬廬詩鈔》周廣業撰　《左傳考正》陳樹華撰　《春秋外傳考正》同上　《南江詩鈔》《吉雲居書畫録》陳驥德撰　《小眠齋讀書日記》《嫏嬛文集》張岱撰　《績學堂詩文鈔》《還讀齋日記》韓葑撰　《伴鐸吟》夜郎李晋撰　《介眉集》周起渭撰　《銅井山房書目後編》莫棠編　《太常袁公日記》《小嫏嬛福地隨筆》張夑撰　《香字鈔》日本闕名　《琴川志注草》《聶氏抗節堂藏書記》聶崇一編　《三十有三萬卷書堂目録》孔廣鏞撰　侯忠節手札　王菉友手札　劉楚楨手札　《十六金符齋印存目》王同愈編

《含緑堂牡丹雅集分韵詩》《庚申整書小記》《倭奴遺事》明鍾薇輯 《餘冬璸録》徐堅撰　張曜孫手札 《蔣抑卮藏書目》

十一、校勘書籍四種。

1. 過録王蓉友校點《守山閣叢書》，全校點者二四種，未全者九種，點讀者一八種。

2. 校《青虚山房集》，先得稿本，後得定興鹿氏刻本，稿本多古今樂府一類，刻本多尺牘一類。稿本較刻本爲多，凡刻本所有，稿本皆鈐有"選"字木戳，鹿氏僅得傳鈔本，未見原稿也。

3. 從嘉業堂借得洪熙本《歐陽修撰集》，合《奏議》三卷、《飄然集》三卷、《事迹》一卷，附《陳修撰奏議》一卷而成。此書最早爲宋本，存佚不可知；次爲此本，極罕見；又次萬曆本，《四庫》所據以著録者及丁氏八千卷鈔本所自出，今亦不多見。潘錫恩嘗刻《奏議》入《乾坤正氣集》，胡思敬即據丁氏本刻《飄然集》入《豫章叢書》，出叢書本詳校一過，補正甚多。

4. 《小學盦遺書》，館藏原有錢基跋本傳鈔本，後得錢保塘刻本，復從李賈手中見管庭芬增輯本亦傳鈔本，互校一過，乃知《遺書》原由邵書稼所輯，同時傳出兩本，一周竹泉本，一錢基本。周本傳爲管庭芬初鈔本，管本展轉傳至錢保塘而刻行，而管又自增輯，遂較他本爲多，即李賈手中之傳鈔本也。互足訂補甚多，其流源亦可明矣。

十二、輯録書二種，二册。

1. 《難經經釋》等葉瀚。

2. 《恒言廣正》陳鱣。

（二）編目

一、卡片起草：葉先生贈書已編就三分之二，李先生贈書已編完。

二、分類：李先生書已將編目草片校過，試照所擬分類號填用，尚無不便。

三、書志提要：共撰成七〇三種，約五十萬字連録原序、跋。略有考證之處，兹列舉數則如下：

1. 《青霞沈公遺集》，《四庫提要》云：前有茅坤序及鍊子襄《刻集紀原》，襄言方鍊被禍時，藉其家，毀其著述，又榜禁毋許藏匿副本，是編蓋襄所口誦而心記者。然人子即能讀父書，不應字句無誤至十一卷之夥，此必别有藏本，不欲實言之耳。按，《紀原》明言襄所口誦心記者未能成編，并從武崇文所得全稿，其經過甚詳，《提要》故作疑辭者，蓋撰文者未讀《紀原》全文耳。

2. 崇古書院《錦綉萬花谷》，前後無序跋。查邵注《簡明目録》作崇政書院，《藝風堂藏書記》作徽藩崇德書院，葉德輝《書林清話》即與崇德書院七子合爲一類，《國學圖書館藏書目》作弘治七年刊，記載紛歧，莫衷一是。

後從東莞莫氏藏書目,載有節録賈咏序文并記版心刻字,於是確知爲明嘉靖十四年乙未徽藩刊本。徽藩爲敕賜崇古書院,而非崇德書院,諸家著録之誤始得校正。

3.《讀書堂詞話偶抄》前録《四庫提要》一則,稱國朝范纘撰,知不足齋藏本。然纘實未有此作,檢《提要》并無此書,而查與《四香樓詞鈔》《提要》文句相同,當是此書原無撰人,書賈僞托妄抄《提要》以欺世者。繹其内容,所録俱前人已言之作,或爲詞家摘抄以備稽覽者,未必具體著述也。

4.《定傾論》一卷,彭元瑞校,舊鈔本。彭氏手跋云,按徐商老《三朝北盟會編》採此論入第二百十卷,今查《北盟會編》,實爲二百九卷書後半及二百十卷之前半,乃知所記有未諦耳。

（四）[①] 裝釘

1. 補　二二種,一三七册。

2. 修　六種,一五册。

3. 訂　一七種,六五册。

共計　四五種,二一七册。

（五）事務

卅年一月十七日,法巡捕房政事處派督察朱良弼量伯來館,調查創辦經過。

二月三日,巡捕房建築照會簽發,新館正式動工。

新館圖樣由華蓋建築事務所設計,投標招工,由久大營造廠承造,委請浙江興業銀行信托部監工。書架由申藝木器店施炳根包工。

二月廿七日,房東代表林炫偕律師羅時濟來館,續訂房租合同六個月。

撰擬《創辦緣起》及《組織大綱》草案。

購柚木書櫥大小九隻,柳安小書架五架。

李拔可先生捐書箱十六隻,箱架兩隻。本館添做箱架四隻。

（六）館際往還

燕京大學圖書館排印《簡松草堂文集》,乞本館所藏稿本中佚文四篇,印作補遺。

美國哈佛燕京學社以所編《亞洲學術》季刊與本館所印叢書約爲長期交換。

（七）人事

潘承弼,廿九年八月一日到館。

（八）**來賓初次來館者題名**

劉成〈咸〉　浦江清　朱憶劬　鄧駿聲　袁同禮　徐森玉　冒孝魯

---

① 四:原文如此。此處編碼及以下五、六、七、八,皆因“三”跳空而順延。

顧鼎梅　胡文楷　任心白　李拔可　胡道静　秉志　王志稼　洪煨蓮　張
天澤　伍崇經　夏瞿禪

中華民國三十年七月一日顧廷龍識

（原件；《顧廷龍日記》）

是日　張元濟第十四次捐贈合衆圖書館嘉郡先哲遺著《藝文備覽》一種
四十八册。（《張元濟年譜》，第 489 頁）

是日　謁葉景葵，交工作報告，談館事甚詳。葉景葵以《説文理董》由馬叙
倫從徐森玉借得一殘鈔本，“粗校一過，有可補正”，因囑先生重校。（日記；《葉景
葵年譜長編》，下册第 1046 頁）

7月10日　校《説文理董》。顧廷鳳咯血甚多，急往視，并請醫診治，留宿
照料。是夜不能入睡。（日記）

是日　張元濟第十五次捐贈合衆圖書館嘉郡先哲遺著《田硯齋文集》等
三十九種一百五十二册。（《張元濟年譜》，第 490 頁）

7月11日　顧廷鳳咯血未止，請醫注射止血針。先生又一夜未睡。（日記）

是日　張元濟第十六次捐贈合衆圖書館嘉郡先哲遺著《牧庵雜記》等
二十六種一百六十五册。（《張元濟年譜》，第 490 頁）

7月12日　顧廷鳳咯血略少，請醫同診，商定用藥。葉景葵托杭州羅敬義
寄來碑帖三箱。（日記）

7月14日　晨，視顧廷鳳病，知咯血已止，頗感欣慰。爲顧廷鳳赴大馬路購
藥。（日記）

7月15日　訪華繹之，借元王寔撰《東吳小稿》，手寫稿本，未見傳本。王同
愈去世百日，往奠。校《説文理董》。顧廷鳳咯血止。（日記）

7月16日　鈔《東吳小稿》。還《徽州府志》。接董金榜信，詢《玉篇》，即
復。校《説文理董》。顧廷鳳病漸痊。（日記）

7月17日　校《説文理董》。葉景葵借陸九芝批本《傅青主女科》（存古齋
書，未購定）、《定盫集》（先生自藏本）。王庸自滇來，略談，同來者有浦江清、陳
舜年。顧翼東來，索書楹帖，并出示王同愈藏《玄玄棋經》。此本原定元刻，先生
細視，實明覆刻者，且爲清初印本。校《高昌秘笈》，影印本多四卷，影印似係元
刻，惟不全，然此本殊難得可貴。燕京大學圖書館寄《美國哈佛大學哈佛燕京漢
和圖書館目録》乞先生校。視顧廷鳳病，漸愈。（日記）

7月18日　校《美國哈佛大學哈佛燕京漢和圖書館目録》，正誤甚多。校
《説文理董》，補寫一頁，正馬叙倫校誤兩則。赴醫生處付顧廷鳳診金。（日記）

7月19日　校《美國哈佛大學哈佛燕京漢和圖書館目録》及《説文理董》一
卷。張元濟題《秀野草堂圖》詩送到。視顧廷鳳病。（日記）

是日　張元濟第十七次捐贈合衆圖書館嘉郡先哲遺著，計八種三十三册。
張元濟致先生信云：“敝處所藏嘉郡人著述，兹又檢出數種，中有稍屬罕見者，敬

祈察入，此項書籍將次告罄。擬將海鹽縣一部陸續呈上，前經陳明，將留存備作本邑圖書館之藏弆，不知在於何時。今擬陸續送去，作爲寄存，仍可聽人檢閱。異日重見太平，果能不虛所望，仍欲履行前約，不知可邀允許否。"（《張元濟年譜》，第 490 頁;《張元濟書札》，第 171 頁）

7 月 20 日　　赴中國書店，選《賜福樓啓事》《北平圖書館中文期刊目》。歸鈔《東吳小稿》二頁。視顧廷鳳病，大愈。(日記)

7 月 21 日　　校《説文理董》，又補鈔闕。應王伯祥、章錫琛之約，至萬利晚飯，座有趙萬里、鄭振鐸、潘景鄭、徐調孚，及北平圖書館編館刊之陳、錢二先生。葉景葵送書樣來。(日記)

是日　　張元濟分三次寄存合衆圖書館海鹽先哲遺著《搜神記》《唐音戊籤》《淳村詩集》等六十種二百四十四册。張元濟於書目前注云:"以下海鹽先哲遺著，擬先寄托貴館，儘可公開展閱，惟異日敝邑如有圖書館之設，仍乞許其收回，歸諸桑梓，以助鄉邦文獻之徵。"(日記;《張元濟年譜》，第 490 頁)

7 月 22 日　　校《説文理董》并補闕頁。葉景葵送來書樣，先生閱後認爲，可取書僅三種，爲《圓庵集》(明初刻本)、《俟庵集》(鈔本)、《石鼓疑字音義斠詮》。(日記)

是日　　張元濟第四次寄存合衆圖書館海鹽先哲遺著《西域考古録》等四十九種二百二十二册，并有信致先生云:"昨奉還示，謹誦悉。《唐音戊籤》損傷兩册，蒙允飭匠代修，極感。惟工價必須由弟認繳，務祈開示，緣此係寄存書籍(不止此一種，尚有若干種，後當呈上)，萬不能混合言之也。今又送去海鹽人著述三包，乞檢收。中有俞浩《西域考古録》，前揆初兄曾問及，乞檢出送與閱看爲托。"(《張元濟年譜長編》，下册第 1168 頁;《張元濟全集》第 3 卷，第 40 頁)

7 月 23 日　　校《説文理董》畢。原鈔本存卷七、卷八、卷十一、卷十二，係徐森玉代中央圖書館所收，藏鄭振鐸處。潘景鄭從中國書店借得《藝術叢編》二十四册全部，取校館本并不缺。校《美國哈佛大學哈佛燕京漢和圖書館目録》。《説文理董》還葉景葵。(日記)

是日　　張元濟第十八次捐贈合衆圖書館嘉郡先哲遺著《遜國逸書正誤》一種一册，第五次寄存合衆圖書館海鹽先哲遺著《聽秋館吟稿》等七種二十六册，并致先生信云:"前於本月十一日送去《遜國逸書》三册，知荷察收。昨又檢得胡適之兄辨正是書之出於僞造若干紙，今補呈，乞察存，倘能裝在本書之後，則尤便觀覽。"(《張元濟年譜》，第 490 頁;《張元濟書札》，第 171 頁)

7 月 24 日　　校排《藝術叢編》。鈔《東吳小稿》。張元濟函詢"有《蘇聯陰謀文案彙編》一書，館中欲收藏否。此本從前張作霖時代之事，與時事絶無關係，自無庸其忌避。惟以國人心地狹窄，恐有誤會，故以相商。老成之見，洞見肺腑。余來滬以來，何日不斟酌於此乎？即覆以另行藏庋，暫不編目，以俟河清，是我輩之責。嗚呼！河清有此日乎"。(日記)

7月25日　鈔《東吳小稿》。王文進來，還其《餘冬璅録》，《太平廣記》亦却去，告以館中已有。先生因從事圖書館事業，認爲不宜自有收藏，且從前所積，除自讀閲外，亦將贈合衆館。接伯舅函，知病劇，且寫有遺囑。先生因工作不能前往，"惟冀能霍然耳"。（日記）

是日　校《美國哈佛大學哈佛燕京漢和圖書館目録》。（日記）

是日　張元濟第十九次捐贈合衆圖書館嘉郡先哲遺著《陳檢齋詩集》等五種十二册，第六次寄存合衆圖書館海鹽先哲遺著《王氏家乘》等六種十六册。（《張元濟年譜》，第490頁）

7月26日　接洪業信，詢顧頡剛《尚書講義》散片藏在何箱，欲開取之。即函告顧頡剛并復洪業，"直告之，惜不能確記"。致伯舅信。校《美國哈佛大學哈佛燕京漢和圖書館目録》，"大謬多矣"。（日記）

7月27日　葉景葵來談，擬8月1日邀陳陶遺、張元濟在此開首次發起人會。視顧廷鳳病。校《美國哈佛大學哈佛燕京漢和圖書館目録》。（日記）

7月28日　復田洪都、聶崇岐、洪業函，并寄還《美國哈佛大學哈佛燕京漢和圖書館目録》。寄慰伯舅函，并匯五十元。鈔《東吳小稿》。（日記）

是日　張元濟第七次寄存合衆圖書館海鹽先哲遺著《餘庵雜録》等五十一種一百十册。（《張元濟年譜》，第491頁）

7月29日　審閲王文進《文禄堂訪書記》。偕朱子毅視察圖書館新屋。晚訪葉景葵，携去康有爲詩一册，談館事甚詳。（日記）

是日　張元濟第八次寄存合衆圖書館海鹽先哲遺著《吉祥居存稿》等七十二種二百零四册。（《張元濟年譜》，第491頁）

7月30日　審閲《文禄堂訪書記》。楊敬涵携抄成之《續學堂文鈔》來，即寄田洪都。張元濟有信致先生，送還《合衆圖書館籌備一年紀略》及所借《吳下方言考》等書。（日記;《張元濟年譜》，第491頁）

是日　張元濟第九次寄存合衆圖書館海鹽先哲遺著《笠漁偶吟》等六十二種一百五十一册。（日記;《張元濟年譜》，第491頁）

7月31日　審閲《文禄堂訪書記》。（日記）

是日　張元濟第二十次捐贈合衆圖書館嘉郡先哲遺著《芙蓉庵燹餘稿》等二十三種四十七册，第十次寄存合衆圖書館海鹽先哲遺著《澹慮堂遺稿》等三十四種九十五册。（日記;《張元濟年譜》，第491頁）

是月　擬定合衆圖書館董事會辦事規程。（原件;《顧廷龍日記》）

8月1日　審閲《文禄堂訪書記》經部畢。（日記）

是日　張元濟第二十一次捐贈合衆圖書館嘉郡先哲遺著《童初公稿》等二十六種九十一册，寄存合衆圖書館張氏先人著述及刊印之書《橫浦文集》《貞居集》等二十一種五十七册。張元濟於書目前注云："以下爲先人著述及刊印評校藏弄之書，現亦援海鹽先哲遺著之例寄存貴館。請公開閲覽。唯異日宗祠書樓可望

恢復或本縣有圖書館之設,仍請准其領回移貯。"(《張元濟年譜》,第491頁)

是日　下午三時,召開合衆圖書館發起人會議。陳陶遺、張元濟、葉景葵赴合衆圖書館籌備處參會,先生任記錄。

（一）葉景葵報告籌備經過。

甲、財政概況

子、經費來源

一、捐款

葉景葵法幣十五萬元,指定作永久基金。

陳萊青法幣五萬元,以一半作建築費,一半作永久基金。

蔣抑卮明庶農業公司股票,票面法幣五萬元,指定作購書基金。

陳永青法幣五千元,充建築費。

陳植法幣四百五十元,充建築費。

劉柏森法幣壹千元,充建築費。

二、募集

葉景葵經募法幣四十五萬元。

又法發英金善後公債,票面英金六千七百鎊成本,作法幣十萬元。

丑、支出款項

一、購置基地:法幣七萬五千元。

二、建築館屋及附屬設備:約法幣十八萬元。

附注:所有籌備處開辦費及兩年以來經常費,約支出四萬元,均在募集款項收入利息內動支,并未用本。以上係大概情形,俟細帳結出再行詳報。

乙、建築情形

新屋約兩星期中可以落成,業經法公董局編訂門牌蒲石路七百四十六號,并估定按月租價法幣一千一百元零。

（二）通過合衆圖書館組織大綱草案。

（三）議決聘請董事兩人,公舉李拔可先生、陳叔通先生。

（四）議決八月六日召集第一次董事會。

發起人:張元濟、陳陶遺、葉景葵

私立合衆圖書館組織大綱草案

第一條:本館定名曰"私立合衆圖書館"。

第二條:本館目的。

一、徵集私家藏書共同保存,以資發揚中國之文化。

二、搜羅中國國學圖書及有關係之外國文字圖書。

三、專供研究高深中國國學者之參考。

四、刊布孤槧秘笈。

第三條:本館地址座落上海法租界蒲石路七百四十六號。

第四條:本館一切事宜設立董事會主持之。

第五條:本館董事會之組織。

一、董事[會]設董事五人,以發起人爲當然董事,餘由發起人聘請之。其後每遇缺出,由本會選舉補充之。

二、董事會之職權。

子、審議進行方針;

丑、審核預算決算;

寅、保管館産;

卯、籌畫經費;

辰、審定館章;

巳、審核職員之任免;

午、審核工作報告。

三、董事會設董事長一人,代表本會處理一切事務;常務董事一人,綜理本館一切事務。

四、董事會每年開常會一次,臨時會無定期,由董事長召集之。

第六條:本館職員設總幹事一人,商承館長執行一切事務;幹事若干人,分司編目、典藏、閱覽、庶務、會計事宜。

第七條:本組織大綱有未盡善處,得經董事會修改之。

第八條:本組織大綱經董事會通過後施行。(《合衆圖書館董事會議事録》,載《歷史文獻》第 7 輯,第 1 頁)

是日　將會議記録整理爲《合衆圖書館董事會議事録》(按,原件曾交上海圖書館,後流失。二十世紀九十年代,在香港某次拍賣會上被臺灣胡星來拍得,後將原件複印并轉顧誦芬收存)。(原件複印件)

8 月 2 日　審閲《文禄堂訪書記》。晚視顧廷鳳。晤顧翼東。李宣龔來談。(日記)

是日　張元濟捐贈合衆圖書館景印張氏先人著作《橫浦文集》《涉園叢刻》等五種四十六册。(《張元濟年譜》,第 491 頁)

8 月 3 日　校《東吳小稿》畢。(日記)

8 月 4 日　審閲《文禄堂訪書記》。陪顧廷鳳去醫生處檢查肺部,經 X 光照後,知肺部有空洞,三日後再商醫療手續。往圖書館新屋量二樓、三樓書庫高低尺寸。訪華繹之,還《東吳小稿》。訪姚光,還《續學堂詩文鈔》,未晤。訪潘季孺,門無應者。寫扇二副。(日記)

是日　張元濟寄存合衆圖書館張氏先人著述及刊印之書《帶經堂詩話》等

十二種二十九册;涉園藏書十九種一百五十九册。(《張元濟年譜》,第 491 頁)

8 月 5 日 審閲《文禄堂訪書記》。訪葉景葵,呈送張元濟送來之《射山詩》。視顧廷鳳。張元濟寄存合衆圖書館涉園藏書十四種十九册。(日記;《張元濟年譜》,第 491 頁)

8 月 6 日 校《説文疑字音義斠詮》。法巡捕房政治部冷峰來調查情況,知合衆請求免捐之信已送達,約定次日下午來取有關資料。即起草條答。(日記)

是日 張元濟寄存合衆圖書館張氏先人著述及刊印之書《才調集》等七種五十一册;涉園藏書十五種九十二册。(《張元濟年譜》,第 491 頁)

是日 下午三時,召開合衆圖書館董事會第一次會議。葉景葵、張元濟、李宣龔、陳叔通、陳陶遺到會。臨時主席張元濟,先生爲會議記録。

　　甲、報告事項

一、傳閲發起人會會議録。

　　乙、討論事項

一、葉董事提議:組織大綱應推起草委員加以修正,并擬訂章程,再由下次董事會討論。

議決:通過。

二、葉董事提議:推陳董事叔通起草。

議決:通過。

三、葉董事提議:本館基金得聘請專家相助管理,由起草委員訂入章程,并另定細則。

議決:通過。

四、審查《葉宅向本館租地建屋合同》。

議決:通過。(原件;《歷史文獻》第 7 輯,第 3—4 頁)

葉宅向本館租地建屋合同

今因出租人願將所有坐落上海法租界蒲石路道契(第四二○六號地册一○○○A號)内基地一方,計玖分五厘,租與承租人建造住宅,承租人亦願意承租,兹經雙方同意,訂定租地合同。其條款開載如左:

一、租賃地之面積四址如附圖(内紅綫部份,計地玖分伍厘)。租期二十年,自一九四一年七月一日起至一九六一年六月三十日爲止。期滿後得續租五年,仍照本合同辦理。

二、租賃地租金訂明全年法幣五百元正。自三十年七月一日起租,每年分兩期,即七月及一月,承租人每期各支付全年租金額之半數,即法幣貳百伍拾元。在租期及續租期内雙方各不主張增减。

三、租賃地上應納之地捐及地上其他一切税捐均歸出租人負擔,其關於雙方公共使用,如修路、修溝、管弄清潔等所生之費用,各自負擔。

四、租期届滿後(指續租五年届滿言),承租人除返還租賃地及注銷租地合同外,所有在租賃地上房屋及一切建築物概歸出租人所有。

五、租期届滿前(指續租五年届滿言),出租人對於出租地畝如因急迫需要有收回租賃地之必要時,如在本合同租賃關係存續達十五年以上時,承租人可允其收回,但應由出租人就下餘租期連續租租期在内,貼與承租人每年四千元之貼費(有零月日時照每年四千元比例計算),同時承租人應將所有在租賃地上之房屋及一切建築物仍照第四條之訂定,概歸出租人所有。

六、本合同連附地圖一式兩份,經雙方核明,簽訂雙方各執一份存照。
(《合衆圖書館董事會議事録》,載《歷史文獻》第7輯,第4—5頁)

8月7日　寫張元濟寄存圖書謝函。修改董事會議事録。冷峰來取調查各項材料并附圖樣兩張,另有存底。謁張元濟,致謝函,并呈交法巡捕房政治部來調查有關材料之存底及董事會議事録。先生述及家藏《秀野草堂圖》,乞張元濟賜題。張謂"嘗有《涉園圖》,原藏族人處,勸裝裱付印,不允,今毁於亂,題跋甚多。後來得一小圖,蓋第二圖也","將來可交換題記"。又云"冒鶴老近校訂諸子,於《春秋繁露》已考定爲從宋本出,今日當推第一本。又於《淮南子》《文子》兩書,定爲《文子》鈔襲《淮南》"。張元濟又告,涵芬樓有孫淵如撰關於《文子》手稿,及借出,竟與鶴老暗合,嘆爲奇珍。因憶當時什襲藏庋,館員誤將盧抱經手校《古今逸史》留下被毁,至今思之,又覺可惜。訪陳陶遺,交有關調查材料之存底,并略述華人教育處之大概,俾便托友規説。赴新屋,視書架等。(日記)

8月8日　擬董事會及合衆圖書館《章程》。張元濟第二十二次捐贈合衆圖書館嘉郡先哲遺著《嘉興譚氏遺書》等三種十五册,第十一次寄存合衆圖書館海鹽先哲遺著《碧里鳴存》等四種二十三册。(日記;《張元濟年譜》,第491頁)

8月9日　葉景葵來,簽租地建屋合同。先生擬補充一條,曰:"承租人於承租期内,其住宅及一切建築物不得全部轉租他人。如承租人不願使用時,應即返還賃地,由出租人貼與承租人□萬元。所有租賃地上房屋及一切建築物,仍照第四條之訂定,概歸出租人所有。如租期已逾十五年者,則貼與承租人費用,即照第五條所定辦法計算之。"葉景葵云,"此點亦曾想到,將來決不致有轉租之事。渠已在遺囑中言之矣,因未列入"。擬《合衆圖書館章程》,脱稿。謁陳叔通,請正《合衆圖書館章程》,其亦有擬草,主意與先生相同,暢談。歸途,視新屋。葉景葵來電話,告蔣氏書可送來,但須先訂合同。葉談及本館組織法,問"《章程》中關係本館興亡者何條",又曰"在董事會之推選董事,董事漸更,恐有不擁護總幹事,則敗"。先生"唯唯。第思總幹事之更迭,未必爲一館興亡之所繫,基金之充絀,實爲興亡之關鍵。本館基金不能如物價之并漲,可慮也"。(日記)

8月10日　訪黃樸奇,補祝其五十壽。贈襯衫半打,不受。閲《文禄堂訪書記》。(日記)

8月11日　葉景葵、李宣龔分別告知,有李某來閲《慈雲樓藏書志》。王文

進來,還《文禄堂訪書記》集部一册。(日記)

8月12日　張元濟送書來。《文禄堂訪書記》閲畢,舛誤觸目,凌亂無序,幸潘景鄭閲去四册,然已費時不少。擬撰《明代版本圖録》叙,構思未就。將《畫竹齋評竹》送葉景葵。(日記)

8月13日　單鎮來,述唐文治受同鄉之托,編纂《太倉先賢象傳》,擬向合衆借《吳郡名賢圖贊》《清代學者象傳》兩書,適皆未備。王文進來,先生交還《文禄堂訪書記》。(日記)

8月14日　擬《明代版本圖録》叙,未成。接洪業信,催《史通》校記。美國國會圖書館贈報告全份,先生即移贈合衆。葉景葵來電話,囑發通告,定8月19日開合衆圖書館第二次董事會。(日記)

8月15日　備通函四件。顧廷鳳被查出痰中有肺病菌,入濟華醫院診治。(日記)

8月16日　擬《明代版本圖録》叙。(日記)

8月17日　赴濟華醫院視顧廷鳳,醫生建議明日出院重新檢查。(日記)

8月18日 [①]　撰《明代版本圖録》叙竟。(日記)

　　曩時藏家書目,多不著版本,雖載及明人著述而不能考其刻年。范氏天一閣藏明本最富,阮元爲編目録,始稱稍詳。近惟陳氏聽詩齋之明人別集目録、蔣氏傳書堂之善本書目補遺、陶氏涉園之鑒藏明版書目,是皆專於明本者,而刻年亦未能詳識,若葉德輝、莫伯驥兩家讀書志,掫録較多,原委分明,而惜非專著。故今人欲研究明代版本無所取證,每感參考無資之苦。余夙有纂輯目録學一書之志,擬分三編,曰流略、曰圖録、曰校讎,斷代爲章,復各析以時地,公私之作,俾有系統可尋,條理可睹。前年之春,曾欲以清代刻本爲始,時與婦弟潘君景鄭郵筒商榷。未幾,張菊生、葉揆初兩丈創設合衆圖書館於上海,招爲校理之役,遂中輟南歸。旋邀景鄭來共編摩,接席商兑,重訂體例。從佺頡剛聞其事,贊而助之。首輯《圖録》,以重雕版之源流、風氣之趨尚,又先由明代入手者,蓋宋元本書景及景印之本流傳已廣,不難訪致,明本則汗漫無歸,按索無圖而求之彌難。茲就吾二人研説所得,先爲初編,雖不能備,聊補所乏。丁時喪亂,搜輯不易,幸得杭縣葉氏、海鹽張氏、吳興劉氏、天津華氏諸家及涵芬樓慨然相示,至可感篆。攝景撰説,歷時兩年,景鄭之力居多。此編明知挂一漏萬,冀爲初學之助,至夙願甚宏,吾二人當聯鑣十駕,陸續足成,并世賢達,其有以廣之乎?(《明代版本圖録初編叙》)

潘景鄭跋《明代版本圖録初編》云:

　　諸家書影之輯,於版本有先河之功。惟專録宋元,未有類次,薈萃之

___

業,屠門大嚼,祗足快意,以詔來學,抑且未具。葉氏《書林清話》論版本詳矣,羅陳雖宏,實徵攸待,可備掌故,靡以考鏡,此吾《版本圖錄》之作所由。夢寐嚮往,不憚矻矻窮年,會隸分舉,勒爲初編,以資討理者也。先之以明代者,以宋元書影有傳,而清刻傳布蓁廣,臚舉非易,續以用緩。惟朱明承先啓後,繼往昭來,傳遞之迹,有所踪尋,而其精麤高下,尤足以覘文獻之盛衰。是用分別部居,觕陳綱要,類別十二,影逾麗葉。時值版蕩,瓶借維艱,責全求備,以俟後賢。是役也,吾姊夫顧君起潛實綜大綱,發凡起例,君力居多,僕蓋參佐末役,與有編摩,幸觀厥成,差慰夙願。假我餘年,得爲賡續之業,此則私心切禱,志在不渝。(《明代版本圖錄初編跋》)

8月19日　潘景鄭携來《潛研堂家書》十二通,先生即録一本。葉景葵携宋刻本《莊子》來,書極難得,張元濟謂可與日本印舊寫本一校。張有印本,允贈。(日記)

是日　下午三時,召開合衆圖書館董事會第二次會議。葉景葵、張元濟、李宣龔、陳叔通、陳陶遺到會。臨時主席張元濟,先生爲會議記録。

甲、報告事項

一、傳觀第一次會議記録。

二、葉董事作財務報告。

發起人會所報告財務大概應修正者三點:

(一)蔣氏捐明庶股票五萬元,復查抑卮先生遺囑,規定所捐股票充合衆圖書館經常費之基金,用息不用本。保管辦法,銀行一人,蔣氏一人,合衆圖書館一人。又蔣氏家族會議原案云:倘明庶改組,股票收歸,則以所得之值另購其他產業,計值五萬元,由三人商決改購。是此項基金本館并無全權管理,應不列入本會基金之內,而將每年所收利息列入蔣氏捐款。

(二)景葵經募之款,尚漏開浙江興業銀行股票五萬九百元,成本照票面計算,應補列。

(三)前報開辦以來共用經費約四萬元,係屬倉卒估計。茲查自二十八年開辦起至本年八月底止,共支開辦費五千元,特別追加費壹萬三百六十元,經常費三萬七千四百元,共五萬二千七百六十元,應更正。茲將收付各款及應存之數詳列於下。

…………

乙、討論事項

一、審查修訂《私立合衆圖書館組織大綱》。

議決:通過。

二、審查《合衆圖書館董事會辦事規程》。

議決:通過。

三、葉董事提議:應向銀行訂立透支契約,其額度若干。

議決:向銀行訂立透支契約額度壹萬五千元。

四、陳董事陶遺、陳董事叔通提議:八月份決算作爲九月份至十二月份預算,提交下次會議審核,特別費在外。

議決:通過。

五、葉董事提議:本館財産擬委托浙江興業銀行信托部管理。

議決:通過。

六、葉董事提議:聘請竹淼生先生爲本會財務專家。

議決:由本會備函敦請。

丙、選舉事項

一、選舉董事長:

陳陶遺當選。

二、選舉常務董事:

葉景葵當選。

三、推舉董事二人管理館産。陳董事叔通提議:推請董事長、常務董事二人管理之。

議決:通過。(原件;《歷史文獻》第7輯,第5頁)

合衆圖書館董事會辦事規程

第一條:本規程依據《私立合衆圖書館組織大綱》規定之。

第二條:董事會董事爲無給職,當然董事不限任期,非當然董事任期三年,但連舉得連任。

第三條:董事會用無記名投票法互選董事長一人,常務董事一人,均爲無給職,任期三年,但連舉得連任。

第四條:董事會會議,董事長爲主席,缺席時互推一人代理。

第五條:董事會設書記一人,或設其他助員,得指定圖書館職員兼任之。

第六條:董事會會議取決多數可否,同數取決於主席。

第七條:董事會會議認爲必要時,得請圖書館總幹事列席陳述意見。

第八條:董事會設會議簿,由書記記録,董事長署名。

第九條:董事會每年年終就圖書館總幹事提出之本年決算及次年預算審核之。

第十條:董事會對於圖書館經常費,按照預算按月撥交圖書館總幹事執行之,不在預算內之特別費,由本會開臨時會議決之。

第十一條:關於館産管理方法由董事會議定之,推董事二人以上共同執行。

第十二條:董事會得聘財務專家一人或二人,由董事會將館産之一部分

委託專家商同董事長、常務董事處理之,隨時報告。董事會認爲情事重大,
應開臨時會并請財務專家列席討論。

第十三條:關於組織大綱第二條第二項、第四項,得由董事會聘專家審
理之。

第十四條:對外文件用董事會名義并蓋章,由董事長署名行之。

第十五條:圖書館辦事細則,由總幹事擬交董事會議決施行之。

第十六條:本規程未盡事宜,由董事會提出增改之。(原件;《歷史文獻》
第 7 輯,第 11 頁)

8 月 20 日　整理第二次董事會會議記録,午後送張元濟閲。校《莊子》。陪
顧廷鳳就醫。(日記)

是日　張元濟有信致先生:"今送上日本景印古寫本《莊子》九卷,又《校勘
記》一册,又《淮南鴻烈解》一卷(寫在卷背,墨色極黯淡,能録寫一分,較便展
閲),乞察收。同等之書尚有若干種,近將遷移,如不嫌其妨礙,當一併呈上。乞
示。"(《張元濟書札》,第 172 頁)

8 月 21 日　擬聘請財務專家函稿,送陳陶遺審核,繕正簽署。視新屋。訪
黄仲明,借卡車,商妥 9 月 5 日後始搬遷。"子毅始督童包書,每包皆開列一條,
余任查對簿子及提片,使不致有誤也。"(日記)

8 月 22 日　校《莊子》,盡一卷。(日記)

8 月 23 日　校《莊子》。午後,覺體憊。晚訪葉景葵,談歸不支,發熱早睡。
(日記)

是日　葉氏《札記》云:

起潛來,告以圖書館前途之興替,其樞紐在董事之得人及合作與否,故
選舉最爲注重。現在五人,學問未必皆深,亦未必人人皆知圖書館之辦法,
但皆飽經憂患,有相當之修養,且皆無所爲而爲之。五人間相互有甚深之情
感與直諒,故能知無不言,決無問題,但皆六七十之高年,可以同時老病,故
對於遞嬗之法,宜十分注意也。(《葉景葵札記》,第 219 頁)

8 月 24 日　葉景葵來談。"熱未退净",繼母等皆來探視。(日記)

8 月 25 日　竹森生來函,允就財務專家之聘。熱仍不退。(日記)

8 月 26 日　經醫生診斷,爲流行性感冒,服藥漸愈。(日記)

8 月 27 日　熱退。潘博山等來探視。(日記)

8 月 28 日　感冒未愈,憊甚。(日記)

8 月 29 日　感冒仍未愈。(日記)

8 月 30 日　"理《楊文鼎奏稿》,訂十四本。束老轉來端匋齋《壇語》。張石
公[①]贈書三種,并邀余往談。"(日記)

———————

①張石公:張國淦。

　　8 月 31 日　　訪黃仲明，借商務印書館車。購屏四幀，送邵章壽。袁同禮自香港來，謂即返去。赴萬宜坊王宅，還錢仲仙詩卷。(日記)

　　是月　　董事會成立後，"董事李宣龔先生陸續把所有近時人的詩文別集以及師書友札圖卷等送來，董事陳叔通先生把家藏名人手札及所存的清末新學書刊送來"。(《合衆圖書館小史》，載《總結·開拓·前進：建館三十五周年紀念文集》，第 2 頁)

　　是月　　蒲石路(今長樂路)、富民路口合衆圖書館新館竣工，"計有三層十八間，書庫七間，普通閱覽室一間，閱報室一間，參考室一間，辦公室一間，儲藏室二間，厨房一間，宿舍四間。用具方面閱覽桌五隻，坐椅八十隻，卡片箱六十抽屜一隻，三抽屜二隻，報架二隻，書架一百七十一隻，書箱四百六十二隻，書橱三十三隻"。二樓、三樓爲書庫，先生的辦公室也在二樓。二樓的一邊是閱覽室，另一邊是書庫入口的櫃臺。當時，爲了不受敵僞干擾，圖書館没有開過正門，來客都是從富民路後門進去的。(《合衆圖書館小史》，載《總結·開拓·前進：建館三十五周年紀念文集》，第 5 頁；顧誦芬《我與上海圖書館的情誼》，載《我與上海圖書館》，第 12 頁)

　　9 月 1 日　　晨九時，赴蒲石路驗收新屋。"監工、包工皆未至，改約下午。三時，監工馬俊德、作頭楊先後到。余歷指其未妥處，允一一修理。此屋既未鄭重設計於先，施工又不能認真於後，任事之人一味圓到，絕不負稍許責任，撲丈安由知之？彼則率責以去，我且受累無窮。工程草率，鋼窗無一對能開關自如，紗窗鐵絲已鏽，人工大理石之地已缺，復何言哉！點交鎖鑰，開關不靈者三扇，暗鎖悉未裝妥。接收鑰匙三十三把，暫令興業清潔夫看守。"(日記)

　　是日　　林子有贈自印圖册兩種，見假《藏詞目》一册。接王重民函。(日記)

　　9 月 2 日　　到新屋，請水作銅匠四人修繕。篆邵章壽文，畫屏格。祀先，繼母、廷虁、廷翔等皆到，幷贈毛巾兩打、玻璃杯一打，以賀先生遷居。誦芬放學，"不及待母往接，徑自走歸。母往未遇，即趕回，兒尚未到家。慌甚。未幾，姍姍來矣"。(日記)

　　9 月 3 日　　畫屏格，寫壽屏四幅。(日記)

　　9 月 4 日　　謄《明代版本圖録》叙。謁葉景葵。(日記)

　　9 月 5 日　　借商務印書館車來搬書，六架約二百十餘包、十二箱，到新館。訪張元濟，求撰《明代版本圖録》序。又訪張石公，長談。姚光來，未晤，留下《柚堂文存》。(日記)

　　9 月 6 日　　法公董局教育處有函致葉景葵。[①]

　　　　尊敬的館長先生，我很榮幸地通知您，法國總領事館已授權"合衆"私人圖書館在法租界(蒲石路 746 號)正式運營。

──────────

①此函原爲法文，由深圳市英聯翻譯有限公司田展旭譯成中文。

　　您提出的免税申請可能會在 1942 年的市政預算制定期間進行審查。尊敬的館長先生,請接受我崇高的敬意。

教育部長
(原件;《顧廷龍日記》)

　　9月6—7日　到新館看漆書架。(日記)

　　9月8日　商務印書館車來搬書兩次,即將各書上架。葉景葵來電話,告知蔣氏書由一丁姓者爲之分別檢理,得五十箱,送一次。先生請於新館空地上種除蟲菊,允之。(日記)

　　9月9日　搬書架六隻,因雨不敢搬書。潘博山爲聶崇岐畫《徵宋齋注史圖》,甚精,即先寄去。博山又見假新得嚴元照書自撰《簪花小集題詞》,實香修小傳,極可貴,“當攝一影,以實《年譜》。(日記)

　　9月10日　搬書一次,即與潘景鄭、朱子毅上架。午後歸,包書。(日記)

　　9月11日　搬書櫥等。未去新館,理自藏書。葉景葵來談,言及“現在房屋造價益昂。余謂若在租屋開辦時即興建,則須費無幾。丈謂時汝在燕京,倘不能來,吾即不辦,并非先有計劃。然則余於館當如何努力耶”。接聶崇岐轉來《東方學報》單本兩種。(日記)

　　9月12日　搬書。將兩間新屋應修數事開單交葉景葵。接燕京大學圖書館人員來信。(日記)

　　9月13日　搬書。内侄家華20歲生日,往祝并夜飯。理自藏書籍。先生遷居,外姑贈三十元,顧廷鳳送饅糕。(日記)

　　9月14日　搬書、書箱、雜件并傢具至新館,先生一家正式遷入,衆親友來賀,并送饅頭糕點、蛋糕等。夜,再往舊居理物。(日記)

　　9月15日　謁葉景葵,商電話、鐵門事。午後,赴舊居理書。李宣龔來,未值。燕京大學圖書館寄《學報》來。邵銳寄《盧鴻草堂圖》景印本來。(日記)

　　9月16日　搬書,將書箱放妥。陳叔通偕潘季孺來暢談,參觀而去。(日記)

　　9月17日　搬小書箱等。李宣龔偕友來。午後,葉景葵偕侍君來。繼母妹適朱仲亮者病故,與夫人往世界殯儀館赴吊。(日記)

　　是日　葉景葵偕友人至蒲石路新館及自己新宅參觀。葉氏《札記》云:“至新屋及圖書館察視,書籍已悉數移來。起潛興會甚佳。空間耗廢多,已占十分之七八,恐不能維持十年,乃知事實與理想,向不能密合也。”(《葉景葵雜著》,第221頁)

　　9月18日　搬書、書箱等,午後再搬書架。理自藏書。接伯舅、邵銳信。致伯舅、顧頡剛信。(日記)

　　9月19日　搬書櫥及雜物。去舊館,巡視有無遺留物件。便道訪單鎮,請題《鄒紫東詩文集》。嚴鷗客來,未值。(日記)

　　9月20日　搬閱覽桌等。移居之事共搬運二十次,今始得告竣。(日記)

9月21日　黃仲明來。夫人感冒,陪至醫生處就診。先生亦略覺不適,假寐半日。發文楷齋信,告知移居新址。(日記)

9月22日　致郵局,請改寄新址。理書。單鎮來,已撰就《鄒紫東詩文集》跋并還是書。(日記)

9月23日　黃警頑來,索《合眾圖書館章程》,黃任商務印書館宣傳事。即作函黃仲明,托其却之。(日記)

9月24日　葉景葵搬家。謁葉景葵,囑先生與蔣俊吾接洽取書事。理書。任心白贈書。(日記)

9月25日　訪蔣俊吾,"約星期往取書"。潘博山夫人、潘景鄭夫人等來賀。胡文楷贈新編《歷代名媛簡牘》。(日記)

是日　添裝大鐵門。(《合眾圖書館第三年紀略》,載《顧廷龍日記》)

9月26日　訪黃仲明,未值。陳鴻舜自北平飛滬,將赴美,應哈佛大學哈佛燕京漢和圖書館之聘,暢談留宿。(日記)

是日　葉景葵入住新屋,先生等往賀。(日記)

　　　　新居在蒲石路七百五十二號。余捐入合眾圖書館十五萬元,以其半爲館置地二畝,今年建新館已告成,余租得館地九分,營一新宅,訂期二十五年,期滿以屋送館。余與館爲比鄰,可以朝夕往來,爲計良得。昔日我爲主而書爲客,今書爲館所有,地亦館所有,我租館地而閱館書,書爲主而我爲客,無異寄生於書,故以後別號書寄生。(《葉景葵雜著》,第221頁)

9月27日　搬書箱。赴上海銀行,托顧廷爕換平幣。又赴商務印書館。祝潘景桓夫人六十壽。(日記)

9月28日　晨,借商務印書館汽車赴蔣俊吾處搬書(蔣氏贈書),計九十箱。下午客來。接邵銳片,稱壽屏未收到。接聶崇岐信。(日記;《合眾圖書館第三年紀略》,載《顧廷龍日記》)

9月29日　葉氏書箱移至三樓。與陳鴻舜夜談。張元濟有信致先生,謂"移居想已竣事,已布置妥貼否? 尚有書若干種擬送呈也",又介紹伍昭扆去合眾看書。(日記;《張元濟書札》,第172頁)

9月30日　傢具店定做傢具漆完。(日記)

是月　新屋落成所受禮:

　　　　陳叔通贈地毯一張　《歲暮歸書圖》一幀

　　　　錢文選贈詩幅一軸

　　　　陳植生贈松屏一幅

　　　　潘博山贈墨六錠

　　　　姚石子贈《武陵山人遺書》《舒藝室全集》

　　　　(《合眾圖書館第三年紀略》,載《顧廷龍日記》)

是月　爲張元濟代擬致法國伯希和信。

伯希和先生:

久不通問爲念。

今年三月間曾上一函,寄 Dr. Serge Eliosieff, America 轉奉,恐不易達,同時將副份一托 M. Vislaine Hoppenot, Uruguay 轉,一托 Panl Demieriele, Suisse 轉。迄今半年,不識能有一緘送達否? 現將前信中法文副本再設法寄呈。

弟等所創辦之合衆圖書館新屋業已落成。關於請求法總領事准予免去捐税一事,曾具函申請,嗣蒙批復,允予考慮,原函鈔呈。仍擬奉懇大力幹旋,俾易實現。

敬祝健康。

張元濟(原件)

10月1日　理書。(日記)

10月2日　理物。約潘景鄭等陪陳鴻舜飲。潘季孺暨子潤民來。(日記)

10月3日　張元濟還書并《明代版本圖録》原稿,於《圖録》教正數條,又附函曰:

蒙假閲洪文卿師尺牘,已讀過,謹繳還。命作題詞,不敢污藝前賢箋札,僅於卷末署一觀款,以識鴻爪。大著《明代版本圖録》亦捧讀一過,琳琅溢目,信爲必傳。自慚諓陋,不能贊一辭,原稿并繳,統乞檢收爲幸。嘉靖東壁圖書府本《王摩詰集》有先六世叔祖藏印,原書未知何家所藏,乞示及。

涵芬樓藏書洪武本却有數種,建文本已不見,想毁去矣。永樂、宣德本亦間有數種可用。《爐餘書録》如需閲,候示檢呈。(日記;《張元濟書札》,第172頁)

10月4日　張元濟見假《涵芬樓爐餘書録》并有信致先生云:"《涵芬樓爐餘書録》稿本十册呈上,乞察閲。館藏善本寄存金城銀行,原在平地室中,近因潮汛高漲,已移樓上。因逼窄,祇能將書篋層纍,且轉折亦無餘地,故取書較難。異日借影,如其本適在下層,恐難從速,合先陳明。《藏園自述》并無餘本,弟得一分,容稍緩,當與其《六十自述》檢出并呈。"先生閲後以爲"可借攝之本甚多,托景鄭先選一過"。(日記;《張元濟書札》,第172頁)

是日　偕陳鴻舜參觀亞洲文會圖書館、博物館。過廣協書局,購書。誦詩去世兩周年,"即以飯菜設供,殊覺傷感"。(日記)

10月5日　訪李宣龔、吳湖帆,携去《積古齋鐘鼎款識》(潘景鄭録校本)一部。有吳大澂批本兩種,蓋從先生藏本所傳者。閲《涵芬樓爐餘書録》。偕夫人、誦芬游覽近肆。(日記)

10月6日　葉景葵來談。夏地山率子來參觀。潘博山來,以銅器三十二件寄存,允之。閲《涵芬樓爐餘書録》,選出二十種,擬借來攝影。來薰閣夥送書樣來,僅吳榮光《筠清館金石文字記》一種可觀,全書三十二册,書衣上有何紹基手寫細目,極精,索價五千元,可駭。他無可取。訪葉景葵。接汪孟舒函,催顧頡剛存書遷去。先生已屢經馳告頡剛,但未得一覆。即致汪孟舒信,請其通融,轉緩遷讓。(日記)

是日　張元濟第十二次寄存合衆圖書館海鹽先哲遺著《宮閨百咏》等十種二十冊,寄存張氏先人著述及刊印之書五種十冊。自4月至10月,張元濟以"歷年收藏舊嘉興一府前哲遺著四百七十六部一千八百二十二冊贈與本館,并以海鹽先哲遺徵三百五十五部一千一百十五冊,又先世著述及刊印、評校、藏弄之書一百四部八百五十六冊及石墨、圖卷各一事",先作寄存,後改爲"永遠捐助本館"。(《張元濟年譜》,第492頁;葉景葵《海鹽張氏涉園藏書目録》序)

10月7日　開具擬借涵芬樓藏善本書單,送張元濟。(日記)

10月8日　葉景葵交來陳豪畫《歲莫歸書圖》及朱啓鈐、邢冕之函,又囑查閲葆之詩集。姚光來,贈書,并告《浪迹叢談》有羅以智序。(日記)

是日　陪陳鴻舜購物。爲陳赴美送行至十號碼頭,臨歧惘然。見其携有《支那書籍解題》(書目書志之部),先生"以便於翻檢留之"。(日記;《全集·文集卷·支那書籍解題題識》,上册第305頁)

是日　張元濟有信致先生,謂潘景鄭贈張氏六世祖舊藏《王摩詰集》,"萬不敢領,謹繳上"。(《張元濟書札》,第169頁)

10月9日　先生有信致聶崇岐。又致邢冕之信,贈《恬養齋文鈔》。還《涵芬樓燼餘書録》。王伯祥來,代郭紹虞贈《學文示例》《語文通論》兩種,又《明代思想史》(齊魯大學叢刊)一種,并告顧頡剛正在重慶。葉景葵來,略談。送《歲莫歸書圖》給華敏初裝裱。(日記)

10月10日　略閲《明代思想史》。訪潘季孺,長談。葉景葵陪陳理卿、嚴鷗客來。偕夫人、誦芬參觀震旦博物院,歸途訪顧廷鳳夫婦。(日記)

10月11日　檢桐鄉勞氏(乃宣)遺書,爲潘季孺鈔兩則。張元濟送《王摩詰集》跋文。《歲莫歸書圖》裱就。"致繼母函,托爲開喜柩補擦傷處。"致郭紹虞謝函。葉景葵來,交鑰匙,携去《歲莫歸書圖》加題。裴開明來信,請仍爲校閲《美國哈佛大學哈佛燕京漢和圖書館目録》并乞爲序。(日記)

10月12　偕誦芬赴亞洲文會參觀。爲陳豪《歲莫歸書圖》配鏡框,葉景葵已加題。(日記)

10月13日　檢《美國哈佛大學哈佛燕京漢和圖書館目録》三册,并致書送張元濟,爲裴開明求序。葉景葵電話告知蔣書已理畢,送二百四十箱(已到九十箱)。即電告黃仲明借車,允商定見告。葉景葵來談。(日記)

10月14日　用唐寫本校《莊子·天運》。葉景葵來談。(日記)

10月15日　校《莊子·天運》。潘季孺、陳叔通來談,托陳叔通索中華書局優待券。邵章來信,謝壽屏,囑先生用宣紙重書,俾可耐久。(日記)

10月16日　擬《合衆圖書館檢閲規則》,備而遠用。楊敬涵夫人來,借潘景

鄭藏畫册十本。葉景葵來談,繼而先生往談,呈閲文禄堂寄來書樣多種。偕夫人赴照相館攝影。復邵鋭信。(日記)

10月17日　閲書樣。葉景葵送造像來,與潘景鄭檢理一過。葉邀食茶點,客甚多,識者陳漢第、陳叔通、陳陶遺、李宣龔、湯定之、張乾若,乾若等皆來參觀。潘家華偕王幽蘭來,囑書送振華女學三十五周年紀念屏。寫扇,上爲“啓吾”款。(日記)

10月18日　訪楊敬涵,乞畫《藏園居士古稀著書圖》,爲傅增湘七十壽。傅增湘囑陳漢第送來《自述》一册,似不能無所回贈,因擬圖成加跋紀之。視顧廷鳳,醫稱大愈,先生慰甚。任心白來電話,明日搬書人已約定。葉景葵來談。復裘開明信。(日記)

10月19日　赴蔣家搬書,計一百五十箱,架子八十個。葉景葵來。(日記)

10月20日　陳漢第來函并送到屏紙。訪靈岩公墓,付地價,主其事者不值。徘徊河南路書堆,購《學衡》八册合訂本,又《天下》一册。葉景葵來談,“今日晤王雪澂子,名文燾,號叔和,述悉其父有文稿、自訂詩,及代張文襄擬電稿又經辦公牘,又寓滬時隨筆等等,皆未刻,允見假傳抄”。訪汪彭孫。夜,李宣龔偕沈劍知來,詢張士俊號,先生告曰號籲三,“昔曾力事檢查得之”。又詢徐子晋曾見《毛氏汲古閣圖》,渠尚未知景印。因檢示之。(日記)

10月21日　登録贈購諸書。接張元濟函,云《元明雜劇》應得一部,因印少成本大,故未受領。又告涵芬樓善本可取,囑重開一目送去。即赴商務印書館購《元明雜劇》,已售罄,遂購他書數種。訪王伯祥。葉景葵來談,送來《志盦遺稿》,有跋,稱“《詩集》首四首係夏穗卿撰,或書衡傳誦鈔存,後人誤爲渠作。夏地山先生幼誦其師穗卿之作,必不誤也”。(日記)

10月22日　沈劍知來。葉景葵送《水東集》《開封紀行稿》。謁張元濟,探詢施梓英情形。據云人極可靠,做事勤懇。先生尚望其能寫字,則恐非其所長,索閲字樣再説。又略談往事,“丈云渠於李文忠頗有知己之感。當時丈辦學堂,草奏呈文忠,文忠改數句,極有力量(其時學堂歸入洋務,洋務歸入總理衙門)。後丈革職將南旋,文忠請于晦若往訪,頗致關切。後知返滬,爲致函盛杏蓀,盛遂聘主南洋公學譯書院事”。先生勸張自訂年譜,張稱胡適亦如是言,惜興會不至,提不起筆。楊敬涵畫《藏園居士古稀著書圖》成,即取并寄傅爲壽,加跋另存。夜,疲甚,喉痛,似發熱,早睡。(日記)

10月23日　理查聲山稿,名《宮詹公存稿》,爲葉景葵借姚虞琴藏鈔本傳録者。據《清史列傳》,聲山有《澹遠堂集》,惟各家目録均未見。《兩浙輶軒録》亦未選其詩,必有稿未刻,外間絶不易見。此後人輯存者,觀此鈔本,“旻”字作“御名”,知爲道光間所鈔。閲《伊闕石刻圖表》。葉景葵送來《中國通俗小説目録》,從蔣氏索回者。王君九贈《元明雜劇提要》。(日記)

10月24日　理吳諫齋(士鎬)寄存書箱。得邵鋭信。校《美國哈佛大學哈

佛燕京漢和圖書館目録》五頁。(日記)

10月25日　閲《美國國會圖書館報告》及《天下》雜志。校《美國哈佛大學哈佛燕京漢和圖書館目録》。潘譜孫來電話,謂誦詩兒墳地已購定。接陳鴻舜夫人信。王大隆來,贈《薫圃藏書題識再續》。(日記)

10月26日　訪葉景葵,示宋徽宗畫《荔》,極精。交來沈善登遺書目一函。閲西摩路書肆,忽見《董中峰文選》,光緒刻本,[1]原委分明。又購得《侯忠節全集》近印本,"嘗見外叔祖藏忠節《絶纓書》,爲集中未及,當補録卷末。真迹原欲贈余,後博山愛之甚,因由余作緣歸之"。李宣龔、任心白來,携贈書兩包,約明日開單送去。(日記)

10月27日　赴浙江興業銀行還顧頡剛款。去抱經堂、來青閣購書數種,價益昂。接洪業函,催《史通》校記。夜校三卷。葉景葵來。(日記)

10月28日　閲《美國國會圖書館年報》,并正其所撰《董中峰文選》提要有誤。校《史通》一卷。葉景葵來。(日記)

是日　祖母忌日。(日記)

10月29日　校《史通》四卷。潘季孺來,囑書扇頭,長談。姚光來,贈顧校《内經》。葉景葵來。還潘譜孫代墊購誦詩及亡侄墓穴款,計九十六元。(日記)

是日　顧頡剛有信致先生。

> 侄於本年陽曆八月初旬曾有一航函寄尊館舊址,記此函寫得甚長,且親投郵,乃竟未到,殊出意外,勞吾叔遠念,曷勝歉仄。承示汪孟舒先生催遷,自當遵辦。現在李金聲君(燕大史系畢業,近大約進研究院,在平賃屋而居)肯將侄書籍移置其寓,此事甚好,敬煩吾叔函告孟舒爲荷。李君住處侄尚未知,而舍姨丈則已知之(侯仁之君亦知之),故可托其轉告也。侄之書目聞在叔處,能囑人鈔一份見寄否? 至爲盼禱。侄年來人事愈冗,且蓉渝跋涉,不勝其勢。顧念此身已成傀儡,一切聽人擺佈,雖欲脱出此境而勢固有所不可,奈何奈何! 内子病勢依然,身體偶一勞頓,或精神偶受刺戟,熱度即行增高。侄甚不願來渝,致兩地心懸,無以相慰,而竟不得不於病中離散,夫婦之道,苦亦甚矣。承囑爲誦詩弟撰傳,夫豈不願,而兩年以來既病且忙,迄今尚未完稿,人生不自由一至於此,可爲浩嘆。然此稿常存行篋,祇須得一日之暇,當有以報命也。侄三四年來血壓增高,極易疲乏,惟祇要睡眠不太壞,頑軀尚可支持,較之履安好得多矣。渠病腎結核,不割則爲慢性之死,割則又恐立死刀下,毫無善法處置,祇得委心任運耳。戰亂四年,先喪我弟,繼奪我父,今我妻又復奄奄待盡,如何能有好懷? 而人事橫迫,迄無一刻之安,即使鐵打之身,亦將無以支援,况本是衰弱者乎? 言之增

---

[1]《董中峰文選》爲明代董玘著作,明嘉靖年間刻。至清光緒年間重刻,名《會稽明董文簡公中峰集》,一作《中峰集》。

慨。到渝後住西郊小龍坎，其地離城三十里，較可安心任職。然以人事之多，又必須常常住城，即此跋涉亦復大苦，真可謂勞碌命也。如蒙賜示，乞寄重慶小龍坎下戴家院一號爲荷。(《顧頡剛書信集》卷二，第 499 頁)

10月 30 日　校《史通》。與葉景葵訪姚光，未晤。訪潘季孺，長談。歸，再校《史通》。(日記)

10月 31 日　校《史通》。葉景葵來談。葉景葵又陪張元濟、伍昭扆來，暢談。夜，再校《史通》。誦芬"忽形寒抖擻，爲冲暖壺，遂得安臥"。(日記)

11月 1 日　量新書庫，安置箱座并排列書箱。潘承彬招飲，偕夫人、誦芬赴邀，有潘氏昆季八人及曹泰吉父子。順路去來薰閣，選書若干種。(日記)

11月 2 日　排書架。來薰閣送書樣來。李宣龔托人送書來。葉景葵偕陳毅(瑤圃)來。李宣龔偕任心白來，贈書。與夫人、誦芬赴巨潑來斯路(今安福路)閱市。(日記)

11月 3 日　書箱安置告竣。蔣氏委丁燮生送鑰匙及書目三册，書計二百四十箱，先生、潘景鄭、朱子毅三人分點，至晚方畢，略有錯誤。楊敬涵夫人還畫册十册，又借八册。(日記)

11月 4 日　核對舊目。丁燮生來，將誤處改正。晚，法國人高博愛偕翻譯來調查，參觀書庫，蓋以朱鶴翔托震旦大學校長轉請將合衆捐免去，特來復查。"渠稱因我目錄未曾編出，外人求閱不易，免捐事或於下年再説"。葉景葵偕嚴鷗客來，葉患高血壓，須休息。劉重熙轉來聞宥函并《集刊》。(日記)

11月 5 日　代聞宥篆墓表額。訪葉景葵，略愈。訪陳陶遺，告昨日高博愛調查經過，并求題先生父親字卷。赴抱經堂、來青閣購書數種。晤平賈數人，有云某家有會通館活字本《容齋隨筆》，五筆全，惟黃白紙配并鈔配，末有嚴元照跋，索萬金，殆瞿氏物耶? 校《史通》二卷。(日記)

11月 6 日　李宣龔贈書清單已由潘景鄭開就并加注號碼。校《史通》二卷。張元濟送涵芬樓善本，爲補《明代版本圖錄》之缺。(日記)

11月 7 日　請潘景鄭編蔣氏書卡片。赴商務印書館還書，聞其出版書皆須加價，亟選數種。歸，與朱子毅商續購《通志》等。得顧頡剛信，知"渠於陽曆八月初有一長信，必爲馬斯南路郵局付之浮沈矣，可惜。聞履安患腎結核，難有起色，爲之憂念。渠平書已接洽，存放李金聲處燕大學生，爲之大慰"。(日記)

11月 8 日　赴商務印書館選購史地各書。(日記)

11月 9 日　爲顧翼東寫對。赴商務印書館選購圖書。訪顧廷鳳、顧翼東，略談。歸，寫《史通》校記。(日記)

11月 10 日　《史通》校記寫畢，即同容媛托購漢碑景印本寄北平燕京。點商務印書館送到所選書。訪陳陶遺。核對蔣書。(日記)

11月 11 日　復核蔣氏贈書目。赴商務印書館，探詢《説文詁林》價，知於昨日起又加五成。午後，赴醫藥書局，購《説文詁林》等。夜，將蔣目對畢。誦詩

兒葬日選出，爲“十月十三日癸未成日（出北朝南向）”。（日記）

11 月 12 日　核算蔣氏贈書目冊數。醫藥書局送書來。午後，視外姑，問安，其感冒初愈。潘博山示清代藏書家手札，欲影印，先生力贊之。開李宣龔贈書單，注號畢。祀先，爲陰曆十月朝節也。（日記）

11 月 13 日　蔣氏贈書計三萬二千八百餘冊，連舊有之書六萬餘冊，當可得十萬之數。“全國圖書館滿十萬冊者有幾哉！”送李宣龔贈書清單。取陳叔通處《愚齋存稿》，批注五六條。此書先由葉景葵批，繼而陳漢第批，最多，次潘季孺，又次而陳叔通，補史事甚多，可貴矣。李宣龔來，謂《明實錄》五百本將成書，將來可索得一部，共印二百部，價十一萬元，每部值五百五十元。復顧頡剛、汪孟舒、樂植新信。致碩夫及靈岩公墓等信。嚴鷗客來，交到朱啓鈐贈葉景葵《貴州文獻目錄》。（日記）

11 月 14 日　復查蔣氏贈書，有缺種之箱。午後，將目錄三冊親赴范園交丁燮生手收。丁爲蔣氏司書，即委來點交者，携還《高青邱集》《蒙古游牧記》《經籍舉要》三種，皆前所遺漏者。觀彼自留抄校本五箱，有五種確可貴，爲《桯史》（何義門校讀），《説文繫傳》（滿校，按語多極，語又精闢，斷爲宿學手筆，字迹殊草，墨色甚淡，惟匆匆未能審定何人所爲），《復初齋文集》（魏錫曾批校，記掌故甚多，書頭所記甚密），《詞律》（許邁孫、譚復堂校），《復堂日記》（未署名字，尚工整，袁爽秋批校）。其他尚有校本數種可取，惜不便細讀。接田洪都信。再致靈岩公墓信，商加灰事。（日記）

是日　先生有信致顧頡剛，告知《明代版本圖錄》年内可出版。

日前得航函，敬悉——。八月初一緘未曾奉到，必付洪喬，殊爲可惜。

尊藏書籍有李金聲君處可寄，好極，已告孟舒矣。書目存龍者，歸時留交植新，刻已囑植新寄來，錄副奉上（當寄舍弟廷蟾仰光中國銀行轉或便）不誤。

伉儷身體不佳，極爲懸念，履安情形尤覺可憂。吾侄血壓高，極須珍重，睡眠不可不足，撰述亦當稍加節制，省其思力。吾族足稱人才者，惟公一人耳，千祈保愛。

傳聞西山[①]爲公掣肘，公乃去齊魯，觀公到渝，事非無因矣。人事難處，可畏也。敝處自築新屋，雖不甚佳，已較賃屋爲安適（尚未播揚於社會，有若市隱）。敝意不求近效，闇然日章，否則欲速則不達，徒如宋人之助苗長耳。故僅龍與景鄭二人從事編校，想公必以爲然也。以後賜書可請開明伯祥兄轉，較爲便捷。亡兒傳承許撥冗撰示，感何可言！

…………

《明代版本圖錄》已編竣待印矣，陰曆年内必可出版，内容尚足一觀。

---

①西山：張維華。

公將笑其自詡乎？（《全集·書信卷·致顧頡剛》，第131頁）

是日　張元濟有信致先生。

　　前承惠假《直語補正》抄本、《續恒言録》、《磨難曲》，留置案頭甚久，業經翻閱，謹繳還。又《辛白簃詩讞》，指陳當日時事，所可揣者，均已分見眉端批注。此外竟無可裨益，一併奉還，即乞檢收。《蒙古游牧記》敝館祇有鉛印本，不可信。貴館如有刊本，擬乞假一閱。（《張元濟書札》，第170頁）

11月15日　先生有信致朱啓鈐，謝贈《貴州文獻目録》，查合衆所藏爲《目録》未載者五種，非傳鈔本即稿本。潘季孺來暢談。（日記）

　　比由葉揆初先生轉贈尊編《貴州文獻目録》一册，無任感荷。台端收羅宏富，著録簡明，敬恭梓桑文獻爲重，倘一省一縣皆能得一人如公者，則先賢著述絕不致有湮没之虞，而文化光大更不可以言量矣。敝館草創伊始，插架未備，尚望海内賢達有以教益之。公嘗有家桑之輯及《澹勤室詩》《芊香館詩》之合刻，又聞近著有《文鈔》兩册，若有餘本，尚祈有以見惠，不勝企盼。循頌公目，於畢節路氏之著述搜集甚備，惟悉燕京大學圖書館嘗從平中某館傳鈔得《蒲編堂路氏藏書目》稿本廿六册，均載提要，詳簡有則，極宜刊傳，恐量重難辦耳。

　　查敝藏有□郎李冀一晋撰《伴鐸吟》，及周漁璜所輯其尊人八十壽言，曰《介眉集》，皆從銅井山房傳鈔得之，不知曾有刊本否？熊晴嵐廷杰《峨邊廳從公撫遺》之外，尚有《峨邊廳輿地圖》附《雜説》，記保甲團練章程，散處有傳鈔本，光緒間刻本已罕覯，何其流傳之不廣耶？靈峰草堂及聽詩齋所著所刻，其後人處當易購置否？滬肆甚少見也。

　　揆初先生近患血壓高，遵醫囑靜養，恕不另復。前惠《河渠書目》，亦以移贈敝館，并此鳴謝。（原件）

11月16日　畫邵章壽屏格。李宣龔、任心白送書來，索還楊鍾羲《留垞叢刊》，明日當檢付之。致田洪都信，索《南江詩鈔》《續學堂詩文鈔》兩書墊鈔款。（日記）

11月17日　理龍門造像。丁燮生來，索回《明鑒》《慎盫詩文》，蓋蔣氏自留之本誤入見送之箱，又漏送數種，亦有檢得者，定明日往領。張元濟來，談涵芬樓在平中新得《鼎峙春秋》抄本，與故宫及北平圖書館所藏皆異，惜僅三分之一，現擬參校印行之。嚴鷗客交閔葆之致葉景葵函，有詩集相贈。（日記）

11月18日　得觀古堂書店信，謂《西人論中國書目》至少九十元，即函托沈範思代購。又得靈岩公墓信并工程費用單，即函托陶紳諸代爲接洽，并函告繼母派張升於葬日到公墓督工，匯去款二百五十元。理龍門造像、雲岡石窟圖。取回蔣氏漏送書三種。（日記）

11月19日　得聶崇岐函。赴來薰閣還書。又往三馬路、四馬路各書肆閱書，購《鐵雲藏匋》《嗇翁墾牧手牒》《東方書目》三種。校對造像，始知關百益

亦尚有誤。檢出浩吾藏拓六包。閔葆之贈書到。(日記)

11 月 20 日　　校龍門造像。有感闞百益著録有誤,"他日當別爲寫記"。
(日記)

11 月 21 日　　校龍門造像。訪陳陶遺,暢談。(日記)

11 月 22 日　　抄李宣龔贈書目。晚,與曹泰吉合餞潘承彬赴天津主昧寶分
廠事。晤葉景葵,病已全愈,承惠贈梁溪顧筠及蕙生字册。(日記)

11 月 23 日　　訪陳叔通,未值。赴百樂商店前小書堆閱書。午後,訪李宣
龔,取回《思玄堂詩》下半部。訪華繹之,借嚴久能手札(《悔庵尺牘》)。又至陳
陶遺處,取上次探望時遺忘之帽。(日記)

11 月 24 日　　校龍門拓。潘博山、景鄭昆仲爲潘承彬餞行,招先生等飲於
家。(日記)

11 月 25 日　　校《悔庵尺牘》。葉景葵檢交拓本六軸。接洪業信。(日記)

11 月 26 日　　校龍門拓,無年月者殊難檢對。單鎮來,囑書扇聯。還華繹之
《悔庵尺牘》。校《美國哈佛大學哈佛燕京漢和圖書館目録》。接容媛信并支票,
還代購景印漢碑款。(日記)

11 月 27 日　　閱羅某遺集。校龍門拓。校《美國哈佛大學哈佛燕京漢和圖
書館目録》畢。録《道澄鐘銘》跋文(日人撰《古京遺文》),附裝《藝術叢編》中。
(日記)

11 月 28 日　　復容媛、田洪都信,寄《美國哈佛大學哈佛燕京漢和圖書館目
録》,其中校正甚多。單鎮來,談羅某遺稿一年之中即已印成,感王同愈稿"交龍
亦將一年,尚未就緒,對之有餘愧。因出而整理之,將訂爲日課,俾早竣事"。校
龍門拓,凡本館所有,加識《攈古録》,以便檢閱。潘景鄭言,墨林有篆書石刻數
十種,即乞物色之。訪葉景葵。(日記)

11 月 29 日　　校石墨。潘景鄭携來黃慰萱所拓碑志,其中司馬升、郭彦道
等皆流往日本。陳陶遺來,謂朱鶴翔已赴香港,請免捐事由其弟步蘭續爲請托,
囑開一節略送去,底另存。嚴鷗客來,交王文進致葉景葵書。葉景葵送拓本《蘭
亭》《爭坐位》等。潘承彬來辭行。撰顧筠、顧蕙生昆仲字册跋。(日記)

11 月 30 日　　葉景葵招談,囑與王文進核書賬,并向馬叙倫索書。傅桐來,
長談。欲寫聯屏,未能走筆。得邵鋭信。"今日大雨竟日,明日詩兒安窆必受影
響,殊爲悶損。"(日記)

12 月 1 日　　董金榜送書樣來,新得於常州錢氏,輦至南京,係十二家合夥,
今始拆定。因鈔本留出,携來一無可取,而索價甚昂。樂植新寄贈新印書數種,
并告頡剛存書接洽經過,即作一書,述汪孟舒促遷原因。顧頡剛平中所存書目
(不全)寄來。王大隆來談。顧廷龍祭其兄十周年,晚往并晚餐。寫邵章壽屏,
有訛字,輟筆。葉景葵送石經拓本及《闕特勤碑》等來。(日記)

是日　　顧誦詩安葬於吳縣靈岩公墓。"雨竟日,尚不大,詩兒想已安窆,殊念

念也。"（日記）

潘景鄭撰墓志銘云：

中華民國十一年秋，吾姊歸武陵。逾年十月十六日，甥誦詩生，譬產幾不育。彌月，姊携甥歸寧，家中人咸謂兒羸弱，宜易姓以邀長年。時余初婚，偶抱甥坐膝上，姊戲語曰：爲吾字之，兆爾宜男。余赧然無以承。吾母聞之曰：兄弟之子猶子也，庸何傷。自是甥漸解辭語，即呼余爲父。比齠齔，隨母來吾家，輒就余夫婦言笑宴譚，已若成人。顧體弱而資穎，七歲入振華小學，能自勵，無怠荒。時吾姊丈主北平燕京大學圖書館采訪事，二十四年秋，携眷北上，甥年十三隨行，臨歧爲之黯然。抵平後，以首名録取燕京大學附屬中學，試輒前茅。越歲九月，姊南來，問甥近狀，知春季已轉讀城內崇德中學，離家故遥，俾留宿校舍，得自習練，灑掃應對，已善處理矣。二十六年夏，國難陡作，南北迢阻，不通音問者數月。明春，余僦居滬濱，始得平訊，互悉奔走徙移之勞頓，聞甥已返讀燕校，蓋自刻勵鋭進。是歲夏，卒業初中，以優次免試入崇德高中。又明年六月，吾姊丈應主合衆圖書館之聘，挈眷來滬。相隔四年，甥已頎然長大，動容周旋，咸中禮節，彬彬乎學行并修矣。又聞其於各學科篤好數理，兼善史地，課餘攻摹印、習聲律爲樂，即此餘事有足觀采者，至其它世俗玩好之事不屑也。來滬兩月，輒旦莫坐斗室，温習舊業，迫試各校，無不録取已。就讀大同大學附屬中學，甫開課，適有寒熱，猶力疾往，寖成傷寒證，旋轉腹膜炎，卒以體弱不支，病十二日而殞，時二十八年九月二十六日也，年僅十七。病中尚手一卷不輟，劬學未竟，吁可悲矣。其殁也，親友遠近同聲惋惜，余獨慟夫甥之聰明篤誠，宜不當夭折。回溯吾姊期托之無徵，渺余薄祜，未能觀成吾宅相，即百其言亡補矣。喪之又二年十二月一日，吾姊丈爲壙於吳縣靈岩公墓而葬之，以成人之禮屬余爲銘，其何敢辭，爰次大略而爲之志。銘曰：天道無徵耶，白日晦冥耶。豈清淑者摧折，而秀穎者不榮耶。必蒙俶而鴛鴦者，迺得富貴而長生耶。彭殤齊齡耶，我胡鳴兹不平耶。是爲銘。舅氏潘承弼撰。父顧廷龍書。

（原件照片，2019 年 5 月 2 日西泠網拍發布）

12 月 2 日　摘録《訒盦藏詞目》。葉景葵來談，命代致函李叔明，索《圖書集成》。太外姑去世十周年，在清凉寺做佛事，往拜。歸途訪陳叔通，未值。伍昭宸來，未遇，先生因往答之，暢談。（日記）

12 月 3 日　擬致李叔明書。葉景葵來談。王文進來。接沈範思信。摘録《訒盦藏詞目》。整理王同愈文。葉景葵交來印曹君直集之存摺及《鄰齋文稿》三册，囑還王大隆。（日記）

12 月 4 日　葉景葵來，托向馬叙倫取回所借書兩種，一《説文理董》（吳穎芳），一《説文理董》（龔橙、高野侯物），往訪未值。葉景葵又托寫蔡文慶、錢景賢結婚證書等。（日記）

12 月 5 日　　訪馬叙倫，所借書尚須留用，約陰曆年内歸還，并允書面告借以
爲憑證，將托陳叔通轉交。歸館，適陳叔通來，即以此告之。編《藝術叢編》目，
并寫書根。嚴鷗客來，交建築工程賬目。寫蔡文慶、錢景賢結婚證書一張。抄王
同愈文。(日記)

12 月 6 日　　寫蔡文慶、錢景賢結婚證書又一張，葉景葵來取去，并囑致函徐
端甫，索贈徐世昌(水竹村人)所著、所刻，即囑稿。王大隆來，取《鄩齋文稿》及
印書款存摺。承告中國書店新收《詩考異再補》殘稿，即往携歸，僅存二卷，索值
二百元。此係嚴思闇原本，嚴豹人補，陳屾再補，其男鍾英校，擬傳鈔一本。又
選《十駕齋養新録》《量倉通法》《學文堂集》《王季衡稿》等。(日記)

12 月 7 日　　葉景葵招談，交來蔣俊吾等函，謂蔣氏捐贈基金，"係本利同捐，
不須劃還餘利"，退回所開收據，囑重寫。歸即寫并交嚴鷗客進行。代致徐端甫
函。閔葆之贈《五續疑年録》兩部，館及先生各一部。(日記)

12 月 8 日　　核對《學文堂集》，原刻較盛刻多六七篇，因憶及昔爲燕京大學
圖書館所購多至二倍，惜不獲一檢。抄《詩考異再補》及王同愈文。(日記)

12 月 9 日　　與葉景葵談，聞見寂然。接閔葆之、韓中碻書，知顧頡剛存物有
清單。張升來告，誦詩兒葬事甚安妥，"大慰"。(日記)

12 月 10 日　　葉景葵來談。"理造像，欲爲編目，因須先定分類，此事前人尚
未細分，惟《語石》有大概，即依之增損，草訂一目，容修訂之。"午後，葉景葵再
來，潘季孺亦來，相與縱談。(日記)

12 月 11 日　　葉景葵來談。寫造像目卡片三十張。繳潘季孺囑寫和詩。抄
《詩考異補再補》。得洪業信。(日記)

12 月 12 日　　葉景葵來談，送《元昭墓志》等十軸。陳理卿亦來。寫造像目
卡片。視顧廷鳳，其夫人來滬，知誦詩兒葬事甚周妥，爲慰。(日記)

12 月 13 日　　葉景葵來談。寫造像目卡片。(日記)

12 月 14 日　　寫扇。王文進來，取回書樣，僅留《中庵集》《灼艾別集》及王
兆鳴詩稿，俟與葉景葵商奪。晚赴葉景葵招飯，座有陳陶遺等。(日記)

12 月 15 日　　郭石麒携鈕匪石手稿求售，由嘉興鈕氏後人流出，稿已經《雪
堂叢刊》印過，惟一詩未載，題爲"道光己酉六月十五日枕上口占"。先生以其刊
過却之，又退還《學文堂集》《詩考異再補》和王季衡稿。喬景熹、孫助廉來，還
喬書兩種，一《履齋示兒編》(明抄本)，一《邵亭遺文》(手稿，内容較刻本多)。
寫造像目卡片。(日記)

12 月 16 日　　葉景葵來談。訪李宣龔。張元濟來訪葉景葵，長談。喬景熹
送錢木庵手抄《春秋公穀傳》、喬萊集兩種。訪陳陶遺，未值。(日記)

12 月 17 日　　寫造像目卡片。王文進來結賬。葉景葵等來。潘季孺來，交
扇面，陪訪葉景葵，長談。(日記)

12 月 18 日　　王文進請人送書樣來，《衍石稿》《山陽詩徵》《楚辭天問箋》

三種,索二千元。葉景葵欲留之,"俟議"。尚言有劉受庭校《五代史注》,即飭人取來,計四十册,係劉氏請丁次郇、丁午峰代爲考訂者,正誤甚多,即過録一通。葉景葵囑通知開董事會。(日記)

12月19日　沈範思代購《中和》及《西人論中國書目》寄到。《五代史注》校録畢(先生録第一至二十册,潘景鄭録第二十一至二十八册)。王文進來,議價未諧,約明日再談,葉景葵注重錢氏《衍石稿》也。訪陳陶遺,取所贈新印常熟《三峰寺志》及唐鳴時捐《蘇藩政要》。發召開董事會通告。(日記)

12月20日　葉景葵來。擬《辦事細則》。"日爲米煤瑣屑,攖其胸臆,而無人不然。"(日記)

是日　聶崇岐有信致先生。

　　未通音聞,又復匝月,近維動止吉祥,爲無量頌。燕校於本月八日封閉,學生星散,教職員仍多留居院鎮左近,冀領遣散津貼,但事出倉促,希望甚微。弟尚居舊寓,擬俟明春并作打算。邇來燕京有恢復之訊,傳説紛紛,半爲謡諑,將來如何,難遽睹也。(原信)

12月21日　寫造像目卡片。王文進來,議價未諧。閱肆。得汪孟舒催移存書信,"復書懇予續租,不知能邀見允否"。(日記)

是日　夜,祀先。顧廷鳳夫婦來,"渠有旋里養疴意,余頗贊成之"。(日記)

12月22日　接樂植新書,悉引得校印所停工,"爲之懸念不置"。"渠告金聲與孟舒接洽,經可窺見孟舒意不誠爲自用也。余意優酬之,即函植新,請其接洽加租,俾可安頓。昨致孟舒箋未發,即附去。"退還王文進《衍石稿》《山陽詩徵》《楚辭天問箋》。(日記)

是日　下午四時,召開合衆圖書館董事會第三次會議(第一次常會),陳陶遺、張元濟、葉景葵、李宣龔、陳叔通出席。主席陳陶遺,書記顧廷龍。夜,理議案。

　　甲、報告事項

一、傳觀第二次會議記録。

二、審閱十月份、十一月份決算。

三、葉董事作財務報告。

……………

四、葉董事報告,蔣抑卮先生所捐明庶農業公司股分本息九萬一千二百元,又吶幣憑證三千四十元業已收到。

　　乙、討論事項

一、葉董事提:擬從盈餘之五千餘元中提出三千元,作備購米煤之用。

議決:通過。

二、張董事提:近來百物騰貴,職員薪金應予酌加。

議決:自卅一年一月起,總幹事加四十元,潘景鄭君加三十元,朱子毅君加十元。

三、葉董事提:現在物價時漲,開支漸大,每月預算應予增加。

議決:自卅一年一月至三月,暫定每月經常費爲二千四百元。

四、葉董事提:蔣抑卮先生所捐基金,按其遺囑,此項基金須由圖書館一人、浙江興業銀行一人、蔣氏一人共同保管,應請公推保管人選。

議決:蔣氏捐款,遵照捐助人指定列入基金,用息不用本。保管人選,蔣氏一人請蔣俊吾先生擔任,浙江興業銀行一人請竹森生先生擔任,本館一人請葉董事擔任,由會備函敦請。

五、葉董事提:本會書記一人,擬指定顧起潛君兼任之。

議決:通過。(原件;日記)

是日　董事會致信蔣氏後人,告知合衆圖書館參與蔣氏捐款管理人選。

前承尊公捐入敝館明庶農業公司股分,共收到本息九萬一千二百元,又叻幣憑證三千〇四十元,業已照收,奉上收條乙紙。敝館查照尊公遺囑,此項捐款爲合衆圖書館經常費之基金,用息不用本,保管辦法,浙江興業銀行一人、蔣氏一人、合衆圖書館一人。敝館董事會本日開會,已推定葉君揆初爲敝館代表,竹君森生爲銀行代表,并公推蔣俊吾君爲蔣氏代表,共同保管此項基金,以符用息不用本之原議,因特專函奉布,即希台照。此請公安。

致蔣俊吾、鐵八、息九、世顯、世承。

卅,十二,廿二(原件)

是日　擬合衆圖書館董事會致蔣俊吾信稿。

敬啓者,前承尊公捐贈敝館經常費基金,約定須由蔣氏一人、浙江興業銀行一人、圖書館一人共同保管。兹經敝會議決,恭請先生爲蔣氏代表,即希俯允爲荷。此致俊吾先生。

合衆圖書館董事會謹啓
董事長
卅年十二月廿二日(原件)

是日　擬合衆圖書館董事會致竹森生信稿。

敬啓者,前承蔣抑卮先生捐贈敝館經常費基金,約定須由蔣氏一人、浙江興業銀行一人、圖書館一人共同保管。兹經敝會議決,恭請先生爲浙江興業銀行代表,即希俯允爲荷。此致竹森生先生。

附錄議決案一條。

卅,十二,廿二(原件)

12月23日　將致蔣、竹信稿請葉景葵、陳陶遺閲定,并即繕正,請陳陶遺簽署。檢書片。葉景葵來暢談。商務印書館送李宣龔書《叢書集成》(五件)、元明十種叢書來。晚,訪陳陶遺。任心白贈所選《清千家詩》。(日記)

12月24日　寫造像目卡片。校《柚堂文》。(日記)

12月25日　寫造像目卡片。葉景葵來,交托人新刻"葉浩吾藏"石印朱文一方,先生細視之,嫩而疏,不能用。接沈範思信。葉景葵又偕夏地山來,暢談。(日記)

12月26日　寫造像目卡片,得正吳式芬、關百益之誤。葉景葵交來藏章三枚。校《柚堂文》兩卷。得聶崇岐信,知燕京大學圖書館近事。(日記)

12月27日　抄《合衆圖書館組織大綱》及《創辦緣起》。訪葉景葵,送來張道暨子預手稿若干種,理一過,道稿多未刻,又皆有關考據之學者。校《柚堂文》。(日記)

12月28日　校《柚堂文》。葉景葵來,交圖章四方。又送來蔣俊吾之函及明庶收據,并囑代存王大隆經印之《箋經室集》二百部。(日記)

是日　蔣抑卮家屬致函合衆圖書館。

合衆圖書館大鑒:謹啓者,世俊等竊維先君抑卮公平生沉湎文學,酷嗜典籍,諸凡古本精刻,靡不博採廣集,什襲珍藏,藉以怡養而資陶冶者也。旋以文化有關社會之進化,不敢自秘,爰於生前與揆初世伯等共同發起組織合衆圖書館,意將私有公諸社會,藉廣傳播,并以南洋柔佛明庶農業公司股票票面伍萬元捐作基金,用息不用本,由貴館一人、銀行一人、蔣氏一人合組基金保管委員會等情。世俊等恭承遺命,以家藏書籍贈送貴館,除先君在日曾送奉一部份外,嗣後又送奉式百肆拾叁箱,已蒙點收。至關於基金部份,今奉上明庶農業公司股票票面伍萬元,計所得本息合值法幣玖萬壹千式百元整,又叻幣叁千零肆拾元整,并乞督收,統希見覆爲荷。再懇貴館將先後收到書籍詳開目録,注明板本,繕册擲下,俾便查考,不勝企禱。專此奉達。敬請公安。

　　　　附明庶農業公司股票壹紙。

　　　　　　　　　　　　　　蔣世顯、遜、俊、適、承仝敬啓　（原件）

12月29日　寫造像目卡片。葉景葵來談。李宣龔來,約定明日派人來蓋藏書印。(日記)

是日　竹森生有信致董事會。

　　敬覆者,接奉十二月廿三日大函,內開前承蔣抑卮先生捐贈經常費基金,約定須由蔣氏一人、浙江興業銀行一人、圖書館一人共同保管,茲經議決,浙江興業銀行一人以森生擔任,囑爲照允等因,謹以奉悉,遵當會同辦理。此覆合衆圖書館董事會。

　　　　　　　　　　　　　　　　　　竹森生敬啓(原件)

12月30日　補抄《柚堂文》序目及顏受嘉《漁鼓曲》。抄王同愈文。(日記)

12月31日　補抄《漁鼓曲》畢。葉景葵來談,交來《藿田集》等兩種。理王同愈稿。(日記)

冬　葉景葵請先生幫助整理其祖父收輯的金石拓片,編定《補藤花館石墨

目録》。(《全集·文集卷·補藤花館石墨目録跋》,下册第 581 頁)

　　冬　太平洋戰争爆發,日美宣戰,日本侵略者接收了燕京大學,先生代存於校務長住宅内的顧頡剛藏書及書稿"盡給日本 1821 部隊經理部劫去,稍後,其存學生宿舍四樓頂者則爲日人華北綜合調查研究所劫去"。顧頡剛曾説:"此項圖書約有五萬册,稿件、信札等則有十餘歲至四十餘歲三十年中積纍也。"時隔多年後,這批藏書和書稿雖然找回大部分,但先生存於書箱内的諸名家題跋、五色精校本《積古齋鐘鼎彝器款識》竟輾轉爲中國社會科學院文學研究所圖書館購得。(《歷劫終教志不灰──我的父親顧頡剛》,第 216 頁)

　　是年　先生仍爲成都齊魯大學國學研究所名譽研究員。(履歷表)

　　是年　與潘景鄭合編《明代版本圖録初編》大致完成,計四册,爲"齊魯大學國學研究所專著彙編"之四。前有先生叙,末有潘景鄭跋,圖文相輔,爲研治明代版本學之準繩。此書當年未能出版,直至 1944 年 1 月方問世。

1942 年　39 歳

1月1日　復聶崇岐、洪業、閔葆之信。葉景葵、張元濟來談。訪王伯祥,但忘其門牌,不得其門而入。訪陳陶遺,代任心白贈《清千家詩》。(日記)

1月2日　畫屏格。葉景葵來談。理《明代版本圖録》樣張。往中國書店購《澗于日記》。訪潘季孺,暢談。(日記)

1月3日　理《明代版本圖録》樣張。偕夫人游静安寺,"觀覽商號,無物不有"。葉景葵來。(日記)

1月4日　理葉浩吾遺稿。葉景葵來談。訪李宣龔,贈館《白香亭詩草》等兩種。閲《澗于日記》。沈劍知來,夜談,欲請先生向潘博山借王鳴盛校本《南史》《北史》,并商傳鈔故宫藏李清《南北史合注》,此爲未刊稿,疑是孤本,惜不全。(日記)

1月5日　理葉浩吾遺稿,付裝,分專著、札記、散文三類。葉景葵來。沈劍知來。夜,讀《通鑑》一卷,"擬定爲日課,祇求能粗展一過,無間斷耳"。(日記)

1月6日　理造像。赴大華書店,無所得。葉景葵來。夜,讀《通鑑》二卷。"今日得關(按,百益)誤數條,吳兩録一《攈古録》、一爲《金石彙目分編》有歧繆,亦有誤字。若非以拓本校閲,莫能得也。此而誤甚於書目多矣,故必著録精細,訪覓舊拓爲貴也。"(日記)

是日　張元濟有信致先生,爲補充《明代版本圖録》拍攝書影事。云:"需用明本書景印,有年號篇葉者,儘可先請開示,不妨多舉若干種。其爲所最要者,另作記號,當交館員依便檢取,并乞裁酌。"(《張元濟書札》,第172頁)

1月7日　理造像。葉景葵來談。任心白來談,語多慨嘆。(日記)

1月8日　理造像。葉景葵來談。潘季孺來長談,述及曾拓龍門造像之曾炳章(按,字士虎,號辛安)係其熟人,并詳述其仕履,先生均録於日記。(日記)

1月9日　理造像。汪禮卿表叔來。葉景葵來談。得欒植新復函。抄王同愈文。(日記)

1月10日　理造像。葉景葵來談,謂彭鳳高《詞削》頗著心得,惜不全。抄王同愈詩文并"三游洞題名"目。陳聘丞來館閲《太平御覽》,其爲來閲書之讀者第一人。世五寄《聊齋白話韻文》來,讀一過,語頗雋諧。(日記)

1月11日　理造像。葉景葵來,偕訪張元濟,送閲《聊齋白話韻文》,適小睡,未值。抄王同愈文。(日記)

1月12日　理造像。姚光來,偕訪葉景葵。陳叔通、李宣龔來。沈劍知來,偕訪葉景葵,談甚歡,出示新從孫邦瑞處借得王麓臺山水冊頁一本,八開,精絕,一萬六千元所得。沈云聞梁某言,焦山無更鼎已毀於劫火。陳叔通云毛公鼎現在葉恭綽妾處,定十萬元求售。又傳燕京大學圖書館盡遭籍沒,聞之淒然,"吾有不少心力在內,果爾,盡付東流矣。歸後,心殊不懌,飲酒解悶。鈔栩緣遺文,大體可畢,惟《隨筆》尚有可補。復世五信"。(日記)

是日　張元濟有信致先生。

　　昨承枉顧,適午後小睡,失迎甚歉。留示《聊齋白話韻文》一冊,此弟求之數年而不得者,忽焉睹之,忻喜無極,容讀畢再奉繳。尚有三篇,不知後來曾覓得續印否? 亦極欲快睹也。(《張元濟書札》,第170頁)

1月13日　理造像。葉景葵來。寫屏不成,頗悶損。謝哈佛燕京學社贈專號信退回。致邵銳函。(日記)

1月14日　理造像。葉景葵嗣子葉絧送查耘耕詩集來,即交《明通鑑》二冊去。袁帥南來,校查集。(日記)

1月15日　理造像。葉景葵送補藤[①]稿來,可編入目錄。潘景鄭新購曾辛安藏拓本六巨包,約六千餘種,"龍門亦甚多。余頗擬將此間所藏并景鄭者彙編一錄,首錄正文,次考別體、人名、官制、民俗,尚無人作過,亦無人能作。吾既手頭有此資料,可不爲乎? 關百益書,陋略不堪,徒在印刷上用功夫耳"。校查集。(日記)

是日　陳叔通有信致先生,云:"友人林仲樞先生,家居無事,老而好學,欲至尊處閱書,仍願守秘密,未知可否? 如可,乞面與接洽爲荷。"(原信)

是日　合眾圖書館收到法公董局信函。

尊敬的先生們:

　　我們非常榮幸,於1941年10月17日收到你們有關向市政府申請豁免你們圖書館(位於蒲石路746號)所占用建築物相關租賃稅的來信。我們有義務通知到你們,市委員會給出的答覆是,經過對你們的申請進行審核之後,決定在預算編製期內不予批准你們的申請。

　　尊敬的先生們,請接受我們崇高的敬意。

行政署署長

行政總署署長

(原件;《顧廷龍日記》)

1月16日　理造像。接存古齋書樣,有《詞削》稿及楊文鼎《淮揚道來電錄》。葉景葵來談。李宣龔來電話,囑領張仲昭所贈《潤于集》。校查集。誦芬領成績報告歸,得第二名,先生甚爲高興。(日記)

1月17日　復存古齋信,并致張仲昭謝函。葉景葵來,談龍門情景。理造

───────────

①補藤:指葉爾安。

像，先生與潘景鄭將致力龍門造像彙編工作，略有定議。校查集。讀《八瓊室金石補正》，所收頗有可采，惟各家著録名稱多歧，因擬先作一"異名疏勘記"。又讀《八瓊室金石補正、札記》，有《嘉蔭簃龍門造像目序》，知劉燕庭先有此志，惜未成，其稿曾藏涵芬樓。《觀堂集林》有《金石苑稿本跋》，龍門造像其一也。陸星農曾就稿録目，欲刊未果，瑞安陳准有傳鈔本，潘景鄭得之。或言陳曾刊過，不知確否。（日記）

1月18日　葉景葵來，談晚清故事，甚歡。曹鳴高來，詢育才情形。校查集。潘博山見示新得明人手札多通，皆精而罕見，擬它日借録。又見尤求畫《漢宮雙燕圖》九段，前有文徵明小楷事迹，後有周天球、俞允文補寫紀事及傳，係王元美得文書，遂尤補圖，價值萬元。（日記）

1月19日　理造像。葉景葵來談。李宣龔來函，蔣俊吾索還《四當齋藏書目》首册。（日記）

1月20日　理造像畢，共六百七十餘種，先後二閱月，當可繕成目録。來薰閣夥計由北平來，述燕京大學近事，爲之憮然。又言文楷齋門面已收，僅存法源寺刻字處，"交刻不覆，殊可念也"。存古齋來函，謂書已寄出。得聶崇岐信。（日記）

1月21日　理造像數頁。葉景葵來談，即請其致書沈範思，商存書板。致文楷齋書，催交刻《尚書》各頁。李宣龔來，致書任心白，接洽領《明實録》事，暢談，其人爽直，誠篤可敬。又致書馮世五，托其照料存在燕京大學的顧頡剛書籍物件。往亨利路，囑華敏初補裱張龍伯造像首段。校《尚書》目，"決計將《尚書》趕緊校完，即此斷手，命工修補結束。雖草草，總以成書爲是。世事變遷不可知，倘它日大定，儘可補訂，不畏其誤，而慮其湮，心財已不貲矣。欲做之事太多，正恨時間之不足耳"。（日記）

1月22日　寫《清詩匯》書根，以便檢取。葉景葵來談。赴來薰閣，還桂氏《經學叢書》首册，并與議羅氏所印書二十餘種，計平幣九百餘元，現合法幣二千二百元，如可全數寄到，羅氏所刻無多矣。潘季孺來長談。校《洪範》。（日記）

1月23日　寫造像目并補藤先生跋，隨校《八瓊室金石補正》，補得缺字并校誤。又《樊文保造像》，石在陝西西安金城寺，趙録題《張□奴樊文保等造像題名》，吳録作《鄉原七十六人等造像》，葉氏拓本缺一。（日記）

1月24日　重排造像次第。葉景葵來，送《澗于集》及《虞恭公碑》《段志玄碑》等。（日記）

1月25日　排造像次第。鳳書表叔來。陳叔通偕友來。夜校《洪範》畢，刻誤頗多，擬先校一過，俟天暖再撫改。（日記）

1月26日　録造像目。葉景葵來，談《道俗九十人造像碑》（東魏武定元年刻），圖畫皆釋迦成佛故事，宮室、車馬、人物精絶。校補《八瓊室金石補正》二字。校《旅獒》《金縢》《大誥》《微子之命》。"讀《尚書正義定本》序云,但唐時之本例多古字,未經衛包之刊改,復異薛宣之私定,而於《正義》殊少符合。既以《正義》爲據,故所采用者稀。讀此,知彼未嘗於古字有所深究,正與我殊途也。"訪陳陶遺。晤白蕉。(日記)

1月27日　録造像目。陳聘丞來閱書,葉景葵亦來,暢談。晚,葉景葵又來,謂陳陶遺交到筠記捐基金萬元,囑出收據,并告知法公董局未能批准免捐理由。李宣龔來電話,囑以寄存之《叢書集成》五期借與夏劍丞,將遣人來取。(日記)

是日　誦芬忽戰栗,旋發熱,必感冒所致,入夜稍淡。(日記)

1月28日　晨起,即延醫生爲誦芬診視,斷爲流行性感冒,服藥後漸愈。致南桂馨書,索《劉申叔遺書》。代陳陶遺寫筠記捐款收條,晚送陳宅,未值,留交其孫轉呈。潘承彬由北平來,述燕京大學事,"當多可信,唯有嗟嘆耳"。李宣龔來。沈劍知來。(日記)

1月29日　誦芬昨夜腹中不適,不能安睡,晨熱退,腹亦稍適。(日記)

是日　録造像目。至開明書店,情景蕭然,得與王伯祥、章錫琛、徐調孚暢談。葉景葵來談。存古齋寄書樣來,擬留彭鳳高游記兩種。(日記)

1月30日　存古齋來信,詢問《經解》缺册,即查復并托配。録造像目。喬景熹來,還葉景葵款,爲葉購定《喬石林集》。葉景葵、潘承彬等來,視誦芬疾。復郭紹虞信。校王輯《南來堂集》,頗有異字可補正,原本潘景鄭藏,得諸丁芝孫家,係選本,存二卷。丁本從金鶴冲本出,金得之虞山中峰寺,後以贈常熟圖書館,王培孫曾到彼借四卷本,而獨未見此本。(日記)

是日　誦芬病痊愈。(日記)

1月31日　録造像目。葉景葵送陳筱石著述來,聞楊敬涵於27日去世,爲之惋惜。葉即賻百元,并囑合衆恤兩月薪水。訪陳陶遺。(日記)

是日　有署"咸"者致先生信,云:"昨日法捕房同來不下二十人,專查中文部,被檢查搜去雜志、書籍等近二千册,以後若何,不得而知。便此奉聞,敬希注意爲幸。"(原信)

2月1日　晨起理書。葉景葵約張音曼來談。蔣俊吾亦來,還章鈺《四當齋藏書目》一册,并囑館中須由董事會正式函復收到款、書。抄《合衆圖書館簡章》兩份,訪陳陶遺,請其簽字。張音曼晚間又來,得關領事一手札,備示來查者。得邵鋭信。托夫人還《栩緣日記》三册。(日記)

2月2日　訪葉景葵,告昨晚張音曼事。存古齋寄來彭鳳高詩十餘册,蛀甚,索價卅元。任心白電話,謂《明實録》可取,約天晴日去。録造像目。華敏初交來補裱造像九張。葉景葵來,交補藤詩稿十二紙,須付裝裱。訪沈劍知,告知《南北史合注》共二百八十餘萬字,鈔費每千字壹元,需款甚巨,無力進行。(日記)

是日　合衆圖書館有信致蔣氏後人，由葉景葵起草。

　　謹復者，敝館創辦之初，即承令先君抑卮先生熱誠贊助，慨然許以捐書捐款，令人欽佩莫名。不幸先生老成凋謝，未觀厥成。乃荷賢昆玉孝思不匱，克完先志，先後檢交書籍計二百四十箱八匣，又明庶農業公司股票票面五萬元，計得本息值法幣九萬一千二百元，叻幣三千四十元整，曾奉收據一紙。至書籍種冊細數，業由敝館總幹事顧廷龍按來目點核簽收，尚有先德生前所送一部份，除已開呈草單外，當一併編纂目録，俟編定印行後即奉斠正，藉資流傳。此致俊吾、鐵八、息九、世顯、世承先生。（原件；《顧廷龍日記》）

　　2月3日　録造像目。取回《明實録》五百冊。潘季孺來，暢談。葉景葵來。得劉明廣信，知文楷齋掌櫃明堂於去年6月間去世，家中無人作主，琉璃廠門市被收去，僅留法源寺作場。今定歸明廣主持其事，刻工尚有六七十人，《尚書》樣約過年即續刻。先生聞之大慰，"余必速加校正，俾便修板。但日來聞檢書之風，心緒紛紜，不知能幸免否乎"。得存古齋信，知《經解》缺冊可補，惟一冊須五元，不能復嫌其貴。（日記）

　　2月4日　録造像目。葉景葵來。復存古齋、文楷齋信。（日記）

　　2月5日　造像目録畢，編葉次。葉景葵來。馬叙倫還吳西林《説文理董》。沈劍知來。（日記）

　　2月6日　編造像號數。葉景葵來，允將印行造像目録。赴來薰閣，購《中和》雜志。來薰閣送羅書來。葉景葵贈誦芬麥乳精兩罐。林仲樞來，閱《明實録》。（日記）

　　2月7日　點羅書并寫書根。編造像號數并校録目。晚，李宣龔告鴻英圖書館遭檢查事，且檢去書甚夥。先生即向陳陶遺打探。陳無所聞，遂電蔣維喬（竹莊），"悉曾在上星期五檢查，被以爲違礙者携去耳，即與青年會圖書館及明復圖書館遇檢之同日也。我其可以免矣"。（日記）

　　2月8日　葉景葵等來。訪潘季孺。編造像號。潘譜孫來，交公墓證一紙。（日記）

　　2月9日　編造像號，檢點存紙。得存古齋寄來《經解》及南監本《周書》，即復并議價。葉景葵來。林子有來還《林文直奏稿》，即面還其《藏詞目》。（日記）

　　2月10日　編造像號并校正一過。葉景葵來，午後又來，告張元濟信謂東方圖書館亦遭檢查。晚，訪陳陶遺。（日記）

　　2月11日　編造像號。葉景葵來談。潘景鄭帶來邵鋭函，告北京大學李盛鐸（木齋）藏書中亦有《南北史合注》，傳爲全帙，惟與故宮本分卷不同，正在校對。即檢《木犀軒藏書目》，果載之，一百零五卷，較故宮本缺多矣，然不知孰爲定本也。即函謝邵鋭見告之盛意。李宣龔借《李滄溟集》。葉景葵又來，稱《劉申叔遺集》已托其友徐君向南氏索取，必可致也。致劉承幹函，購其所刻翁方綱

《復初齋集外詩文》及翁宜泉詩、《天隱堂文錄》。(日記)

　　是日　腹部不舒,胸部作痛。(日記)

　　2月12日　編造像號。存古齋來信,書價妥,即開支票,托潘景鄭代付。楊金華來兜售涵芬樓藏書,索八十萬元,"連日菊老、拔翁與揆公晤見,似無所及,忽聞此說,爲之疑信參半。果確,本館斷無收之之力也"。(日記)

　　2月13日　閱報,知夏孫桐於陰曆十二月初七逝世,爲之傷悼。憶在平時,頗承獎掖。今一年中音訊甚疏,正欲修箋賀歲,忽聞噩耗,淒然久之。因理見惠手札,以付裝裱,并檢外叔祖、胡綏老、楊雪老、先子虬兄、錢玄同、滕若渠、李晋華諸先生遺札,當同裝册。不數年,親友耆碩,凋零如此,可悲也。葉景葵來談。午後赴中國書店,取《甌風雜志》。編造像號。葉景葵又來,囑撰造像目跋。錢卓英來,未值。(日記)

　　2月14日　除夕。編造像號。接陳陶遺電話,知嚴明揚將有電話來接洽。嚴電話詢及是否收到圖書館集會通知,先生告之未有。後知爲今日下午開會,當去參加。浙江興業銀行送賬來。訪葉景葵,交興業銀行賬。葉命題簡廬牘稿卷。致存古齋信。(日記)

　　2月15日　晨起,祀先。題簡廬牘稿卷簽。欲赴潤康村,因交通管制,偕誦芬改往光明村,與潘景桓賀歲,略談。歸至陳陶遺、張元濟處暢談。(日記)

　　2月16日　晨,偕夫人、誦芬赴呂班路顧廷燮暨顧廷鳳處賀年。瞻拜王同愈遺像。午後,偕誦芬至潤康村與外姑賀歲,便道至威鳳里訪曹氏。潘博山、景鄭昆仲及朱子毅來,皆未值。(日記)

　　2月17日　赴李宣龔、周姑丈、汪彭孫處賀年。葉景葵送《八瓊室金石補正》底稿十册來,即刻本所自出也。略校數則,無甚出入。(日記)

　　2月18日　葉景葵來。赴潘博山約。任心白、華繹之來,未值。(日記)

　　2月19日　汪彭孫夫婦來。寫單鎮扇。訪單鎮等,皆不值。將楊鍾羲、夏孫桐、李柳老及王同愈書小屏四幅,托人帶蘇州裝裱。(日記)

　　2月20日　假滿,開始辦公。續編造像號。葉景葵來談。鄭振鐸來參觀,李宣龔同談,據鄭稱,近聞北平圖書館已改組,開館有日矣。至潘季孺處。王大隆來,暢談,述及桂坫(南屏)由九龍孑然赴廣州,先世遺稿及自著皆付一炬,聞之淒然。(日記)

　　2月21日　編造像號畢。葉景葵來。(日記)

　　2月22日　讀大村西崖《支那美術史雕塑篇》關於龍門各則,細讀關氏洞稱注釋。校《補藤花館石墨目錄》。訪陳叔通,托向褚理堂借曾辛安編《龍門造像表》,又轉求高敷畫先生父親像。承示梅册十頁,畫者有唐寅、文嘉、張瑞圖、項元汴、程嘉燧等人,十家一册,共十册,有百家,可謂難得。訪華繹之,未值。沈劍知來,携示董其昌畫卷,卷前一節前半樹石極古茂,後半有房屋等。又一節仿關仝筆,極工緻,有陳簠齋長跋。此卷舊爲吳蔚若所藏,後歸吳湖帆,轉入蔣穀孫

手，又從蔣歸削若木，有吴湖帆跋數則。與沈同訪葉景葵，不值。（日記）

2月23日　葉景葵來，交理董事會賬目。以後自8月16日起，定爲合衆圖書館會計年度，今至2月15日，爲半年度核結一次。本館收支報告，1月起爲今年度。復查龍門造像洞名。潘季孺來暢談。（日記）

2月24日　復朱子毅交閲賬目，葉景葵來，即呈閲定。録造像目。顧翼東夫人來賀，導觀書庫。道忠表弟來辭行，將赴貴陽求學。校《栩緣日記》。（日記）

2月25日　録造像目。赴上海信托公司訪叔英表舅，未值，擬爲道忠設法匯款。又至上海銀行訪顧廷夔，略談。閲《栩緣日記》。以葉浩吾講義付倪介眉裝裱。（日記）

2月26日　葉景葵、嚴鷗客、朱旭初先後來。朱爲蘭笑齋後人，願以餘書相贈。道忠來詢匯款事，無成。王大隆來，欲以購存之紙暫寄，却之。單鎮來暢談，偶及北平長元和會館有秦佩鶴撰聯“經營追溯康雍上，朋侶招同陸顧來”，極精。校閲董事會收支報告。録造像目，不佳，擬重寫。抄栩緣老人遺文。先生嘆云：“碌碌終日，一事無成，奈何！奈何！”（日記）

2月27日　葉景葵來。録造像目。訪陳漢第，與楊復約，天暖來館理寄存各書。（日記）

2月28日　録造像目。葉景葵來談。抱經堂送書樣來。（日記）

3月1日　葉景葵來談。閲《栩緣日記》。任心白來電話，告李宣龔前所贈《福建通志》皆另種，所缺尚多，兹另檢一部，或爲較足。又述及楊鍾義後人境況不佳，李宣龔以師柩未葬爲慮，急匯法幣千元（合平幣三百），以爲安窆之資。（日記）

3月2日　録造像目并改誤。葉景葵來談。校閲《栩緣日記》。得聶崇岐信，知勺園近況，被幽十五人，僅四人得歸。（日記）

3月3日　録造像目。葉景葵來，托借蔣氏藏魏稼孫批校本《復初齋文集》、袁忠節校《復堂日記》二書。赴三馬路，還抱經堂書。至來青閣，取王夒石奏稿，直督任僅十一册。又見目有《蘅花館日記》一册，注王瀚撰，索之未得，約檢出送館。又目有日人水野清一撰《龍門石窟の研究》，已售罄。至富晋書社，購《河南金石圖志》，九十元。主人又出示趙惠夫（烈文）日記，索二萬元（姚石子曾閲過，彼以五百元收進）。又明崇禎刻本《艷史》，有圖，刻手精絶。又宋刻本《四書或問》（半頁七行），未敢問價，其意欲由先生而售與葉景葵，婉却之。張元濟來，未值。（日記）

3月4日　録造像目。校閲《栩緣日記》。復聶崇岐信。（日記）

3月5日　録造像目。葉景葵來談。午後，葉景葵又來，述銀行公會有警，不知何事。晚飯後，往葉景葵處談。歸閲《栩緣日記》。（日記）

3月6日　録造像目。午後，理拓片包。又得存古齋藏造像，蓋所裱未盡，當補益之。葉景葵送來魏稼孫批校本《復初齋文集》，極佳，欲留之過録一部。

校閱《栩緣日記》。(日記)

　　3月7日　理拓片包。李宣龔電話,詢別字"信天巢"者,清人,曾爲山陰教諭,囑查姓名。先生告以陳石麟,海鹽人,別字小信天巢,有《詩鈔》,館中有之。午後,李宣龔來借閱,謂與任心白遍查不可得。又交來《箋經室集》,價三十元,囑致王大隆。姚虞琴、王禔訪葉景葵,葉招先生面洽,遂識姚、王二人。姚以所藏《吕晚村詩集》見假,并携贈風雨樓印本,囑校其上。錢卓英交來陳介白《講義》一册,囑館録一副本以資保存。王善業囑其戚胡遂初送其叔王積沂撰《澹寧齋算稿》一部。潘博山來談。校閱《栩緣日記》。(日記)

　　3月8日　録造像目。擬檢存古閣舊藏造像拓本未裱者,編爲目録補遺,將來一同印出,正編爲原編,補遺爲續編,不以合併,略示別也。赴大陸殯儀館,吊聞宥之父竹生先生喪。"顧剛喪父,今宥師亦喪父,皆旅成都而不克奔喪者。"訪潘季孺。校閱《栩緣日記》。(日記)

　　3月9日　葉景葵來談。王文進來,携樣數種,無可取。王氏此次來滬,乃與忠厚書莊主人李子東(按,亦作"紫東")合購董氏誦芬室藏書。(日記)

　　3月10日　閱王文進書樣,邱象隨《西軒詩草》六卷,抄本,似未有刻本。《鶴徵録》《己未詞科録》皆無卷數,各書目亦無其書。觀首頁,蓋邱氏兩印,中有朱墨批校,間注"刻"字,疑清稿曾經選刻者。葉景葵來暢談。録造像目。校《栩緣日記》。(日記)

　　3月11日　録造像目。葉景葵來。抱經堂送書來。校閱《栩緣日記》。李宣龔請人送王大隆信來,即遵王囑以《箋經室集》書款交送信人,轉瞿鳳起代收。(日記)

　　3月12日　録造像目。來薰閣送《百爵齋叢刊》及《中和》(第3卷第2期)來。夜,校閱《栩緣日記》。爲米價昂貴而不安,"比來時爲開門七事所擾,煩極苦極。釜魚幕燕,寧有安樂之日乎"。(日記)

　　3月13日　葉景葵來談。録造像目。王文進携書來,有《日觀集》一種,朱爾邁撰,侄思贊、仲安刻。其序略云,自曾祖出繼馬氏,遂冒馬姓,於爾邁爲從父行。葉昌熾、章鈺所考,益爲可證。校閱《栩緣日記》畢。"日來爲七事所擾,不能安心伏案,苦甚。"(日記)

　　3月14日　徐森玉來,談行路所經及顧頡剛等情形。潘季孺來,談市況,惟有浩嘆。徐寄廎來。録造像目。録王同愈詩。(日記)

　　3月15日　録造像目。葉景葵來。午後,陳叔通、潘季孺訪陳陶遺不值,來談。陳叔通言,與兄漢第商定,擬以家藏父執手札捐贈合衆。先生聞之,欣慰莫名,"將來對捐書家屬閱覽,於其所捐部分必特予便利"。訪張元濟,欲借劉燕庭《金石苑》稿本,允即調示。沈劍知來談。携誦芬去辣斐德路書堆,購《本國地理》第二册,并從春秋書店購得《懺花盦文存》五册,僅五元。(日記)

　　3月16日　王文進送書來,葉景葵選定數種。録造像目畢,尚須一校。

（日記）

3月17日　校造像目并撰跋，繕自序、志傳。訪潘博山，托售幣。（日記）

3月18日　法租界日本人會第八分會代表山本鶴模來，欲每月初八借館舍分會開會一小時。先生告之"本館係私人所辦之圖書館，尚未公開閱覽，尚不能招待借作開會之所，實難應命"，"本館有董事，容與商奪"。遂約25日再來。先生"訪揆丈商此事。丈即電約張音曼來，商定先探明山本身分，再謀與之婉却。丈赴匋老處，告此事經過，亦可托人分頭調查。午後，幼達來，即托其向法租界工董局政治部探聽，如果日人必欲借此開會，法租界方面應有何手續？渠云，要其向法租界取得許可證，館中則具函向政治部報告其事"。李宣龔來。校改造像目。（日記）

3月19日　校改造像目。抱經堂來算賬，購定鄒適盧《漢金文存目》和《學古齋金石叢書》等。文禄堂來，購定《蘊愫閣全集》，惟文缺卷一、二兩卷。張元濟來，詢問昨來日人事，并告《金石苑》稿已囑取。任心白來電話，稱《金石苑》下星期中必可送達。得聶崇岐信。（日記）

3月20日　校改造像目。改跋，重撰一通，仍未能定稿。李宣龔來。"張音曼來電話，謂昨會諸日人，皆不知山本其人。有關領事者，允爲電話通知其勿來借用。俟其來，即囑其與關領事商洽可也。匋翁訪揆老，招余往談。匋翁以爲不宜以領事館壓之。揆老意，招張（按，音曼）訪山本婉却之。"（日記）

是日　跋《補藤花館石墨目録》。

　　　　補藤先生篤嗜金石之學，服官汴梁，嘗得馬氏存古閣舊藏石墨數千通，益以朋好所餉，搜采所聚，蔚爲大觀。欲分門別類，裝潢成册，手加題識，編爲目録。先成造象四册，計七百七種，其中屬龍門者居多，又十九爲存古閣物。存古閣者，清道光癸卯之歲，介休馬又海恕再令洛陽，訪古山林，遍施氈蠟，間于荒塍野寺間，得梵僮墓碣寺石，遂建閣仁之，迄今百年矣。彼藏墨本，審有舊存，蓋不僅自拓者也。滄桑屢更，輒驚罕覯。即以龍門而論，向所著録稱富者，前則黄小松《小蓬萊閣目》，後則吳子苾《攈古録》，近則關百益《伊闕石刻著録表》，是雖不若諸家之備，要有出其外者亦不少，或昔所未見而後來尚存，或昔所習見而後來已佚，殊堪珍重。去冬，文孫揆初尊丈垂委校理，清繕一目，并麗各跋，竊據諸家之説，注其所在，未見著録者闕之，以資參考。先生與錢伊臣溯耆爲文字交最密，并得與其舅氏陸星農增祥相往還，造詣益深，所撰跋文，考訂史實，懸解別體，尤具卓識，足以補正青浦之編。惜英年殂謝，未竟厥功，雖宦績已著，而學術未彰。此編出，俾後之補金瀾之録者有所稽焉。（《全集·文集卷·補藤花館石墨目録跋》，下册第581頁）

3月21日　葉景葵來，謂已約張音曼明晨來談。録校造像目畢，跋亦擬定。陳漢第來，對日人借館地開會事表示關心。（日記）

是日　陰曆二月初五，夫人誕辰，夜食麵。（日記）

　　3月22日　　晨起,改跋,篆引首。張音曼來,即約山本一晤。張陳述本館困
難之處,請其物色他所,見允。此事遂解決。秉志來,談中國科學社暨明復圖書
館決定於本月底結束,房屋出租,以保清白。又談靜生生物調查所,殊堪嗟嘆。
潘季孺來談,出單鎮所鈔木道人詩,極有玩味。陳陶遺電話,謂《安徽叢書》第六
期已購定,三百元,九折。旋往訪,未值。顧翼東生日,往祝。(日記)

　　3月23日　　繕跋。録《秀野草堂圖》跋。葉景葵來,屬約於25日開董事
會,商酌增經費事。發李宣龔、陳叔通通知。訪陳陶遺,告以昨日與山本婉却經
過并約開會,陳交還爲先生先君題字卷。晚訪張元濟,求題《秀野草堂圖》及先
君遺墨,又代潘景鄭求題幹臣先生畫蘭。(日記)

　　3月24日　　張元濟題先生父親遺墨送來。葉景葵來。造像目校改畢。赴
嵩山路錦章書局,擬托其代印,據云現在不印。即至中國書店,托楊金華與之接
洽,謂已函約其照相人錢鶴記來洽。校呂留良《東莊詩存》。(日記)

　　3月25日　　校《東莊詩存》。訪潘季孺,還木道人詩并帶交單鎮《來室家
乘》,還《曲園重游泮水試草》。沈劍知來談。訪姚光,前贈《武陵山人制藝》,已
與董伯驤各加一跋見示,先生借來録副。(日記)

　　是日　　下午四時,召開合衆圖書館董事會第一次臨時會議。出席者李宣龔、
陳陶遺、陳叔通、葉景葵,張元濟因腹不舒告假。主席陳陶遺,書記顧廷龍。

　　甲、報告事項

　　一、傳閱上次會議記録。

　　二、葉常務報告,三十一年一月廿七日收到筠記先生捐助永久基金法
幣壹萬元正。

　　三、葉常務報告,擬定八月十六日至次年八月十五日爲本會會計年度,
并將製成之上年八月十六日至本年二月十五日半年度收支報告。

　　四、總幹事呈閱本館中華民國三十年收支報告。

　　乙、討論事項

　　葉常務提:本館經常費預算,上次會議暫定一月至三月每月二千四百
元,近來物價飛漲,有所不敷,四月份起須予酌增。兹擬參照市情暫加三
成,即合七百二十元。計四月起,經常費爲三千一百二十元,館員工役薪工
一律加三成。前提特別費備購米煤,今油價甚昂,亦由此費開支。

　　議決:通過。(原件;《歷史文獻》第7輯,第13頁;日記)

　　3月26日　　録董事會議案。葉景葵來。校《武陵山人制藝》,正誤數字,録
董、姚跋文。校《東莊詩存》。(日記)

　　3月27日　　校《東莊詩存》。訪劉重熙,未值。徐森玉、鄭振鐸來,因聞有
日人來館,探究竟。訪陳陶遺。(日記)

　　3月28日　　校《東莊詩存》。葉景葵來。檢《忘山廬日記》十二册,送陳陶
遺閱。(日記)

3月29日　校《東莊詩存》并抄補八頁。沈劍知來,請觀書庫。(日記)

3月30日　訪任心白,未值。沈劍知來。王文進贈葉德輝刻本數册,可配前贈者。劉承幹送《復初齋集外詩文》及《天隱閣〈堂〉文録》,爲邵鋭、閔葆之所托購者。復王文進函,附致沈範思箋,付《藴愫閣全集》款。致閔葆之信。葉景葵來,并交過録袁忠節批校《復堂日記》。"夜,偕内赴青年購物,四月一日盛傳百物皆須漲價矣,或稱漲三成、四成、五成不等,民不聊生矣!"(日記)

是日　撰《東莊詩存》跋,謂姚虞琴以宣統三年風雨樓排印本《東莊詩存》及羅振常蟫隱廬石印本《用晦行略》贈合衆圖書館,"并出所藏舊鈔本見假校補,盛情至可感也。今以墨筆校改異文,朱筆過録箋注"。(《全集·文集卷·吕晚邨東莊詩存跋》,下册第806頁)

3月31日　訪任心白,偕往世界書局探印書價,照相石印,每石漲價至五十元。赴中國書店,托楊金華代尋價較廉者。董金榜來,携示《歷代紀年彙考正編》,古歙羅永符撰,南京國學圖書館物,挖去藏印,雖係稿本,而内容不及後來之精。索價四百元,捨去。據云該館地志盡散,流在寧市者亦并不挖章,所遇甚多,然則携至興化之書亦不守矣。沈劍知來。過録魏稼孫校《復初齋文集》。(日記)

4月1日　録《復初齋文集》校。付來薰閣書賬。(日記)

4月2日　校《復初齋文集》。李宣龔來。華敏初裱補藤詩稿成。沈劍知來。葉景葵來,携去補藤詩稿。晚,候楊金華不來,擬往視之,走至静安寺路,意興闌珊而歸。未幾,楊來,慰甚,即以《補藤花館石墨目録》一册托其代印。據云,每石不過二十元,約兩星期可成。(日記)

4月3日　任心白來電話,招領所借《金石苑》稿本,計六十三巨册,又附四册。先生即率倪介眉往取,歸理一過。又理李宣龔交來《福建新通志》。三時半,應李宣龔約,食茶點,座有夏敬觀、商笙伯、林仲樞、沈劍知及瞿鳳起昆仲。夏敬觀言,近有徐行可向寧汪説得款項,爲文道希(廷式)刻全集。潘季孺來,未值。(日記)

是日　校《復初齋文集》,"與程魚門平錢戴二君議論書"末云:"若近日之元和惠氏、婺源江氏以及戴君之輩,皆畢生殫力於名物象數之學,至勤且博,則實人之所難能也。吾惟愛之重之,而不欲勸子弟朋友效之。必若錢君及蔣心畬斥考訂之學之弊,則妬才忌能者之所爲矣。"先生讀之,以爲"覃溪所考訂諸論,皆無深切之見,徒見其好辯而已,又對治考據學者頗露輕視之概,是誠妬才忌能者也"。(日記)

4月4日　校《復初齋文集》。代葉景葵寫壽馬木軒母八十小屏。沈劍知來。閲《金石苑》,此書原藏蔣氏密韻樓,有王國維跋文。(日記)

4月5日　校《復初齋文集》。訪葉景葵、潘季孺。潘季孺借《三邑諸生譜》。楊金華來,未值,留閲《龍門石窟の研究》,日本水野清一及長廣敏雄合著

者,頗稱美備,關百益有遜也。(日記)

4月6日　校《復初齋文集》。寫劉燕庭《金石苑》跋。王元譽來,見假《栩緣日記》三本,俾校一過。嘉自蘇州帶到舊藏羊毫一包,先人所遺,亦劫餘之物。(日記)

4月7日　校《復初齋文集》。李宣龔來。葉景葵來。(日記)

4月8日　過錄魏批《復初齋文集》。校《栩緣隨筆》。(日記)

4月9日　校《復初齋文集》。陳叔通來,述《金石苑》得自衢州張氏,約千餘元,後歸涵芬樓。原係亂稿一宗,因請況夔笙整理之,月酬五十元,一年未得端緒,遂改請王國維整理,始得重編成冊。陳永清來,葉景葵亦來,同散步至竹森生家,小園經營頗精緻,主人尚未歸,園中坐談一刻而歸。潘季孺來,未值。(日記)

4月10日　《復初齋文集》校畢,撰跋。任心白贈《閨範詩》,先生曾祖姑母蘊吾女士詩亦輯入。葉景葵來談。(日記)

4月11日　赴開明書店,購《滇南碑傳集》及《清名家詞》。與王伯祥暢談,聞郭紹虞移趙家胡同一號,暫不南旋。潘季孺來,述張仲老夫人與一女流落香港擺地攤爲生,聞之嗟嘆。(日記)

是日　跋《復初齋文集》。

《復初齋文集》初甚難得,迨清光緒丁丑李以烜從杭州丁氏借得手稿,乃倩魏錫曾重校其父來章刻本,并改版加跋重印,始廣流傳。魏校原本今藏杭州蔣氏凡將草堂。讀所讎校,一字舛誤,勘之再三,手稿疑似,諦審而定。尚乞其友周星詒復爲參校,但跋未之及。周亦一再校讀,謹慎將事,往復商略,未嘗輒易。前賢校書之縝密鄭重如此,豈後人可及。(《全集·文集卷·復初齋文集跋》,下冊第815頁)

4月12日　錄《金石苑》中龍門造像兩品。"竟日客來,不能作事,亦不能出門"。潘博山、顧廷翔、顧廷夑、錢士青、華繹之等先後來。(日記)

4月13日　李宣龔贈館之書已半載,尚未分類。胡樸安來函,并贈《周易古史觀》序文。陳陶遺經合衆門口,先生即以任心白贈《閨範詩》交去。陳叔通還題件,未值。(日記)

4月14日　昨夜雨終宵,東窗多浸水。訪葉景葵,乞邀浙江興業銀行工匠師傅一視,以定修理方針。飯後有工人來。將李宣龔贈書分類。(日記)

4月15日　將李宣龔贈書分類。叶景葵、顧廷鳳來。(日記)

4月16日　葉景葵來談。"華敏初來,付存古閣記表"。赴富晋書社選購書籍。楊金華送錢泰吉校《西漢會要》來。與葉景葵再談。細讀匯古齋、來青閣書目。(日記)

4月17日　檢選書目。午後,赴富晋書社選書,途經秀州書店,購《湖州府志》《交通史總務編》兩種。來薰閣送書來。(日記)

4月18日　"赴通惠,托博山易幣"。單鎮來,未值,"留聯箋一付,係蘅裳[①]爲其友托來索書者"。(日記)

4月19日　赴秀州書店,取《湖州府志》等。富晉書社送書來,款即付訖。訪潘季孺。葉景葵來談。郭石麒來,交閱唐氏書目,并還龔孝拱手寫《藏經目》。(日記)

4月20日　赴秀州書店,購《中國實業志》全部五冊,又《三長物齋叢書》。潘景桓來,代其房東求書楹帖兩副。陳叔通來閱書。理文道希手札。來薰閣來取書款。(日記)

4月21日　理文道希手札次第,尚不可得。(日記)

4月22日　理文道希手札。赴通惠易幣。過泉記書攤,購皮高品《圖書分類法》《浙江民政年刊》。華敏初取文道希手札去裱。(日記)

4月23日　李宣龔囑查黃晋良等仕履。偕郭石麒赴岐山村閱書。錢鶴記送來《補藤花館石墨目録》印樣,尚佳,今即開印。葉景葵來。沈劍知來談,謂其友有外交部《圖書集成》出售。先生願以四千元收購,托其接洽。來青閣送書來。葉景葵又來。(日記)

4月24日　查來青閣書。王元譽來,求書喜聯。午後,寫對四副。潘季孺來,見借秦佩鶴(綬章)詩文稿。倪介眉赴商務印書館取《明實録》,爲李宣龔寄存者。(日記)

4月25日　王同愈周年,往祭。訪單鎮,求題先生父親遺墨。(日記)

4月26日　因沈劍知介紹,赴杜神父路購《廿五史》,未成交。(日記)

4月27日　葉景葵來談。復查所選擬購各書。送造像拓本(有補藤手題者)交錢鶴記攝景,約明日可取回。目録正在照,今日可畢。晚至秀州書店,購盍山精舍數種,又選《河南財政彙報》等,尚未諧價。(日記)

4月28日　赴商務印書館等處,一無所得。在傳薪書店見焦循藏思古齋刻《蘭亭》《黃庭經》,焦循手跋滿幅,皆與汪容甫討論之詞,索三百元。(日記)

4月29日　查書目,選來青閣、抱經堂書各一批。算來青閣賬。沈劍知、袁帥南、李伯涵來。"博山招飲于正興館,便道閱肆。"(日記)

4月30日　赴來薰閣,選購有關浙江統計之書若干種。赴蟫隱廬换書。再赴錦章書局,訪錢鶴記,未值。閱各家書目,比價。"接匯古齋信,照書目加五成之多,祇可再加抉擇。"王睿來。朱憶劬偕徐丹甫來。至富晉書社、來青閣購箋紙二十九張,十九張可作楹帖,自留十張,可作書面。(日記)

5月1日　查書目。任心白來談,有遁迹靈岩之意,誠高士也。赴錦章書局,錢鶴記未到,不值。來薰閣送書樣來。葉景葵來。潘季孺來。夜,閱富晉書社書目。(日記)

---

①蘅裳:指龐國鈞。

5月2日　閱來薰閣書樣。抱經堂夥來，兜售《圖書集成》，先生"懸價[二]千六百元，彼堅請稍增，據云書主索三千，遂加百元，合三千元九折，則尚公道。此書當時僅百數十元，景鄭得一部則二百卅元，今一漲至此。尚聞富晉、中國皆索三千元以外，似尚不貴，聽其成否。未幾，送書來，價諧矣。即偕景鄭、子毅點書，頃刻而畢"。午後，閱來薰閣書目。王佩靜來，携有《鳳求凰傳奇》一冊、《衍說山海經》一冊，稱友人托售者，索價各五百元，不如多收年鑒、統計報告之類。（日記）

5月3日　謁胡樸安，至赫德路有雨意，乃返。葉景葵來。浙江實業銀行副經理陳聘渭携贈《鎮海縣志》一部，爲其父星白所修者，缺圖，允將來檢寄。赴蟫隱廬，前日之夥他適，換書未成。經河南路泉記書堆，見《十年來之中國經濟建設》，索百元；又《四川經濟資料》，索六十元。皆昂，不敢即購定。歸，將蔣書草片分爲六大類。夜，傷風漸甚，早睡。（日記）

5月4日　傷風未愈。理編目片。抱經堂送書來，付《圖書集成》款二千七百元。來青閣送書來。富晉書社經理來，勸先生多購書，謂書日少一日，因暴發户收書甚力，若協大祥布號閔某，發財後建華屋，必須陳設書室，遂大事購書。先生聞之一笑。赴錦章書局，取還造像拓本二紙。午後，錢鶴記來，約明日下午三時去觀上石。（日記）

5月5日　整理儲物室。赴錦章書局看上石。歸，應葉景葵招小飲，爲項蘭蓀祝七十壽。晤徐寄廎，暢談，索其所藏近年官書，據云去年3月臨赴港時焚棄不少，殊可惜。訪潘季孺，還秦揆初札。任心白來，交李宣龔印章兩方。校《栩緣隨筆》，"一擱不覺多日矣，終日碌碌，竟無片暇"。得聶崇岐信，盼之久矣，"聞希白、因百（按，鄭騫）皆入北大訊，爲之嘆息，尤以希白爲可惋惜，生計逼人，復何言哉"。（日記）

5月6日　校叢書片。赴錦章書局，適爲鄭某印《昭代王章》，造像目僅五頁未上石。赴春秋書店，購《蓄艾文編》等。徐寄廎檢贈紹興資料及四川、貴州經濟材料等。（日記）

5月7日　赴秀州書店，購四史，有石印本，先議價，約薄暮定奪。至大華書店，購《餐喜廬存札》等，適有郵包到，約晚間往閱。歸，見葉景葵在候，復審來青閣各書。富晉書社送書來。六時，再至大華，購"齒錄"兩種，獲見《周官精義》，滿批，據謂唐仁壽筆。細閱全書，未見"仁壽"之名，惟有"唐仁壽讀書記"一章，當出傳錄，"案語甚多，不知何人所爲，明日細考之"。秀州書店所購四史及《浙江庚子辛丑鄉試齒錄》共四十元。尚有《工部局公報》，"民國十九年九月起至廿八年已，合訂每年一冊，每冊五十四期，惟第一年祇十二期，蓋周刊也。索三百元，願以二百五十元見讓"。（日記）

5月8日　審閱唐仁壽批《周官精義》，取御纂《周官義疏》一閱，知由此節錄者，遂歸還之。葉景葵來。陳叔通偕劉道鏗來閱《藝海珠塵》。楊金華來，張珩藏《龍門石窟の研究》,先生有用,一時購不到,張有肯讓之意,遂留之,價三百五十元,尚稱公道。午後,葉景葵再來,談涵芬樓書,先生謂惟捐入東方圖書館爲正辦,否則張元濟亦爲德不卒。如以爲股東財産,不足糊職員數日之口,若售而分利,各人所得無幾。東方圖書館之腐敗,王雲五固不能辭其咎,而張元濟、李宣龔亦皆不能因噎而廢食,他日復興圖書館之需要正殷也。得王欣夫信,從存放在合衆的二百部《箋經室集》中取出三部。(日記)

5月9日　訪李宣龔,未值。寄籀經堂《箋經室集》三部抵賬。又寄秦揆初,還佩鶴稿副本七册。復聶崇岐信。致存古齋、文奎堂、群玉堂信,索書目。招來青閣來算賬,即付支票一紙。王佩静病,令其女原達謁葉景葵,略談。葉景葵交來朱啓鈐贈書四種,即謝,復孫叔仁。[1] 理抱經堂書,多不足本。又理富晋書。(日記)

5月10日　晨,鳳書表叔來談。訪胡樸安,“適課徒之期,未見”。歸途欲訪陳陶遺,未識其居。戴筱堯持胡樸安介紹信來見,欲爲友求售藏書,供内遷之資,出示一目,皆館中已備之本,謝之。(日記)

5月11日　查富晋書社書。潘季孺來,適葉景葵在,同暢談。楊金華携某氏目求售,目十一册,每册百餘頁,每頁一書,蓋欲撰提要之稿,計千數百種,皆用功書。張元濟來訪葉景葵,述及涵芬樓有吳廷華《禮記疑義》稿係鈔全,館藏《儀禮疑義》有半部,《周禮疑義》則未得,稿本舊藏王禮培家,後不知流落何所。(日記)

5月12日　閲摘某氏目。葉景葵來,談及葉昌熾《緣督廬日記》稿本現藏王君九處,君九年已老,他日不可知,似可勸其歸本館保存。張元濟原定托仲午、星臺(按,指潘祖年、汪星臺)二人,絶不及君九。君九索去選印,後無可歸趙,留存固是,然不若歸公爲妥,且潘景鄭有擬將《奇觚廎詩文》板歸公之意,遂請葉景葵致書君九探詢之。(日記)

5月13日　理抱經堂書,購暖紅室刻曲全部。抱經堂夥介紹書畫夥來,一無可取。李宣龔來,未值,夜來電話,囑李碩久書箱仍封好勿動,又詢藏章已蓋若干,“不知吾已忙得幾無片暇,急爲之事尚多,安能速於此鈐印之事哉”。(日記)

5月14日　爲李宣龔書蓋印。葉景葵來。富晋書社來議書價,定去留并付款。校蔣片。赴大華書店,見抄本明昆山方鳳《改亭文集》□□卷《續集》二卷,索二百四十元。查北平圖書館目録,《續集》應十卷,又《千頃堂書目》有《奏草》一卷,是皆未有。李宣龔來,言《越縵堂日記》不必購,容檢贈。先生托購《宛委别藏》一部,冀得七折,不知能否成事。(日記)

5月15日　赴錦章書局,知造像目尚有一石(六張)未印出。閲鐵舟批《説文繫傳》。抱經堂來算賬,書未齊,賬亦有誤,遂未付。王文進來,云《宛委别藏》

---

[1]孫叔仁:孫世偉,字俶仁,一作叔仁。浙江紹興人。民國時曾任浙江實業銀行監督人。

故宫有之,前年定價七十餘元,現在至多百元左右。因馳書邵鋭,請其代購。夏敬觀來,欲借閲《潛邱劄記》,適館中未有,《經解》本不足也。(日記)

5月16日　楊金華來,托其購《國學圖書館書目》一部,一百八十元,六倍於前。得胡樸安信并示近咏。(日記)

5月17日　有李雲章、曹承樑者持函來見,請爲甲長,先生辭不獲。午後,曹又來,囑通知各户攝影,領取市民證。"年來力求韜晦,罕與人接,不返鄉里,今乃爲人牽卒,誠無藏身之地矣。嗚呼! 吾生不辰,前途茫茫,憤然凄然。衷心不懌,取《曾文正集》讀一卷。"(日記)

是日　法租界當局編製保甲,本館編爲福熙區二十四聯保第五保第五甲,并派充甲長。(《合衆圖書館第三年紀略》,載《顧廷龍日記》)

5月18日　校叢書片。招竟成照相館來,爲葉景葵及先生兩家拍攝市民證用照片。得籀經堂信。寫邵章壽屏一條。(日記)

5月19日　寫邵章壽屏,幸無脱誤,費竟日光陰。年來遇人索書,視爲畏途,勉以應教,一諾半年。陳永青來訪葉景葵,同談。抱經堂來算賬。來薰閣來言,有《四明叢書》六集全部,索價一千二百元。又云新得擬山園全集,有數十册之多。又毛稚黄集初刻本八種,後來印者十二種。訪潘季孺,長談。(日記)

5月20日　單鎮來,交還先生父親遺墨,已與龐鶴緣各題兩絶。葉景葵來,同談。午後,張忠孫來談,參觀館舍。劉承幹來,亦參觀館舍,此爲合衆遷移後首次來也。張元濟來,言陳垣近從《册府元龜》及《通鑑》輯補得《魏書》所缺兩頁,字數亦適合,可異也。王文進送書來。電話詢錦章書局,悉造像目已印竣,祇待楊金華取來裝訂。(日記)

5月21日　爲單鎮之親家某君寫扇面。理叢書片。赴來薰閣,議《四明叢書》價(一、二、三、四、六集),五集須千元,甚昂。聞《祇平居士集》有值八百之價,書漲無憑,奇哉! 奇哉! 校《栩緣隨筆》。(日記)

5月22日　至文粹堂,選書二十餘種。王文進來。楊金華來,領皮紙去,造像目可以交裝訂,并接洽購唐氏書事。訪陳陶遺。訪沈劍知。李宣龔來。陳叔通來。(日記)

是日　夫人身體不適,有熱度。(日記)

5月23日　接文奎堂書目,選書十種。復胡樸安函。夫人熱度退净,"大慰"。"先慈忌日,設祭。適揆丈饋鰣魚,即烹供之。"(日記)

5月24日　接聶崇岐信,告洪業、鄧之誠、陸志韋、劉豁軒四君皆已獲釋,爲之欣慰。諸君歷劫不磨,不愧人師,當作書問安。存古齋寄書目來,選若干種,令寄閲。訪單鎮及禮卿表叔。(日記)

5月25日　製"特別購書費"所購書籍類别種册表。"今日金融變動甚劇,物價大漲,小民奈何!"(日記)

是日　下午三時,召開合衆圖書館董事會第二次臨時會議。出席者張元濟、陳叔通、葉景葵、陳陶遺、李宣龔。主席陳陶遺,書記顧廷龍。

甲、報告事項

一、傳閱上次會議記録。

二、總幹事呈閱本年三、四兩月經常費、特別費收支報告。

乙、討論事項

一、葉常務提:本館經費來源應寬爲籌備,已與董事長商定,出售浙江興業銀行股票壹百股,計票面一萬元,以資挹注,業于三十一年五月十六日售出。

…………

議决:通過。

二、葉常務提:前撥特別費業已用罄,現須再提特別費三千元,備購米煤油等物。

議决:通過。

三、葉常務提:本館藏書之整理粗有頭緒,各類尚須補充,請從基金中撥出五萬元,作特別購書費。

議决:通過。(《合衆圖書館董事會議事録》原件)

5月26日　整理昨日議案。潘季孺來。沈劍知來。赴來薰閣,得《李文恭遺書》(按,即李星沅《李文恭公遺集》)。又至中國書店,按架檢閱,得新出書甚多。至富晉書社,購岩崎書店目録。至忠厚書莊,選單本集部甚多,中有一種,書衣爲錢梅溪手題。又言有《江蘇公報》《浙江公報》,約明日送閱。至來青閣,購《美術叢書》,竟須六百元,不能少分文,祗得允之。致聶崇岐信。(日記)

5月27日　致洪業信。致文殿閣信,購《通報》,商七折,恐不能諧。李宣龔送《越縵堂日記》未全,當索之。午後,赴中國書店選書。歸,值葉景葵來談。(日記)

5月28日　電話李宣龔,補《越縵堂日記》缺本。存古齋送來書樣一包,即查明未備,函囑寄全書。赴蟫隱廬,購《倦圃圖》等。"經國粹書店,選數書,開價之昂,全市無此狂妄。"(日記)

5月29日　查昨日所購書。赴蟫隱廬,選定所印各書。在漢文淵購《觀象廬叢書》。來薰閣、中國書店送書來。查中國書店書。陳陶遺來。葉景葵來。寄聶崇岐信。《劉申叔遺書》索得一部,陳陶遺見之,謂其照片係改名金少甫時所攝。又謂其一生誤於夫人爲多,陳曾爲端方所執,即申叔投去密報而知其行迹。端謂陶老,汝熟人劉某已在此,汝何妨亦來。陶老之見賣雖出申叔,實其夫人使之者也。申叔著述雖富,行爲鄙陋,何足重哉!(日記)

5月30日　理書。得邵鋭信,"稱《宛委別藏》得聯鈔一百廿,合滬幣六百。即馳書定之"。致沈範思書,告再劃聯鈔。王文進送書來,并束邀星期一晚飯,所請有吳眉生、秦曼青、張珩、蔣穀孫等,皆富有之家。張、蔣尤鄙吝,先生托事謝

之。來薰閣來算賬。(日記)

5月31日　顧廷翔來。潘承彬來。(日記)

是月　編寫"合衆圖書館籌辦處職員表",分姓名、字號、年歲、籍貫、職務諸項,爲"顧廷龍、起潛、四十、江蘇、總幹事";"潘承弼、景鄭、卅九、江蘇、幹事";"朱仁、子毅、卅五、浙江、幹事";"陳廷絜、萊青、七十、浙江、特約編審";"楊學實(按,即楊敬涵)、秋農、江蘇、特約書記"。(原件)

6月1日　赴各肆,在傳薪書店購《王氏家集》《翠琅玕館叢書》。查中國書店書。鄭振鐸偕耿某來。(日記)

6月2日　理中國書店樣書。王文進來。來青閣賬付清。中國書店夥來。潘季孺來。李宣龔來,未值。張元濟訪顔駿人,適自港回,過此,入談。訪陳叔通,允以《愙齋集古録》贈合衆。(日記)

6月3日　接文粹堂信,所選書允七折。存古齋全書寄到。補《金文編》缺頁。理中國書店書。(日記)

6月4日　寫謝信兩通。陳叔通、陳永清來。抄閔葆之記修《晚晴簃詩匯》及《清儒學案》兩事。文粹堂寄到書十一包。楊金華來算賬。(日記)

6月5日　復文粹堂信。托沈範思付書款。復存古齋信,書款交來青閣收轉。得胡樸安信。葉景葵來談。馬叙倫派人來接洽寄存《天馬山房集》,即至來薰閣,屬其代售,則書可存來薰閣。(日記)

是日　跋《清儒學案》。

　　　徐氏所纂《晚晴簃詩匯》《清儒學案》兩書,允推當代巨著,雖瑕不掩瑜,要有功於學術不淺。當時成於衆手,人選迭更無常,幾無知其顛末。閔葆之先生嘗與斯役,因函請一紀其事,以昭來者。復謂曾有所述,并録示記《晚晴簃詩匯》及《清儒學案》兩文,於是人事之變遷,秉筆之商略,皆得其梗概。爰分録兩書之首,以便省覽。(《全集·文集卷·清儒學案跋》,下册第597頁)

6月6日　葉景葵來,增補經常費。李宣龔來,檢點新購書。接文殿閣信,《通報》初編允以八折見售。讀《曾文正公文集》。(日記)

6月7日　《通報》寄到。群玉齋寄到《搢紳録》四包,重兩套。潘季孺來長談,葉景葵亦在座。復文殿閣信。致沈範思信。復胡樸安信。(日記)

6月8日　理忠厚書莊書樣。陳永清來談。中國書店楊金華來算賬,并取回何氏書目十一册。華繹之來,屬查《醫學發明》版本。得群玉齋信,《搢紳録》允六折見售,北平書肆之不景氣由此可知。葉景葵來。邵鋭來信,《宛委別藏》成交,即日寄來。(日記)

6月9日　分類。校《栩緣隨筆》。富晋書社取退書。《補藤花館石墨目録》訂成。(日記)

6月10日　分類。得存古齋信。得聶崇岐信。錢卓英來。(日記)

6月11日　校片。潘博山偕王耀東來。潘季孺來。校《栩緣隨筆》。(日記)

6月12日　潘景鄭編完蔣書草片,祇待分類。李宣龔送《閩中書畫録》抄本來,四册,似未刊之本,爲費圯懷舊藏,囑爲蓋印,將以借人。(日記)

6月13日　赴上海銀行取契券。至蟫隱廬議書價。接汪孟舒信,謂其叔岳王逸海處有餘屋,可租寄顧頡剛之書,月租十金。即馳函王碩甫,請代接洽辦理。劉重熙贈乃父念庵詩集(按,指劉蕭《念廬詩》)。(日記)

6月14日　赴蟫隱廬,付書款。陳叔通轉來商務印書館覆書,即函購《翁文恭公日記》《水經注》及《綴遺齋彝器考釋》。(日記)

6月15日　理卡片。點蟫隱廬書。葉景葵偕陸以正(陸星農曾孫)來,請閱書簿。(日記)

6月16日　收到群玉齋書目,選配若干。楊金華來,結算《補藤花館石墨目録》印價。潘季孺來,出示《自訂年譜》,陳叔通同來談。"近有日本某機關至法租界教育處,欲向四圖書館借書,一震旦,一明復,一鴻英,一合衆。博愛理以三館皆閉歇答之。越數日,又有往請,又却之。彼之注意於吾無微不至矣。"(日記)

6月17日　排卡片。(日記)

6月18日　李宣龔來,約明日午膳。(日記)

6月19日　校《儉廬自訂年譜》。應李宣龔招飲,同席有陳瀟一、湯定之、袁帥南、夏敬觀、劉子楷、沈劍知、徐南屏、李碩士。聞陳云,燕京將改辦某調查所,以安置失業諸人,不知其言確否。袁帥南請先生去觀所編書目。訪潘季孺,交還《儉廬自訂年譜》。(日記)

6月20日　陳叔通、陳永清來。接文奎堂、文殿閣信及書包,即復信。致沈範思信,托劃存聯鈔千元。(日記)

6月21日　葉景葵來。同弄顧士澄者第六甲甲長,自稱受聯保長及保長之托,來商借本館作爲三保聯合辦事處。午後,陳陶遺、葉景葵同來相商。晚,見保長,告知無餘屋可借,"與約筆墨吾可相助,房屋決不能借"。後托林曼卿先生請求捕房阻止之。(日記)

6月22日　致周志俊函,謝贈師古堂刻書事。訪孫祖基,見假趙烈文年譜稿。據云趙氏尺牘多爲其所收,又收藏無錫鄉賢遺著甚多。訪顧翼東,未值。(日記)

6月23日　保長來談,"謂三保聯合辦事處確太雜,他日倘吾一保借用何如。余仍堅不允。若欲幫忙,則無不盡力爲之,借屋斷不可"。訪陳陶遺、葉景葵。潘季孺來談。訪顧翼東,托其介紹家戀入光明廠練習。(日記)

6月24日　訪魏廷榮,未值。得聶崇岐函,悉燕京大學被幽諸人皆得釋歸,大慰。(日記)

6月25日　去徐家匯路遂吾廬訪魏廷榮(庭蓉),人極俶儻,法租界中久有盛名,略談。十時,赴徐家匯藏書樓參觀,與徐宗澤神父立談片刻。歸未幾,盧家灣捕房派西人一、譯員一來,調查有人來借屋事。先生據實告之。譯員"以余言譯告西人,繼曰此地保存古書,學者研究之地,不能雜以他事,當爲設法制止而去。晚,保長來,户口表交還,於房子一字不提矣"。(日記)

6 月 26 日　理叢書片。得沈範思及商務印書館信。(日記)

6 月 27 日　理叢書片。夜,葉景葵宴魏廷榮、陸潤之,陳陶遺、湯定之、竹垚生、羅鬱銘、陳恭蕃、劉培餘、汪原潤、葉幼達及先生陪坐。(日記)

6 月 28 日　商務印書館寄來《翁文恭公日記》《水經注》及《綴遺齋彝器考釋》三種。文禄堂寄來《嚴文靖集》(爲丁初我從萬曆本鈔得),袁景瀾《適園詩集》初稿(同時人潘瘦羊、劉禧延等手校,題詞甚多,邑志作學瀾,誤),《嘉業堂藏書志》稿(董康撰,未全,未成者),又董録巴黎、倫敦所藏敦煌卷子目(略有記述,見羅氏景印者亦不少,須一校之)。葉景葵來談竟日。(日記)

6 月 29 日　理《適園詩集》,袁景瀾原名學瀾,志非誤也。録得管香穀詩十首,即補入昔所鈔存之《止泊齋詩稿》[①]中。葉景葵來談。(日記)

是日　大雨竟日,古拔路發水成河,誦芬以烏賊骨製爲小艇放玩,鄰人皆嘆賞。(日記)

6 月 30 日　蔣書叢部類編定。得王文進信,各書價奇昂,無可留,復其信。《莫高窟書録》可備參考,決自傳鈔之。(日記)

是日　寫定《合衆圖書館第三年紀略》(又名《三十年度工作報告》)。

上年《紀略》截止三十年六月,本擬自七月至年底續作報告,俾可與歲終始,每年一度。乃去年七月後準備遷移及布置新館,事屬瑣屑,無可紀述,遂又延至今日,成績無足觀,紀之聊便省覽耳。本館已定每年八月十六日至次年八月十五日爲會計年度,今後本館行政年度擬亦依此爲準,以取一致。

一、入藏

子、捐贈。

葉揆初先生續捐批校本及普通書九十五種,二百四十四册;石刻拓本十九軸;又浩吾先生所藏書籍、拓本,計五十三包。

張菊生先生捐贈嘉郡著述四百四種,一千五百九十九册;普通書籍一百二十二種,三百三十六册;日本影印古本卷册二十種,二十一册,二十卷附説二册;自印書五種,四十六册。

又張氏先世著述四十六種,四十三册;涉園藏舊五十種,一百三十七册;海鹽人著述三百五十七種,一千一百五册。

以上三類,張先生附函聲明,先爲寄存,倘日後海鹽有地方圖書館之

---

① 《止泊齋詩稿》:今藏上海圖書館,名《止泊齋詩存》。

設,須領回移貯。惟此以張先生生存之日爲限,與凡繼承人無涉云。

李拔可先生捐近人著述等四百十五種,一千一百十二册。

陳仲恕、叔通兩先生捐贈《冬暄草堂師友牋存》二十四巨册,六函。

蔣抑卮先生家族謹遵遺命,續捐書二千四百五十八種,三萬二千八百二十册,裝二百四十箱。

各家所捐,計二百七十五種,一千六百七十七册,三十六張,一宗。列名如後:

…………

丑、採購。

本年以經常費購置近年出版新書,特別費添購參考必用之書,約爲叢書、類書、奏議、浙江方志、近代史料、題名齒録、年鑑報告、別集等類,共計一千七十一種,九千一百六十八册,十三張,一卷,其中略有善本,列目如後:

《玉篇》明益藩刊本 《西漢會要》錢泰吉手校,張咏川舊藏 《容臺集》明董其昌,崇禎刊本 《蔣超伯遺稿》稿本 《産後編》陸懋修注,稿本 《彭簫九遺稿》稿本 《豐山世稿》高麗刊本 《楊文鼎電稿奏稿》底本

寅、傳鈔。

本年所鈔共二十七種,四十册,計一百八十萬二千三百六十字。列目如後:

《忘山廬日記》十二册 《皆山樓吟稿》一册 《石鼓疑字音義斠詮》一册 《薄絲龕印學觚言》與《石鼓疑字》合一册 《栩緣日記》二册 《栩緣隨筆》二册 《廣東軍務記》一册 《五知堂遺稿》一册 《沈君庸先生稿》一册 《硯史》一册 《章名全先生文稿》一册 《陳介石授史隨筆》三册 《漁鼓曲》一册 《明通鑑》三册 《柚堂文存》一册 《鼓山題名》二册 《烏石山題名》一册 《卧龍山題名》與《烏石山題名》合一册 《蔣氏凡將草堂藏書目》一册 《善餘堂文集》一册 《享金齋遺稿》一册 《逸史三傳》一册 《崇禎遺録》一册 《吳郡考》一册

按三年來入藏總數,計一萬二千一百十五種,十萬九千一百四十一册。景印卷子三十二卷。奏摺、信札二宗。石刻拓片一百三十五包,十九軸,四百七十七張。舊報七捆。寄存者計四百五十三種,一千二百八十五册。

二、校録

本年校勘、過録者計四種:

《五代史記注》 録劉咸校

《五代史記注》,彭元瑞創稿未竟,由劉鳳誥足成之,訛奪衍佚,未暇訂正。逮鳳誥孫咸任淮陽道時,贖歸書版,延丁次鄖、午峰昆仲詳加校勘,箋

出千餘則,惜未及付刻而板歸邗上書賈矣。原本藏淮安宋焜家,文祿堂書友持來求售,價昂,傳錄一通還之。

《東莊詩存》　錄嚴鴻逵箋注

《東莊詩存》,今通行者鄧氏風雨樓排印本,姚虞琴先生藏舊鈔本,有嚴鴻逵箋注,頗多故實,過錄一通,姚又從其友人呂十千藏本得多十二首,亦抄附之。

《復初齋文集》　錄魏錫曾、周星詒校語

《復初齋文集》,道光中李來〈彥〉章刊板未及校字印行,光緒丁丑,其子以烜從杭州丁氏借得手稿,乃倩魏錫曾重校改刻,魏又乞周星詒為之參校,皆有見聞附記及之,足資多識。原本藏蔣氏凡將草堂。

《説文理董》　據舊鈔殘本校補

《説文解字理董》,清吳穎芳撰,未經刊行,所得傳鈔本不全,訛字甚多,後由徐森玉先生借來一舊鈔殘本,足以校正,補缺甚夥,馬叙倫為題長跋。

三、編目

本館書籍日多,目錄益亟,雖有書名簡片,尚不足以資參考,遂積極從事編寫詳細草片。[已]成蔣氏所捐書全部約計二千九百八十九張,又葉氏所捐書草片已大部分寫就,近補漏遺約二百餘張,皆告竣事。此後專在分類,即可移錄成書本目錄矣。

四、校印

葉先生捐贈石刻拓本甚多,一時未遑整理,其中《補藤華館石墨》業已裝潢成册,原有目錄未竟,因先為編次,重行校定并繕錄清本,即付書友楊金華委錦章書局石印之,費由葉先生自任。

五、裝釘

一　補破　廿二種　九十册

二　修理　十六種　四十二册

三　訂綫　廿九種　五十一册

總計六十七種,一百八十三册

六、流通

燕京大學歷史學系洪煨蓮教授專研《史通》板本,於本館所藏嘉靖本,嘆為他處所未見,葉揆初先生曾校張鼎思本,頗多異文,乞傳所校以資考證,因錄為校記寄之。

七、事務

三十年八月一日,開發起人會,聘李拔可、陳叔通兩先生為董事。

八月六日,開第一次董事會,推陳叔通先生起草章程。法巡捕房政治部冷峰來調查。

八月九日,葉氏租地建屋合同簽字。

八月十九日，開第二次董事會，通過本館《組織大綱》《董事會辦事規程》，選舉陳陶遺先生爲董事長，葉揆初先生爲常務董事。聘竹淼生先生爲財務專家。

九月一日，驗收新屋。

九月五日至二十日，借商務印書館汽車，搬運書籍，遷入新屋。

九月廿八日，借商務印書館汽車，領取蔣氏贈書。

九月廿五日，添裝大鐵門。

十一月三日，蔣氏委丁燮生先生送交鑰匙，會同檢點書籍。

十一月四日，法公董局教育處主任高博愛來調查。

十二月廿二日，開第三次董事會，聘蔣俊吾先生、竹淼生先生，并推葉揆初先生爲蔣捐基金保管人。

卅一年三月十八日，日人山本鶴模住裕華新村廿九號來，自稱法租界日本人會第五分會代表，欲商借本館爲每月聚會之所，後請張音曼先生婉却之。

三月廿五日，開董事會，規定每年八月十六日至次年八月十五日爲本館會計年度。

五月十七日，法租界當局編製保甲，本館編爲福熙區二十四聯保第五保第五甲，并派充甲長。

六月廿一日，同弄顧士澄者第六甲甲長，自稱受聯保長及保長之托，來商借本館爲三保聯合辦事處，後托林曼卿先生請求捕房阻止之。

八、人事

楊敬涵於卅年十月因病辭職。

九、閱覽

…………

本館自開辦以來，請求閱覽者甚多，惟籌備尚未就緒，不克招待。移居以來，請者尤多且殷，凡董事知好或同人熟識，來館正式閱覽者，題名如上。

十、來賓

王重民　林子有　虞伯英　蔣俊吾　蔣錫九　蔣世顯　黄仲明　陳植生　張乾若　劉厚生　劉子楷　竹淼生　孫祖基　胡嘉言　張蔥玉　張忠孫　孫俶仁　鄭振鐸　陳鴻舜　湯定之　胡端甫　伍昭宸　陳聘渭　陳瑶圃　李伯涵　周厚坤　王學農鄰居　華繹之　徐寄廎　夏劍丞　陳麟瑞

（《合衆圖書館第三年紀略》原件）

7月1日　接文殿閣《西清續鑒甲編》等六包書。沈範思代購《文選李善注疏證》[①]一册，與中國書店所購者可以配全。又得上海郵政管理局總務股文書課通告，去年11月28日挂號所寄《哈佛燕京漢和圖書館目録》一束，由日陞

———————

① 《文選李善注疏證》：指《文選李注義疏》。

輪遞發,旋接河北郵政管理函,知該輪已在滬津途中失踪,所載郵件當已遺失。
(日記)

是日　抄《莫高窟書録》。張元濟贈崇禎年兵部題本一件、道光年朝鮮賀表
一件。赴秀州書店,購《比較語音學》一册、郵票目録一册。(日記)

7月2日　得群玉齋信,各書僅允六折。先生續選一單,即此定購。潘季
孺、李宣龔來談。(日記)

7月3日　抄《莫高窟書録》。(日記)

7月4日　赴徐家匯藏書樓,訪徐宗澤司鐸,參觀一周,中文書方志爲大宗,
約二千七百餘種,共十二萬册。西文書似較多,而宗教書爲最。劉承幹贈《留餘
草堂叢書》。抄《莫高窟書録》。(日記)

是日　誦芬領得成績單,名次第二,可喜。(日記)

7月5日　葉景葵來談。抄《莫高窟書録》。吳湖帆母升祠,往拜。(日記)

7月6日　抄《莫高窟書録》。致聶崇岐函,托索《魏書》缺葉。訪施維藩,
日前培餘已與劉承幹説妥,檢所刻相贈,而施代劉經理書籍,於《吳興叢書》《求
恕齋叢書》拒贈,先生特去相商,請檢所有見惠,不足再向各肆配補。施"口頭雖
一口應承,而爲述陳人鶴、梁衆異輩皆備價來購,言語之間不出錢,不甚歡迎"。
赴中國書店、富晉書社、來青閣。潘季孺來,未值,"渠即訪揆丈,往晤同談"。
(日記)

7月7日　抄《莫高窟書録》。致施維藩書,要影宋四史,許其繳價。(日記)

7月8日　赴各肆,欲搜集書夾板,一無所得。復周志俊、周志輔謝函。撰
報告。林子有來,出扇囑書。葉景葵來。(日記)

7月9日　搜集報告資料。抄《莫高窟書録》。(日記)

7月10日　抄《莫高窟書録》。(日記)

7月11日　抄《莫高窟書録》。(日記)

7月12日　訪潘季孺,談讀《新疆游記》。接文奎堂《四書温故録》一函。
(日記)

7月13日　復文奎堂函。(日記)

7月14日　抄《莫高窟書録》。得汪孟舒信,謂顧頡剛書本月2日由李延
增全部領去,計二十五箱及書目一册,由王碩甫代先生出一收函交汪孟舒,以清
手續。李住北新橋,有自置住房可存。葉景葵交《蘭笑樓書目》,囑先生查選。
(日記)

7月15日　抄《莫高窟書録》。接王文進信,《適園叢稿》等允減價。查《蘭
笑樓書目》。任心白來。(日記)

7月16日　徐森玉來,見借《吹㔶録》,鄭振鐸所購本,暢談。潘季孺、陳叔
通等來訪。來薰閣送《黃氏逸書考》及《紹興先正遺書》來,還孫道始《趙惠父年
譜》,交來薰閣轉。(日記)

7月17日　擬報告。楊金華來，欲爲張珩借《容臺集》，許其來館一閱，借出例不敢開。（日記）

7月18日　擬報告。張珩偕人來閱《容臺集》"項子京傳"，據云所見各本均無此傳，極可珍也。（日記）

7月19日　《新申報》開列上海各圖書館名單，合衆未曾列入，"幸矣"。還葉景葵汪小米手稿。（日記）

7月20日　群玉齋寄書五包，有《振綺堂叢書》，昨抄之汪小米稿均印入。《尚書私學》，據《四庫提要》"存目"，似不甚精核，全書約三萬餘字，而索值甚昂，不如傳鈔一本存之。葉景葵交劉晦之贈《文莊奏疏》及《靜軒筆記》《直介堂叢刻》，囑開一目，當將闕者補之，即復一緘。又接周叔弢函，亦有贈書，尚未到。復周志輔、胡樸安函。秉志來暢談，其改復舊姓翟，名際潛，號吉千。（日記）

7月21日　得孫道始贈《無錫先哲遺著目》，即復謝函并貽補目。鄭振鐸來，示劉氏書目，內加識者爲在港失去矣。又自抄目一冊，得於劉之外者，計一百十八頁，一萬八千六百七十九冊。承允傳鈔一本。選定《蘭笑樓書目》。葉景葵交來周叔弢贈書。（日記）

7月22日　訪王伯祥，暢談。（日記）

7月23日　檢閱《東方雜志》。（日記）

7月24日　理《東方教育》等，裝一箱。訪潘季孺。（日記）

7月26日　再理雜志。（日記）

7月27日　接直隸書局信并書四包，群玉堂書二包，又接王文進信。夜，孫瀜來，談印《季木藏匋》事。（日記）

7月28日　理雜志。（日記）

7月29日　抄《莫高窟書録》存法國者畢事。復群玉堂、王文進信。（日記）

7月30日　抄《莫高窟書録》。潘季孺來。劉晦之贈書。（日記）

7月31日　寫劉晦之贈書謝函。抄《莫高窟書録》。（日記）

8月1日　理拓片上所有舊報，并將《大美晚報》不全者一併售去，以惠諸僕。（日記）

8月2日　訪潘季孺。顧翼東、王元譽來。（日記）

8月3日　分蔣書片。寫王元譽扇。（日記）

8月4日　朱啓鈐復葉景葵信，請傳鈔《訓真書屋雜存》，願爲刊行。邵銳贈《衲詞楹帖》。（日記）

8月5日　抄報告。（日記）

8月6日　潘季孺來談。（日記）

8月8日　寫畢年度報告。分蔣書片。（日記）

8月9日　爲林子有寫扇。（日記）

8月10日　潘博山來談。楊金華送書來。任心白來。（日記）

8月11日　查楊金華樣書。群玉齋寄書八包，康熙間蘇州程德洽《説文廣義》殊少見，并無己見，而收別體尚多，惟無出處，刻工則精極。華繹之來。袁帥南來，未值。訪林子有，繳扇。李宣龔來。（日記）

8月12日　編群玉齋書片，今後新到書立刻編之，以免再積。（日記）

8月13日　校《尚書私學》。鄭振鐸、陳器成、袁帥南、楊金華先後來。袁借《叢書集成》第一期目去。天津浙江興業銀行朱振之寄到朱旭初（曜）昆仲所捐蘭笑樓藏書，實由葉景葵贈旭初弟聯鈔二千，始有此報也。（日記）

8月14日　編朱旭初昆仲書目。楊金華來，選《邱海合集》《貞白集》等。（日記）

8月15日　朱旭初昆仲第二批書到。（日記）

是日　《合眾圖書館董事會財產目錄》編竣。（原件；《顧廷龍日記》）

8月18日　校潤黄稿模糊字。楊金華送《嘉業堂書目》來，據云擬售中儲券二百萬，又言有家譜六百餘本，每本三册。先生頗欲收之。潘博山宴許冠群（新亞藥廠經理）、譚瓶齋、李玄伯等人，先生作陪。（日記）

8月19日　描黄稿畢。張忠孫來，談望江何氏書，尚未得頭緒。（日記）

8月20日　閲劉氏《嘉業堂書目》。赴萬宜坊，校家譜世系。（日記）

8月21日　楊復來，檢理存書見讓，先支六百元。（日記）

8月22日　接聶崇岐信，知其於7月23日蒙難，本月7日始釋，“殊可繫念”。（日記）

8月23日　訪陳叔通。潘季孺、竹森生來，未值。收到朱旭初昆仲書九包。（日記）

8月24日　姚光來，贈吹萬文集、《逋居士集》。寫豐華堂書目。晚，保長召商明日燈火管制事。（日記）

8月25日　開楊氏書單畢。張忠孫來，謂何氏書仍欲出讓，最好由原經手往談。章元群來，稱虬兄（按，顧柏年）托其附帶寄存之書畫兩箱，現存放處催出貨，惟出貨須經日人監視檢查，特詢箱中有無違礙之物，囑先生考慮答覆。（日記）

是日　陳垣有信致先生，云：“屢承惠賜新印圖籍，至感。兹有懇者，《常州先哲遺書後編》本《丹棱文鈔》第三卷有《謝山全先生述》一文，擬請尊處代爲鈔示，因敝處無此書也。……筱珊兄交來扇面，稍暇當寫呈。”（《陳垣來往書信集》，第743頁）

8月26日　爲蔣書分類。訪陳陶遺，約29日午後四時開董事會。接津書九包。（日記）

8月27日　晨訪章元群，謂存書如能取出，存放一層，可托朱振之，并示以葉景葵致振之書。渠稱振之係熟人，事或易辦矣。致文殿閣信，購《乾坤正氣集》。（日記）

8月28日　清繕報告。訪陳漢第，探詢章鈺書其子有無移贈之意，"此事大約元善不易通過耳"。承贈飛來造像拓本二册，一爲徐花農考釋，一爲胡石查手拓，姚茫父考釋，皆可貴。（日記）

8月29日　查金之俊等生卒年。董事會議決增加津貼，"對之滋愧"。（日記）

是日　下午四時，召開合衆圖書館董事會第二次常會。出席者張元濟、陳陶遺、李宣龔、陳叔通、葉景葵。主席陳陶遺，書記顧廷龍。

甲、報告事項

一、傳閲上次會議紀録。

二、葉常務報告，因金融變動，須折合中儲券，爲適應開支需要，與董事長商定，將所存浙江興業銀行股票四百九股悉數售出，計得價中儲券十三萬三千二百六十元二角五分整，并將卅年度下屆財産目録及收支報告詳細説明。衆無異議。

三、總幹事作卅年度工作報告。

乙、討論事項

葉常務提：經常費原定每月三千一百二十元，現在物價上漲，應酌加。兹擬每月增加五百元，自九月分起，膳食加一百五十元，總幹事加津貼一百五十元，幹事各加津貼一百元。

議决：通過。（原件；《顧廷龍日記》）

8月30日　接津寄書八包。沈劍知來。徐宗澤神父來參觀，同訪張元濟，又訪張乾若。（日記）

8月31日　查選朱氏昆仲書目。夜不成寐。（日記）

9月1日　葉景葵示李英年藏石谿畫兩幅。抄《莫高窟書録》。得朱振之信。楊復書索三千七百餘元，擬選留數種，餘還之。（日記）

9月2日　接朱振之寄書。葉景葵交來楊復書，索價甚昂，祇可選定再三，四十餘種，值千元，欲還七折，不知成否。群玉堂來信，謂有《尚書紀疑》一書，道光間張冕撰，即請寄來一閲。（日記）

9月3日　楊金華送譜牒四百餘册，先支一千元，餘有六百本，約兩日後再送。楊復書以八折結清。王文進來信，《適園叢稿》聯鈔二百元尚不肯，祇可一擱再説。（日記）

9月4日　得聶崇岐信，悉將入漢學研究所，不獨生活可以維持，而身有所托矣，否則終難安居。附閲清蘭致彼書，知陳鴻舜已有信通。訪張元濟，未值。（日記）

是日　張元濟有信致先生。

邇來生計日艱，思效東坡之在海南，盡貨酒器，以資衣食。弟藏有明萬曆、清順治（此兩種真贋未敢决定）、嘉慶及同光間之舊墨，亟思售去。因思令親湖帆世兄馳譽丹青，當有需用之處。市上所售多用洋灰，色澤欠佳，必不能合名家之選。擬請於晤面時代爲探問，如須購用，當以樣品送請鑒定。乞勿道及爲敝處所托，如不需此，儘可拒却也。〔《張元濟書札》（增訂本），下册第 895 頁〕

9 月 5 日　爲葉綱臨《龍藏寺碑》，以資參考。訪劉承幹，索《南潯志》。張元濟有信致先生，欲借"北平學界印行蒲留仙之白話文"。（日記；《張元濟書札》，第 170 頁）

9 月 6 日　臨《龍藏寺碑》三葉。畫壽屏格四條。寫潘達于小屏四條，達于爲潘博山堂嫂。（日記）

9 月 7 日　訪張元濟。（日記）

9 月 9 日　張元濟請人送墨來，并爲寫小屏一幀，合昔日王同愈、楊鍾義、夏孫桐所書，可成一堂，不易再得矣。下午游墨市，非洋烟而細者絶少矣。潘季孺介紹費鞏（香曾）來參觀。陳叔通來，爲王氏售色墨八錠，八百元，可謂得價。（日記）張元濟附致先生信曰：

　　昨奉示，謹悉。家譜三種收到。一爲橫渠先生苗裔，一爲南軒先生後人，其一則出隋代張大淵，與寒家均不相涉。謹繳上同光之際舊墨，有"黄海松心"，每定重一兩，存廿四定，共十二匣，整售八百元，爲數似巨，實僅平時之四十元耳。又篆書"壽"字墨，售存四定（重七錢五分），每定廿五元，今呈上樣品（前者一匣，後一枚），統祈轉送貴友評定。瑣瀆感悚。命書屏條，寫就多日，腕屢筆秃，不堪入目，謹附呈，祈督入爲幸。〔《張元濟書札》（增訂本），下册第 895 頁〕

是日　陳垣有信致先生，已收到《丹棱文鈔》四葉。并云："石谿事迹，敝處所知甚少，其詩集亦未見。《輔仁學志》今年擬出一合期，印就當寄呈。《里堂家訓》已由筱珊兄轉到，并轉交輔仁圖書館一册，專此統謝。"（《陳垣來往書信集》，第 743 頁）

9 月 10 日　陳聘丞贈書檢點一過。訪張元濟，談謝氏有《官報》出售，惜皆不完全，售二百元，擬還百元。李宣龔來。劉承幹送《南潯志》，囑開前贈書單，當將未贈者補上。（日記）

9 月 11 日　復劉承幹信。張元濟送墨來。葉景葵從陳陶遺處携來翁友三藏書目，多金石書，聞須出讓，即訪陳陶遺商談。接文殿閣書。（日記）

是日　張元濟有信致先生，云："胡開文'百壽圖'墨四定謹呈上，乞詧收爲荷。……嘉慶墨不知有人要否？重複另種亦有數十枚，附呈一枚，乞鑒定，似是油烟也。"〔《張元濟書札》（增訂本），下册第 896 頁〕

9 月 12 日　天津續寄書九包。（日記）

9 月 13 日　訪李英年，出示程孟陽小軸，可疑。近人尺牘一册，囑爲代定次第。許寫壽字屏。（日記）

9 月 14 日　李英年喪母，往吊。昨往訪時，適自醫院侍疾間歸，匆匆未多

談。歸寫壽屏，又何壽泉屏，又挽曹融甫聯。（日記）

9月15日　吊曹泰吉父融甫殯，曹融甫爲滬上名中醫。郭石麒來，估翁、王兩家書價。（日記）

9月16日　接群玉堂及天津朱振之寄書。潘季孺來談。（日記）

9月17日　袁帥南來。陳永清來。郭石麒估朱家書僅八千元，不免太少。（日記）

是日　張元濟有信致先生。

　　昨手教謹誦悉。墨一枚收到，弟於此物素無所知，兩月之前曾乞陳仲恕兄代爲評定，許爲佳品，故敢呈閱耳。《政治官報》等給價一百元，即日轉告謝君，昨來言擬讓去五十元，未知尊旨若何？又前信所云“方志”，係“東方雜志”之省文，爲數却不少，但多殘缺，不知館中需配否？有清單在商館店中，可取呈也。

　　附呈英國斯泰音博士游歷新疆圖一幅，如有用，乞收存，否則棄去可耳。弟曾購得其游記一册，歸國後不數月爲人竊去，甚可惜也。（《張元濟書札》，第174頁）

9月18日　張元濟假《魏志》缺葉，即抄寄劉承幹。抄朱氏書目。任心白送《三禮疑義》四十九册、《揚子》一册，皆涵芬樓物，許久假者也。（日記）

9月19日　潘季孺來。陳陶遺招往，與王子崧談翁友三書事，陳陶遺意由嚴惠宇購之，朋友相助，可不計值。贈武同舉《續行水金鑒》一部。閱《説文理董》，擬撰一跋表彰之。（日記）

是日[①]　先生有信致劉葆儒。

　　去年四月，承徐森玉先生介紹得識荆州，并獲拜展先德遺稿，感幸無似，匆匆未能細讀爲恨。兹敝館于客秋遷移來此，適與尊寓相鄰，頗思一聆雅教，以匡不逮。星期日（二十日）上午十時，當趨前奉訪，倘執事無暇，請指示時日爲盼。專此，祗請道安。（楊麗娟《學海遺珍：儀徵劉氏家藏書札箋注》，第92頁）

9月20日　理拓本。（日記）

9月21日　理拓本。赴三馬路各肆，在來薰閣選正續《河南通志》，議聯鈔八十四元。（日記）

9月22日　訪李英年，閱《清溪遺稿》，又借來藝苑真賞社印趙松雪《仇公墓碑》墨迹校舊拓，墨迹呆滯，不如拓本遠甚，可知其僞矣。（日記）

9月24日　中秋。録江藩校《吳越備史》。寫對。（日記）

是日　跋《吳越備史》。

----

① 此信末署“卅二年九月十九日”，然據信中“敝館于客秋遷移來此”，且星期日爲“二十日”，當爲1942年寫的信，故移置於此，原出處爲何作“卅二年”不詳。

　　　頃見江鄭堂傳述古堂鈔本,有手校手跋;又秦敦父亦有一手跋,校館藏
舊鈔亦可參正。即以朱筆注之,錄各跋以附于末。明日將旋蘇,匆匆記此。
(《全集·文集卷·吳越備史跋》,上冊第 50 頁)

　　9 月 25 日　與夫人赴蘇州。"登車甫立穩,車即開動矣。三時抵蘇站,亦排
隊受檢查後出站。雇車至潤生橋下車,走入城,再候檢查竣上車,直抵嚴衙前。
一路景色皆非,而嚴衙前經開寬馬路之後,未能整潔,遂呈荒涼之象。家門已改
建,認門牌而入。入門見陳舊失修之處在在皆是,長輩凋零殆盡,繼母一人外,
推吾最長,不禁淒然隕涕也。展拜家祠,稍息,謁伯舅,精神尚好而衰老甚矣。"
(日記)

　　9 月 26 日　"展視余房,塵封纍寸,什物凌亂,書箱門未開而後板已失,或已
空無一物,或存無幾。抽屜中之物盡散地上,無地插足,無從下手。首理舊扎。"
周振鶴、張漱石來談。潘博山來。(日記)

　　9 月 27 日　稍理物。(日記)

　　9 月 28 日　理物。"訪六姑丈母。赴存古齋,得張令貽所編其曾祖《惠肅公
年譜》[①]稿。令貽昆仲舊賃余西廂,丁丑因衷一喪,疑屋不吉,遷去。衷一與三叔
同日同時故世,亦可怪也。"(日記)

　　9 月 29 日　竟日理物。(日記)

　　9 月 30 日　理物。蔣西林來。伊耕來。(日記)

　　秋　葉景葵於汪振聲家獲見其先人汪康年師友書札,已經振聲弟頌谷先生
整理。在葉景葵勸說下,這批文獻最終贈合眾圖書館。先生云:

　　　　余既接到此宗函札,當即親手檢點。計共一百四十六袋,未清理者三
　　包。每袋面上印有姓名、字號、籍貫等欄目,凡頌谷先生所知者均已填寫,
　　其不詳者則付蓋闕,若非頌谷先生加以注明,他人難以查考,歷時愈久則知
　　者愈鮮,卒至湮沒而無聞,徒興文獻無徵之嘆。(《全集·文集卷·汪康年師
　　友書札跋尾》,下冊第 1040 頁)

　　10 月 1 日　外祖姑十週年,往祭。爲德齋寫結婚書。訪南州。歸理物。
(日記)

　　10 月 2 日　理物。午後游肆。(日記)

　　10 月 3 日　理物。存古齋夥來,亦留相助竟日。(日記)

　　10 月 4 日　理物。不及理清者,仍納入大篋簏,以俟異日。先生返滬,抵家
已六時半。(日記)

　　10 月 5 日　收到存古齋寄館中購書十二包。潘季孺來談。(日記)

　　10 月 6 日　朱叔建來。金籛孫來。(日記)

　　10 月 7 日　理書。(日記)

――――――――――

①惠肅公:指張亮基。

10月8日　書到五包。理書。(日記)

10月9日　抄《蘭笑樓書目》,寄文奎堂、群玉堂估價。托任心白購《論衡校釋》送來(代聶崇岐購),四個月前價四元,今四十元。(日記)

10月10日　葉景葵、葉幼達來談。訪李英年,還近人尺牘一册,借《南畫大成》長卷一册、《支那名畫寶鑒》一册。訪楊敬涵,即以所借畫册與之,俾有所本。閱《清實録》,得三事:一太祖創滿洲文字,在己亥明萬曆廿七年;二太宗命巴克什達海加圈點在天聰六年;三順治元年三月己丑朔甲寅,大學士希福奏,將遼、金、元史譯成滿語進呈。(日記)

10月11日　葉景葵來談。訪林子有,持《張惠肅年譜》稿,請其審定,并以先生父親遺墨及復泉拓求題。閱《清實録》。(日記)

是日　夫人自蘇州歸來。(日記)

10月12日　閱《清實録》。寄聶崇岐《論衡校釋》。續排經部卡片。(日記)

10月13日　偕葉景葵訪華繹之,看華商原墨迹,《讀史方輿紀要》中夾簽頗類其書。又觀翁同龢《盟俄密稿》一卷。閱《清實録》。孫師白來,囑撰《季木藏匋》序,先生"不能辭也。言及太初夫婦有信,皆安好云"。徐益藩携姚虞琴藏《晚村文集鈔》來,"留"字及吕氏先世諱皆缺筆,多《仲兄墓志》等十餘篇。(日記)

是日　外叔祖王同愈除座,往祭。因遷蘇州,故權除之。王文進來,未值。(日記)

10月14日　王文進來,議《詩小序翼》及《五岳山人集》共聯鈔五百,亦昂。郭石麒來。《申報》載鴻英圖書館將於明日開放閱覽,"自動與被動與,當探悉之"。(日記)

10月15日　寄到書十包,略理一過。王文進來,送到書樣一包,無可取。楊金華來,先生托印格紙,交板子一方,毛邊紙六刀。訪陳陶遺。抄《莫高窟書目》。(日記)

10月16日　抄《莫高窟書目》,此目實爲胡適之在歐洲閱覽敦煌寫卷之日記。訪李英年,介紹《叢書集成》,即定購。接陳陶遺電話,告鴻英圖書館公開原因,一爲售閱覽券以資收入,二房捐非公開圖書館不能免,故不得不公開,實出自動。(日記)

是日　誦詩兒二十冥誕,設供。(日記)

10月17日　抄《莫高窟書目》。陳濟川來。王文進來算賬,留《嘉業堂書目》等,計聯鈔二百八十元。楊金華來,付《實業雜志》賬。金估來言,百衲本《二十四史》之《晋書》底本求售,索十五萬元。又《伯初詩集》,有黄丕烈跋,五萬元。赴潤康村,祝潘博山夫人四十壽,借段王尺牘一本,致邵二雲者。潘景鄭接百城書店所寄《張惠肅年譜》稿四册,審爲二稿。(日記)

10月18日　赴陳陶遺處,檢點《叢書集成》,令人包扎送李英年處。又赴李英年處接洽。午後，劉道鏗來，贈書并檢書兩種。訪潘季孺。葉景葵有王烟客仿大癡山水卷，畫不真，題跋甚好，遂錄張庚、錢載、盛百二、朱孝純、張敷跋於日記。(日記)

10 月 19 日　爲陳陶遺函商務印書館，"證明其《叢書集成》定單遺失，并請補發"。此事托任心白轉商。訪華繹之，借華商原墨迹，携往錦章書局，與王同愈書畫扇同攝景，擬製珂瓅版。費韡偕孟憲承來參觀，贈袁世凱詩稿景印本，并述袁世凱遺稿已入藏河南博物館。(日記)

10 月 20 日　檢松江本《急就章》石墨，偶得顧祖禹(景范)手札原片，爲之大喜。又各種拓片一包，中有數種爲潘景鄭所未有者，贈之。赴錦章書局，照顧祖禹手札。朱振之寄到書八包。從葉伯皋處借《乾坤正氣集》明人部分四十五册。檢《急就章》兩本送馬叙倫，蓋托葉景葵借閱者。潘季孺來談。(日記)

10 月 21 日　存古齋寄到書九包。王文進來，贈《文禄堂訪書記》，即以《詩經守約》還之。檢朱旭初贈書登録。(日記)

10 月 22 日　劉重熙來談。又偕其師張先生(前東南大學教授、科學家)談宋本，出示目録一紙。李宣龔囑任心白送《同聲》及《中國詩刊》來。抄《莫高窟書目》竟，確知皆爲胡適之所記無誤也。張忠孫來，贈《張文襄公年譜》兩册。朱旭初贈書登録。(日記)

10 月 23 日　抄《莫高窟書目》附頁，檢敦煌卷各目略校一過。馬叙倫有信來，詢《急就章》多一百廿八字本來歷。任心白代李宣龔托查孟遠事迹。閲《定山堂詩》，有贈松交公(按，顧予咸)詩。(日記)

10 月 24 日　先生有信致馬叙倫，送王國維《急就篇校記》去。文奎堂寄書目來。杭州關氏寄《京報》一包。查孟遠事迹不可得。朱肇昇(叔建)來，述近爲盛氏閲訂家譜稿，三數月中須付印。此稿經盛宣懷兩修未成，故今急切爲之。葉景葵携示石谷册、徽宗扇面，即留之。(日記)

10 月 25 日　視陳陶遺疾，已大愈。甫歸，屈燨來，囑爲其《宋詩紀事拾遺》撰序，允勉爲之。林子有送還題件及《張惠肅年譜》。李英年來，偕訪潘博山，再同至孫伯淵處，見戴醇士(熙)小册廿四頁(一萬元)；王麓臺長卷(二萬元)；張小川鹹科像卷，有左光斗、葉向高、袁大化等題(五千元)；繆曰藻小對(五百元)；尤球人物卷(一萬元)。(日記)

10 月 26 日　爲徐劍寫結婚證書。代潘季孺寫題楊叔恭拓本詩。鄭振鐸來電話，稱葉恭綽有書贈合衆，囑往接洽。《張惠肅年譜》初稿寄還存古齋。朱啓鈐贈《營造學社彙刊》五、六兩卷。《楞嚴經》送李英年閱看。(日記)

是日　張元濟跋《秀野草堂圖》。

　　始余讀俠君先生《元詩選》，繼爲涵芬樓蒐集善本，得先生藏書，有"秀野草堂"印記者若干種，景仰不能忘。先生八世從孫起潛君自北平來上海，掌合衆圖書館事，余詢先生遺書，知喪失殆盡，爲之慨嘆不置。一日，起潛以所得《秀野草堂圖》卷見眎，且歷記其所以得之之由。余受而讀之，既竟，乃作而言曰：大矣哉！吾中國聖人之教，孝也。記之言祭也，曰齋之日，思其居處，思其笑語，思其志意，思其所樂，思其所嗜。是子孫之於祖考，雖不及見，然神志相接，歷數十年，或數百年，總若有一貫之機緘，以維持於不敝。若無憑，若有憑，感而遂通，如響斯應，往往見於事物之間。無憑者吾勿論，其有憑者，吾將以起潛之得是圖及吾之所遇證之。起潛自言，先生所刊所藏，洪楊之役，蕩焉無存。嘗與群從力事搜羅，冀保先澤。是圖已流入江西泰和蕭氏，散出後又幾經轉徙，始出現於上海。使不現焉，則起潛妻弟潘君景鄭必無由獲見；使景鄭仍居蘇州，則亦無從知之，又烏從而收之。此得不謂之有憑耶？余家涉園爲余十世祖大白公讀書之所，經始於明萬曆間，至九世祖螺浮公、八世祖暗亭公經營而光大之。清康熙時，嘗倩王補雲先生繪爲長圖，遍乞當世名人題咏，其後藏於族人某許。余請展視，則紙墨黯敝，亟須重裝，而族人者不之允，且庋藏益秘，余意此終必成虛願矣。未幾，友人張君樹屏來告，言在徐君軼如所，得見查日華所繪縮本，卷端有余六世從祖東谷公手書吳江葉星期《記》，介余往觀，果爲吾家舊物。會摯友錢君銘伯移居莅滬，錢與徐固有葭莩誼，因作緣以歸於余。是圖不載家乘，余先是亦絕未聞知，嚮使樹屏不獲見於徐氏，徐氏或不允銘伯之請，又烏能爲訪田之歸，此得不謂之有憑耶？三四年來，兵火不熄，族人某居室盡燼，原圖亦化爲劫灰。余猶憶圖中舊有韓文懿手書題記，余所得縮本，亦有阮文達、梁山舟、秦小峴諸子詩文，與秀野互相輝映，顧皆爲後人逸録。以視起潛所得，悉爲本人手迹，其相去不啻天壤矣！涉園故有藏書，與秀野同，洪楊未起，先已散佚。余先後蒐輯，益以友朋所饋，綜計凡得數十種，先人印記暨校勘之筆，朱墨燦然，彌足珍重。今悉以歸於合衆圖書館，丐起潛爲我護持，俾不至復有散失。良以世間寶物，秘諸私室，總不及納諸公家之能久存。此查氏所繪副圖，已成碩果，余亦以躋先人遺籍，庋之合衆圖書館中，庶幾神物呵護，不至爲原圖之續乎！余請以斯意爲起潛晋一説，未知起潛以爲何如也。中華民國紀元三十一年十月二十六日，海鹽張元濟記。（先生抄件；《涉園序跋集録》，第 270 頁）

10 月 27 日　抄李玄伯（宗侗）藏乾嘉學者手札。潘季孺來。潘博山來電話，悉已訪晤葉恭綽，書尚未整理，惟輯有《全五代文》，頗擬急急成編，一時難覓相助之人，遂思先生與潘景鄭可以輔之，且在圖書館查書便易。（日記）

10 月 28 日　抄李玄伯藏乾嘉學者手札竟并跋。（日記）

　　此册在博山案頭見之，據云從李玄伯處借來。其中段懋堂三札，劉盼遂所輯段文録自《荀學齋日記》，有脱誤，因携歸校補，并别備録他家手札，皆與邵二雲論學之書，彌足珍也。（《全集·文集卷·邵二雲友朋手札跋》，下册第 1023 頁）

是日　張元濟有信致先生,送來家藏《涉園圖咏》,請先生及葉景葵題識,《秀野草堂圖》亦題就見還,語有勸先生捐贈之意。先生"蓄念久矣,終當踐約爲《涉園圖》之麗也"。(日記)

張元濟信云:

前命題《秀野草堂圖》,久未報命,近始屬筆。以寒家《涉園圖》相況,楚弓楚得,其事非盡出偶然。項已寫成,謹送上,便時乞屬寫官錄示一份。《涉園圖》亦同時檢呈,擬乞吾兄與揆初先生爲題數行於後,即以庋存貴館。景鄭世兄屬題祖庭所繪蘭石,一併繳上,統乞查收轉致。館中如有大字本《聊齋志異》,乞惠假一閱。(《張元濟書札》,第173頁)

是日　潘博山來,偕訪李英年,觀書畫多件,借歸祝枝山詩卷,狂草極精,留案頭細閱。任心白送來商務印書館《叢書集成》允爲更改地址函,即送李英年存之。抄張元濟題記。(日記)

10月31日　臨祝枝山詩卷。(日記)

是月　爲《秋水軒詩稿》題識,云:"《秋水軒詩稿》十二卷,缺卷五至卷八,存四册。又二稿十卷,四册,全共八册。"(林章松先生藏原件)

11月1日　理贈館書。偕葉景葵訪李英年,看畫并還祝枝山詩卷。葉景葵示倪文正(元璐)書詩畫卷,又王雅宜(寵)草書卷,又翁叔平題張子青書畫册。查翁集,得見有臨倪卷并題二絕,而翁書題張畫,詩集無,補錄册尾。李英年來詢《石師錄》,即檢《國粹學報》,忽見插圖中有翁同龢臨倪卷照片,證集中紀年"十二月"誤"十一月",再檢日記,果于十二月十一日有"歸仿倪鴻寶畫卷子,題識於後","倪卷翁臨,一日之中名迹并見,可謂奇緣"。葉景葵請先生錄翁同龢題於原卷中,"當習字數日,然後題之"。訪張元濟,"知痢疾已愈。言及爲題《秀野草堂圖》卷,因病中無聊,遂執筆題一長跋也。跋中約余以此贈館,余固有此意"。(日記)

11月2日　張元濟送信來,借《聊齋》。葉景葵送張卿子像,并取其集送張元濟覽觀。致朱旭初贈書謝信。得單鎮信,稱前借去之詩稿審爲朱紹成,宣統庚戌逝世,年七十一,著《慎節堂文稿》四卷、《詩鈔》五卷,均曾排印。其次子豫凡爲王彦士婿,現充律師;長子裕原已故。此詩稿爲劣孫竊售化用,并不完全云。(日記)

11月3日　偕潘景鄭至葉恭綽懿園暢談。西北科學考察團所得木簡,經整理編次考釋後,由香港商務印書館照印,經亂遺失,原物存美,重新整理不易矣。當時費三年之力,僅爲考釋者欲以私人著述名義出版,主者不允,以致爭執,延擱一至於今,真可惜也。又楊惺吾《水經注疏》稿,經其弟子饒□□續成,交商務,在工場遭亂後,王□□在厠旁檢得,尚完全,今存分館,不幸之幸矣。陳寅恪所著《唐書外國傳注》《世說新語注》《蒙古游牧記注》及校訂佛經譯本(據梵文)等數種,裝入行篋,交旅行社寄安南,不意誤交人家,以致遺失,無可追詢,一生心血盡付東流,以此心殊抑鬱,體遂益壞,無三日不病。在港淪陷後,米麵時向葉氏告貸。守和亦如此。再可憐者,爲蔡子民夫人及其兩女,亂後遭劫兩回,所有服物再搶僅存,玉翁命家中取衣相贈,而幼女已病卧□上,蔡夫人并長女三人覆一薄被,蜷卧其中。中央研究院及北大舊雨,竟無一人顧念及之。子民生前公私之錢界限極清,致後來身體虛弱,醫令打補針,一計積蓄無多,竟不針治,亦可敬矣。葉請先生相助,校編及補其所輯《五代十國文》(按,亦稱《全五代文》),先生未拒絕。訪李英年,送翁題張畫去,并力勸其收集有歷史價值之書畫。(日記)

11月4日　楊金華來,述揚州購書有數十家爭購,價格益高,竟以十三萬二千元成交,并無奇書在内。(日記)

是日　誦芬温習歷史筆記,指出其師筆誤破句,"此兒能讀書得見,可喜也"。(日記)

11月初　葉景葵跋《秀野草堂第一圖》。

余讀海鹽張氏《涉園圖咏》而跋其後,顧君起潜以先世俠君先生《秀野草堂第一圖》見示,屬爲題記。起潜蓋將踵海鹽之美,舉以是圖永庋合衆圖書館者也。江浙兩大藏書家之遺型,同時歸吾館鎮庫,曷勝忻幸。《涉園圖咏》係出臨摹,是圖則爲草堂落成時第一粉本,尤稱難得。以後典守是圖者,即一脉相承之俊彦,斯非藝林佳話歟!檢閲《閭丘年譜》,卜築初成,年甫廿四,是歲即刻石湖詩,嗣復補注温詩,箋注韓詩,選定元詩,皆在此堂,而一生精力所萃,尤在《元詩》十集。蓋先生以揚風挖雅、拾遺訂墜爲職志,自弱冠以迄易簀,始終不倦。合衆圖書館之宗旨,亦主蒐羅放佚,導揚隱滯,謀將未刊著述及罕見之本,次第流通,以餉後學,與先生處境雖異,而抱願則同。惟先生生鼎盛之朝,得與開國遺獻、績學方聞之士朝夕編摩,又奉詔與修《四朝詩》,獲窺中秘,故廣搜博采,裒益滋多。今則相去三百餘年,幾經喪亂,文獻無徵,不免有事倍功半之嘆,是先生爲其易而今日爲其難。先生襟懷澹泊,考功遺産僅田七百畝,性又好客,中年已形拮据,故《元詩》癸集無力付刊,擬編《唐詩述》《宋詩删》《金詩補》《今詩定》四種,亦有志未逮。今則合群力以成一館,氣求聲應,來軫方遒,獨爲不成,可謀諸衆腋,晷刻無暇,可遺諸後賢,是先生爲其難而今日爲其易。所期吾館同人暨後之來者,勿存欲速之見,勿起畏難之心,時時展覽是圖,由觀感而生奮勉,使前哲窮年鉛槧之精神永垂天壤,吾於起潜更有厚望焉。(《葉景葵雜著》,第100頁)

11月5日　楊金華電話稱,《漸西日記》十六册已取得,但爲袁賈私售鄭振鐸,容再商轉,現存來薰閣,請派人往取。葉景葵題《秀野草堂圖》交還。(日記)

11月6日　寫草片。金通尹來,爲其父贈《檇李叢書》一部。取到《漸西日記》文稿等十一册。(日記)

11月7日　潘季孺來。劉重熙來。潘博山、潘譜孫等同來,偕赴八仙橋湖南館小酌。贈葉恭綽《恬集》補目,承回贈要離墓殘碣拓,并題云:"今秋來滬,獲晤起潛道長,檢此奉贈。吳中近事君知否,正可爲知者道耳。"(日記)

11 月 8 日　葉景葵携示王叔畬所得祝枝山寫《赤壁》、王覺斯(鐸)詩卷和梁書《畢太夫人墓志》(有錢梅溪跋),事迹可補掌故。訪陳陶遺,咯血已愈。李英年來,携示祝枝山寫李白詩卷,有朱大韶跋;又張少川像卷。(日記)

11 月 9 日　夫人自蘇州歸來。(日記)

11 月 10 日　劉重熙約看宋本若干,同往者,葉景葵、張元濟及潘景鄭。蓋嘉業堂物,實多明刻,買主金壇朱某,新以貿易致富者。"余等直告之,不知將因此而致不諧,則介紹人有損失矣。聞號稱宋元本約二千餘本,每本索值五百元,昂哉奇哉。"王文進來,以《花間詞》《幾亭文續》《埤雅》《爾雅翼》《春秋經傳釋》《東垣十書》之一,計六種,合聯鈔一百廿元售之。又以王目交其估價。(日記)

11 月 11 日　陰曆十月初四,先生誕辰,親戚皆來,備麵食饗之。陳永青來,"約往大生胡同廿九號裘氏看《廿四史》,求售已久,兩談未洽",此次不知能諧否。潘季孺來,暢談。(日記)

11 月 12 日　訪李英年,還祝枝山卷及張少川像,并告以跋多僞作,談甚洽。又告欲印館藏未刊稿,一時費絀不能辦,渠允資五千元爲之。此君從事建築工程,而能有興於文化事業,亦可異也。赴紅十字會醫院,視李宣龔疾,"創口漸收矣"。訪大生胡同裘氏,看《二十四史》,箱鎖失鑰,不能全開,看數種,尚好。訪陳陶遺,歸悉潘博山來,未值。誠安來,贈銀行公會出版物。(日記)

11 月 13 日　檢石谿事迹。(日記)

11 月 14 日　訪高欣木,托購毛邊紙。訪李英年,印書可進行。"此時工料皆貴,似不相宜,然萬事須從困難中出來纔有價值。現在五千元儲元合法幣即萬元,約略估計,僅足印毛邊書四十五頁者兩冊本子,十二開,每冊四百部。憶昔時印《邊疆叢書》時,六種七冊,毛邊八開,每冊平均四十頁,印五百至九百部,不過千元,令人能無今昔之感乎!"(日記)

11 月 15 日　接存古齋寄來書。春秋書店送書來,查重二種,退。校《春樹閑鈔》。(日記)

11 月 16 日　金佑來,爲李英年送閱冲庵《掃石待月圖題咏》一冊,囑審定。冲庵,未詳其名。題者有汪由敦、徐用錫、陳邦彥、錢陳群、傅王露、彭啓豐、汪瀫等五十八人,一無事迹。從瀫題稱"賢侄孫",知其姓汪。從用錫稱"秋官正郎",知爲兵部郎中。從王露注有"往年舟過維揚,曾奉題《黃山圖》",又《松泉詩集》有《題冲庵松泉小象三絶》,題注"冲庵家居維揚,候補郡伯",知爲維揚人。索五千元,不值收皮。錢鶴齡來,印價未定。李英年來電話,告捐印費已入本館戶,即作謝函,送陳陶遺簽署。夜,潘博山來電話,謂甫得子義快函,芸圃求入普濟堂已成,且派爲司事,月薪廿元,此人有安身之處矣。即作書謝之,寄有斐交

芸圃面投。秉志偕楊寬來談。(日記)

11月17日　訪張元濟,晤於里門,立談片刻,即以《吉雲居書畫録》求跋。德人傅吾康(中德學會研究員)持吳豐培介紹函來,求參觀。其人北平話極流利,述燕京大學圖書館因後來失書,仍招田洪都往爲管理。先生以正在整理圖書,未陪觀覽。晚至裘氏處,點同文書局本《二十四史》。潘季孺來。顧廷夔來,述吳引之墓志已入石作,不知尚能踪迹否。葉景葵交陳漢第屬書册頁,爲明正七十壽。(日記)

11月18日　寄文奎堂信,購書。潘博山招飲,座有吳湖帆、子清、王季遷、子才、公綏等。李英年招赴孫伯淵處看畫,一陳蝶野藏龔半千畫册,極草率。吳湖帆藏侯夷門册亦不精,李流芳册僞而劣。又禄卿《西泠訪碑圖》、鄒之麟圖卷、沈文白《城南讀書圖》卷、李竹嬾畫《梅竹》卷、蔡少峰《醉經閣圖》卷,則較有價值,可一選也。(日記)

11月19日　查陳良齋事迹,竟無所得。劉重熙偕張海珊持劉目來估價。訪李英年,不值,卷子三個留其桌上。鄒之麟圖後有杜于篁、陳貞慧、傅青主、周世臣跋,皆僞。《城南讀書圖》卷有割裂,惟《醉經閣圖》卷較優耳。(日記)

11月20日　徐森玉來暢談,言揚州何氏所出宋版《禮部韵略》,渠在來薰閣見之,宋版實存無幾,許多爛版,已經後來補刻,所有牌記斷非宋刻矣。惟所傳影宋鈔本則皆從此出。又言北平新出《永樂大典》多册,由日人購去,似未見著録者。渠聞劉承幹書已爲巨賈收購,共二百萬,合同已立,歸得主自運。曾見鈔校本,精劣不等,惟稿本大都刻過。單鎮偕潘季孺來,旋陳永青來,葉景葵亦來,遂聚談。單鎮交還《慎節堂詩》并贈刻本,又借《繭蕉盦詩存》《楊子卓遺著》。陳永青見示明經廠本《易經》。訪李英年,重閱李竹嬾畫《梅竹》卷,係送別無聲而作,有方外題數則,姚虞琴舊藏。適金估携鄒適廬曾藏金石文字三册,附其友朋尺牘三本,即帶歸翻閱,頗可收存,惜索值昂耳。孫師白來,商匋拓類次,催序。顧燮光贈書登録畢。(日記)

11月21日　顧燮光贈書上架。訪葉恭綽,見示倫哲如藏書目,存十三册,當時由李勁庵逐次轉寄,缺八、九兩册,又新二,共三册。李書在港均失,此三册如已在李,則亦無存矣。以出其自藏目,謂有數十箱在公共租界,詢余如何搬運,則須考慮矣。倫目借歸,將傳鈔一份,頗有罕見書。録周季木批《古匋文香録》,頗有是正。(日記)

11月22日　俞鳳書、周良翰來談。約李英年往潘博山處看書畫。英年即邀至美華便酌。先生父親遺墨及井拓送葉恭綽,乞題。(日記)

11月23日　閱《季木藏匋》印樣。閱《簠齋藏匋》。抄港失書目。(日記)

11月24日　寫片,注架號。(日記)

11月25日　移書架。葉景葵已訪葉恭綽,山志許贈。葉景葵以張卿子像、古渠先生圖卷送館。(日記)

11月26日　校《援鶉堂文》。張元濟來談,知"陳良齋"已從陳氏借得家譜查得,大約尚係張元濟上輩,有戚誼。檢閲《涉園叢刻》。潘景鄭爲潘博山囑書《明清藏書家尺牘》簽。(日記)

11月27日　校姚集。讀《季木藏匋》,"漢匋多鎸吉語,與銅器及印文似,漢匋亦多朱書者,當考其先後"。《藏匋》序下星期可成。閲《十鐘山房印舉》。(日記)

11月28日　閲《十鐘山房印舉》。訪張元濟。(日記)

是日　張元濟有信致先生。

昨挼翁過訪,交來《秀野草堂詩集》一册,并傳諭購油無成,謹悉。俠君先生爲先人所賦詩三首已録出,原書繳上。又送還《涉園圖咏》一卷,敬乞賜題數行,務祈將先世交誼叙入,三百年世交,恐世間不多得也。命題《吉雲居書畫録》,擬一後跋,別紙寫上,祈教正,隨原書送去,統乞察收。再,《書畫録》付印時,行款似尚須整理,原稿頗覺凌亂也。(《張元濟書札》,第174頁)

11月29日　訪陳叔通,見其藏匋。訪陳陶遺,交《于香草著書目》,多未刊稿。又以《涉園圖咏》及《秀野草堂圖》乞題。閲肆,歸得夏棨三電話,招閲《顧氏圖像》長卷,序記甚多,另鈔一册。訪李英年,示王烟客、王石谷、廉州(按,王鑑)軸,廉州最精。又石谿一幅亦精,"渠崇拜石谿,欲取一室名以爲紀念,余爲題'禮髡龕',似極切當"。(日記)

11月30日　偕潘博山訪夏棨三,閲《顧氏圖像》長卷,葉景葵亦去,皆審唐宋諸題爲明人摹本。午後,訪吳湖帆,爲楊敬涵屬書潤例題字。(日記)

是月　張元濟跋《吉雲居書畫録》。

余生也晚,故于先生行誼宦績均不詳。顧子起潛畀余是編,知先生嗜好殊俗,喜以書畫自娱,高情遠致,令人想見王、謝門風。所録雖皆近世之作,然多爲名家手筆。余聞友人潘博山嘗于蘇州獲睹名人遺墨,多有鈐先生印記者,則兹之著録,要不過斷珪殘璧,而未能窺見全豹也。吾邑故家以收藏著者,于明有鄭端簡、胡孝轅、姚叔祥,于清有黄椒升、馬笏齋暨余家之涉園,然大都專重經籍,罕有以書畫稱者。得先生是編,可以爲志乘光矣。李君英年讀而悦之,輸資印行。原稿展轉迻録,間有訛奪,起潛既予訂正,復據所見補輯若干則,附于卷末。(《張元濟古籍書目序跋匯編》,下册第1117頁)

12月1日　校《吉雲居書畫録》。還《宋詩紀事補遺》。張元濟送寫定《吉雲居書畫録》跋文來,又見借家譜二册。陪夏棨三訪潘博山,閲畫。潘博山見借王陽明手札、瞿式耜手札,皆陳良齋舊藏。(日記)

12月2日　校《吉雲居書畫録》畢。任心白送青溪(程正揆)、石谿軸,招李英年來觀,由其携去細賞。劉承幹處《史記》、兩《漢書》送來。(日記)

12月3日　閲《集刊》等。擬撰《季木藏匋》序。(日記)

12月4日　移書架。陳永青來。陳陶遺招談，交《海寧吳氏藏書目》，係友人介紹求售，無可取。王大隆來。（日記）

12月5日　抄王文成（陽明）手札、瞿忠宣（式耜）手札、陳良齋補《吉雲居書畫錄》。午後，赴傳薪書店，購《經字異同》《國粹學報》等。李英年來，《南畫大成》一冊面繳之。馬君眉送來楊敬涵畫例鋅版。（日記）

12月6日　訪袁文彰，青浦人，同文書院畢業生，暨南大學教員，還《吳氏書目》。再訪劉重熙，未值。潘博山、潘景鄭、李英年來，同往成都路看天泉閣書畫展覽會。李英年即邀至美華小酌。（日記）

12月7日　移書架。爲楊敬涵赴國光印刷所印畫例，便道至吳湖帆處，閱其雙罍拓本，諦審其字畫結體，僞作無疑。（日記）

12月8日　劉重熙來，述金壇朱某欲購嘉業堂書。（日記）

12月9日　訪葉恭綽，還港購書目。張忠孫來，交宋元明人畫扇冊照片，托覓主。項蘭孫來。陳永青來。（日記）

12月10日　陳垣贈近著三種。校《吉雲居書畫錄補遺》。訪儉廬，借所藏《三松堂書畫劫餘》，錄跋爲《補遺》，得董文敏、王文恪字卷及徐青藤畫卷題記甚多。（日記）

12月11日　移書架。訪潘季孺，借扇面。葉景葵來，"自本月起，加火食費一百八十元"。（日記）

12月12日　陳叔通來，已康復。（日記）

12月13日　李英年招閱石濤《南朝勝迹圖八景》，似不真。赴蟫隱廬，購《柳河東集》。夜寫字。（日記）

12月14日　理書架。（日記）

12月15日　李宣龔招飲，座有劉垣、劉道鏗、劉子楷、夏敬觀、陳漢第、沈昆山、梅蘭芳、葉景葵、先生及馮幼偉。"馮述河東爵士窘狀，亦堪嗟嘆。人之貧富無常，自有前定者。各人皆談日常生活之儉約，諒不能無今昔之感。拔翁滿室懸有法書名畫，瞻覽之餘，似已置身承平之日矣。"（日記）

12月16日　理書架。閱《宋經樓書目》。潘季孺來。（日記）

12月17日　移書架。（日記）

12月20日　陳垣有信致先生，謂《摩尼教考》無單行本，已囑學校設法找齊《輔仁學志》。"今謹將本宅所有者（按，指輔仁出版物）五種十三冊，分二包挂號寄呈（照舊價九扣），連郵費共卅五元捌角，希查照爲幸。"（《陳垣來往書信集》，第744頁）

12月21日　移書架告竣。得吳豐培贈《邊疆叢書續編·北征日記》，宋大業撰，據木犀軒藏鈔本印者。（日記）

12月22日　張元濟來言，徐森玉、鄭振鐸去訪，謂"劉承幹鈔校本已由張百熙之幼子子興收購，惟力有不逮，將以一部分讓人。已有有力某欲得之，且力任印布之事。丈即訝其人果能在此時爲刊印書籍之事乎？則云，此人即於印刷事業起家者，將來彼必求爲鑒定，希加吹噓爲托。丈即屬彼轉却之。所謂有力者，蓋金壇朱某矣，所以訪菊丈關切，即以宋元本之審定曾起波折耳"。(日記)

12月25日　孫師白來，催《季木藏匋》序。起序稿。葉恭綽題卷册領來。(日記)

12月26日　得陳垣信，即復。又復文奎堂、聶崇岐、吳豐培函。致沈範思函。馬叙倫來還書。撰《季木藏匋》序。(日記)

12月28日　訪李英年。徐森玉來，見借《中興遺書》二册、《校記》二册，囑飭人往取。張子興訪葉景葵，言"劉氏書原由渠與翰怡面訂契約，承購全部書，計二百萬。書在南潯，須自取，已付一百四十萬，先領到書若干册。宋元本部分欲讓之金壇朱某，由張海珊介紹，而張從中加八十萬之巨，旋朱以版本不確罷購。然余仍欲得其全部，而翰怡忽悔約，將以二萬餘册售他人。渠與譽虎相商，譽虎屬倩挼丈往勸之。丈即托袁帥南出而幹旋，特不知有效否耳。聞劉氏管書人已得佣六萬矣，據云須十萬。此書籍之流轉，正與奇貨同視矣"。《季木藏匋》序草竟。(日記)

12月29日　葉景葵來言袁帥南覆命，劉承幹解約之意頗堅，蓋原居間人施維藩、鄭振鐸慫之甚力。李宣龔來，病後第一日出門。夜，改《季木藏匋》序。(日記)

12月30日　改《季木藏匋》序。致沈範思、王文進等函。(日記)

12月31日　代葉景葵寫挽陳星白聯。致宋經樓、群玉堂信，選購書。《季木藏匋》序改定繕正。(日記)

是月　先生題簽的《吉雲居書畫録》(清陳驤德撰)，作爲《合衆圖書館叢書》第二種，由李英年捐資印行。

是年　張元濟爲先生先人竹庵先生遺墨題七絶一首。詩云："鋼鐵横行今世界，羽毛豐滿不中書。應將筆陣銷兵氣，留與他年作楷模。"(張人鳳《追尋合衆圖書館二三事》，載《我與上海圖書館》，第19頁)

是年　胡文楷由任心白之介，獲識先生於合衆圖書館。先生并邀胡氏協助編目工作。(胡文楷《歷代婦女著作考》自序)

是年

1月23日　夏孫桐卒，85歲。

姚名達卒，38歲。

1943年　40歲

1月1日　訪孫師白,出示平估寄來新出銅器拓本四十五張,即托其代購一份,聯鈔三十五元。還張忠孫唐宋元明人畫扇照片。訪吳湖帆,檢假旬屏、兵屏及自鈔屏題,交楊某手。旋閱肆,在忠厚書莊選導淮委員會印刷品四册,係陳其采處散出。遇張海珊,同至來青閣、抱經堂、來薰閣,詢以朱某所購書已成交否,據云尚在磋商,渠頗欲購書,而有無從下手之慨。歸,再改序文。(日記)

是日　《季木藏匋》序成,呈葉景葵指正。此書之編,"俾所蓄得盡表襮于世,用以見先生藏匋之富,允集大成,而是書甄録菁英,又爲匋器文字之總匯"。

夫陶器之有文字,始于七國,而秦,而漢,亦皆有之,於時工藝精良,文字茂美,推爲極盛。晋瓷代興,流裔漸繁,唐宋而下,斯業無聞,數典幾忘,由來已久。

…………

溯有文字之陶,自清光緒初年出土以還,藏家購於估人,估人求之農夫,農夫則耕作所得,展轉相授,莫詳所自。……古器物之足重,尤在有文字。七國之物,其文字與彝器款識相類,與兵器、貨布、鉢印爲近,而鉢文、匋文關係尤密。嘗觀匋器文字,範印者多,鍥畫者少,淮南齊俗若埙之抑埴是也……

匋於甲骨、鐘鼎而外,別樹一幟,因拓本難得,此學遂不昌。自《鐵雲藏匋》《夢盦藏匋》二書印行而後,好古之士始獲諷籀,所恨著録無多,不足饜人玩索。曩余孳習之時,歷訪各家藏拓,若簠齋、鄭盦、窆齋、天壤、鬱華,皆有所覩,當以簠齋最富。彼所有者,此無不備,蓋同範同文者衆焉。簠齋傳拓亦最廣,寓目五分,多寡不等,皆未整理,且多重複,雜厠其間,殊費覽觀。原物則大都散佚,莫可踪迹。近時藏家注意及此者,惟至德周季木先生一人而已,合黄縣丁氏舊藏,益以新發見者,得四千品,足與簠齋相頡頏。余因其猶子太初同學,相從請益,獲窺秘笈,所藏匋拓,悉蒙見假。余既纂《古匋文香録》行于世,更將類選墨本以付景印,禍亂頓作,事遂不果。忽忽七年矣,先生墓草已宿,太初負笈海外,余亦索居滬上,風流雲散,久絶嗣響。(《全集·文集卷·季木藏匋叙》,下册第592頁)

1月2日　存古齋寄到《沅湘耆舊集》等七包。訪沈劍知,見王廉州册十頁,庚寅畫,葉恭綽物。任心白來,爲李宣龔送《漸江事迹佚聞》一册。(日記)

1月3日　李英年招飲,并出石谿畫五幅、王廉州一幅、石濤一幅、王麓臺二幅、王烟客一幅,皆尚精。座客有陳漢第、陳叔通、植生、王禔、孫塵才、高魚占、金承鈞、華繹之、張家驤(碧寒)、葉景葵、潘景鄭及先生。張某携來石谿巨幛兩幅，精絶，一有庚子紀年，一照入《南畫大成》。午飯後，隨高魚占至其弟繹求處觀瓷器，有晉瓷十餘件，唐瓷盒一，宋瓷二，永平元年小鏡一。晉瓷皆十年前紹興出土者，當時共得五百餘件，歷劫之後，僅存二十餘件矣。(日記)

1月4日　張海珊來，出示鈔本數種，有胡世琦《小爾雅義證》一種，曾經段玉裁校訂，有手識。郭石麒來，示書樣數種，言及胡玉縉書均已售出，其中抄校本均由王大隆提去。《潘氏三松堂書畫記》訂出九十九本。《吉雲居書畫録》訂出九十六本。珂瓅版印石濤、若波(按，顧澐)畫册，交金估送還忠厚書莊。赴訂作。寫屏不佳，未成。(日記)

1月5日　《季木藏匋》序寫版竟日，因須珂瓅版，不能挖補。晚將《潘氏三松堂書畫記》《吉雲居書畫録》兩書印本送李英年。(日記)

1月6日　《季木藏匋》序寫版完成。購胡世琦《小爾雅義證》稿本，有段玉裁批校。查墨莊所撰墓志銘及《胡氏家乘·藝文》，似是未刻，索四百五十元，照予之。張海珊棄之，先生珍之。(日記)

1月7日　以《説文理董》及《小爾雅義證》謁胡樸安，乞題。胡樸安示新著《莊子章義》，論理至密。李英年送孫淵如、張船山、吳穀人手札一册，皆致香田者。考香田爲王煊，友亮之侄。(日記)

1月8日　撰尺牘跋。陳垣贈《魏書》補葉。(日記)

1月9日　撰尺牘跋竟。選文奎堂書。潘季孺來。(日記)

1月10日　訪葉恭綽，病未見。訪陳叔通，未值。(日記)

1月11日　宋經樓寄書來，選若干種。復陳垣信，又聶崇岐信，并贈新印書。(日記)

1月12日　選宋經樓書。郭石麒還王氏書目，王元譽來取去。又一册送貢臣。張元濟有信致先生，收到《聊齋白話韻文》，"忻喜無極"。〔日記;《張元濟書札》(增訂本)，下册第885頁〕

1月13日　得吳豐培信。抄《貞石堂集》缺葉。潘季孺來談。(日記)

1月14日　接群玉堂書兩包。富晉書社送《申報館叢書》來，索價奇昂。得宋經樓函，"又龔彦偉函，爲伯舅托索季舅留養回音，即函季舅，不知有效否"。(日記)

1月15日　算宋經樓賬。訪張元濟，言將鬻字，新鎸兩印，曰"五十年前老翰林""戊戌黨禍最後一人"。葉景葵來言，章元美來滬，往訪未值。(日記)

1月17日　訪葉恭綽，渠擬編撰三書，曰《全五代文》《清代學者象傳》二集和《清詞選》。《全五代文》，王大隆言亦曾從事於此，凡方志、石刻均有所采，此項工作適葉所未爲，遂欲以此稿托其料理。《清代學者象傳》二集，像已畫成二百餘人，須撰傳文，前雖有人撰得二百餘篇，於體例不甚佳，擬重撰，則欲委先生成之。《清詞選》擬請王賽。先生應允與潘景鄭合作，俟將擬目送來再細酌定之。

歸途訪李英年,交張畫翁題小册,囑求張元濟加題。(日記)

1月18日　得張元濟信,即送去《吉雲居書畫録》,又代李英年求題翁張詩畫册。張元濟信云:

> 前日辱荷枉臨,頒賜新印《書畫録》二種,至深感謝。弟先是未能詳知良齋先生履貫,曾轉詢其族人陳君鳴伯,固得製成後跋,可否乞再賜一册,以便持贈陳君,陳君能得其族中遺著,定當快睹也。弟爲生事所迫,妄思鬻書爲活,附呈潤例數紙,敬乞介紹與蘇垣之箋扇店,請其代爲招徠。此間通例,以收墨費一成并潤資十分之一作爲酬報,亦擬援例相待,并乞轉告。瑣瑣奉瀆,無任惶悚。前曾惠假《聊齋志異》,業已閲畢,謹繳上,乞察收爲荷。

(日記;《張元濟書札》,第175頁)

1月20日　李英年來,携示《清人尺牘詞翰》十一册,囑先生審定。計八十八家。梁山舟(同書)致王蘭泉(昶)札,索薛居正《五代史》,則彼時此《史》尚有流傳。其他可資掌故甚多。(日記)

1月25日　連日以北平文楷齋爲念,因即致書劉明廣,詢書板情況及催刻《尚書》樣,蓋因一年不通音問也。聞潘景鄭言,"親戚中有欲索余書者,其人實非余之所好。年來最怕爲不願往來之人作書,然又以情勢所難却,何如訂潤例以拒之耶"。(日記)

1月26日　李英年送《虛齋名畫録》來。郭石麒送《晉政輯要》全書來,款付訖,言尚有袁忠節稿可送閲。(日記)

1月27日　郭石麒送袁忠節稿來,即呈葉景葵審定。宋經樓來函,云前書允八折,囑再選,即開單寄去,多浙人集部。(日記)

1月28日　送鐵如意室書畫交李英年,《清史稿》附去,帶回《清人尺牘詞翰》十一册。葉恭綽送《清代學者象傳》擬目二百四十五人,囑爲代定一百二十人左右。先生以爲,學者範圍廣狹無定,在用者自加審核,若以廣義言,而重於像,則二百四十五人可無删改。如欲眉目清楚,不妨分爲經學、史學、輿地、金石、目録、曆算、諸子、辭章等類。如以狹義言,不重於像,則當以有專門著述爲標準,而應删之人多矣。且嚴於"學"字之義,即重在傳,不知二百四十五人皆有傳矣,難能勝之。《清儒學案》雖有疵病,大體不錯,何必爲疊床架屋之事哉?重於像則不宜删矣。(日記)

1月29日　郭石麒來,袁忠節稿價議定。(日記)

1月30日　葉景葵交先生代查張元濟所托夏震武、朱懷新、程頌萬等人科分。注《清儒學案》人名、頁數。郭石麒來,購其所持《雲麓山莊詩》及姚輯《荒政輯要》。訪張元濟。(日記)

1月31日　陳叔通來,遺《清史稿》。訪葉恭綽,《清代學者象傳續編》携歸細讀。訪李英年,觀石谿巨幛,見贈壽山石一對、起首章一方。陳陶遺來電話,告閣甘園家有書及金石出售,囑先生往觀。(日記)

　　是月　跋《餘冬璸録》。此書爲清徐堅(綵園)行年録,先生前年自書友王文
進處借得原本手稿二册傳鈔,書中有沈欽韓按語及朱筆删潤,即依沈校改正寫定
并付石印,"爲藝林添一掌故"。(《全集·文集卷·餘冬璸録跋》,下册第 924 頁)

　　是月　先生題簽的《潘氏三松堂書畫記》(清潘奕雋撰),作爲《合衆圖書館
叢書》第三種,由李英年捐資印行。

　　約是月　陳垣有信致先生,已收到先生寄贈之《吉雲居書畫録》等數種,
共十二册三份,分贈陳、輔仁大學圖書館和沈兼士。(《陳垣來往書信集》,第
744 頁)

　　2 月 1 日　赴闆甘園家,無所見,謂目在唐某處。大雨淋漓,徒勞往返。復
葉恭綽信。(日記)

　　2 月 2 日　顧翼東來。楊金華來,取去《七緯》。(日記)

　　2 月 3 日　陳叔通、葉景揆等來談。楊金華來。(日記)

　　2 月 4 日　上架。郭石麒、潘博山來。葉景揆送張卿子像來。(日記)

　　2 月 5 日　正月初一。潘博山、潘景鄭來,同至葉景葵處。午後,至顧翼東
家賀年。(日記)

　　2 月 6 日　葉景葵來,述及再撥特別購書費五萬。潘博山見示嚴嵩、馬士
英、阮大鋮三札。(日記)

　　2 月 7 日　往陳陶遺、陳叔通處賀年。(日記)

　　2 月 8 日　往李宣龔、張元濟處賀年。宋經樓書七包到。查文奎堂選書單。
(日記)

　　2 月 9 日　選文奎堂、群玉堂書。至葉恭綽處,談《清代學者象傳續編》纂
例,晤蔣穀孫於座上。(日記)

　　2 月 10 日　誦芬生日。接王文進信,告有《遍行堂集》四十九卷,聯鈔五百
元。查與國學扶輪社印本分卷雖異,多寡未必異也,因囑先寄來一看。午後,往
葉氏閲葉柏皋先生遺書。從葉恭綽處取來《象傳》資料兩包。潘季孺來。鄭振
鐸來,言將以《玄覽堂叢書》相贈,先生以《合衆圖書館叢書》贈之。夜閲《象傳》
資料,"雖近人居多,而亦多難得,最可怕其子孫之不得要領也。余於外叔祖之
事略不能撰成,至深歉疚,此一月必草成一稿,再謀修飾"。(日記)

　　2 月 11 日　查群玉堂書目。宋經樓續寄到書五包。郭石麒來,購魏稼孫書
板及吳受福《百衲編》等。(日記)

　　2 月 12 日　復閲宋經樓書。徐森玉、陳叔通等來,葉景葵請吃點心,爲陳漢
第祝七十壽。(日記)

　　是日　沈範思有信致先生,云:"奉兩次手教,拜悉。文奎堂書款已代付清。
承詢尊户往來印鑒,查當時留存者係一小方圖章,篆文'隸古'二字,不用簽字。
請台洽王欣夫先生,集股編印《庚辰叢編》,北京認股者至今尚未收到該書,近日
頗有人道及,不知何時可能出書,乞便中轉詢并請賜示爲荷。"(原信)

2月13日　檢理宋經樓書，即復，還價七折。發群玉堂選購書單。（日記）

2月14日　理《清代學者象傳續編》，唐某已撰傳不過三分之一耳。（日記）

2月15日　致存古齋、觀古堂、東雅堂、直隸書局信，索目録。（日記）

是日　《合衆圖書館董事會財産目録》編竣。（原件；《顧廷龍日記》）

是日　《合衆圖書館董事會收支報告》（1942年8月16日至1943年2月15日）編竣。（原件；《顧廷龍日記》）

2月16日　姚光來，贈《安雅堂集》，即以新刊報之。任心白來，轉到葉恭綽箋，言將請胡文楷校《清詞選》，擬來館借查書籍。先生允於可能範圍内予以便利。（日記）

2月17日　郭石麒來，示王鳴盛批《山谷集》。又葉景葵交來王叔斌求售《玉光劍氣集》（明遺民張瑶星手稿，王文燾編目録）。（日記）

2月18日　理葉柏皋遺書。郭石麒送《廣雅義疏》來。（日記）

2月19日　理葉柏皋遺書。李宣龔招午餐，座有陳灝一、夏敬觀、陳伯冶、沈劍知、錢鍾書、朱象甫諸人。接宋經樓信，七折不諧。（日記）

2月20日　理葉柏皋遺書。葉景葵示漁山《松壑鳴泉圖》。（日記）

2月21日　王文進寄《遍行堂集》來，與排印本不同。閲市，書價均漲。撰鄒代鈞傳一篇。（日記）

2月22日　抄葉柏皋書單。校《閩中書畫録》。（日記）

2月23日　校《閩中書畫録》。理葉柏皋書。（日記）

2月24日　得宋經樓信，即去留其書樣。與葉景葵商印書事，彼意印小種，取其成書稍多。即選定《寒松閣題跋》《王文村題跋》《李江州遺墨題跋》《吉雲居書畫續録》等。訪李英年，假《吉雲居書畫續録》。（日記）

2月25日　閲《王文村題跋》，皆瞿目之底，雖文句不同，實無所用，決定不印。再檢《餘冬璅録》，較爲妥善，當以此印行。抄葉柏皋書目。爲張建侯、王曉初寫對兩副。（日記）

2月26日　檢理付印各種。楊金華爲鄭振鐸送《玄覽堂叢書》來。（日記）

2月27日　抄葉柏皋書目，請潘景鄭同理。寫陳漢第壽辰題辭。寫扇。（日記）

2月28日　訪葉恭綽，借陳碩甫所藏友朋論學書札。（日記）

是月　先生題簽的《吉雲居書畫續録》《寒松閣題跋》，作爲《合衆圖書館叢書》第四種，由禮髯龕主人（李英年）捐資印行。

3月1日　理群玉堂書。（日記）

3月4日　徐森玉偕趙元方來參觀。（日記）

3月6日　理書。潘景鄭編石刻目録竟。（日記）

3月7日　校《餘冬璅録》。潘季孺、葉景葵、張元濟諸老先後來，圍坐叙談爲快。（日記）

3月8日　接王文進信，言平中書價新由公會決議，照定價一律加倍出售，

寄來六種,亦須漲價。即與葉景葵商定,照其初開價。校《朱參軍畫像題詞》及
《鳧舟話柄》。王大隆來,述瞿鳳起處亦有《吉雲居書畫録》。晚,任心白來,爲瞿
鳳起索《吉雲居書畫録》等印本,付之。亦言欲以所藏《吉雲居書畫録》相借,如
果吾所未有,可補入續録印之。(日記)

　　3月9日　去新開蘊華閣書店購書數種,飯後又去選若干種,皆清人集部,
其夥即昔開樹人書店者。張伯岸介紹姜梅塢來參觀,象山人,陳伯弢之女夫。言
及有陳伯弢藏書樓,亂前建一新屋,毀于兵燹,幸書另藏無恙。陳伯弢著述未刊
尚多,姜亦編纂保存之。(日記)

　　3月10日　郭石麒來估葉柏皋遺書,約值八千元。即付葉景葵轉去。王文
進寄書五包來。晚六時,閲肆,遇鄭振鐸。(日記;《鄭振鐸日記全編》,第138頁)

　　是日　夫人誕辰,吃麵。(日記)

　　3月12日　抄《彭羡門删詩》。訪潘博山。閲肆。(日記)

　　3月14日　訪瞿鳳起,見借《吉雲居書畫録》第三册。閲肆。前跋吳穀人
手札,考其嘉慶辛酉乞養,尚有猶疑。今日忽得《靈芬館詩二集》,序有"辛酉乞
養歸"一語,得此確證,甚喜。(日記)

　　3月15日　撰《餘冬璅録》跋。(日記)

　　3月17日　撰《餘冬璅録》《鳧舟話柄》兩跋。文楷齋刻樣寄來。(日記)

　　3月18日　核宋經樓、存古齋兩家書賬并復查一過。(日記)

　　3月19日　去蘊華閣閲書,選若干種。(日記)

　　3月20日　郭石麒送張紫琳《叢鈔》來,十五册,索二千元。(日記)

　　3月21日　查蘊華閣書樣。郭石麒送殘本書來,《鉢印》存三册六十元,
《陝西通志》缺七本,《古今韵會舉要小補》缺一本,《文章統宗》缺一首册,皆留。
李宣龔、潘季孺等來談。(日記)

　　3月22日　姜梅塢來,贈陳伯弢堂弟《可園詩集》一册,并携示先人白岩先
生《尊行日記》,僅存七册。取文禄堂書十七包、群玉堂書三包。(日記)

　　是日　下午四時,召開合衆圖書館董事會第三次臨時會議。出席者張元濟、
陳叔通、李宣龔、葉景葵、陳陶遺。主席陳陶遺,書記顧廷龍。

　　　　甲、報告事項

　　一、傳閲上次會議紀録。

　　二、葉常務將三十一年度上届財產目録及收支報告并加詳細説明。

　　三、葉常務報告,收到李英年先生捐助出版費五千元正。

　　　　乙、討論事項

　　一、葉常務提:本館各類書籍尚須補充,請撥第二次特别購書費五萬元。
又本館須用手工紙甚繁,應稍存儲,請撥購紙費壹萬元。

　　議决:通過。

　　二、葉常務提:本館經常費原定三千六百二十元,自三十一年十二月份

物價上漲,本席權加膳食壹百八十元,經常費改爲三千八百元。三十二年一月、二月份同三月份物價續漲,再加二百元,經常費改爲四千元,請予追認。又自四月份起,擬加職員津貼,總幹事壹百三十元,潘幹事柒十元,朱幹事因就兼職,上次議加津貼不受,兹將每月原支車費改爲二十六元。

議決:通過。(原件;《顧廷龍日記》)

3月23日　取文禄堂書三十包。閲《清實録》,并録筆記三則:"順治十六年十一月戊午朔甲戌,禮部議覆禮科右給事中楊雍建疏言:濫刻《四書諸家辯》《大全辯》等書,畔道駁注,應令焚毁。并飭直省學臣校士務遵經傳,不得崇尚異説。從之。""順治十七年正月丁巳朔辛巳,禮科右給事中楊雍建疏言:臣聞朋黨之害,每始於草野,而漸中於朝,寧拔本塞源,尤在嚴禁結社訂盟。今之妄立社名、糾集盟誓者,所在多有,而江南之蘇松、浙江之杭嘉湖爲尤盛。其始由於好名,其後因之植黨,相習成風,漸不可長。請敕部嚴飭學臣,實心奉行,約束士子,不得妄立社名,糾衆盟會,其投刺往來,亦不許用'同社''同盟'字樣,違者治罪。倘奉行不力,糾參處治,則朋黨之根立破矣。得旨:士習不端,結社訂盟,把持衙門,關説公事,相煽成風,深爲可惡,着嚴行禁止。以後再有此等惡習,各該學臣即行革黜參奏。如學臣徇隱事發,一體治罪。""順治十七年十一月壬子朔辛酉,議王貝勒大臣九卿科道遵旨會議具奏,魏裔介、季振宜疏參劉正宗與總兵官劉芳名結爲兄弟,……又魏裔介參疏有張縉彦序正宗之詩曰'將明之才',其言詭譎,尤不可解,同懷叵測之心,於此昭然等語。"(日記)

3月24日　查書樣。(日記)

3月25日　平劫剛携示日本《大藏經》樣本來,大正三年至十年排印者,計四十四册。先生知燕京大學圖書館有大正《大藏經》,與此不同,不知所異何在,因訪葉恭綽請益。據云日本《大藏經》係日本所刊之藏,大正《大藏經》係五種藏經彙校之本。又見示王大隆所藏江刻汪喜孫、胡培翬尺牘,携回與原本墨迹校一過,略有補正。此本初擬刻入《靈鶼閣叢書》中,不知何以未列入。後附《定盦餘集》(此板事變前爲潘景鄭購得,令程海泉印刷,難作未果,而板亦稱失去),《笳盦詞》一卷,《翁氏家事略記》一卷,《絳雲樓書目》,《静惕堂書目》。得王文進信,書四十包,托浙江興業銀行飭人領來。嚴鷗客携示《南池雅集圖》一卷,暫留館中。(日記)

葉恭綽由靈鶼閣後人江小鶼處獲贈清汪喜孫、胡培翬二家函札,囑先生取校江刻紅印本《汪胡尺牘》。葉跋云:"今春晤王欣夫先生,知建棩曩者曾以之付刊,渠處得有樣本。適顧君起潛假閲,余因囑起潛加以參校。其中字句,亦間有出入,起潛以識于眉。"(《流翰仰瞻——陳碩甫友朋書札》,第256頁)

3月26日　理蘊華閣書。點文禄堂書,檢《漢詩音注》,托胡文楷倩人代鈔。(日記)

3月27日　電話托陳叔通轉知平劫剛,日本《大藏經》即定購留,便將全書送來。得張元濟信,囑開所借涵芬樓《金石苑》《三禮疑義》《揚子法言》三書册數,以爲存根。平劫剛來面洽,約天晴送書。王文進又寄書六十包,仍托浙江興業銀行飭人代領。葉柏皋家送來殘本三筐,《曾文正公集》配全。寫李英年藏《乾嘉名賢尺牘》跋。(日記)

是日　先生有信致張元濟:"示悉。承借書,計(一)《金石苑》稿本六十六册附册頁數單四頁。(二)《三禮疑義》四十九册。(三)《揚子法言》沈校一册。即希督照爲荷。此上菊丈尊右。龍頓首。"(原件;《顧廷龍日記》)

3月28日　校《吉雲居書畫録》。平劫剛送日本《大藏經》來,缺五册,先收四十四册,俟歸檢後再奪。訪李英年,贈《邊疆叢書》及《古匋文香録》,以答其壽山石、歐酒之惠。見新得石谿巨幀,與前得兩幀相匹。午後,視潘博山。閱肆,在來薰閣購日本舊籍玄應《一切經音義》及《永樂大典》。(日記)

3月29日　校《吉雲居書畫録》。得王文進信。付葉柏皋家書款。(日記)

3月30日　代李英年撰《吉雲居書畫録續》跋。夜,繕《乾嘉名賢尺牘》跋。(日記)

3月31日　繕跋。陳聘丞來談,稱科學社同人近有電機、土木及化學工業三種叢書之編纂。致秦揆初函,商假《佩鶴詩存》。取來王文進寄書四十五包。(日記)

是月　先生題簽的《李江州遺墨題跋》(清王乃昭輯),作爲《合衆圖書館叢書》第五種,由禮髯龕主人捐資印行。

4月1日　董金榜來,述北平近事。聞宥夫人來,言將入蜀。(日記)

4月2日　文奎堂寄書六十八包,皆前所囑寄者。葉恭綽寄示《內閣大庫檔案目》,計八十餘件,并無重要者。(日記)

4月3日　葉景葵交汪穰卿家贈殘書。諸仲芳來。任心白來辭行。(日記)

4月4日　訪潘博山。李宣龔招食茶點,座有冒廣生、夏敬觀、沈昆三、沈劍知、瞿鳳起、瞿旭初、顧公雄、黃霱農、錢鍾書。葉景葵送《汪穰卿師友尺牘》及遺稿來。晤朱遂翔,云據陳乃乾言,本館大搜文集。(日記)

是日　晚,閱肆,遇鄭振鐸。(《鄭振鐸日記全編》,第144頁)

4月5日　查文奎堂書。接秦揆初信。任心白送李宣龔書來。(日記)

4月6日　復閱文奎堂書。胡樸安令其侄道彤來借《小爾雅》等,擬爲撰胡世琦《小爾雅義證》跋。訪李英年,承贈青田石章四方。(日記)

4月7日　理葉柏皋書,定其去留。(日記)

4月8日　訪胡樸安,聞講《莊子》大義。理書。徐調孚來函,商借閱書籍。晚訪潘博山。(日記)

4月9日　寫《餘冬璅録》跋及封面。陳叔通來談。得文禄堂信,書價可商量。(日記)

4月10日　致胡樸安書,乞撰先生父親傳。應李英年約,又有馬俊德、王一鳴、許夢琴。飯後同閱肆,購珂瓓版畫册。歸,得陳叔通轉來東蓀致平劼剛函,言日本《大藏經》擬售王揖唐,可得善價,向此間索還,自言經濟困難,不得不爾耳。先生與葉景葵商定,允其所請。夜,王謇偕沈勤廬來談。徐調孚來借《爾疋》數種,先生即催印《明代版本圖録》,徐允與主者商奪。(日記)

4月11日　偕葉景葵同至襄城處,觀陸存齋所剩書畫。視潘博山疾。(日記)

4月12日　跋《霞房叢鈔》。

《靖康紀聞》一卷,武陵丁特起編;《海角見聞録》一卷,七峰錐道人撰;《過墟志感》一卷,墅西逸老撰;《古瓦録》一卷、《古磚録》一卷,長洲張紫琳撰;《日省録》一卷,三韓梁文科撰;《知非録》一卷,東昌鄧鍾岳撰;《百花詩》一卷,休寧吳可榮撰;《藝蘭百咏》一卷,海虞孫從添撰;《秋鞠百咏》一卷,屠璜撰;《牡丹百咏》一卷,南沙蔣廷錫撰;《玄亭閑話》五卷,太倉周錫撰;《德門隨意録》二卷,長洲嚴文照撰;《北窗雜綴》二卷,桂村王文斌撰;《節必居稿》一卷,長洲劉曙撰;《南鴻草》一卷,長洲劉應元撰;《俟齋小稿》一卷,長洲徐枋撰。

右綠格鈔本十五册,似出嘉道間人手筆,觀《德門隨意録》有張紫琳跋,又《古瓦録》《古磚録》即紫琳所撰,因即擬定其名曰《霞房叢鈔》。考《吳縣志·藝文》,著有《古瓦録》《古磚録》《德門隨意録》及《南鴻草》,各目下皆注稿本,曾入海市,聞即據是入録者也。紫琳字禹書,號霞房,諸生,著《凉月閣詩草》。吳翌鳳《印須集》采其詩,刊本未見。《紅蘭逸乘》四卷,則數年前由蘇州省立圖書館印行矣。中華民國卅二年四月十二。顧廷龍識。(上海圖書館藏原書)

4月16日　葉恭綽贈其所刻所著,并囑訪錢重知,接洽領取山志事。夜,赴潤康村飲,視潘博山疾。(日記)

4月17日　訪錢重知,談領取山志事。視潘博山疾,為托顧翼東覓藥,得一瓶。(日記)

4月18日　視潘博山疾。郭石麒送李英年所購尺牘來。訪張元濟,面致陳陶遺所題《涉園圖》及昔日致汪穰卿手札。(日記)

4月19日　平劼剛來贖日本《大藏經》。潘季孺來談。視潘博山疾。(日記)

4月20日　接誠安電話,知其收到顧頡剛信,現在寓中皆好,與顧廷蟾曾晤見。陳漢第、陳叔通來。郭石麒送書樣一包。(日記)

4月21日　視潘博山疾,途遇徐調孚,謂《明代版本圖録》已與章錫琛談及,可先付排云。(日記)

4月22日　查郭石麒書樣。訪王伯祥,面交《明代版本圖録》稿,允即付排。(日記)

是日　顧廷翔有信致先生,談家中瑣事及土地事。(原信)

4月23日　理葉柏皋書。訪葉恭綽，還陳碩甫師友尺牘，言山志領取手續，由彼此交換一函爲憑信。視潘博山疾。姚光送清儀閣録蘇齋文一册，囑跋。（日記）

4月24日　取《復初齋詩文》，校蘇齋文，擬跋。郭石麒送書來。金原佑爲李英年送書樣，囑代選，有《豐草庵雜著》及別集。屈熾、潘季孺來談。（日記）

4月25日　赴法寶館，訪錢重知，檢點葉恭綽捐贈之山志竟日，點十箱。錢重知留午餐，素食。晚視潘博山。孫師白贈《季木藏匋》，剛出之新書，先生爲之序。（日記）

是日　爲姚光跋清儀閣録蘇齋文，翁方綱撰。此本爲張廷濟録存之本，今藏上海圖書館。

　　　張、翁有金石之契，文字傳誦，隨見隨録，今賴以傳。蘇齋佚文甚多，余曩爲燕京大學圖書館訪得方小東輯《蘇齋題跋》一册，多集外文，而猶有在佚目之外者。近時各家景印碑版書畫往往有翁跋，若裒而録之，所獲甚可觀。即老人所著《清儀閣題跋》外，文無專集，享壽既長，筆墨又勤，平生撰文，奚止僅此。合衆圖書館藏楊寶鏞校《清儀閣題跋》録補題識若干則，可徵所佚亦不在少。倘好事者掇拾遺文，俾習金石之學者有所觀摩焉。（《全集·文集卷·復初齋文存跋》，下册第817頁）

4月26日　赴錦章書局，督攝《李江州遺墨題跋》影，改所印各書封面樣張。（日記）

4月27日　寫"春雷琴室"引首，即作書寄汪孟舒。復子陵。赴法寶館理書，計十二箱。（日記）

4月28日　選葉柏皋書。訪姚光，還《復初齋文》，并求題先生父親字卷及宋闌拓本，未值，留件，歸後以電話懇之。又訪李英年，還梅册，借石谿軸及王玖、方咸亨兩册。（日記）

4月29日　選葉柏皋書。郭石麒來，先生交售《廿五史補編》，一千二百元。"曩時開明因余曾助采訪所贈，今生計日蹙，鬻此爲繼，不知能維持幾時耳。"視潘博山疾，適董承琅、吳旭丹等醫生俱在，會談後仍未能診斷。（日記）

4月30日　在秀州書店購《清史列傳》，五百元；《上海年鑒》，六十元；《外交年鑒》，贈品。訪李英年，還石谿軸。又在東方書店購《南京市立圖書館書目》等。（日記）

是月　先生題簽的《餘冬璅録》《論語孔注證僞》，作爲《合衆圖書館叢書》之二種，由禮髡龕主人捐資印行。

是月　陳陶遺爲《秀野草堂第一圖》題詩。

　　　玉山頹於前，秀野昌厥後。成壞理則然，平泉亦所有。沉埋三百霜，卷軸忽在手。慕廬西堂輩，墨光發幽蕚。想當康熙朝，寢饋掩中久。菰菜動秋風，選樓盛文酒。爲愛元人詩，搜遺窮覆瓿。一編遂殺青，百家俱不朽。所以古衣冠,入夢循墻走。神物之所憑,紙素若瓊玖。圖存堂即存,不必怨陽九。吾聞之舊京,別墅抗萬柳。圖出禹鴻臚,并此成嘉耦。會當合劍津,君其善荷負。起潛先生屬題。癸未三月。金山陳陶遺。(先生抄件)

5月1日　視潘博山,熱度忽高,殆受新風寒。(日記)

是日　葉恭綽向合衆圖書館捐贈山水、書院、廟宇等志書一批。(合衆圖書館董事會第四次臨時會議記録,載《顧廷龍日記》)

5月2日　接文奎堂新書目,即選一單,近日北平書價又廉於上海矣。視潘博山,熱度又高,董承琅醫生謂輸血反應,先生以爲"反應應早發而不特起,似未諦也"。午後,訪汪伯繩。再視潘博山,熱益升,危矣哉!顧燮光有信致葉景葵,謂有拓本出售,欲館多選之。先生已有一單開出。(日記)

5月3日　郭石麒送《墨子》數種來。視潘博山,今晨出院返家,熱仍高,神志甚清。孫師白來,贈《季木藏匋》,前送一部係與潘景鄭交換者。又言擬將《簠齋尺牘》景印,先生甚贊同,約明日送來,爲之審閱。(日記)

5月4日　視潘博山疾,肝風略動,熱度高,神志甚清。(日記)

5月5日　致顧燮光謝函,并選購拓片。致存古齋信,選購書數種。理葉柏皋書。孫師白來,補贈《季木藏匋》書套。得劉明廣信,"渠已離櫃,與老掌櫃及乃弟重設宗文堂於楊梅竹斜街六七號",并告所存文楷齋之板片,年久恐生蟲,且該肆有不支之勢,囑早設法。先生擬請沈範思代爲點取。視潘博山疾,惡象畢露,間有囈語,可慮。(日記)

5月6日　潘博山於凌晨一時半去世,爲之凄然。夫人聞訊痛哭,急欲往,先生即偕之坐三輪車往探。"計起病實在立春,今日爲陰曆立夏,蓋俗所謂百日瘵也。八時餘,移靈至安樂殯儀館。十時餘返家視,再至殯儀館。余挽一聯云:'服勞鄉國,丕振家聲,有爲方冊載,長才欲展天何忌;討論學術,評量書畫,相契逾廿年,一朝永訣誰與歸。'代景桓挽一聯云:'四十年手足相親,嘉爾多才怨不壽;百餘日蘇滬小別,喪予同氣老傷懷。'皆乞揆丈删定者。揆丈亦挽一聯云:'冰雪聰明,雷霆精鋭,此清才非濁世所能容,祇宜玉宇瓊樓,長共飛仙適風月;門有通德,家承賜書,幸群從與阿兄爲同調,可卜牙籤錦賱,不隨急難付雲烟。'"潘景鄭亦有挽聯。挽聯皆先生所書。(日記)

5月7日　吊潘博山。得馬叙倫借書信。(日記)

5月8日　先生有信復馬叙倫。核《尚書文字合編》總頁。張元濟來。諸仲芳來。(日記)

5月9日　得錢重知電話,囑取山志書。飯後即率人搬來,計十四箱。錢交閱葉恭綽贈書信,約定不能轉贈或出售,又兩年内編一《提要》。先生於此兩項皆應承。點所刻《尚書文字合編》。(日記)

是日　顧燮光有信致先生,云:"來信并目録均悉,各碑拓正在檢配,擬分兩次奉上,大約有十餘種,未能全也。曲阜孔廟全份定價一百二十元,漢中全份定

價四十元,此兩種,目録漏載,兹及之。"(原信)

5 月 10 日　先生有信致沈範思,托其向文楷齋領回《尚書》板片,附致文楷齋及劉明廣函。(日記)

項由揆文轉下承代付各款收據,感感!

兹懇者,龍曩托文楷齋刻字處承刻《尚書》,共計七百五十八頁,現在無力無暇,不克續刻,且聞該肆主持易人,昔爲龍經手人劉明廣已離櫃另設字號,書板久存文楷齋終覺不妥。敬懇吾兄派人,代表鄙人設法領回,暫存尊處(前已倩揆文先答承允洽),須用木箱運費當照繳。致文楷一信附呈轉致,往領之先,可招劉明廣一詢領時裝運手續如何,若明廣能不避嫌,擬代爲往洽最便。因渠原經手,最爲仔細,人甚老實,附致明廣信請閲後付之……

已刻書,現核已刻《尚書》七百五十八葉,書板有一面刻、兩面刻,應得三四百塊。敬祈囑肆中查明兩面刻板幾塊,一面刻板幾塊,俟取到尊處後,如板有毛病再與明廣商酌處之也(一時能不須修理最好,箱中應否加置樟腦丸,亦希酌辦)。

此事經始以來,忽焉十載,功虧一簣,迄未補成,每一念及,如芒刺背。比得文楷飄搖之聲,心益懸懸,平中無可相托照料之人,明知煩瑣之事,祇有仰求吾兄,垂念其多年辛苦所致,慨爲保存,他日成書問世,兄之賜也。尚祈俯允所請,無任叩禱之至……

如明廣不肯往取,則由尊處設法取得大數,隨後再招明廣細點之。再龍於卅年五月十二日交刻《尚書》十二葉(《堯典》三、《多方》二、《方政》七),又於是年六月八日交刻十五葉(《禹貢》六、《胤征》四、《甘誓》一、《五子之歌》一、《無逸》三),屢催之後,直至旬前始寄廿四葉來,計缺《立政》三頁(第四、六、七頁),該廿餘葉刻工如尚未付,令其開細單即付可也。《立政》缺樣,亦令其即檢寄。刻工如可由兄代付,再由龍還兄,俾省郵筒往返亦好。統希酌奪,種種費神,容後泥謝。又及。(《全集·書信卷·致沈範思》,下册第 714 頁)

致文楷齋刻書處信云:

敬啓者,鄙人曩由尊處承刻《尚書》,約計七百五十餘葉,現在南北幣值不同,萬難續刻,祇可暫行結束。兹特委托浙江興業銀行北京支行派人代表,將所有板片收回。望即開列清單,單刻板幾塊、雙刻板幾塊,裝箱點交代表爲荷。此致文楷齋刻書處。(《全集·書信卷·致文楷齋》,下册第 733 頁)

是日　訪李英年。(日記)

5 月 11 日　校山志卡片。(日記)

5 月 12 日　寫山志卡片。潘博山頭七,往拜。(日記)

5 月 13 日　校寫葉書片。李英年撥五千元印書費來。李宣龔來。(日記)

5月14日　《合衆圖書館叢書》六種訂出二十本。以後决印《閩中書畫録》，即校，仍付石印爲善。沈劍知、潘季孺、屈燦來。（日記）

5月15日　顧燮光有信致先生。

第一批碑帖共作三包，昨日交郵挂號寄上，到祈台察。兹附上清單四紙，郵包底單三紙，統祈查核是幸。如有不合雅意，仍請交郵挂號退回爲荷。敝處優待同好，本可八折，今因貴館係公益事業，特再多一折扣，作爲七折，潘、顧兩君亦照此結算，此外他人不得爲例。該款實共三百九十餘元，查核無誤後，請送交天津路東萊銀行三樓舍弟顧逸農代收可也。……貴館第二批墓志等，須六月方能檢奉也。（原信）

是日　校《閩中書畫録》。（日記）

5月16日　顧燮光有信致先生。

奉五月三日來示，敬悉。《金石輿地叢書》二集計八種，内惟《常昭金石志》無刻本，《贛石録》《河陰存石記》少刻本，其他爲《寶刻叢編》《河朔訪古記》《嵩洛訪碑記》《浯溪考》《蜀碑補》五種，均有刻本，但内有燮訂正之條也。葉札奉送貴館，不必寄還。蘇碑初甚多，刻已少，計存《司馬温公碑》四幅，少一張，可奉送，餘則《表忠觀》、《麥嶺題名》、《送李孝博使嶺表》詩卷、集《歸去來辭》字詩、《秦郵帖》數種而已，《醉翁亭》《豐樂亭》須録之，如要，可寄上也。（原信）

是日　訪孫師白，出示《簠齋尺牘》四册，皆與潘祖蔭討論金石者。（日記）

5月17日　徐調孚來，商《明代版本圖録》排印式樣，二百四十餘頁，用機製印訂四本。并借筆記四種。李英年來，捐印書費五千元。（日記）

5月18日　校《閩中書畫録》。（日記）

5月19日　校《閩中書畫録》。（日記）

5月20日　送張元濟、陳陶遺《合衆圖書館叢書》。李宣龔來，贈《叢書》，并求書扇。午後，張元濟來。（日記）

5月21日　徐森玉來，長談北平近事。午後，姚光來，承爲撰《復泉山館後記》，"渠工於文，至可喜，惟獎借過情，爲可愧耳。渠謙遜甚，未肯寫題册首，屢請始允。見借《劉楊合刻》，爲菊老輯《戊戌六君子集》時所未見，因即送其一閲，希將來再版可補入之"。（日記）

是日　收到沈範思來信。（日記）

奉快示并郵片，均謹悉一一。文楷齋書版擬移存敝處，容與劉明廣君接洽後，如何情形當再奉告。揆公來函，囑送郝府喜禮改辦喜聯，届時當照辦送往，乞轉告爲感。（原信）

5月22日　閲文禄堂書樣。得劉明廣信，言取板可托修綆堂代辦。先生以爲不妥，遂快函致沈範思，托其徑行代領，并懇邵鋭爲之接洽。葉景葵來言，昨日已去訪葉恭綽致意。（日記）

5 月 24 日　閱王文進存書,在《遂初齋集》中見有錢兆鵬傳,《寶綸堂集》中有楊椿傳。葉景葵來談近事,爲之快慰。致聶崇岐信。(日記)

5 月 25 日　晚,錢重知爲葉恭綽面交贈書函,并代合衆擬具答覆稿。(日記)

是日　顧燮光有信致先生,云:"弟係昨日來滬,三四日後便返杭州。唐志及北朝、宋各志拓本,端節後可以檢奉。"(原信)

是日　劉明廣有信致先生,談文楷齋書板事。

尊在文楷齋所刻各種書板,已數年未能取書,惟紅色板片易於損壞生蟲,墨印之後,尚可妥當。又因該號無久在之必要,恐不久有收市之日,見草望速設法清理,以免將來受重大損失,此確實言奉稟,決不謬言,請酌速辦,是爲上策。惟盼尊親來京爲妙,或托友人代取代存,亦可交鄙代存。取板時,托修緶堂轉信往取,再交鄙處,即無糾葛。如何辦理,祈請自酌。……前文楷齋所刻《尚書》,未知已刻完否?如有未刻者,務請寄鄙處代爲承刻,決無有誤,工人亦是在文楷齋者。(原信)

5 月 26 日　繕復葉恭綽信。閱葉景葵送來碑帖數十種,爲其戚托估價者。(日記)

5 月 27 日　核王文進書價。復葉恭綽謝函請各董事簽字,即送交錢重知轉致。(日記)

5 月 28 日　復閱王文進書。爲潘景鄭輯祖庭像傳、遺畫集題簽。錢鶴齡送閱新印《閩中書畫録》樣張。(日記)

5 月 29 日　訪孫師白,商印簠齋致潘文勤尺牘。(日記)

5 月 30 日　訪李英年,同至張碧寒(家驥)家,觀其新得石谿軸,適爲人借去。又出石谷軸、烟客軸(僞)、沈石田軸,唐六如軸亦僞。陳老蓮爲姑母壽,人物精。華新羅僞。董文敏長卷,吳湖帆稱爲第一大觀,亦僞也。歸理拓本。李英年來,觀拓本,并贈紅茶一包。(日記)

5 月 31 日　核定王文進書價。請墨林來估碑帖價。晚訪李英年,將碑帖送去。王文進來,議價不諧。(日記)

是月　先生題簽的《鼻舟話柄》(清許兆熊撰)、《寒松閣題跋》(清張鳴珂撰),作爲《合衆圖書館叢書》第八、第九種,由禮髡龕主人捐資印行。

6 月 1 日　訪葉恭綽。午後,葉恭綽、張忠孫同來。(日記)

6 月 4 日　"伯舅昨晨作古,病貧年餘,竟以不支,不知後事如何,爲之悲惻。目下赴蘇必須旅行證,非猝請可得,不克馮棺一慟矣。"訪李英年。(日記)

6 月 5 日　得邵鋭信,欣悉文楷齋書板取回。訪潘季孺。閱《清實録》。(日記)

6 月 6 日　張元濟借書九種。楊金華來,代購《内政公報》一份。來薰閣送《浙江民政月刊》等來。訪瞿鳳起、顧公雄。閱東方舊書店雜書。(日記)

張元濟信云:"昨宵電話陳明,今日在敝寓開張氏旅滬同族會,族人集者頗多,擬將前贈貴館有先人手迹各件,借回陳列,藉供衆覽。仰蒙俯允,不勝感幸。謹開具清單,計共九種,伏祈檢付來人帶回。"附目録九種:《東谷先生遺墨》真迹一本,文忠公書《妙喜泉銘》一幅,《才調集》張宗松手批(首册),《選唐人詩》張宗橚手抄四本,《李長吉詩》張宗橚手校(首册),《桂林風土記》張載華題詞一册,《夢窗詞稿》張宗橚補抄二本,《宋詩抄》張宗相手校(首本),《螺浮公鄉會試聯捷稿》一本。(《張元濟書札》,第173頁)

6月7日　得聶崇岐信并中法漢學研究所贈《十八世紀十九世紀之法國漢學》。閲《清實録》。赴東方舊書店。(日記)

是日　陳叔通爲《秀野草堂第一圖》題詩,云:"辟疆遺韵歷千霜,鸚鵡坊前一草堂。記取坡仙花竹句,嘉名肇錫播吳閶。　　選詩盛業費裁量,文酒流連盡老蒼。如坐娜嬛稱福地,牙籤風動富縹緗。　　傳家譜乘互參詳,訛奪親勘喜欲狂。二百年來薪未盡,蟬嫣八世澤流長。　　五圖獲一願先償,苦憶斜街老屋荒。王禹金文收次第,會看星聚吐光芒。起潛奉先德《秀野草堂圖》屬題,謹賦四絶求教。癸未端陽前一日。陳敬第。"(先生抄件)

6月8日　顧燮光有信致先生。

　　　來片敬悉。唐志三四日後可檢查,隋、宋各志早已檢齊,一星期後可交郵也。唐志尊處已有者當别去之。敝處查有《狄府君碑》(狄梁公之父),五代《葛從周碑》,六年前洛陽出土,宋《魏咸信碑》,目録漏編,如要備一格,祈示知(每種以六元算,三種十八元也),以便偕墓志一併寄上。(原信)

是日　校《明代版本圖録》排樣一卷,改序文。閲《清實録》。(日記)

6月11日　陳叔通托人送來《秀野草堂圖》題詩。沈劍知來。(日記)

6月12日　錢重知來,交到葉恭綽藏書印、贈書印各一方,囑每册鈐之。(日記)

6月13日　訪李宣龔,乞題《秀野草堂圖》。訪陳叔通,贈《泉志》及《泉志校誤》。再訪顧公碩,出示汪關(尹子)所刻印譜,前後有李流芳、程孟陽題序,皆手筆,知爲稿本。郭石麒送書樣來。(日記)

6月14日　得沈範思8日信,書板事已與文楷齋接洽,允理出點交。(日記)

沈範思信云:

　　　奉一日手教,拜悉。《中和月刊》照定半年兩份,款支圖書館帳,附上定單,乞簽存。囑領文楷齋書版,由著生兄書一介紹片,弟持往與該肆張君接洽二次,因存版散放各屋,尚須清理。節前頗忙,俟過節後從事整理,再約期點交,候其電話通知辦理。又據張君言,刻版款尚有尾數未清,不知如何?弟已囑其徑函尊處接洽矣。(原信)

6月15日　郭石麒送書來。(日記)

6月16日　復馮世五、聶崇岐、沈範思信。理葉柏皋書。(日記)

是日　顧燮光有信致先生,云:"奉片敬悉。唐、五代、宋三碑,二三日内外

可與各墓志一併寄上,到祈台詧。因各志拓本均需察看,須弟自爲,無人代勞,藉以消遣,不能速也,祈亮之。"(原信)

6 月 17 日　理葉柏皋書,將不要者開單出讓。(日記)

6 月 20 日　李宣龔來。寫扇五頁,行二篆三。(日記)

6 月 21 日　潘季孺來,見假玉印"潘甲之印"一方,端方所貽,先生欲補鈐於《匋齋古玉圖》中。陳陶遺來,爲書扇頭一頁,并得湯定之畫蓮。(日記)

6 月 22 日　至潤康村,潘博山終七。(日記)

6 月 23 日　諸仲芳來,囑題焦循《里堂家訓》卷。(日記)

6 月 26 日　訪姚光,借《田間詩集》,還《陶廬雜録》。(日記)

6 月 28 日　姚光與高燮來,見借《里堂家訓》,晚訪諸仲芳,即以此示之,并勸其集資影印。(日記)

6 月 30 日　校抄佩鶴先生詩集。訂《卷盫書目》。(日記)

是月　先生題簽的《閩中書畫録》(清黃錫蕃輯),作爲《合衆圖書館叢書》第十種,由慈溪李氏拜石軒捐資印行。

7 月 1 日　與廷夔同赴蘇州。(日記)

7 月 4 日　自蘇州返上海。(日記)

7 月 5 日　顧燮光有信致先生。

奉六月廿八日惠示,知十八日郵寄墓志二包已荷台詧,款五百餘元已送交舍弟收轉,至感。千唐志係河南新安縣張伯英先生所藏石,民國廿四年曾拓多份流傳,編印有《千唐志目録》一本,然自晋迄宋元全份約一千數百種,弟昔購一份,張處又托推銷數份,事變時散寓尚存二份(每份分爲十大包)。去歲弟回杭檢視,每份均少三包,且有散亂於外,須俟秋凉方能徹底清理。小兒小女均在外謀食,散寓男丁祇弟一人,年將古稀,近患血壓高,又届暑期,祇好暫停工作也。弟個人所存碑拓約萬種以外,昔年寄存孤山圖書館,已全部損失,重份者存於家中,損失十之三四而已,尚有數箱未經啟視,擬冬季再編細目,以期流傳,時局難知,無力保全,不如共諸同好也。千唐志一份,係洛陽墨景堂郭君(即張君之代表)之物,容詢之欲售何價,再行奉陳。近檢得曲阜孔廟全份、漢中全份,又濟寧全份,此三種内多漢碑,近日工料奇昂,已無人再拓矣。附呈目録一紙,祈詧核,如要,示知當奉上,仍可七折也。魏墓志約二百種,細目秋凉先排印,當呈政也。(原信)

7 月 6 日　潘季孺、單鎮來。錢士青來,言有書見贈,邀至其寓,觀所藏堪輿書籍。夜,訪李英年。(日記)

7 月 7 日　諸仲芳來,言《里堂家訓》其富友有印行意,屬詳加估計。寫扇兩頁。郭石麒購定葉柏皋書始取去。(日記)

7 月 8 日　估《里堂家訓》。錢鶴齡來,印價又漲,石印須一百三十元。李宣龔賜題《秀野草堂圖》交還。寫扇一頁。(日記)

7月9日　胡文楷來,述及葉恭綽於《清代學者象傳續》頗望早就,似乞王大隆相助,而其僅許以從容爲之。先生以其初稿交來將一年,尚未動筆,而其藏書已見贈,不能不爲之編校,以酬其盛意,即着手爲之。赴潤康村,明日潘博山開吊,相助陳設。訪諸仲芳。錢重知來,未晤,爲友求售《推背圖》及《靈岩紀略》。張詠霓子芝聯來暢談。朱啓鈐寄《訓真書屋遺稿》四十七部來,即復。(日記)

7月10日　潘博山開吊,先生往奠并陪客,晤熟人甚多。訪錢重知,還書。郭紹虞來,未晤。(日記)

7月11日　訪張元濟。校《明代版本圖録》。訪陳陶遺。又訪陳叔通,未值。袁漢雲贈《意香閣詞》稿。(日記)

7月12日　查《意香閣詞》稿作者大名未得,知爲李陳常之孫,李超孫、富孫、遇孫之族祖。潘季孺來,言"君九爲蔚老撰一傳,叙及予謚文安"。諸仲芳來,印《里堂家訓》款已取到三千九百五十元。此爲先生所估計者。出資者爲袁鶴松、潘炳臣、冷榮泉、楊季鹿。(日記)

7月13日　查焦循事實。(日記)

7月14日　錢士青來,言有書送館,旋去,偕漢文淵主携書至,約二十餘種。(日記)

7月15日　撰陸世儀傳。(日記)

7月16日　撰焦循傳。(日記)

7月17日　撰焦循傳。(日記)

7月18—20日　先生病。(日記)

7月22日　跋《合刊焦里堂家訓》,此爲《合衆圖書館叢書》第十一種。

　　是書初未付梓,迨清光緒中,儀徵吳氏始刊入《傳硯齋叢書》中,流傳未廣,世不多覯。吾友同邑諸君仲芳精鑒藏,兵燹後曾獲墨迹一卷,專論治學之徑,承携示命題,并謂金山高君吹萬亦藏一卷,綜論立身處世之道,與此適相附麗,惜無緣劍合爲憾。竊念本館方有叢書之輯,固知高君樂於流通者,遂乞一瓻之借,就商諸君,并付景印,庶兩卷離而復合,名言懿訓,式昭方來,豈不盛與!(《全集·文集卷·合刊焦里堂家訓二卷跋》,下冊第825頁)

7月23日　跋諸仲芳藏《里堂家訓》。

　　余因婦兄潘君博山獲識諸君仲芳,知篤好書畫尺牘,蓋精於鑒藏者也。旋悉君與先兄少蕘公同學同事久且契,言念舊交,過從漸密。一日出《里堂家訓》墨迹命題,并言虎玉所撰《事略》後附目録,有《家訓》二卷,光緒中吳丙湘始刊入《傳硯齋叢書》中,今已罕覯。此即吳刻下卷也,尚有一卷藏金山高氏,未緣作合爲憾。余遂以吹萬丈一瓻之借,并籀一過,皆治學立身之大要,里堂以半生體驗所得,教其子弟,親切易行,永堪傳習。時余方爲合衆圖書館編輯叢書,擬合兩卷影印,垂諸不朽,得君之助,從其至友中募集印貲,樂觀厥成,俾延津之劍離而復合,亦藝林快事也。是卷皆論治學之道,尤爲後生所當師法。其第十三則論學文一段載入《事略》,第十則論作傳志及第十八則論詩二段,皆節叙於《事略》中,又第七則論治經一段采入《清儒學案》,精義薈萃,彌足珍貴。溯余與君相見以後,賞奇析疑,獲益非淺。及今《里堂家訓》墨迹得影印流傳,他山之助,殆非偶然。率書數語,用志因緣。(《全集·文集卷·跋里堂家訓墨迹卷》,下册第 826 頁)

7月24日　襄成、蘊玉邀看字畫,皆精。(日記)

7月25日　寫扇、聯。午後訪汪伯繩,承捐基金萬元,藉爲葉景葵古稀壽。并偕游倫社,極富麗,爲紙業俱樂部。又同閱古玩市肆。(日記)

7月26日　致汪伯繩謝函。誠安來,示顧頡剛信,知頡剛夫人殷履安於五月三十日下午二時五十分殁於柏溪。"病瘧二日半,竟以不起,聞耗爲之悲悼"。即作唁函,并托顧廷蟾致送五百元。葉景葵囑卅日開董事會。潘景鄭撰壽葉景葵七十序成。李英年送來陳少石日記,囑審。(日記)

是日　顧燮光有信致先生。

舍弟逸農來信,商送揆初壽禮事,弟曾規畫甲乙兩説,知不能成立。嗣又來信,囑再計畫,又陳甲乙兩新説,敬與先生陳之,舍弟亦當向尊處接洽也。新甲説:《寶賢堂法帖》十册(未裱,原定三百元,兹加價一百元),《玉虹樓帖》十二册(已裱,原定六十元,太廉,兹改爲百元),《澄鑒堂法帖》(未裱,原定六十元,兹改八十元),《樵古齋法帖》(六元),計五百八十六元,七折四百一十元二角,加郵費二包四元六角,共四百一十四元八角。新乙説:嘉慶仿宋白紙初印《人壽金鑒》(六大本,定價四百元)紅樣本,《萬山綱目》(八本,一百六十元)道光刻本,《五百家注韓昌黎集》(十二本,二百八十元)民國宣紙印,嘉靖刻本《蟻蟓集》(明盧柟,四大本,六十元),計九百元,已折六百三十元,加郵費二包四元六角,共六百三十四元六角。如《蟻蟓集》已有,可換朱正元《江浙沿海險要圖説》,二大册,惜圖已無。以上兩説,祈酌定,與舍弟逸農接洽,如同意再寄上也。千唐志共一千二百餘種,共作十包,敝處祇存甲至庚七包,却未拆視,已去信洛陽詢郭君售何價也,俟得覆信再告。敝處北魏各志目録刻正着手,定稿後再付排印耳。(原信)

是日　沈範思有信致先生,云:"文楷齋書版,該肆主持者張君托辭整理版片,迄未移交,請尊處徑函速催。附奉來薰閣收據一紙,請查收。"(原信)

7月27日　蓋葉恭綽藏書章。姚光來購《訓真書屋遺稿》,并贈以劉貴陽集。訪李英年,還陳少石日記。(日記)

7月28日　得沈範思信,書板尚未取得。即函邵鋭,請其設法疏通。又致文楷齋信,促其交板。復沈範思信。(日記)

是日　先生有信致顧頡剛。

年餘不通音問,渴想如海,每從各處探悉尊體安適,引以爲慰。

頃誠安來,示讀手書,駭悉履安夫人以瘧疾逝世,爲之傷悼不已。前聞膀胱炎全愈,以爲脱此大厄,當可長年,何意驟病不治。此或以體力未曾全復而操作過於勤勞,六年來往返南北,枝牾家務,積弱之軀任此艱巨,況瘁何如。憶昔在平,於愚夫婦殷拳之情,令人感刻。前年過滬,相晤匆匆,竟成永訣,思之凄愴。夫人溫恭淑慎,凡屬相識,莫不稱敬。公今賢助頓失,悲痛自難排遣,龍亦何詞可爲慰藉,惟念尊體并非素健,千宜稍作達觀,善自珍重,無任盼禱。道途修阻,末由詣吊,特屬舍弟織科謹具楮儀五百,乞薦靈前,歸葬之期當不在遠,容奠墓門。舍下托庇粗安可,請勿念。(原信;《全集·書信卷·致顧頡剛》,上冊第132頁)

7月29日　李英年來,閱《廿四泉圖》及《詩龕圖》,皆精品。訪諸仲芳,還《里堂家訓》卷,已爲加題。(日記)

7月30日　將合衆收支表呈葉景葵。葉景葵交來朱啓鈐信,又市府公報。葉恭綽來函,借鈔文道希手札。(日記)

7月31日　徐寄廎介紹王廷黻持鹽務書籍目來求售。招郭石麒來估價,僅值一千六百元。(日記)

是日　下午五時,召開合衆圖書館董事會第四次臨時會議。出席者陳叔通、李宣龔、張元濟、陳陶遺、葉景葵。主席陳陶遺,書記顧廷龍。

甲、報告事項

一、葉常務報告,茲因物價日漲,經常費應予調整,特開臨時會議。本會收支計算書,須俟八月中年度終了時核結,今先作簡略報告。

二、葉常務報告,邇來各方贈書捐款,計收到:

子、五月一日,葉遐庵先生捐贈山水、書院、廟宇等志約八百四十七種,惟有聲明二事:

一此書之全份經交與貴館之後,請貴館負責妥爲保管。除遇天災人事不可抗力者外,保不毀壞散失,亦不以之轉贈或售出。

二貴館應于兩年之內,將書之全部份編一提要即每種作一提要。

丑、五月十五日、七月九日,李英年先生兩次續捐出版費共中儲券壹萬圓整。

寅、七月十五日,汪伯繩先生捐永久基金中儲券壹萬圓整,藉祝葉景葵七十壽。

乙、討論事項

一、葉常務提:館中米油兩項,原定另撥特別費開支,惟本年度尚未撥過,現在經常費積餘項下支付,計叁千三百叁十弍元五角正,應由會撥還之。

議決:米油仍須籌備,再由會款籌撥。

二、又提關於經常費,因物價日漲不已,每感不敷,三月份議定四千元,至四、五兩月份酌加二百元,六、七兩月份再加三百元,應請追認。八月份擬改定爲六千元,即膳食加七百五十元,薪金加七百五十元,雜費不足時則可在積餘項下支用。

議決：通過。

三、又提本館職員薪金津貼擬重規定：

總幹事，薪水五百元，津貼四百元。

潘幹事，薪水四百元，津貼三百元。

朱幹事，薪水一百六十元，津貼四十元。

議決：通過。

四、又提書籍尚須陸續補充，請撥第三次特別購書費五萬元。

議決：通過。（原件；《顧廷龍日記》）

是月　先生題簽的《里堂家訓》，作爲《合衆圖書館叢書》之一，由袁鶴松、潘柄臣、冷榮泉、楊季鹿四先生捐資印行。

是月　李宣龔爲《秀野草堂第一圖》題詩："說到元詩似有因，斜街亦住石遺陳。舊時月色歸君後，肯使柴門再付人（石遺亦有《元詩紀事》之作）。　前輩風流不可私，此圖顯晦莫然疑。誰如嫡乳傳燈嗣，解送名山自護持。起潛吾兄屬題，即乞教正。癸未六月。李宣龔。"（先生抄件）

8月1日　校《說文古本考補》。吳湖帆五十誕辰，往祝。（日記）

8月2日　蓋錢士青贈書章畢。校《明代版本圖録》。（日記）

8月3日　校《明代版本圖録》。理南京政府公報。（日記）

是日　顧燮光有信致先生。

揆公壽禮，舍弟等已決定用新甲說，昨已將各帖寄交舍弟收。加《渤海藏真》一部，此帖石已被洪楊時所毀，拓本流傳甚希，此本《靈飛經》未損，係道光以前所拓，弟閱《海寧金石志》所載，方知底蘊也。千唐志郭君來信囑寄北京，惟弟前月已去信，告以貴館要購藏，囑其定價，俟再得其來信，弟方將該件寄北京也。魏志目俟稍凉着手，内多精品，在今日已不易得也。弟于戊戌至光緒卅年止，搜羅公牘、報紙、文集，編輯《時賢閎議》一書，得文數萬篇，全用楷書謄正，訂百餘本，有爲各《經世文編》所有，有爲所無者。弟年將古稀，此稿本未能整理，後人亦未必能保存，廢棄可惜，姑與先生一譚，俟晤面時再定辦法，不以金錢爲問題也。敝藏漢魏六朝唐宋元墓志全份，約五千種，因寄存孤山圖書館，已無着落，刻檢家存叢殘，似可規復十之五六，將來整理告成，可全部出讓也。近天已熱，整理工作中秋後再進行矣。（原信）

8月4日　夜訪郭紹虞。爲葉景葵寫壽聯。（日記）

8月5日　生母王懷沉歿二十周年紀念，自家設供，不作佛事。（日記）

8月6日　李宣龔電話，借館抄《閩中録異》及《閩雜記》付排，將爲《墨巢叢刻》之一，原本言明贈合衆。（日記）

8月7日　寫壽葉景葵文。訪李英年。（日記）

8月8日　　寫壽葉景葵文,至上燈始寫畢,即付裝裱。(日記)

8月9日　　爲李英年理杜文瀾手札。壽葉景葵文裱來,殊惡劣。(日記)

是日　　杭州王希曾致葉景葵函,向合衆圖書館捐書。

聞公有合群〈衆〉圖書館之設,縹湘藏弆,嘉惠來兹,至爲欽佩。希曾舊鑴各稿,檢送全集,祇堪覆瓿,敢冀鑒存。欲藉海内先知宿學,指我瑕疵,實爲至幸。昔年曾侍□公衅懷,另呈祝嘏新詩,詳述顛末。(原件;《新見近現代名賢尺牘五種》,第278頁)

8月10日　　李宣龔招晚餐,座有冒廣生、夏敬觀、沈昆三、沈劍知、瞿旭初、錢鍾書等。(日記)

是日　　先生父親忌日。(日記)

8月11日　　狂風暴雨。邵鋭來信,言文楷齋書板允爲理出,不似宕塞,該店一時亦不致閉歇。先生爲之稍慰。(日記)

是日　　顧燮光有信致先生。

昨奉六日來示,敬悉。法帖等件知荷台詧,《寶賢堂》《澄鑒堂》係先祖所遺,道光以前拓本也。《玉虹樓》《渤海藏真》則光緒間燮在冷攤上所收得,亦咸豐以前拓本。尊示云皆屬舊拓,具徵法鑒,既佩且慰。李英年先生碑價一百七十三元餘,昨已由興業匯到無誤,費神至感。千唐志本係甲至癸十包,計一千二百餘種,編有細目,廿五年時工料價廉,每份僅定貳百元,燮經售十份,除自購一份外,尚餘一份。

事變以來,家存典籍狼藉不堪,去夏回杭檢點,所餘一份祇存七包(甲至庚)。郭翰臣來信云,須加廿倍,燮以既少三包,安能加廿倍,拒决之。一月前曾有信告以貴館可要,囑其定一平價,大約月半後可有回信也。俟其回信來後,方爲之寄北平,刻下可暫留也。……承示陳君器成囑照目録所有寄一份,一星期後可以照辦,除特別之品及墓志新目尚未出版外,餘約一千四五百元,最低以八折爲度,因目録定價不及現下紙墨工價之半,售出無法補充也。至款以直接匯杭爲便,因有用處耳。

再,燮昔年用宣紙金屬版精印《古刻萃珍》六十種,均係照原式大小影印,下真迹一等,陳君處應否寄一全份? 此件目録中已登,全份一百元,八折八十元,祈示知爲感。(原信)

是日　　葉景葵撰《七月十一日[①]暴風雨答顧君起潛潘君景鄭(七律)》。

六龍吐雨百靈驚,飃怒風聲挾水聲。電母避威雷下蟄,江神失勢海西傾。循墻保障書無毀,伏枕憂虞稻不成。蝸角未歸王率土,何煩灾異奏承明。(《葉景葵文集》,下册第1021頁)

8月13日　　理葉柏皋書。徐森玉贈内閣大庫宋元本散頁,以爲葉景葵七十

---

①此爲陰曆。

壽。潘博山百日,因暴雨積水,未能往拜。(日記)

　　8月14日　葉景葵七十壽辰,先生偕夫人、誦芬暨家英內侄同往拜祝,贈壽言一冊,潘景鄭撰文,先生篆書。祝壽者來合衆坐憩者,有顧逸農、劉子楷、張元濟、李宣龔、袁帥南、金任鈞、李英年、陸頌堯、許夢琴、戴楚材等。陸頌堯見借陳少石日記并囑加跋。(日記)

　　是日　"本館常務董事葉揆初先生七十壽辰,先生親友有以書籍、拓本見貽,藉申慶祝",題名如下:

　　　浙江興業銀行全體同人

　　　　　《冊府元龜》318　《佩文齋咏物詩選》64　《鶴壽堂叢書》20　《宋藏遺珍》120

　　　朱恒、朱仁先生

　　　　　同治《上海縣志》16　民國《上海縣志》12

　　　武奮先生

　　　　　《中國沿海燈塔志》1　又英文本1

　　　陳叔通先生

　　　　　巾箱本《堅匏集》32

　　　蔣俊吾先生昆仲

　　　　　《歙縣金石志》6

　　　王欣夫先生

　　　　　曹元忠校《授時曆考》2

　　　屈伯剛先生

　　　　　諸鞠邁舊藏《説文引經考》4

　　　徐鴻寶、鴻賓、文坰先生

　　　　　內閣大庫宋元散葉20張

　　　顧鼎梅、逸農、林曼卿、趙潔如、馬久甫

　　　　　《玉虹樓石刻》12冊　《寶賢堂集古法帖》181張　《澄鑒堂石刻》43張　《渤海藏珍》67張

　　　陳仲恕先生

　　　　　《五百羅漢象》10冊

　　　共計書10種,596冊、20張;拓片5種,291張、22冊。(《合衆圖書館籌備第四年紀略》原件)

　　8月15日　訪汪伯繩。郭紹虞來談,偕訪王庸,不值。歸悉王庸偕謝國楨見訪,適左。還單鎮楊子卓詩稿等兩種,便道視錢鍾書,并以《匏廬詩話》借之,暢談。(日記)

　　是日　顧燮光有信致先生。

　　弟民初在河南省河北道署編纂《河朔古迹志》計十年之久,訪得古人未著録碑刻七百餘種,成《古物圖象》二巨册(拍影計二百餘幅,均弟自拍,底片存杭,廿六年被毀盡)、《古迹志》八十卷(均用紅格白紙精鈔),未及印行,而居停范公去世,其夫人後寓杭州,以景奇窘需款用,將版權底稿讓與弟,經友好居間,以萬元贈之。當時亦因卷帙太繁,暫未付印,僅於廿一年擇其菁華,編爲《河朔訪古新録》一書,業已出版。民國廿六年,復將所訪得漢魏迄元止文字六百餘篇,編爲《河朔金石文字新編》,未及成書而亂作矣。《古迹志》全稿(少安陽縣六卷)存上海東萊銀行保管箱中,《圖象》二巨册存杭寓。刻弟將古稀,既無職業,又無恒産,杭寓係屬公産,每月出房租,小兒一人又不得力,家存叢殘陸續出讓,以資度日。自知無力再印此書,如貴館能保存,願以相當代價半數奉讓,姑妄言之,祈酌之爲要。(《李宣龔、顧燮光致顧廷龍手札》,載《歷史文獻》第 17 輯,第 267 頁)

是日　《合衆圖書館董事會財産目録》編竣。(原件;《顧廷龍日記》)

8 月 16 日　郭石麒携《甬上耆舊詩》來,索六百元。張元濟贈顔雪廬集。錢鍾書來。葉景葵交來王大隆贈抄本《授時曆故》,有曹元忠校,此書劉承幹刻過。(日記)

8 月 17 日　跋《涉園圖卷》。此爲張元濟捐贈合衆圖書館者,跋中述張、顧兩家先人往事,有云:

廷龍仰慕菊生先生之道德文章有素,年來乃獲時親教言,幸何如之!比以吾家《秀埜草堂圖》卷乞加題識,以爲光寵,先生亦出先世《涉園圖》見示。溯涉園爲螺浮諫給①所經營,令嗣小白主政,葺而新之。先九世從祖松交公嘗治野園于城中,其子先八世從祖迁客公建依園於西遍,秀埜公亦築草堂於前舍。兩家園林之勝并峙東南,門閥相若,交游亦相若,固知兩家之必有往還。既讀《秀埜集》,有《上巳日葉星期同海鹽張小白過訪草堂聽十番新曲》七律三首,而諫給與松交公尚有丙戌齊年之雅,是可證也。三百年來,野園、依園并淪丘墟,且爲人豪奪以去,草堂舊址則改爲祠宇。聞涉園亦滿目榛菅,僅存遺迹而已。今涉園與草堂皆賴圖咏以留鴻雪,而兩圖又皆展轉爲楚弓之得失,卒得同庋於合衆圖書館,爲文獻之徵,亦奇緣矣。竊維掌館事者於前賢文物當慎守如先澤,則可歷千萬祀而勿替,繼吾者當不河漢斯言。率書數語,以志眼福,以告後來。(《全集·文集卷·涉園圖卷跋》,下册第 698 頁)

8 月 18 日　理葉柏皐書,疲甚。閱陳少石日記。(日記)

8 月 19 日　理書。喉痛,入夜略甚。(日記)

8 月 20 日　題《涉園圖卷》。張元濟見假《册府元龜》,并有信致先生,云:"賜題《涉園圖》,捧讀一過,載明兩家世誼,尤足使此圖增重。感謝! 感謝! 首

───────────

①諫給:原文如此。亦作"給諫"。

數語褒獎逾格,萬不敢當。至云'巋然尚存'亦非事實,今亦滿目榛菅,僅存遺址而已,務祈改正爲幸。原稿繳上。又《册府元龜》兩册同時送去,統乞查收。"《里堂家訓》訂出,即檢出三十部贈諸仲芳。理書。喉痛。(日記;《張元濟書札》,第173頁)

8月21日　理書。代葉景葵起草《宋詩紀事拾補》序。函謝劉吉生、葉起鳳饋館費三千元兼壽葉景葵。喉痛如故,精神不佳。(日記)

8月23日　武奮贈《燈塔志》,爲葉景葵壽。校陳簠齋致潘文勤尺牘,其菁華已刻入《滂喜齋叢書》。章元美來電話,言明自北平返,天津中國銀行棧房存件催領。又代子虬(按,顧柏年)托寄之箱,須先生備函負責,其中有目下違禁之品。(日記)

8月24日　章元美來,交子虬出面委托存放字畫等二箱,年月填廿六年十月九日,能備而不用,幸甚。潘季孺來。覆陸頌堯所詢諸人事略。録陳簠齋跋殘瓦量兩則。開明書店送《明代版本圖録》排樣來,十二卷已全,祇須補《索引》。襄成見假尺牘一册,皆三松友朋之札。晚游東方書店。校《明代版本圖録》。(日記)

8月25日　校《明代版本圖録》。訪開明書店徐調孚、王伯祥,商附印若干部,承允諾。又晤郭紹虞。閲大華書店、秀州書店、傳薪書店三肆。劉道鏗、顧廷鳳來。(日記)

是日　沈範思有信致先生,談硃卷事:"朱汀老送來清代鄉會試卷等五種,即照目録點齊(破爛居多,黴蒸氣極重,檢點時注意,宜戴口罩),計一千六百十一本,分作四十一件包扎,内外編號(每一件即一號),分批交郵局挂號寄奉。"(原信)

8月26日　校《册府元龜》。至東方書店購《川鹽紀要》等。(日記)

8月27日　校《册府元龜》,補鈔葉。(日記)

8月28日　得陳垣信,托鈔蔣彤《謝山全先生述》。即向袁帥南借來手鈔復之。王世襄來函,索書畫書,當寄贈,并擬托其購《論語集釋》。冒廣生來還《叢書集成》一册。胡文楷爲葉恭綽携還所題《秀野草堂圖》。(日記)

8月29日　訪孫師白,還《陳簠齋尺牘》。午後,訪胡樸安,談甚久,承贈所著數種。訪陳陶遺等。得沈範思信并硃卷目,知已點竣并付郵。潘家鑠送木箱來,將寄存潘博山所有書畫。(日記)

8月30日　先生有信致王世襄,贈《合衆圖書館叢書》九種,希望其將《論語集釋》及《中國留日同學會季刊》兩種購贈。諸仲芳、瞿鳳起來。陳陶遺介紹徐子爲來參觀,見借章太炎手稿《清建國別記》及《集聯》等。先生檢《合衆圖書館叢書》贈之。鈔章太炎《集聯》。潘博山夫人偕季淑來,存書畫若干件。接郵局通知,硃卷四十一包已到,明日可領出。(日記)

8月31日　姚光來,見借《古今》,并借去《群書斠識》《藝蘭室文存》。致謝國楨信,詢《册府元龜》價。諸仲芳來,《里堂家訓》印刷費,由渠增五十元,足

成四千之數。硃卷四十一包領到,均先爲郵局拆過。(日記)

是月　葉恭綽跋《秀野草堂第一圖》。

　　　　風流一代辟疆園,想象承平寶繪存。訪宅舊曾思酒帝,傳家今喜得文孫。青瑶孤嶼空遺迹,紅豆虛堂剩夙根。更有鳳池慚肯構,吳中故事漫同論。燕京俠君故宅,所謂草堂小秀野者,陳石遺昔居之,余屢觸咏其間,余寄石遺詩所謂“斜街一飯可能忘”者也。俠君豪于飲,有“酒帝”之目。余喜吳門幽静,居之數年,平江坊巷,歷歷心目間,而園林締構之精,竊以爲足甲全國。曾擬爲《吳下名園記》以紀其盛,因循未果。星移物换,吳市倏爲殷闃之域,七寶樓臺拆無片段者,不知凡幾,此後欲求營造法式及往哲風規,恐皆無從措手,思之惘然。余祖宋石林公故本籍吳鳳池鄉,第宅故址猶在乘魚橋,其葉家埭一帶則連類而稱者也。曩讀《夢窗詞》“楊柳閶門屋數間”,及賀東山昇平橋宅諸詞,輒爲神往。曾擬卜居楓江漁父故宅,不果,遂居網師園,旋又居汪甘卿宅,今棄之矣。每念桑下之戀不應留痕,况乎亂世,寧有安宅,故亦不復介介。文氏青瑶嶼、惠氏紅豆書屋,今亦蕪没矣。(《遐庵彙稿·中編》,第 154 頁)

是月　完成《合衆圖書館籌備第四年紀略》(亦名《三十一年度報告》)。

　　本年度報告自三十一年七月一日至三十二年八月十五日止,所有工作時間費於整理叢殘爲多,以及瑣務紛紜,人少事繁,乏善足述。

　　一、入藏

　　子、捐贈。

　　本年度承各家相將捐贈書籍、拓本,甚爲踴躍,各具專門,皆多善本。朱旭初先生所捐,以理學書爲多。葉柏皋先生故後,其家屬以所遺藏書委爲整理,并提取本館未備者,概行捐贈,以佛學、理學書爲多。葉遐庵先生所捐爲其所藏地志部分,若山川、廟宇、書院、古迹等類,蓋由數十年收集而來,甚可貴也。又汪振聲先生所捐先德穰卿先生師友手札,光宣名流手筆,畢萃於此,其討論時事得失,關係歷史尤巨……

　　丑、採購。

　　本年以書價上漲,經常費外加撥特別費,所購書籍約爲叢書、奏議、族譜、明清别集、搢紳録及公署報告、舊雜志等,皆以有歷史參考價值者爲標準,又添購新出土銅器拓本及石刻拓本,共計書籍 1712 種,9354 册、33 張。共計拓本 419 種,541 張,22 册。

　　書籍略有善本:

　　《貞白堂集》明温璜,崇禎刊　《少河札記》清朱錫庚,稿本　《五岳山人集》明黄省曾,明萬曆刊　《滬上題襟集》清袁學瀾輯,稿　《袁忠節公叢稿》清袁昶,稿本　《隨軒詩存》清徐渭仁,稿本　《談泉手札》清蔣清翊,墨迹　《元秘史注》張鴻批校　《萬文恭公摘集》明萬士和,明萬曆刊　《趙文肅文集》明趙貞吉,明萬曆本　《金文靖集》明金幼孜,明弘治補刊　《王文肅集》明王錫爵,明正德刊　《陸子餘集》明長洲陸粲,明嘉靖刊　《黄門集》明許相卿,明萬曆刊　《居敬堂集》明趙王枕易道人,明嘉靖刊　《山堂粹〈萃〉稿》明徐開〈問〉,明嘉靖刊　《紫岩文集》明劉龍,明嘉靖刊　《鹿伯順十五種認真草》明鹿善繼,明崇禎刊　《龍江先生文集》明胡膏,明嘉靖刊　《于蕭愍集》明于謙,明嘉靖刊　《見素集奏議》明林俊,明萬曆刊　《韓忠定集》明韓文,明萬曆刊　《徐〈姚〉文敏集》明姚夔,明隆慶刊　《谿田文集》明馬理,明萬曆刊　《喙鳴詩集》明沈一貫,明萬曆刊　《定庵集》明張悅,明弘治刊　《熊南沙文集》明熊過,明季刊　《盧浮丘集》明盧柟,明萬曆刊　《鬱洲遺稿》明梁儲,明嘉靖刊　《少村漫稿》明黃廷用,明萬曆刊　《王忠端集》明王家彥,清順治刊　《西塘集》宋鄭俠,明萬曆葉向高刊　《澹友軒集》清薛所蘊,清順治刊　《傳文恪初集》明傳德新〈新德〉,清順治刊　《擔峰詩》清孫洤,清康熙刊　《天延閣詩前後集》清梅清,清康熙刊　《詩志》明范王孫,明崇禎刊　《高陽山人集》清劉青藜,清康熙刊　《安序堂文鈔》清毛際可,清康熙刊　《太乙山房文集》明陳際泰,明崇禎刊　《半農齋集》清蔣中和,清康熙刊　《楚村文集》清丘石常,清康熙刊　《中山集》清郝浴,清康熙刊　《橫雲山人集》清王鴻緒,清康熙刊　《遯園文集》清李贊元,清康熙刊　《紀游詩》清葉先登,清康熙刊　《續垂棘編》清范鄗鼎,清康熙刊　《巽園集》清李大朗,清康熙刊　《寒邨詩文選》清鄭梁,清康熙刊　《南疑文集》清王奪標,清康熙刊　《綠波樓詩集》明張九一,清康熙刊　《南湖集》清鄭磊,清康熙刊　《嘉蔭樓集》清孫允膺,清康熙刊　《鹿皋詩集》清王道,清雍正刊　《白雲村文集》清李澄中,清康熙刊　《鹿皮子集》元陳樵,清康熙黃〈董〉肇勛刊　《詩源》清姚佺,清康熙刊　《尚志館文述》清盧錫晉,清雍正刊　《怡雲集》清宋生,清康熙刊　《西園文集》清許承周,清康熙刊　《東山存稿》明趙汸,清康熙刊　《旭華堂文集》清王叒曾,清乾隆趙熟典刊　《谷遺詩存》李寶章,稿本　《小爾雅義疏》清胡世琦撰,段玉裁批校,稿本　《乙閏錄》清鍾文烝,稿本　《四書摭餘說》清曹之升輯,胡玉縉手校

　　寅、傳鈔。

　　本年傳鈔書籍共計三三種,七一册,一六六三八八九字。

　　《俄羅斯進呈書目》1　汪氏《經典釋文補條例》1　《明通鑑》3　《湘靈詩文集》1　《吹齏錄》12　《尚書私學》1　《採香詞春雨樓雜文》1　《援鶉堂文集》1　《三松堂書畫記》1　《江蘇採輯遺書目》4　《續書樓藏書目》6　簠齋手札 1　《繭蕉盦詩存》1　陳碩甫師友書札 1 册　楊子卓遺稿 1　《秦佩鶴遺稿》6　《漢詩音注》2　《朱參軍畫象題詞》與《梟舟話柄》合一册　《梟舟話柄》1　《餘冬璙錄》1　《吉雲居書畫錄》1　《吉雲居書畫續錄》1　《含經堂集》6　《黃椒升遺書》6　《寒松閣題跋》1　《夷門廣牘》另種 1　《百陵學山》另種 1　中央圖書館香港歷劫書目 1　《邵二雲師友書札》1　《敦煌書錄》2　《敦煌寫本閱讀記》1　《孟亭居文集》鈔缺二卷　《智庵詞》1[①]

---

① 智庵詞:上海圖書館網站目錄作"芴盦詞",作者潘志萬,即本書中多次提及的"潘召盦"。

本年書籍總數,計四千三百九十一種,一萬九千二百八十八冊、七十七張、一百四十六函、一卷、十五包。拓片總數,計六百廿八種,一千一百五十五張、九十九冊。

合歷年舊存,共計書籍一萬六千五百六種,十二萬八千四百二十九冊;圖及散頁七十七張,尺牘一百四十六函,畫一卷,石經十五包,景印卷三十二卷,奏摺信札二宗。共計拓片六百廿八種,一千一百五十五張、九十九冊、一百三十五包、十九軸、四百七十七張。舊報七捆。寄存書籍計四百五十三種,一千二百八十五冊。

二、編目

葉揆初先生所捐書籍目録初稿編就,録成六冊。

葉遐厂先生所捐志書目録草片已分類就緒,尚未繕正。

葉揆初先生所捐金石拓本業已整理,分別裝套,編寫目片標明籤記,約分十八類……

三、校印

本年承李英年先生特捐印刷費,指定印傳關於書畫撰著,印成叢書九種:

《吉雲居書畫録》《三松堂書畫記》《吉雲居書畫續録》《李江州遺墨題跋》《朱參軍畫像題詞》《餘冬璅録》《梟舟話柄》《寒松閣題跋》《閩中書畫録》

又承諸仲芳先生介紹,得江都袁鶴松、潘炳臣、冷榮泉,上海楊季鹿諸先生捐貲,印成江都《焦里堂家訓》一種。

四、流通

北平中法漢學研究所及輔仁大學圖書館,皆與本館所出叢書作爲常期交換。

朱桂辛先生來函,傳鈔《訓真書屋遺稿》,旋即印行傳世。

五、事務

三十一年七月廿一日,報載限期檢交於中日親善及中日提携有阻礙之一切書籍、圖畫、雜志、教科書、傳單、舊報、漫畫、壁報、宣傳雜志等五條,當即自行檢理,銷毀不全報紙、雜志計十三種:

《大美晚報》《宇宙風》《新生》《大衆生活》《永生》《生活》《文摘》《論語》《華年》《是非公論》《蹂躪》 英文《民衆論壇》《禮拜六》

九月十九日,馬夷初先生爲本館所藏《説文理董》撰成長跋一篇。

三十二年五月一日,葉遐厂先生贈書,交換贈與接受函牘,以資紀念。

六、人事

裝釘工倪介眉服務兩年,遽於卅一年八月七日病歿於家。

七、閱覽

翟際潛　冒鶴亭　俞寰澄　沈劍知　李寅文　王以中　黃厚誠　劉厚
生　胡文楷　陳聘丞　徐調孚　馬夷初　胡樸安　徐益藩　袁帥南

八、參觀

項蘭孫　張叔雨　徐宗澤　姜梅隝　葉退厂　熊述陶　趙元方　徐森
玉　沈昆三　張芝聯　顧公雄　顧公碩　范行準　吳雲瑞　張子瑜　許潛
夫　郭紹虞　汪伯繩　WOLFGANG FRANKE　陳啓成　楊寬　陸頌堯
吳子猷　（原件;《顧廷龍日記》）

是月　《合衆圖書館董事會收支報告》（1943 年 2 月 16 日至 8 月 15 日）編
竣。(原件;《顧廷龍日記》)

9 月 1 日　諸仲芳飭人來取《里堂家訓》。訪葉恭綽,遇魏廷榮携宋畫二、元
畫一求葉題識。開明書店送《明代版本圖録》排樣來,編索引。(日記)

9 月 2 日　葉景葵送書畫十件來,招孫伯淵來觀。編《明代版本圖録》索
引。沈劍知來談。函存古齋,購《古文觀止》。(日記)

9 月 3 日　點砆卷。囑潘家英、誦芬兒編索引。潘季孺來。陸頌堯來。得
沈範思信,附到朱氏藏砆卷第二次目。(日記)

9 月 4 日　偕沈劍知訪李英年,不值,即在室中略坐,就桌上畫册閱之。起
草復沈範思信稿。校《明代版本圖録》索引。(日記)

9 月 5 日　校《明代版本圖録》索引。襄成來,見借尺牘一本。潘家崵來,
謂有同學王君欲從先生學篆書,先生允之。訪魏廷榮,未晤。寫扇面二頁。復沈
範思信。(日記)

9 月 6 日　抄《秀野草堂圖》跋文。陪沈劍知看李英年藏畫。沈述趣聞云:
夏劍丞聞汪精衛近好陶詩,遍訪異本,大約受龍榆生所指示,劍丞知李宣龔有景
宋鈔本,極佳,遂託言借閱。借得後,即赴南京親獻汪氏,曾得五千元贐儀。一
日,李釋戡見汪,汪告以夏某新贈陶集,係令兄舊藏,有“墨巢”印記,此書甚佳。
釋戡馳書告宣龔,宣龔即以詢夏,夏稱君當時似以贈吾,故敢轉贈。一笑而罷。
(日記)

9 月 7 日　得華北編譯館來函,請爲代售《合衆圖書館叢書》,先生檢贈
一部,即復却之。吳豐培自北平來,長談。將《秀野草堂圖》卷送李宣龔題。
(日記)

9 月 8 日　檢理砆卷。撰《宋詩紀事拾遺叙》。

吾世丈屈彈民先生,博極群書,于訓詁詞章之外,究心史地,熟悉蒙
事。近廿年來,曾託迹市廛,既而掌教上庠,逍遥物我之外,翛然自得,以其
餘暇,輯爲《宋詩紀事拾遺》一卷,再補存齋之遺佚。存齋當年集知名之士
十有五人,時值海宇晏安,從容文翰,各竭所藏,乃成巨帙。搜羅之富,可捋
〈捋〉原編,采訪之遍,宜無所漏。今丈以一人之力,拾遺補闕于板蕩之際,

其成就不更難哉！龍昔里居，謁丈於大井巷，時承教益。既北游燕京，音問稍疏。及前歲旋滬，適丈亦避兵海上，得重把晤。一日出此卷見示，以龍從事圖書館，檢書較便，命爲校補，忽忽期年，愧無所獲。固以網羅未專，益知丈用力之勤，而拾遺之匪易。（日記；《全集·文集卷·宋詩紀事拾遺叙》，下冊第900頁）

9月9日　開明書店來取《明代版本圖録》索引，并囑寫《秦漢史》《國聞譯證》封面。檢理砆卷。葉恭綽來札，言張謇等像將畫好。（日記）

9月10日　《圖書集成》送來。檢理砆卷畢。復沈範思信。（日記）

9月11日　擬陳少室（夔麟）《寶迂閣日記》跋。點《圖書集成》。（日記）

9月12日　擬《寶迂閣日記》跋。尤士錚來，交咸豐御筆、乾隆宣紙、劉石庵卷托售。陸頌堯來，見示尺牘三冊，有僞品，王澍寫《豳風》精絶。李英年來。胡文楷來，幫忙竟日。（日記）

是日　傷風，疲甚。（日記）

9月13日　修改《寶迂閣日記》跋。錢鍾書來。潘博山夫人來，存書一箱。諸仲芳來，携示文徵明蘭賦書畫合璧卷。馬叙倫來還書，爲書扇一頁。冒廣生還書，爲書小屏一幅，并贈詩云：“我識王懷祖，因知顧澗薲。異書探二酉，餘事了千人。墜地斯文舊，憂天熱淚新。葉公真好者，龍性不須馴。”（日記）

9月14日　中秋。陳永青來長談。寫尺牘簽。（日記）

是日　跋《寶迂閣日記》。

　　余嘗謂子孫之愛護先人手澤，多知其當然，而知其所以然者爲少，非出真知篤好，終歸湮没。何如後生之愛護先賢遺著，出于敬仰之誠，歷久不渝，即有流傳亦不出真知篤好之手，必有闡發之一日。物以得所爲主，何計乎藏者之爲誰耶！（《全集·文集卷·寶迂閣日記跋》，下冊第1004頁）

9月15日　校葉柏皋書片。（日記）

9月16日　將《宋詩紀事拾遺》及序寄屈犧。校葉柏皋書片。潘季孺來。（日記）

9月17日　先生父親去世十周年，設供。校葉柏皋書片。（日記）

9月18日　校葉柏皋書片。李宣龔來。（日記）

9月19日　校葉柏皋書片，胡文楷來助抄。屈犧來謝撰序。袁帥南來。陸頌堯來，示所藏尺牘，留閲。（日記）

9月20日　校葉柏皋書片。潘季孺來談。（日記）

9月22日　李宣龔、錢鍾書、王庸來，暢談。校葉柏皋書片。袁帥南來。得沈範思信，附朱小汀來書，爲砆卷事。（日記）

9月23日　復沈範思信，購二批砆卷，核實二百八十餘元。（日記）

9月24日　訪李英年，示大滌子畫，先生以爲不真。（日記）

9月26日　寫扇。襄成來。陸頌堯來，贈聯，長談。（日記）

9 月 27 日　　校片。理殘本。寫諸仲芳扇。(日記)

9 月 28 日　　陸頌堯、潘季孺、李英年來。訪諸仲芳,不值。夜,寫誦詩兒墓志,不甚愜意。(日記)

9 月 29 日　　理葉柏皋叢殘。諸仲芳示石谷《送陳伯驤去毘陵圖》,有黃晉良、顏湄、楊賓、徐賓、趙煜、沈世奕等題。(日記)

9 月 30 日　　葉景葵聞竹森生言,潘明訓書已由中央圖書館收購,價五百萬元,向金城銀行借三百萬,并由周作民出面轉借二百萬,主事者張詠霓。潘氏非急售之家,中央亦非急辦之時,并不聞有覬覦之者,忽有此舉,莫測高深。(日記)

10 月 1 日　　理葉柏皋叢殘。爲陸頌堯注明人手札姓字,皆致程篁墩(敏政)者。偶至東方舊書店,謂有雜志、公報等,約明日往選。(日記)

10 月 2 日　　董金榜來。赴東方舊書店,選大批上海、南京等地公報,皆有缺卷,共一千八百元。(日記)

10 月 3 日　　閱沁明女士《歐美采風錄》,頗感興趣。其燕京大學畢業,隨夫聶某赴美留學,其夫入哈佛,又嘗游歷各處。閱肆,皆有所采。李英年來。(日記)

10 月 5 日　　冒廣生、沈劍知來,未值。晚,葉景葵請食點心,座有陳陶遺、陳叔通、劉垣、李宣龔、潘季孺、沈昆三等人。郭石麒送所選書來。陸頌堯以李小池(圭)《入都日記》來,又不著姓名日記七冊,先生疑爲江西人張汝昭之子張德淵。得聶崇岐信。(日記)

10 月 6 日　　陸頌堯、諸仲芳來。顧燮光寄拓片及贈書,計三包。(日記)

10 月 7 日　　張元濟來談。(日記)

10 月 9 日　　葉恭綽來電話,謂宣古愚所遺金石書甚多,擬以贈合衆,惟須另闢室紀念,或分出半間,在門上加以標識,囑與葉景葵商奪。旋訪葉景葵,商定當俟書到,設法布置。讀向達譯《斯坦因西域考古記》二章。(日記)

10 月 10 日　　徐調孚來,交《明代版本圖錄》索引樣,并贈新出高亨《老子正詁》、朱東潤《史記考索》、陸翔譯《國聞譯證》。王世襄寄贈《石渠餘紀》及《中國留日同學會季刊》。寫扇三頁,臨王澍書,不能神似。校《明代版本圖錄》索引樣,并題簽。(日記)

是日　　葉景葵出示《秋夜草疏圖卷》,"此紀辛亥楊翼之在程雪樓幕中,與雷君奮爲程邀張季直同起疏稿,奏請改制,後與溥頲、孫慕韓聯名電奏,他督撫未與也。卷中附裝張季直與程聯名致函袁蔚廷,勸出主持大局,特屬翼之賫函前往面陳,并屬張仲老偕行。仲老病不能行,亦作一書交楊,而楊亦病,遂罷。此卷首疏稿,湖帆畫圖,楊自記兩則,張函,程、張仲老函,薔庵題詩,雪樓題記",羅偲子、應季中、沈信卿、黃任之、劉垣、梁啓超、張仲仁、陳陶遺、孫慕韓、伍伯谷、單鎮、王佩諍諸題,足資掌故也。(日記)

10 月 12 日　　陳永清、劉垣、葉景葵來談。諸仲芳來,贈《旅行》雜志八卷八冊,朱如堂亦贈四卷,所缺尚多。(日記)

10月14日　朱叔建贈書四種，先生回贈《合眾圖書館叢書》全部，又托其代索盛氏《家譜》一部。盛氏修譜方成，在常州用木活字排印百部。（日記）

10月15日　校《三松堂魚素檢存》。諸仲芳來。爲潘景鄭寫《明清畫苑尺牘》目録。（日記）

是日　顧燮光有信致先生。

刻有舍親處存有精拓白紙未裱全份《開成石經》，托代詢貴館要否，面積甚大，無甚傷損，必須查過方知。弟二三日內來滬，已來不及，俟回滬歸來再檢點也。（原信）

10月16日　竟日將張元濟書完全移入櫥中。托胡文楷購中西交通書籍四種。讀馮譯伯希和《中國乾漆造像考》，於"夾紵"二字引書甚多而未有諦解。先生認爲此實漆工之技術，不限用於造像，蘇州漆棺材即用此法，使能經久也。（日記）

10月17日　沈劍知來長談。李宣龔送還《秀野草堂圖》卷。潘季孺來，托抄《三松堂魚素檢存》。（日記）

10月18日　抄《二十四泉草堂圖題咏》三則。寫拓片卡片。諸仲芳送王烟客手札卷來，囑葉景葵題。（日記）

10月19日　抄《二十四泉草堂圖題咏》。校翁方綱跋，與集無甚出入。郭石麒送沈小岑日記來，其人《兩浙輶軒續録》有小傳，工隸善詩，唐蕉庵之外祖、徐同柏之姨夫。所記甚雜，潦草滿幅，不耐細讀。又選閱勞氏學稼堂（按，指勞乃宣家）殘餘書。潘景鄭交來潘博山遺畫，由吳湖帆補題款識，贈富文壽，以酬其所饋藥。即訪顧翼東，托其原手轉致。葉恭綽電話，告知《經學博采録》中有清學者象傳資料。陸頌堯贈石印本王澍篆書《關雎》章。（日記）

10月20日　理館抄書籍。校王澍書《孔子廟堂碑》跋。（日記）

10月21日　抄《二十四泉草堂圖題咏》畢。潘季孺、沈劍知來。郭石麒來，退回沈小岑日記，還價千元，允與主人商定之。顧燮光自杭州來，允將以不留書全部贈予合眾。（日記）

10月22日　抄王烟客手札八通，致王書城者。理葉柏皋叢殘，尚有可存者。訪李英年。（日記）

是日　夫人"談及余四十生日。自維虛度歲月，一事無成，憂心如搗，生計維艱，每一提及，輒爲不懌，過生日甚於過難。在諸親皆屬好意，不知至戚之好意，亦僅僅於此耳。萬感齊來，夜不成寐"。（日記）

10月23日　所有一年間鈔本，理付戴生記裝訂。自訂葉柏皋叢殘。李宣龔、沈劍知來。顧燮光來，先交《河朔古迹圖志》[①]稿二冊、《時賢閎議》二冊，全書隨後送來，價未言定。（日記）

---

①《河朔古迹圖志》：此稿後由合眾圖書館影印出版，書名《河朔古迹圖識》。

10 月 24 日　　閱肆，選《中國雜志》三十册。黄孟超贈《太倉書目》。(日記)

10 月 25 日　　理顧燮光處購拓本數目。(日記)

10 月 26 日　　結算葉柏皋書，并核對卡片。復黄孟超信，托抄王麓臺詩。致錢鍾書函，索《念劬廬叢刻》。陳陶遺電話，告《續行水金鑒》下半部已印出，囑往取。(日記)

10 月 27 日　　顧燮光交《河朔古迹圖志》稿本來。葉景葵交《海關圖書目》，選購若干種。檢葉柏皋書中《東華録》《金石萃編》，皆入藏，以便檢閱。陳陶遺贈《續行水金鑒》六至十五河水部分。(日記)

是日　　跋《江蘇采集遺書目録》。

　　　　二十五年春，余爲燕京大學圖書館向北平圖書館傳抄得此。旋爲潘景鄭内弟再傳一本，今又從潘君録副矣。余物色廿年，竟未見一刻本，它日當謀廣其流傳，書此以爲息壤。(《全集·文集卷·江蘇采集遺書目録》，上册第149 頁)

10 月 28 日　　領郵包，係來薰閣所寄《左文襄公全集》。文奎堂來新目，選數十種，價合聯鈔猶較此地廉多。上海書市實爲暴發户弄壞，致漫無標準。林子有見訪，商印所輯《再續詞綜目録》。李宣龔來談。訪顧燮光，議《河朔古迹圖志》價，言定萬元，附贈所存拓片。又以先生父親遺墨乞題。(日記)

10 月 29 日　　得顧燮光信，言《河朔古迹圖志》連照片以萬元成交，拓片則在外。(日記)

10 月 31 日　　潘譜孫來，致其昆仲饋先生四十壽禮，爲漢鏡一、瓦硯一、晶章一對、筆四支、花瓶一、墨八錠，長談。寫聶崇岐信。(日記)

11 月 1 日　　先生四十生日，譜孫、延夔皆來祝壽，"無任感愧"。"余今日四十，身丁喪亂，德業無成，親戚中有欲言祝，均已辭謝。"檢報告資料。(日記)

11 月 2 日　　姚光來，爲題《復泉山館後記》一篇。(日記)

11 月 3 日　　得容庚、潘景鄭信。杭州葉浩吾九箱藏書運到，理四箱，黴爛極多，須徐爲之。(日記)

11 月 4 日　　金通尹來，示朱小汀信，知有金甸丞、金翰皋硤卷附所購二批硤卷中。郭石麒約赴硤石看書，并送高麗本三種來。(日記)

11 月 5 日　　李宣龔送《華北編譯館館刊》，載有熊先鏈致朱啓鈐函，自言素喜漆業，對於栽培以及漆工等類文字，莫不悉心搜求。此人所藏他日可訪問，以資參考。沈劍知來。諸仲芳來，謂印江鄭堂雜著請冷某捐款，渠覆"緩緩再談"，似未無望。(日記)

11 月 6 日　　沈範思有信致先生。

　　　　第二次硃卷，朱宅已送來，容點齊即分包寄奉。文楷齋書版即可整箱交存敝處，版片須裝六箱，弟囑文楷齋掌櫃張子純，每箱編號及每號箱内所裝書版片名目及版片數目開一清單，一併交來。附奉帳單一紙，乞查收。張

君擬預支若干，敝處已付予木箱費貳百元，請台洽。(原信)

11月8日　寄文奎堂信，選書二單。沈範思有信致先生。

　　珠卷分十六包，昨交郵局挂號寄奉。兹再寄上目錄一份及朱汀老答覆各件摘錄兩紙，請詧收。文楷齋帳單如審核可全付，乞示知。(日記;原信)

　　是日　張元濟有信致先生，爲諸仲芳題王烟客尺牘卷引首，并送來致武一塵(同舉)函，索其著述。(日記)

　　賜題《涉園圖》拜讀一過，感荷不盡。陳叔翁詩亦已讀過，謹繳上，乞察存。命題諸氏奔藏王烟客尺牘，亦已題就，并繳奉。[1](《張元濟書札》，第174頁)

11月9日　理《澄鑒堂帖》《玉虹堂帖》。諸仲芳來，還王烟客尺牘卷。(日記)

11月10日　得沈範思信，知《尚書》板片可交浙江興業銀行，并算未清之賬。(日記)

　　是日　顧燮光有信致先生。

　　在滬暢聆教言，至慰積想。《河朔古迹圖識》二册因分兩過重，改裝四包，今日交郵寄上，到祈詧存是幸。如合雅意，請將書款壹萬元(又郵資二十元)交舍弟逸農手收，以便轉杭爲購米及卒歲之資也。篆字各碑及他書，俟月杪再交郵寄上，附呈清單，詧核爲感。

　　附《内閣官報》九本，《永感錄》一本，《羅夫人墓志》一本，《朝考卷》五本。(原信)

11月12日　得顧燮光10日信并《河朔古迹圖志》照片二册。得沈範思來信，附到朱小汀復信。又王彦超函，允贈家刻十餘種。復沈範思信并附支票一紙，爲付文楷齋款。徐調孚來，稱《明代版本圖錄》開明書店允加印五十部。(日記)

11月13日　與葉景葵商印《河朔古迹圖志》照片，估價三萬元，印二百部。"際此物力維艱，而忽有此雅興者，其理由:1.念當年訪照之不易，倘不及時景印，不知何時可以復有印行之望;2.照片略有褪色，再逾若干時，恐難照印;3.經此兵燹，不免有毁損之虞;4.利用工人空閑之時。"葉景葵考慮後同意。赴傳薪書店，購《二十四泉草堂集》等。訪徐調孚，承贈出版書三種。訪李英年。清點朱小汀寄來之珠卷。張元濟來覆，謂王君九(季烈)以菊裳先生日記對熟人有指摘處，因不能示人，渠將重閱一過，再定能否贈館。"其實菊裳先生日記由君九取去，出於巧言，選節即行，聊以塞責耳。所謂指摘時人，君九母子即在其列。一人有一人之個性，菊裳先生之可敬亦在此，豈可攫而抹殺之。君九墓木已拱，身後其能保不流散乎? 殆將效樊山之於越縵乎?"王彦超贈書寄到。(日記)

---

[1]《張元濟書札》中，此信末署"[三十一年]十一月八日"，知"三十一年"爲編者所加，未詳何據。本書據《顧廷龍日記》記載內容，編入1943年。

11月14日　復沈範思信,爲退硃卷殘本事。

是日　又致顧燮光信。(日記)

尊駕來滬,暢聆教益,并承賜題先人遺墨,感幸莫名!

日前奉到手書暨《古迹圖》四包,點收無誤。書款壹萬已於昨日送交逸翁轉致,不日當可奉達也。

大稿竭多年之力,所成至爲難得。今以付托之重,敢不妥事庋藏,相機流傳,用副雅望。惟録文之中,觀范鼎卿先生校籤,有曰"再繕時須酌改次序",曰"失録碑陰"等語,此稿似不能即據爲定本而即付手民,勢必先事重校重繕。此役龍與潘君景鄭或尚勝任,所望者,執事能將所藏河朔金石拓片傾其所有,一併歸之敝館,能贈則贈,須購則購,萬勿使其分散,則此一簣之功,不難足成。長者寢饋於斯,當不河漢鄙言也。

千唐志尚希與前途公道議價,候復祇遵。承贈《顧夫人羅氏墓志》一份、《内閣官報》九本、《永感録》一本、《硃卷》五本祇領,謝謝! 恕不另柬。前荷面許,將雜書檢贈,所有郵費自當由敝館擔負,望隨時開示。此次所寄《古迹圖》郵費廿元,忘并書款送交逸翁,容後同匯不誤。[①](《全集·書信卷·致顧燮光》,上册第39頁)

11月16日　葉恭綽送傳記資料丁、王兩姓兩札。(日記)

11月18日　取《河朔古迹圖識》校樣來。訪李英年。(日記)

是日　顧燮光有信致先生。

敝稿乃是初稿,未及復校,范公去世,存范處八年方由弟取回,致遺失安陽縣三册,而封丘、原陽武,因無碑刻則未編也。編志手續係以地爲主,碑文附之,各縣舊有《金石志》,如安陽、河内、孟縣、濬縣、武陟,均採用。爲省經費起見,凡各《金石志》已著録者均不再拓,依據《金石志》編入,新訪得六百餘種則均拓之,中經散失,刻亦不全,須加檢查方能知也。刻擬定辦法,凡敝處《金石目》已著價者仍按七折算,未定價者由燮定一價,按對折算,如此辦法是否合尊意,祈酌核示知爲感。此志稿能得鼎力及潘君復核,使草創神諟,不至微勞消滅,前功盡棄,感篆良深,且萬元補助,使購米度歲有資,尤爲至感。《圖志》照片除岳公墨迹外,均燮所手拍,玻版全存杭寓,廿六年之變全被擊碎,至爲痛心。今此已成碩果,能得貴館保存,尤爲心慰之至。雜書已整出少數,日内可交郵,到祈檢收爲荷。寄雜書時當寄《金石目》一册,内有紅〇者均河朔拓本,可覆按也。天氣驟寒,年老不免怕冷,書畫工作均停頓矣。(原信;《李宣龔、顧燮光致顧廷龍手札》,載《歷史文獻》第17輯,第272頁)

11月19日　核《河朔古迹圖識》頁數。諸仲芳來。(日記)

---

①《全集》中此信録自底稿,原無時間,本書據《顧廷龍日記》推斷,擬置於此。

11月20日　　錢鶴齡等來，議照相、印刷《河朔古迹圖識》價。(日記)

11月21日　　檢各種佳紙印本，請李英年、汪伯繩等觀覽。訪葉恭綽，代汪伯繩求書聯。葉言宣氏書大約可送合衆，但目下後人爭産未决，無暇及此，稍俟時日。又言王綬珊藏書，因諸子須售住宅，遂有鬻書之議，勸合衆收之，詳情可探姚虞琴。虞琴在鹽務中係繼王之事，故兩人交往甚密，當不虚此事。(日記)

11月22日　　潘季孺來長談，言晚清張之洞、袁世凱故事甚詳確。文奎堂寄來書八包。李宣龔來并贈書。(日記)

是日　　顧燮光有信致先生。

　　來示并圖印敬悉，尊論送書减爲五部，燮意書圖既係單行，圖按五部，志仍十部，何如？否則散處繳五部印刷費亦可，亦折衷之道也。題識排爲卷首亦可，惟范公原迹不能影印，殊爲可惜，然爲打算計，不能不如此也。此圖除湯陰岳廟墨迹非燮手拍，餘則拍影、曬洗一手爲之，原片玻版本裝一箱，存在杭寓，廿六年經匪破箱擊碎，無一完者，殊爲可痛。今得印行，尤感高誼，燮又得一知己，何快如之。至拓本數包，均被匪徒撕亂，整理不易，訪得各碑當時均有鈔本，可與原碑核對，惜狼藉書叢，一時未能尋得。各碑擬隨檢隨寄，年老冬寒，下無助手，不能從速也。惟安陽一縣計三册，在范公家屬處遺失，亦殊可惜。然欲補足，燮已年老，無力爲之。先生心精力果，又有潘君相助，如能補成全壁，尤爲心感(説明可取《訪碑新録》用之)。蓋昔年編此書時，凡各縣金石書已著録者，普通均不拓，文字以《金石志》爲依據，安陽則用《安陽金石録》。至新訪得之碑，散處大約存有鈔本也，民國二十年方策新修《安陽縣志》有"金石"一類，更可參考耳(此書上海富晉書社有之)。至此書非范公之毅力，任十年之久，一切用度約四五萬元，其宏願真不可及。燮不過依人成事，僅有草創之功，而潤色討論正目，爲先生及潘君是賴。燮意《圖識》用"山陰范壽銘鼎卿題識，會稽顧燮光鼎梅攝影"較爲切實。若志書，則范公名居上，爲主纂，下則三人并列(顧○○訪録，顧○○校補，潘○○重訂)方爲合格，未知尊意以謂何如？祈與揆公商之。至《圖識》跋，兩星期内可以奉上。再，圖不清及不佳者可删去之，燮意以精爲主，因印刷紙張貴耳。(原信)

11月24日　　晚，葉景葵招飲，座有李英年、汪伯繩等，暢飲。致沈範思信。(日記)

11月25日　　得容庚信，見贈畫一軸。又接文奎堂信，知第二批選購書均已付郵。(日記)

11月26日　　收到文奎堂寄來書八包。潘季孺來。(日記)

11月27日　　校《小爾雅義疏》并跋。(日記)

11月28日　　赴安定影印社，督印《河朔古迹圖識》。乘道訪李英年，承以陳嵩慶信稿散頁贈館。得顧燮光信，示《河朔古迹圖識》跋撰就。(日記)

11月29日　　查石刻目録,預備添置顧燮光所售者。得王彦超信,贈家譜。(日記)

是日　顧燮光有信致先生。

　　　昨奉廿四日惠書,敬悉。收條一紙已書就,茲特隨函寄上,祈詧收是幸(信第二幅有批字)。千唐志放在樓上箱中,日內當取出,即交郵寄上。敝處未用男女僕,餘皆幼稚婦女,一切須燮自操作,無助手也。天已漸寒,年老猥縮,再閱半月即停止整理碑拓各事,明春和暖再進行矣。《圖識》能得揆公作文記之,尤爲欣慰。志書明年圖之極是,圖志出版,燮應送之友約十人,此數未能少,以五部《圖識》照繳印資,將來必有定價,以五折定爲標準,何如?河朔碑拓擬逐縣整理,大約數百種,擬拓工佳者、篇幅大者酌定一價,亦按定價五折算,其小品及拓次者及明清拓本均奉送,以此爲標準可也。至目録中關於河朔碑拓均用紅〇記之,先生可詧看,如爲館藏所無者,年內以檢寄,則按七折算也。燮明春來滬,能在館寓數日,藉得聆教,何快如之。惟燮先住科館數日,再來貴館住二三日,惟未携被褥,未知有客被否?爲念。來示稱謂過謙,受之惶悚,請勿再施爲感。(原信;《李宣龔、顧燮光致顧廷龍手札》,載《歷史文獻》第17輯,第263頁)

11月30日　　陳叔通等來。陳云宣古愚遺産家人有爭執,有一女,姬婦所生者,向爲家中人所鄙視,已嫁,今竟請法院將遺産發封,聞有名人手札若干册亦在封禁中。“屋漏浸水,不知若干册尚無恙否?”校尺牘,還陸頌堯。復顧燮光信。檢點文奎堂寄來之書。(日記)

是月　贈諸仲芳《吳愙齋先生年譜》,封面上書“仲芳先生教正。顧廷龍敬上。卅二年十一月”。(王觀泉《巧識顧廷龍先生》,載《文匯報》2002年9月15日)

12月1日　　完成報告初稿。(日記)

12月2日　　繕報告。理《秦佩鶴遺稿》。諸仲芳見借《左文襄尺牘》。(日記)

是日　沈範思有信致先生。

　　　叠奉手教拜悉,附下支票兩紙均照收。承囑代付各書店欠帳,即將文奎堂、來薰閣兩處帳款付清,附奉收條兩紙,乞查收。文楷齋缺交《立政》一種樣張,已將開示單紙交該肆查明,補打樣張,并催其從速將書版裝箱、編號,開列清單,一併送交敝處收存。潘君款已由修綆堂交到聯幣壹百元,即收“合記”存款戶矣。上次所寄硃卷郵費已在“合記”存款項下付帳,無須補開支票。《中和月刊》現已結束,移歸京華書局接辦,因移交手續尚未完竣,暫停訂閱,對于未滿期訂戶,照常發寄。昨接朱汀老復信即附奉,請察閱。如有退還者,請徑寄朱宅,可免敝處多一次檢點手續也。朱君住北京西安門內北炭廠甲七號。(原信)

12月3日　文奎堂續寄書來。陳聘丞來談。（日記）

12月4日　校《炳燭室雜著》。安定影印社交來《河朔古迹圖識》估價單。（日記）

12月5日　謁胡樸安,求題先生父親遺墨。（日記）

是日　沈範思有信致先生。

　　　二日發奉掛號信,想登籤閣。文楷齋書版六箱,昨已送交敝處收存,兹附奉版片清單及帳單收條各乙紙,統乞查收。敝處另墊車資十九元五角,請開支票寄下爲荷。閣下與葉譽虎先生相熟否? 弟擬求葉氏書五尺對聯一付,如可辦到,即寄聯紙奉托,便乞示及爲禱。（原信）

12月6日　陳永清來,談興業銀行近事。諸仲芳、潘季孺來談。撰丁謙傳。復容庚、聶崇岐等信。得沈範思信。（日記）

12月7日　理《外交報》。訪張元濟。（日記）

12月8日　收到顧燮光信及千唐志,即檢理。訪李英年。沈劍知來。（日記）

12月9日　理千唐志,缺一包。（日記）

12月10日　理千唐志畢,缺五十六種。函顧燮光,囑隨後補來。録《河朔古迹圖識》目。（日記）

12月11日　得沈範思5日信并文楷齋書板清單,知已裝箱存興業銀行,爲之大慰。録《河朔古迹圖識》目。（日記）

12月12日　録《河朔古迹圖識》目。李英年來看畫。（日記）

12月13日　録《河朔古迹圖識》目竟,付之排印。（日記）

12月14日　校《左文襄尺牘》《吳退樓先生手札》。（日記）

12月15日　跋《吳退樓先生手札》,吳雲撰。“尺牘中多吳中掌故,因録存之。墨迹藏上海陸佑申處,其子頌堯出以見假,可感也。”（《全集·文集卷·吳退樓先生手札跋》,下册第1030頁）

12月17日　撰丁晏傳。（日記）

12月18日　排《河朔古迹圖識》次第,加蓋號碼。夜,撰丁丙傳。（日記）

12月19日　訪汪伯繩。閱書肆。（日記）

12月22日　接顧燮光寄拓片三包。黃孟超贈王麓臺詩,從太倉圖書館傳抄來。（日記）

12月23日　理顧燮光拓片。（日記）

12月24日　葉恭綽贈千元,爲《清代學者象傳》之酬。明日當却之。（日記）

12月25日　訪胡樸安,爲題先生父親手卷。（日記）

12月26日　訪葉恭綽,贈諸貞壯（宗元）集稿九册。璧稿費。長談。（日記）

12月27日　沈飈民、徐森玉來暢談。閱文奎堂書目。（日記）

12月28日　校書。王大隆來暢談。（日記）

12 月 29 日　諸仲芳來, 囑擬許某象贊。單鎮來, 示楊子卓遺稿三册并傳一篇。先生以秦佩鶴文二册及《湘弦詞》一册托其校選。閱《河朔古迹圖識》校樣畢。(日記)

12 月 30 日　《河朔古迹圖識》校樣送出。是書卷端題"山陰范壽銘鼎卿題識, 會稽顧燮光鼎梅攝景", 扉頁題"河朔古迹圖識二册。襟瘰攝影。循園珍藏并題記"。扉頁所題爲先生手筆。(日記; 原書)

12 月 31 日　潘季孺、沈劍知、葉景葵、諸仲芳先後來。(日記)

是年

先生題簽的《朱參軍畫像題詞》, 作爲《合衆圖書館叢書》之一, 由合衆圖書館出版。

1944年　41歲

1月1日　閱《清實録》,補《學政年表》。(日記)

1月2日　赴東方舊書店,得翁方綱批《山谷詩》殘本二册、褚禮堂批《寰宇訪碑録》四册、《國朝詩選》八册。訪李英年。(日記)

1月3日　閱《清實録》。赴東方舊書店,選書四十餘册,又《樂石搜遺》稿二十册,不詳誰著,觀其稱祁春圃爲前輩,張日晸、沈兆澐、潘光藻皆曰同年,則必爲嘉慶丁丑翰林。又知其尚守平陽,其姓字尚不能得。[1](日記)

1月4日　理褚氏書。(日記)

是日　顧燮光有信致先生。

跋語已寫好兩紙,用特郵呈,是否可用祈酌之,弟力盡於此矣。裝成請代送上海三處三部,郵杭二部,北京一部,名列後。餘四部暫存尊處,俟内地郵通再寄也。(原信)

顧燮光撰《河朔古迹圖識》跋云:

民國三年甲寅八月迄十年辛酉三月,燮光館河南省河北道尹范公幕,編纂《河朔古迹志》,時赴彰德、衛輝、懷慶三舊府各屬縣實地調查,若王屋之崔巍,太行之廣大,沁、衛、洹、漳之縈洄,以及大伾、百泉、沐澗、黃華、林慮、霖落、鼓山諸勝境,均爲行縢所及。浮圖造象,豐碑巨幢,梵宇精藍,名迹遺墨,胥自攝影,綜計八年之久,跋涉廿四縣,攀葛捫蘿,鑿險緪幽,所得僅此而已。范公好古情殷,裝爲巨册,手加題識,别爲《河朔古迹圖識》二卷,忽忽二十餘年矣。丁丑軍興,燮光避地上海,存杭書籍半付飄零。此二册納諸敝篋,幸得無恙,而原照玻片粉碎無全,此數百幀者已成孤本。老友葉君揆初創辦合衆圖書館,網羅文獻,不遺餘力,燮光自念蕭然白髮,已屆古稀,晚景桑榆,時虞艱澀,因以志、圖兩稿爲身後之托。兹承館中先以《圖識》整理景印,留兹鴻爪,克償夙願,范公九原有知,亦當含笑。惟河朔各地已更滄桑,圖中諸迹是否俱存,皆不可知。追憶舊游,至爲悵觸,披覽再三,不勝東京夢華之感! (原書)

1月5日　赴東方舊書店選書。杭州書到兩箱。閱褚禮堂所集金文,其一字文甚精。(日記)

是日　跋《語石》(清宣統己酉刻本)。

中華民國三十三年一月五日,録褚禮堂校語一過。禮堂殁後,拓本之

---

① 據上海圖書館網站目録,《樂石搜遺》,清沈巍皆輯。沈爲嘉慶二十二年進士。

精者先售于邊政平君,繼售于墨林,書則爲東方舊書店所收,余選數十種,
多有禮堂手筆者。又其舊藏《樂石搜遺》一書,不著撰人,録文考跋皆極精
善,石刻多北方之物,且出《八瓊補正》亦不少,正與議價,倘歸本館,必窮
考其姓字,以表章之乃已。(《全集·文集卷·跋語石》,下册第 584 頁)

1月6日　考《樂石搜遺》稿作者不得。劉道鏗贈《中國經濟及國際》。錢
鍾書來閲書。(日記)

1月7日　郵局派人來詢失郵事。得顧燮光4日信。閲東方舊書店書。訪
李英年。(日記)

1月8日　東方舊書店李估來,議《樂石搜遺》稿價。孫估景潤來,購《寄寄
山房全集》等二種。潘季孺、諸仲芳來。劉晦之來參觀。(日記)

1月9日　汪伯繩來談。容庚贈書。(日記)

1月10日　東方舊書店李估來,示《宿州志》殘本,沈欽輿校,爲道光間修
志底本也。郭石麒示周仲芬、蔣清翊等論泉手札。考《樂石搜遺》稿作者,遍查
不得。(日記)

1月11日　單鎮來,爲選秦佩鶴文鈔。過録吳育(山子)傳李申耆校《春秋
繁露》。(日記)

1月12日　潘季孺來。校《河朔古迹圖識》校樣。(日記)

1月13日　葉恭綽饋食物六色,蓋以代撰《清代學者象傳》之報。校《河
朔古迹圖識》,明日可印。聶崇岐寄來陳垣書扇并贈色墨廿錠。整理杭州來書。
(日記)

是日　爲李英年藏金螺青手札書跋。此爲清金吳瀾致乍浦陳少谿手札,計
七十二通。(《全集·文集卷·金螺青手札跋》,下册第 1032 頁)

1月14日　校《河朔古迹圖識》并送去付印。徐森玉、諸仲芳、王大隆來
長談。李英年來,示俟齋書中堂,又邀至其家,觀俟齋尺牘,贈《青鶴》雜志。
(日記)

1月15日　校片。沈劍知見示饒莊勇遺書卷,即録一通。郭石麒送書樣
來,皆蟫隱廬底貨。(日記)

1月16日　抄陳鱣《石經説》、陳子升《硯書》。(日記)

1月17日　復文楷齋信。謝容庚贈書。托沈範思購書。葉恭綽來函,借
《青雲譜》。童書業來談。(日記)

1月18日　復武霞峰(同舉)信。致顧燮光信,還拓片價,托潘景鄭交顧逸
農轉。陳永青來長談。校片。(日記)

1月19日　開明書店送《明代版本圖録》來,齊魯大學贈十部,附印五十
部。"此時印成,不勝快幸"。復聶崇岐、閔葆之信。葉景葵購《明代版本圖録》
兩部贈友,"實以助余附印之資耳"。(日記)

1月20日　校《明代版本圖録》。訪葉恭綽。錢鍾書來,閲《榕村語録》等。

（日記）

1月21日　先生有信致張元濟，并呈上《明代版本圖録》一部。（《張元濟書札》，第173頁）

1月22日　張元濟有信致先生。

昨奉手教，并蒙賜新印《明代版本圖録》一部，捧讀欣感。際此亂世，搜輯材料，居然保全，且印刷亦殊不惡，是有天幸，亦二公之志願有以成之也。名山壽世，堪操左券。（《張元濟書札》，第173頁）

1月24日　理物。顧翼東來。李英年來。張元濟贈唱本一包。（日記）

1月25日　新年。謁葉景葵，賀年。午後，潘景鄭等親友來。晚，往李宣龔處，不值。又赴張元濟處，擋賀。又至李英年處，留點心，置酒長談。沈劍知來，未值。（日記）

1月26日　徐森玉、鄭振鐸來，見借《方氏書目》三册。（日記）

是日　顧燮光有信致先生。

刻已歲暮，碑拓俟燈節後方能著手。陝西、洛陽等處拓本昂貴異常，普通之件動輒千金，好古之人望洋興嘆。燮年垂暮，存件在付托有人，不但不求善價，且十賣九送，現存件已不多矣。《寰宇貞石圖》大可補集，刻收藏已散佚，材料已無，且精力日衰，過眼雲烟，無法收拾，又因生計問題，日日作畫，每月須得三萬元方可支持。金石各書刻尚保存，遲二三年亦當出讓。浙江通志館聘爲特約編纂，義務性質，不能補助生計，仍須從事畫耳。（原信；《李宣龔、顧燮光致顧廷龍手札》，載《歷史文獻》第17輯，第240頁）

1月27日　顧燮光有信致先生。

昨整叢殘，尋得唐幢拓本多份，約重五斤餘，如尊處收存，每斤可按一百陸十元計算，郵費外加。河朔碑拓過春分後亦可陸續檢呈，有約在先，仍按每斤百元計算，燮求付托得人，物能得所，不計值也。尚有存件，均擬年內出清，年已衰老，雲烟過眼矣。又有四川重慶石魚題名全份，約三斤，按每斤二百元算，如要當再檢查，若有殘損則不寄上。（原信）

1月28日　顧燮光有信致先生。

宋碑早已檢出，因杭郵局被灾，停收包件，近雖收寄，重量改輕，每包須七十五元，數日後天稍暖當寄出，約八九包，郵費彼此各認一半可也。如早兩月寄出，可免郵費之增加，乃敝處稽遲之咎也。《河朔古迹圖識》可留他年投贈之用。宋碑約十七八斤，以二百元合約三千餘元，五部之數擴爲六七部亦可，俟寄到由尊處酌之。《圖識》不必交郵，可交舍弟存入敝處保管箱可也。前寄元碑等，計一千三百餘元，請於年內交舍弟詧收。下次尚有元碑一包，計重貳斤半，合洋五百元，請併入前次元碑一併計算，約共一千八百餘元，加郵費則一千九百元矣。（原信）

是日　讀《書譜》。陳器成來電話，囑爲其父撰象贊一首，稿成。（日記）

1 月 29 日　　寫象贊。（日記）

是日　顧燮光有信致先生。

　　昨寄一函，內附帳單，想已詧入。查十一月二十九日寄送書十種，郵費十四元，十二月六日寄千唐志七包，郵費四十一元，兩共五十五元，昨帳漏加入，應陳明。三共五百四十一元六角，祈臺核。如有〔誤〕請更正，如無誤，款請交舍弟爲荷。千唐志事昨有去信言之，候其回信，弟有辦法也。昨寄之跋，惡札可憎，新年稍暇，擬放大寫一幅寄上，如用影印，可縮小也。（原信；《李宣龔、顧燮光致顧廷龍手札》，載《歷史文獻》第 17 輯，第 242 頁）

1 月 31 日　　爲葉恭綽查苟、尤兩姓。諸仲芳來。訪葉恭綽，不值。（日記）

2 月 1 日　　錢鍾書來閱書，并贈苓泉（按，楊壽枏）年譜。閱《清實錄》。（日記）

是日　李宣龔有信致先生：“前奉上王可莊太守遺集一部，想已收到，其世兄彥和住四明村五十七號，可由館中備函寄謝。《學術界》一冊，謹贈。”（原信）

2 月 2 日　　閱《清實錄》。汪伯繩來長談。（日記）

2 月 3 日　　擬撰《王同愈事略》，閱王同愈稿。（日記）

2 月 4 日　　閱王同愈《栩緣日記》。（日記）

2 月 5 日　　閱《栩緣日記》。汪伯繩請先生看話劇《文天祥》，“余六年以來第一次，劇情尚有意義”。（日記）

2 月 6 日　　閱《栩緣日記》。郭紹虞來，渠新兼大夏大學課，聞洪業已入輔仁大學。訪陳陶遺，述鴻英圖書館窘甚，蔣維喬有歸併合衆之意。鴻英子亦願不堅持保存此名義。以原則而論，似無不可辦之處，手續、人事固有問題，不難解決，而經費實其要也。再訪陳叔通，出示宋銅印，文曰“讀書堂記”，精極，爲鮑問梅藏，有趙次閑所作圖，各家題咏甚多，朱泗撰記，考此即爲王弇州物，載《藏古筆錄》，後歸劉體乾，續裝一冊，乞題。索價印與冊一萬五千元。（日記）

2 月 7 日　　閱《栩緣日記》。校片。諸仲芳等來。（日記）

是日　《河朔古迹圖識》出版，贈李宣龔一冊。李宣龔致先生信云：“《河朔古迹圖識》拜謝，容當設法介紹《古今》雜志，用畢即奉還。”（原信）

2 月 8 日　　查“尤”“尢”異同。李宣龔招飲。訪李英年。（日記）

2 月 9 日　　復葉恭綽贈羅癭公詩稿函。（日記）

2 月 10 日　　訪顧逸農，托售《河朔古迹圖識》十部。訪汪伯繩，爲葉景葵贈字畫四幅。訪葉恭綽，求書聯二、畫扇一，未值。訪開明書店，徐調孚言趙萬里亦在此。登樓晤章錫琛、王伯祥、郭紹虞、周予同、鄭振鐸、陳乃乾。聞不日各書均須加價。（日記）

2 月 11 日　　徐調孚代購書兩種。至秀州書店，購《南京市政公報》等。據估人言，《國學圖書館書目》全部定價五百數十元，無人問津，比來同行不還一價携之去，謂論斤售與做還魂紙者，可得六百數十元，一轉手可賺一百五十元。如

此以往,書將盡矣。(日記)

2月12日　閱肆,在商務印書館、抱經堂、漢學書店等購書,價均昂矣。得沈範思信。(日記)

2月13日　去東方舊書店,見將不易銷之書俱稱斤售紙廠爲原料,其間三通書局叢書數十箱、日日新聞社之《華中現勢》均在。閱《鎮海向氏家譜》。(日記)

2月14日　張元濟送《聖迹圖》來,命考編人、刊年。(日記)

是日　顧燮光有信致先生。

> 茲托便友楊根道先生帶上河朔碑拓乙大包,共重四斤。內計安陽三函,輝縣二函,武陟乙函,共六函,重四斤,祈台核是幸。尚有十餘函,俟有便再帶呈。(原信)

2月15日　張元濟囑查《古文苑》九卷本見幾家著錄。張元濟來,刻圖章。(日記)

是日　《合衆圖書館董事會財産目錄》編竣。(原件;《顧廷龍日記》)

2月16日　單鎮來,還《秦佩鶴遺集》,選詩四百首,另繕一目見示。葉景葵來,述潘季孺寒熱三日未退,恐傷寒。(日記)

2月19日　顧燮光有信致先生。

> 《河朔古迹圖識》訂成否?北平戴静山已離北平,不必寄。弟須舊曆二月杪方來上海,寄杭一部請照寄,以先睹爲快也。上海翟吉千、楊易三、徐曙岑三君及舍弟處各一部仍照送。河朔各碑須月杪方能整理也。(原信)

2月20日　閱《清實錄》。葉恭綽爲畫扇,托胡文楷帶來。赴大新街,詢毛太紙價,昂哉,未購。(日記)

2月21日　擬撰《續清代學者象傳》。(日記)

2月22日　撰葉德輝傳。來青閣書估來言,有《楹書隅錄》書板,擬按柴價加半求售,即每擔九百元,計二十五擔。又趙之謙《鶴齋叢書》書板亦將爲燃料矣,皆蟫隱廬售出。"力不能收,徒呼負負!如書有留存,將來不難重行排印也"。(日記)

2月23日　撰陳慶年傳。漢學研究所贈《春秋繁露通檢》。(日記)

2月24日　葉景葵來言,竹森生捐四十五萬給合衆,爲其經營所得者。撰葵園傳。袁帥南來,言及王世襄已往內地,故久不得其信。(日記)

2月25日,撰譚嗣同傳。得顧燮光信。復聶崇岐信。(日記)

2月26日　閱肆,見連史紙書皆以廢紙售去,每斤八十元,大嘆"可惜"。(日記)

2月27日　致聶崇岐信,托購《食貨》,幷付《縉紳錄》款,書暫留彼處,計十三部。撰葉昌熾傳,於"經幢"特加提述。葉景葵示復竹森生函稿,囑繕正。(日記)

2月28日　夫人生日，親友皆來吃麵。撰劉光蕡傳。讀《語石》經幢類。（日記）

是日　合衆圖書館致信竹森生。

敬啓者：茲承交到"合衆會記"及"蔣捐基金"滬存尾數特活存摺兩扣均已照收，此兩户基金整數承執事轉匯生息，仍請各歸各户，分別記帳。又准常務董事葉君揆初報告，承執事另以經營所得中儲券肆拾伍萬元捐作本館永久基金，具徵熱心維持，曷勝感激。此款擬立"合衆福記"户名，仍請費心轉交尚其亮君存放，所結本息與前兩户分別記帳，以便核算。至紉公誼，特此布聞并鳴謝忱。（原信）

2月29日　孫賈來，言日來稱紙情形。晚訪東方舊書店，亦談稱紙事。據云"抱經堂朱遂翔與其徒合夥購南京《國學圖書館書目》，稱斤鬻去八十餘擔，《鄞縣通志》三百餘擔。聞之惟有浩嘆，吾不知主管之人何亦喪心病狂，輕易棄毀，一至于是耶？近日行世，白道林單面有字百元外，雙面百元，報紙六七十，江南連史八九十元，手工連史六七十元。書賈收來，售廢紙小同行，小同行售大同行，大同行售紙廠，亦有由紙廠掮客出而收者。收去之紙，以紙質與色分類別解送，不可夾雜。大同行約二三家，資本須五六百萬元，小同行亦須十餘萬元。文化劫運不知何日可止也"。購《庶荈詩譜》（一百廿元）四册，會稽董楷編。撰王頌蔚、陳豪傳。（日記）

是月　《合衆圖書館董事會收支報告》（1943 年 8 月 16 日至 1944 年 2 月 15 日）編竣。（原件；《顧廷龍日記》）

3月1日　"擬馮煦傳。魏梅蓀所撰《行狀》，述其爲學甚略，因檢閱《隨筆》《類稿》①摘取之。"葉景葵送來廢書零本若干，内有《適之自述》，序中有曾請揆丈寫自傳事，因暢談在東省事。諸仲芳携示惲南田《哭王奉常》詩册，精極。（日記）

3月2日　撰馮煦傳，頗節其所著自叙，以彰宿學。訪錢鍾書，介其夫人楊季康女士相見，其爲先生父元昌弟子也。訪單鎮，還楊子卓遺稿。訪林子有、顧翼東，皆不值。（日記）

3月3日　撰吳大澂傳。（日記）

3月4日　撰吳大澂傳。（日記）

是日　顧燮光有信致先生。

昨交便友周德震帶上河朔碑拓一包，内計四函共三斤，連前兩次共十斤半，祈台核。内計安陽縣三函，湯陰一函。查第二次所寄六函，安陽縣三函係誤，應請查明厘正。尚有十餘函，半月後有便再寄上，寄齊後作一結束，再寄唐宋諸碑也。（原信）

---

① 《隨筆》《類稿》：指馮煦《蒿盦隨筆》《蒿盦類稿》。

3月5日　理所撰《清代學者象傳》稿,午後交葉恭綽并長談。葉恭綽寫聯二,一贈沈範思,一贈誦芬。(日記)

3月6日　潘景鄭向吳湖帆借到王同愈畫四幀,先生擬爲之景印。諸仲芳、顧翼東來談。(日記)

3月8日　下午四時,召開合衆圖書館董事會第三次常會。出席者張元濟、葉景葵、陳陶遺、陳叔通、李宣龔。主席陳陶遺,書記顧廷龍。

甲、報告事項

一、葉常務報告,三十二年八月十六日至三十三年二月十五日止,爲三十一年度上屆財産目録及收支報告詳細説明。衆無異議。

二、葉常務報告,三十一年七月,承劉吉生、葉起鳳兩先生捐購書費兩千元正,藉祝景葵七十壽。

三、總幹事作三十一年度工作報告。

乙、討論事項

一、葉常務提:去冬物價上漲,自十二月份起,經常費六千元酌加一千五百元;職員津貼顧總幹事加三百元,潘幹事加二百元,朱幹事加一百元;膳食加六百元;雜費加三百元。請予追認。邇來物價續漲,自三月份起,經常費再加一千五百元,共爲九千元。津貼按前例照加,膳食加九百元。請公决。

决議:通過。

二、葉常務提:自去年八月以來,陸續購置米、煤及酌添用具等項,撥過特別費五萬零四百元正,請追認。

决議:通過。

三、葉常務提:據總幹事呈請,館中於三十一年五月購入中華《古今圖書集成》中華書局縮印本,發現第四八四册剪貼錯誤,不足以資參考,擬乘市價方漲及時售去,改購圖書集成局排印本,以備應用。又有《國民政府公報》四百七十五册,尚待隨出隨購。適承李太疏先生指捐一份,按期寄贈,擬將原購重本售去,所有書價及餘款併可添補他書等情,業由景葵批准照辦,請追認。

决議:通過。

四、葉常務提:本年尚須續置圖書,擬撥第四次特別購書費五萬元,分兩期支領。請公决。

决議:通過。(原件;《顧廷龍日記》)

3月9日　訪彭恭甫,欲借王同愈《小孤山圖》,適遘於海格路,即與約定星期一下午二時往取。錢鍾書來,見借《譚仲修師友手札》一册,爲許增、陳豪等。李英年來,示書樣數種。致楊翼之、沈恩孚、徐謝康信,商借王同愈畫。致吳豐培信,托鈔潘祖蔭《銅器見聞録》。(日記)

3月10日　閱肆。(日記)

3月11日　擬王同愈《行狀》。(日記)

3月12日　葉景葵爲先生書集杜句聯："復見秀骨清,我生托子以爲命;由來意氣合,汝更少年能綴文。"又爲誦芬書集杜句聯："樹羽臨九州,廉頗仍走敵。讀書破萬卷,王翰願卜鄰。"(日記)

3月13日　訪彭恭甫,借王同愈《小孤山圖》。華繹之來,贈《真賞齋帖》兩卷。(日記)

3月14日　撰王同愈《行狀》。(日記)

是日　顧燮光有信致先生。

前奉二日來示敬悉,今日又奉到《古迹圖識》四部,照收無誤。頃又寄呈千唐志四包,計五百餘種,合一千零一十三元正,另開清單,到祈詧核。其唐志四百餘種一份,又零種二百種一份。北齊石經俟稍暖便檢奉,因近日春寒太厲,噤縮不能檢點也。郭君已來信,詢千唐志款撥北平一得閣否,已告以由尊處撥交矣,并云所少數十種可以補奉,惟全份刻已定價加一百倍矣。以近日工料、人工計之,須如此也。至敝處出讓碑帖,志在減少存物,并希物之得所,所得價值在其次耳……

附上舊作《河朔金石文字新編》序,祈教正。此稿初集清本至宋止尚全,金元僅有草底,或缺點亦未可知,與《古迹志》稍不同。(原信)

3月15日　開明書店爲改裝《明代版本圖錄》。葉景葵示呂氏藏書畫,多皆近人筆。張元濟還書并贈《時代》。(日記)

3月16日　撰王同愈《行狀》。錢鶴齡送《栩緣畫集》樣張,尚佳。李英年來,示米萬鍾字軸。(日記)

3月17日　張忠孫贈袁世凱《養壽園奏疏》六冊。(日記)

3月18日　王同愈《行狀》初稿就。(日記)

3月19日　偕潘景鄭看石湖草堂書畫展覽會,近人之作,其價遠勝前人,陳列甚多,無一足以令人留戀者。(日記)

3月20日　改繕王同愈《行狀》。錢鶴齡來,付《栩緣畫集》印工二千元。偕葉景葵至白宅閱書。(日記)

3月21日　校胡文忠(林翼)書札。王同愈《行狀》請潘景鄭、葉景葵閱過,葉略爲潤色。(日記)

3月22日　修改王同愈《行狀》,繕清兩份,單鎮來,乞教正。秉志來,贈其《河朔古迹圖識》。(日記)

3月23日　撰《栩緣畫集》跋。寄王同愈《行狀》呈楊翼之政。陳叔通來,示俞鏡清函,并云渠家無條件捐贈,當由俞打包轉運寄來,費用合衆支付。先生即函俞鏡清,請其即日入手。"回憶去年即已談起,余力主從速全部寄館,由館整理。彼必先理,一誤至今,寄費十倍于前矣。"(日記)

3月24日　撰成《栩緣畫集》跋。校胡文忠書札。錢鶴齡送《栩緣畫集》印樣來，頗佳。訪李英年，示王石谷册頁，計十幀。單鎮閱王同愈《行狀》後易數字，甚好。聶崇岐寄《搢紳録》十七部來。（日記）

3月25日　校胡文忠書札竟。（日記）

3月27日　理張元濟贈唱本。諸仲芳來。（日記）

3月28日　理張元濟贈唱本。訪李英年，還王石谷册頁。（日記）

3月29日　理張元濟贈唱本。（日記）

3月30日　訪張穀年，托請馮超然爲《栩緣畫集》題簽，渠于景印手筆頗不以爲然，恐于代筆成鴻溝之别，據云吳湖帆處補畫《坡公詩意圖》即由其代作。先生歸來，見此幅已印就，衹可剔除。"印畫十張，亦如此不易"。（日記）

3月31日　顧翼東見借王同愈《旭日雙松圖》《魚藻圖》《松蔭策杖圖》三軸，即付錢鶴齡攝影，除代筆《坡公詩意圖》一幀，已足十幀。（日記）

是日　先生寫有合衆圖書館職員及其他工作人員名單，包括職别、姓名、年齡、籍貫、出身、月薪等内容。其中幹事潘景鄭，41歲，私塾，曾任太炎文學院圖書館職員，工資四百元。幹事朱子毅，37歲，浙江人，東吳大學法科畢業，曾任教員，工資一百六十元。書記黃筠，18歲，江蘇人，工資四十元。勤務陸財生，36歲，浙江人，私塾，工資三十元。（原件）

4月2日　赴潤康村，與潘景鄭等去程宅看書畫，無一精者。（日記）

4月3日　錢鍾書偕其友周君來參觀。（日記）

4月4日　謄王同愈《行狀》。陳叔通來，示盧慎之藏書目，皆習見之本，欲求售，索聯鈔萬餘元。顧燮光來言，杭州匯古齋有《浙江金石志》（《續通志》稿本），乞其撰序，并請人題引，皆送潤筆。（日記）

4月6日　得俞鏡清函，告陳氏書已寄出兩包。李芳馥（馨吾）來，"自介現任滬江大學圖書館長，欲一參觀。余知其原任平館事，近以生計兼職，因許之，導其周覽。適鍾書在此閲書，遂同談"。（日記）

4月7日　訪張元濟，求書《栩緣畫集》引首。寫王同愈《行狀》。（日記）

4月8日　寫王同愈《行狀》，未成。華繹之來，示沈恒吉畫《查氏丙舍圖》，後附李應禎書撰查文墓志銘。李佩秋來，謂《純常子枝語》已印成，當見贈一帙。張申之贈《鄞縣通志》。錢鶴齡又來，索去七百元，印《栩緣畫集》，共計用去三千二百元。（日記）

4月9日　寫王同愈《行狀》。（日記）

4月10日　寫王同愈《行狀》畢。（日記）

4月11日　校改王同愈《行狀》（按，《王同愈集》附録此篇，署"甲申二月"。《全集·文集卷》此篇署"甲申一月之晦"）及《栩緣畫集》尾。（日記）

辛巳三月十一日，誦放翁《示兒詩》而逝。距生于咸豐乙卯十二月十七日，享年八十有七。先是，甲子元旦年政七十，曾手書末命，藏之篋衍，其詞曰:"異日兒輩爲吾治喪,禮宜儉,僧道中西樂一概屏除。葬宜速,勿赴告,免漏赴、濫赴之嫌。勿彙吊,行惠懇辭之實。葬後登報以告親友,免兒曹匿喪之嫌,或出柩後報告。毋惑毋違。"諸孤遵遺言不赴。

…………

廷龍自幼往來外家,時承謦欬而瞢無所知。比長假館草堂,飫荷啓迪,悉聞緒論。公有經世才,明事達理,識變幾先而未傾所蘊,以藝事終老。謙遜爲懷,不欲修禊于人,浩然歸去,心事光明。歿三年矣,懼盛德之弗彰,僭就所知,粗述學行大概,備傳儒林、文苑者采擇焉。(《全集·文集卷·清江西提學使王公行狀》,下册第 939、942 頁)

4 月 12 日　華繹之送閱《中庸集注》及《或問》二册,宋槧本。潘景鄭云皕宋樓有之,與《大學》合刻者,此失群之雁也。葉恭綽還書,并函托代檢歷代學校考試資料。(日記)

是日　葉景葵招便飯,座有劉道鏗、陳漢第、陳叔通、沈昆三、劉達仁、陳陶遺、李宣龔、劉垣等。陳漢第爲陸冕僑家理拓本,得潘文勤及莫祥芝兩拓見贈。席間述張香濤、端午橋軼事甚多,陳漢第云:"宣統某年見端,端言蔚廷對于民黨辦法頗巧,嘗出示嚴緝,示用駢文,使普通不易知也。""端與袁并不與黨人爲難,或言端殺黨人甚力,誣也。陶遺即曰,余即其人證也。"(日記)

4 月 13 日　誦芬感冒,自校歸,面色失常,熱作即睡。請醫生診視,入夜漸愈。(日記)

4 月 14 日　誦芬熱退。訪張元濟。(日記)

4 月 15 日　李英年來言,前購王石谷册頁不真。先生以爲"不精有之,假則未可必也"。(日記)

4 月 16 日　至李英年處,偕往嚴渭于家觀書畫,先出梅道人巨卷,絹本,有梅道人自跋,後有周筆祥及某近人兩跋。主人與觀者皆嘆賞不已。先生觀其題款,草書"戲墨"之"墨"誤作"黑",即此一點足證是卷之斷無真理矣。其他所藏甚夥,惟所見者十九贋鼎也。主人大言非宋元之品不足厭人所欲,豈真識見高人一等耶?又訪陳陶遺、胡樸安,胡見假《説文證異》五册。(日記)

4 月 17 日　葉景葵示《屏守齋師友書牘》兩册(指曾國藩、李鴻章致朱蘭書札),并言徐菊人倷往訪,允贈家刻書籍。諸仲芳來談,托爲少葊兄撰《事略》。跋《屏守齋師友書牘》。(日記;《全集·文集卷·屏守齋師友書牘跋》,下册第 1042 頁)

4 月 18 日　錢鍾書來。訪姚光,示王大隆鈔《研溪文鈔》、姚春木《灑雪詞》。又囑爲雷君彥藏《明史稿》作跋。訪潘季孺,詢書院情形。(日記)

4 月 20 日　閱考試資料。諸仲芳來,見借尺牘。(日記)

4 月 21 日　校《譚仲修師友手札》。(日記)

4 月 22 日　校《譚仲修師友手札》畢。李伯涵令子送書來。(日記)

4月23日　爲葉恭綽檢書院志等。閱肆,從漢學書店選勞玉初(乃宣)家散出叢殘。至忠厚書莊,購《盛明雜劇》三集。在積學書店購蘇軾書《遠景樓記》。歸,寫對及額,皆不愜意。(日記)

4月24日　閱肆。(日記)

4月25日　理《栩緣畫集》。楊翼之來,謂王同愈自言,癸卯懷琬母姨歿後,心緒不佳,即輟畫,直至壬子而始重理筆硯,然亦偶爲之。《栩緣畫集》由晋益中西製本所承裝,簽條命錢鶴齡重攝印。(日記)

4月26日　先生感冒甚劇。理書。顧翼東來。(日記)

4月27日　陳氏贈書到六件,即拆包。閱《清實録》。(日記)

4月28日　理陳氏贈書。(日記)

4月29日　理陳氏贈書。李英年招飲,座有錢名山、劉垣、魏廷榮父子、王子松、金任鈞、竹淼生及先生等。(日記)

4月30日　閱《清實録》。訪吳湖帆,見東莊軸十二幅,極精工。聞尚有對題十二幅,共價四十萬,原爲麓雲樓物。(日記)

是月　跋王同愈《栩緣畫集》。

　　　囊見公興致作畫,陳紙拂硯,凝思屬稿,經營位置,含毫點染,潤色再三而成。鄭重下筆,稍不當意即棄去,未嘗有急就之章。譚讌之餘閑,聞公娓娓講畫理,詳古今得失,蓋潛心於此者深且久矣。……溯公作畫垂六十年,翰墨偶寄定亦不鮮,惟散布人間莫可踪迹。兹册所集皆其精品,山水則或迹簡意澹而雅正,或細密精緻而臻麗,象物則生動可擬,神韵可侔。……區區十幀,何足以盡公之長,譬如文豹,藉窺一斑。人事靡定,訪借不易,物力維艱,成書綦難,因陋就簡,勉印一帙,證鴻泥於鱗爪,留精神於圖版,求公畫而不得者,可致此以慰飢渴矣。(《全集·文集卷·栩緣畫集跋》,下册第705頁)

5月1日　先生母親忌日。金任鈞約偕李英年同往觀魏廷榮藏書畫。首見廳事所懸沈石田丈匹巨幛淺絳山水、文徵明丈二匹臨山谷、仇實父丈匹《右軍書扇圖》、唐六如丈匹設色山水,極工;胡時德仿雲林、王忘庵(武)、石濤、八大山人等立幀。又出沈石田臨米小卷,自題一絶,有朱大韶跋;唐六如山水卷,墨筆自題詩,後裝文詩二首。又華新羅松石卷;又《參竹齋圖》,文衡山畫,可泉引首,有范唯一、范唯否、王寵、王穀祥、文嘉、文彭、蔡羽等題詩,末有參竹張隱君傳。張,吳人。"最後引往内室,觀天下第一王叔明,紙白,背新,墨氣渾厚,令人有深遠之致。壁間惲香山斗方四幀、戴文節斗方一幀。外間有惲南田山水,女史戴佩荃、周禧二幀。"(日記)

是日　諸仲芳以《惲南田墨迹》委付景印。(日記)

5月2日　潘季孺大病後首次來,精神如昔,長談而去。(日記)

5月4日　姚光偕其戚周某來參觀。(日記)

是日　顧燮光有信致先生。

　　《河朔圖》吳君已有信來收到，費神至感。封套既合尊意，月杪如有便人當托帶上，尊處如有便人來取尤佳。近日因文畫兩件擁擠，本月須加清理，不及他事。（原信）

5月5日　漢學書店送所選勞氏書來。（日記）

5月6日　爲諸仲芳改《惲南田墨迹》跋。（日記）

5月7日　諸仲芳來。徐調孚來商《爾雅》各本。袁帥南來。（日記）

5月9日　華繹之來，示文與也爲梁曰緝畫《江村讀書圖》，有汪堯峰、王漁洋各數題，并互調侃，極有味。汪、王調侃齟齬，《居易錄》載之，非爲題圖也。李佩秋寄贈《純常子枝語》。（日記）

5月10日　撰圖跋。收到沈範思寄《皇朝編年綱目備要》。（日記）

5月11日　寄李佩秋書。寄沈範思、聶崇岐聯及函。潘季孺携示石谿、漸江書畫扇。訪李英年，不值。（日記）

5月12日　尤士諍取《栩緣畫集》十本去。郭石麒來議勞氏書價，共四千元。至蘊華書店選書。（日記）

5月13日　姚光來還《明史稿》。至蘊華書店，選書多種，"有《小川還曆紀念地學論叢》，暨南大學圖書館書，蓋爲教授假用而盜賣者也，文人無行，爲之憮然"。（日記）

5月14日　訪李英年，假《西樓帖》。沈劍知來云，李釋戡擬辦一國學雜志，完全樸學，尚無總編輯，彼以先生薦。"余豈能爲此哉？堅辭。告以余才短，辦一事日夜尚不給，何暇他顧哉。再告余邇來于學問之道，興趣益淡，頗有志寫字，故編輯雜志斷不能任也。"（日記）

5月16日　諸仲芳携示《星齋山水畫册》，十二幀小品，精極。（日記）

5月17日　張元濟送拓本三種。整理近收拓片。至蘊華閣，"又見《小川還曆紀念史學地理論叢》，仍暨大物也，不知何人盜出，索值千二百元，還五百"。寫扇一。潘季孺來談。（日記）

5月18日　諸仲芳來，稱《星齋山水畫册》索價二萬元，日前明言五千元，祇可聽其取回。"既思何言而無信如此，殊覺悶悶，因與景鄭商定假來攝景。即電話告仲芳假之，居然允許，惟約今晚必須歸還。一面屬鶴齡來取所攝，一面飭价向諸氏領到，晚照畢，余親自送繳。"金任鈞來閱畫。（日記）

是日　顧燮光有信致先生。

　　尚有所編《河朔文字新編》（廿卷），自三代至唐止，均已寫成清稿，即可石印。宋及金元祇有稿本。尊處如可印行，亦願奉讓，略收鈔工，將來成書送弟廿部，如此而已。（原信）

5月20日　寫扇二。陳氏書寄到六包，點二包。訪潘季孺，見吳大澂書《浯溪銘》橫披一張，篆書，精絕。當日欲刻石壁，而無平正寬大之處，遂改行書小幀

刻之。(日記)

　　5月21日　　訪葉恭綽,適富晉書社主人携示張溪雲雙鈎竹長卷,朱存理《鐵網珊瑚》著録,卷子册絹,有翁松禪、心雲題詩。(日記)

　　5月22日　　理陳氏書。楊復令子喬森偕邊政平來領存書。(日記)

　　5月23日　　理陳氏書。張元濟偕子樹年來參觀。訪陳叔通,據云蔣百里藏戴東原《花卉》尚存。又見莊受〈兆〉麒著述①稿一册,有武進同鄉人題記甚多,若洪北江、臧在東等。(日記)

　　5月27日　　理陳氏書。陳漢第、陳叔通示蔣百里碑帖目録,囑估價。(日記)

　　5月28日　　閲蘇詩。赴育才中學家長座談會。(日記)

　　5月31日　　理陳氏書。陸頌堯來,示楊沂孫批《閲微草堂筆記》。(日記)

　　6月1日　　楊友仁持金天翮介紹信來,謂金發起爲《蘇州詩徵》之輯,以曹叔彦爲社長,以清蘇府爲範圍,吳江、常熟、昆山各設分社,囑先生爲采訪。先生允就所知所有者開單備采。"楊君兩個月前曾往北平,從徐祖征處得聞上海有合衆圖書館搜羅甚富之説,但在滬時絶未知之,歸後詢蔣竹莊先生,始詳言之。"(日記)

　　6月5日　　陳叔通約閲莊兆麒《説録》稿,邑人題甚多。(日記)

　　6月6日　　抄莊兆麒傳。爲安定寫扇三,將付展覽會售之。(日記)

　　6月7日　　閲莊兆麒《説録》稿,并無可珍重之處,不過求官敲門磚耳,索價六萬,亦離奇矣。馬叙倫來閲此書,亦不感興趣。李宣龔來,贈《石遺詩話續編》。(日記)

　　是日　　顧燮光有信致先生。

　　　　昨交郵寄上蘇帖一包,并附奉送合衆圖書館清碑二十種、雲南清碑八種,度已台詧,兹附清單、帳單各一紙,統祈核正。共計六百四十元〇八角,請按六百四十元交舍弟收轉可也。……又,康熙、乾隆御碑尋出多種,拓工均精,須略收紙料費,貴館要否祈示知,以便寄奉。(原信)

　　6月9日　　閲蘇詩、蘇帖。(日記)

　　6月10日　　得顧燮光信并購拓片賬,即檢理寄來拓片。周聞韶來,示《樂府詩集》(元刻本)、《纂圖互注荀子》(元刻本)、《象山詩文集》(元刻,似爲安正書堂本)、《千家集注杜詩》②(有戊申牌記,當爲至大元年)、《嘯堂集古録》(明刻本)。爲錢鶴齡寫扇。(日記)

　　6月11日　　理拓片。沈劍知、冒廣生來。晚張元濟來。爲芝九寫扇。(日記)

　　6月12日　　理拓片。諸仲芳來,托撰《豫園雅集圖記》。聞墨林有宋拓碑

①據6月5日條記載,當指《春庭説録》。據李靈年、楊忠主編《清人别集總目》,兆麒(1750—1809)字企仁,號春庭,武進人。
②《千家集注杜詩》:即《集千家注杜詩》。

帖,往觀。見有王著《淳化閣帖》(一萬元)、《大觀帖》(明拓本,聯鈔三千元)、《寶顏堂帖》(殘存一册,一千元)、《吳季子廟碑》(張從申書,舊拓本)。(日記)

6月13日　理拓片。孫景潤示在蘇州黃〈王〉息存家收得息存舊時錄存之本,皆在張幕所鈔。先生審閱一過,頗有今日難得之資料,須二千元。(日記)

6月14日　理千唐志拓片二百份。屈爔來,命題《淞濱鉏菜圖》引首,又贈先生《桐彝》及承恩堂《契丹國志》(長洲吳子漁舊藏)。先生以其父親字卷乞其題識。(日記)

是日　顧燮光有信致先生。

臥病多日,近已霍然。節後方能整理碑拓,河朔各碑拓二三星期後可以交郵。廢紙價日昂,燮爲保存文化起見,仍照前議,但郵費每件須貳百餘元也。《古迹圖識》尚須三四部,先此奉陳。(原信)

6月16日　理拓片。白氏囑鑒定書畫。(日記)

6月17日　理拓片。震旦大學圖書館主任熊秉辰持李宣龔函來參觀。(日記)

6月18日　理陳氏書。購王息存叢鈔,[①]一千九百元。(日記)

6月19日　校《千唐志目》。錢鍾書、諸仲芳等來。(日記)

是日[②]　先生有信致顧燮光。

奉七日手書,敬悉承賜敝館及龍拓片,感感! 即將二月見寄尊藏《千唐志》四包及三月見之唐志及涉縣摩崖等二包細檢一過。惟《千唐志》四包僅有五十七種,適足補郭氏所售《千唐志》全分之缺,其餘實爲四份《千唐志》之宋明部分(間有唐志,不多),在敝處皆爲重出,恐在尊藏爲全份失群,便希一查。應否退奉或如何辦理之處,候示祗遵。再尊處康乾御碑讓,略收紙費,極所歡迎。擬懇約示碑若干份,合若干值何,俾可籌款以應,因本年購書購拓之資半待大著售價以濟,但迄今尚未得印費之半,故須另籌之。

頃見《古今》半月刊(四十九期,甫出),刊載有瞿兑之撰《河朔古迹》一文,實爲大著提要,有至可珍貴之言,是公海內知音也,不可不馳聞。(《全集·書信卷·致顧燮光》,上册第41頁)

6月20日　李宣龔來,示鄭子尹聯,言購自中國畫苑。飯後即往觀之,聯多,有曾國藩八言長跋,云:"余昔年思作書之道,寓沉雄于靜穆之中,乃有深味。雄字須有長劍快戟、龍拏虎踞之象,鋒芒森森不可逼視者爲正宗,不得以'劍拔弩張'四字相鄙,作一種鄉愿字,名爲含蓄深厚,非之無非,刺之無刺,終身無入也。"又段玉裁、黃丕烈七言對,皆佳。(日記)

6月21日　葉景葵招飲,座有李雲清、程慕頤、沈國祚、鄭大同、陳永清、孫

①王息存叢鈔:即今上海圖書館藏《息塵盦雜抄》。

②《全集》中,此信日期據《古今》第49期發行時間推爲"六月",本書則以顧燮光6月26日致顧廷龍信內容推定爲6月19日。

人鏡、沈冕庭、金伯銘、關志良、葉幼達及先生。(日記)

6月23日　顧燮光有信致先生。

　　　尚尋出唐墓志不少,容俟由滬回杭再行檢寄。尚有半價《河朔圖識》,亦俟到滬再定。河朔各碑拓數百種,亦俟陸續檢寄,蓋弟家無男女傭,小兒小女均在外謀食,家中炊爨老妻服務,凡寄郵包則小媳任之。至包扎、記賬、檢點,則弟獨任其勞,近來書畫之事又忙,顧此失彼。生計日高,不能不設法補助。近來廢紙大昂,舊籍多數因此犧牲。(原信)

6月25日　題《淞濱鉏菜圖》引首。訪沈劍知,獲見沈石田畫《連山夾澗圖》卷,精絶,吳騫舊藏,今在蔣氏密韻樓。(日記)

6月26日　抄陳恭甫藏札。錢重知偕凌濟時來參觀。文奎堂來信言,《西堂餘集》之《明史藝文志》原爲有目無書,後印本目亦鏟去。(日記)

是日　顧燮光有信致先生。

　　　奉六月十九日來示,敬悉。所寄蘇碑各件已荷詧入,至慰。蘇碑遭黨禁,大都被毀,現有者皆重刻,即《司馬溫公碑》亦重刻本,惟定州《雪浪盆銘》、杭州麥嶺題名是原刻。蘇書實取徑于徐季海,惟出于平原,大約明清人所言也。前寄千唐志四包,係敝處所自有,事前曾得回函云"不厭重複",是以奉上。至三月中所寄唐志者,雖未得同意,亦因尊處既收求墓志,敝處爲出清存物起見,是以奉上。今尊處既覺無所用之,退回亦屬兩便,請酌之,事出公款,不能以普通物使友爲難。至合用五十七種,請按每種二元五角價,不打七折計算可也。尚存半價《古迹圖識》三部,請一併寄下,將前帳統行結清爲要。敝處所存唐宋志尚不少,必徹底清理後方能寄奉也。……御碑係康、雍、乾三朝之件,計　件,拓工均好,重　斤,十二種計二斤,以每斤五十元計之,比廢紙尚廉耳。如合尊意再寄奉,敝處爲減少物件起見,并非待價而沽也。所藏于右任精拓魏隋墓一百五十餘種,已以三千元售與他友矣。其他磁州饗堂尚存一份,唐昭陵尚存一份,須俟秋涼方能整理及之。(原信)

6月27日　北平寄到《中國文化界人物總鑒》,漏載頗多,究難備也。冒廣生、潘季孺等來。撰錢恂傳。(日記)

6月28日　閱劉鶚、改琦事迹。(日記)

是日　顧燮光有信致先生。

　　　廿二日來示敬悉。河朔拓片弟須逐件看過并注地址,以便尊處易於整理,蓋弟係熟手,較易着力,但須得暇,費月餘工夫不可。近因生計,忙於畫件,以致遲遲。前寄三件,計一千七百餘元。《河朔古迹圖》再有五部已足,或送交舍弟,或交郵寄來,郵費由弟承認,時局將安,擬贈河南、陝西各友也。(原信)

6月29日　撰改琦傳。(日記)

6月30日　陸頌堯來,示《蝯叟日記》四冊,同治元年及四年,四年首題《疑曇日記》,皆不全。又《大觀帖》二冊,謂宋拓,共索六萬元。(日記)

7月5日　徐森玉、鄭振鐸來。錢鍾書來,贈吳董卿集。[①](日記)

7月6日　撰劉鶚傳,未竟。(日記)

7月7日　華繹之來,示崔彥輔爲張堅子白畫《虎丘圖卷》,[②]約三尺長,有陸治、陸師道、文嘉、文仲義、周光、沈大謨、黃姬水等題,清胡枚引首,又覺阿錄《虎丘詩》二首。(日記)

7月8日　撰鄒伯奇傳竟。顧燮光寄御碑拓本來。(日記)

7月9日　爲李英年題尺牘,係前年所購,相囑已久,總擬略書數語歸之。查書竟日。(日記)

7月10日　撰謝墉、孔廣林傳,孔傳較備。葉恭綽介紹玉佛寺住持震華偕濮一乘同來閲寺志,欲編《佛教人名辭典》。(日記)

7月11日　杭州寄書八包到。文禄堂寄《尚書辨僞》二冊。撰屠寄傳。潘季孺、單鎮來。單鎮見假岳雲盦文三冊。(日記)

7月12日　寫扇。閲《張季子九録》。(日記)

7月23—24日　撰張謇傳。(日記)

7月25日　撰王同愈、袁鈞傳。(日記)

7月26日　整理傳稿。(日記)

是日　顧燮光有信致先生。

天氣一熱,整理碑帖暫行停止,俟秋涼再作。河朔各碑拓擬一單簡辦法,每一斤按一百元算,其不全或零件均奉送。尚存唐宋墓志拓本不少,無暇核對,則每斤按一百四十元辦理,如此則散處存件容易出清,弟亦可留精神辦他事矣。洛陽、龍門全山約十餘斤,重慶石魚題名約五六斤,未知鄴架收存否?(原信)

7月27日　致沈範思信,托付《尚書正義》《尚書辨僞》款。撰胡玉縉傳。訪葉恭綽,悉封文權卒已三月。(日記)

7月28日　撰胡玉縉傳。(日記)

7月30日　視陳陶遺。顧翼東來,汪伯繩來,偕游法國公園,旋至安開弟夜餐,來滬後首次也。汪伯繩言,如合衆欲編行刊物,渠願供給用紙。"可印之書甚多,有紙矣,問題已解決一半"。(日記)

7月31日　潘季孺來談。致沈範思信,托購書。(日記)

8月1日　陳永清、夏地山、張元濟先後來。將《清代學者象傳續編》資料二札、原稿十一本送還葉恭綽。胡仲高來,先生書扇售去一頁,"四百元,扣手續

費四成,余實得二百四十元,海上真有嗜痂者也"。(日記)

8月2日　校潘景鄭撰《清代學者象傳續》。(日記)

8月3日　潘景鄭訪葉恭綽,交《清代學者象傳續》稿,計二百六十人。"景鄭撰者居多,歷時九閲月,余所撰約三之一。"(日記)

8月6日　訪錢鍾書,還《復堂師友手札》兩册,又借一册。午後,謁胡樸安,還《説文證異》,贈《河朔古迹圖識》,又借董桂新《爾雅疏古注合存》,爲李英年乞題鄭文焯尺牘。(日記)

8月7日　沈文倬贈《莘廬遺詩》。校《吴興遺著》。補《疑年表》。(日記)

8月13日　題李英年藏尺牘。(日記)

8月15日　潘家多二十歲生日,往祝,晚餐。《合衆圖書館董事會財產目録》編竣。(原件;《顧廷龍日記》)

8月18日　得沈範思信,"效賢閣書均加價,約加四成半,合儲券後昂不可言矣。信稱先發航快,尚未到,當言《道藏》事也"。(日記)

8月19日　核一年來所收書,約六千六百餘册。得沈範思航快信,"悉《道藏》加四千,合聯券萬八千元,限十日内作答。祇可割愛矣,即覆作罷"。(日記)

是日　顧燮光有信致先生。

　　　千唐志散處一份缺三包,刻下交通不便,郵補無法,尊處須全份,極是,容即函詢郭君,俟得回信,弟再將存杭一份寄北平也。郭君號翰臣,係洛陽碑估,文理不通,對于洛陽一帶碑刻極有經驗,海内大金石家,如羅叔言、馬叔平、于右任、董授經,均與之有往來,所存金石家函札極多。弟與之交易數十年,人却有信用,非尋常市儈也。渠欲編《洛陽金石志》,欲弟總其成,刻下交通不便,譚不到此,然志可嘉。弟處洛陽金石材料却存不少,頗有依據也。陳君碑拓昨日檢齊,日内尚須細看一遍方能交郵。《古刻萃珍》編在目録之中,照例應有一份耳。此輯全份用宣紙,約五十張,以近日宣紙價例之,須三百餘元一份,印工約亦相等。弟每全份祇定價一百元,尚有八折,不够紙價一半也。(原信)

8月20日　謁胡樸安,還《爾雅疏古注合存》。汪伯繩來暢談,先生力勸其印《蘇州叢書》,頗有肯意,囑先生制訂計劃。(日記)

8月21日　擬《蘇州叢書》目,爲《春秋經傳集解考正》三十卷(清陳樹華撰)、《春秋外傳考正》二十一卷(清陳樹華撰)、《謹庭老人自訂年譜》一卷(清陸恭撰)、《古瓦録》一卷(清張紫琳撰)、《古磚録》一卷(清張紫琳撰)、《覧史》三卷(明文震孟撰)、《德門隨意録》二卷(清嚴文照撰)、《藥園文集》□□卷(明文震孟撰)、《節必居稿》一卷(明劉曙撰)、《南鴻草》一卷(清劉應元撰)。共計十種,約一千二百葉。(日記)

8月22日　參考各本,擬訂《蘇州叢書》體例。(日記)

8 月 24 日^①　顧燮光有信致先生。

　　來片敬悉。陳君處已寄第一批計三包(《古刻萃珍》全份在內),其餘分批寄去,因天太熱,燮每日祇午前做一二時也。石印拓本係繆藝風先生所印,甚好。《三體石經》係黃縣丁氏一本,內司馬元興尤佳。昔年散處有多份,刻已無矣。散處存毛子林先生所著《關中金石文字存逸考》,宋字清本全部,原書已付木刻,此乃原稿,貴館如收藏可讓,價不昂也……

　　千唐志郭君處又去信。《古刻萃珍》日內即交郵,全份六函,定價一百元,此須八折算,因每份用宣紙四十張,在今日已合六百圓矣。(原信)

8 月 25 日　徐森玉來,長談。華繹之示徐霖墨寶。(日記)

是日　顧燮光有信致先生。

　　昨復一信,度荷台詧。《古刻萃珍》等今日已交郵寄,計二包,內分八函,度日內可邀台覽。《古刻萃珍》六函計一百元,《古刻餘珍》二函計五十元,仍按七折算。(原信)

8 月 26 日　謝國楨來。姚石子、諸仲芳先後來。訪張元濟,借《春秋經傳集解考正》《春秋外傳考正》。(日記)

8 月 27 日　閱《清實錄》。(日記)

8 月 28 日　校《春秋經傳集解考正》,底本承張元濟檢假。(日記)

8 月 29 日　校《春秋考正》。閱肆。(日記)

8 月 30 日　致吳豐培信,托購《古匋文舂錄》。致聶崇岐信,托配《引得》。(日記)

8 月 31 日　校《春秋經傳集解考正》。(日記)

是月　《合衆圖書館董事會收支報告》(1944 年 2 月 16 日至 8 月 15 日)編竣。(原件;《顧廷龍日記》)

是月　完成《合衆圖書館籌備第五年工作報告》(又名《三十二年度工作報告》)。

　　本館籌備以來已歲星五周,捐贈、購置之書日增,而本館之名亦日著,電話詢閱覽手續者踵門,請參觀者頗不乏人,皆以籌備未竣却之,時勢使然也。昌黎嘗云:"沿河而下,苟不止,雖有遲疾,必至於海。"兹以一年中概況述之。

　　一、入藏

　　子、捐贈。

　　…………

　　葉揆初先生所捐一部份爲浩吾先生遺篋,多醫學、考古、佛學書籍,有經手筆點勘者尤爲可珍。張菊生先生所捐各地鼓詞唱本,搜集不易。葉遐

①此信原無日期,據 25 日顧燮光致顧廷龍信內容擬置於此。

庵先生贈羅瘦公遺稿。李拔可、葉退庵兩先生合贈其亡友諸貞壯遺稿,俾垂久遠。潘景鄭先生贈清季硃卷二百餘册,以補本館之未備。開明書店許以自出新書隨時見贈。諸公贊助之意至厚。

…………

丑、採購。

本年購書費不多,選擇以實用爲主,約爲叢書、搢紳録、公署報告、舊雜志、前清各部則例及各種章程等類,間有稿本、批本收得,又從朱小汀氏購得硃卷大宗,尤爲可貴。所得善本:

《山谷詩集注》殘本翁方綱手批

《寰宇訪碑録》《廣藝舟雙楫》《姓氏急就篇》《雪堂所藏金石文字》《校碑隨筆》以上褚德彝批校

《六朝石例》褚德彝,稿本　《河朔古迹圖志》顧燮光,稿本　《沈幼彦代言稿》沈邦憲,稿本　《河朔古迹志》顧燮光,稿本　談泉手札高翰伯、蔣清翊、周仲芬《樂石拾〈搜〉遺》稿本,不詳誰人,觀其稱祁春圃爲前輩,張日晟、沈兆雲、潘光藻皆曰同年,則必爲嘉慶丁丑翰林。又知其嘗守平陽,但姓字不能詳　《宿州志》殘本沈欽璵校訂,爲道光間修志底本　清代鄉會試硃卷及同門録等,計二千餘册

本年所購書籍,共計 728 種,5352 册、1 卷、1 張。

本年從顧鼎梅先生處購置拓本,計千唐志齋藏石拓本 1166 種,1166 張;唐、宋、元、明碑志拓本 902 種,939 張;法帖 10 種,83 張。

寅、傳鈔。

本年傳鈔書得二十九種,卅五册,約六四四四五七字。

《墨林快事》4　《竢翁寓意編》1　潘文勤手札 1　《勿庵賸稿》1　《傳奇彙考標目》1　《三松堂魚素檢存》1　吳退樓手札 1　《清名家詩稿》1《清名家手札》1　《炳燭齋雜著》1　《左文襄尺牘》1　《錢茶山家書》1　《清名人手札》1　《敦煌新録》1　《碧琳琅館書目》2　胡文忠書札 1　《説文檢疑》2　《復堂師友手札菁華》1　《岳雲盦詩鈔》1　《鳴野山房書畫記》1《屏守齋師友書牘》1　陳恭甫藏朋輩手札 1　《太炎聯集》1　《硯書》1《北游日記》1　《石經説》1　《二十四泉草堂圖題咏》1　《詩龕圖題咏》1《説文證異》2

本年書籍總數一五八〇種,八七四三册、二卷、六二張。拓本總數二一五〇種,二二八二張、三册。

歷年積計書一八〇八六種,一三七一七二册。圖及散葉一三九張。尺牘一四六函。畫一卷。石經十五包。景印卷三四卷。奏摺、信稿二宗。拓片二七七八種,三四三七張、一〇二册、一三五包、一九軸、四七七張。舊報七捆。寄存書四五三種,一二八五册。

二、編纂

1. 張氏寄存及捐贈書籍目片分類就緒，待清繕。

2. 葉遐庵先生贈書原約兩年內編成提要，茲因代其纂輯《清代學者象傳續編》，商定延期，計成二百六十篇，潘君景鄭撰四之三，廷龍撰四之一，歷時九閱月。

3. 硃卷人名索引已草草編就，尚待校定。

三、校印

《河朔古迹圖識》二卷顧燮光撰，珂瓈版影印，兩冊

四、事務

三十二年十一月二日，第八區教育處郵寄表格調查。

同年十一月廿二日，上海市第一警察局特警處特高科文化股派劉淇沛來調查填表。

同年十二月廿一日，常熟路分局特高科派侯雲根來調查填表。

三十三年三月十五日，常熟路分局特高科派禹忠憲來調查填表。

五、閱覽

冒鶴亭　沈劍知　秉農山　諸仲芳　姚石子　馬夷初　劉放園　單束笙　李孟符　顧遠薌　陸頌堯　袁帥南　沈笋玉　王以中　沈鳳笙　葛芃吉　趙景源　孫振中　震華和尚　濮一乘　孫廛才　錢鍾書　謝孝蘋　葉遐庵　劉子楷

六、參觀

吳玉年　全□顧遠薌同來　陳祖壬　周節之錢鍾書同來　李馨吾滬江大學圖書館長　熊秉辰震旦大學圖書館長　李鳴球　蔣□李鳴球同來　朱湘生　凌濟時　錢重知（原件）

9 月 4 日　校《北游日記》。錢鍾書等來。（日記）

9 月 5 日　錢鍾書爲題宋欄七絕三章。（日記）

9 月 7 日　錢鍾書來，見假雜志及《天地》兩冊。單鎮來，贈吳穎芝神道碑拓本。（日記）

9 月 8 日　徐森玉來電話，先生日前曾托向鄭振鐸借沈欽韓《水經注疏證》，"渠往詢後覆云，西諦言書尚在王欣夫處，或欣夫還在施韵秋處，一時尚無查考。劉氏售書糾葛，日後可詳記之也"。寫對兩副。（日記）

9 月 9 日　閱方本恭《等子述》序，有引韓昌黎語云：沿河而下，苟不止，雖有遲疾，必至於海。"正與余平素主張相契，凡事不怕慢，不停必有到達之時。寓言烏龜、兔子賽跑，烏龜能先到，可以明也。余之于合眾，每以自況。"訪姚光，見示諸匡鼎（虎男）選《今文短篇》，康熙刻本，所收當時人之文章，亦有今所不見者。訪潘季孺，借吳大澂寫《浯溪銘》墨迹。（日記）

9 月 10 日　閱《韓昌黎集》。閱肆。（日記）

9月11日　得章元美電話，"謂存津之書畫等件兩箱已遭軍部拍賣處分，幸由其熟人所承購，現已贖返矣。惟屬余即日設法寄存之處"。即乞葉景葵致書朱振之，俾存浙興也。依元美意，務須電達，明日再定。"當時不知何以一念運平〈津〉，鑄成此錯，費人之力，又耗款項，虬兄、履安經手其事者皆古人矣，獨吾在此，深悔此舉之無益也"。(日記)

9月12日　往東方舊書店，見同文書院人出售之書，關於經濟爲多，凡中國社會經濟調查所及金陵農學院等所出調查，彼皆有譯本，輯爲經濟研究資料，其致力之勤，可佩可懼。其他工商業之調查録甚多，先生頗思收之，約四十斤，每斤六十元。發朱振之、章元群快信，再乞葉景葵發一電文給朱振之，曰"起潛書箱兩隻，向元群取回暫存"。(日記)

9月14日　撰《蘇州叢書》序，即加函寄出。(日記)

9月16日　沈劍知來，托購《式古堂書畫匯考》。閲《清實録》。(日記)

9月17日　閲肆。(日記)

9月18日　顧翼東來，贈《校士算存》。閲《清實録》，關於《遍行堂集》銷毀案，《辦理四庫全書檔案》中未載其詳。(日記)

9月19日　顧燮光有信致先生。

今日交郵挂號寄上唐宋元明墓志共五包，内計二十二函，重十四斤七兩(七兩不計)。又第二十二函内《釐捐章程》二本，殘墓志十餘，均奉送不計。另附清單三紙，祈台核是幸。此次唐宋墓志約計千種，不免重複，披沙却可得金，在尊處須費一番心力耳。……河朔各拓一星期後可以着手，但須分批寄上，各省唐宋元碑亦有尋獲，但整理在重陽後矣。(原信)

9月21日　接顧燮光拓片郵包，"因念陳氏贈書轉運既不易，不如亦改郵包爲便，俾早結束。即函俞鏡清商酌辦理"。諸仲芳來，以廉夫(按，陸恢)仿惲王卷屬題。先生以朱氏所存劉石庵字卷托其代售。(日記)

9月22日　得陳叔通信，知陳氏贈書全部交運，爲之大慰。(日記)

9月23日　校片。爲李宣龔檢許作屏傳。檢理顧燮光寄來之拓片，理兩函，未有者亦半數。葉景葵示朱振之9月16日信："奉尊電，敬悉。起潛兄書箱兩隻，已由元群交來收存行中。""今得存入浙興，爲之大慰。此兩箱何以竟遭拍賣處分，實不可解。所幸已經贖回，不過花費金錢，否則何以對頡剛，每一念及，終覺耿耿。"(日記)

9月26日　諸仲芳來，示孫氏覆宋淳祐本《四書》，囑估價。郭石麒來取《二十四史》去。(日記)

9月27日　檢點拓本。郭石麒來，交《二十四史》售款七萬元。此書市上舊肆買八萬元，賣七萬元;商務印書館定價十萬加捐，熟人去九萬，捐在内。錢鍾書來，爲金天翮見贈所著《皖志列傳稿》及《天放樓文言續》，并謂"函中詢及鄙況。因念睽違函丈忽將十年，尺素未通，轉承垂念，爲之惶愧"。(日記)

9 月 28 日　　郭石麒來,取趙氏《圖書集成》去,售八萬。葉恭綽屬甥嚴敏之來,面致一函,贈先生與潘景鄭禮券萬元,蓋《清代學者象傳續編》之酬。得聶崇岐信。(日記)

9 月 30 日　　復聶崇岐信,托購《搢紳錄》。致金天翮信,謝贈書。(日記)

10 月 1 日　　爲汪沈壽珩表嫂寫賀人訂婚詩,用鐵綫篆,頗費工夫。又爲胡頌高寫證婚書。(日記)

10 月 2 日　　得吳豐培信,言《古匋文春錄》得四部,每部聯鈔十六元,廉甚。(日記)

10 月 3 日　　潘季孺、李宣龔先後來。鄭振鐸來,提及袁爽秋日記事,渠言前年底已付一千七百元。先生云,郭石麒爲我取來,乃爲袁西江盜賣,後托楊金華索還者,一懸案也。郭石麒送《圖書集成》款來,即交葉景葵手收。姚光藏原刻《秀野草堂詩集》五卷,前有題詩一首,云:“三雅居然號六軍,橫刀仗劍角奇文。英雄名士真男子,我愛長洲顧俠君。道光乙未書於鹽邑沙湖之寄廬。”(日記)

10 月 4 日　　先生父卒忌,設祭。(日記)

10 月 5 日　　熊希齡夫人毛彦文來,約明日看書,囑代估價。(日記)

10 月 6 日　　赴熊希齡宅,觀珂瓃版畫册。(日記)

10 月 7 日　　潘季孺、葉景葵來,談清季各督撫事。理拓片。得顧燮光信。(日記)

10 月 8 日　　理拓片。復毛彦文函,爲估書畫印本價。白壽芝夫人來,托估書畫價。(日記)

10 月 9 日　　李英年、沈劍知來訪。葉景葵轉交朱振之寄來的代理津件開單,“并無遺失等事,今又封訂妥存,爲之大慰”。爲白壽芝夫人理書畫四十五件,并開一單。得顧燮光信,即復。(日記)

10 月 10 日　　赴静安商場,閱書店。日來精神不佳,不耐伏案,聞物價飛漲之聲,即窘迫之束日緊。(日記)

10 月 11 日　　理拓片。葉恭綽電話,囑查張伯起先世字號,不可得。孫伯淵來看白氏書畫。(日記)

10 月 12 日　　據周氏藏《王荊公集注》清稿本校劉刻本,頗多譌正。姚光來,見借《端虛勉一居文集》(《常州先哲遺書後編》本)。(日記)

10 月 13 日　　徐森玉來,謂不日入蜀,欲將《中興禮書》《吹齏錄》寄存合衆。張元濟來同談。單鎮、潘季孺同來。(日記)

10 月 14 日　　抄楊磊石鼓釋文。葉景葵示沈範思信,言《臨時政府公報》及《華北政務委員會公報》共三百,王孟群覓贈本館,現存彼處。王欣夫來,轉下金天翮贈《文言》[①]一部。(日記)

---

① 《文言》:指《天放樓文言》。

10月15日　訪葉恭綽,略談。邀李英年看白氏書畫。(日記)

10月16日　潘季孺來。校《王荆公集注》。毛彦文來。(日記)

10月17日　偕王庸訪徐森玉,言及北平圖書館善本,滬、平、美三處分散,將來歸合殊非易易。又言今日服務圖書館者并不知書,遂不好書,因吃飯不能不弄書耳,正如今日殯儀館中土工照例行事,絕不與喪家稍表同情者然。訪孫仲淵,壁間王石谷之外無精品。歸悉葉景葵偕劉子楷、李宣龔來,不值。李英年來付白氏書畫款,亦未值。校《王荆公集注》。王誉函介國學專修館學生楊康年、沈孝緑、熊思儒等,請借閲文哲、史地雜志、集刊之類。"欲看書人日多一日,峻拒非所以昭來學,不拒應接不暇。辦事最難,辦公共事業爲尤難。"(日記)

10月18日　寫扇六頁。(日記)

10月19日　校《王荆公集注》,此稿亦缺戊、己、庚、辛四卷。吳豐培代購《古匋文香録》六册寄到。(日記)

10月20日　校《王荆公集注》。得吳豐培書,知《古匋文香録》共收得九部,每部十六元,分三包雙挂號寄出。昨得二包,尚有一包未到。(日記)

是日　收到顧燮光17日信。

　　《古刻餘珍》二份已檢出,容與《謙卦》等三四日後寄上。宋金元碑大致檢出,因書畫生意好,無暇顧及,俟冬季膠凍不能作畫,方能及此。唐宋經幢亦尋出不少,祇好照廢紙價值計算,每斤六十元,宋金元每斤貳百元,東坡、松雪除外。如同意,冬季檢上。河朔每斤百元,前已言定,不再增加。

　　洛陽、龍門全山大小三千餘種(有目録),約十餘斤,每斤亦二百元。以上如要,先將目録寄上。(日記;原信)

10月21日　校《王荆公集注》。游文都書店,見殘方志十餘種,皆捆待收廢紙者購去。先生殊覺可惜,遂收之,每斤約九十元。甲長來收捐,索贈亢壽民《霜厓詩詞》。(日記)

10月22日　訪李英年。赴四馬路閲肆,書價昂而不敢問津。復亢壽民函。(日記)

10月23日　得沈範思兩函,即復。胡文楷欲讓書數種。(日記)

10月24日　顧公雄來,以新印先德《鶴廬畫贅》《鶴廬題畫録》二册見贈。"若贈兩份者,余始留其一也。蓋河海不捐細流之意,略欲不敢有所私耳。"諸仲芳來。校片。(日記)

是日　跋《鶴廬畫贅》《鶴廬題畫録》。

　　今晨公雄宗兄枉顧,別忽經年,一慰渴想。承以新印先德遺著見惠,資吾快睹,謂此猶三十年夏雕板于杭州,工事粗畢,爲手民因循坐誤,近始印成三十部,不敷分貽,館中容後補贈,至爲感也。竊維際此物價騰貴之時,萬難續印,展頌一過,即以移贈,供諸衆覽。年來親朋見頒新著,凡僅一部者,概以歸館,俾垂永久,庶不負贈者之盛意也。(《全集·文集卷·跋鶴廬畫

贅、鶴廬題畫録》,下册第 709 頁）

10 月 25 日　理《榕村全書》次序,寫《適園叢書》册數。潘季孺、諸仲芳來。蕭乃奮來,慨然曰:"當今全市逐利之日,尚有少數人抱殘守闕,辦文化事業,誠難能可貴者矣。"秀州書店來算賬,述及同文書院圖書館有大批雜志稱斤出售。"雜志入同文一劫,出同文又一劫。本館力不能收,聽其銷毁,殊爲悶損"。陳器成來,示雅宜書册,贋品也。(日記)

10 月 26 日　孫景潤來,據云同文書院圖書館所藏雜志爲人盗賣,數量既多,不經廢紙商而徑入紙廠,紙廠曰大中,外間遂無流出,聞之惟有可惜耳。校《王荆公集注》。擬《陸廉夫擬南田一竹齋圖》跋。(日記)

10 月 27 日　郵局稽查來稱,《古匋文香録》一包已到,即可送到。王祖昌來,出示翁同龢、吳大澂聯,皆好。錢鍾書來,略查《朱子語類》。發沈範思及吳豐培信。(日記)

10 月 28 日　陳器成示杜瓊、張學曾及倪瓚畫,皆偽之下乘也。(日記)

10 月 29 日　胡文楷借到《南田叢帖》,即取《甌香館集》校之。(日記)

10 月 30 日　查蘊華閣送來各書。近來欲借書人甚多,不能不略定出借範圍,遂以董事爲限,俾各負其責。李英年來,示王烟客四尺軸,諦審款印皆偽。(日記)

10 月 31 日　查蘊華閣書。訪李英年,爲葉景葵贈王烟客書"懿德遐齡"額。(日記)

11 月 1 日　潘季孺來談。晚,葉恭綽來商訂潤例事,先生不敢過昂。葉謂近來書畫潤格似無涯涘,即現在四尺篆聯已須八百,勝於前人矣。爲述往事甚多,若《快雪時晴帖》溥儀携出宫時,爲鹿傳霖搜得;鐵道部建築尚未竟工,渠接任部長,親向庶務課索閲包工合同,竟答未有;又外交部與外國簽訂條約,正本亦遺失甚多。將來可詢明詳記之,以資掌故。(日記)

是日　爲諸仲芳藏《陸廉夫擬南田一竹齋圖》撰跋。(日記;《全集·文集卷·陸廉夫擬南田一竹齋圖》,下册第 702 頁)

11 月 2 日　葉恭綽來電話,商潤例代訂人是否多邀數人,先生以爲不必。諸仲芳來。(日記)

11 月 3 日　觀東南書畫社展覽會,書無佳品。沿途閲各書堆而歸,經秀州書店,見《古逸叢書》本《玉篇》,"亟取之,惜必與《廣韵》合買,而印本又劣,倘不得他本,祇可用之"。到館,有客滿室。葉恭綽來,交代訂潤例,首云:"起潛先生仍世青箱,精覃樸學,於書法尤探討有得。近以著述尚有餘暇,勸其出供衆賞,爰代訂潤例如下,爲知者告焉。"劉子楷、陳叔通、葉景葵正來此,遂共談。(日記)

11 月 5 日　理訂鈔本。葉景葵示陳叔通藏陳憲章、劉世儒《墨梅》兩卷,擬以易煤,囑先生介紹。因思葉恭綽交游廣,即往訪托之,索值二十萬元。葉恭綽爲述往事:民國元年,渠任交通部司長。一日,袁世凱召見,謂家眷擬從彰德到北平,人口甚多,能否包車一列。葉答可。袁又詢車費如何? 葉答照章總統坐免費,眷屬半價。袁云現在手頭經費不裕,可否先行記賬? 葉答當照辦。後至年底,賬單送去,款如數付訖。其時行事尚有範圍,後來益窳敗矣。事變前,古物保管委員會,葉原主張隸行政院,俾其言行較有效力,後竟隸於内政部某司,所有議決案非經司長批准不能行,遂至無事可辦。又嘗議景印《四庫全書珍本》,原由蔣復璁擬選一目,呈請教育部朱家驊批准,已與商務王雲五訂約。目傳於外,見其漫無選擇標準,於是傅增湘、張元濟、董康與葉等聯名函朱,請重行選定。函入,傳言何人主謀反抗教育部? 此目已經部長批准,無可更動。董聞其説,即自具聲明,經人所邀,非出自願,一面再托人向教育部給一名義,俾赴日本觀光,陰携珍本出國,以資賣買。然印書因而閣起,後由陳垣提議,以《永樂大典》輯本爲標準,糾紛始息。夜,寫《一竹齋圖》跋至十二時。(日記)

11月6日　續寫《一竹齋圖》跋。錢鶴齡來,將潤例交攝。(日記)

11月7日　潘季孺、沈劍知來。陳叔通贈書到齊,計二十包,四萬一千六百六十元。校海鹽先哲著述卡片。晚訪諸仲芳,交《一竹齋圖》跋。(日記)

11月8日　校海鹽先哲著述卡片。諸仲芳來,贈王同愈爲鄒器之書畫紈扇,以酬先生所題《一竹齋圖》跋。得胡樸安信。(日記)

11月9日　校海鹽先哲著述卡片。理陳叔通贈書三包。潘季孺來。(日記)

11月10日　校海鹽先哲著述卡片。謁胡樸安,領《説文理董》跋。(日記)

11月11日　校海鹽先哲著述卡片竟。理書。閲《美術叢書》書法諸作。(日記)

11月12日　校《玉篇》。訪葉恭綽。(日記)

11月13日　閲《漢溪書法通解》。諸仲芳來,示王烟客畫册及手札,囑交安定影印社估計印價。潘季孺來。李英年來。汪伯繩來,據言印《蘇州叢書》頗擬爲之,俟籌款。(日記)

11月16日　理書。諸仲芳來。爲葉幼達擬挽吴利國聯。(日記)

11月17日　理書。寫挽聯。(日記)

是日　顧燮光有信致先生。

金元碑已整出,陰雨兼旬,俟天霽即付郵。宋碑至十二月亦陸續寄上,但須略遲,因天未太寒,每日須作畫耳。洋表古紙大封套尚存千餘隻,尊處如有用處,可附碑拓寄上,每隻五元,乙百隻九折,一千隻八折,祈示知爲感。(原信)

11月18日　李英年來,"贈狼毫三枝、羊毫一枝"。(日記)

11月19日　陳叔通、陳永清、葉景葵來談。王祖昌偕未婚妻來繳刻圖章,甚佳。袁帥南、潘季孺來。(日記)

是日　先生生日,夫人設麪酒。(日記)

11月23日　理書。得顧燮光拓片三包。(日記)

11月24日　理書。得顧燮光信。（日記）

11月25日　理書。訪葉恭綽。（日記）

11月26日　訪蔣維喬。復顧燮光信。（日記）

11月27日　理書。得吳豐培信，言《古匋文昚録》價漲至六十餘元。諸仲芳來。復閔葆之信。（日記）

11月28日　理書。復顧燮光信。（日記）

是日　顧燮光有信致先生。

　　　　兩月前曾托友帶一信至滬，再交郵寄呈，至今未奉復音，至以爲念。信中言河朔碑拓繁重，郵費印刷加大，僞幣已不值錢，碑拓如何計算各辦法，或用《古迹志圖》交換，均按老價亦合，由尊處托人來取亦可。天氣寒冷，作畫工作一月後便停，冬至後可以整理碑拓也。兹趁陸微昭兄回滬之便，特泐此函奉候，祈詳示一切，以便遵循爲感。（原信）

11月29日　理書。張元濟電囑代查康有爲鄉舉科分，未得。訪張元濟，代潘家多送潘博山墓志潤資，堅辭不受。（日記）

11月30日　理書。夜，爲頌良寫扇骨。（日記）

是日　張元濟有信致先生。

　　　　昨辱枉顧，晤談爲快。景兄見賜潤資，萬不敢領，專函奉璧，敬祈轉致，并望代陳，幸勿亟饋。長素甲榜係乙未會試，其乙榜似係癸巳，否則與揆翁同年，并祈就近代詢，或揆翁能知之也。送去舊法醬油一瓶，乞試嘗之，如可用，弟可介紹往購，但價亦不菲，且每日所售亦有限數耳。（《張元濟書札》，第174頁）

12月1日　理書。讀張孟劬《論中國文化及其宗教道德》，并録其警語：“徵文考獻者，史家之工具，而非史家之目的也。史家之目的，班固所謂‘歷紀古今成敗禍福存亡之道’盡之矣。道猶路也，謂人類動力推進之路也。歷史本全世界人類動力推進之一過程，而所謂‘古今成敗禍福存亡’者，則人類推進過程中之一波紋耳。”（日記）

是日　請示董事會，是否可以利用複本換取館中未備之書。云：

　　　　兹以商務印書館訪求景印《天下郡國利病書》，爲配齊《四部叢刊》三編之用。查本館除《叢刊》三編中已有外，卷盦藏書中尚有單本一部，承張菊生先生介紹，該館願以儲券七千元爲酬，是否可以出讓，換補未備之書？當祈核示爲幸。此致董事會。

總幹事　顧廷龍上
卅三年十二月一日

葉景葵批示“照辦”。（原件；《顧廷龍日記》）

12月2日　訪單鎮，“還岳雲盦文及《何徵君文》”。（日記）

12月3日　錢士青、王祖昌來。理書。（日記）

12月4日　理書。（日記）

12月5日　理書。復聶崇岐信。（日記）

12月6日　理書。（日記）

是日　顧燮光有信致先生。

　　日昨奉來片，敬悉。舍弟須月半左右方返滬，碑款可於十五日後送交不遲。宋碑全數約十餘斤，尊處要否？候示交郵。封殼各種約三千隻，敝處尚須留用少數，但恐不能郵寄，祇有裝入碑帖方合，每隻約重二錢餘，七十隻則一斤矣。碑帖既有保護，尊處并不吃虧，試辦一次何如。《古迹志圖》敝處約可得五份，俟碑帖寄全再定。（原信）

12月7日　理書。（日記）

12月8日　理書。陳叔通來商合衆館章。（日記）

12月9日　撰報告。"揆丈資余萬五千餘元"。（日記）

12月10日　李伯涵來。郭紹虞來。訪李英年，借《畫目》。（日記）

是日　下午二時，召開合衆圖書館董事會第四次常會。出席者張元濟、陳叔通、李宣龔、葉景葵、陳陶遺。主席陳陶遺，書記顧廷龍。

　　甲、報告事項

　　一、傳閱上次會議紀録。

　　二、葉常務報告三十二年度下届財産目録及收支報告。

　　三、總幹事呈閱本館三十二年度工作報告。

　　乙、選舉事項

　　一、選舉任滿董事二人，結果李宣龔、陳叔通當選連任。

　　二、互選董事長及常務董事，結果董事長陳陶遺、常務董事葉景葵當選連任。

　　丙、討論事項

　　葉常務提：自六月份起，因物價漸漲，膳費及職員津貼皆陸續增加，計改六、七月經常費爲一萬二千元，膳費加一千八百元。津貼加顧總幹事六百元，潘幹事四百元，朱幹事二百元。八、九、十月經常費一萬七千元，膳費加一千七百廿六。津貼加顧總幹事四百元，潘幹事六百元，朱幹事二百元。十一月、十二月經常費二萬五千元，膳費加二千一百元。津貼加顧總幹事八百元，潘幹事八百元，朱幹事二百陸拾元。又米、煤、油特別費十五萬五千一百零七元。地捐及里弄公共開支一萬七千二百廿四元八角陸分，請追認案。

　　決議：通過。（原件；《顧廷龍日記》）

12月11日　理書。沈劍知來。訪潘季孺。（日記）

12月12日　理書。閲《楷法溯源》。（日記）

12月13日　爲潘博山寫墓志畫格。潘季孺來。（日記）

12月14—24日　爲潘博山寫墓志、改字。（日記）

12月16日　在一紙背後書有“關於河朔碑拓以《古迹志圖》交換，均按老價核算，極爲贊同，俟檢齊一批通知□領”。（原件）

12月22日　郭石麒來，取白氏書并交《歐陽文粹》托售。（日記）

12月25日　將潘博山墓志托人帶蘇州。墓志篆蓋“潘君博山墓志銘”，正文署“海鹽張元濟撰文，妹婿同邑顧廷龍書丹并篆蓋”。銘文作楷書，極工整。（日記；墓志銘原件影印件）

12月26日　擬謝陳氏居仁堂贈書函稿。寫對，不愜意。（日記）

12月27日　校《石經閣文》。[①]（日記）

是日　顧燮光有信致先生。

　　　前微昭先生回杭，旋奉來示敬悉。兹將河朔範圍内淇縣、封丘、新鄉、濬縣、獲嘉、原武、延津、滑縣等八縣，共八包，計重三斤半帶上，祈詧收。尚有十餘縣，有一縣二三函者，約重十七八斤，容檢齊再函告。微昭先生二三日仍回杭，《河朔古迹圖識》能托其帶二部來尤妙。（原信）

12月28日　校《石經閣文》畢。校《端虚勉一居文集》中《諧聲譜序》，與本書序不同甚多，明日當校正之。（日記）

12月29日　校《端虚勉一居文集》。單鎮來，贈《陳松瀛集》一册。潘季孺來。（日記）

12月30日　理書。潘季孺囑題小照字。諸仲芳來。（日記）

12月31日　點葉恭綽贈書片數。沈劍知來。校胡樸安撰《說文理董》跋。（日記）

12月下旬　吴廷燮訪葉景葵。“吴向之同年廷燮自南京來訪，今年甲申十一月八十大慶，已較前龍鍾，記憶力尚未失，娓娓話舊。四十一年老友，重得握手，亦難得之事。起潛覓得向之自訂年譜寫本，至五十六歲止，當促其自續成之，亦佳話也。許我見贈《方輿紀要續編》十六卷，云已脱手，却未帶來。”（《葉景葵雜著》，第238頁）

是月　撰《内閣大庫檔案零鈔存》跋。

　　　原件爲羅振常子敬助乃兄振玉整理留出者，去年巨價出售，自録副本。未幾振常卒，所設蟬隱廬書莊亦歇業，書盡散售，郭石麒以此見示，并許傳鈔。（《全集·文集卷·内閣大庫檔案零鈔存跋》，上册第132頁）

是月　撰《先考行述補記》。

　　　先君棄養，忽焉十稔，追念其平生致力於書法者最深，蓋無科第顯位之藉，故名不出於鄉里，當年行述墓志皆未詳及，今補記遺聞，伏乞燕許手筆賜撰家傳，以光家乘，用垂不朽，殁存均感。先君篤好八法，朝朝染翰，未嘗

---

① 《石經閣文》：指馮登府《石經閣文集》。

或閑，謙遜爲懷，每不自愜，隨寫隨棄，篋無遺存。而踵門索書者，必認真以應，獲者珍之。晚年病膽，家居療養，臨池爲遣。歿後，僅於故紙中得所書小卷一束，今已裝潢什襲，并乞當代賢達題咏殆遍。先君作字，於擘窠細書尤所精詣，擘窠則沈雄靜穆，細書則剛健婀娜。近年邑中書家漸稀，工小楷者尚有人在，而善擘窠書者實乏其選。故親交新屋之堂額與列肆之榜署，乞書者甚衆，聲譽日噪。而僞作冒姓名者亦日多，先君不以爲惡，轉以有人樵仿爲可喜也。先君寢饋書法中幾五十年，頗多心得，及應各校聘，導啓初學，始有書法講義之作，隨授隨著，積稿盈寸，旋以病作，未克寫定。兹舉一二，以見先君論書之旨。

　　人心不同如其面，書法亦然。或豪放，或謹飭，或質樸，或妍媚，姿態雖異，而各有優劣。性情不同，所尚亦殊。以異己之見，爲好惡之評，蓋無篤論。

　　學書須就性之所近慎選範本，以植根柢。日定臨摹之課，暇加覽觀之功。臨摹以熟其運筆，覽觀以熟其結體，心摹手追，自成佳作。所謂學而不思則罔，思而不學則殆。

　　書法之根基既定，然後參臨各家，逮其純熟，融會貫通，則於不知不覺之中，自成一種面目。或故作玄虛，自詡高妙，乃云其書骨力則得法某家，肉采則刻擬某家，雖奇論驟可動人，不知人體之骨肉貌視且不可分，字體之骨肉安易辨哉？是實江湖欺人之談耳。

　　臨摹當注重結構之寬密，用筆之頓挫。或斤斤於摩崖剝蝕之痕，以爲酷肖之能事，在此抑亦末矣。

　　書法無他訣，惟畫平竪直，布置安詳。勤習博覽，於平淡之中求其出色，始得自然高妙之致。視彼劍拔弩張之作，轉形其工力之不勝矣。

　　習書必先得執筆之法，古人之虛掌、實指二事，即已盡其秘妙。虛掌則運筆靈動，實指則落紙有力。若懸腕懸肘之術，則程功深而自能至者也。

　　習字必辨其筆畫之先後，不諳順序結構，易致不安，不可忽諸。（《全集·文集卷·先考行述補記》，下冊第975頁）

是年

　　先生題簽的《明季忠烈尺牘初編》（蓬盦所藏尺牘之六，潘博山輯）出版。

1945 年　42 歲

1月1日　校胡樸安《説文理董》跋。葉景葵招飲,陪吳廷燮。吳年八十,自寧來,言及《江蘇通志》舊稿歸梅思平取去,存內政部。訪楊敬涵,托寫遐庵贈書目。閲肆。李宣龔贈書八十七册。(日記)

1月2日　訪張元濟、李英年、潘季孺。歸經蘊華閣,選雜書,遇鄭振鐸,即檢所輯《明季史料叢書》贈合衆。顧廷夔來。(日記)

1月3日　王庸來閲書。李宣龔來,李壽彭來閲王氏《漢書補注》。陳聘丞來。潘博山夫人暨潘家華來。諸仲芳來。王季龍來。顧廷夔來。(日記)

1月4日　登録新收書。移百衲本《二十四史》橱。赴江西路修筆,適工不在,徒勞往返。(日記)

1月5日　移橱插架,箱橱幾皆無隙,遂擬將四樓舊架移下應用,頗爲周折,惟如此,可於此一年內敷用之。晚,赴三馬路,向郭石麒取回《王荆公詩文注》。楊元吉,大德醫院院長,以囤藥發財,近轉向囤書。惟殺價甚狠,此書看兩次而不能成交,非真知書者也。在富晉書社得《冀察統計》① 十二册三千五百元,《墨池編》十二册一千元,《尚書述》二册二百五十元。在忠厚書莊得《洛氏伊蘭卷譯證》二百元,《述古叢鈔》八百元。皆不能謂貴也。(日記)

1月6日　移四樓書。沈劍知招觀顧公雄家藏董其昌七十九歲仿古對題大册,計十頁,自跋一頁,精絶。(日記)

1月7日　訪潘季孺,"繳小照題字"。訪胡樸安,呈《先考行述補記》,贈《漢學》一册,暢談。抄先生父親手卷題。姚光來。(日記)

1月8日　移書架。抄復泉題咏。大雪,菜價狂漲。顧廷夔來。顧廷翔寄來金天翮近作《艱食嘆》,讀之悽然。"余月入不敷甚巨,正在托嘉將英年所贈布一匹出售。明日又候書估將《窓齋集古録》等讓人,區區之物,不够一噚。一兩月尚有維持,以後不了,雖目前無論何處薪金不足以贍家,然負最高責任者亦當爲職員思之。"(日記)

1月9日　理書。購《曾忠襄全集》,以印本罕見索價萬元,"書肆慮吾無力,遂不令讓價,亦豪舉也"。(日記)

1月11日　理金紫通塔銘剪本,已襯裱。潘季孺來談,邊政平來。視顧廷夔疾,已愈。(日記)

1月12日　點張元濟藏書目録。(日記)

---

① 《冀察統計》:或指《冀察調查統計叢刊》。

是日　顧燮光有信致先生。

　　陸君帶到《河朔古迹圖》貳部已照收。陰曆年內如陸君來滬，尚可更帶碑拓一次，全部結束在春季矣。千唐志全份洛陽刻售三萬元，極普通之唐碑，陝西碑林每張加千倍，物質之貴如此，使所存不賤讓，富可敵國矣，一笑。（原信）

1月13日　校書片，點數。（日記）

1月14日　謁胡樸安，暢談，"以現在讀書之人日少，老輩將蛻去，遂以繼起勖余。余學殖未富，何敢承之，惟終不敢自暴自棄耳"。李宣龔寄存《明實錄》兩箱。潘博山夫人寄存尺牘三箱。張芝聯來，未值，晚答訪，獲晤，談平中情形甚悉。（日記）

1月15日　爲潘景鄭題簽。潘家華來，寄存尺牘一箱。（日記）

1月16日　查別集撰人生卒年，頗多考出。潘季孺等來。（日記）

1月17日　查清人別集撰人生卒年，頗多考出，校誤甚多。顧廷燮來。（日記）

1月18日　查清人生卒年。楊金華來。忠厚書莊將《平津館叢書》《蘇詩王注》《咸淳臨安志》《禮書通故》《陶詩》《庸庵全集》《辛卯侍行記》《䀹宋樓藏書源流考》《金石萃編補正》《東萊博議》所換《棣香齋叢書》《奉天圖書館書目》《小檀欒室鏡影》《洛氏伊蘭卷》送來。（日記）

1月19日　查清人生卒年。李宣龔約午餐。晤李佩秋、錢鍾書。寄閔葆之《炳燭齋雜著》及《天放樓詩集》，《天放樓詩集》爲李宣龔所贈。復聶崇岐、閔葆之信。飈民代購得《金陵學報》七卷一期，價八百元。此冊出版值戰起，毀多存少，故極名貴。以本館《叢書》酬其物色之勞。（日記）

1月20日　查清人生卒年。陳叔通來。劉道鏗來，贈《中國經濟》四冊。李宣龔來，借《學林》等書。（日記）

1月21日　訪汪伯繩，偕赴七重天午餐，價昂，每客二千五百元。飯後，觀寧波同鄉會大觀園中國畫苑書畫，佳者寥寥。至來薰閣，遇劉晦之，述及龔照瑗後人鬻書事，可惜之至。"龔後人某與晦之有蒝蕘之誼，有戚朱某往告龔氏欲將家藏書出售，稱斤論價可也。晦之以同鄉恐貽口實，遂未問津。旋悉已售與卡德路書堆，得二十餘元。其書數量之多，自亦可觀矣，內中好書必不少，不可得而詳，但素知彼明本甚多，當皆在內。當稱斤時，至殿版《二十四史》時，則聞主人云，此不在內。又有《佩文韵府》一部，戚中某在旁，惜其稱去，商請改讓，允之，索八十元。"先生聞訊，即趕至卡德路各書堆視察，一無所見。（日記）

1月22日　查清人生卒年。至東方舊書店，估人未遇。有收舊貨者，擔中有法公董局檔案一宗，因不識法文，遂放棄之。寄《圖錄》。（日記）

1月23日　大雪竟日。校葉恭綽書目。汪伯繩電話，捐書費十萬元。（日記）

1月24日　抱經堂夥計顧介春來,購《通志》《通考》《通典》及川刻四史。與葉景葵商,擬將家藏圖書出售,是否可由館中先購? 葉云儘可售與館中,價亦不必客氣。遂選書十四種,值三萬元,擬後日爲誦芬交學費之用。又托顧廷龍售青布一匹,前年李英年所贈者,約可得五萬,"度歲所資矣。生活維艱,年況愈下,思之淒然"。王祖昌來,囑題自書篆屛。(日記)

1月25日　登錄新購書。(日記)

1月26日　代諸仲芳撰烟客手札畫册跋文。(日記)

余夙好書畫,壯歲衣食四方,不遑啓處,倦游歸來,乃稍事收蓄,力之所限,往往興魚與熊掌之嘆。雖然得一物焉,皆有前緣,豈偶然哉? 西廬老人山水,承先啓後,矻然爲近三百年來畫苑領袖。濁欲求其零縑尺素,以資觀摹,惟所作無多,流傳甚稀,物色多年,一無所得,贋鼎充市,徒費鑒別。暨逢國難,益以書畫爲性命,藉遣憂患,日夕躑躅市廛間。一日在石湖草堂,有客持老人仿古山水册踵門求售,余從旁席瞥見,驚其筆墨神逸,立審爲真迹。心乎愛矣,靜候成交,遂斥厚值,歸吾秘篋。是册題字一幀、畫九幀,末題"壬寅長夏,寫此十幀",知已失其一矣。其中四幀,經惲南田對題。畫筆蒼勁入古,位置謹嚴有法,而惲書亦妍妙多姿,變化不一。老人既鄭重自乞時流題識,其爲當日精心之作無疑也。踪迹淵源,據賈人云,原爲王氏世守之寶,在裔孫花農先生處,飛鳧人謀之久且屢矣,堅不爲動。迨遭今亂,花農俎謝,家門蕭落,其婦不得已而始出易米。謀者皆未獲,卒獨歸於君,殆有前緣。余之不期而遇,克償素願,能不爲之距躍三百? 所謂因緣有自者,信矣。老人晚年復闢西田別墅,與所交游流連觴咏,或題佳句於園花,或灑丹青於粉壁,優游歲月。壬寅,老人年七十一,消夏西田,所作仿古册多本,此其一也。《吳越所見書畫錄》卷三亦著錄一本,紀年、標題與此均同,蓋即同時所作,惜不獲真迹一校耳。今通行之影印本仿古册有四:一畢氏廣堪齋藏商務印書館印行,未有紀年,而印記有曰"西田遺老",知亦晚年之筆;一丁未,爲文邃禪兄題,十年前所作,時約六十餘,有正書局印行;一寶華盦藏,亦未紀年,有正書局印行;一似嚴影亭,康熙庚戌,年七十九,神州國光社印行。作擬仿,名目略有異同,而締構各別,足資參徵,考其演變。前賢以藝事爲修養之道,真知篤好,降心研摹,精益求進,於無形之中達於化境,不騖名而名自歸,卓然爲百世之師。今之後生,朝學執筆,莫已自詡其能,不爲尺寸之功,急張潤利以鳴高,妄議前人,大言不慚,安從領略此中三昧哉。老人之能尸祝三百餘年,莫能越其藩籬者亦在此。余獲畫册之逾月,王氏又將老人致王書城手札八通出鬻,適亦爲余所得,何其幸耶。原裝一卷,蓋老人來孫蓬心所收藏者,年久褫脫,重爲裝治。去冬始勻葉君揆初加以題記,考訂其修箋時年及書印事迹甚詳,足爲此卷增重。首札曰"當作一册博噴飯",次札曰"畫册方愧醜拙",讀奉常書畫題跋,有《自題畫册贈書城》一首,自注"戊申十一月廿八日”,細繹跋語,札中所指,似即此册,不敢武斷,姑存其疑。余近有流傳名迹之志,既印惲南田《哭王奉常》詩一册行於世,續謀合印老人之一卷一册,方與手民洽議,而一日之間百物騰昂,棉力遂不克任,敢俟異日,蕲償夙願,書此以爲息壤。中華民國三十四年一月廿六日吳縣諸華仲芳甫記。(原件;《全集·文集卷·跋合印王奉常山水手札》,下册第 1014 頁)

1月27日　跋李英年藏清人尺牘。(日記)

1月28日　裴孝先來,購《明代版本圖録》一部,言後日去北平,托其帶贈洪業一部。(日記)

是日　携誦芬閲肆,至忠厚書莊選書,值二萬七千餘元,以稱抵去不足六千元,商定再換數種。李英年來,示惲南田《哭王奉常》詩,贋本,載《神州國光集》第 5 期。(日記)

1月29日　爲李英年考清人尺牘,“閣三年矣,不能不料理矣”。午後,葉絅邀觀陳蒙庵、況又韓、蔡正華書畫展覽會。閲肆,從忠厚書莊選滿洲調查報告多種,仿佛方志也。(日記)

1月30日　袁西江送書來。汪伯繩送年盤。(日記)

1月31日　爲李英年理清人尺牘。(日記)

是月　杭州朱晨贈明萬曆四十年刊本《白沙子全集》一部給葉景葵,即移贈合衆圖書館,并撰跋云:

萬曆刊《白沙子全集》,錢唐朱是(去非)遺書。去非卒於山東高等學堂,砥礪氣節,工古文,與徐樹錚最友善。以肺疾死,年僅四十餘。遺書已散,其弟晨(夜存)保存此書,甲申殘冬見贈,因移贈合衆圖書館,爲去非紀念。揆初記。(原書,上海圖書館藏)

2月1日　理李英年清人尺牘。(日記)

2月2日　查書樣。接顧燮光寄來金元碑三包。(日記)

2月5日　查書樣。訪吳湖帆,爲顧廷爕求書楹帖。顧翼東來,未晤。(日記)

2月6日　理書。(日記)

2月7日　理書。顧翼東來,欲查《吳郡文編》各文之已有他刻者。夫人斥金飾度歲。先數日,已鬻書若干種,“物昂不足維持。文人不事生産,所持者薪水。今薪水所入尚不給,若余者絶不願謀分文不義之財,於是自束至一無罅隙,處此憂患亦無愧無怍矣”。(日記)

2月8日　上書架。李英年來。(日記)

2月9日　理書。(日記)

2月10日　理書。(日記)

2月11日　理書。(日記)

2月12日　陰曆除夕,祀先。理物。(日記)

2月13日　年初一,敬祖。偕夫人、誦芬至葉景葵家賀年。午後,至葉恭綽處,未值。又至李英年、汪彭孫兩處。沈劍知等來。顧廷龍來。(日記)

2月14日　葉景葵來。至陳叔通處,未值。至陳陶遺處,略談。又至諸仲芳處,遇冷榮泉。汪伯繩來,贈陳子彝刻印兩方,石係青田,又印泥一盒。朱子毅、李英年先後來。諸仲芳來,贈誦芬民國廿一年製帆船上及旁有三鳥一日之稀幣一枚。(日記)

2月15日　至張元濟處。又至叔英表舅處,至潤康村午餐。三時應李宣龔約。(日記)

是日　《合衆圖書館董事會收支報告》(1944年8月16日至1945年2月15日)編竣。(原件;《顧廷龍日記》)

是日　《合衆圖書館董事會財產目錄》編竣。(原件;《顧廷龍日記》)

2月16日　偕誦芬至青年會購物。午後至汪伯繩、朱子毅、吳湖帆三處,皆步行,行路可觀。(日記)

2月17—20日　校片,理舊書。(日記)

2月21日　潘季孺、諸仲芳、王謇、姚光等來。理吳廷燮《方輿紀要補編》稿。訪王伯祥。(日記)

2月22—25日　撰宋敕跋文。(日記)

2月26日　寫宋敕跋文。(日記)

2月27日　寫宋敕跋文。訪吳湖帆,歸還原卷。(日記)

2月28日　葉景葵招飲,客竟日。顏樂真來,欲爲張元濟印藏書目。(日記)

3月1—16日　校片,校書目。(日記)

3月17日　訪吳湖帆,交張元濟寫件,未值。章愛存偕黃潤書來參觀,章以單士厘手稿見贈,以爲永久保存。(日記)

3月18日　秉志來,爲題先生父親遺墨。林子有來,以所編《詞綜再補》稿見贈,委爲保存。旋金籙孫來,亦欲寄書。(日記)

是日　夫人生日,來客均留麵。(日記)

3月19日　黃潤書率子泚來,贈所著《菊鑒》。夜,顧廷龍偕陳文洪來,談及顧出貲印書,即贈以《合衆圖書館叢書》。(日記)

3月20日　選可印書,得《明通鑑》,乃陳文洪鄉賢之作。夜,顧廷龍來,囑其與陳文洪接洽。(日記)

3月24日　顧廷龍來,言陳文洪印書已定奪,先付十萬元。先生即招安定影印社來議價。(日記)

3月25日　潘子疇、汪彭孫、徐調孚來。徐調孚贈《廣州學報》一冊。謁胡樸安,長談。(日記)

3月26日　校《論語孔注證僞》。訪楊敬涵、吳湖帆。(日記)

3月27日　校目。楊敬涵寫石印字樣來。安定即晚打《明通鑑》樣來,可

用。(日記)

3月28日　得沈範思信,托購西文醫書,即從愚園購得。(日記)

3月29日　將《論語孔注證僞》送楊敬涵,囑其即日開寫。寄醫書給沈範思。赴極司斐爾路書堆,購《申報月刊》首兩期。(日記)

3月30日　翁慕宗來。汪伯繩來。校《論語孔注證僞》。(日記)

3月31日　顏樂真偕王彥行來參觀。徐森玉陪錢存訓來,徐言即日赴杭,先生即托其代購該地新出書若干種,以備一格。復沈範思信。校楊敬涵寫《論語孔注證僞》樣六頁,交安定影印社。(日記)

4月1日　訪陳叔通。訪王褆,取顧翼東圖章。訪徐森玉,不值。又訪單鎮,後循辣斐德路瀏覽書堆。(日記)

是日　校《論語孔注證僞》寫樣五頁。(日記)

4月2日　夜校《論語孔注證僞》寫樣。(日記)

4月3日　錢鍾書來,見假《復堂師友手札》首冊。諸仲芳來,寄存《夢溪筆談》一帙。徐森玉偕沈仲章來。(日記)

是日　謁張元濟,爲吳湖帆乞題《後村詩餘》,談及所得翁心存日記,現在鈔其大事,將來可印,凡酬酢、衣飾瑣事均刪去。先生以爲“日常生活,真應留後人知之”,張元濟不以爲然。(日記)

4月5日　購舊雜志六十六冊,來薰閣送來,據稱李玄伯家人求售,書上多有“國際圖書館”印記,是李借公藏書籍而不還,竟爲僕人竊售,李不能辭失察之咎。倘即此以例故宮案,葉恭綽雖舌敝唇焦,難爲辯護矣。(日記)

4月6日　校《論語孔注證僞》寫樣。(日記)

4月7日　顏樂真來。楊敬涵、顧翼東來。杭估許克如持書多種求售,留華亭徐震熙《志學齋一集》稿一部,索值三萬元。徐係光緒間王先謙歲試生員,稿爲經義,均寫古字,當爲手稿。又題曰“一集”,必有其他,不知尚能踪迹否。(日記)

4月8日　閱肆,購《山陽志》。(日記)

4月9日　校雜志卡片。校《論語孔注證僞》寫樣。(日記)

4月10日　校《論語孔注證僞》寫樣。擬以《東吳小稿》付印,先生自寫五頁。(日記)

4月11—18日　寫《東吳小稿》。(日記)

4月15日　跋《論語孔注證僞》。

先生此著不獨力斥孔傳之非真,并能考定王肅所依托,洞燭幾微,允推絕學,宜高郵王氏引之嘆爲卓識也。……原稿分上下二卷,續録一卷,曾經儀徵劉文淇,寶應劉寶楠,鎮洋盛大士,同邑李續香、許汝衡諸家審閱,各有簽注,討論潤色,語皆直諒,足相訂補,具見良朋賞析之樂,惜先生未及改定耳。兹將續録各條依所標注,分別次入兩卷之中,又各家按語亦録注句

下,悉存其真,不敢妄爲竄易。(《全集·文集卷·論語孔注證僞跋》,上册第30 頁)

4 月 19—21 日　寫《歸來草堂尺牘》。(日記)

4 月 22 日　查修文堂送來書。(日記)

4 月 23 日　抄書。(日記)

是日　跋《東吳小稿》,元王寔撰。先生從華繹之處借得未刊手稿,傳抄録副并付諸石印。

　　昔吾家俠君先生選輯元詩,固未采獲,則遺佚已久,區區片羽,洵可寶也。婦兄潘君博山嘗語余,吳中某氏亦藏有安節手稿一册,不知是詩是文,欲謀借鈔未果,而博山旋歸道山,今且無從踪迹矣。比者吾友陳君文洪捐貲印書,爰出此六百年來文人僅傳心血,亟爲流布。海内方聞之士儻有藏其遺稿,或詳其行事者,希得見示,俾爲表襮以資尚論也。(《全集·文集卷·東吳小稿跋》,下册第 786 頁)

4 月 28 日　抄書。午後,偕誦芬參觀仙鶴草素藥廠。訪汪伯繩。(日記)

4 月 29 日　李英年來,偕赴甘鏡先家觀畫及宋本《史記》。《史記》計存《紀》之五、六、八、九、十一、十二;《表》之四、五;《世家》之四至十、十八至二十六;《傳》之三十九、四十、四十七至五十。共三十卷。有"同治乙丑獨山莫友芝子偲借讀過"觀款,末有徐渭仁跋,有郁泰峰掌故,特録之:"右孟蜀大字《史記》三十卷,向爲琴川張氏、當湖胡氏所藏,今歸吾友郁君泰峰宜稼堂插架。泰峰好藏書,尤究心於宋元古刻,年來大江南北、浙東西故家往往以秘籍來,不惜重資購之,故所得最多而最佳,不下百數十種,皆絶無僅有者。咸豐癸丑八月,邑中猝然大亂,泰峰以先兄靈柩在寢,揮子侄出門,己身死守不去。……書籍之劫,慘酷至於如此之極。泰峰物聚所好,困於虺虺,巋然獨無擾害。然來日茫茫,不知天定如何,若非文字因緣,鬼神呵護,其能始終保全者,幸也。甲寅十一月八日借讀因記,徐渭仁書於信天巢。"(日記)

是月　先生題簽的《論語孔注證僞》(清丁晏撰)、《東吳小稿》(元王寔撰),作爲《合衆圖書館叢書》第十二、第十三種,由陳文洪捐資印行。

5 月 19 日　跋《合衆圖書館叢書》第一集。

　　本館叢書之輯,志在使先賢未刊之稿或刊而難得之作廣其流傳,顧非一館之藏之力所克勝任。緣商同志,謀集腋成裘之舉。所選著述,以捐資者之意趣爲指歸,各彰所好,各聞所宗。學海無涯,造詣不一,要其專治所學,發抒心得,必有足貢獻於後來者,勿偏持門户,勿執一繩百,采擷英華,視讀者之去取何如耳。際此世變搶攘之日,物力凋剖,曠古未有。叢書之印,先後六年,成書十有四種,編次不免蕪雜。工事每况愈下,因陋就簡,咎何敢辭,勉强爲之,猶賢乎已。因便流通,彙編成集,述其緣起如此。(《全集·文集卷·合衆圖書館叢書第一集跋》,上册第 257 頁)

是月　先生題簽的《歸來草堂尺牘》（清吳兆騫撰），作爲《合衆圖書館叢書》第十四種，由陳文洪捐資印行，《合衆圖書館叢書》第一集出齊。據顧誦芬回憶："當時館中經濟十分困難，不可能正式排印，於是我父親采用了石印。他每天晚飯後稍事休息即去樓上辦公室開始他的印書作業，一直幹到晚上 11 點。他用專門的墨水寫在所謂的汽水紙上，這樣一個晚上可以寫出 3000 字小楷。……這就是他實踐'專爲前賢形役，不爲個人張本'的諾言。"（顧誦芬《紀念父親誕辰110 周年》，載《顧廷龍先生紀念集》，第 6 頁）

《合衆圖書館叢書》第一集十四種：

《恬養齋文鈔》四卷《補遺》一卷（清羅以智撰，《補遺》葉景葵輯）

《鳧舟話柄》一卷（清許兆熊撰）

《吉雲居書畫録》二卷《補遺》一卷（清陳驤德撰）

《寒松閣題跋》一卷（清張鳴珂撰）

《潘氏三松堂書畫記》一卷《補遺》一卷（清潘志萬輯）

《閩中書畫録》十六卷首一卷（清黃錫蕃撰）

《吉雲居書畫續録》二卷（清陳驤德撰）

《里堂家訓》二卷（清焦循撰）

《李江州遺墨題跋》一卷（清王乃昭輯）

《論語孔注證僞》二卷（清丁晏撰）

《朱參軍畫像題詞》一卷（清葉昌熾輯）

《東吳小稿》一卷（元王寔撰）

《餘冬璅録》二卷（清徐堅撰）

《歸來草堂尺牘》一卷（清吳兆騫撰）

（《中國叢書綜録》；《合衆圖書館小史》）

6 月　撰《董戍詩存》弁言。王董戍爲先生舅父。原書爲楊咏裳所藏。"公平生所爲詩不自收拾，今所存者，前半皆庚午後作，輯自手札；《疊壺燈韵》以下皆晚年作，楊丈咏裳所藏。丈與公爲昆弟交，時相酬唱，然存亦無多矣。茲彙録成册，以資紀念云爾。"（《全集·文集卷·董戍詩存弁言》，下册第 845 頁）

7 月 31 日　李宣龔有信致先生，云："《碩果亭詩》乞檢十部，似是五部一包，交來人帶下，費神至感。"（原信）

8 月 5 日　先生有信致葉恭綽，爲葉氏寄存物件事。

敬復者，頃由尊府送來箱物六件，計瑕記人字黑皮箱壹隻，瑕記章字小紅皮箱壹隻，瑕記豐字雙鎖黑皮箱壹隻，融記天字木箱壹隻，瑕記華字黑皮箱壹隻，瑕記壽號黑皮箱壹隻，照收無誤。當尊來書暫時寄存，將來取回時，須由台端先行面洽并另加手札爲荷。若僅出此函，不能憑以取件，合并聲明。此致退翁先生。合衆圖書館籌備處總幹事顧廷龍謹啓。卅四年八月五日。（原信）

8 月 11 日　跋《回帆日記》。(《全集·文集卷·回帆日記跋》,下册第1009 頁)

8 月 15 日　《合衆圖書館董事會財産目録》編竣。(原件;《顧廷龍日記》)

8 月 17 日　李宣龔有信致先生,云:"便晤子高,據稱渠家并無三朝本《十三經注疏》,祇有宋淳熙本白文九經,王漁洋《分甘餘話》著録。特此奉告。"(原信)

8 月 25 日　李宣龔有信致先生,云:"正續《三十五舉》閲畢奉還,費神感謝。日前寄存貴處《明實録》兩部,頃已讓出一部,如有人持弟字條來取,乞付以一部爲幸。"(原信)

是日　李宣龔又致先生信,云:"早間一函,想已入覽。兹有友人欲讓《明實録》一部,乞費神撥付(書箱一隻)爲幸。"即交郭石麒取去。(原信)

8 月 29 日　下午二時許,鄭振鐸來,與葉景葵、陳叔通、先生暢談。(陳福康《顧廷龍先生與鄭振鐸先生的友誼》,載《顧廷龍先生紀念集》,第 135 頁;《鄭振鐸日記》,上册第 295 頁)

是月　完成《合衆圖書館籌備第六年工作報告》(又名《三十三年度工作報告》)。

本館以每年八月十五日爲年度終結,本届終了時,正傳日本投降之訊,結懷略抒。溯自創始以來,環境日惡,經濟日窘,搜集整理,因陋就簡,闇然從事,不稍張皇,乃幸敵未加以檢查,逆未迫其登記。然忽忽六年,編目、蓋印一切手續,尚多未竣,因循尸素,無以自解。

此一年中,工作雖不敢稍懈,而可形諸筆墨者實鮮。去秋承陳氏居仁堂捐贈大宗藏書,由杭包運遞來,共收到約萬餘册,極爲凌亂,檢理歸併,頗費時日。兹述概況如右。[①]

一、入藏

子、捐贈。

…………

陳氏居仁堂贈書約爲五類:一應試參考書,二制藝闈墨,三章程則例,四清末維新流行書,五其他各種。是項書籍,今皆難得,且經陳氏先德手校、手跋者甚多,尤爲可貴。整理後,計開:

已編　一一八種,二九四九册、二幅。

複本　二六六八册。

殘本　四五二五册。

兹將善本選列如下:

《楊忠愍公集》明萬曆海陽東里吳氏寫刻本　《湯睡庵先生歷朝綱鑑全史》

---

① 如右:原文如此。下同。

明萬曆刻本　《欣然集》大南阮芸亭撰,大南嗣位元年刻本　《南山集》舊鈔本,譚獻手校　《篋中詞殘》譚獻手鈔　海昌人詩鈔存廿二種,編刻姓氏及歲月不可考,初印校樣,疑為許仁沐所輯海昌叢書,蓋未完成者也　《大方廣圓覺修多羅了義經略疏注》明萬曆嘉禾興聖寺比丘惠海,時年七十八寫刻本。有清同治三年六不居士手跋　《隸釋隸續》清乾隆四十二年汪氏樓松書屋刊本。缺一冊。余集手跋　《臨江鄉人詩》清乾隆三十九年壽松堂刊本,王詒壽手跋　《前後漢紀》清光緒三年三餘書屋補刊本,沈銘手跋　《光緒三十五年時憲書》《百衲琴》清光緒三十年刊本,秦敏樹手跋　《陳文恭公手札節要》《宛鄰書屋古詩錄》《裕昆寶鑑錄》《徐孝穆全集》《聽雨軒讀本》《烟霞萬古樓文集》以上六種藍洲先生手跋或批校　《唐人說薈》《集虛齋全稿》《平浙紀略》《一切經音義》《續資治通鑑長編拾補》以上五種蕚士先生手跋或批校　《繼述堂古今文萃》沈銘批校　求是書院日記三種蔣方震、夏元瑮、吳乃琛手稿

葉揆初先生向北平購贈商務印書館影印《道藏》一部,計一千一百二十冊,暫存北平浙江興業銀行北平支行。

…………

丑、採購。

今年本市製還魂紙之廠甚盛,於是賈人以不正當之手段得來者,或不易立時銷售者,往往以廢紙論斤售於紙廠,本館自各處見之,力不能全得,略事選收,若期刊、統計報告有關實用者。其他總集、叢書之類,續有增益,善本甚少,較難得者:

《五音篇韵》,明釋戒璇等纂,正德十年重刊改併,成化七年司設監太監賈安等刊本,缺一冊,每葉版心尚存捐貲太監職銜、姓名,可以補明官史之未詳。嘉靖、萬曆本則已無存。

《字學大全》殘,原十五卷,缺一至九卷,著者不可考,明初黑口本。以發音部位統部首,復以三十六字母為次,別序四聲,觀於心部惜字,注“舊藏作渃,音惹,亂也。在安般守意經”云云,是為《藏經音義》之一。檢各家書目,無與相同版心,捐貲人姓名有武功楊門張氏、郿縣務本里曹章、涇陽孫長等,知為陝西刻本也。

《碧岩集》十卷殘,缺卷八、九、十,宋釋重顯頌古、克勤評唱,明雲栖寺刊本。

《曆體略》三卷,缺卷中、下,明崇禎十二年毛鳳苞刊本。

雲林集,明倪瓚撰,清康熙廿一年十一世孫仁勇刊本。

《蟬史》,清磊砢山房主人撰,清初庚申年刊本。

可園雜存六種,陳作霖輯,係集叢書單種彙訂成冊,各加手跋。

本年所購書籍,共計 822 種,2972 冊。

本年承顧鼎梅先生雅意,許將所藏碑拓廉讓,論斤計值,并約定半以

《河朔古迹圖識》印本作價。惟高年不克積極檢理，已收到宋唐經幢、宋元碑志及河朔石刻共十包。

寅、傳鈔。

本年傳鈔書得十一種，十四册，約三十八萬九千六百字。

《澄江守城紀事》《端虛勉一居文言〈集〉》《石經閣文集》《何徵君遺文》《復堂師友手札菁華》　内閣大庫檔案零拾抄存　《石鼓文續考》岳雲盦雜文稿　《棠村詞》《陸射山詩鈔》

本年書籍總數，贈五七〇種，六二八九册、七張；購八二二種，二九七二册；鈔一〇種，一九册。

拓片，贈六一種，一〇二張；購十包。

歷年積存書籍總數一九四九四種，一四六四四八册；圖及散頁一四六張，尺牘一四六函，畫一卷，石經十五包，景印卷三四卷，奏摺稿、信稿二宗；舊報七捆。拓片二七七八種，三五三九張、一〇二册、一四五包、一九軸、四七七張。寄存書四五三種，一二八五册。

二、編纂

一、繕正張氏涉園捐贈及寄存書目三册。

二、李氏墨巢贈書目録草片分類就緒。

三、編撰葉氏遐盦藏書提要七十種。

四、編撰葉氏卷盦藏書提要二六四種，約七萬字。

五、據沈欽韓《王荆公詩注》初稿校劉氏嘉業堂刊本，補訂甚多。

三、校印

承鄞陳文洪先生對於叢書之印行深表贊成，遂捐貲續印。計成三種：

《論語孔注證僞》二卷清山陽丁晏，館藏稿本

《東吳小稿》一卷元晉陵王寔撰，據本館鈔本

《歸來草堂尺牘》一卷清吳江吳兆騫撰，據館藏鈔本

分訂四册，與歷年所印勒爲《合衆圖書館叢書》第一集。共十四種十六册。

四、事務

三十三年十月二十八日，胡樸安先生爲撰《説文理董》跋。

三十三年十二月十日，開董事會常會會議。

三十四年七月二十日，沿古拔路晴落、失竊兩節，即日雇工修理，外加水泥護之。

同年七月十一日，劉孟靖先生捐煤屑二噸。

五、人事

五月十六日，請王庸編纂葉遐盦藏書提要，八月辭職。

六、閲覽

陸維剑　倪壽川　蔡尚思　許元方　葉恂　黄文簡　王佐臨　陳群
沈安石　顧翼東　顧敦鍒　顧淦　趙鏡　謝孝蘋　顔樂真　陳懋恒　陳祖
高　孫德全　沈笋玉　孫俶仁　王升元　李壽彭　沈飈民　姚石子　林子
有　劉放園　李佩秋　劉子楷　陳□□　陳虬子　王彦行　華繹之　鄭桐生
徐調孚

七、參觀

葉承慶　葉承丙　蔣竹莊　朱璠如　盛勛丞　戴鳴鐘　應成一　毛彦
文　楊康年國專學生　沈孝綠仝　熊思儒仝　蕭乃奮仝　郭紹虞　董遷　金
通尹　王薀元　黄潤書　顧景賢　華潤泉　郭守純　裘作霖　陳麟瑞

（原件；《顧廷龍日記》）

是月　《合衆圖書館董事會收支報告》（1945年2月16日至8月15日）編
竣。（原件；《顧廷龍日記》）

9月1日　先生有信致顧頡剛，述及藏書寄存、《尚書文字合編》及《清代學
者象傳續編》等事。

闊別八年，不通音問者亦已三周寒暑，悶損何如。今獲勝利，宜解倒
懸，是可欣喜。惟如篤疾新痊，調攝殊不易耳……

去年曾傳續鸞之喜，極以爲慰。足下參政國事，研精學術，中饋何能久
虛。今聞新夫人賢能好學，擅長英語，洵爲足下內助得人，可勝忭賀！自明
是否遠居黔中？自珍聯大畢業後服務何所，已否許字？皆以爲念。

《尚書文字合編》因幣制變動，刻工猛漲，遂告停頓。既而文楷齋易主，
且傳有歇業之説，而經手人他去，存彼刻成之版大有散失之虞，因切托平中
浙江興業銀行經理沈君數往接洽，始克領回，即裝箱存其行中，他日必須到
平專事一兩月，可以結束。

尊處托章元群君代寄中國銀行倉庫之書箱，曾被日本軍部處分拍賣，
幸適爲元群至好所收，當即贖回。贖回後，一時無處安放，乃懇挽文托其津
行經理朱君妥爲收存，當不致有損失，尚屬幸事。所有寄費、贖款均由龍付
訖，爲數尚不甚昂。當兩事在函電磋商時，頗覺焦慮耳。公存燕校書籍、什
物迄未探悉究竟，近接勝利之訊，即函馮世五君，屬其與植夫先生商洽調查
照料之策，不知足下曾先有函屬否？足下平津之物，皆龍在彼時未能寄置
安妥，致遇變故，歎疚莫名，一旦完璧歸趙則不啻再聽勝利之報。

年來此間生活程度日漲夜大，不事投機，僅恃薪給，實難支持。敝館經
費甚絀，薪水不豐，所幸供給煤米，仰賴祖蔭田租，尚有收入，然不敷甚巨。
從前銖積寸纍所蓄之書鬻去一半，內人亦斥首飾爲助，故粗得安居，爲館理
書。館中藏書現積至十四萬冊左右，應用之書略備，其中亦有小小特長之
處：一、葉揆老所捐多鈔、校、明本。二、蔣抑卮所捐有清精刻本，又叢書及普

通用者數量不少(蔣多得自汪柳門)。三、張菊老所捐有嘉興海鹽人著述,自成專門,頗有罕見之本。四、李拔可所捐時人詩文集,洋洋大觀。五、陳叔通所捐清末流行各種書報,今已難得。六、葉譽虎所捐山水、廟宇、書院等志大批,其目某年公曾攜平,屬龍訪補,今全部歸此矣。此外,館中每年亦略有添補,大約普通參考十有七八矣。又,六年之中陸續醵金印成《叢書》十四種,計十六册。末種印成時,工價飛騰,知難爲繼,遂勒成一集,聊作淪陷期間之紀念耳。目録附正,書俟面贈。

客秋,龍與景鄭應譽老之屬,代纂《清代學者象傳續編》稿,共得二百六十人,象已畫好,將來尚須謀出版之處,一俟物力恢復,此舉或不甚難。拙編《明代版本圖録》,承開明諸公提前印出,極可感幸,惜未獲先呈誨正。此書恐尚未邀覽,出版之訊殆已聞之。索居之中,乏善足述。

足下近況如何?幾年來著述如何?希示一二,以慰遠懷。徐森老最近由渝來,言及公仍執教齊魯,賓四亦在彼,華西壩區中熟人多矣,亦一樂也。將來尊駕諒須回平,《禹貢》當圖復興。年内賢伉儷如須返里一視,過滬深盼盤桓敝寓,一叙契闊,萬勿客氣。行期有定,尚祈先告,當即掃榻歡迎也。以中去年以來爲譽老編《五代十國文》,即在敝館校理,較爲鬧熱,現已竣事,聞將往助振鐸檢點前代中央圖書館購存之書矣。揆老、譽老、樸安諸先生皆時以足下爲念。今後郵遞當可暢通,希時賜教言爲幸。(《全集·書信卷·致顧頡剛》,上册第133頁)

是日　下午二時,召開合衆圖書館董事會第五次常會。出席者張元濟、陳叔通、李宣龔、葉景葵。臨時主席張元濟,書記顧廷龍。

甲、報告事項

一、葉常務報告陳董事長因病缺席,公推臨時主席。

二、傳閲上次會議紀録。

三、葉常務報告三十三年度上届財産目録及收支報告。

四、總幹事呈閲本館三十三年度工作報告。

五、葉常務報告陳文洪君捐出版費儲券五十萬元。汪伯繩君捐購書費儲券十萬元。史稻村君經募購書費儲券六萬元。

乙、討論事項

一、總幹事擬呈《圖書館辦事規則》及《暫訂閲覽規則》請審議案。

決議:修正通過。

二、葉常務提:總幹事檢理重本請求出售,以資易書,計景印《天下郡國利病書》等六種,業經本席批准,請追認案。

決議:追認通過。

三、葉常務提:本館經常費因物價高漲,開支激增,自本年一月份起陸續調整,計一月份爲中儲券叁萬元,二月份爲中儲券柒萬捌仟捌百伍拾元五角肆分,三月份爲中儲券拾萬零壹百捌拾捌元,四月份爲中儲券拾萬零壹千零式拾元,五月份爲中儲券拾式萬元,六月份爲中儲券拾玖萬伍仟元,柒月份爲中儲券叁拾萬元,八月份爲中儲券陸拾萬元,九月份爲中儲券捌拾萬元,所有職員薪津及膳費逐月均照增加數目比例支配,又先後撥付特別購書費中儲券陸拾萬元,米煤油等特別費中儲券叁拾伍萬式仟捌百元,請追認案。

　　決議:追認通過。(原件;《顧廷龍日記》)

9月3日　顧頡剛有信致先生。

　　不通消息已愈兩年,未知府上在蘇在滬均各安好否? 合衆圖書館進展如何? 至深懸繫。勝利突來,普天歡慶,東土握晤,爲期非遥,快甚快甚! 侄忝列參政會,如該會得在南京開,或併入國民大會而在南京開,則有乘飛機東行之望,否則祇得附復旦同遷,以各種運輸工具俱極缺乏也。侄之書物前承代存各地,至爲感荷,未識近狀如何? 乞分函一詢。章元美先生近在何處? 前存在天津中原公司之物中多侄之稿件,尤望早知其下落也。侄不幸抗戰之中先喪父,繼喪妻,家破人亡,幾非人世生活,憂患之餘,髮幾盡白。去年續娶,移住北碚,生活重上軌道,甚望東還之後,尚能容我工作廿年,俾平生志趣得一一完成耳。纖科叔在渝曾晤數次,渠體亦多病,好在不久亦可歸來,脱離此濕熱之土。仲魯兄長子逝世,甚傷老懷。張石公先生滬上住址叔知之否? (《顧頡剛書信集》卷二,第501頁)

9月13日　鄭振鐸來訪。(《鄭振鐸年譜》,上册第504頁)

9月15日　先生有信致顧頡剛。

　　自太平洋戰起,郵檢加嚴,遂不敢與内地通信,即平友亦鮮往還,引企芝暉,想念彌切。迨勝利消息傳來,自由解放,即肅箋奉候起居。因傳聞台端執教齊魯,即寄成都,惟略有疑似,故封面加賓四先生轉交。時航郵未通,祇得平寄,此時當亦可達,或不致付浮沈。

　　今晨蔣慰堂先生來,藉悉公在北碚,最近出席參政會,在渝晤面,精神甚好,爲之大慰。三年多不通音訊,遂致隔閡至此,亦可笑也。又聞公經營一印刷所,情形何如? 前聞伯祥兄談起,似在編輯史地巨著,然不得其詳。現在爲公助理者,恐龍皆不相識矣。邇來有何著述出版? 常爲何種雜志撰稿否? 念念。將來可爲之事甚多,深望足下多所提倡,龍雖愚拙,願供驅策。風便希惠數行,以慰遠懷。(《全集·書信卷·致顧頡剛》,上册第136頁)

9月18日　先生有信致顧頡剛。

　　勝利以還,先後兩修蕪函,一平信寄成都賓四兄轉,一航快寄北碚復旦,不知均可遞達否? 頃由伯祥兄轉下手書,快如良覿! 三年餘之契闊稍疏,歡欣不啻勝利之劇傳也。

　　晤慰堂,悉公邇來身體甚好,最堪祈慰。倘儷如來滬,散處儘可下榻,房屋尚寬敞,出脚尚便,萬勿客氣(敝館在蒲石路古拔路口七四六,即轉角一宅,此路甚長,必言某路口。龍即住館中)。平中尊物,蔣家胡同書籍全部裝箱,存校中臨湖軒(大櫃中信札亦裝木箱存入),書架、桌椅存一樓、四樓。但自日本占領後,不知情形如何,向燕校最後出來之人打聽,亦未能得其確信,或言日軍進臨湖軒查見後,即云顧某人物應充公,并問誰與相識者,欲加盤詰,下文不得而知,寫信不能問,吉凶莫卜。八月十二日勝利訊傳之翌日,即函托馮世五君會商植夫先生相機照料,不知此信已達否(馮君處亦久不通信矣,現在平中情形尚不明瞭),請公就近函托司徒校務長照拂何如(報載在渝)? 章元美先生存放之箱已移寄浙江興業,稿件均在,可請勿念。原存汪孟舒處書箱後經植夫先生商寄李延增處,必甚安好。龍於足下存燕各物最爲記念,萬一損失,皆我之過也,倘吾不離平,或易相機遷移耳。

足下歸來,尚祈領導後學從事建設,事務方面,龍當努力爲公臂助。敝館籌備以來,杜門校理,罕與外接,顧客皆係熟識之士,若秉農山、王以中、錢鍾書,其他老輩及商界中人,終幸未遭日軍檢查,地方上亦未經麻煩,雖偶有調查,尚易應付。今後進展將俟幣制折定,基金籌妥,俟台駕來滬,尚祈代爲策畫。龍略有計畫,將來面求教益也。張石公先生月前曾來館晤及,近來身體甚好,住霞飛路一二八五弄五十四號。葉譽甫先生亦曾念及足下,渠住福履理路懿園十四號,身體不大好,血壓高。

再,移存天津浙興箱,曾囑該行經理朱振之先生(又係揆丈至親)親自啓點,據覆揆丈函云:"顧起潛兄寄存大木箱兩隻,頃已約同廑甫兄幫同開箱檢視,該箱容積甚大,係裝貨之木箱,亦將箱內成書書籍逐一清理,抄就目録一份,至祈台察。箱內大部分爲講義、文稿,文稿中關於史地、歷史、游記、札記、經義爲多,均未成書。有紙包者,有繩扎者,尚有其他北方流行小本書及歌謠本及圓式漢瓦三塊,頗爲複雜。故就其成書有書名者抄本後,仍將各件裝入原箱,妥爲封釘存行,并祈察洽。"就此信所言,在中原公司棧房中時及搬入浙興前,未經他人開過,尚不至有損失,可請勿念。(原信;《全集·書信卷·致顧頡剛》,上册第137頁)

9月20日　先生有信致裘開明。

不通音問者忽忽三年矣,想念之情,無時或釋。今獲勝利,倒懸頓解,普天同歡,伏維潭寓安吉,著述日新爲頌。尊處一切想均照常,曾受戰爭影響否? 惟恐新書則無從增添耳。

敝館寂寞之中勉爲進行,如蚊負山,積書至十四萬册,正在整理編目。關於分類一層,因敝館與南京國學圖書館內容近似,暫采其法應用。若嫌不完善,則編索引補救之,免得多數更張,無所適從。先生素主實事求是,諒能贊同鄙意。分類項目既定,尚須加標數碼符號,但用十進法,有削足適履之苦。竊於尊定不計十進法,純一亞剌伯數目最爲欽佩,兹特仿爲之,將來務呈指正。不識不計十進之標號亦有規律否？尚祈賜教，俾有遵循，無任叩禱。

尊處近況及今後計劃，便望示及一一。敝館所印《叢書》共得十四種，除第一種已寄呈外，餘容郵遞稍便再寄。又龍與潘君景鄭合編《明代版本圖録》，居然亂中出書，至以爲幸，容當呈正。燕京友好陳鴻舜、鄧嗣禹、朱士嘉、馮家昇、周一良諸君近況如何？晤時均希道念，容再一一修箋。尊編《目録》未及竣事，當須繼續完成，不識台駕須歸國一行否？工作偉大，冀早問世。頃聞通郵之訊，草草奉候起居，藉祝勝利……

近年新出書亦不少，大約以上海爲多，中法漢學研究所所出《圖書季刊》敝藏甚多。經此兵燹，毀書難以估計。鄙人前創重印古書之議，尤爲亟須，擬有詳細計劃，請先生留意機會，有款可請時，當即寄呈，如能實現，有功學術不淺。（哈佛燕京圖書館藏裘開明檔案）

10月　跋《香岩小乘》。

《香岩小乘》，清吳縣高宅揆鷺君年譜也。首冊起於康熙二十五年出生之歲，末冊止於乾隆三年，是否壽終之歲不可知，中缺康熙卅三年至卅六年。又康熙六十年至乾隆七年後附所撰《生母馬太安人年譜》一冊。宅揆，常熟學廩膳生員，捐職州同知，效力河工，堵築秦家廠有勞績。所記編年按月排日，而書家常爲多，間及時事，足資掌故。附録朱天保《求復東宮》一摺，《實録》《東華録》皆不載，尤爲可貴。楷法精整，頗得河南遺意。（《全集·文集卷·跋香岩小乘》，上冊第101頁）

11月1日　多時不記日記，蓋因"日本投降前後，觀局勢之渾沌，意趣索然，遂不能日日作記。然經過諸事每感健忘，姑仍約略識之"。理書。朱湘生來，贈其先德朱承勛《紫竹山房稿》及朱蘭《補讀室詩稿》。陳叔通、潘季孺來暢談。得聶崇岐9月30日信，謂陸志韋甚望先生能去幫忙。（日記）

11月3日　接聞宥函。復聶崇岐、聞宥函。訪葉恭綽，長談。（日記）

11月4日　訪李英年。午後閱肆，在漢學書店選水利書籍三十餘種。（日記）

11月5日　發聶崇岐、聞宥函。接聶崇岐函，又謂陸志韋邀先生去燕京大學講授文字學。錢鍾書來，葉景葵亦來談。（日記）

是日　顧頡剛有信致先生。

連接兩函，欣悉一切。寄賓四處一函，尚未轉到，蓋渠年來胃病至劇，常川臥床，遂致信札彌疏，且渠已脱離齊魯，轉任川大及華西校課矣。剛去年曾到成都，渠與寅恪先生并入醫院，未審其近狀如何。平中物件多承垂注，至所感荷。月前曾函仁之、延增諸君，俱未得覆，想郵件尚未通利也。滬上倘有消息，幸即見告，以釋懸懸。如已失去，亦可報至教育部，按文物損失例令其賠償，特匆遽間未有書目可據耳。尊處倘有略目，幸賜寄以便開報。

　　仲魯哥於十月六日以腸胃病逝於醫院，已屆勝利，竟難生還，為之愴痛。其長子已於去秋逝世，周歲之中遭此重喪，真大不幸也。石公先生高年康健，聞之快甚。日前得劉厚滋、吳玉年兩兄電，知《禹貢》已復刊，且將籌設文化銀行，惜電文太簡，不知其詳。《禹貢》復刊，其事甚難，秩序未定，有誰作文？交通未暢，如何發行？甚望其稍緩也。

　　剛前年妻喪後，以柏溪醫藥不便，移寓北碚，因就史地圖表社社長職。此社為上海地圖商亞光輿地學社所辦，自抗戰後亞光所出地圖在後方銷路極佳，因有餘力辦此。惟自剛接管之後，便以湘桂戰事，亞光受極大損失，幾乎一蹶不振。今年春夏努力圖恢復，預料至秋冬間必可中興，不料勝利突臨，銀行收回借款，印刷所又以頭寸缺少，立待付款，遂至二次陷於坎窞之中，今已至停頓狀態。《文史雜志》社本年一月以政府裁員減政，停止經費，於極度困難中撐持下去。今史念海君助我編纂，付中華書局印行，今已至五卷四期，銷路頗好，每期可七千冊，蓋抗戰期內純粹學術性之刊物太少，此刊可慰人岑寂也。此外與張天澤君（燕大畢業後留德，歸國任商務編譯所主任）同創辦中國出版公司，集資一千萬元，現渠擬返滬創辦。惟上海物價今已驟增，渠遲遲不行，此數將不足辦一印刷所矣。將來《文史》即移此公司出版，另編通俗性之《中國名人傳》一大套（目錄附寄，此尚為三年前所印），亦將由其付刊，甚願吾叔為撰《吳大澂》一種也。如有友人可撰寫，并乞紹介。復旦大學內有課九小時，北碚修志館每星期去三四次，以各機關復員在即，須趕速編就，因之忙甚，東返之期當在此志成後。在館相助者有傅振倫、方詩銘諸君。詩銘畢業齊大，學問甚好，將來必露頭角者也。通俗讀物社停頓四年，勝利後諸友圖恢復，在未復員前亦祇能做籌備工作。數年工作大略如此，雖有計畫、有人才，苦於錢不值錢，雖手頭出入月近百萬，終致一事無成，以視成府數年遜色多矣。北大同學鄭逢源君獨力開史學書局，其招牌為剛所書，故各方傳說以為剛開書鋪。惜其人不善經營，兩年中賠本三百萬，不知能否支持下去。

　　中國史學會為前年三月中組織南北史家會集一堂，惜經費不足，工作無多，現在會址即在史學書局中，將來上海方面當有一分會，甚願吾叔偕同志一號召也（昆明、成都已有分會）。中國邊疆學會係剛與趙守鈺、馬鶴天諸君所組織，其總幹事為黃奮生君，除一年出幾期刊物之外亦無工作。將來北平如設分會，則禹貢學會可以專研究古地理，與之分工合作。此數年中之覺悟，知無錢寸步難行，要做事業，惟有鞏固經濟基礎。我輩如何鞏固此基礎，實為一大問題，此問題如不解決，則一切為空想。諸事業中，惟通俗讀物最有前途，過去六七年中印行至五千萬冊，如依商業組織，固不難與廣益、大達一競爭也。肖甫任教華西與川大之先修班，聞先生在彼人緣甚壞，蔣大沂君已與決裂。中央大學中子植任教史學,子臧任教文學,鴻庵教史學兼邊政系主任。子馨、遏先俱病逝。文字工作剛久荒疏,亦以手頭材料太少,不便作考證文字。去年鄭逢源君曾欲爲編輯文集,終以覓鈔不易而罷。承代存興業兩箱,將來取得便可編集矣。今日稍暇,拉雜寫陳,以抒遠注。(原信;《顧頡剛書信集》卷二,第 503 頁)

11 月 6 日　錢鍾書來。理書。張元濟偕樹年來談。(日記)

11 月 7 日　理書。潘季孺來。(日記)

11 月 8 日　先生誕辰。抄顧頡剛存燕京大學書目。顧公雄來,求其補《秀野草堂圖》,允回蘇州後從容爲之。"其人温文爾疋,忠謹誠篤,今日畫家中論品格當推第一,畫傳家學,清麗絶俗,可佩也。"(日記)

11 月 9 日　發致聶崇岐、侯仁之信,托檢顧頡剛書。理舊札。(日記)

11 月 10 日　潘季孺、葉景葵、沈祇民來談。理西湖祠廟拓片。得顧頡剛 5 日來信。(日記)

11 月 11 日　訪汪伯繩,長談,又同至孔雀廳茗點。(日記)

11 月 12 日　訪章元美,不值。(日記)

11 月 13 日　閲《碑傳集》。得聶崇岐勝利後第一札。(日記)

是日　先生有信致顧頡剛,談《尚書文字合編》等事。

日前接奉五日手書,快如良覿。

寄賓四轉上之信,當付洪喬。此函因多年隔閡,積想成痗,一旦勝利通郵,急欲修箋奉候并報告尊藏書籍情況,已於後兩札中補述之矣。又《尚書文字》所刻板片事,當時以平聯鈔與滬儲券價值相去甚遠,工資又漲,而文楷齋內部齟齬,通信往往許久不覆,祇可停頓。未幾主人故去,經理易人,爲我經手之人離櫃他往,文楷忽有不能維持之謡,急托北平浙興經理沈君前往索板,一再遷延不交。再托邵君茗生(文楷老主顧,適有刻碑交易)疏通,約定以後修版印書當仍歸彼承辦,始全部點交裝箱,妥存浙興,挂慮纔釋。此事龍急圖結束,應刻者已算刻全,凡日本舊寫本祇可不刻入內,一非吾國寫本,二日本多已景印。結束有一最大手續,即修改譌訛,此校正所謂手民之訛,極可觀,而槧刻本尤須校改及於筆畫之間,務須騰出時間專心爲之,并立即發改,隨時指揮,似非通信可辦,預計必須明夏可重理斯業,奈何。

龍於隸古定研究頗有興趣,自信略有所得。隸古定爲文字變遷中之一種形體,不僅爲寫《尚書》之一書體也,展轉傳寫,筆誤與別體隨起,遂失真面。六朝、唐寫本及碑志,其中各有古字別體,雖不一系,皆可尋其原來,從偏旁歸納,得其轉變之例,可以爲校讀古書之助。惟年來專力於圖書館,無暇及此。所望物價平復,基金確定,人手稍多,雜務較清,或可披卷誦習。現在此間由吾手中摸過之書有十餘萬册,惜不能有萬一之精華映入腦海。服務圖書館者實文化苦力,猶之人力車夫,閲覽研究者乃坐車人也。又如厨司，天天調理山珍海錯，皆爲主人宴客之資，豈能染指乎？一笑！

　　吾侄存燕之書，第一批爲刻字書箱以及黑書箱，又木板箱，倉卒之中未有目録，時隔多年，記憶不清，大致唱本全部及所有信札均在内（張石舟撰《亭林年譜》稿本似亦在内），又書匣内之另種講義全部。其他書名不能詳矣。當時幸得仁之之力（原欲寄四樓，蔡一諤不准），特承司徒先生厚意，許置其宅（校中人知者不多），方喜萬全之處。混亂略定，遂亦不欲移動，移動亦無處可容。今已航郵詢仁之，尚未有覆。第二批原列在炕上兩架及中間靠窗老式書架，又書房内各處書及書架等件（有單）隨後裝四箱，則有簡目交履安夫人，又鈔出兩份，一份在龍處。此批存圖書館儲藏室，龍於日本投降消息傳出之後，即函托聶筱珊兄（十二·八後燕大舊雨通信者，惟聶君一人）照料。屢詢後（九月中之信今日亦通矣），近悉燕大圖書館適由聶君負責整理，覆稱頡剛先生書籍十二·八號後業已流散，現在圖書館亂書堆中發現一部份，白色書架亦有數隻，俟館事稍有頭緒，當再留意尋覓也云云。竊疑此批當係存圖書館部分，而并非存臨湖軒者。隨即一函致仁之，乞其訪臨湖軒狀況；一函筱珊，托將圖書館發現部分理出，并以目録一份供其參考。仁之燕校聘授近代地理（文學院共五門課程：沈迺璋任心理學，嚴群任邏輯學，翁獨健任西洋通史，聶筱珊中國通史），渠於校中熟人較多，且有幹才，當能訪問得一良果，一俟有回音，即行飛告。尊藏之書，龍多經摩挲，愛之何異自有，匆遽之際措置失當，事後又未能佈置妥善，回思不免貪懶，即存津之箱亦多此一舉，心殊不安。惟助吾理書裝箱之詩兒，及相商如何存書箱之大哥、履安夫人，皆已作古，不禁爲之泫然。

　　《禹貢》復刊，尚無所聞，深恐玉年嘗服務僞北大以自掩護者，即能出一兩期，必難以爲繼，最好不使借重大名。所謂設文化銀行，不易成事實，將來開設銀行，經、財兩部皆有規定，不同自由職業。又如事業專對文化，斷無不賠，如兼營他業，則須他行之内家。他行之内家來辦，於文化未必有興趣，故名義甚新鮮，書生之見耳。讀書一事，做官一事，辦事又是一事，能會通者，近代惟張季直先生一人耳。禹貢學會趙肖甫走後交吳玉年管理，其人管理此屋當無問題。但肖甫走時有攜去書籍之謠，未可究詰。滬肆亦嘗見整套《禹貢》及《邊疆叢書》，謂由北平寄來者。肖甫以吾侄與適之、平伯討論《紅樓夢》信札，付上海聯合出版公司，在《學術界》（月刊）中刊載，似失斟酌（此公司上海各書局爲敵僞强迫合作之出版機關），事前事後，不知吾侄聞之否？《文史雜志》能否檢贈敝館一份？十日《正言報》載有學術簡訊五則，第一則"古史學家顧頡剛氏近在北碚主持修志館事宜，他爲中華書局所編輯的《文史雜志》已請楊寬正在滬編輯，不久即可出版"。楊寬現與童書業（童君今年自常州來滬後未見過）似在編輯《青光》（周刊？），不知幕後何如? 邇日雜志之多,較前函奉告時倍之。白報紙貴而缺貨,聞本地廠中出品質稍次,但可定貨,文化事業申請尚有特別優待。公與張天澤君(張君龍亦相識,其弟天護尤熟,今不知在何所,公有聞否?)欲到滬開辦中國出版公司,其事甚好。龍有友人二三人,清白商人,皆於文化事業有興趣者,如須增資(公司人數不宜太多,太多則難一致),可爲招致投資。出版公司似不必自辦印刷(工人難管理),自辦印刷則非數千萬所可濟事。最近有一中型印刷所出頂,索值黃金百條(每條十兩),駭人聽聞也。

《中國名人傳》説明書拜讀一過,計畫切實,佩甚! 命撰吳大澂傳,當試爲之,恐文筆不能暢達,尚須累大筆删潤之。將來如須用照相,清代諸人,龍處頗有可采(退盦先生《續清代學者象傳》全稿交龍保存)。筱珊熟宋史,當以宋代名人請其選撰一二篇。中國史學會上海設分會甚好。滬江蔡尚思去年常來閱書,對於足下極佩服,研究思想史者也。其他史學老輩,當推吕誠之。總會是否足下主持? 如有章程,乞見示一份。希白因任僞北大課,燕大復校不再聘任,輿論亦不佳。然大小奸逆有能搖身一變又甚得意者,蓋所謂文人地位甚低、目標甚大者歟。(原信;《全集·書信卷·致顧頡剛》,上册第140頁)

11月14日　寫《合衆圖書館第七年工作報告》(又名《三十四年度工作報告》)。(日記)

11月15日　寫年度工作報告。陳器成來,見示張皋文篆書立幅,極精。李兆洛丙申書軸,已見衰老。"鈕非石對一付,又皋文篆聯一付,每件索一萬五千元"。顧廷夔邀赴酒樓晚餐。(日記)

11月16日　葉景葵介紹關富權(導淮委員會專門委員,金息侯之女夫)來參觀。寫年度工作報告。(日記)

11月17日　繕年度工作報告。沈笋玉偕侄祖牟來參觀,沈好藏書,欲以陳夢雷文集景印。其亦有《閩中書畫録》一部,家鈔清稿,與合衆藏本式樣相同,惟缺《閩異記》《閩雜記》兩種。關富權介紹汪胡楨來參觀。陸頌堯以《梁山舟尺牘》索題。(日記)

11月18日　得聶崇岐信,悉臨湖軒存書爲敵擄去,即函告顧頡剛。(日記)

頃得筱珊復信云:"頡剛先生之書存臨湖軒者,在華北綜合研究所未成立前,已爲倭賊盜運一空。存四樓者尚有一部分保存,俟圖書館工作到達清理私人存書階段,當據開來目録點查,殘毁如何,再函奉告也。頡剛先生前曾有信致陸先生,亦爲書事。陸先生近將有信直復矣。"想臨湖軒存書日人擄去,依吾推測當整個存北平,未必携回日本(數年來未聞平市有類似此批書之散出),望公電懇北平當局設法調查發還(一共大小卅餘箱,記不甚真),好在一部分箱上刻有某人藏書標識,其他木箱亦均貼有"顧○○寄存"排印字條,或易覓致。私人方面,若沈兼士、王世襄(龍曾與談過,即日當再函

托)、蕭一山(北平行營主任秘書長,李書春由渠留爲中校副官)皆可托其留
意。一面龍當函馮世五(暫在燕大引得編纂處幫忙)、欒植新(回引得印所,
兼在圖書館幫忙),托探當時掠去綫索,隨時奉聞。

最近悉敎部有赴日調查遺失文物之組織,該調查團團長爲張道藩,團
員徐森老、賀昌群、向達、伍蠡甫(光建子,任該團英文秘書)、張鳳舉(任日文
秘書),多公熟人,亦可一托,似可正式具報,大有完璧歸趙之望。初,赴日
調查團委由森老主持,龍頗欲隨往一開眼界(因敝館進展財力所限,決不能
仿英美,至日本規模或有可采)。錢鍾書君爲言於森老,森老極贊成,不意改
張爲首長,且人選由部派定者。惟森老與鍾書云,此事全由杭立武主管之,
渠尚欲爲龍設法,已飛箋與杭接洽,尚無回音。公知其詳情否? 不知究有定
額幾人? 公與杭至交,能一探否? 徐、賀、向皆熟人,倘能偕去,亦甚難得,
且可於尊藏切實訪覓矣。

吾家三節祠、孝子祠(中張家巷)皆被敵軍占,設繩廠,摧毀甚劇,已由
吳縣黨政接收委員會收封,現在探聽領回手續,從事申請。至損失有無賠
償,或稱須向省府詢問。適見來函信封有"江蘇省政府駐渝辦事處"字樣,
想公非有關係,必有熟人,能否爲吾一探? 愚兄弟等連年困頓,修復維艱,
倘得若干賠償,即獲益匪淺也。

前懇惠賜《文史雜志》,比悉郵費昂極,請暫勿寄,便乞帶交重慶浙江興
業銀行葉揆初先生收存,或交舍弟織科轉送浙興該行,當即去函知照,當能
妥存覓便帶滬。

公等所籌出版公司股份已集否? 章程計畫均擬定否? 此亦謀鞏固經濟
基礎方法之一,可以由小而大,隨後兼營印刷事業。龍前函所云有可以招致
者,一爲紙商汪君,財力尚裕,有志文化事業,於公極表景仰者,或有合作之
可能;一營地産者李君,好收藏書畫、印書;一錢業陳君,於此道茫然,惟人和
善;一新藥業陳君,好藏書(後三人實力較汪爲差)。如公須上海招股,吾當
爲公一試。公之聲望不難號召,但公司組織股份不能太雜,吾頗聞人言之
也。(原信;《全集·書信卷·致顧頡剛》,上冊第144頁)

11月19日　校書片。葉景葵送來吳縣宋光寶畫春花十二開,畫甚佳。宋
字流百,《吳縣志》有傳。諸仲芳來,即托其估價。陳器成來,示元朱玉畫《勸進
圖》,前有洪武御題引首,後有敕撰跋文,皆不真,又有焦循跋,恐亦可疑。沈乙
庵(曾植)藏,乙庵以爲真,有瞿鴻機、沈瑜慶、鄭孝胥、胡嗣瑗、金蓉鏡等題,皆
長歌,乙庵亦題,皆佳,蓋有所寄托而然也。又陶澂詩卷。又康有爲致沈乙庵手
札,多言復辟。沈祖牟來,出示澹生堂鈔本錢古訓《百夷傳》。先生校一過,視國
學圖書館印本略有刪節,澹生堂本當即所謂《徵信叢錄》之一。錢本《百夷傳》
後附李思聰《百夷傳》,大同小異,疑爲一人之作,化成兩人,遂略將字句改動,否
則不能有相同之句其多者也。又附《九夷本事》一種,沈君頗有意印出。沈收

藏甚多,有硃卷萬餘册,以爲無人注意者,自矜別具隻眼。先生告以合衆亦收有三千册,"始稱先得吾心"。(日記)

11月21日　秉志來暢談,詢及此間訂英文報否,先生告以欲重學英文,渠願爲指導,因即約定每星期一、三、五晚飯後前往,試半年。錢鍾書來。諸仲芳來。(日記)

是日　顧頡剛收到先生18日信,知悉臨湖軒藏書全爲敵人掠去。(《顧頡剛日記》卷五,第560頁)

11月22日　閲胡文楷所校《鳴野山房書畫記》。(日記)

11月23日　郭石麒來,議定《再續檇李詩繫》可留,價法幣萬元,取《諧聲譜》一部,作價三千元。諸仲芳來。李宣龔偕楊鑒瀯來。陳澄中自建陽來訪葉景葵,葉招先生介紹晤談。晚飯後,訪秉志,習英文。(日記)

11月24日　校李英年畫册目。葉恭綽來信,借《晚明史籍考》。(日記)

11月25日　閲英文報。王庸來,交沈文倬(鳳笙)《蠟臘考》,擬投《文史雜志》。顧翼東來,囑書王同愈字卷引首。(日記)

11月26日　校李英年畫册目。潘景鄭來。諸仲芳來。訪葉恭綽。訪秉志,講英文新聞三則。得聶崇岐8月中信。(日記)

11月27日　校李英年畫册目。訪開明書店諸君,贈《中學生》兩册,并云將有《國文月刊》《英文月刊》,囑先生爲撰文。(日記)

11月28日　閲《書志學》。訪秉志,讀英文。(日記)

11月29日　夏地山偕程覺民來參觀。李英年來,贈《文萃》。(日記)

11月30日　理宋元本著録片。得聶崇岐信。(日記)

12月1日　復聶崇岐、聞宥、顧頡剛信。李宣龔轉示閔葆之新詩。(日記)

先生致顧頡剛信云:

前上兩緘,想均入覽。項得聶筱珊兄來函,《中國名人傳》允撰宋代十篇,來單附呈察閲。

尊書被劫部分,曾屬筱珊探訪當時劫去情形及出於何項部隊所爲,俾易追究。渠謂現在探聽中,俟有結果,再行函告。不識尊處有較多之情報否? 此批書箱中,想起龍過録各家所校《積古齋鐘鼎款識》及影鈔之龔孝拱諸稿,又公與適之先生法書屏幅亦在其内。

赴日調查文物損失事,森老言此次已定奪,以後尚有機會,容徐圖之。龍一時之興奮,遽動漫游之想,今亦淡然矣。

蘇州四鄉不靖,收租暗淡,惟望國共早日和衷耳。(《全集·書信卷·致顧頡剛》,上册第147頁)

12月2日　訪楊鑒瀯,述及楊雪橋(鍾義)遺著尚多未刻,有《提要》一種,曾有欲請先生編定之言,"後學應盡之責,盍敢辭"。應《國文月刊》社邀飲,座有吕思勉、唐弢、曹聚仁、吴文祺、趙泉澄、顧雍如、錢鍾書、王以中。葉景葵送和

閔葆之詩。(日記)

12 月 3 日　校片。訪秉志。(日記)

12 月 4 日　訪陳陶遺。(日記)

12 月 5 日　金祖同來。教育局社會處調查科丁梅逸來調查,丁爲雷潔瓊弟子。沈劍知來。譯英文新聞兩則。潘景鄭來。(日記)

12 月 6 日　因昨日教育局來人調查,"頗思乘教育局多熟人,不如及早立案之爲便,與揆丈商之,極贊成。當訪高君珊先一談"。赴漢學書店閱書,選零本若干。又至來薰閣選書三種。(日記)

12 月 7 日　諸仲芳、李英年來。訪秉志。(日記)

12 月 8 日　徐森玉電話,約明日午後三時茗點。陸頌堯送《隨園尺牘》,乞審定。(日記)

12 月 9 日　謁胡樸安。徐森玉招茗點,座有吳眉孫、吳瑾庵、鄭振鐸、王庸、陳澄中等。(日記)

12 月 10 日　至教育局,探立案手續。繼訪雷潔瓊、高君珊,據言須明年先辦登記,屆時再辦立案。得顧頡剛長札。陳叔通、潘季孺、許長卿來。陸頌堯取回《隨園尺牘》并催題《梁山舟尺牘》。(日記)

12 月 11 日　復蔣維喬信。秉志來。錢鍾書來。李英年來,示翁方綱聯、錢十蘭(坫)篆聯,又劉墉聯,均佳。(日記)

是日　先生有信致顧頡剛。

　　　　承示《北碚志》緣起,欽佩莫名。此志成,實開中國方志之新紀錄,體例固好,尤以編輯皆屬各門類之專家爲難得,它時它處不能有也,謂之抗戰紀念作品可也。

　　　　關於《文史雜志》社欲使其獨立,爲將來文化事業發展之基,甚善甚善。所屬設法一節,極願爲之鼓吹張羅。鄙意籌措方式有兩種:一募捐,須憑捐啟之類,而所得難多;二合股,即仿公司組織,擬一簡單章程,規定有官利無紅利(紅利爲擴充費),則商人之斯文者有興參加,較易募集。尚祈裁酌進行可也。尊處集款容易否?此間較勝利前略難,上海商人唯利是圖,對於文化事業有志者不多。最可笑者,一般人對於圖書館性質尚不明瞭,有一友聞吾愁窮,彼似甚關懷,即詢圖書館是否公司組織?嘗聞潘季孺先生言,渠爲端方釀金印《奏議》,有故吏之一正極得意,請其捐款,即曰將來如何分紅?據此兩事,似以公司合股方式爲便。尊社是否即葉楚傖任社長者?又與此間報載楊寬編輯之《文史》雜志是否一事?茲有以中之友沈文倬(鳳笙,曹元弼、金天翮門人,吳江盧墟人),著有《蠟臘考》一文,見報載《文史雜志》移滬出版,屬龍轉交。龍因此間情形不詳,特另寄呈,想公必能爲之發表。沈君嘗助以中爲退厂編《全五代文》,即在敝館工作,朝夕相見者兩月,人極誠篤,從事三禮之學,今不多覯矣。命題"文訊",當即文通出版物之一,如不須署款，請截去下半可也。將來文通有無移滬之意？甚念。

　　昨晤雷潔瓊，致念足下，屬爲道候。渠現在教育局社會教育處任事，處長俞慶棠，科長高君珊，其夫嚴景耀現在新華儲蓄銀行負人事之責。開明將出《國文月刊》，由夏丏尊、郭紹虞主編。楊家駱辭典館在南京曾受損失否？渠所編工具書極便利，雖有人嫌其陋，而吾甚佩之。移碚後不識有何出版？台駕何時可以東歸？無任盼切。（原信；《全集·書信卷·致顧頡剛》，上冊第148頁）

12月12日　潘季孺、許長卿、李英年來。偕李英年赴孫伯淵處觀書畫，見尺牘三十冊，極佳，携回待細閱。"又選王、梁等對數付"。錢鍾書偕周節之來，同訪徐森玉，不值。夜，葉景葵招飲，座有楊蔭溥、徐大椿、張千里、朱一能、蔣彥中、嚴鷗客等。得顧燮光信。（日記）

12月13日　閱尺牘。至孫伯淵處，取閱劉彥冲畫席存愨（蕙生）象，有布景，題甚多，有顧千里詩，估人居爲奇貨，因借歸。（日記）

12月14日　孫倣仁、李英年來，李又送來對六副、字冊二十二本。（日記）

12月15日　抄席存愨《天香深處圖》卷題咏。陳叔通來，示磚拓二，一邊有"餘甲"二字，正面漁父圖。又一田家圖，有"武黄二年"四字，極精。李英年來，將剔去贋對五副携去。訪許長卿，不值。（日記）

12月16日　訪李英年，托還孫伯淵《天香深處圖》卷。任心白、顧翼東、汪伯繩等先後來。（日記）

12月17日　校片。周節之請茗點。（日記）

12月18日　李英年、錢鍾書來。（日記）

12月19日　李英年携張之洞尺牘來。（日記）

12月20日　李宣龔、潘季孺、葉景葵、李英年、任心白、諸仲芳等來。（日記）

12月21日　校片。理《浙江續通志》。（日記）

12月22日　李英年約先生至孫伯淵處，借《陳簠齋尺牘》六冊。（日記）

12月23日　抄《陳簠齋尺牘》。任鈞來。（日記）

12月24日　抄《陳簠齋尺牘》三冊，將畢，發現僞作，遂輟。（日記）

12月25日　訪王庸，觀中央圖書館存書。孫伯淵來。（日記）

12月26日　改《爾雅探原叙論》。潘季孺來，命題畫像。李英年來，携去僞《陳簠齋尺牘》，托還孫伯淵。（日記）

12月27日　改《爾雅探原叙論》。秉志、陳叔通、諸仲芳來。葉景葵來，出示三弟景莘（叔衡）《治亂通詮》序目。訪陳陶遺。（日記）

12月28日　抄《爾雅探原叙論》。擬《閱覽章程》。（日記）

12月30日　徐森玉來。抄《海外吉金圖目》。（日記）

12月31日　點《浙江續通志》卷頁。（日記）

是年　潘景鄭離開合衆圖書館,回蘇州辦田業銀行事。(先生的回憶)

是年

　5 月 17 日　姚光卒,54 歲。

　8 月 15 日　日寇無條件投降,抗日戰争勝利。

1946 年　43 歲

1月1日　晨,謁胡樸安。訪徐森玉,交《海外吉金圖目》。李英年來,邀赴中國畫苑,觀書畫展覽會。至漢學書店,選書若干種。(日記)

1月2日　葉景葵、陳永青、任心白來。葉景葵寄存石造像一尊。訪潘季孺,繳題小照。汪彭孫來。(日記)

1月3日　至漢學書店,還雜志單,選他書數種。經來薰閣,結賬。適徐森玉來,言魏建功住樓上,往晤,十年不見矣,魏將有臺灣之行。諸仲芳來,為訪偽鈔不同者數十張,擬配一全份,亦好事也。(日記)

1月4日　閱英文。收到漢口浙江興業銀行寄來《湖北通志》一箱。李英年邀觀《東洋美術大觀》(中國畫之部),日本明治、大正間所出。此部分五本,十五萬餘元。潘季孺來,贈梅花、青松各一盆。(日記)

1月5日　約魏建功、徐森玉、鄭振鐸、郭紹虞、葉景葵午餐。諸仲芳、任心白、潘季孺來。沈祖民介紹吳天民來,以《名臣言行錄前後集》囑審定,《後集》第三行有"建昌郡署校刊",審為明刻本。又一本《續集》,字體細,徑如元刻體,當亦明刻本。(日記)

1月6日　許長卿、陳叔通、朱一能來。王祖昌來。理目錄卡片。(日記)

1月7日　校片。師陀來。訪陳陶遺,索潤例。(日記)

1月8日　校片。許長卿來,還《秦輈日記》。諸仲芳來,贈偽鈔。訪魏建功,不值。歸,知錢鍾書夫婦、李英年先後來,皆失迎。(日記)

1月9日　潘季孺、葉景葵來。李英年來,示伊墨卿(秉綬)聯。校片。徐森玉邀為清理戰時文物損失委員會上海辦事處幫忙,允之。葉景葵送《中國治亂通詮》稿來,囑估印費。(日記)

1月10日　估《中國治亂通詮》稿印價。徐森玉陪盧前(冀野)來,渠將集印趙叔雍(尊岳)《明詞鈔》,邀合眾加入一份。晚,葉景葵餞潘季孺歸里,座有陳叔通、陳永清、汪彥儒、陳澄中、徐森玉、朱子毅、李宣龔及先生。(日記)

1月11日　撰顧廷蟾挽姨母聯。譯英文一則。因時晚秉志處不及去。(日記)

1月12日　理書,上架。潘季孺來。李英年來,贈《文萃》。寫扇骨三柄。(日記)

1月13日　屈蕙百來,暢談。金祖同言,徐森玉昨夜赴京,渠來專訪,適左。據稱京中加封之文物,急待處理云。金原佑來,示錢梅溪摹漢石經,題記甚多,皆乾隆間名人,索價五十萬元。諸仲芳、王伯祥、郭紹虞、徐調孚等來。(日記)

1月14日　潘季孺來辭行,明日返里。李英年偕金原佑來,漢石經拓本携去。葉恂來訪。訪秉志,不值。(日記)

1月15日　李英年來,示日本《長春閣藏品展觀圖録》。秉志來。諸仲芳來。楊鑒資來,談杜鎮(幹卿)事。偕夫人觀師陀編劇。(日記)

1月16日　校片。楊鑒資來。(日記)

1月17日　胡道静來,四年不晤矣,快甚。陳器成來。(日記)

1月18日　校片。王祖昌將秉志刻章交來。訪秉志。章愛存來,乞其書扇。(日記)

1月19日　校片。(日記)

1月20日　訪雷潔瓊,未值。晤嚴景耀,知雷於教育局事已辭去。聞高君珊月底亦將離職,即以合衆立案事訪之,允明日到局一詢手續。歸,與朱子毅商具呈措辭及資料。夜,擬呈文。(日記)

1月21日　修改呈文。諸仲芳、李英年先後來。屈燨來。秉志來授英文。錢鍾書來。高君珊來電話,請先生去爲合衆立案。(日記)

1月22日　楊鑒資帶杜幹卿來見,約明日來試事。寫呈文。李英年來。(日記)

1月23日　爲合衆立案呈文事,電話李宣龔,約時相晤。訪李宣龔。訪陳叔通。再訪陳陶遺,陳閲呈文後,認爲後半段可删去。歸,與葉景葵商定重繕。訪張元濟,蓋印。寫對。杜幹卿來試事。李英年來。(日記)

是日　顧頡剛有信致先生。

　　前得賜書,并惠寄沈先生《蜡臘考》,至感。三禮已成絶學,沈先生受教名師,而又加以現代化之分析,裨益後學,良可敬佩。俇以北平藏書已由日本領事館繳至教部特派員處,急欲前往清理,俾知實際損失。今已定飛機票,下周可到平,住處尚未定,通訊處爲絨綫胡同一七〇號中行公司劉佩韋先生轉(請將尊藏書籍名目開出,以便尋索)。大約逗留一月即可南歸,届時當於春申江邊一談八年辛苦也。内子静秋受蘇省府任命爲徐州女師校長,已於本月十七日飛京。渠前在徐辦立達女子中學,赤手空拳,居然募錢、募工、募料,造起渠渠夏屋,以是頗得鄉人信任。抗戰後該校停閉,静秋日思在後方恢復,而物價日高,私人能力日薄,莫可如何。現在既長徐女師,則女師教員可兼任立達教員,立達中不出專任薪金,所費既少,其事易成,爲不墜舊業計,遂爾應承。然拆散家庭,亦所不願,故亦不作久任計也。小女自明一家亦將東行,惟不至蘇而至徐,以徐州生活習慣與保定差同,翁姑語言亦無扞格也(保定以共軍故不能歸)。自珍尚在此任課中學,一時或不能歸。北碚經手事務已結束,惟來渝五年,人事千端萬緒,一一結束殊不易,故近日極忙,飛機已定位而不能行。《文史雜志》全份(實未全,缺被炸及賣完各期)托盧芷芬君帶上,幸一問伯祥,芷芬已到滬否。(《顧頡剛書信集》

卷二,第510頁)

1月24日　劉垣來,閱《治亂通詮》。校片。諸仲芳、汪伯繩來,偕去觀景華屋談,尚近情。開明書店贈《中學生》。市政府贈《公報》。(日記)

是日　將《呈爲設立私立合衆圖書館申請立案事》文致上海市教育局。

　　呈爲設立私立合衆圖書館申請立案事,竊(陶遺、景葵、元濟)等當昔國軍西移以後,每痛倭寇侵略之深,輒念典籍爲文化所繫,東南實薈萃之區,因謀國故之保存,用維民族之精神。爰於中華民國二十八年五月發起籌設合衆圖書館于上海,拾遺補闕,爲後來之徵。命名合衆者,取衆擎易舉之義,各出所藏爲創。初設籌備處,賃屋辣斐德路六百十四號,從事佈置,先後承蔣抑卮、葉恭綽、閩侯李氏、長樂高氏、杭州陳氏等加以贊助,捐書甚夥。至三十年春,籌款自建館舍于長樂路七百四十六號,即於同年八月一日成立發起人會。遵照教育部圖書館規程第十一條規定,決議聘請宣龔叔通爲董事,同年八月六日成立董事會。曾未幾時,太平洋戰事爆發,環境日惡,經費日絀,而敵僞注意亦綦嚴,勉力維持,罕事外接,始終未與敵僞合作。賴有清高績學若秉志、章鴻釗、馬叙倫、鄭振鐸、陳聘丞、徐調孚、王庸、錢鍾書等數十人以及社會潛修之士同情匡助,現在積存藏書約十四萬册,正事陸續整理,準備供衆閱覽。採四部分類法,以史部、集部爲多。先儒手稿本、名家抄校本、宋元舊刻本、明清精刊本皆有所藏。其中嘉興、海鹽兩邑箸述及全國山水、寺廟、書院志錄網羅甚廣,皆成專門。他如清季維新之書、時人詩文之集,著名者都備。至近年學術機關所出者亦頗採購,尤注意于工具參考之作,用便考據。此外有清代鄉會試硃卷三千餘本,陳藍洲、汪穰卿兩先生之師友手札約六百餘家,皆爲難得之品。金石拓片搜集約八千餘種,漢唐碑拓一部份尚係馬氏存古閣舊物,其他以造像爲大宗。又河朔石刻爲顧氏鼎梅訪拓自藏之本,較爲完備。間嘗校印未刊之稿十又六種,以資流通。

　　六年來經過大概如此。前以交通阻梗不克呈請立案,茲值抗戰勝利,日月重光,應將董事會之成立及圖書館籌設一併呈請核明立案,相應檢同附件開列應具各款,俯乞鈞局鑒核,准予立案,批示祇遵,實爲德便。謹呈上海市教育局。(《上海市私立合衆圖書館發展史料二則》,載《歷史文獻》第3輯,第18頁)

1月25日　劉垣來。秉志來授英文。(日記)

1月26日　收到顧頡剛23日信,"悉其藏已由平日領事館繳至教部特派員辦公處,周内赴平接收,逗留月餘來滬,爲之欣慰不已",即函侯仁之告之。致聶崇岐、欒植新信,復聞有師信。訪徐森玉,爲陳叔通詢杭立武住址。諸仲芳來。(日記)

1月28日　校片。秉志來授英文。徐森玉來。繳諸仲芳乞葉景葵題卷。(日記)

1月29日　校《豫章叢書》卡片。孫傚仁來,轉交浙江省通志館函,即復。

郭紹虞贈《教育與文化》一冊。劉垣來,閱《治亂通詮》。"連日夢想欲出一月刊,名《圖書消息》,辦法亦大致可定,下月中擬籌計之。"(日記)

1 月 30 日　致函上海市海關,索書。至漢學書店,將《清經解》配齊。李英年、李宣龔來,未值。(日記)

1 月 31 日　郭石麒來結賬。李英年來。王抱冲來,自言浙江省通志館派來,訪問舊《通志》稿事。接《浙江省通志館館刊》四冊,擬將《嘉興著述目》付彼刊出,合眾可添印千本贈人。致蔣復璁、任心白信。(日記)

2 月 1 日　除夕。諸仲芳來。(日記)

是日　先生有信致顧頡剛。

　　日前接奉手書,敬悉尊藏被虜書籍已有着落,欣快無似,真不啻當日聽傳勝利之訊也。從者此刻想已到平接洽收回,不識共有若干箱? 其中薄木板箱數隻均裝講義(似憶煨蓮一度欲商得公同意檢取者)。有一箱裝有《彊邨叢書》及其他書籍者,係聞在宥先生物,龍書不過數種雜尊箱中,當易鑒別。惟尊書橫披及適之先生書小屏四條似亦在內,便請檢出,將來覓便帶下,念之久矣。

　　台駕來滬,當掃榻以待,萬勿客氣。尊編《文訊》,伯祥言及曾見渝《大公報》廣告,當已出版,將來上海亦須發售否? (《全集·書信卷·致顧頡剛》,上册第 150 頁)

2 月 2 日　年初一,與夫人、誦芬至葉景葵家賀歲。又至秉志家。下午至三姑丈、楊敬涵、潘綏三、汪禮卿、汪彭孫處。收到聞宥寄來《晚殷長曆》及陳鴻舜夫人信。(日記)

2 月 3 日　至李宣龔處,不值。至葉恭綽處,不見。歸,與夫人至潤康村午飯。又至陳陶遺處,未見。再至陳叔通處,不值。(日記)

2 月 4 日　至張元濟處,未見。又至朱子毅及顧翼東處。得陳鴻舜夫人信。(日記)

2 月 5 日　李宣龔請先生於大來西菜社午餐。至汪伯繩處。(日記)

2 月 6 日　晚,赴浦東同鄉會,公宴黃炎培夫婦。得聶崇岐信。(日記)

2 月 7 日　抄顧頡剛存北平燕京圖書館四樓圖書目錄。(日記)

2 月 8 日　徐森玉、鄭振鐸來,招就教育部清理戰時文物損失委員會,司筆札。李英年約至孫伯淵處,又返其寓所晚餐。諸仲芳來。(日記)

2 月 10 日　午,徐南屏招會祭顧亭林卒忌百二年矣。到者有朱茂溪、胡宛春、吳眉孫、馬義述等。徐森玉、蔣復璁來。(日記)

2 月 11 日　錢鍾書來,轉達蔣復璁意,囑先生撰《玄覽堂叢書提要》,"許之"。秉志來。(日記)

2 月 12 日　校片。印謝信。(日記)

是日　顧頡剛收到先生信,"渠得筱珊函,知予書原存燕大四樓頂及臨湖軒兩處,存燕大樓頂者一部分存燕大,一部爲教部接收。存臨湖軒者爲日軍取去,查無下落。此部分似未經新民會手,或能全部發現,或竟全部消滅"。(《顧頡剛日記》卷五,第 607 頁)

2月13日　校片。上書架。諸仲芳來。(日記)

是日　繼母許氏生忌。(日記)

是日　顧頡剛有信致先生。(《顧頡剛日記》卷五,第 607 頁)

2月14日　校片。上書架。王善業來,三年餘不見,暢談。(日記)

2月15日　讀英文。秉志來。得張天方信。開明書店送來顧頡剛托帶《文史雜志》。葉景葵送來其友周孝威①《易簡義》。(日記)

是日　《合衆圖書館董事會收支報告》(1945 年 8 月 16 日至 1946 年 2 月 15 日)編竣。(原件;《顧廷龍日記》)

是日　《合衆圖書館董事會財産一覽》編竣。(原件;《顧廷龍日記》)

2月16日　復張天方信。沈勤廬來訪,商文物清理處進行事,約明日晤沈仲章先談。校《江上詩草》三卷。(日記)

2月17日　訪沈仲章。午後訪胡道静。得聞宥及蔣清蘭信。(日記)

2月18日　收到顧頡剛信。復蔣清蘭信。(日記)

2月19日　午後,陳戀恒來談。謝景升偕董紹明來,景升自美歸甫五日,即將返平,略談。(日記)

是日　先生有信致顧頡剛。

　　　　日前接奉手書,欣悉文旆已到北平。四樓存書一部分已從教部特派員處收回,損失已不少。燕京一部分,植新兄有目寄龍,想渠必有留底呈察,不識合併後,照目尚缺若干?存司徒宅中,憑記憶所及,另紙摘録,恐無百一可言……

　　　　存天津之書,兹乞揆丈致朱振之經理箋附上,檢視後或存或取均可……

　　　　示及東安市場書多,爲之神往,擬籌拾萬元,奉煩游覽所及,選購若干,購得後即請送交浙江興業銀行沈範思先生代存可也。希白師往廣西,甚慰,不知何時動身?飛行亦須過滬否?念念。禹貢學會巡視後情形如何?損失如何?《文史雜志》已由盧先生帶到,頗有可觀,謝謝。近聞在宥先生亦以華西出版物見惠,皆此間未聞難遘之本。鄙意出一期刊,曰《圖書消息》,專訪載公私出版物,則印者易銷,求者易購。每書撰一廣告式提要,不必批評,最好各省各縣均有熟人可托通訊。此事祇可以私交相懇,若用官樣文章難有成就。吾公交游最廣,俟台駕來滬後詳加計畫,借重大名爲之號召,當有大效。但此刊祇可爲交換品,發售恐銷場不會好也。(《全集·書信卷·致

①周孝威:即周善培,一字孝懷。

顧頡剛》,上册第 151 頁）

2 月 20 日　撰《玄覽堂叢書提要》。顧頡剛有信致先生。（日記;《顧頡剛日記》卷五,第 611 頁）

2 月 21 日　撰《玄覽堂叢書提要》。（日記）

2 月 22 日　得顧頡剛信。（日記）

2 月 23 日　俞調梅來,將有工程考察之行。（日記）

是日　教育局派王馨一來視察,"據云本館呈文去後,先以管呈文者請假,繼值陰曆新年,遂致延擱。今高君珊先生電話敦促,屬於三日内批復,故今日特來調查。一開館日期,答整理完畢;二是否公開,答限制的公開;三分類法,答采《四庫》;有何專長,答嘉興與海鹽先哲遺著,近人詩文集,山水、廟宇志及明刊本等。導之參觀一周,贈以《叢書》一部,渠將送該局圖書館。允於下星期一將報告送入,數日即可批出"。（日記）

2 月 24 日　偕葉景葵應朱義存之招,座有石邦藩,静安區長也。午後,訪汪伯繩。（日記）

2 月 25 日　校《江上詩草》。（日記）

2 月 26 日　致顧頡剛信。又致聞宥信。訪徐森玉,不值。（日記）

2 月 27 日　徐森玉來,囑擬清理戰時文物損失委員會組織章程。（日記）

2 月 28 日　訪徐森玉。校片。諸仲芳來。（日記）

3 月 1 日　校片。秉志來。李英年來,示董其昌字卷、吴大澂畫山水立軸,皆精絶。（日記）

3 月 3 日　曹鳴高、貝祖遠、單基震、吴公光、尤月斧、頌良先後來。汪彭孫來,改就江蘇銀行無錫分行事。晤吴慈堪,暢談家鄉事。訪李英年。（日記）

3 月 4 日　教育局批函來,准予合衆圖書館立案。徐森玉約談。（日記）

3 月 5 日　抄呈報文件(補備)。（日記）

3 月 6 日　抄章則。午後,應徐森玉招茶點,即以清理戰時文物損失委員會辦事處成立。（日記）

3 月 7 日　財政局送來房捐通知單,擬即具呈申請免捐。訪朱璠如,未值。徐森玉來,囑擬文件,以先生爲清理戰時文物損失委員會辦事處(以下簡稱"清理會")總幹事。按,時徐森玉接受有關部門任務,欲通過聯合國向日本索賠被掠文物,於是請先生協助。（日記）

3 月 8 日　夫人生日。錢鍾書偕章克標來。訪朱璠如,商房捐事。諸仲芳來。赴清理會,徐森玉示亞洲文會損失目錄,清楚整齊。又見《廣東新志稿》,明嘉靖戴璟編,《四庫》底本,孤本也。（日記）

3 月 9 日　劉垣來。徐森玉來,交圖章一方。楊鑒資來,"叩教公牘,頗有專門,不易辦也"。（日記）

3 月 10 日　訪胡樸安,其"爲先君撰傳已成,以稿見示,表彰極真切,銜感何如"。訪陳陶遺,身體略好,但尚不能作字。午後,沈錫三來。訪葉恭綽,托病未見。順道訪李英年,見示石谷、廉州各一軸,皆好。至清理會。復顧頡剛、蔣清蘭信。"致財政局稽徵處,退房捐通知書"。起稿數件。(日記)

3月11日　晤徐森玉。葉景葵來,商呈教育局文及核賬目。先生以協助徐森玉事相告,葉未發一言,蓋不以爲然也。王庸偕陳訓慈(叔諒)來,陳爲清理會副主任,交檔十二件,又印刷品等。修改合衆第六年度報告。寫胡樸安撰先生父親傳。(日記)

3月12日　訪徐森玉。陳叔通來,即托與樾園(按,余紹宋)商,以合衆館藏嘉興著述目載入《浙江省通志館館刊》中,并見贈單行本千册爲條件。陳永青來,贈《七日談》小報十二册。章克樅來。(日記)

3月13日　校片。與李英年同往孫伯淵處,見墨井(吳歷)畫《墨井草堂圖》長卷,精絶,爲顧氏過雲樓物,索金五十兩。又見王石谷贈頮翁(王掞)册,十開,蔣穀孫舊藏,有王同愈跋。(日記)

3月14日　清理會囑徐森玉編日本所藏著名文物目録,先生爲擬復信及條例。(日記)

3月15日　諸仲芳來。秉志來。童書業來。閱《明實録》。(日記)

3月16日　理引得。校片。許元方偕子步曾來,贈《乘槎筆記》一册,此《小方壺齋輿地叢鈔》刻一卷,明日當一校之。(日記)

3月17日　校片。陸頌堯來。汪伯繩來,爲《禹貢》捐五十萬元。訪張元濟。校《乘槎筆記》,各有詳略。(日記)

3月18日　張元濟送《雪交亭集》抄本來。陸頌堯示馮登府隸書聯,極佳。徐森玉來,商改清理會章程。財政局派人來調查。陸維釗來,取葉恭綽存《清詞鈔》一至五,又閨秀五册。復顧廷翔,謝顧公雄畫《秀野草堂圖》。致顧頡剛信,詢《禹貢》捐款交何人。(日記)

是日　先生有信致顧公雄(按,公雄爲先生内表兄)。

別久深念,日前由倪壽川兄帶到賜繪《秀野草堂圖》,筆墨工雅,不讓古人,對之愛敬莫名。將來裝卷徵題,藏諸合衆圖書館,永與憲尹一卷[1]相麗,不其盛歟! 吾吳擅六法者不乏其人,但如兄之品高藝純,尚無其匹,衷心久仰,故必求大筆以爲光寵。惟瀆神何以爲報,拜領之下,感愧交集,它日旋里,當再泥謝。命考季遠、仁山姓名,竟不可得,歉甚!《白屋圖》當即轉交景鄭兄不誤。專此道謝,祇請著安。(蘇州市博物館藏原件)

3月19日　校片。寫扇。鈎王澍《豳風》一頁,補陸頌堯藏墨迹所缺。訪高魚占先生,還《豳風》刻本。(日記)

是日　先生有信致陳訓慈。

———————————

①憲尹一卷:指清黄玢畫《秀野草堂圖》。黄玢字憲尹。

前承枉教,積慕爲之冰釋,快幸無似! 比想從者業已到杭。

珂里文獻諒均安然。天一閣藏書已否還回原址? 念念!

交下登記表十二件,已呈森老閲過,現在録副中。函稿三通已鈔畢,先行奉還,即乞查收爲荷。(《全集·書信卷·致陳叔諒》,上册第 230 頁)

是日　先生有信致裘開明。

多年不通音問,時深懸念。去年戰爭剛結束,航郵尚未通,即寄一平函奉候起居,不知曾收到否? 敝處在此四年之中,先後印成《叢書》十四種十六册,印雖不精,惟皆未刊之稿。當第一種出版時,承台端介紹,得與 Harvard Journal of Asiatic Studies 作爲長期交换,戰起停頓,現能繼續否? 倘蒙許可,請將 VOL.6, NO.3 起至最近者見惠,敝處當即檢寄,其他關於考古者兩種亦可奉贈(一《河朔古迹圖識》,二《補藤花館石墨目録》),不知 Journal VOL.1 至 5 尚能賜補全份否? 種費清神,不安之至。(哈佛燕京圖書館藏裘開明檔案)

3月 20日　校片。修改清理會章程。錢鍾書來。(日記)

3月 21日　在徐森玉處遇袁道冲、袁同禮翁婿,即偕來參觀。陸頌堯來,見假王澍《良常篆册》。至中央信托局,爲點視日人高木藏書事,廢然而返。至漢學書店,選單本書百册。遇張天方,略談。(日記)

3月 22日　楊鑒資示鷄血章四方。晚訪李英年,以章石介紹其收購之。(日記)

3月 23日　撰《玄覽堂叢書提要》。陳叔通來。(日記)

3月 24日　陸頌堯來。典孫來,十餘年不見矣。訪陳陶遺。(日記)

3月 25日　徐森玉偕李濟之來。撰《玄覽堂叢書提要》。訪李英年,取回圖章。王祖昌來,托刻諸仲芳藏印。(日記)

3月 26日　撰《玄覽堂叢書提要》。爲日人高木藏書事,赴敵僞產業處理局及中央信托局地產處,見陳冠球,由陳介盛某,盛稱須由李斯棟伴往高木藏書處。得浦拯東復葉景葵信,房捐可免,須另具文。(日記)

3月 27日　《玄覽堂叢書提要》寫畢,抄寫竟日。錢鍾書來。具呈文致財政局,乞免房捐。應鄭振鐸招飲,允贈《文藝復興》。得馮世五信,告禹貢復員情形。(日記)

是日　顧頡剛有信致先生。

俟到平以後,諸事牽掣,萬分冗忙,以致纍接來函,均未能答。飛渝後參政會事又不暇,直至今日休息半天,始得奉函,悵何如之。禹貢學會承捐募百萬,感幸何似。《禹貢》全套尚有存書,惟三卷略缺耳。將來可先將完全之卷贈送贊助會員。此會已重新組織,成編輯、募款兩委員會。編輯方面,已有《禹貢》周刊一種,在北平《國民新報》發刊,此外尚擬辦季刊、文庫、通訊三種。募款方面,三百萬元已無問題,興滅繼絶,想遠道聞之必皆快慰也。款項請寄北平絨綫胡同一三五號中行公司吳玉年兄處，或與劃款亦可（渠之公司要付大中國企業公司百萬元，該公司在上海北京東路三五六號國華大樓六〇八號，可一詢）。

承囑代購北平日文書籍十萬元，該款截至佺返渝時尚未收到，想興業平行以未悉佺住址，故未送，乞一查。如其確實未送，請囑其送交王府大街東廠胡同一號（即前東方文化委員會）張政烺兄處（渠係中央研究院派往接收圖書館者），請其代購爲要。承介紹葉叔衡先生，佺已往訪暢談，并同吃飯，渠精心結撰，真大著作也。

臨湖軒書完全遺失，係三十年冬日本一八二一部隊之經理部所取，先存英國大使館（集中營），後不知下落。四樓木器亦完全失散。其他各地存書，則損失不多。蕭正誼君曾見數面（今彼亦來渝），彼亦無從爲力，已請教部索賠矣。存津文稿，賴章元群兄之努力，居然無損，感甚。叔影寫龔橙手稿，已在燕大中發現，現置禹貢學會中。

佺大約四月五日後飛京，先到徐州一行，約四月杪到滬，如先到蘇州，則須五月初到滬，爲期不遠，至以爲快。懋恒夫婦處，茲附寄一函，乞代轉，以其住址已遺失也。北平一切與八年前無異，惟馬路稍平，洋車較少（以坐車者少，爲了經濟壓迫，電車與公共汽車擠得不堪）。此去事忙，故北海、故宮、北平圖書館等處皆未能去，惟於車上望見之耳。行前適大雪，其深沒踝，風景更美。佺此後不擬作職業性之教師，故蘇、滬、徐、平皆須有住處，讀書寫作則在蘇、徐，搜集材料則在北平，經營出版事業則在平、滬，務求爭取主動，不隨人流轉，則數年之內當有系統之著述問世。至於政治漩渦，則力爲逃避，實以此中齷齪，無益於人而有損於己耳。（原信；《顧頡剛書信集》卷二，第 513 頁）

3月28日　代陳陶遺寫經士英墓碣。（日記）

3月29日　倪壽川來，謂傳薪書店收得徐嘉批秀野草堂刻《昌黎集》（四本，十萬元）、丁晏批《毛詩》、成化刻本《杜詩》（不全）。又郭石麒收得《趙城藏》之《景德傳燈錄》，尚有宋刻某經，趙萬里曾景印殘本，此可配補其缺。諸仲芳、李英年來。訪陳陶遺，將案上關於參議會通告等携來。（日記）

3月30日　錢鍾書來，贈《周報》。得顧頡剛信。校片。李濟之來。訪徐森玉。儒孫等來，未值。（日記）

3月31日　訪徐森玉。李英年偕子君維來。沈勤廬父子來。游極司斐爾路，閱書堆，得陳藎謨《象林》，明崇禎刻本，不多見。得蔣清蘭信。（日記）

是月　任教育部清理戰時文物損失委員會京滬區代表辦事處總幹事。（履歷表）

4月1日　校片。徐森玉交來教育部聘書，"爲清點接收封存文物委員"。擬稿。葉景葵偕可一來。（日記）

4月2日　徐森玉來。錢鍾書來。高燮偕周雲青來,周爲丁福保及門。(日記)

4月3日　擬稿。校片。得夏樸山書。(日記)

4月4日　復夏樸山信。(日記)

4月5日　校片。(日記)

是日　浙江省通志館館長余紹宋聘請先生爲特聘編纂。(聘書)

4月6日　徐森玉來,約十日下午開會。接教育局令,稱部令核示三事:一"私立"上加冠"上海市",二"辦事規程"改"辦事規則",三經濟情形報部備查。(日記)

4月7日　理書。招李英年閱顧桂生書畫,有顧嗣立字一葉,先生欲得之。赴文友堂換書。(日記)

4月8日　校片。(日記)

4月9日　校片。獲財政局批准,免房捐。吳詩初贈吳中文獻八冊。(日記)

4月10日　吳靜庵招午餐,在其處見《文翰林集》,曾孫從龍刻;又《笠澤叢書》各本,黃丕烈跋一部,原爲張芹伯藏。赴清點接收封存文物委員會第一次會議。(日記)

4月11日　寫呈文。諸仲芳來,以漁山卷還之。復聞宥等信。葉景葵交來金九如贈綠頭籤二枝、貴州張三丰石拓像。(日記)

4月12日　得張天方函,附到浙江省通志館聘書,請爲特聘編纂。(日記;履歷表)

4月13日　赴虹口上海區清點接收封存文物委員會,開始工作,略坐。午後,與顧廷蟾同返蘇州,"抵埠六時半,即至松鶴樓晚餐"。(日記)

4月14日　祭掃先祖、伯叔及先君墓。又至靈岩公墓,視誦詩兒墓,不覺凄然。飯後至三節祠祭拜。(日記)

4月15日　早起,雇舟至小唯亭,祭祖先墓。又去各親戚家。(日記)

4月16日　乘舟先至五龍橋,再至杏春橋,回蘇,尚早。訪顧公雄等。閱書肆。(日記)

4月17日　訪問、探視親友。又至半塘龍壽山房調查《血經》,主持爲通性,支吾其詞。先生囑其將存亡情況詳報。(日記)

4月18日　訪友。閱書肆,在黃慰萱處得僞府刻石拓本十九種,又在王息存處得尺牘一冊。善先來談。午後返滬。謁葉景葵。見董顯光。(日記)

4月19日　寫冊頁及扇二。(日記)

4月20日　李英年來。葉景葵送《治亂通詮》前本還葓。陳訓慈來,將報告十二件(按,即3月11日之"交檔十二件")取回。下午,與徐森玉訪陳訓慈。復至虹口。(日記)

4月21日　訪葉恭綽,商鈔《廣東通志》事。下午至虹口,見吳大澂手鈔《攀古樓藏器目》,有潘祖蔭手批。又張曜孫《升庵詞》稿本,題跋甚多。寫目人

於稿本、鈔本不能分，統謂之鈔本。（日記）

4月22日　理熊希齡稿。錢鍾書來。汪伯繩招飲。（日記）

4月23日　陸頌堯來。陳永青、李英年來。李英年示黃易札。理熊希齡稿。王庸來，查《全唐文》。顧翼東來。寫《江上詩集》跋。（日記）

4月24日　理熊希齡稿。赴清理會。（日記）

4月25日　偕李英年往陳永青處，觀王石谷畫松，精絕。餘有李復堂（鱓）、湯雨生（貽汾）畫松，皆佳。往吊夏丏尊。理熊希齡稿。（日記）

4月26日　訪洪業，七年不見，頗欲先生返燕京大學圖書館。訪葉恭綽，領回燕京館借與上海文獻展覽會之書籍。（日記）

4月27日　葉景葵來，言陳陶遺於十一時逝世，"嗟悼不止"。（日記）

4月28日　爲葉景葵寫陳陶遺挽聯："竟槁項寂寞而終，是國家社會諸般之不幸；以黔首飢溺爲念，非游俠隱逸兩傳所能賅。"代合眾圖書館寫挽聯："課餘茶話悲陳迹，劫後黎光失導師。"先生挽聯曰："開國著勛勞，撫輯鄉邦，歷劫中興懷碩德；遺經籌采集，追隨杖履，論書兩漢憶花朝。"（日記）

4月29日　復仲魯夫人，允售白塔子巷屋。復聶崇岐，告取還上海文獻展覽會之書籍。偕葉景葵、李英年吊陳陶遺。（日記）

4月30日　預備開合眾圖書館董事會材料。徐森玉來。沈錫三來。（日記）

5月1日　訪陳叔通，觀何子貞（紹基）尺牘，五冊。許元方來，托向張元濟借《翁文端日記》。復顧燮光、陳鴻舜信。（日記）

5月2日　預備開合眾圖書館董事會材料。（日記）

5月3日　李英年來，不值。徐森玉來，囑寫信致劉攻芸，詢水野洋行所存之古物。（日記）

是日　上午十時，召開合眾圖書館董事會第五次臨時會議。出席者張元濟、葉景葵、李宣龔、陳叔通。主席張元濟，書記顧廷龍。

甲、報告事項

一、傳閱上次會議記録。

二、葉常務報告陳董事長陶遺逝世經過，咸表哀悼。

三、葉常務報告三十四年度上屆財產目録及收支報告。

四、葉常務報告接受葉退盦君捐基金中儲券一千萬元，竹福記捐基金法幣六十二萬六千五百八十元三角四分，傅福田君購書費法幣壹百式十萬元。

五、葉常務報告呈請立案經過。一月二十四日呈上海市教育局申請立案。三月二日奉批董事會准予立案，該館准先開辦。三月三十日教育局知照：奉三月十九日部令，名稱應於"私立"上冠"上海市"三字；"董事會辦事規程"改"董事會辦事規則"。

六、葉常務報告請免房捐經過。三月二十七日呈上海市財政局，申請豁免房捐。四月六日奉批，准以補助費名義免捐。

七、葉常務報告本館與浙江興業銀行往來中儲券抵押透支欠款及定期押款拾萬元,因遵照財政部命令,均已歸還清訖。現另訂抵押透支契約,以法幣壹百萬元爲度。

乙、討論事項

一、葉常務提:本館經常費自上年十月份起,改爲法幣三萬元,内膳費一萬式千元,各職員薪津一萬三千五百元,支配如下:

顧廷龍五千元,潘景鄭五千元,朱子毅二千元,黄筠一千五百元。

十一月份起,增爲法幣四萬元。本年二月份爲法幣捌萬元,三月份、四月份爲法幣十四萬元,五月份爲法幣十八萬元,所有膳費及職員薪津,均按逐月增加總數比例支配。又先後撥付特別購書費法幣九萬柒千元,特別費法幣十一萬六千柒百元,均請追認案。

決議:通過。

二、葉常務提:總幹事請售重本《咸淳臨安志》等二十八種,業經本席核准,請予追認案。

決議:通過。

丙、選舉事項

一、補選董事一人。徐鴻寶當選。

二、選舉董事長。張元濟當選。(原件;《顧廷龍日記》)

5月4日　徐森玉來。朱遂翔銜余紹宋命,來借《浙江續通志》稿。(日記)

5月5日　袁道冲來。顧頡剛、誠安父子及秋白同來,與頡剛一別八年,相對歡然。應張天澤招飲,座有洪業、鄭振鐸。校片。抱經堂來取百衲本《二十四史》,寄浙江圖書館。(日記)

是日　董事會致徐森玉函,邀爲合衆圖書館董事會董事。

敬啓者:敝會董事陳陶遺先生病逝出缺,按組織大綱第五條之規定,董事會設董事五人,以發起人爲當然董事,餘由發起人聘請之,其後每遇缺出,由本會用無記名投票法選舉補充之,多數當選。因於本月三日開臨時會議,一致票選先生爲敝會董事。素仰台端爲圖書館界之先進,而愛護文物之熱誠海内罕匹,尚祈俯允所請,共策進行,敝館幸甚,社教幸甚。此上徐森玉先生左右。

上海市私立合衆圖書館董事會

董事長張○○謹啓

(原件;《顧廷龍日記》)

5月6日　校片。理書。(日記)

5月7日　陳叔通、陳永青、葉景葵來談。午請洪業、顧頡剛、鄭振鐸、張天澤、錢鍾書、徐森玉、葉景葵、高君珊、雷潔瓊吃飯。陸維釗來,領《清詞鈔》第六至二十册去。寫致吳縣縣政府信,請索龍壽山房回復。(日記)

5月8日　葉景葵請先生將項子京、王石谷畫携囑吳湖帆鑒定。(日記)

5月9日　許元方來。理書。(日記)

5月10日　至清理會,觀《嘉業堂書目》。(日記)

5月11日　理書。王庸來電話,"屬爲《圖書副刊》撰文"。顧頡剛來談,又與先生訪葉景葵。晚,嚴景耀、雷潔瓊夫婦及高君珊合請顧頡剛,同席者有謝冰心、吳文藻夫婦,孫瑞璜、王國秀夫婦,以及鄭振鐸、先生,十時始散。顧頡剛留宿先生處。(日記;《顧頡剛日記》卷五,第657頁)

5月12日　晨,先生一家與顧頡剛、顧廷鳳、王懷璧一起早餐。(《顧頡剛日記》卷五,第658頁)遂偕顧頡剛訪趙泉澄、陳懋恒夫婦。歸,應葉景葵、陳漢第、陳叔通、李宣龔"公宴菊老八十之招",同座有張元濟子樹年、婿孫君、汪彥儒、劉子楷、夏敬觀及先生。"叔通交石田畫梅巨幛一幅"。晚,偕顧頡剛至沙法花園(按,今上方花園),訪張乾若,約後日午餐。再訪鄭麞(相衡),未值。"歸後,頡剛述青海情形甚詳"。(日記)

5月13日　偕顧頡剛乘車至佛教凈業社訪王庸。又訪胡樸安。訪陸雲伯,車壞,歸。又訪葉恭綽,將陳叔通《百梅》軸帶去。楊家駱、鄭相衡、李青悚(一作李清悚)、王庸來。"以《宋詩紀事拾遺叙》投《文匯圖書周刊》"。(日記;《顧頡剛日記》卷五,第658頁)

5月14日　與顧頡剛乘車至汪伯繩處,又到屈彊處,并晤其侄蕙百。再至市博物館,晤楊寬、承名世、童書業、蔣大沂。出,到文通。到工礦銀行訪洪謹載,并晤潘國渠。中午,張乾若宴請,同席者有徐森玉、先生、顧頡剛。訪李英年,托售葉景葵藏畫。(日記;《顧頡剛日記》卷五,第659頁)

5月15日　校片。陸雲伯、胡樸安、徐蔚南、陳乃乾先後來訪顧頡剛。晚,汪伯繩在四馬路蜀腴宴請,同席者有先生、顧頡剛、朱仲卿、朱家積。九時許,與顧頡剛同步歸。周雲青來。(日記;《顧頡剛日記》卷五,第659頁)

5月16日　理卡片。晚觀電影。(日記)

5月17日　屈彊、蕙百伯侄來,借《廣韵校勘記》去。徐森玉來,交清理會各件。擬《敵僞文物目録》。(日記)

5月18日　校片。周雲青來閲書。(日記)

5月19日　徐森玉來。許元方來。晚訪李英年。歸,有熱度,早睡。(日記)

5月20日　校片。晚,陸頌堯來,約往夏氏觀收藏楹帖。主人理彬,應堂醫家之子。楹帖各名家均有,約百件,間有贋品,不多。(日記)

5月22日　寫信致潘季孺、單鎮、顧頡剛。劉詩孫來。陸頌堯來。諸仲芳來。晤徐森玉,聞北平某舊家發現宋本《山海經》,磁州刻本,與尤刻《文選》相同。聞陳澄中近得北宋刻《文選》殘葉,"通"字缺筆,北平圖書館有殘本二册。(日記)

5月23日　徐森玉來。有覆信兩件,高木書,信托局竟推諉,糊塗之極。王

馨一（教育局專員，高君珊弟子）來調查，聞社教職員亦將有補助。得周一良信。（日記）

5月24日　插片。理《蔣氏凡將草堂書目》。致浙江圖書館函，詢百衲本《二十四史》收到否。陸頌堯來。莊恭、秦泰年來，莊在市府，秦在教育局工作。（日記）

5月25日　校片。釘《蔣氏凡將草堂書目》。徐森玉來。訪李英年。（日記）

5月26日　孫慎卿來，談救濟事，渠有計劃上王雲五，欲托葉景葵轉，適葉景葵來，獲晤。赴清理會，遇鄭振鐸、李玄伯、徐森玉等。檢閱《石田詩鈔》，有蔣抑卮印。訪汪伯繩，未值。李英年來，偕訪吳湖帆，索《江蘇文獻》六册。至孫仲淵處，出示書畫甚多，有《程氏塔銘》，難得，係陳德大（子有）舊藏。王祖昌、林子有來，皆未值。（日記）

5月27日　寫對。諸仲芳來。陳器成來。（日記）

5月28日　寫片。陸頌堯、李英年來。排《吳中文獻小叢書》。（日記）

5月29日　徐森玉來，謂軍統局所接收文物，均願移交清理會，即日須赴南京接洽。蔣吟秋來，長談。吳諫齋來，取竹包兩件去。聞宥寄《學術與建設》來。開明書店贈《國文月刊》。中國旅行社贈《旅行雜志》。（日記）

5月30日　抄李濟之報告。至孫仲淵處，還《程氏塔銘》。據云汪時暻收舊拓甚多，渠經手及聞見者有張從申書《茅山碑》（韓崇、張廷濟藏）、《大麻姑仙壇記》、北宋拓《多寶塔》（松下清齋舊藏）、《李元靖碑》（張廷濟藏）、舊拓《石鼓文》（第二鼓“汧”字不壞，費念慈舊藏）、《道因碑》（與故宮藏本）、《隸韻》（錢大昕兩跋）。（日記）

5月31日　校抄李濟之報告。復周一良、朱士嘉信。（日記）

6月1日　諸仲芳來，以黃易畫卷求葉景葵題。王庸索稿，抄《寶迂閣日記》跋應之。訪徐森玉，適歸，贈陶湘藏《魏志》全份及《御射碑》一份。寫“昆明商業銀行”招牌。（日記）

6月2日　檢書，交胡文楷編目。至漢學書店，取《漢學者傳記》。午後，赴玉佛寺，吊夏丏尊。歸，顧頡剛夫婦下午一時到上海，與內兄雁秋同到合衆圖書館參觀。倪壽川來。顧孟剛來，未值。訪孟剛，約明晚便飯。（日記；《顧頡剛日記》卷五，第670頁）

6月3日　校李濟之報告。華繹之來，示金鉉（文鼎，松江人）畫長卷，自題《漁父詞》十六首。有莊昶、婁謙、李應禎、莫廷韓、張元禎等題，原爲徐用美藏，用美實鉉孫婿也。晚，先生一家宴請顧頡剛夫婦、孟剛、仲健夫婦、誠安、德輝、顧廷蟾、顧廷夔夫婦。十時，顧頡剛等離去。（日記；《顧頡剛日記》卷五，第671頁）

6月4日　顧頡剛來，欲題《秀野草堂圖》，未就。張靜秋又來。得蔣吟秋及單鎮函，皆爲《血經》事。蔣吟秋鈔示《明報》所載，“即以本處致縣政府函改裝刊載，尤爲荒謬，徵見縣府人員已吃和尚之藥矣。束老一復傳聞之詞，太不切實矣。即屬顧頡剛致縣長一函,本處再致《明報》更正之"。赴鄭麐約,顧頡剛夫婦、楊家駱、安蓮生小姐(朝鮮人,即殺伊藤博文之安重根侄女)同往。鄭藏西文舊書甚多,示滇越勘界時照片一册,有史料價值。又滇南李詁大橫披山水一幀,黎簡山水一册。(日記;《顧頡剛日記》卷五,第 671 頁)

6月5日　再致吴縣縣政府函,催詢《血經》下落。陸頌堯偕周美泉來參觀。李英年來,示胡宗信(萬曆間人)畫長卷、查士標字卷、陳繼儒字軸、方大猷緞地山水軸、劉度山水軸,皆精絶。葉景葵送《殷曆譜》來。(日記)

6月6日　寫字。過漢學書店,購得《小方壺齋輿地叢鈔》(不全,二萬元)。晚,孫實君在蜀腴宴請,同席者有徐森玉、鄭振鐸、先生及顧頡剛。十時席散,與顧頡剛同乘車歸。(日記;《顧頡剛日記》卷五,第 672 頁)

6月7日　爲《化學工業》寫封面樣。顧頡剛來,"爲起潛叔題《秀野草堂第一圖》,約七百言"。中午,在先生處吃飯。午後,偕訪李英年。又訪李玄伯,未值。至孫實君處,選書數種。訪吴湖帆。顧頡剛返寓,先生亦歸。葉景葵托售其親戚珂瓁版畫册,交郭石麒六册,售一萬元。李英年購一册在外,二千元。(日記;《顧頡剛日記》卷五,第 672 頁)

6月8日　寫扇。顧頡剛來,取稿件等。李玄伯、印維廉來,長談。修文堂送書來。晚,赴葉景葵宴請,同席者有陳叔通、顧頡剛、顧廷夒、陳永青(興業銀行董事)、嚴鷗客、汪彦儒等。(日記;《顧頡剛日記》卷五,第 673 頁)

6月9日　徐森玉來,交函件。貝祖遠來。午後,赴中國學會,晤熟人甚多。顧頡剛來,贈《東壁遺書》,旋即返蘇州。(日記;《顧頡剛日記》卷五,第 673 頁)

6月10日　爲徐森玉擬致杭立武函。(日記)

6月11日　校片。李英年取尺牘十九册去,并還葉景葵畫三軸。修文堂來,付顧頡剛書款。(日記)

6月12日　校片。徐森玉來。雷潔瓊來,欲看《内政年鑒》,適無其書。屈燨來,贈日文書四册。(日記)

6月13日　校片。傅桐、曹泰吉夫婦來。得顧燮光信。(日記)

6月14日　校片。午後,觀日本人高木藏書。(日記)

6月15日　校片。朱季海偕友楊公敏來閲書。得教育局函,奉部令合衆圖書館申請成立案准予備查。(日記)

6月16日　徐森玉來。葉景葵等來談。畫格。(日記)

6月17日　馬衡、徐森玉同來。馬衡十年不見矣,方于日前自渝抵滬,内地古物準備集中重慶,約二三月後運京。訪陳麟瑞於國際勞工局上海分局,有重本雜志甚多,許以相贈。(日記)

6月18日　徐森玉來商呈稿,偕去裕華,與蔣復璁一晤,略談。徐森玉告蔣復璁,先生及潘景鄭合編之《明代版本圖録》乃研究所得,非一般收藏家之書影。赴教育局領輔助費。午後,與傳薪書店夥計至國際勞工局上海分局取贈書。魏

建猷來,多年不見,渠現任職中央大學,授中國文學課。(日記)

6月19日　陳文洪、顧廷龑、徐森玉、葉景葵來。吳湖帆約觀明蘇州府名賢小像册,翻閱一過,知係王世貞所編撰者,計存一百四人。"像設色,畫筆極好,各像均有篆題,傳均繫贊。傳後每有關於相貌服式之記載,真吳中可貴文獻也"。先生意,約若干人合購,以贈蘇州圖書館。索價一百六十萬,大約百萬左右可諧。袁安圃來,欲獨力購之,因先生有捐贈圖書館一語,遂稱先由個人收藏,他日再捐贈。(日記)

6月20日　檢點《支那文化史迹》。王少塢來。諸仲芳來。(日記)

6月21日　檢點《支那文化史迹》。孫俶仁來。盧前來。陸頌堯來,示王謇托其介紹出售書目一册,中有葉昌熾藏書。(日記)

是日　顧頡剛有信致先生。(《顧頡剛日記》卷五,第677頁)

6月22日　校片。理雜志。章克榽偕孫玄常來參觀。至東方書店,購《支那事變》等。訪李英年,還王石谷畫册。(日記)

6月23日　徐森玉來,擬後日爲清理會結束請客。王庸夫婦來。袁道冲來。汪伯繩來。葉恭綽約談,擬請楊寬、蔣大沂及徐森玉來檢理其存物,并出《鳳池精舍圖》囑先生題。(日記)

6月24日　理書。魏建猷來,囑爲《東南日報》"文史周刊"撰文,并囑介紹與楊寬、童書業相晤。(日記)

6月25日　理書。校片。應徐森玉約,同赴老正興午餐,座有顧毓琇、柳詒徵、鄭振鐸、顧嶠若、俞塮、李玄伯。張元濟來書,囑爲其孫女瓏物色畫師。訪吳湖帆不值,擬以朱梅村介紹之。訪朱梅村,亦不值。歸,過修文堂,選日文書多種。(日記)

6月26日　理片。致魏建功、仲章信,托索臺灣圖書館書。徐森玉來,約後日爲葉恭綽清點所藏。郭紹虞來。訪張元濟。訪嚴景耀。(日記)

6月27日　校片。(日記)

6月28—29日　爲葉恭綽清點所藏。(日記)

6月30日　爲葉恭綽清點所藏經卷、書畫。忠厚書莊請晚餐。(日記)

7月1日　爲葉恭綽點物,忽失圖章一方。(日記)

7月2日　點物,裝箱。蔣大沂於亂紙中檢出失落之圖章。(日記)

7月3日　裝箱。得裴開明贈《美國哈佛大學哈佛燕京圖書館圖書分類法》。(日記)

7月4日　至懿園,點文物。(日記)

7月5日　至懿園,點文物,暫告結束。高君賓贈《陳陶遺事略》。(日記)

7月6日　發葉恭綽、蔣吟秋、聶崇岐、沈範思、潘季孺信。(日記)

7月7日　李宣龔來,交閔葆之詩及《年譜》,囑撰賀金婚詩。金山同鄉會公祭陳陶遺,私謚"貞毅"。先生冒雨前去,與祭者盈庭,高爕主祭。聶雲臺子偕瞿

兑之來參觀。(日記)

7月8日　理書。付書賬。(日記)

7月9日　檢《水經》本子。(日記)

7月10日　徐森玉改正《玄覽堂叢書提要》。視雷潔瓊傷,已愈。晤林嘉通,自燕大來滬。(日記)

是日　先生有信致李宣龔。

> 日前枉教爲幸。鑒翁事已托揆丈,允往面洽,一俟相晤,再行奉聞。
>
> 兹悉歷史語言研究所著述有由貴館印行者,希代物色,無任感叩。須價若干當照繳。(《全集·書信卷·致李宣龔》,上册第42頁)

所列書目有《唐代政治史述論》(陳寅恪)、《隋唐制度淵源略論稿》(陳寅恪)、《唐宋帝國與運河》(全漢昇)及《集刊》等。

7月11日　理書。訪張元濟未晤。訪李英年,借畫册。再訪顧燮光。(日記)

是日　李宣龔有信致先生,云:"昨奉大函,承選購歷史語言研究所專著,當交發行所照配,祇得兩種,以九折優待計算。謹將原書及發單專人送上,至祈台收。其書價二千八百十元,得便可付交來人帶回,免勞往返。鑒資兄事,尚望噓拂玉成,同深感幸。"(北京德寶國際拍賣有限公司2018年秋拍圖録)

是日　先生有信致李宣龔。

> 示悉。并代購書兩種,費神,感感!該價二千八百十元附繳。餘書數種,致乞代向貴渝館一配爲叩。(《全集·書信卷·致李宣龔》,上册第43頁)

是月　國立同濟大學校長董洗凡聘先生爲該校文理學院中國文學系兼任講師。(聘書;履歷表)

是月　胡適自美回國,抵上海,"葉揆初丈即往訪之。胡氏爲言其考證全祖望重校本《水經注》出於王梓材僞作。揆丈告以全校稿本爲其所藏,今歸合衆圖書館。因偕胡氏來館,并介余相見。渠猶憶余在燕京時即已相識。粗閱全稿,疑非親筆"。(《全集·文集卷·胡適之先生水經注論著附手札識語》,上册第77頁)

上半年　先生有信致欒植新、馮世五。

> 頡剛屬爲《禹貢》捐款,業已捐得壹百萬元,應交何人?捐款人照從前辦法,數目較大者聘爲名譽會員,現在另訂辦法否?兄等如有所聞,希見告。如須款,即當匯上。《禹貢會訊》由兄負責好極,搜集資料,鄙意似可油印一張通訊調查表格,發各人自填新地址,不詳者分頭托轉,調查表亦可代填。會員近況一類,不妨以姓氏多寡排次,或以地域爲類。本子用十六開五號字甚好。(《禹貢會訊》第1期,1946年7月15日)

8月6日　請示董事會:"兹擬將重本《二十五史補編》六册出讓,以資易書。現在書市最高價十八萬元,即按此價寄售何如?尚祈核示爲荷。此上董事會。總幹事顧廷龍謹啓。"葉景葵批示:"照辦。"(原件;《顧廷龍日記》)

8月15日　《合衆圖書館董事會財産一覽》編竣。（原件；《顧廷龍日記》）

8月16日　葉恭綽有信致先生，云："茲囑馮升來取箱件，祈將所存捌箱統交帶回，收條當面奉不誤。此上起潛先生。""令弟折扇附上。"（原信）

8月26日　顧頡剛有信致先生。（《顧頡剛日記》卷五，第704頁）

是月　完成《合衆圖書館第七年工作報告》（又名《三十四年度工作報告》）。

　　寇侵方卻，内戰又興，金融動蕩，一切事業均無從發展，本館遂益困難。回溯一年來之成績，不如以往，爲之汗顔，爲之悶損。茲述概況如右。

　　一、入藏

　　子、捐贈。

　　…………

　　今年捐書以國際勞工局中國分局爲最多，皆屬期刊，承該局秘書陳麟瑞先生謬譽本館篤實有望，慨然相贈期刊，原爲本館所缺乏之類，故尤所歡迎者也。其中有國民政府青島、廣東、浙江、南京等省市政府公報，實業、外交部公報，其他學術機關、工商團體之刊物甚多，頗有可與本館舊藏配接者，尚有廿九年份關於公共租界與日本之剪報、英譯新聞等，今皆難得。是項刊物或屬戰前，或屬淪陷期間，自做還魂紙之風一盛，期刊之難得，或不亞於宋元本矣。

　　張石公先生贈紀念照片十七張，其中可知者有衆議院開幕紀念、政治會議會場及附景、司法部同人、大理院同人、丁酉同年、壬戌公讌等。

　　葉揆初先生贈北平甲午同年讌張鳴岐照片一張。

　　潘季孺先生贈端方幕中手摺一宗。

　　金九如先生贈緑頭籤二枚，貴州張三丰石拓象一幅。

　　顧鼎梅先生贈河朔拓本一包。沈祖年先生贈硯拓一張。徐森玉先生贈陶氏涉園藏魏墓志等拓十八張。

　　一年來新出期刊甚多，力不勝訂購，多方索贈，計得雜志五十四種，但有停贈、禁刊數種。報紙共十四種。

　　…………

　　丑、採購。

　　本年所購書籍，單本爲多，較整齊而略可觀者，則水利、考古兩類，雖皆近著，但已罕覯。該兩類書籍，本館素甚注意，隨時補充。所得水利各種，聞係日僑專家故物。考古類因教育部清理戰時文物損失委員會編輯中國在日文物總目，來館參考訪求所得，即以購置列目於下：

　　《江北運河工程局年刊》《江西水利局第一次報告書》《交通部揚子江水道整理委員會年報》《揚子江水道月刊》《揚子江水利委員會季刊》《揚子江水道整理委員會會刊》《山東省政府建設廳水利專刊》《全國經濟委員會水利建設報告》《全國經濟委員會水利第一、二、三、四次會議紀

要》《水利工程設計手册》以上水利

《支那文化史迹附解説》《新西域記》《敦煌畫の研究》《支那古器圖考·兵器篇》《支那古器圖考·舟車馬具篇》《十二家吉金圖錄》《古鏡聚英》《支那青磁史稿》《支那陶磁器史》《漢三國六朝紀年鏡圖説》《柿右衛門及び伊萬里圖説》《白神壽吉氏蒐集考古品圖錄》以上考古

嘗從蘇州金石山房購得王雪岑家叢殘一宗,有雪岑手稿、家書及繆藝風、沈乙盦等手札若干通,尚未整理。又收得南京僞組織所有石刻拓片,雖不足重,聊溯逆迹耳。列目如下:

《僞國民政府還都紀念》褚民誼書,廿九年三月三日　《僞中央黨部還都紀念》僞國民政府還都籌備委員會,廿九年三月卅日　《重修鷄鳴寺碑》褚民誼撰書,廿九年四月廿六日　《寂然上人碑》仁山撰,褚民誼書,廿九年重陽　《重修鷄鳴寺碑》守慧撰,溥侗書,卅年三月卅日　《攝山雜咏》江亢虎撰書,壬午季夏望日　《汪逆兆銘實行中日基本條約訪問日本記》褚民誼撰書,卅年中秋　《汪逆清鄉工作周年勗全體同志文》汪兆銘撰書,卅一年七月一日　《擴建觀音殿碑記》褚民誼撰書,卅二年九月廿四日　《三藏骨塔奠基紀念》素道人書,卅三年一月十日《敵故海軍中將須賀先生紀念碑》周佛海撰,褚民誼書,陳宗虞篆,卅三年二月五日《唐三藏玄奘法師取經路綫圖》褚民誼題識,初拓校本,卅三年二月廿八　《唐三藏大遍覺法師玄奘頂骨塔碑記》褚民誼撰,溥侗書,卅三年二月二十八日　《唐三藏骨塔重建工事記》張靜波記,甲申五月結頂紀念日　《侯逆爕汪逆侍從墓志銘》屈向邦撰書,卅三年十一月廿九日　《三藏禪寺碑記》褚民誼撰書,卅四年四月五日《三藏塔附近全圖》無年月　《玄武山附近圖》無年月

購藏河朔拓本二十包、僞刻十九張。

共計一年所購圖書二四六種,五四〇册、十二函、二卷;拓片二十包、十九張。

寅、傳鈔。

梁日緝《江村讀書圖》題咏有汪堯峰、王漁洋各數題,汪、王之相戲成隙即爲題此　席蕙生《天香深處圖》題咏有鈕樹玉、顧千里題　姚石子撰馮柳東著述目錄　《陸廉夫恢事略》陸翔撰　《莊春庭兆麒傳》馬慧裕撰　《何眉孫嗣焜傳》劉垣撰　《薖谷偶鈔》毛慶善撰

本年傳鈔僅式萬柒千字,分釘四册。

本年入藏總數五八三種,一七六三册、十二函、二卷;手摺一宗;拓片二二包、三九張。

歷年積存書籍總數二〇八九六種,一五五七二八册。

圖及散頁一五三張。尺牘一四六函。畫一卷。石經十五包。景印卷三四卷。奏摺信稿二宗。舊報七捆。拓片二八三九種,三六四一張、一〇二册、一五五包、一九軸、四七七張。

寄存書四五三種,一二八五冊。

二、編纂

一　廿八年至卅二年所購書籍尚未編寫卡片,現存陸續補編,得一千一百張。

二　繕録蔣氏捐贈書目,分裝三冊。

三　鈐蓋藏印,以蔣氏贈書始,已鈐者二萬一千七百四十三冊。至八月十五止

三、事務

卅四年十二月五日,教育局丁梅逸女士來調查。

卅五年一月二十四日,呈教育局申請立案。

二月廿三日,教育局王馨一先生來視察。

三月二日,奉教育局批董事會准予立案:該館准先開辦。

三月十一日,函房捐稽徵處,請予免捐。

三月十八日,財政局派員來調查。

三月廿七日,呈財政局申請豁免房捐。

三月三十日,教育局知照,奉三月十九日部令,名稱應於"私立"上冠"上海市"三字,"董事會規程"改"董事會規則"。

四月六日,奉財政局批,准以補助費名義免捐。

四月廿六日,水管損漏,招菁華公司修理。

五月廿三日,教育局王馨一先生來調查。

六月十七日,教育局發給補助費拾萬元。

七月一日,水管又一處漏,再招菁華公司修理。

七月九日,教育局發給尊師運動委員會津貼。

浙江通志館借鈔《浙江續通志稿》。

鴻英圖書館借閱《新中國手冊》。

淪陷期間,代浙江省立圖書館保存之百衲本《廿四史》送還杭州。

代燕京大學圖書館索還七七事變時上海文獻展覽會所借圖書,并爲覓便帶還。

四、人事

幹事潘景鄭自十一月起請長假。

十二月二十日,書記黄筠辭職。

卅五年一月廿三日,延杜幹卿爲書記。

五、閱覽

每日有閱覽者一二人,皆研究參考,間有檢閱近年報紙者,無不滿意而去。閱覽者題名:

章鴻釗　秉志　錢鍾書　王以中　劉放園　葉經熊　潘以三　潘志

川　沈飈民　劉厚生　吳俠虎　章克標　徐益藩　周雲青　林子有　顧頡
剛　胡適　丁辰　師陀　王誠儀　朱季海　楊公敏　孫玄常　袁道冲　周
節之　葉驤[1]　歐陽頌湘　賀昌群　侯仁之　尤月斧　洪煨蓮

六、參觀

王抱冲　王善業　沈勤廬　陳叔諒　袁守和　蔣復璁　李濟　汪曰楨
周文德　程覺民　張天澤　高君珊　雷潔瓊　鄭麐　楊家駱　張君勱　徐
蔚南　胡樸安　陳乃乾　蔣吟秋　吳諫齋　周梅泉　印維廉　盧冀野　殷
綏真　聶光□　瞿兌之　馬衡　張雁秋　張靜秋（原件;《顧廷龍日記》）

是月　《合衆圖書館董事會收支報告》（1946 年 2 月 16 日至 8 月 15 日）編
竣。（原件;《顧廷龍日記》）

9 月 1 日　顧頡剛有信致先生。

昨鳴高叔來，帶到賜示，敬悉。承邀住入貴館，侄夫婦均極願，惟此次
來滬必有一月句留，必須許其包飯始敢前來耳。靜秋現在行動不便，住琪
美村必上樓，是一苦事。尊處則平房也，且離人和醫院亦較近，祇望讓侄化
錢，無不樂從。《良民日記》當帶上。俞子才君已來過，刻已作函介紹俞調梅
君見吳相湘君。（《顧頡剛書信集》卷二，第 516 頁）

9 月 9 日　晚六時許，顧頡剛到上海，雇汽車來館。（《顧頡剛日記》卷五，第
715 頁）

9 月 10 日　中秋，顧頡剛夫婦買節禮送先生。晚，與先生一家上街散步，看
齋月宮。（《顧頡剛日記》卷五，第 715 頁）

9 月 11 日　與顧頡剛夫婦一起用早點。晚飯後，又與顧頡剛夫婦"步月，約
行兩里許"。（《顧頡剛日記》卷五，第 715 頁）

9 月 15 日　"到大中國，起潛叔來"。（《顧頡剛日記》卷五，第 718 頁）

9 月 16 日　下午四時，召開合衆圖書館董事會第六次常會。出席者張元
濟、葉景葵、李宣龔、陳叔通、徐森玉。主席張元濟，書記顧廷龍。

甲、報告事項

一、傳閱上次會議記録。

二、葉常務報告三十四年度下屆財産目録及收支報告。

三、葉常務報告，承昆明商業銀行上海分行及胡伯威先生以賤降各捐
購書費法幣叁拾萬元爲壽。

四、葉常務報告，現在物價高漲，用款漸大，本館與浙江興業銀行往來
仍以原道契抵押，改訂透支額爲法幣二百萬元。

五、顧總幹事呈閲三十四年度工作報告。

---

①葉驤:疑即葉驤,待考。

乙、討論事項

葉常務提：本館經濟拮据，擬略事籌募案。

決議：由各董事相機籌募，通過。（原件；《顧廷龍日記》）

9 月 19 日　聶崇岐有信致先生。

頃奉手書，敬悉種切。拙作草草成篇，猥承獎飾，曷勝愧恧。《清傳引得》補輯之事，弟早有其意，此三十三種者，不徒所收太少，且無字號，爲用殊不宏也。惟洪公之意，須再俟數年，揆其所以不印，主進行者，蓋欲待三十三種售絕耳。《學政年表》關係勝朝一代文運，今兄居然於鉛槧之餘編成之，甚佩甚佩。序文一事，自當遵命，弟不免有續貂之譏耳。洪公聞已於十五日在神户登船，計程□□可抵新陸。其所授諸課，遠東史讓之翁獨健，歷史研究法改爲學期課程於下季開班，故弟除宋代史一門外，未有兼代之課。燕京近日已開學一周，諸事皆大致就緒，無可告者，僅高密公於本周娶婦，事先王鍾翰君爲之四處奔走，大報貧乏，結果喜金聞有送百元者，有送五十元者，研究生中以礙於王鍾翰之面，一律恭送十元。聞請帖所發雖不少，而所收禮金約有五六百元之譜，從此少爺少奶之衣裝無愁，亦妙事也。唯燕京向無如此湊分禮者，今可謂之破天荒矣。高密公與兄素識，不知亦曾致帖“恭候台光”否？頃在高密公喜會上聞，翁獨健已至滬，曾相見否？（原信）

9 月 25 日　中午，李英年在新雅飯店宴請先生、顧頡剛、錢君匋。飯後，與顧頡剛、李英年同到漢學書店、富晉書社、文海堂、來薰閣等書肆。（《顧頡剛日記》卷五，第 722 頁）

9 月 26 日　顧頡剛與先生談。（《顧頡剛日記》卷五，第 722 頁）

10 月 1 日　顧頡剛下午自蘇州回，遂雇車至圖書館，與先生談。（《顧頡剛日記》卷五，第 725 頁）

10 月 2 日　顧頡剛與先生談。（《顧頡剛日記》卷五，第 726 頁）

10 月 5 日　中午，與顧頡剛同至鄭振鐸家赴宴，同席者有蔣復璁、李濟、魏建功、錢鍾書、吳宗濟、屈萬里、張珩、徐森玉、王庸。（《顧頡剛日記》卷五，第 726 頁）

10 月 6 日　晚，到蜀腴赴徐森玉宴，同席者有顧頡剛、廖華平、吳宗濟、李濟、蔣復璁、沈錫三、屈萬里、鄭振鐸。（《顧頡剛日記》卷五，第 727 頁）

10 月 10 日　與顧頡剛“訪何叙甫，不遇。訪劉大杰，亦不遇。訪翦伯贊，遇之”。（《顧頡剛日記》卷五，第 728 頁）

10 月 12 日　顧頡剛“將起潛叔舊擬之請教育部發還陳群所得吳中文獻呈文改寫一過”。（《顧頡剛日記》卷五，第 729 頁）

10 月 13 日　中午及晚上，先生一家均出席顧潮彌月宴。（《顧頡剛日記》卷五，第 738 頁）

10月16日　與顧頡剛夫婦同到留園,晤顧廷龔夫人。又與顧頡剛訪鄭麐,談一小時。(《顧頡剛日記》卷五,第731頁)

10月22日　張元濟八十壽辰,來館避壽一天。(《張元濟年譜》,第517頁)

是日[①]　張元濟有信致信先生。

　　　　昨談爲快。今送去唐人寫本《文心雕龍》影片四十五張,又重複者八張(淺深不同可以互證),又《學生雜志》兩册,統祈察收。昨承示某叢書及章太炎門人某於是書均有校記,便中祈檢借一閱,將於此竟其校勘之役。又錢功甫鈔本,不知藏於何家? 未知是否瞿氏所藏?《四庫提要》指爲僞托,若見原本,或能辨之。(《張元濟書札》,第175頁)

10月29日　顧頡剛有信致先生。

　　　　來滬匝月,備承款待,侄夫婦至深銘感。歸家之後已逾一旬,静秋以亟須返徐,勞於整理家務,遂致下部出血,緣股達足,日益以多,不得已送至東北街惠民醫院診治。據醫生言是血管破裂,除打止血針外并須長期静養。日前適陳廳長來蘇,侄即代爲當面辭職矣。先父及亡妻之柩業已送至木瀆,定初八日(一號)安葬,十一日(四號)即爲德輝完婚。以此數事,侄無日不忙,久欲作札,遲遲至今。舍間人少,任何均須自辦,亦苦事也。承囑辦事,俟過婚期即辦。禮堂現定祥符寺巷新聚豐,至先父安靈道場擬在周年時再辦。(《顧頡剛書信集》卷二,第516頁)

是月　張元濟八十壽辰,"同人謀所以爲壽。適張氏藏書目録告成,因發起釀金印行,爲'合衆'編印藏書目録的第一種"。"出資姓名:商務印書館、新業銀行、[②]王雲五、王志莘、李宣龔、徐寄廎、徐鴻寶、陳敬第、馮耿光、葉景葵、劉培餘、潘承弼、蔣復璁、鄭振鐸、顧廷龍。"(《全集·文集卷·張元濟與合衆圖書館》,上册第337、338頁)

《海鹽張氏涉園藏書目録》,潘景鄭編,先生題簽。葉景葵序云:

　　　　二十八年五月,張菊生先生與陳陶遺先生發起籌備私立合衆圖書館於上海市,景葵亦附驥焉。三十年八月開發起人會,選舉董事,租屋舊法租界辣斐德路六百十四號,成立籌備處。菊生先生即以歷年收藏舊嘉興一府前哲遺著四百七十六部一千八百二十二册贈與本館,并以海鹽先哲遺徵三百五十五部一千一百十五册,又先世著述及刊印評校藏弆之書一百四部八百五十六册及石墨、圖卷各一事先作寄存,冀日後宗祠書樓恢復,或海鹽有地方圖書館之設,領回移貯。既經倭亂,鑒於祠屋半毁,修復無力,本地

_____

①此信末署"十月廿二日",姑置於此。查《張元濟年譜》第517頁,10月22日條:"先生(按,指張元濟)八十壽辰。爲避壽赴合衆圖書館一天,帶敦煌本《文心雕龍》,囑顧廷龍續校。"(出處:"顧廷龍1990年4月25日在《張元濟年譜》徵求意見座談會上發言")因知"避壽"爲22日。而此信中"昨談爲快"似爲23日所言,因疑信末"廿二日"或是"廿三日"筆誤,待考。

②新業銀行:原文如此。下文《鄭振鐸年譜》作"新華銀行",待考。

圖書館之建設更屬無望，遂改爲永遠捐助。本館即屬潘君景鄭從事目録之編纂，三十年八月，自建館屋落成遷居後，閉門整理，愧無進展。三十五年一月，始克在本市教育局立案。五月，開第五次董事會臨時會議，菊生先生當選董事長。迨書目告成，適逢先生八秩誕辰，爰集資以謀印行，爲本館刊行書目之嚆矢。本館編印目録之計畫，凡各家專藏別編分目，復合館中自購、受贈之目，彙爲總目。先生所藏，以表章鄉賢先世之精神，勤求博訪，鍥而不捨者數十載，始克臻此，其難能可貴爲何如？是目也，可以《嘉興藝文志》視之，藉爲先生永久紀念，并祝先生眉壽康吉，長爲本館之導師，俾於國家社會文化前途，克盡相當之貢獻，此不僅同人之私頌也。（《海鹽張氏涉園藏書目録》序）

據《鄭振鐸年譜》，商務印書館出資四十萬元，新華銀行十萬元，王雲五十萬元，王志莘、李宣龔、徐寄廎、徐鴻寶、陳敬第、馮耿光、葉景葵、劉培餘、潘承弼、蔣復璁、顧廷龍及鄭振鐸各五萬元。（《鄭振鐸年譜》，上冊第 552 頁）

11 月 13 日　跋《鳳池精舍圖》。此圖乃吴湖帆爲葉恭綽所繪。

番禺葉遐庵先生謝政歸來，僑寓吴門，卜築精舍，有泉石花木之勝。領袖文壇，發揚地方文化。嘗主修甪直唐塑像，保護昆山葉文莊墓。復創辦吴中文獻展覽會，藏家競出珍秘，盛況空前，哀歇文風，遂爲一振。既而倭寇肆虐，先生棄園隱於香港。淪陷八年，吾吴士氣文物摧殘殆盡，艱於恢復。先生復檢所藏《要離墓碣》《王文恪畫像》等有關吾吴文獻者，舉以贈諸蘇州圖書館，以資提倡。先生石林之裔，亦吴人也，因精舍不可復得，倩湖帆丈摹想爲圖，附以題咏，并指石林所居之鄉，以名其圖。其欣然敝屣之精神，與飲水知源之德意，堪爲後來楷模，咸盼其返居姑蘇，頤養天年，爲我復興之先導。敬書此以祝之。（《全集·文集卷·鳳池精舍圖跋》，下冊第 710 頁）

11 月 15 日　顧頡剛有信致先生。（《顧頡剛日記》卷五，第 745 頁）

11 月 22 日　先生有信致裘開明，談分類法、交換圖書事。

疊從陳君鴻舜來函及周一良、于震寰兩君面述，敬悉種切。仰蒙垂念，謀予深造，既誠且摯，令人感激莫名。前承惠賜大著《分類法》，拜讀數過，無任欽佩。敝館初采國學方法，雖可以應付，將來恐有不甚適合之處，頗擬改用尊法。總之，鄙人主張不別製新法，覓一曾經實驗之法最爲妥善。曾經實驗之法，則唯尊法與國學法兩種（其他各法或太簡略，或不適用於舊籍）耳。拙著《明代版本圖録》出版後，銷行不廣，曾奉贈一部，托人郵寄，僅付普通郵件之資，忘未挂號，不知能免洪喬之投否？念念。龍昔曾奉懇接洽，擬以敝館出版物與哈佛燕京社出版物交換，原爲抛磚引玉之圖，恐難邀允，遲遲未敢即寄。今晤于君，偶言及此，渠似憶承先生爲之商洽。茲特寄呈兩包，列目如下：

　　1. 敝館《叢書》,十六册,一函;2.《補藤花館金石目》,一册;3.《訓真書屋遺稿》,一册;4.《河朔古迹圖識》,二册;5.《陟岡樓叢刻》,八册;6.《錢士青先生叢刻》,九册。1、2、4 係敝館藏稿自印;3 係敝館藏稿,勸貴陽朱氏所印;5、6 爲潘、錢兩家所印,捐贈敝館,以資交換者。哈佛燕京社除季刊外,聞出《漢英字典》一種,倘能亦荷頒及,幸何如之! 敝處近編張菊生先生捐贈書目,寄平托引得校印所代印,一俟出版,即行呈教。尊處於勝利後已開始收書否? 煨蓮先生想時晤面,希爲道念。(哈佛燕京圖書館藏裘開明檔案)

　　是日　顧頡剛有信致先生。(《顧頡剛日記》卷五,第 749 頁)

　　12 月 12 日　與顧頡剛"同到蕭家巷地籍整理處,晤章副處長,登記房地,晤顧篤年、周中藩等,以更名故,手續未辦就"。同歸家,又與顧頡剛等談義莊辦學事。[①](《顧頡剛日記》卷五,第 757 頁)

　　是月　於《支那書籍解題》(書目書志之部)封面上題記:"三十年十一月,鴻舜兄赴美過此,余以便於翻檢留之。卅五年十二月,兄返國,爲平原十日之飲,語及存書,堅承相贈,即以爲紀念也。龍識。"(原書)

　　是月　與郭紹虞、葉聖陶、鄭振鐸、魏建功等三十三人發起籌備中國語文學會,并發表《成立緣起》。(陳福康《顧廷龍先生與鄭振鐸先生的友誼》,載《顧廷龍先生紀念集》,第 137 頁)

　　是年　曹道衡去合衆看書請益,先生告誡他説:"你現在還年輕,正是打好基礎的時候,你應該多讀原始的材料,而不是滿足于一些概論性的東西。有些年輕人不懂得這個道理,一味去讀一些別人的文章,從中轉引些材料,加以發揮,寫成文章,急于成名,這樣是危險的,因爲基礎不扎實。今人的著作,本身也是從原始材料中來的,不過是經過他們消化之後,纔提出自己的結論。這種結論,有的是對的,有的就不一定對。他們引的材料,祇是經過他們選擇之後,纔舉出的一小部分。其實他們在寫成文章以前,所要閱讀的資料遠遠不止這一些。何況別人引用材料,往往要使之適合於自己的論點,如果不知道這段話的上下文,那麼這段話是否完全符合原書的意思,也是可以懷疑的。"(曹道衡《誘掖後進誨人不倦——悼念姨丈顧起潛先生》,載《顧廷龍先生紀念文集》,第 28 頁)

　　是年　撰《歷代名媛文苑簡編》序。是書爲胡文楷夫人王秀琴輯。

　　　　閨文總集,明以前者,雖有選刻,傳本已鮮,而有清三百年間,竟無成書,别集亦甚難得,寧非憾事。吾友昆山胡文楷之德配王氏秀琴夫人,婉孌淑順,明詩習禮。慨乎婦學興替之故,欲薈萃歷代名媛之文,以廣流傳。草創未久,遽返瑶池。文楷誼篤伉儷,眷懷遺志,遂毅然續謀厥成。節縮衣

①據《顧頡剛日記》,12 月 2 日至 12 日顧頡剛在蘇州,故此日顧廷龍當亦在蘇州。因《顧廷龍日記》1946 年 7 月 11 日以後至年底內容付闕,故先生回蘇與返滬的具體日期待考。

食，勤搜博訪，凡女子佳作，多方假録，成《歷代名媛文苑》若干卷、《閨秀藝文志》若干卷、《歷代名媛傳略》若干卷，懿歟盛哉！值兹國事蜩螗，物力維艱，難悉刊布。第念名媛之文，搜集匪易，深懼有所放失，爰先勒爲簡編，選訂二卷。……文楷恂恂儒雅，樸實勤奮，訂交以來，賞析多樂。書成屬爲一言，不敢以不文辭。是爲序。(《全集·文集卷·歷代名媛文苑簡編序》，下册第 880 頁)

1947 年　44 歲

1月1日　午後,偕陳鴻舜訪翁慕宗,托取無綫電。(日記)

1月2日　錢存訓來,介紹與陳鴻舜相見,談甚快,同鄉世交也。晚,錢存訓假大來爲之洗塵,先生與徐森玉作陪。(日記)

1月3日　赴上海市博物館,參觀抗日文獻展覽會。(日記)

1月6日　閱美國國會圖書館報告。復財政局,退建設捐繳款通知書。(日記)

1月7日　閱《文物目》。(日記)

1月8日　劉重熙來,托徐森玉向金祖同説項,商讓高山族搜集品。金,估人之子,一度投僞,必求善價而沽之,恐難成交。郭石麒送來書樣定價。王庸來,約星期日杏花樓午餐。晚,孫心磐來談配書事。致美國國會圖書館信。(日記)

1月9日　陪陳鴻舜參觀鴻英圖書館。午後,再赴聖約翰大學,先訪王大隆,未值。徑訪黄維廉,詳觀一周。購英文《美國史》一册。葛砥石來,轉下陳垣贈近著《通鑑胡注表微》。得顧燮光信,知《河朔金石文字新編》稿價已到。致蔣吟秋信,徐森玉可爲彼索贈《劉申叔遺書》。孫玄常來閱書,并贈周廣業《冬集紀程》。(日記)

1月10日　欒植新寄張目樣十八頁,即校。同徐森玉赴復旦大學接洽收書事。蔡尚思介紹方行來閱書。孫玄常來。(日記)

1月11日　校張目畢。付修文堂書款。方行來閱書。(日記)

1月12日　中午,王庸在杏花樓宴請,客有王伯祥、鄭振鐸、謝國楨、沈哲夫、王希聖、殷綏和等。(日記;《王伯祥日記》,第21册第69頁)

是日　至漢學書店,取書數種。至富晉書社,閱《通鑑》,"朗""恒""敬""讓"皆缺筆,有白麻紙配,原本硬黄紙葉有小印鈐角,曰"□□""琴軒""文登"三式。原本頗有翻刻者。(日記)

1月13日　查書樣。顧頡剛來暢談,請其領銜向參議會提"劃分住宅、工廠兩區案",及向參政會提"速將民屋中所遺敵產出清案",皆首肯。(日記)

1月14日　送董彦堂行,未值,其明日放洋,赴美講學。徐寄廎贈參議會印刷品多種。葉景葵贈誦芬學費預納金,先生甚爲感激。牟潤孫來。方行來閱書。(日記)

1月15日　校片。任東伯來。(日記)

1月16日　閱陳鴻舜帶來美國國會圖書館各種材料。地政局批復來。(日記)

1月17日　諸仲芳、徐森玉、麟石先後來。鄭振鐸上午來，閱所得日文考古書。午後，牟潤孫來，偕至同濟大學。晚訪顧頡剛。（日記；《鄭振鐸年譜》，下册第557頁）

1月18日　午後，蔣復璁來，"與商地政局事，渠謂請教局咨覆，教局方面可由數人連名函顧一樵局長説項"，地政局長祝平係其同學，允返京後當即去函。旋徐森玉、鄭振鐸俱來，携新購葉恭綽所介寫經，均佳，四十卷，一千二百萬元。晚，宴陳鴻舜、顧頡剛、楊家駱、葉景葵、顧廷鳳、錢存訓、鄭麐等。（日記）

1月19日　起稿呈教育局。（日記）

1月20日　陳叔通來，贈《詩稿》，爲其終身之托。與商教育局事。起草呈地政局文。爲淑翰表妹寫屏。（日記）

1月21日　除夕。理書。徐森玉來，言蔣復璁於昨午覆車折臂，先生即訪問之。（日記）

1月22日　年初一，至葉景葵處賀年。晤徐寄廎。天雨，未出門，而來者絡繹，有謝國楨昆仲、陳濟川、顧廷蟾、顧廷夔夫婦、章克標、朱子毅等。（日記）

1月23日　汪伯繩來。修文堂趙夥來。赴潤康村午餐。午後，至秉志、胡樸安處，胡樸安贈近著《儒家休養法》。再至諸仲芳處。歸悉貝祖遠夫婦、顧叔行夫婦、黄樸奇夫婦來，皆未值。徐寄廎致地政局證明信交來。來客尚有徐森玉、李英年等。（日記）

1月24日　謝辰生、沈錫三、諸仲芳、孫實君來。送陳鴻舜赴青島，至高昌廟，渡江登舟。寫呈地政局文。至張元濟處賀年，未見。至葉恭綽處，略談。托介紹書肆，購銷《梁燕孫年譜》。至黄樸奇、李英年處。牟潤孫、葛砥石來，未晤。（日記）

1月25日　發呈地政局文。許元方介紹曹宗海率子曹師昂（留法比瑞同學會總幹事、大華航空公司機航處長）來，曹宗海出示其父遺著目，謂全稿抗戰中寧棄一切，獨負此以走，孝思之篤可敬。欲商印刷，以廣流傳。先生意，先用藍曬曬出一二份，再謀付排。午後赴同濟大學上課，到學生六人。（日記）

1月26日　訪李宣龔，未值。應王祖昌招飲。至重華新村叔英舅處賀年，未值。再至中行別業。（日記）

1月27日　校片。劉詩孫、牟潤孫來。（日記）

1月28日　錢鍾書來，贈《思想與時代》。王庸來，贈《京滬周刊》。皆連日欲索之物。葉景葵交來《新編浙路清算始末》。（日記）

1月29日　校片。寫信。（日記）

1月30日　徐森玉來，示劉詩孫家藏宋本，（1）郎本《陸宣公集》，精絶；（2）《謝宣城集》。又言蔣復璁願爲合衆請免地税事致函祝平，囑先生代書加章送去。與葉景葵商出洋事，葉"未表反對，僅稱奈不能得替人何"。（日記）

1月31日　撰講義。郭紹虞言，牟潤孫已代達鄙意，可請替人，俟明日課後

再定。（日記）

2月1日　徐森玉、葉景葵來談。徐森玉友虞和寅來。午後上課，到學生十人。（日記）

2月3日　鄭振鐸來借書七種。賀昌群來看鈔目。顧頡剛有信致先生。（日記；《顧頡剛日記》卷六，第17頁；《鄭振鐸年譜》，下冊第560頁）

2月4日　鄭振鐸、徐森玉同來，鄭借《新西域記》等五冊。（日記；《鄭振鐸年譜》，下冊第561頁）

2月5日　校《海鹽張氏涉園藏書目録》，改樣寄來已二日。陳器成來。（日記）

2月6日　校《海鹽張氏涉園藏書目録》十八頁。鄭振鐸招飲。（日記）

2月7日　校《海鹽張氏涉園藏書目録》卷一竣，即寄出。（日記）

2月8日　閱《文物目》。得指令及顧一樵復蔣復璁、顧頡剛、徐森玉信，爲免地税事咨地政局證明。陳濟川介紹胡厚宣來見。徐森玉電話，謂王世襄已到滬，囑沈錫三往接。錫三因近感不適，由先生陪同去。接到王世襄，同至海關後始返。（日記）

2月9日　徐森玉來，候王世襄。（日記）

2月10日　校《文物目》及書片。（日記）

2月11日　約馮家昇及韓壽萱夫婦、錢存訓、徐森玉等來同飯。諸仲芳、李英年、錢鍾書、顧翼東來。（日記）

2月12日　校片及目。顧介春携示《秘殿珠林》内府鈔本，計《續編》九十六冊、《三編》一百十二冊，索價一千五百萬元。高昌國夫婦、徐百郊偕女友來參觀。代徐森玉交葉恭綽款。復潘季孺信。（日記）

2月13日　袁西江偕社會研究所嚴中平來，謂陶孟和囑來商購書事。（日記）

2月14日　葉景葵、徐森玉來談。諸仲芳來。（日記）

2月15日　理片。訪胡道静、陳乃乾。鄭振鐸來。（日記；《鄭振鐸年譜》，下冊第563頁）

是日　《合衆圖書館董事會財産一覽》編竣。（原件；《顧廷龍日記》）

2月16日　赴書肆。訪馮家昇。（日記）

2月17日　馮家昇來。校片。（日記）

2月18日　校片。屈萬里來。顧頡剛有信致先生。（日記；《顧頡剛日記》卷六，第23頁）

2月19日　校片。錢穆介紹洪廷彦來。訪李英年。（日記）

2月20日　校片。李宣龔、陳叔通來。顧頡剛介紹黄永年來參觀。孫實君來。潘景鄭來贈書。（日記）

2月21日　校片。晚八時，鄭振鐸來還書六冊。陳器成來。（日記；《鄭振鐸

年譜》,下册第 564 頁)

2月22日　閱書。顧翼東來。王祖昌招飲。俞碩遺來。(日記)

2月23日　葉景葵、徐森玉、潘景鄭、潘譜孫、楊曾勖、孫伯亮、曹泰吉、曹輔倫先後來。陳器成來。潘景鄭贈元刻《韵府群玉》《書學正韵》及舊雜志等。夜,葉景葵招飲,爲朱振之接風。(日記)

2月24日　致函資源委員會,索刊物。得單鎮信,即復,劃分工業地帶與住宅地帶之議案,擬懇其提出。(日記)

是日　聶崇岐有信致先生。

　　　　今晨奉手示,誦悉——。所開傳記等内容目次,搜羅詳備,兄爲治乙部者入門階梯,其對學生啓迪當非淺鮮,欽佩之至。安志敏君爲齊致中在中國大學時高足,去歲余轉學燕京,以英語過差落榜,現仍在中大三年級肄業。安君因齊公之介,曾助鳥居龍藏先生譯稿,故對考古略涉門墻也。前函所詢周桓係本校畢業生,在渝陷期間嘗任職僞北大,得列馮承鈞門墻,繼遂爲馮快婿,渠亦爲岐宋史及官制史班學生,資地平平,特頗努力耳。今年廠甸冷落異常,書攤寥寥,前日偕哈燕社同人一游,祇購三部筆記,可見好書無多矣。囑尋《内蒙古長城地帶》,容遇機圖之。(原信)

2月25日　蘭州大學校長辛樹幟、文理學院院長董爽秋、圖書館吳相湘、國大代表向郁階偕來參觀。收到地政局批文。(日記)

2月26日　朱遂翔代浙江圖書館來借書。(日記)

是月　《合衆圖書館董事會收支報告》(1946年8月16日至1947年2月15日)編竣。(原件;《顧廷龍日記》)

3月1日　徐森玉還《全唐文》一册。鄭振鐸還《旅順博物館圖録》,并將預約之《版畫史》送下。徐森玉餞夏楃山,邀先生飲。貝樹德携匠來挂"合衆圖書館"牌,試挂甚好。一挂不脱,即由今日始也。(日記)

3月2日　沈赤維、倪壽萱來。葉景葵偕徐森玉、陳叔通及先生至徐鼎(作梅)家,賞鑒所藏書畫,竟乏真者。飯後與徐森玉、陳叔通探視蔣復璁。(日記)

3月3日　《海鹽張氏涉園藏書目録》校樣到,即校。葉恭綽介紹俞守範來閱書。諸仲芳來。(日記)

3月4日　爲清理會寫信。校《文物目》。校《海鹽張氏涉園藏書目録》。領同濟大學一、二月薪。顧翼東夫婦來。(日記)

3月5日　下午,顧頡剛、王庸來,一起在先生處吃飯。晚,顧頡剛與先生及顧廷鳳談。(《顧頡剛日記》卷六,第31頁)

3月5—7日　校《海鹽張氏涉園藏書目録》,畢。(日記)

3月7日　顧頡剛有信致先生,爲漢鏞事。(《顧頡剛日記》卷六,第32頁)

3月8日　汪伯繩來。丁山介陳振藩來閱書。謝辰生介温定甫(復旦教授)來參觀。應葛乃邦招飲。訪李英年,索得書數種。(日記)

3月10日　陳叔通來，交到陳陶遺致丁文江信，"雖皆舊札，後人不願公開，切屬密藏"。（日記）

3月11日　徐森玉爲王重民洗塵，座有王彦和、重民夫人及子、陶孟和、李玄伯、鄭振鐸、魏建功、錢存訓。訪李英年。汪伯繩來，贈《金融周報》。陶孟和、王重民同來參觀。諸仲芳、錢鍾書、夏樸山來。（日記）

3月12日　復聶崇岐、賀昌群信。試寫《金仍珠傳》。李英年送書來。（日記）

3月13日　美國國會圖書館贈書寄到。購《比部招議》。（日記）

3月14日　理書。補日人抗戰期中發掘表。（日記）

3月15日　理書。得王崇武信。秉志來。（日記）

3月16日　理潘季孺贈書。謝國楨父周年，往拜。閱肆。（日記）

3月17日　理潘季孺贈書。復王崇武信。徐子爲請先生編理張一麐（仲仁）文稿（後定名爲《心太平室集》），"仲老於余頗加獎飾，料理身後，後死之責也"。郭石麒來，以《壽親養老書》托之。（日記）

3月18日　校片。午後訪王大隆，偕任心叔同去，并訪陳漢第。（日記）

3月19日　偕徐森玉訪胡適，暢談《水經注》，任鴻雋來，遂散。徐子爲來，交張一麐文稿。（日記）

3月20日　理張一麐文稿。得聶崇岐信，謂陸志韋欲聘先生返燕京大學任教授。（日記）

3月21日　理李宣龔書。訪李英年。取書目交汪伯繩。葉恭綽送《梁士詒年譜》來。（日記）

3月22日　校補日人發掘表，改定凡例。安圃來還書，見假翁文忠《春闈日記》，未印者。（日記）

3月23日　汪伯繩來。李英年來。翁宗慶（翁同龢侄孫）來。葉景葵請茶點。（日記）

3月24日　徐森玉來，商定書籍類目。修文堂來取《梁士詒年譜》二十部。（日記）

3月25日　地政局批文到，准予轉核免稅。復聶崇岐信，婉辭陸志韋校長之招。陳器成來。訪鄭振鐸。得王崇武信。顧頡剛有信致先生。（日記；《顧頡剛日記》卷六，第37頁）

3月26日　理《文物目》。得王之屏贈《集刊》八本二份，本館所缺始配齊。王庸來。（日記）

3月27日　《海鹽張氏涉園藏書目録》清樣來，即校一過，寄還付印。得高樂賡信。（日記）

3月28日　寫《金仍珠傳》，不佳。理《文物目》畢。（日記）

3月29日　孫蜀人來談。理張一麐文稿。應陳永青茶點。（日記）

3 月 31 日　　寫張一麟文稿目。《文物目》理付裝訂。錢鍾書來借書。（日記）

是月　　撰《南宋書棚本江湖小集經眼記》。此書爲來青閣書肆收得，先生曾由徐森玉偕往，亦得翻閱一過，確爲稀見之本，遂錄其全目，考證爲文。

唐宋人別集，端賴陳氏一刊，展轉傳鈔，乃克流傳至于今日。是集雖有虞山顧氏開版於前，江寧鄧氏景印於後，皆屬虎賁中郎，一旦祖本發現，寧非奇遇，可貴三也。

是書據估者言，來自長沙，不詳出於誰家。或疑何氏東洲草堂舊藏，因蝯叟嘗居吳中，得之珍秘什襲將百數十年，而未爲人知，頗有可能。或疑葉氏觀古堂舊藏，檢諸郋園著述，從無記載，是未嘗入于葉氏可知也。書在市上，頗有主張以各種另售，可獲多金，後經張溥泉先生言於政府，收而歸於中央圖書館珍藏，遂免分崩離析之厄，而有洋洋乎得其所者之幸矣。（《全集·文集卷·南宋書棚本江湖小集經眼記》，下册第 784 頁）

是月　　胡適至上海，乞徐森玉來借全祖望校本《水經注》。（《全集·文集卷·胡適之先生水經注論著附手札識語》，上册第 77 頁）

4 月 1 日　　徐子爲來，交張一麟文稿原稿。（日記）

4 月 2 日　　校改《文物目》。寫《金仍珠傳》。瞿鳳起偕宗禮白來。（日記）

4 月 3 日　　校改《文物目》。晚，應陳器成宴。（日記）

4 月 5 日　　再校改《文物目》。爲潘景鄭搬書。應李宣龔招飯。安圃來，取回翁文忠《春闈日記》。李宣龔交《越縵堂日記》一册，當已印過，明日當須一對。（日記）

4 月 7 日　　爲潘景鄭理書。請楊金華、韓世保打包竟日，得十五包。（日記）

4 月 8 日　　陳永青、陳叔通來。王庸介紹暨南大學學生印、虞二君來。徐道鄰來。近日頗覺疲憊，"午忽頭暈欲倒，睡一小時始愈"。（日記）

4 月 9 日　　理書。得潘景鄭信。訪汪罄。（日記）

4 月 10 日　　寄顧變光《河朔古迹圖識》五部，款八千元，托周榕仙轉。訪徐子爲。"赴惠中，閱謝光甫家散出書。撰辦事處報告"。（日記）

4 月 11 日　　寫《金仍珠傳》。訪鄭麐。楊金華來，爲謝光甫藏書價事。（日記）

4 月 12 日　　寫《金仍珠傳》。顧頡剛自蘇州來，與先生到鄭麐處談事，當晚留宿。（日記；《顧頡剛日記》卷六，第 49 頁）

4 月 13 日　　偕徐森玉同赴劉靖基家看書畫，有彭允初跋李東陽、唐荆川字卷及明人手札，均佳。（日記）

4 月 14 日　　中午，鄭麐請李石曾夫婦（夫人名林素珊）、楊寬、楊家駱、顧頡剛及先生吃飯。又與顧頡剛、楊寬到北平圖書館駐滬辦事處，訪王育伊，并晤范九峰。北平圖書館有《日本出版文化人集覽》，甚好。（日記；《顧頡剛日記》卷六，

第 49 頁)

4月15日　致欒植新、聶崇岐信。代安圃購《引得》。王育伊、范九峰、徐森玉來談。方詩銘、彭林蕓來參觀。飯後寫對。李希泌自滇來。錢鶴齡來,談連環畫事。劉道鏗來,與葉景葵共商鈔《敬鄉樓詩》。陳漢第贈《王菉圃遺事集》及孫傳芳墓志拓本。得潘景鄭、顧燮光信。致郭玉堂及浙江政府公報室函。顧頡剛"與起潛叔等談"。(日記;《顧頡剛日記》卷六,第 51 頁)

4月16日　顧頡剛返蘇州。張元濟贈《慧堅碑》拓片。李宣龔携《越縵堂日記補》原本全部十五冊相示,欲托徐森玉介售。(日記)

4月17日　校《越縵堂日記》。錢鍾書來,贈書。(日記)

4月18日　竟日校片。(日記)

4月19日　校片。(日記)

4月20日　寫《金仍珠傳》。王大隆來,閱伯申批《管子》。王祖昌來。(日記)

4月21日　寫《金仍珠傳》,均不可用。吳彥久來,閱《吹麈録》,以爲於古樂研究頗有價值。楊復來,借《松鄰叢書》。(日記)

4月22日　訪張元濟,爲瞿兑之《張椒雲年譜》價太昂,不能購,面復之。寫《金仍珠傳》,仍不佳。至鴻英圖書館查《申報》。徐道鄰來,未晤。瞿兑之來閱書。徐益藩來。章士釗介紹楊廷福來閱書,未晤。向李英年所借畫冊盡還之。(日記)

4月23日　寫《金仍珠傳》不成。晚理故紙。徐森玉赴北京,出席清理會結束會。(日記)

4月24日　郭石麒來算書賬。錢鶴齡來,囑放大《敬鄉樓詩》格。理張一麐原稿,多清本四篇。美國哈佛燕京學社贈《學報》。(日記)

4月25日　單鎮來。宗禮白來,談書板,計百塊,索二百萬元。此即《咫園叢書》板,計有《金陵古金石考目》一卷(江寧顧起元撰)、《刻碑姓名録》一卷(海鹽黃錫蕃撰)、《官閣消寒集》一卷(江寧嚴長明撰)、《江淮旅稿》一卷(江寧嚴長明撰)、《嘉蔭簃集》二卷(東武劉喜海撰,陳乃乾原輯,宗惟恭補)。重理張一麐集。(日記)

4月26日　報載清理會工作結束。訪陳聘丞,商購書事,并談建設捐事,擬聯呈市府請免。(日記)

4月27日　得趙萬里函,先生的文章將於 19 期或 20 期刊出。得聶崇岐信,《引得》可贈。賀章元善子寶甫婚。晤吳湖帆、葉聖陶、夏棣三。赴陳陶遺周年祭。與劉道鏗、葉景葵、陳叔通視湯定之,湯"口不能言,略事筆談。精神尚好,惟喉間不斷呼呼聲,痰不獲出。喉閉,別開一洞,以事呼吸,亦苦矣。尚能作書畫,并不減色"。陳樂素來,未晤。徐森玉、鄭振鐸來閱《文物目》,此目京中惟張道藩驚其不以物品分類爲不佳。徐森玉即作書告其此以備按人提物之資,是宜以人氏爲單位也。傅斯年、李濟之皆贊嘆，蓋內行也。爲免合衆建設捐，起呈市府稿。(日記;《鄭振鐸年譜》，下冊第 579 頁)

4月28日　清晨，徐森玉、陳樂素、陳叔通先後來，商購書事，決定先取書目。經多數周折，探明目錄已由暨南大學還至劉氏。(日記)

4月29日　赴陳叔通處，俟徐森玉同往張文魁家閱書畫，頗有佳品，惜走馬看花。陳樂素來談，晚留陳樂素、牟潤孫便飯。訪陳聘丞，商免建設捐呈稿，其意向參議會及參政會均須有請求，囑再撰稿。訪單鎮，商張一麐詩文稿編次。(日記)

4月30日　陳樂素來，商購書事。晤中央研究院史語所那簡叔，乞書單，由徐森玉介當可全得。得欒植新書，即寄顧頡剛。(日記)

是月　獲任行政院上海接收敵僞逆文物審核委員會編纂。(履歷表)

5月1日　擬稿。與徐子爲商印張一麐詩文稿事。(日記)

5月2日　寫《敬鄉樓詩》稿六頁。招國光來估張一麐詩文稿印價。訪陳聘丞，示擬請免建設捐稅等稿。(日記)

5月3日　理書。寫《敬鄉樓詩》稿。訪單鎮，取回張一麐詩文稿。(日記)

5月4日　理書。貴州大學柴祖恩招飲。訪李英年、葉恭綽。袁西江來，托其訂書。(日記)

5月5日　理書。寫《敬鄉樓詩》稿。(日記)

5月6日　寫《敬鄉樓詩》稿。(日記)

5月7日　下午四時，召開合衆圖書館董事會第六次臨時會議。出席者張元濟、陳叔通、李宣龔、葉景葵、徐鴻寶。主席張元濟，書記顧廷龍。

甲、報告事項

一、傳閱上次會議紀錄。

二、葉常務報告三十五年度上屆財產目錄及收支報告。

三、葉常務報告與浙江興業銀行往來，改訂透支額爲壹千萬元，以原道契爲抵押。

四、顧總幹事報告去年十月慶祝張董事長八十壽辰，醵金印行《海鹽張氏涉園藏書目》，爲本館藏書分目之一，今已出版，并呈審閱。

乙、討論事項

一、葉常務提:根據董事會《辦事規則》第十三條，關於《組織大綱》第二條第二項、第四項，得由董事會聘專家審理之，擬聘專家若干人爲本館顧問，以資請益案。

決議:聘專家三人爲顧問，通過。

二、葉常務提:擬聘顧頡剛、錢鍾書、潘承弼三先生爲本館顧問案。

決議:由董事長函聘之，通過。

三、葉常務提:嗣後關於本館對外日常例行文件，得由總幹事簽署行之。

　　決議：通過。（原件；《顧廷龍日記》）

　　5月8日　　寫《敬鄉樓詩》稿。楊廷福來。（日記）

　　5月9日　　寫《敬鄉樓詩》稿。陳器成宴浙江興業銀行同人，先生作陪。（日記）

　　5月10日　　寫《敬鄉樓詩》稿卷一畢。周節之招飲，錢鍾書亦在座，先生即以合衆顧問聘書面遞之。呈市長文，爲免建設捐。又函議長，請免一切捐税。呈文由中國科學社領銜，中華化學工業會及合衆聯署，任鴻雋、吴藴初及先生三人具名。（日記）

　　5月11日　　理書。徐子爲來，商印張一麐詩文稿。致聶崇岐、陳鴻舜信。（日記）

　　5月13日　　寫《敬鄉樓詩》稿。劉鴻鈞自美歸國，過訪長談。（日記）

　　5月14日　　諸仲芳來，示王士禎藏黄山谷《精華録》跋，此書爲明刻本。寫《敬鄉樓詩》稿。張元濟、任心白來，取回寄存之涵芬樓藏書。（日記）

　　5月15日　　寫《敬鄉樓詩》稿。張元濟、任心白來，取寄存之涵芬樓藏書。訪劉鴻鈞。往温知書店。（日記）

　　5月16日　　寫《敬鄉樓詩》稿。（日記）

　　5月17—18日　　挖改《敬鄉樓詩》稿。（日記）

　　5月19日　　孫伯翔來。寫《敬鄉樓詩》稿。閲肆。（日記）

　　5月20—21日　　寫《敬鄉樓詩》稿。（日記）

　　5月22日　　寫《敬鄉樓詩》稿。過録黄彭年校《集韻》。晚，孫實君、楊金華等在國際飯店豐澤樓爲鄭振鐸過五十歲生日，徐森玉、張珩及先生等作陪。（日記；《鄭振鐸年譜》，下册第585頁）

　　5月23日　　寫《敬鄉樓詩》稿。陸頌堯來，乞跋王澍篆書。徐子爲來。國光再來估張一麐詩文稿出版價。（日記）

　　5月24日　　寫《敬鄉樓詩》稿畢。汪伯繩來。（日記）

　　5月25日　　章克槮來。葉景葵來。調梅、黄樸奇來。午後，朱季海偕其友董寅初來。章元善偕子實甫及媳來參觀。徐子爲來，囑伴游書肆。寫《敬鄉樓詩》傳、序。（日記）

　　5月26日　　寫《敬鄉樓詩》序跋畢，全書告成，明日可付印。國光來估張一麐詩文稿印工價，約一千六百萬元，明日亦即付排。章元善來，承贈《存社文選》及借示張一麐爲老子軍覆電。晚，章元善又來，贈國際救濟會翻印西書，并談提倡手工絶技，又言補助學生，俾以工讀，他日擬撥二三人來助編目。得社會調查所贈書。諸仲芳來。（日記）

　　5月27日　　校《敬鄉樓詩》。章元善來，面交贈書謝函。錢鶴齡來，付《敬鄉樓詩》印刷。熊稿運到六箱。朱振之亦有信。趙興茂、楊金華來打包。楊金華携書來,由葉景葵選定《寶庵集》及《吕文懿集》。徐子爲來,定奪印張一麐《心太平室集》。瞿鳳起來。觀新聞紀録片,爲美國國會圖書館情形。(日記)

5月28日　國光來取《心太平室集》兩卷。陳叔通來暢談。寫《敬鄉樓詩》序跋竟。鄭振鐸介紹谷斯範來閲《金陵瑣談》。欒植新贈《燕京學報》。(日記)

5月29日　得顧頡剛信。錢鶴齡來取《敬鄉樓詩》稿。王禔携子來,交徐森玉托爲西安圖書館所治印。徐森玉來,約明日晚餐,爲鄭振鐸祝五十壽。校譚嗣同致汪穰卿手札。訪貝祖遠夫婦。夜作復信。(日記)

5月30日　復各處信。鄭振鐸五十壽,不知何日,熟人排日張宴以祝,先生饋陳酒一罎。夜,徐森玉父子宴鄭振鐸,先生陪座,又有李玄伯、張珩、謝國楨、孫實君、陳濟川、楊金華、韓世保。見徐伯郊藏《鹽鐵論》,甚好,係江標舊藏,後入費念慈家,有葉昌熾、葉德輝觀款。又鄭振鐸携示黄丕烈跋明嘉靖本《浯溪集》,佳極。印世忠介紹陸萼庭來閲書。(日記;《鄭振鐸年譜》,下册第587頁)

5月31日　校譚嗣同致汪穰卿手札。孫景潤送書樣來。陸萼庭來。徐子爲來,交五百萬元支票,爲先付《心太平室集》紙價之用。(日記)

是月　黄群《敬鄉樓詩》三卷出版,此書爲先生手寫石印。徐陳冕(寄廎)跋云:

> 溯初幼承詩禮,潛心載籍,所搜鄉先哲遺書及未刊之稿極爲宏富,《敬鄉樓叢書》所傳布不及百一,其餘不幸於二十六年淞滬之戰與所收藏之吾鄉古來名人書畫盡付一炬,即其生前講學論政之文字亦渺無存者。悲夫!萇弘之血,杜宇之魄,所寄托者,僅此區區之詩卷耳。幸賴平生至契,釀金付印,并荷顧廷龍君排批校寫,遂得迅速印成。(《敬鄉樓詩》跋)

6月1日　謝陶孟和贈書。致蔣吟秋信。(日記)

6月2日　湯臨澤、錢鍾書、陸萼庭來閲書。謁張元濟,告配叢刊事。"談及壓制學潮,相與憤慨。菊老久已不問外事,此次慷慨發言,願約本市有資望老輩,聯名致函吳國楨市長、宣鐵吾司令。稿係陳叔老手筆,菊老删定手寫,交余請揆老署名。"(按,原件今藏上海圖書館)托中央圖書館司機祝某取貴州大學移贈之書二千二百九十五册。(日記)

6月3日　朱遂翔來,借浙江省志稿二册。瞿鳳起來,索《張氏涉園藏書目録》。陳叔通來,言張元濟爲當局處置學潮不當,致市長及警備司令書,由唐文治、李宣龔、葉景葵等十老署名,并另函行政院。(日記)

6月4日　訪徐森玉。錢鶴齡來,索目録。汪伯繩來,言連泗紙漲至七十五萬元一件。文楷齋寄手抄書一箱。校《心太平室集》。(日記)

6月5日　錢鶴齡來。楊金華來。國光送《心太平室集》校樣《蓮幕集》一卷來,計十八頁,校過,重次詩序。袁同禮來長談,言及傅增湘以手校本四千餘册贈北平館,中有《册府元龜》。函請單鎮撰張一麐《先德集》總跋。(日記)

6月6日　顧翼東來。《心太平室集》卷九、卷十付排。(日記)

6月7日　書上架。校片。赴寶樂安路看復旦書。至和平博物館晤天木。（日記）

6月8日　校片。訪蔣復璁。（日記）

6月9日　傍晚，與馬衡、徐森玉、湯臨石、錢鍾書、李玄伯、袁同禮、錢存訓、張珩去鄭振鐸處，"談甚暢，酒喝得不少"。（《鄭振鐸日記全編》，第285頁）

6月9—10日　寫《金仍珠傳》。（日記）

6月14日　顧頡剛來，晚飯後同到章元善處，并晤其子媳。得美國國會圖書館信，謂贈書均已寄出。十時歸。（日記；《顧頡剛日記》卷六，第76頁）

6月15日　章元善夫婦來閱書。應陳器成邀午餐。訪陳漢第，請重書《金仍珠傳》簽。（日記）

6月16日　校《心太平室集》卷七。國光又送卷八校樣。沈劍知、李宣龔、陳叔通來。收寫《金仍珠傳》"潤廿五萬"。（日記）

6月17日　校《心太平室集》。（日記）

6月18日　審選書樣。午後閱肆。晚，鄭振鐸來，"談了一會，即歸"。（日記；《鄭振鐸日記全編》，第286頁）

是日　裘開明致信布萊恩特先生，建議加州大學伯克利（按，又譯作"柏克萊""伯克萊"）分校圖書館邀請先生去工作。

Lincoln H.Cha博士已經在六月十四日將他寫給您的信複製了一份寄給我。我很遺憾，他不能接受您提供的如此好的一個機會。很明顯，他已經從聯合國得到了一份工作，當然，其待遇要好過許多大學裏的職位。在如此情形下，我仍舊認爲，加州大學伯克利分校在邀請上海合衆圖書館的顧廷龍先生（近來我給您做報告裏所建議的人選）這件事上，一定會處理得更好。爲了更爲詳細地呈現顧先生之所以適合此職位，我另外附上一封給Elizabeth Huff博士的信，希望你們能給予認真周全的考慮。倘若您決定邀請顧先生，一份邀請函加上一份電傳，必須傳至上海合衆圖書館，其地址爲：上海長樂路七四六號。另外，可能需要貴館預先支付其600美元作爲旅費。如上之數目可以從其第一年的薪水支票中按月扣除。最好的支付其旅費的方式，是不要直接寄給他現金，而是通過美國運通公司在舊金山的分支，以電傳的方法將600美元劃到顧先生的賬號上，在支付了顧先生的機票費用後，他能用旅行支票來得到其結餘。這樣做，能避免在兩國通貨間轉換的不便，因爲中國政府有一項法律，規定所有國外轉入的資金，衹能用中國貨幣支付。希望以上的建議，對您有所幫助。[1]（哈佛燕京圖書館藏裘開明檔案）

是日　裘開明又致加州大學伯克利分校圖書館Elizabeth Huff博士信。

Lincoln H.Cha博士不願接受您提供的如此好的一個職位，實在是太

_____

[1]此信與下一封信，皆録自裘開明檔案中原信的中文譯稿。

遺憾了。儘管如此,我覺得顧廷龍先生——中國著名的歷史學家顧頡剛的堂叔,也同樣適合這個職位。實際上,他對於中國古籍的知識,可能較一些在美國接受過圖書館培訓的圖書館員更好。他長時期供職於燕京大學圖書館,這使其懂得現代圖書館的知識,而且燕京的職員中也有好幾位曾在西方接受過培訓。他懂一些英語,而且我認爲,他的英語足以使他能與你們在伯克萊相處融洽。既然你們彼此都熟諳中國之官話,那麼你總能用北京方言與之討論有關圖書館的事宜。畢竟,你要他來編製中國書籍并且提供購書之建議,而非要他來此地用英文作爲媒介來教授主題。事實上,一九三九年,他被中國商務印書館及合衆圖書館的創始人張元濟先生,從燕京請至合衆,已經是一個很大的榮譽與成就。誠如您所知道的那樣,張先生,一位前清之老翰林,爲商務印書館的中國善本古籍的影印事業及百衲本《二十四史》的出版,傾注了大量智慧及精力。除了我給您列出的顧先生的一些著作外,近來他編輯并出版了《合衆圖書館叢書》(一九四○至一九四五),共十六冊,其中包括了十四種著作,這能在一九四六年的《中國書目季刊》第六期 P.75 至 P.77 上找到。另外,顧先生的一個令人羨慕的資格,是他通過張元濟和顧頡剛,認識許多中國古書的私人收藏者,當中有些人或許願意將其藏書賣給貴館。我想,通過如此途徑,加州大學能買到許多中國的藏品。我個人當然十分願意邀請顧先生到本館工作,惜乎我們未能像貴館那樣籌措到支付此職位的預算。(哈佛燕京圖書館藏裘開明檔案)

6月19日　偕徐森玉往逆產清理處接洽。理書樣。修文堂來議價。(日記)

6月20日　理忠厚書莊書。校稿。復信。(日記)

6月21日　校張一麐《古紅梅閣筆記》。郭紹虞、牟潤孫來。陳聘丞鈔示請免建設捐批。校片。(日記)

6月22日　校張一麐《先德集》。(日記)

6月23日　閱《心太平室集》校樣。潘景鄭來。(日記)

6月24日　校片。(日記)

6月25日　曹仲安來,付張一麐稿及《先德集》,并托印書簽。訪陳叔通,未值。(日記)

6月30日　先生至顧頡剛處。[1]（《顧頡剛日記》卷六,第 83 頁）

7月1日　在蘇州,和親友商族中節孝祠修理事。赴可園,與蔣吟秋等略談。下午返滬。(日記)

是日　聶崇岐有信致先生。

不通音訊又復月餘,想動定佳勝也。日前樵新送來尊編菊生先生書目十三冊,除自留一冊外,餘已分別持贈陸志韋、齊致中、周太初、容氏兄妹

---

[1]據《顧頡剛日記》,顧頡剛 6 月 24 日返蘇州,故"至顧頡剛處"當在蘇州。

三人、燕京大學圖書館、陳援庵、孫子書、中法漢學研究所、鄧文如、陳鴻舜,諸祈釋念并致謝忱。頡剛先生去春挑出未能取走之書,今春因學校辦法變更,已囑馮續昌君代領,不知馮已有信報告否? 頡剛先生對此事深有誤會,今或可冰釋。岐本知之,但處理公務不得不爾,徇私情以招物議,他人則可,岐則絶不肯爲,知我罪我,聽之而已。圖書館長事,在歷農歸來後,校方仍不肯釋岐□□,經兩度力辨,於上月中始許以歷農繼任,今晨已正式宣布矣。歷農人緣不佳,又遇事苛察,無田洪都之才而有其短,深虞其與同仁不能水乳也。燕校即放暑假,假中擬整理舊稿,俾易米煤之資,邇來物價狂漲,平津糧源斷絶,三五月後恐不易維持矣。《莊子引得》已出版,俟過三五日發寄贈一部請教。(原信)

7月2日　校《心太平室集》。托袁西江爲潘景鄭領運滬之《明實録》。(日記)

7月3日　校《心太平室集》。得美都城博物院贈書兩包。又得美國國會圖書館贈書一包。爲李英年子及其友唐君講《孟子》。(日記)

7月4日　校《心太平室集》。(日記)

7月5日　校《心太平室集》。得燕京大學諸友書。(日記)

7月6日　校《心太平室集》。閱肆。訪錢鍾書等。(日記)

是日　顧頡剛有信致張元濟。

　　　敬啓者:接讀五月八日賜函,奉悉一切。貴館對古今文獻博采珍藏,總圖書之大成,爲學者所歸趨東南文化貢獻良多,久深企佩。今承下聘剛爲顧問,自愧菲才,力有不勝,顧以雅意殷拳,得藉此方便,博覽群書,亦唯有歡欣接受。相應函復,即祈查照爲荷。此致合衆圖書館董事會菊生先生。顧頡剛敬啓。[①](原信;《顧廷龍日記》)

7月7日　校《心太平室集》。陸萼庭介紹徐慧驊、姚秀詒來閱書。訪王育伊、錢存訓,贈《海鹽張氏涉園藏書目録》。(日記)

7月8日　郭紹虞來借書,情不可却。校《心太平室集》。(日記)

7月9日　校《心太平室集》。得徐潤農(宗澤)追悼會通知,爲之凄然。午,蔣大沂來,告胡樸安於今晨三時去世,享年69歲。先生殊爲傷悼。一日之中,兩聞師友之喪,又皆淪陷期中常相談論者,其何能堪! 晚,牟潤孫、葛砥石約晚餐。章元善偕元群來。(日記)

7月10日　參加徐宗澤神父大彌撒。送胡樸安殮。(日記)

7月11日　校《心太平室集》。湯定宇來。錢鍾書來借《廣東新語》。(日記)

7月12日　校《心太平室集》。(日記)

7月13日　校《心太平室集》。至修文堂閱書。(日記)

---

①信末注此信7月8日收到。

7月14日　校《心太平室集》。袁帥南來,借《明志閣詞存》。《敬鄉樓詩》稿訂成二百本,尚有三百本,下星期交貨。《金仍珠傳》亦付裝訂。(日記)

7月15日　校《心太平室集》畢。訪葉恭綽,繳《梁士詒年譜》四十七部。諸仲芳、陳器成來。(日記)

7月16日　鄧嗣禹自北平來,明日首途赴美,留飯。後同訪北平圖書館錢存訓、王育伊。至覺園,赴公祭顧亭林生日會。(日記)

7月17日　理書。(日記)

7月18日　理書。校稿。(日記)

7月19日　校稿。容庚來電話,自北平經滬赴粵,往晤於來薰閣。又魏建功師母自臺灣來滬,十餘年不見矣。(日記)

7月20日　汪伯繩、顧翼東來。楊敬涵來,陪訪李英年。應李宣龔招茶點。陳鴻舜來信,謂裘開明有信,以先生介於美國加州大學,當可成功。然先生"不擬遠游矣"。(日記)

7月21日　致夏樸山函,商誦芬考浙江大學投宿事。徐森玉來長談。魏廷榮父子來閱書。校《心太平室集》。訪葉恭綽,請書小屏四幅。(日記)

7月22日　校《心太平室集》。(日記)

7月23日　致顧頡剛、蔣吟秋信。(日記)

7月24日　魏蓮深來,贈畫扇。校《心太平室集》。顧頡剛抵滬。(日記)

7月25日　校《心太平室集》。(日記)

7月26日　校《心太平室集》。訪顧頡剛。(日記)

7月27日　理書。得黎錦熙函。(日記)

7月28日　理書。(日記)

7月29日　理書。又致李小緣信。

久慕名德,末由識荊,無任馳仰。龍爲葉揆初、張菊生先生等籌備合眾圖書館,忽忽七年矣。以文史爲範圍,時值板蕩,經費拮据,愧無進展。現以收購舊書,價昂難辦,因擬專注於政府機關及學術文化機構出版物之搜羅,輒爲將伯之呼,頗獲贊助,積數十年後必有可觀。

龍於貴所出版物訪求已久,未能獲全。茲承程天賦君見示目錄,敬將未備者另單錄呈,倘蒙慨贈,曷勝感荷。敝館亦嘗印有小種并藏家自印捐入者,附單奉覽,尚祈選采,當即寄上,不敢言交換也。

先生爲吾道先進,至希時以教益,俾有遵循。從者來滬有便,甚望寵臨指導爲幸。(《全集·書信卷·致李小緣》,上冊第218頁)

7月30日　理書。校《心太平室集》。湯定宇來。(日記)

7月31日　閱陳器成欲購《倚松老人集》殘本。僅存卷二,計三十九葉,有袁寒雲題識并跋、李盛鐸跋。(日記)

是月　徐子爲跋《心太平室集》云:

以仲仁丈之亮節高風，危言遜行，天下之所仰望者，豈僅在文字間耶？千秋萬世，丈之所托以不朽者，亦豈僅在文字間耶？抑文字之存，亦豈僅此區區者耶？然即此區區者之得全，亦已不絶如縷，非陳丈陶遺、馬君蔭良周護於前，而嚴君欣淇首助印資，顧君起潜力任編校，印資所不足者，又承杜月笙、錢新之、浦心雅、錢梓楚諸先生爲之籌維，亦烏能竟其功耶。（《心太平室集》）

是月　獲聘上海暨南大學歷史系教授。（履歷表）

是月　仍爲同濟大學國文系講師。（履歷表）

8月1日　校《心太平室集》。李宣龔招飲，座有梁思成、温源寧、林崇墉、錢鍾書、徐森玉、瞿旭初、劉放園等。（日記）

8月2日　朱季海來。汪伯繩來。（日記）

8月3日　校《心太平室集》。理書。徐子爲、袁帥南來。中午，鄭振鐸來。（日記；《鄭振鐸年譜》，下册第598頁）

8月4日　校《心太平室集》。（日記）

8月5日　校《心太平室集》。誦芬考清華大學。（日記）

8月6日　葉恭綽贈四皇甫書卷。校《心太平室集》。誦芬考清華大學畢。（日記）

8月7日　訪徐森玉，談。魏建功今夜赴臺灣，匆匆別去。杭立武訪徐森玉，徐適他出，先生往代見。訪葉恭綽，其朋輩函札有一箱半可相贈，約日送來。（日記）

8月12日　發致美國國會圖書館和都城博物院函及書報。顧頡剛夫婦來，送還先生昔日手抄龔孝珙稿，"蓋當年同篋存於臨湖軒，爲倭寇劫去，勝利後搜歸發還者，誠劫餘也，可喜之至。批本《積古齋款識》則無矣"。（日記）

8月13日　校《心太平室集》。譚其驤來。文海書店送滿洲各調查書來。（日記）

8月14日　徐森玉來，商接收梁鴻志書事。陳垣偕陳樂素昆仲來，出全樹山校《水經注》示之。陳斷爲全樹山手筆。致聶崇岐信。校《心太平室集》。付文海書店款。孫景潤云《東亞〈方〉考古學叢刊》尚有第六册，爲《赤峰紅山後》，當訪之。（日記）

是日　先生有信致李小緣。

日前奉到還雲，敬悉一一。承惠各書，旋亦遞達，求之多年，今始獲之，感幸無似。敝館發行各書，遵即全部寄呈，共三包，即乞查收爲盼。將來貴所出版刊物，深望隨時頒賜，曷勝企禱之至。（《全集·書信卷·致李小緣》，上册第220頁）

8月15日　校《心太平室集》。徐森玉來，言陳垣已乘輪北上。閲肆，在來薰閣得《玉篇之研究》一册。（日記）

是日　《合衆圖書館董事會財産一覽》編竣。（原件；《顧廷龍日記》）

8月16日　發各處信。（日記）

8月17日　校片。（日記）

8月18日　校片。章克檆等來。（日記）

8月19日　校《心太平室集》。（日記）

8月20日　章元善介紹暑期自助生來工作。夜應錢壽舒（頌瞻）招飲，爲呂蘊文餞，座有尤月斧、鄭子征，皆昔日草橋中學同學，已有二十五六年不見矣。蘊文、子征皆氣象專家。（日記）

8月21日　爲夏敬觀開目録。徐子爲來，囑書《心太平室集》書簽。校訂張一麔傳三則。（日記）

8月22日　閲陳漢第藏《集韵》。訪章元善。改跋。（日記）

8月23日　校《心太平室集》。洪麟西來，請閲書。洪爲葉景葵舊交。蔣復璁來，同訪葉景葵。訪徐森玉，不值。訪鄭子征、呂蘊文，長談。又訪胡道静，便道購《墨子校注》十册，僅萬元，可謂便宜。送錢存訓行，未遇。（日記）

8月24日　校片。陳器成偕飲。陸維釗來，取《清詞索引》。（日記）

8月26日　以《魏子窩》調《赤峰紅山後》成交。校片。（日記）

8月27日　校稿。理清理會文件。汪伯繩來談。復潘景鄭信。（日記）

是日　又復陳垣信。

　　　睽違雅範，忽忽十餘年，每以杖履爲念。比辱枉教，快幸奚如。翌日奉訪，悉已清晨返旆，爲之悵惘。

　　　前承慨允代洽貴校換書事，附呈一函，便希轉致。如《華裔雜志》等有不便，則不必勉强。瑣屑上瀆，實深抱歉。然非仗鼎力，難能邀贈，如均購置，力有未逮，不備即陷入寡陋，因爲抛磚引玉之謀，伏維亮察。敝館近爲永嘉黄氏、仁和陳氏編印黄漱初先生《敬鄉樓詩》及《金仍珠先生家傳》兩種，拙書醜劣，但求速成耳。敬貽台端各一册。《約園雜著》三編二册，已從張氏乞得，一併郵上，請查收爲荷。（《全集·書信卷·致陳垣》，上册第56頁）

8月28日　校片。（日記）

8月29日　校《心太平室集》。寫扇四。顧頡剛門人劉起釪來。（日記）

8月30日　校《心太平室集》。寫扇三。（日記）

是月　張爲章跋《心太平室集》云：“遺集排印工料爲數甚巨，幸承親友資助，始克有成。顧君起潛獨任編校之勞，尤爲難得。此俱爲我張氏子孫所永矢不諼者也。”（《心太平室集》）

是月　當選爲光明藥廠董事。（履歷表）

是月　完成《合衆圖書館第八年工作報告》〔又名《（三十五年度）第八年報告》〕。

　　　本館創辦以來，忽焉八載，書圖日增，出版年有，虛聲遠播，閲覽漸衆。

惟限於經費,管理、編目方面尚未能妥善,當謀逐漸改進。茲述一年中概況如右。

一、入藏

子、捐贈。

…………

共計三千一百八十四種,肆千叁百式拾叁册、陸拾玖張。

贈書者中可紀者:卅五年八月,劉再庚先生年七十四矣,由秉農山先生之介,以自著稿本四種,曰《釋鏡》,曰《石鼓逸文考》,曰《莊子間詁》,曰《道德經正名》,親來持贈,謀永久之保存。陳叔通先生亦以自著詩集、馬夷初手寫本付藏。關良夫將其祖庭承孫先生所遺書籍捐贈,中有日記及文稿。許長卿贈偈滿《賀康德萬壽表》,亦難得。

本年收得墨拓……共廿九種,五十張。

本年所收報紙、雜志均係捐贈而來,亦有上年繼續贈閱……共八十四種。

報紙均係贈閱,外埠多浙江興業銀行分行所贈者……共廿二種。

丑、採購。

本年所購以工具、考古、邊務爲多,略有善本,茲志於下:

《國語詞典》《漢詩大觀附索引》《彩篋冢》《聯綿辭典》《營城子》《宋磁》《藏漢大辭典》《東京城》《東洋陶磁集成》《蒙古語大辭典》《南山裡》《周漢遺寶》《支那最近大事年表》《牧羊城》《帶鉤の研究》《東洋歷史參考圖譜》《赤峰紅山後》《戰國式銅器の研究》《東洋文化史大系》《上都》《枉禁の考古學的考察》《東洋歷史大辭典》《蒙古高原》《殷虛出土白色土器研究》《遼史索引》《王光墓》《旅順博物館陳列品圖錄》《支那明初陶磁圖錄》《支那漢代紀年銘漆器圖説》《河南安陽遺物の研究》《洛陽金村古墓聚英》《宋胡錄圖鑒》《古玉圖説》《寶庵集》明刊　《睡庵稿》明刊　《休寧名族志》明刊　《馮元成選集》明刊　《吕文懿全集》明刊　《太古傳宗》清刊　《宙亭集》清刊　《荀子》段朝端過盧東校本　《袁忠節叢稿》《石墨鐫華》劉履芬批　《古錢彙考》蔣斧鈔本有案　《河朔文字新編》稿本

以上日文書居多,又若內藤、狩野、常盤、高瀨、加籐諸家還曆紀念號均已有之。

統計所購圖書,共五百五十種,二千六百六十七册、八百六十一張。

寅、傳鈔。

檢理傳鈔之本,得:

《陳陶遺先生哀輓錄》　康熙間盍帖　《湖山杖履錄》潘遵祁　《隱蛛盦集》陳倬　《説文舉隅》丁晏　《深廬囈言》錢泰吉　《静虛堂吹生草詞鈔》王章

《五知堂遺稿》徐駿　《茉堂日記》朱茉堂　《翰墨譚叢》呂寶章　《嘉蔭簃石刻跋尾》劉喜海

共計十一種。

本年入藏總數三千七百三十四種，六千七百九十册、六十九張；拓片廿九種，五十張。

歷年積存圖書總數二四六三○種，一六二五一九册、圖及散頁二二二張。

尺牘一四六函。

畫一卷。

石經十五包。

景印卷卅四卷。

奏摺信稿二宗。

舊報七捆。

拓片二八六八種，三六九一張、一○二册、一五五包、一九軸、四七七張。

二、編纂

編印《海鹽張氏涉園藏書目錄》。

代編印黃群《敬鄉樓詩》。

代繕印《金仍珠先生家傳》。

鈔補《册府元龜》缺頁甚多。繼續鈐蓋藏印。[①]

三、人事

八月二十日，中國國際救濟委員會派工助生二人來，襄助整理。一個月爲期，九月十三日結束。九月至十月

四、雜務

卅五年十一月十三日，呈請地政局減免地稅。

卅六年一月十五日，奉地政局批，仰即檢具立案及成績證明文件。

卅六年一月廿一日，呈教育局，請咨地政證明立案及成績。

廿六日，美國國會圖書館贈吾國立北平圖書館寄存善本目錄卡 Micro film 一卷。

二月廿五日，奉地政局批，附發地價稅減免申請書表填報，以便派員查勘後轉請核免。

三月三日，填報減免地價稅申請書表。

卅六年三月廿五日，奉地政局批示，地價稅准予轉報核免。

四月十六日，開納路憲兵隊派憲兵二名來，調查名稱、主持人及營業

---

①此條補書於天頭。

狀況。

五月十日,與科學社、化學工業會連名具呈市長,請免建設捐,并函參議會制定免捐規則。

五月十九日,方行傳鈔譚嗣同致汪康年手札。

五月廿七日,填報上海市私立社會教育機關登記表、統計表。

六月二日,貴州大學接受教育部分配陳逆群藏書,得殘本、雜書計二千二百九十五册,以寄費甚昂不值運返,遂贈本館,并願得本館發行書籍全部作爲交換。

浙江通志館續借《通志稿》傳錄。

五、閱覽

孫玄常　方行　賀昌群　陸萼庭　朱桂秀　周節之　賀光中　徐慧驊　姚秀詒　陳垣　谷斯範　陸蓁庭　洪廷彦　黄永年　徐道鄰　陳左高　馬家禄　黄憶椿　楊廷福　章元善　張紹璣　沈笋玉　湯臨澤　王盛滄　馬耀西　瞿銖安〔朱桂秀〕李震熹　張竹銘　袁同禮　徐家珍　姚孟賓　姚烈文　葛砥石　陳振藩　印其昌　虞海泉　黄孟超　丘子年　徐益藩　郝昺衡　徐毅行

六、參觀

方詩銘　彭林蕈　李希泌　楊曾勗　馮家昇　韓壽萱夫婦　高昌國夫婦　陳質卿夫婦　徐文坰　何靈琰　陶孟和　王重民　嚴中平　吳彦久　陳樂素　Micheal　劉鴻鈞　章實甫夫婦　鄧持宇　朱季海　虞和寅　辛樹幟　董爽秋　吳相湘　向郁階　俞守範　温定甫　翁宗慶　鄭相衡　劉啓宇(原件;《顧廷龍日記》)

是月　《合衆圖書館董事會收支報告》(1947年2月16日至8月15日)編竣。(原件;《顧廷龍日記》)

9月1日　赴產業處接洽接收梁鴻志書事,對方"含糊其辭"。(日記)

是日　撰《心太平室集》跋。

右《心太平室集》,吾世丈張仲仁先生所撰詩文稿也。歲丙子,丈七十,及門謀刊行爲壽,抗戰軍興而罷。今夏,吳江徐君子爲携示遺稿一束委爲校理,距丈之歿四年矣。愴然覽讀全稿,次第梦如,若《老子軍規則草案》,若《倭寇淞滬雜詩》,昔所傳誦,今皆未見。稿經他人校閱,間有自行復校之筆,審爲當年議印清本而尚未編定者也。爰將原錄古今體詩、駢散語體文及筆記等,略加搜補,益以公子輩所輯蜀中諸作,依類相從,勒爲十卷。既付手民,續獲文電若干篇,關係史實,爲補遺一卷;彙錄時賢哀祭之文,爲附錄一卷;而以丈祖若父之詩存爲《先德集》二卷,附麗并傳,竟遺志也。文學養深厚,歷笈樞密,志節高亢,昭人耳目。晚歲退隱鄉邑,致澤桑梓,東南物望,一國所慕。蓋不以文字傳,而文字藉人以傳也。丈與先人奕世通好,龍亦夙承獎飾。憶丁丑春，自燕假歸，謁侍起居，知龍爲《集韵》之學，訪丁泳之先生士涵校訂《韵稿》不可得。詔曰：余齋有吳氏兔床讎校藏本，後經丁氏及許氏勉夫克勤兩家加校，堪資研習，出以相假，携故都傳寫。未及還瓻而國難作，南北音訊暌隔，倉皇播遷，未敢失墜。越兩年，來滬籌設合衆圖書館，閱肆，輒見丈題識之本，偶收一二，知藏書已爲敵逆所攘，《集韵》其子遺矣，因即庋之館中，以留紀念。時丈僑寓香港，郵遞綦嚴，不克通尺素，洎聞噩耗，彌覺傷悼。探遺稿之存亡，或謂曾經刊行，或謂毀於港變，傳言不一，固不知賴子爲護持以獲全，是可幸也。今子爲復偕丈猶子服五，商諸故舊，醵金印行，龍忝與校字之役，聊盡後生之責，歷時四閱月，始觀厥成。是集問世，將使頑廉懦立，以勵末俗，子爲誠不負所托矣。(《全集·文集卷·跋心太平室集》，下册第850頁)

9月3日　校《心太平室集》。訪章元善，爲工助生繼續事。(日記)

9月5日　訪胡適，未值。午後，胡適至徐森玉處，徐招先生往，暢談。胡謂天津圖書館有全祖望五校《水經注》，有四明抱經樓藏書印，惟所見目三種，皆無此本。(日記)

9月6日　校《心太平室集》。(日記)

9月7日　洪駕時來，將潘景鄭藏潘霨如年譜托其傳抄。閱肆，在來青閣見明嘉靖刻本《唐石漁集》，有孔天胤跋，未敢問津。至來薰閣，取蘇軾書《赤壁賦》及《廣韵聲系》。楊金華云，張氏藏宋刻《樂書》欲售，索黃金五條。(日記)

9月8日　寫信致地政局，爲退地價稅事。復南京市政府，謝贈《公報》，索補以前各期及《施政報告》。致歷史語言研究所信，索《田野考古報告》第二册。致樂植新信，詢印書價格。致陳鴻舜信，謝贈西服一套。理書。(日記)

9月9日　錢鍾書來，贈遠東教育會議所發印刷品。理書。誦芬考取清華大學(按，誦芬後入交通大學)。(日記)

9月10日　理書。校《心太平室集》。錢鶴齡子結婚，堅請先生證婚，衹得應之。顧頡剛有信致先生。(日記；《顧頡剛日記》卷六，第126頁)

9月11日　理熊希齡件。(日記)

9月12日　理熊希齡件。葉恭綽送書物來。寫胡樸安追悼會聯。(日記)

9月13日　校改《心太平室集》傳及跋。理貴州大學贈書及舊報。葉恭綽借《順天府志》，查旃檀寺。(日記)

9月14日　葉樂天、葉山民來，葉山民示所藏葉氏詩存稿。汪伯繩來，欲邀先生午餐，因忙改下星期。爲煥章繕正挽胡樸安文。張服五來，商定《心太平室集》跋。赴胡樸安追悼會。歸訪李英年，未值。靜安寺僧圓明法師言，《雪竇寺志》缺頁太多，現排印衹可停頓，將從各處訪補之。擬三舅母傳稿。(日記)

9月15日　王禔偕張蔭亭來，欲見徐森玉。張爲章太炎弟子，自言藏有戴東原手札(陳柱尊物)，欲售二千萬元，請徐設法介紹。李英年來。錢鍾書來。葉

恭綽送書來。（日記）

9月16日　致顧頡剛、蔣吟秋信。理書。王大隆、徐子爲等來。（日記）

9月17日　偕徐森玉往蒯慧士（若木之子、禮卿侄孫）處閱書畫，計有：元吳郡張渥《西園雅集圖卷》，元皇甫從龍、俞和、錢惟善、王冕等《集錦卷》，元郭天錫爲文海畫設色《雲山烟樹圖卷》（耶律楚材引首，沈濂、蘇大年題），清戴熙《寄園主客圖》（時人題），清劉彦冲《寄廬主客圖》（時人題），馬湘蘭畫蘭卷（疑近人），惲南田《栴林圖卷》（疑），祝枝山書米南宫論書卷（疑），方密之枯樹兩枝軸，目存設色羅漢軸，項元汴樹石軸，王蓬心仿黃倪山水軸，王廉州仿王叔明軸，唐六如畫仕女軸，王石谷畫山水軸，王烟客隸書軸。理書。袁帥南來。（日記）

9月18日　寫信，復屈爔、顧燮光等。袁帥南來，假《自怡軒詞選》，有嚴元照批校。美都城博物院及國會圖書館皆有贈書。（日記）

9月19日　録嚴元照跋。閱肆。有俞某來，謂與先生爲表兄弟，未值。（日記）

9月20日　理書。寫壽蔣復璁詩。（日記）

9月21日　張服五偕爲資、爲鼎來談，於黃炎培撰《張一麔傳》有補充處。陳器成來。寫屏聯，題盛詠桐表額。訪錢鍾書，未值。（日記）

9月22日　寫補雜志信。錢鍾書來。來薰閣來算書賬，前取《廣韵聲系》一部五十萬元，蘇軾書《前赤壁賦》（延光室珂瓓版）二萬元，即持發票請葉景葵開支票付款。（日記）

9月23日　徐森玉來。赴國光，校《心太平室集》畢。歸再理書片。《申報》來函，詢問合衆閱覽章程。（日記）

9月24日　李英年來，適葉景葵在座，携贈蘇軾《前赤壁賦》，即前日所購者。葉景葵取閱贊嘆。下午，李英年來，與葉景葵同至蒯慧士宅看字畫。夜，葉景葵留飯，陳永清亦在座。（日記）

9月25日　張服五來取《張一麔傳》，印好而未能折訂，先取三份去。章元善來，借《美術叢書》等，因美國人有願提倡蘇州緙絲工業，故先事研求之。邀同赴車站祭張一麔。周迪前、陳器成來。爲徐森玉擬函，簽注敵僞清理處所擬《敵僞逆文物審核委員會章程草案》意見。張家駒偕何某來，何將赴北平圖書館任秘書，張已多年不見，今爲顧頡剛編地圖。（日記）

9月26日　徐森玉來，閱擬函及簽注，大爲贊美，修改一過後繕正。觀沈尹默、沈邁士書畫展覽會，尹默以楷書爲長，行書次之，他皆平平。閱肆。（日記）

9月27日　爲徐森玉復杭立武信。赴神州國光社購預約《美術叢書》。寄贈浙江省通志館、浙江圖書館《敬鄉樓詩》《海鹽張氏涉園藏書目録》。嶺南大學圖書館函索《海鹽張氏涉園藏書目録》。（日記）

9月28日　誦詩忌日。洪駕時來，贈任援道印《江蘇通志稿·文化志》二册、手鈔《吳下方言考》四册。徐森玉偕謝國楨來。屠康侯偕張星聯來，張謂胡

適曾告以如鑒定版本及續刻《四明叢書》諸事，可就商先生。瞿鳳起來。（日記）

9 月 30 日　訪陳聘丞，探與潘公展談建設捐問題，允與市長相商。（日記）

是月　陳垣有信致先生，已收到《敬鄉樓詩》等三種四册，并開列自己著作八種，“未識貴館悉已入藏否？ 如有未備，請開示目錄，以便選寄爲幸”。（《陳垣來往書信集》，第 745 頁）

是月　爲張一麐遺像題“張仲仁先生七十二歲遺像。世侄顧廷龍謹題”。（《心太平室集》）

是月　國立暨南大學校長李壽雍聘請先生爲該校三十六學年度文學院歷史學系兼任教授。（聘書）

10 月 1 日　訪汪伯繩，商借紙事。章元善介紹朱一桂（震旦大學教授）來參觀。許元方來，托索《南京市政府公報》等，贈《敬鄉樓詩》《海鹽張氏涉園藏書目錄》。王禔來。致譚其驤、陳樂素信。（日記）

10 月 2 日　“先君忌日”。校片。諸仲芳來。王祖昌以黃小松、張桂岩畫屬鑒定，“黃畫恐係贋品耳”。（日記）

10 月 3 日　理書。葉恭綽存毛邊紙七件，贈書三扎，頗有用。潘景鄭來，見假《皇甫司勳集》。（日記）

10 月 4 日　徐森玉來，謂葉恭綽 6 日將返粵，明日擬送之。（日記）

10 月 5 日　理書。訪葉恭綽，葉言存紙可供合衆及先生用，不日將有南行，以避隆冬。來客漸多，遂別。至萃古齋，購《交通史》，有《路政編》，以一百六十萬元定交。“因聞遐老言，交通檔案已失，持此書爲據，故不能不購，然尚缺《電政編》也。”陳器成、徐子爲、洪駕時來。徐森玉來，爲葉恭綽還《順天府志》一册及交預約券兩紙，皆鄭振鐸所編書。偕夫人及陳器成賀顧翼東嫁女。謝國楨來兩次，未值。（日記）

10 月 6 日　張元濟贈雜志，還《聊齋》。寫信。郭石麒以《春草堂叢書》求售。（日記）

10 月 7 日　訪徐森玉。順道訪牟潤孫。歸途購書數種。經博物館，訪童書業，觀明器、銅器。又訪錢鍾書，長談。晚應顧翼東邀飲。（日記）

10 月 8 日　閱《大凉山夷區考察記》。朱季海來，贈《史蠹》。（日記）

10 月 9 日　理書。葉景葵招飲。（日記）

10 月 10 日　“進之偕游書肆”。（日記）

10 月 11 日　校片。許元方來，贈《南京市政府公報》。牟潤孫偕艾蕃三來，艾爲孫蜀丞弟子。（日記）

10 月 12 日　應汪伯繩約，游曹氏墓園及冠生園農場，游人甚多。潘景鄭見假《甲骨學文字編》二册。（日記）

10 月 13 日　北平製印泥者徐正盦來，談及上海竟無最好之紅井砂，此業將來終必失傳。抱經堂送姚振宗清稿來，未能購。同濟大學送課程表來。魏建猷

來。弔沈祖牟喪。(日記)

10月14日　葉景葵送閲舊拓《澄清堂帖》二册。章元善來,閲《纂組英華》,假自萃古齋。午後,赴暨南大學。(日記)

10月15日　羅鬱銘介紹林志純來參觀。校片。徐森玉來談,關於先生擬分配敵僞文物之意見,已由杭立武轉行政院,但尚無下文。赴修文堂閲書,托修《雪竇寺志》。(日記)

10月16日　致潘景鄭、容庚、容媛、聶崇岐、欒植新信。得葉恭綽、潘景鄭信。赴國光,爲印刷紙又不敷與之交涉。許元方來。(日記)

10月17日　校片。李英年來。過録《自怡軒詞選》中嚴元照校,畢一卷。致單鎮、潘景鄭信,爲惡鄰事。(日記)

10月18日　賀徐子爲嫁妹。(日記)

10月19日　校片。馬衡、徐森玉來。謝國楨來。趙萬里來還書,明日北返。牟潤孫來。得欒植新函。(日記)

10月20日　校片。與葉景葵商,擬招華敏初來裱信札,得同意。接陳覺玄函,欲購《諧聲譜》。趙世暹函,述及馮翰飛(雄)在水利部工作,與之不通音問十餘年矣。宗禮白送書板及《古今錢略》來。諸仲芳來。張星聯來商《四明叢書》八集發行事。致馮翰飛、趙世暹信。復欒植新信。(日記)

10月21日　李英年來。校片。李宣龔、王祖昌來。致暨南大學朱青甫信,因史部目録學選課人少,擬不開班,又金石學課擬改時間。(日記)

10月22日　爲李宣龔查蔣春霖(鹿潭)與黄婉君事迹。張元濟來。錢鍾書來,同訪鄭振鐸、蔣復璁,商定後日爲徐森玉餞行。《心太平室集》樣本出。(日記;《鄭振鐸年譜》,下册第611頁)

《心太平室集》出版後,齊思和寫有書評。云:

　　《心太平室集》十卷,張仲仁先生所撰詩文稿也。先生名一麐,江蘇吳縣人,生於清同治六年(一八六七),光緒乙酉科舉人。清季入北洋大臣袁世凱幕,參預機密。光緒丁未,袁氏被朝命,入參憲政,先生與偕,一時詔諭文電,多出其手。革命後,袁氏當國,先生任總統府秘書兼政事堂機要局長。袁氏旋謀稱帝,先生以大義反覆陳諫,不聽,遂辭職。袁氏復畀以教育部長,不久引去。其後護國軍起,各省先後響應,袁氏大懼,急自廢帝制,電先生謝過,其廢帝制通電,猶先生手筆也。袁氏既殂,先生遂杜門却掃,不談國事,惟以在野之身,爲地方謀福利,興辦學校,改進農事,不遺餘力。抗日軍興,上海有"一·二八"之難,先生偕蘇人撫傷兵,救難民,厥功甚偉。更倡議仿童子軍之例,組織老子軍,以作民氣,事雖未成,然於鼓舞士氣,倡導抗戰,影響固甚大也。於一九四三年逝世,享年七十有七。

　　先生於清季民初,在袁氏幕中,久掌機密,一時朝政大議,重要文件,多出其手。是集中於此項文件,收入不少,乃中國近世史之重要資料也。其餘序跋傳記,雖係酬贈之作,亦多有關於民初掌故,足資後人考核。文辭質樸自然,雖不事雕琢,而坦率暢達,頗有自然之趣,蓋如其爲人也。顧起潛先生跋謂:"蓋不以文字傳,而文字籍人以傳也。"可謂定評。(《燕京學報》第37期)

10月23日　陸雲伯遠道而來,見贈先德墓志一份。因先生要趕赴暨南大學上課,未能多談。"到校,與注册課商改時間事,彼稱務上一堂,與學生熟商爲便。晤教務長鄒文海及施蟄存。"(日記)

10月24日　清晨,赴暨南大學上第一節課,講金石學概說并甲骨發現以來略史。訪李英年。(日記)

10月25日　復潘景鄭、葉恭綽、夏槩山等人信。(日記)

10月26日　撰《咫園叢書》跋。(日記)

10月27日　午後,校《番禺葉氏遐庵藏書目録》。(日記)

10月28日　午後,赴暨大授史部目録學課,學生五人。(日記)

10月29日　校《番禺葉氏遐庵藏書目録》。郭紹虞來。楊金華來。得馮翰飛、趙世暹信。徐森玉來。李英年來,見假《書苑》全部。徐調孚介紹李聖悦來閱書。(日記)

10月30日　顧頡剛夫人來滬,先生夫婦訪之。赴暨大授課,到五人。(日記)

10月31日　校《番禺葉氏遐庵藏書目録》。得顧頡剛還《中國治亂通詮》,有信,囑擬《張一麐傳》,孔陟岵乞其撰也。潘景鄭有信來。《蘇報》載有先生致參議會函。(日記)

11月1日　估《中國治亂通詮》印價,赴净業社催訂《心太平室集》,旋送到一百部。午後,偕誦芬赴昆山掃墓,宿大東旅社。閱《史部目録學》。(日記)

11月2日　雇舟下鄉掃墓,舟中閱《史部目録學》。夜返家。(日記)

11月3日　校片。閱《史部目録學》。(日記)

11月4日　閱《史部目録學》。陳叔通、任心白來。陳永青來。下午,去暨大上課。(日記)

11月5日　徐森玉、錢鍾書來。徐森玉在大來飯店爲向達洗塵,邀先生作陪,座有鄭振鐸、徐伯郊。晚,徐森玉、向達、舒新城、李伯嘉和先生在鄭振鐸家晚餐,談甚暢。(日記;《鄭振鐸年譜》,下册第614頁)

11月9日　致臺灣大學圖書館信,商交换《敦煌秘籍留真新編》。去暨大上金石學課,到一人。(日記)

11月10日　寫謝信等。鄭振鐸、向達來,午餐。(日記;《鄭振鐸日記全編》,第310頁)

11月11日　去暨大上課。(日記)

11月12日　校蔣目。黄仲明、徐子爲、孫俶仁來。(日記)

　　是日　下午三時,召開合衆圖書館董事會第七次常會。出席者張元濟、葉景葵、陳叔通、徐鴻寶、李宣龔。主席張元濟,書記顧廷龍。

甲、報告事項

一、傳閲上次會議紀録。

二、葉常務報告三十五年度上届財産目録及收支報告。

三、顧總幹事呈閲本年度工作報告。

乙、討論事項

一、葉常務提:本館書籍日增,書架已不敷應用,因即委托文記營造廠承造洋松書架,不漆,共四十四隻,實價八千萬圓。該款係向浙江興業增加透支額爲一億元,并向浙江實業透支五千萬元,請追認案。

決議:通過。

丙、選舉事項

一、選舉任滿董事二人,結果李宣龔、陳叔通當選連任。

二、互選任滿常務董事一人,結果葉景葵當選連任。(原件;《顧廷龍日記》)

11月13日　校蔣目。閲肆。復葉恭綽信。(日記)

11月14日　爲貝祖遠姨父寫長德油廠招牌。牟潤孫介紹余元盦來,余治蒙古史,同來有謝國楨及關德棟,關治佛學。(日記)

11月15日　訪顧頡剛。(日記)

　　是日　跋《自怡軒詞選》。此册自北平覓得,先生又借得袁帥南藏嚴元照朱墨筆手批《自怡軒詞選》,予以過録之。(《全集·文集卷·自怡軒詞選跋》,下册第910頁)

11月16日　去暨大上課。(日記)

11月18日　得外交部印刷品。去暨大上課。復趙世暹信。致顧頡剛信。鄭振鐸來,贈王庸近著《中國地理圖籍叢考》,即復謝函。(日記)

11月19日　錢鍾書來。鄭振鐸招飲。(日記)

11月20日　寫信。王庸來。(日記)

11月21日　許國瑞(振常)嫁女,往賀。閲肆。在抱經堂晤丁念先,在來薰閣晤吳相湘。(日記)

　　是日　聶崇岐有信致先生。

　　今晨奉手書,敬悉一一。史部目録及金石爲我兄專精之學,暨南學生何幸得此良師,不禁爲之遥賀也。岐自擺脱圖書館務,時間略覺從容。本年授課兩門,一爲中國通史,一爲中國政治制度史,每周六小時,尚能應付。天津《益世報》所登拙作,端爲湊買烟錢,拉雜成篇,不足齒也。目下正爲《燕京學報》趕《宋役法述》一文,大約十二月中可以脱稿,俟印出後當寄請指正。《中國官制史》亦在整理,倘無阻礙,明夏或可殺青,届時仍當呈政,并煩代向書商接洽出版。敝處今秋即就《莊子引得》,茲隨函寄贈貴館一部,至希詧收是荷。關於中法漢學研究所通檢事,因該所人事異動,未便進行,容緩圖之,如何?（原信）

11 月 22 日　鄭振鐸電話,謂蔣復璁與葉景葵約其後日晚飯。（日記）

11 月 23 日　去暨大上課。上海市圖書館向合衆借書陳列,允之。（日記）

11 月 25 日　去暨大上課。（日記）

11 月 26 日　致湯定宇夫婦信,托訪《文哲季刊》4 卷 4 期。致葉公超信,謝贈書。致莊一拂,謝贈周刊。擬上地政部呈文,請免土地稅。諸仲芳、陳叔通來。（日記）

11 月 27 日　徐子爲來取《心太平室集》。（日記）

11 月 28 日　應牟潤孫、余元盦招茶點,擬發行《東方學論叢》。座有郭紹虞、陸雲伯、吳文祺、陳志良、謝國楨、楊寬、蔣大沂、童書業、陳小松、賀光中、關德棟等。訪李英年。訪李玄伯,感冒未值。（日記）

是日　顧頡剛有信致先生,爲陳宣人托售書事。

前日得承暢談,至快。剛今日午後回蘇。茲啓者:敝局陳宣人先生接友人來書,謂其家藏《耆獻類徵》一部,擬行售出,未知貴館需此書否? 或他人有願購者否? 價當若干,便中乞徑函陳先生,以便轉告,至感。（日記;《顧頡剛書信集》卷二,第 517 頁;《顧頡剛日記》卷六,第 163 頁）

11 月 29 日　致蔣復璁信,附請地政部免地稅呈文。李英年來。（日記）

11 月 30 日　訪鄭振鐸。（《鄭振鐸日記全編》,第 313 頁）

12 月 4 日　顧頡剛爲先生屋事,致趙維峻信。（《顧頡剛日記》卷六,第 167 頁）

12 月 10 日　顧頡剛有信致先生。（《顧頡剛日記》卷六,第 169 頁）

12 月 12 日　校片。潘應咸偕譚鎮黃來,囑先生寫壽屏。（日記）

12 月 13 日　徐森玉來,示向達函,囑代國學圖書館訪失書。徐意合出通函致各肆。旋偕至鄭振鐸處,觀宋本《揮麈錄》,即《四部叢刊》本之底本,惟《前錄》目抄本有陰文號碼,刊本無之;《後錄》牌記,抄本字體已改正。去暨大上課。（日記）

12 月 14 日　接地政部批文,允不徵稅,無需逐年申請。校蔣目。（日記）

12 月 15 日　理書。暨大學生數人來,示以金文銅器圖版各書。（日記）

12 月 16 日　校蔣目。（日記）

是日　趙世遐有信致先生,詢《趙氏世德錄》書事,德清許氏鑒止水齋藏書現在何處,以及劉氏嘉業堂藏書近況。（原信）

12 月 17 日　校蔣目。徐森玉、蔣復璁約明日玉佛寺蔬齋,爲許潛夫七十壽。（日記）

12 月 18 日　徐森玉來,偕葉景葵同赴玉佛寺,座有許潛夫、陳叔通、錢均

夫、鄭振鐸、范成及先生。（日記）

12月19日　夜，徐森玉、錢鍾書、王庸、李健吾、郭紹虞、陳濟川及先生在鄭振鐸家晚餐，"談笑甚歡"。（《鄭振鐸日記全編》，第317頁）

12月23日　趙世暹有信致先生。

　　　　鑒止水齋藏書散失，殊爲可惜，日人侵略我國，圖書不知又毀多少。弟收水利圖書近三十年，所有刻本、排印本，廿六年冬皆被燒。稿本、罕見本及寫本圖［書］亦損失許多，今所剩者，僅一大箱耳。……尊處收集宗旨，深遠偉大，欽佩欽佩。弟亦有此好，在蘭州曾收得若干，臨行不便携帶，送西北圖書館一部分，送北平圖書館一部分（存該館留蘭書箱中），另有若干件，弟以爲還有趣者，則連同私人書籍若干暫存甘省，將來交通方便能運來時，當選其有用之件奉贈。……再者，盛杏蓀先生致吕海寰先生手札，弟收到一大批，自己留着無多用處，頗思讓與杏老後人，最好能換一部杏老文稿，不知我兄與盛府相識否？能爲一洽否？（原信）

是年　約在夏天，應李英年之請，教其子《孟子》，誦芬也旁聽。後其子考入交通大學。（顧誦芬告知）

是年　仍爲浙江省通志館特約編輯。（履歷表）

1948 年　45 歲

1月1日　蔣復璁在會賓樓宴客,在座有鄭振鐸、徐森玉、錢鍾書、徐伯郊、王辛笛、王伯祥、周寬甫、先生,以及南京中央圖書館二位同人,談頗暢。(《鄭振鐸日記全編》,第 336 頁)

1月11日　去鄭振鐸處,送去合資"六百八十萬"。(《鄭振鐸日記全編》,第 339 頁)

1月13日　晨,與徐森玉去鄭振鐸處,"閱《揮麈錄》,即取去"。(《鄭振鐸日記全編》,第 339 頁)

1月18日　徐森玉、蔣復璁在玉佛寺請許潛夫,補祝七十壽,鄭振鐸、陳叔通、葉景葵及先生等同去,"談笑甚歡"。(《鄭振鐸日記全編》,第 341 頁)

1月26日　傍晚,蔣復璁、徐森玉、周連寬、于震寰、李玄伯、Clapp 及先生在鄭振鐸處晚餐,"談得頗為高興"。(《鄭振鐸日記全編》,第 343 頁)

1月31日　應王謇邀午餐。赴三馬路閱肆。(日記)

2月1日　寫聯招等。訪李英年。楊石枏來,未值。顧頡剛來。(日記;《顧頡剛日記》卷六,第 223 頁)

2月2日　約顧頡剛、郝昺衡、錢鍾書等明日午餐。得冼玉清女士函,初未之識者也。(日記)

2月3日　邀郝昺衡、孫蜀丞、錢鍾書、牟潤孫等晤叙,并在合衆圖書館宴請,葉景葵、顧頡剛亦來。周節之偕游古玩肆,見彭芝庭入學卷。(日記;《顧頡剛日記》卷六,第 224 頁)

2月4日　校蔣目。校《炳燭齋雜著》。諸仲芳從楊季鹿處募得千元,印《合衆圖書館叢書》第二集第一種(《炳燭齋雜著》)。(日記)

2月5日　校蔣目。鄭明哲、錢鍾書來。汪伯繩招飲,陪其浙江興業銀行老友。(日記)

2月6日　寫補雜志信。訪徐調孚。定鄭振鐸印《畫集》二十輯,先取《明遺民畫》《西域畫》(中)二輯。(日記)

2月10日　跋《炳燭齋雜著》。此爲江藩未刊之稿,計四種:《舟車聞見錄》二卷《續錄》一卷《續錄三集》一卷、《端研記》一卷、《續南方草木狀》一卷、《廣南禽蟲述》一卷附《獸述》一卷。

　　　　按先生著述實不盡此數種,後經傳布,未刻尚多,亦有散佚,即圖跋所載《舟車聞見錄》十卷,卒未刊行者,今載《雜著》僅存四卷,已非全豹。錄中記載多朝章國故,蓋先生嘗佐治四庫七閣之事,諳習舊聞,定庵推爲掌故之宗,洵不虚也。……曩承吾友諸君仲芳介其知好上海楊君季鹿助印《里堂家訓》告成,閔丈葆之關心邑中文獻,寓書拳拳,以繼印先生雜著爲屬,俾二堂未刊著述相得益彰。時方多難,籌款未集而罷,忽忽四年矣。頃與諸君縱譚,偶及斯稿未刊爲憾。諸君慨然重商楊君,獨任其資,克償宿願。兩君關懷文化,高誼可欽。爰付石印,爲本館叢書二集之首。國難未已,物價動蕩,瞬息萬變,不皇寄閔丈校訂,他日見之,當亦掀髯稱慰爾。(《全集·文集卷·炳燭齋雜著跋》,下册第 823 頁)

2月15日　《合衆圖書館董事會財産一覽》編竣。(原件;《顧廷龍日記》)

2月19日　晚,謝國楨在南市十六鋪裏馬路恒興西里 25 號請吃飯,在座有鄭振鐸、王伯祥、陳濟川及先生等十二人,"九時許始罷,又茗談片晌乃散"。(《王伯祥日記》,第 22 册第 14 頁)

2月24日　顧鳴時訪先生,爲探陳季略事。"別後,即訪陳岳生兄,探詢陳季略先生事略。據謂季略是其叔,確屬湖南衡山人,生前向隨莊藴寬,而娶於常州,故家中多説常州話,而往來亦多常州朋友。其女衡哲,書籍貫爲武進人,或從母籍。陳在前清時官四川州縣,曾一度調江蘇六合縣知縣,七七事變前在南京去世,生卒年月須問其第四女衡粹(嫁復旦大學文學院教授余上沅君,編劇作家)云云。"(日記)

2月28日　晚,至吴湖帆宅晚餐,在座有魏廷榮、孫邦瑞、李玄伯、徐森玉、蔣復璁、鄭振鐸等人,看米芾《多景樓詩》及黄庭堅詩卷。"山谷詩一望即知其爲僞作。森老云米卷亦僞也。惟馬湘蘭致王伯穀札八通,甚佳。又有朱謀垔《畫史會要》,亦好。"(《鄭振鐸日記全編》,第 351 頁)

是月　《合衆圖書館叢書》第二集第一種《炳燭齋雜著》(清江藩撰)出版,先生撰跋并題簽,楊季鹿捐款印行。(原書)

是月　《合衆圖書館董事會收支報告》(1947 年 8 月 16 日至 1948 年 2 月 15 日)編竣。(原件;《顧廷龍日記》)

3月1日　跋《陳陶遺先生墨迹》。

　　　　陳陶遺先生爲本館第一任董事長,没將兩稔,憶當年風雨飄摇之際,端賴擘畫匡扶,幸得成立。……畢生所爲詩文,均不留稿,雅好書翰,得者珍如拱璧。早歲篤嗜篆隸,中年出入六朝碑版,晚而致力章草,蓋服膺郡學葉石林。所摹《急就篇》刻石,得史游之真傳,意趣高曠,肖其平生。兹搜訪墨迹,得十七幀,付之景印,冀垂久遠。(《全集·文集卷·陳陶遺先生墨迹跋》,下册第 1038 頁)

是日　先生有信致臺灣省政府,爲求該處出版物事。

　　　徑啓者:敝館有志搜集各機關刊物,爲將來文獻之徵,曾荷貴府惠贈《公報》全份,至今隨出隨寄,此外行政長官公署時宣傳處出版一部分。素仰貴府暨各屬處所,若統計、教育、交通等處編著甚富,馳譽中外,敝處均尚

未有,擬懇慨予全份,嘉惠來學。倘蒙俯賜允准,不獨敝館感幸已也。(《全集·書信卷·致臺灣省政府》,下册第 734 頁)

3 月 7 日　下午四時許,鄭振鐸來合衆圖書館,約諸藏家茶叙。到者不少,近六時散。(《鄭振鐸日記全編》,第 353 頁)

3 月 8 日　與徐森玉、蔣復璁訪鄭振鐸。(《鄭振鐸日記全編》,第 353 頁)

3 月 10 日　張元濟有信致先生。

前日承示敝同鄉朱旭辰丈收藏各科鄉會試硃卷甚富,昨已托金錢孫敝同年轉詢,如肯出讓,請示一目,并開售價。錢兄與旭丈爲兒女親家,據云有明清之際所印者不少,此却甚難得也。先此奉達。(《張元濟書札》,第 175 頁)

3 月 13 日　鄭振鐸、徐森玉、蔣復璁來,午餐。(《鄭振鐸日記全編》,第 354 頁)

3 月 14 日　張元濟有信致先生。

蒙假閱《吾學録》兩册,謹繳還。又呈上本年出版第三、四、五、六期《時代》四册,又舊報十一册,號數全不聯貫,統乞察收。近來該報被禁登載戰訊,弟因不購閱。合并陳明。(《張元濟書札》,第 176 頁)

3 月 20 日　先生有信致顧頡剛。

台端曾言,常熟錢某前欲入中央圖書館者,不識相近否? 如與彼懸條件不遠,乞便中爲之一詢爲荷。静秋想已返徐,通信時請其設法代覓張伯英所藏畫象石刻拓片壹份,聞原石藏在老家,不識可得否? 形勢緊張之中,爲此不急之務,静秋得毋笑其癡乎! 尊駕何時來滬? 念念。敝處書籍如不用,請帶下(《考古社刊》六册、《考古發掘方法論》一册、《東亞考古研究》一册、《支那考古學論考》一册、《考古學論叢》一册)爲荷。敝處近又有書捐到,一高夢旦家另書,二胡樸安先生藏經、小學及佛經,房屋嫌窄矣。(《全集·書信卷·致顧頡剛》,上册第 153 頁)

春　《檇李文繫》稿本入藏合衆圖書館。張樹年回憶:

1935 年春,岳丈把稿件全數交付嘉興圖書館陸祖穀,請其復校保存。……没想到 1948 年春,這部《檇李文繫》稿本竟然出現在上海,而且送到合衆圖書館,索價 20 兩黄金求售。顧廷龍收下,但表示圖書館經費短缺,無力收購,請求寬限數日。他立刻告知父親,父親趕到館中。過去爲之花費多少心血,編成此書,而今闊别 20 年後又重現眼前,自己却家境拮据,鬻字爲生,無以爲計,能不心酸。唏噓久之,對起潜説:"合衆和我再無法留住,但願異日國富民裕時……" 很巧,海鹽人顏文凱(樂真)去合衆圖書館,見放在大廳中央方桌上的這批未刊稿本,起潜認識顏,告以原委。顏君説暫勿退還,由他去想想辦法。當日下午顏又來,交起潜兩條金條,作爲他的捐助,購下書稿藏諸館中。(《我的父親張元濟》,第 189 頁)

4 月 1 日　聶崇岐有信致先生。

今晨奉手書，誦悉一切。前寄上《引得》書目一份，至希轉交貴友。賢郎暑中投考燕校，想能録取，開學北來可暫下榻敝寓。日昨接洪公信，哈佛約岐出國，大致不成問題。但岐以薪津僅三千元，揆以目下生活程度之高，絶不足維持兩處費，已覆函拒絶。今秋出國與否，尚未定也。知關特達。（原信）

4月3日　先生有信致陳乃乾。[1]

許久不晤，深以爲念。□[2]接黄任之先生函，探詢先生住址，有事奉商。龍曾屢接電話，值曾托道静兄轉達，不識已與任老晤及否？如尚未晤，希與□□人通一電話爲荷。任老住職教社，電話號簿子可查也。承示尊藏陶遺先生雜寫舊句□，甚慰。□□自撰詩文，擬懇賜借，散處爲紀念陶老，景印墨迹，徵集目標希望於書法作品兼備之件，但徵集尚不多耳。宗刻叢書，擬勉印二三十部，以謀流通。印書人約日内可來，如力有不逮，當遵示辦理也。（北京泰和嘉成拍賣有限公司2016年春季藝術品拍賣會“影像·手迹·版畫”專場圖録）

4月7日　顧頡剛與龍書夫婦及顧潮來訪。（《顧頡剛日記》卷六，第269頁）

4月9日　晚，鄭振鐸、向達、王天木、徐森玉、莊慕林及先生等，在九如晚餐，談甚暢。（《鄭振鐸日記全編》，第360頁）

4月24日　聶崇岐有信致先生。

頃奉手書，誦悉一一。歷農信已轉交，今寄上《史記引得》一部，敬希詧收。敝處現正編《後漢書》及《墨子引得》，後者在六月中出版，前者恐須至年終矣。引得處事在弟出國時將由王鍾瀚君代負責，王君六月杪可到。陳觀勝南巡已回，聞在滬上留二日。（原信）

4月26日　以朱筆録張祖翼簽校於《語石》上。（原書，清宣統己酉刻本）

是月　先生題簽的《咫園叢書》，由合衆圖書館出版，計《金陵古金石考目》一卷（明顧起元撰）、《刻碑姓名録》三卷（清黄錫蕃撰）、《官閣消寒集》一卷（清嚴長明撰）、《江淮旅稿》一卷（清嚴長明撰）、《嘉蔭簃集》二卷（清劉喜海撰，民國陳乃乾、宗惟恭輯）五種。先生跋云：

《咫園叢書》爲上元宗子戴先生舜年編刊，以鄉賢遺著爲主，甫成三種，遽歸道山。令子禮白惟恭，能踵遺志，續獲海鹽黄氏、東武劉氏兩種，壽諸梨棗。遭逢國難，未遽付印，咫園藏弆，旋亦星散。禮白以物力艱難，檢點存版，歸諸葉丈揆初。丈固宗先生摯交，即以移贈本館，冀護永久。曩昔龍承婦兄潘君博山之介，獲識先生於吴門，相與討論金石版本，引爲忘年之契。素慕咫園庋藏之富，未及請觀，已化雲烟，摩挲遺物，益增人琴之感。

---

①《全集》收入此信，末署“卅四、四、三”，係誤識原信“卅七”作“卅四”。

②此信破損較多，方框皆殘缺不能辨者。

是輯顧、嚴二著，久播士林，惟原刻已如星鳳，求者難得。黃録考碑工姓名，出自創例，尚未問世，所撰《閩中書畫録》，已經本館爲之印行，得此若有奇緣。東武擅精金石，詩文久掩，即此鱗爪，雖非自定，亦足慰後人之傾慕已。爰仍舊名，加題書衣，刷印如干部，先爲流傳，志其緣起，以告讀者。(《全集·文集卷·跋咫園叢書》，下册第 844 頁)

5 月 7 日　　跋《水經注》，云："借約園所據王本(屠康侯藏)傳鈔本校，卷首爲適之先生携去，遂未卒業，俟他日續校也。"(《全集·文集卷·跋水經注》，上册第 72 頁)

5 月 12 日　　顧頡剛來還書。(《顧頡剛日記》卷六，第 283 頁)

5 月 17 日　　趙世暹有信致先生。

日前平肆寄來舊河圖若干幅，圖内有乾、嘉二帝朱筆，介紹中央圖書館購之，事未成，弟乃舉債留下，荒唐荒唐。貴館所藏《重築孫家堰案》一卷，未嘗見過，可否見賜撰一簡單提要？此間擬印《水利書目》，俾可收入。(原信)

5 月 24 日　　六時許，徐森玉、錢鍾書夫婦、蕭乾、李玄伯、王崇武及先生等，在鄭振鐸家晚餐，"談論古事及版本，甚歡。十時許，散"。(《鄭振鐸日記全編》，第 370 頁)

5 月 29 日　　中午，去李玄伯宅午餐，在座者有鄭振鐸、喬大壯、錢鍾書、馬慕軒等。(《鄭振鐸日記全編》，第 371 頁)

6 月 4 日　　趙世暹有信致先生，謝所贈見亭先生畫像照片，又謂"燕大藏書目稿本，已托人設法録副"。(原信)

6 月 10 日　　六時許，在鄭振鐸家晚餐，同座有嚴文郁、周予同、王伯祥、錢鍾書、李馨吾、章克慘、周連寬等。(《鄭振鐸日記全編》，第 375 頁)

6 月 15 日　　至顧頡剛處，爲寫于斌信事。(《顧頡剛日記》卷六，第 298 頁)

6 月 19 日　　張元濟有信致先生。

許久未見，伏想興居安吉爲頌。前屬問敝同鄉朱君旭人所藏歷科硃卷可否出售，當托金錢孫同年轉詢。項得朱君令弟復信，係復錢孫兄者，據稱檢查甚屬費事，已抄成清册一本寄來。今送上，并附説帖一紙，祈核閲。朱君信又云，另有破碎及蛀損者尚未列入册内。此一千五百餘本堆垛匪細，幾高及丈許，將來如何運寄，亦非易易，理合陳明。應如何答覆之處，敬祈核示。(《張元濟書札》，第 175 頁)

6 月下旬　　先生有信致張元濟，①關於購硃卷事。

項奉手諭并硃卷目附説帖，均拜悉，當即轉呈揆丈審閲。前途既言最低

①此信爲底稿，未注明收信人和日期，據信内容和《張元濟書札》《張元濟年譜長編》擬置於此。信中"旭人"當指朱旭辰，一作"旭人"，海鹽朱彭壽之兄。

廉價,又係熟人介紹,不便有所商讓,當勉從來命。所有歷科鄉會優拔各卷一千五百三十本有奇聯鈔千元,又三場全卷聯鈔五十五元,鄉會試各房同門録聯鈔一百十元,各省慶賀題本聯鈔一百廿八元,共計一千二百九十三元正,即請前途將硃卷等一併送交北平前内浙江興業銀行沈範思先生代爲點收,該款當即照繳。惟所有破碎及蛀損之硃卷,敢請一併加入。又目中如有遺漏,後來倘有檢得,亦希附贈。龍曩曾由章式之先生借示吳愙齋硃卷,今目中未有,倘有另庋他處者,甚盼彙入,以便保存,旭人先生收集之苦心永可不泯矣。尚祈轉復爲叩。專此奉復。祇請[1]

　　　朱氏有無《搢紳録》可讓,亦希便爲一詢。(底稿)

　　是月　經張元濟推薦并多次聯繫,定議由合衆圖書館購入海鹽朱氏壽鑫齋藏清代歷朝硃卷二千餘册,是爲1992年臺灣成文版《清代硃卷集成》主體之一。

　　是月　任上海暨南大學歷史系教授。(履歷表)

　　7月4日　晚,向達自南京來滬,鄭振鐸邀友在家便酌,出席者有王伯祥、周予同、錢鍾書、謝國楨、李玄伯及先生。"小飲暢談,至近十時始散"。(《王伯祥日記》,第22册第180頁)

　　7月15日　趙世暹有信致先生,告以《申報》6月15日"自由談"欄目載有吳大澂日記事。(原信)

　　7月22日　私立光華大學校長朱經農聘先生爲該校文學院中國文學系兼任教授,講授文字學。(聘書)

　　是月　任上海中央圖書館辦事處編纂。(履歷表)

　　8月1日　代張元濟撰《番禺葉氏遐庵藏書目録》序。

　　本館籌設于抗倭之際,旨在保存國粹,聯合氣誼相投之友,各出所藏,以期集腋。吾友葉君遐庵自港返滬,力予贊助。一九四三年五月即舉所藏地理類書籍相贈,空谷足音,良可善慰。君宏才碩學,五膺閣席,凡交通、經濟、文化、教育諸大業多所建樹。即以藏書一端而言,系統分明,博搜精鑒,其尤爲專嗜者蓋有三類。當年掌領交通,周咨鄉邑,整理古迹,瞻禮梵言,因收名山、勝迹、寺觀、書院、鄉鎮之志,蔚成大觀,是即捐贈本館之一部份也。……去秋君將返棹珂里,檢理平生師友手札及親歷諸事文書,鄭重交館珍庋,足徵君之勤求文獻,垂老不倦,而於本館信賴之篤,尤感知音。兹先以地理類目録編纂告成,計九百六種,三千二百四十五册,付諸石印,以便檢閲。君頤養之暇,不遺在遠,復書來,將以存滬藏書陸續見貽,同人咸爲感奮。他日《詞鈔》寫定,其詞集類倘亦舉以付館,俾與地理類合成雙璧,豈不懿歟!嘗念專藏之難,必日積月纍,鍥而不捨,始克有成,斷非一時一地咄嗟可以立辦,況丁喪亂,文物摧毀之餘邪!南雷所謂讀書難,藏書尤難,於今益信。上海爲通都大步，尚乏完善之圖書館，寧非憾事。甚願合各家之專藏以成一館，合各專藏之館以萃於一市，庶收分工合作之效，蓋亦我合衆命名之意也。質之退庵，以爲如何〈何如〉？（《全集·文集卷·番禺葉氏退庵藏書目錄序》，上冊第 212 頁）

8 月 15 日　《合衆圖書館董事會財産一覽》編竣。（原件；《顧廷龍日記》）

8 月 25 日　鄭振鐸邀宴，出席者有葉聖陶、王伯祥、周予同、潘光旦、陳夢家、錢鍾書、徐森玉及先生等。"七時半始入座，且飲且談，觀默存與夢家鬥口，致趣也。九時許乃罷"。（《王伯祥日記》，第 22 冊第 248 頁）

是月　先生題簽的《番禺葉氏退庵藏書目錄》由合衆圖書館出版。此目錄爲合衆圖書館藏書分目之二，潘景鄭初稿，先生重編并繕寫後付諸石印。

是月　仍任教育部清理戰時文物損失委員會京滬區代表辦事處總幹事，并任行政院上海接收敵僞逆文物審核委員會編纂。（履歷表）

是月　《合衆圖書館董事會收支報告》（1948 年 2 月 16 日至 8 月 15 日）編竣。（原件；《顧廷龍日記》）

是月　完成《合衆圖書館第九年工作報告》〔又名《三十六年度工作報告（開辦以來第九年）》〕。

內戰不戢，經濟動蕩，百業蕭條，本館遂亦無從進展。兹述一年來概況如右。

一、入藏

子、捐贈。

…………

共計二五七三種，一六九三冊、二四張。

胡樸安先生既喪之逾年，其夫人胡朱昭女士暨子女輩遵遺命，將藏書捐贈圖書館，以資保存。胡夫人等考慮再三，經最後決定捐贈本館，由公子道彥、道彤來商洽。胡氏，龍師門也，邀往整理。龍以先師尚多遺著待梓，而師母刊布之心甚切，因建議，凡師用功之書，如經學、小學、佛學、鄉邦文獻及手校、手跋之書，均成專門，則悉歸本館；其金石一類爲師尤愛好者，藏於家；餘若叢書、集部等爲涉獵、翻檢之資者，鬻之，得款爲印行遺書之基金。當蒙贊同。遂日往檢理者兩閱月。諸書自滬上淪陷後，不遑抖晾，塵封已八年矣。本館增一專藏，殊可寶貴，將速爲編印目錄，以慰胡氏後人之孝思。

本年收得墨拓如下：

…………

共計一九種，五九張、一三冊、八包。

本館欲編印故董事長陳陶遺先生所書石刻拓本，承高吹萬、朱叔建、朱履仁、陳端白等捐贈，得十二種，二十張，尚待蒐羅。又程學鑾以所藏杭州學宮拓本全份見贈，可貴也，尚未整理竣事。

本年所收新報紙及雜志均係捐贈,亦有繼續來者。茲列於後……

報紙均係贈閲,外埠者多由浙江興業銀行各分行所贈。列目如下……

共十八種。

丑、採購。

本年書價較昂,所購無多。除隨添新出書外,約爲清代大臣奏疏、儒林全集、筆記小説及其他等。曩在北平效賢閣所購《道藏》一部,寄存浙江興業銀[行]北平支行者六年,今年始由中興輪船公司運回,遂列入本年度收得書中。茲將所收較可觀者列目於後:

《喬勤恪公奏議》《退庵疏稿》《移孝軒疏稿》《徐中丞奏疏》《督河奏疏》《度支部軍餉司奏案》《度支部通阜司奏案輯要》《墾務奏議》《師伏堂叢書》《湘綺樓全集》《春草堂叢書》《交通史·路政編》《愛新覺羅家譜》《盛明百家詩》 迠鶴壽《孟子疏證》殘稿　出使日本大臣函電録存　葉菊裳家書　葉菊裳師友手札 《熱河考古資料編》《伊犁紀行》《蒙古學》《亞西亞游牧民族》《滿洲國地名大辭典》《滿蒙之民族與宗教》《土俗學上觀察蒙古》《蒙露[日]大辭典》《蒙古學報》《西藏文化之新研究》《蒙古史雜考》《滿清稗史》《中國之精華》《老上海三十年聞見録》《明清兩代佚聞大觀》《民國奇案大觀》《暗殺潮》《清代野史大觀》《滿清秘史》《甲子内亂始末紀實》《清代奇聞》《北京政變記》《洪憲慘史》《新華秘記》《八十三日皇帝之趣談》《復辟半月記》《袁世凱軼事》《直奉大秘密》《段祺瑞》《道藏》

共計本年度所購圖書四一四種,二五三三册。

寅、傳鈔。

本年度傳鈔書籍不多。

譚復堂佚文　李越縵致潘文勤手札 《岐陽王別傳》《秋夜草疏圖》題辭　錢衍石未刊詩稿

共五種,八册。

本年入藏總數二九八九種,一九五三一册、二四張;拓片四九種,五九張、十三册、八包。

歷年積存圖書總數二八三六四種,一六九三〇九册;圖及散頁二九一張;尺牘一四六函;畫一卷;石經一五包;景印卷三四卷;奏摺、信稿二宗;舊報七捆;拓片二八九七種,三七四一張、一〇二册、一五五包、一九軸、四七七張。

二、編纂

編印《陳陶遺墨迹》

編印《退庵藏書目》

編印《蔣氏藏書目》

編印《心太平室集》

校印《咫園叢書》

校印《炳燭齋雜著》本館叢書第二集第一種

過録嚴元照批校《自怡軒詞選》原本袁帥南君藏

三、人事

卅七年一月，延華敏初裝裱《汪穰卿師友手札》。

四、雜務

卅六年八月二十日，章元善君代請中國學生救濟會派工助生來助工作，整理雜志，至九月十五日止。

九月十二日，保幹事來稱，欲借本館為保長辦公處，婉却之。

十月十三日，工助生續來，整理雜志，至十一月十二日止。

十二月八日，為請免地稅，遵地政局通知，往迎該局職員顧學曾來館，查勘并丈量基地。先是十一月八日，接地政局通知，約十一日往迎該局派員勘量基地。屆時前往，無人接洽，再三詢問，乃有吳和霖者，似為科長，囑改至十七再去。至時往，則又改十九，再往，種種推諉，則又遷延，至是始竣。

十二月廿九日，呈地政部請永免地稅，請蔣慰堂先生代遞。

卅七年一月，新製書架四十四隻告成。遷移書箱，書籍歸架。

一月十四日，奉地政部京地價〇〇三五號批：呈悉。查該圖書館既經立案，其用地復不以營利為目的，自可依照《土地法》第一九二條，及《修正土地賦稅減免規程》第五條之規定，呈請免納地價稅。在免稅原因、事實未變更或消滅前，不事徵稅，無需逐年申請，惟仍應依照《修正土地賦稅減免規程》規定程序，呈轉核辦，仰即知照。此批。

同日，教育局黃心存來視察。

三月，協助教育部赴臺灣舉辦文物展覽會徵集出品。

六月三日，地政局派朱良銓來調查及丈量，據稱為徵收房捐之估計。

八日，新書架因木料乾縮，接笋鬆弛，竟爾倒塌一排，遂招原造人修復。

五、閱覽

王仲犖　周迪前　吳林伯　林志純　楊鐵樑　錢鵬倫　張熙咸　高錚　張處芳　張珍懷　趙雲浦　潘家華　葉華　周繼善　李聖悅　馮其庸　張仁迪　沈燮元　金兆蕃　陳志道　康泰洲　倪葆華　黃雲眉　彭蘭英　王務融　方詩銘　蔣大沂　金慕真　楊鑒　金葆華　關德棟　傅英劌　鄭明哲　徐志凌　徐高阮　王運熙　李佩秋　劉連生　Verner W.Clapp　Geoffrey Hedley　Pretick Fitzgerald　Evelina M.S.Coltham

六、參觀

張大來　應功九　張錫蕃　王範群　洪麟西　劉啓宇　屠用錫　王道復　馮翰飛　景韜伯　景季冶　朱一桂　楊廷福（原件；《顧廷龍日記》）

9月2日　張元濟有信致先生。

　　　昨金通尹世兄來，出示朱小汀丈七月廿五日收信，述及尊處購買硃卷事，曾晤範思（通尹云即北平興業銀行中人），云已接洽，迨向索前寄清目以憑點交，則無回音。并云續又發見數百册，擬俟第一批了結後再開單寄閱。通尹又言，近在平湖又得朱君信，言範思仍無復音，未知是否離平，抑別有事故，乞即轉告撰兄速即去信，并乞查明緣由，示復數行，以便轉達通尹爲幸（約兩三日即返平湖）。（《張元濟書札》，第176頁）

　　是月　胡適至上海，三次到館閱覽全祖望校本《水經注》，最終承認書中校改確係全祖望親筆。胡在上海時，由徐森玉陪同訪瞿氏鐵琴銅劍樓，觀明抄宋本《水經注》，後借到此書，并托徐森玉代校，徐屬先生爲之，先生又約胡文楷爲助。（《全集·文集卷·胡適之先生水經注論著附手札識語》，上册第77頁）

　　是月　寄《番禺葉氏遐庵藏書目録》給周一良。周題記云："三十七年九月起潛兄自滬見寄。一良識於清華園。"（《周一良讀書題記》，第36頁）

　　10月21日　胡適有信致徐森玉及先生，云："在上海時，承兩先生特別幫忙，十分感謝。約園鈔的王梓材原本，居然有很大用處，可以證實薛福成、董沛的刻本改動王梓材本是些什麽地方。"（《〈水經注〉校本研究·關於〈水經注〉版本的書札》，載《中華文史論叢》1979年第2輯）

　　10月24日　先生有信致胡適。

　　　日前從者來滬，暢聆教益爲幸。辱承賜書屏幅，許録鴻文，尤所銘感。

　　　全氏《水經注》重校本，兹以尊選一葉景印奉賞。沈文起《水經注疏證》一書稿本，原藏劉氏嘉業堂（文起《兩漢書補注》稿已歸敝館，多浙局所未刻。其《蘇詩補注》似未刻，亦在此），於卅一年鬻書時失之，龍曾多方探詢，卒無下落。惟聞傅沅老曾傳鈔壹部，不知尚在插架否？擬懇先生便中重托沅老公子覓之。如能借得，敝館頗欲傳鈔壹部，稍廣其傳。素仰先生發潛闡幽，不遺餘力，而與傅氏商借，非鼎力不克濟事。瑣屑奉瀆，無任主臣。

　　（《全集·書信卷·致胡適》，上册第82頁）

　　10月30日　胡適有信致先生，"感謝其幾天的厚待，種種的幫助，以及影印全謝山重校本《水經注》卷二首頁；并希望他爲自己的《跋楊惺吾兩札》一文加以删削修改"。（《胡適年譜》，第696頁）

　　10月31日　胡適又有信致先生，告知"今日開始寫合衆館三本（按，指《水經注》）跋"，請先生代爲復檢陳勘（詠橋）録本《水經注》的缺卷，并代鈔卷十一。（《胡適年譜》，第696頁）

　　是月　任上海中央博物院籌備處編纂委員。（履歷表）

　　11月2日　胡適有信致先生，請抄録全謝山《水經》重校本卷六"湛水"。（《〈水經注〉校本研究·關於〈水經注〉版本的書札》，載《中華文史論叢》1979年第2輯）

11 月 5 日　趙世暹有信致先生,告知彭谷聲處藏有“吳大澂手札許多,惟當時未及參觀。又松江刻本詩一册,載在關外之詩,不知見過否”。(原信)

是日　顧頡剛收到先生信,謂吳世昌自英國來函,“言及此次巴黎國際東方學者會議,渠曾出席,并宣讀論文,會議中于《古史辨》論文常爲引徵”。(《顧頡剛日記》卷六,第 369 頁)

11 月 14 日　胡適有信致先生,告知“殘宋本《水經注》又借來了,預備十二月十七日展覽”。(《〈水經注〉校本研究·關於〈水經注〉版本的書札》,載《中華文史論叢》1979 年第 2 輯)

11 月 21 日　下午三時,召開合衆圖書館董事會第八次常會。出席者李宣龔、陳叔通、葉景葵、徐鴻寶、張元濟。主席張元濟,書記顧廷龍。

甲、報告事項

一、傳閱上次會議紀録。

二、葉常務報告卅五年度下届及卅六年度上届財政情形及收支概况。

三、顧總幹事報告卅六年度工作概况。

四、葉常務報告近由陳氏捐贈陳仲勉先生遺産浙江興業銀行股票六十三股,以爲紀念。

乙、討論事項

一、葉常務提:幣制改革後,經常費改爲九月份金圓式百元,十月份式百五十元,十一月份金圓壹千元,請追認案。

決議:通過。(原件;《顧廷龍日記》)

11 月 24 日　張元濟有信致先生,附有《四庫珍本初集提要》紙型估價單,“不知蔣慰兄有意收購否? 乞轉詢示覆爲荷”。(《張元濟書札》,第 176 頁)

11 月 26 日　胡適有信致先生,告知《水經注疏證》稿本(或鈔本)在西北大學發現,已致信該校校長楊克强,請其將書寄來,作爲“北大五十周年紀念日‘《水經注》版本展覽’之一”,“如航寄上海更爲方便,則請他直寄合衆圖書館,由你收下,借鈔一本,然後寄還”。信末又有附箋,囑先生代爲“影鈔‘重校本’卷一的第二及三葉(?),須包括引‘《管子》曰:水者,地之血氣……’至‘又命曰川水也’一大段。又請你代鈔‘重校本’卷二(葉數當薛刻本三十七葉)”。(《〈水經注〉校本研究·關於〈水經注〉版本的書札》,載《中華文史論叢》1979 年第 2 輯)

是日　趙世暹有信致先生,“擬運兩書箱到滬寄存,不知尊處可放否? 當然不負任何責任,千祈勿客氣”。(原信)

11 月 28 日　胡適有信致先生:“我近年到處宣傳我正治《水經注》,其用意正欲使各地的《水經注》都出現耳。”“在天翻地覆中作此種故紙堆生活,可笑之至!”(《胡適全集》第 25 卷,第 389、394 頁)

11 月 29 日　胡適有信致先生:“我重讀昨天的長書,頗覺得黃友録本(《水

經注》）已可定案。但陳勘録本與‘重校本’似尚有一些小問題没有完全弄明白。”（《致顧起潛》，載《胡適手稿》第3集中册）

是月　爲《無錫國學專修學校畢業紀念刊》題詞。

> 具悠久之歷史，獨特之語言文字，自洪荒而進於文明，遞远所遺，典籍所載，前人以垂，後人以識，是曰國學，實爲邦本。域外人士，窺其奥藴，致標漢學之科，我值功利是重之時，誰復安習，遂坐視其衰微。禮失而求諸野，乃先聖傷感之言，不圖將見于兹世也。今惟國專諸君，勤學好問，樂此不倦，志卓行堅，鍥而不捨，各犖專題，各成鴻著，繼前輩之風流，揚令聞於四海。鷄鳴風雨，吾道不孤，走典圖書，願供驅策。（《全集·文集卷·無錫國學專修學校畢業紀念刊題詞》，下册第882頁）

是月　先生與胡文楷校畢《水經注》，適魏建功返北平，即托其代交胡適。（《全集·文集卷·胡適之先生水經注論著附手札識語》，上册第78頁）

12月1日　趙世暹有信致先生。

> 尊處既不方便，弟即不再將書箱運滬。原擬附箱中奉贈貴館之一批信札，略有可看之件，數量還不太少，可否請令友在京服務者派人携箱來取暫存，候便帶滬，弟不久或須離開，不易帶也。（原信）

12月5日　趙世暹有信致先生，爲其所藏名人手札、普通信札及水利書贈送合衆事。（原信）

12月9日　趙世暹有信致先生。

> 弟藏舊札量尚不少，質平平。又書少許，亦皆普通，其中《居濟一得》四册，尚未校完，俟將來時局安定，當爲校完也。又贈北平圖書館《河南通志·河渠》稿半部，未及裝箱入庫，附帶上海，以策安全，將來再取回送該館。（原信）

12月11日　顧頡剛來晤。（《顧頡剛日記》卷六，第388頁）

12月13日　胡適有信致先生。

> 謝謝你的三封信，謝謝你影鈔的諸葉及影印的全氏手稿一葉。
>
> 森玉先生、文楷先生和老兄合校的瞿氏藏明鈔宋本已由魏建功兄帶到，已交去參加十六、七、八三天的《水經注》版本展覽了。你們三位合作爲瞿氏此書留一副本，實甚重要。將來這部合校本，我一定要寫一篇跋。

關於沈文起《水經注疏證》，胡請先生查1936年上海雜志公司出版的《藝文雜志》第一卷第二、四期，“這雜志是夏劍丞先生主編的，請你向夏劍丞先生詢問，他們從何處得來此稿？先後共登出多少卷？其底本現在何處？撲公與劍公甚相熟，當不難一問此稿的究竟（此故事又可見宣傳之功）。尊寄全氏諸葉，特別有趣，可惜時局太壞，我太忙，尚未細考校。今寄贈一葉作紀念，乞兄留贈合衆，作爲‘重校本’的一篇小記”。（《〈水經注〉校本研究·關於〈水經注〉版本的書札》，載《中華文史論叢》1979年第2輯）

　　是日　北京大學五十周年紀念并舉辦"《水經注》版本展覽",先生與胡文楷校《水經注》也列爲展品。(《全集·文集卷·胡適之先生水經注論著附手札識語》,上册第 78 頁)

　　12 月 25 日　與聶崇岐同訪顧頡剛,"長談,留飯","二時許别去"。(《顧頡剛日記》卷六,第 393 頁)

　　12 月 29 日　胡適有信致先生。

　　　　此是北平寓中論學最後一信,次日已無飛機,故此信偶在行篋中,今日檢出奉上(今日由内人帶上海)。

　　　　…………

　　　　此書鈔費及郵費共一千四百廿一元五角,本是我電報擔負的,但我此時在客中,頗盼望貴館能將此費擔負下來,即將鈔本作爲貴館所有。……但如貴館有困難,千萬即乞示知,我當設法籌匯,千萬請勿客氣。(《〈水經注〉校本研究·關於〈水經注〉版本的書札》,載《中華文史論叢》1979 年第 2 輯)

　　12 月 31 日　先生復胡適信,同意由合衆圖書館承擔《水經注疏證》鈔費。[①](《〈水經注〉校本研究·關於〈水經注〉版本的書札》,載《中華文史論叢》1979 年第 2 輯)

　　是月　《燕京學報》第 35 期發表容媛撰《番禺葉氏遐庵藏書目録》書評。

　　是年　仍爲浙江省通志館特約編輯。(履歷表)

　　是年　參加中國語言學會,會長陳望道,介紹人郭紹虞。(先生小筆記本)

---

①先生復胡適同意承擔"鈔費"的信未見,此條依據爲 1949 年 1 月 3 日胡適致先生信中提到的"謝謝你除夜的信。沈文起《水經注疏證》鈔費承貴館擔負,十分感謝"。

1949 年　46 歲

1月3日　胡適有信致先生。

　　謝謝你除夜的信。沈文起《水經注疏證》鈔費承貴館擔負，十分感謝。下次我來上海，也許能寫一短跋。今日又得西安一信，與此本有關，我已復信道謝了。原信附呈，可歸檔匯存。(《〈水經注〉校本研究·關於〈水經注〉版本的書札》，載《中華文史論叢》1979 年第 2 輯)

1月8日　先生欲爲顧頡剛油印文稿，顧頡剛"擬將《西北考察日記》先交之"。"從叔起潛先生至予室，見積稿叢雜，勸其次第整理，先交合衆圖書館油印，以徐待時清。"(《顧頡剛日記》卷六，第 403 頁；《西北考察日記》序)

1月17日　顧頡剛來，與先生同到五鳳里修文堂，晤孫實君，選書。晚，葉景葵宴請，同席有胡適、鄭振鐸、徐森玉、錢鍾書、張芝聯、顧頡剛、先生及顧廷鳳。八時半，席散。(《顧頡剛日記》卷六，第 406 頁)

1月19日　晚，孫實君宴請，同席有鄭振鐸、徐森玉、蔣復璁、顧頡剛及先生。九時，席散。(《顧頡剛日記》卷六，第 407 頁)

1月20日　顧頡剛來，"看合衆圖書館半年來所購鈔本書"。中午，先生與徐森玉、顧頡剛宴請，同席有葉景葵、蔣復璁、姚從吾、鄭振鐸、賀昌群、孫實君、王天木。(《顧頡剛日記》卷六，第 407 頁)

1月26日　顧頡剛"整理抗戰後文言文，備送起潛叔處油印"。(《顧頡剛日記》卷六，第 410 頁)

1月28日　顧頡剛電話，"托玉舜送箱籠去"，因"日來和議難成，戰謠又作，虹口、閘北兩區軍隊日多，誠恐退出時被搶，故將箱籠九口寄存緯宇及起潛叔兩家，備萬一也"。(《顧頡剛日記》卷六，第 410 頁)

2月1日　顧頡剛來，先生夫婦留飯。(《顧頡剛日記》卷六，第 413 頁)

2月3日　顧頡剛來。(《顧頡剛日記》卷六，第 414 頁)

2月11日　金兆蕃有信致先生，云："昨借書六種十二本，又《庚子生春詩》一本，録訖奉繳，即乞察收。單內尚有十二種，請兄續借。"(原信)

2月12日　先生打電話給顧頡剛，"囑看福開森路一屋"。(《顧頡剛日記》卷六，第 419 頁)

2月14日　顧頡剛來，與先生夫婦談。後夫人張靜秋來，同飯。顧頡剛夫婦與先生同到福開森路袁帥南家看屋。"袁帥南君，前上海道袁樹勛之孫，操律師業，住福開森路(今名武康路)二八〇弄九號，洋房一棟，前有草地，今以將去臺灣，恐爲兵占，擬借與人住，起潛叔聞之，因介紹予，得其同意。"(《顧頡剛日

記》卷六,第 420 頁）

2 月 15 日　《合衆圖書館董事會財産一覽》編竣。（原件;《顧廷龍日記》）

2 月 22 日　顧頡剛來,談福開森路屋事。（《顧頡剛日記》卷六,第 423 頁）

2 月 26 日　晨,先生電話顧頡剛,"謂臺灣清查户口,飛機、輪船暫不入港,囑於 3 月 1 日遷往"。蓋顧頡剛本欲今日搬遷至袁宅。（《顧頡剛日記》卷六,第 425 頁）

是日　鄭振鐸有信致先生。

歸行匆匆,未及造府告别,歉甚歉甚! 香港生活甚高,而秩序安定,精神上也甚覺輕鬆,不似上海之忙亂也。玄覽堂三集事盼兄鼎力主持,如不能續印下去,則僅此四十册亦可成書,乞商之慰堂兄爲荷。近來有見到好書否? 此間文化程度甚低,除新書外,古書差不多看不到一本。連日喝酒不少,惟喝的都是洋酒,不如黄酒之足以怡情也。葵老和頡剛兄處,均乞代爲道候。（原信;《鄭振鐸年譜》,下册第 677 頁）

是月　爲卞孝萱母苦節賦詩二首。

潔比冰霜矢柏舟,含辛茹苦幾春秋。堅貞不轉心如石,懿範應教萬古留。

畫荻丸熊心未灰,佇看令子展鴻才。漸然頭角崢嶸露,經濟專長世共推。孝萱先生于役鷺江,不克板輿之迎,思親倍切,率書小章,聊慰孺慕。己丑正月,顧廷龍。（原件;《冬青書屋藏名人書畫選》,第 274 頁）

是月　《合衆圖書館董事會收支報告》（1948 年 8 月 16 日至 1949 年 2 月 15 日）編竣。（原件;《顧廷龍日記》）

3 月 2 日　顧頡剛携顧潮來,晤先生、葉景葵、章仲和。（《顧頡剛日記》卷六,第 426 頁）

3 月 3 日　訪顧頡剛,又同訪李拔可,未遇。（《顧頡剛日記》卷六,第 427 頁）

3 月 14 日　跋《吹齬録》。

卅一年,徐森玉先生爲葉揆初先生言及,鄭振鐸先生爲中央圖書館購得《吹齬録》鈔本一部,揆老求此已久,因乞借鈔,閲時隨正其訛于眉。後聞李玄伯先生藏有朱文藻手校本,配程瑶田修改兩本卷廿三至三十三,商假校過。龍校無多,即倩胡文楷先生代庖。末册卷四十五至五十玄翁適平、滬往來并即赴臺任教,匆匆未及檢出,遂未卒業。首附朱文藻兩跋,係從南京國學圖書館藏本中鈔來,以資參考。揆老曾爲玄翁本撰跋,忘未録副,俟他日補爲之。卅八年三月十四日檢理及此,率記數語,以稔後來。（《全集·文集卷·吹齬録跋》,上册第 25 頁）

3 月 15 日　顧頡剛來,修改《尾生》文。"尾生故事,在北平時即擬撰文,二十年來迄未成。近以胡道静君索稿,起潛叔爲催數次,十餘日中搜集材料,今日一氣貫注寫下。"（《顧頡剛日記》卷六,第 431 頁）

3月16日 跋《吟窗雜錄》，此書題明陳應行編，明嘉靖二十七年（1548）崇文書堂據家藏宋本重刻。（《全集·文集卷·吟窗雜錄跋》，下冊第907頁）

3月17日 中午，顧頡剛夫婦宴客，同席有辛樹幟、劉宗鶴、蘇雪林、伍叔儻、陳濟川及先生。（《顧頡剛日記》卷六，第432頁）

是日 撰《楊惺吾致梁節庵論水經注手札跋》。（《全集·文集卷·楊惺吾致梁節庵論水經注手札跋》，上冊第74頁）

3月23日 顧頡剛來。（《顧頡剛日記》卷六，第434頁）

3月31日 先生有信致李小緣。

久疏箋候，馳念良殷。敬維撰著吉羊爲頌。茲者，敝館近以謄寫版印行頡剛所撰《西北考察日記》一種，敬奉一帙，當祈存爲荷。比閱貴所新出書多種，尚祈《英雄譜》等慨予惠贈，曷勝感幸。再敝藏《金陵學報》僅止十卷二期，以後所出若干，擬照該法賜補，俾成全璧。不情之請，伏乞鑒宥。（《全集·書信卷·致李小緣》，上冊第222頁）

是月 胡適來滬，至合眾圖書館閱書，并以修改之《水經注》文章及諸跋見示，先生即請杜幹卿錄副，每抄就一篇，先生即校讀一過，儲之篋衍。（《全集·文集卷·胡適之先生水經注論著附手札識語》，上冊第77頁）

是月 胡適在合眾圖書館閱書時，適張元濟、葉景葵兩先生皆在，"力勸兩先生撰著年譜，兩先生皆含胡應之"，先生"自告奮勇，謂胡先生曰'我能成之'"。（《張元濟年譜》顧序）

先生欲爲張元濟、葉景葵編撰年譜，"因與揆老朝夕相見，請益甚便，而菊老很多資料已移送館中，所以編寫二老年譜，我是有較好條件的，無奈因循坐誤，至今引爲憾事"。（《全集·文集卷·我與商務印書館》，上冊第485頁）

是月 葉恭綽撰《書遐庵藏書目錄後》。

余於一九四三年（民國三十二年）以所藏關於地理類圖籍捐贈上海合眾圖書館，凡九百六種，二千二百四十五冊。蓋其時余方爲日寇俘囚，余誓不爲之屈，設一旦被害，則所藏更不可問。因以金石古器物及書畫暨薄産概分與家屬，以圖錄及拓片存於洞庭西山禪院，其關於佛教之文物，則捐之上海法寶館。因編選清詞，所收清人詞凡三千餘種，則贈與陸君微昭，繼續其役。自餘普通文物圖籍，可散者則悉散之，而屢年所搜集之方志、山志、書院志、寺觀志、古迹志及關於文獻考古諸函札圖片，則悉以贈合眾圖書館而企其代編一目。該館因先編行關於地理一類，其中復析爲二十九目，即此是也。

余維余之搜集一切，本非如往昔藏家徒矜博雅供玩賞，蓋自少頗有志於史學及文藝，感二者自昔徑域之未閎深，研究之缺統系，考訂之多疏舛，兼以時代不同，見地復異，故恒有從事述作之意，而先以搜羅資料及實物爲準備。值時局屢變，所業不專，忽忽數十年，學既無成，宦徒抱拙，復懍於世故，牽於奔走，阻於世難。今行將就木，百無所冀，祇幸所藏之已散而未毀滅者，猶存於天壤而已。

自昔製作及收藏文物者，恒鏤刻爲志，曰"子孫永寶用"，曰"某氏世守"，其辭殷切而鄭重，但能傳至三四代者卒鮮。余既以爲愚，且志本不同，但主存其藏目，以資大衆考索，此目之編行，固欣符余願也。張菊老之推許，非所敢當，顧、潘二君之勞，則深所紉謝，故特述之於此。（《矩園餘墨》第 1 輯，第 72 頁）

是月　顧頡剛將所搜集的近代史料及其他書籍、拓片等捐贈給合衆圖書館。"我從有知識起，處於一切劇變之中，就想搜集資料，保存這一個偉大時代的史實。當清朝末年，我在中學讀書;民國初年，我在大學讀書。每天散課後，走上街頭，總愛在地攤上尋尋覓覓，得到些各地方、各政權、各黨派、各事件的文件和書刊。北京是全國政治的中心，地攤上這類東西特別多，爲了顧問的人稀少，價格便宜，往往十幾枚銅元就可以買來一捆。在這裏，可以看到維新運動、民教相仇、辛亥革命、洪憲帝制、張勛復辟、軍閥混戰、官吏橫暴、政黨鬥爭、反動會道門欺騙活動等史實。這些資料，經不起天天搜集，到我四十多歲時已占滿了三間屋子。……（抗戰）後東歸，收拾殘剩，這類近代史料還有兩萬多冊。那時爲了我住在上海，房屋容不下，又自想年近六十，學術工作的戰綫應當縮短，所以就全部捐與合衆圖書館。""皆彼館所未備，喜得其所"，其中確有許多孤本。（《顧頡剛年譜》，第 336 頁）

4 月 5 日　先生至顧頡剛處，"將打包書送合衆圖書館"。（《顧頡剛日記》卷六，第 439 頁）

4 月 6 日　胡適"坐威爾遜總統輪船到美國去"。離滬前，至合衆圖書館道別，并寫字數幅，又爲先生父親遺墨題記，云："程明道作字時，甚敬。他說：'非欲字好，即此是學。'我在兒童時，讀朱子《小學》，記得此語，終身頗受其影響。今見竹庵先生病中遺墨，一筆不懈不苟，即是敬的精神。"（《全集·文集卷·胡適之先生水經注論著附手札識語》，上册第 79 頁）

4 月 14 日　葉景葵赴浙江興業銀行視事，歸後致先生短箋，云："立法院書局信云，已徑送來。又爲尊處定米二石，送到收入。明日同濟之約祇得謝絶。"先生末附小注云："此揆丈四月十四日自總行歸所與之札，亦與龍書之末一通也。丈歿二日檢記，不覺泫然。"（《葉景葵年譜長編》，下册第 1185 頁）

4 月 26 日　訪顧頡剛。（《顧頡剛日記》卷六，第 448 頁）

4 月 27 日　葉景葵爲合衆圖書館經費事與先生商談。葉說："所存無多，祇有用完再說。"（《全集·文集卷·張元濟與合衆圖書館》，上册第 336 頁）

4 月 28 日　葉景葵因心臟病突發在上海去世，享年 76 歲。午後，張元濟、李宣龔至合衆圖書館，對先生說："一切事情由我們負責。請放心。"

葉景葵病逝後，由於張元濟、李宣龔二先生勇於承擔，圖書館方得維持。但由於經費日益支絀,不得不向有關方面作將伯之呼,而求援之書,皆爲張先生親筆所寫寄。(《全集·文集卷·張元濟與合衆圖書館》,上册第336頁)

先生晚年曾回憶葉景葵逝世後的一些情況,云:

合衆圖書館的創始人是葉先生,他可説是主要人物了。他與張菊老,若論親戚關係,張要比葉長一輩,而且張菊老又有豐富的經驗,所以葉先生請張菊老來做圖書館的董事。

不久,葉先生因病遽然去世,張菊老與李拔可先生二人來到圖書館,説:"起潛,你放心,有我們在,圖書館不會有問題。"我聽了十分感動。當時葉先生剛剛去世,喪事還未辦完。葉先生逝世之後,圖書館經費拮据,情況窘迫,其實這一情況,在抗戰勝利不久即已出現。當時葉先生也打算向朋友募捐,但勝利後,政府發行建設公債,而葉先生認識的那些朋友,都是建設公債的主要認購者,在這種情況下,葉先生當然不好意思再向朋友開口。也有些人,你向他募捐,過不多久,他也會弄個名目來要你募捐。因此,這種人也不是很可信賴的。所以,抗戰勝利後,合衆圖書館的經費一直由葉先生自己設法,没有向社會上要過什麽錢,雖然館中費用支絀,總算還能勉強維持。但葉先生的突然去世,却是對圖書館的一個不小的打擊。爲了維持館務,張菊老與陳叔通先生出面,給葉先生的一些老朋友寫信,請他們幫助。結果,有人捐了一些,儘管不多,還算能應付,就這樣一直挨到解放。(先生的回憶)

4月29日　顧頡剛來,"與嬸母談"。(《顧頡剛日記》卷六,第449頁)

是日　《申報》刊登《葉宅報喪》啓事:"葉揆初老先生痛於四月廿八日上午壽終滬寓正寢。兹擇於廿九日下午四時在康定路(即康腦脱路)世界殯儀館大殮。謹此報聞。葉敦怡堂謹啓。"(《葉景葵年譜長編》,下册第1186頁)

是日　浙江興業銀行總行設置靈堂,隆重吊唁葉先生不幸逝世。至葉先生大殮,親友等陸續送到祭文、挽聯、挽詩無數。合衆圖書館同人挽辭云:"藏室書倉遺規期勿失,泰山梁木後學更何承。"先生挽辭云:"晚歲創書藏,經之營之,嘉惠士林功不朽;平生感知己,獎我掖我,緬懷風誼報無從。"(《興業郵乘》第172號)

5月2日　顧頡剛來圖書館,晤先生夫婦,"爲草覆袁帥南信"。(《顧頡剛日記》卷六,第451頁)

5月5日　顧頡剛夫婦與顧潮來合衆圖書館,與先生夫婦談。(《顧頡剛日記》卷六,第453頁)

5月6日　晨,先生有信致葉恭綽。

前以收到范老交來銀幣四元奉復一緘,想已達覽。

葉揆初丈不幸因心臟擴大不治,遽於四月廿七日作古,[1]殊覺悲悼。先

---

[1]葉景葵去世日期爲二十八日,此處疑筆誤。

是陳伏廬先生於三月十六日去世，頗形傷感，十八日大斂，由揆丈題主，天陰有風，因之感冒，迫診治後，始知肺部、腰子均有發炎。而心臟擴大針療後，似頗有效，不意廿七日上午十時二十五分，竟以大便虛脫。龍相依十年，不啻家人父子，尤爲傷感！

二月中，先生來函嘗言，本館應顧及持久之策，諒揆翁早有成竹。龍曾以此函呈揆丈閱過，當謂“吾雖不胸有成竹，但日在籌劃之中，請函慰遐老”，而今已矣。

先生遠居香港，不獲時就請益，尤爲悵惘。茲由菊生、拔可、森玉諸老負責，維持現狀，俟局勢略定，再籌長策。

風雲變幻莫測，草草布聞，便中仍希時賜教言爲幸。（《全集·書信卷·致葉恭綽》，上册第60頁）

是日　下午，顧頡剛將十四箱書運到合衆圖書館。（《顧頡剛日記》卷六，第453頁）

5月8日　下午二時，召開合衆圖書館董事會第七次臨時會議。出席者張元濟、李宣龔、徐鴻寶。列席葉景荀。主席張元濟，書記顧廷龍。

甲、報告事項

一、傳閱上次會議紀錄。

二、張董事長報告常務董事葉揆初先生不幸於四月廿八日十時三十分因心臟擴大逝世，同深哀悼。

三、顧總幹事報告葉揆初先生創辦本館經過，及財政收支詳情。

四、顧總幹事報告瞿兌之先生捐贈先世手稿函札書畫遺物、個人著述稿件，以及各種紀念品，統稱爲“長沙瞿氏文獻”，現在陸續點收中。

乙、討論事項

張董事長提：葉常務董事出缺，因陳董事未能出席，擬先維持現狀，暫緩選補案。

決議：通過。（原件；《顧廷龍日記》）

是日　顧頡剛“遣玉舜送書至合衆，寫起潛叔信”。（《顧頡剛日記》卷六，第454頁）

約上中旬　先生有信致葉恭綽。

六日晨甫上一緘，告揆丈之耗，旋奉手書，即以此相詢。龍自揆丈故後，心緒惡劣，加以雜務（軍隊相屋，派夫服役，友朋捐書）冗沓，以致遲遲，歉甚歉甚。揆丈之逝，出於突變，并無遺言。有嗣子二人，長維，寓平，前在東北大學執教，爲胞弟叔衡先生長子，去年成婚。次綑，聖約翰畢業，習銀行，現在美深造，爲從弟幼達先生次子。現在家中惟如夫人及弟婦仲裕夫人，堂侄純，浩吾先生孫，服務浙江興業銀行。諸子現由幼達先生爲之主持，揆丈六十五以後即將所辦之事陸續了理，自謂辦理移交，創設圖書館亦此意焉。館中經費雖甚困難,因開支尚省,勉可維持,俟大局安定,再籌長策。頃又奉大函,知六日一緘,尚未遞達,蓋平信稽延甚久也。挽聯已寫送葉宅,於揆丈生平均能表出。龍頗欲以揆丈行誼編一詳細之記錄,苦無材料,當年爲述甚多,惜未筆錄,長者與揆丈交久,如有所憶,乞隨時寫示爲叩。

　　《清學者象傳》二集,龍曾就已畫成者計之,共二百十八幅(其中卒於民國者卅二人,鄙意最好不必采攄及之)。現在印工每頁一分半銀元計,照相每張二角,五尺宣紙七十三刀六開,每刀一元五角,以此約略估計,總需銀幣八九百元,爲數相當大,恐難籌措。目前印刷所、宣紙商生意均不佳,雖未必能讓價,一時亦不致加價,如能就籌得款項支配工料,分期進行,或稍簡易,當希裁酌。將來印時,應否在版心旁各注學者之名,以便檢閱,此種手續,俟大體定後易於爲也。河清難俟,做得一分是一分,時會如斯,草率亦應原諒,公以爲何如? [1](《全集·書信卷·致葉恭綽》,上册第 61 頁)

5 月 12 日　　先生介紹顧頡剛至誠明文學院,代王乘六授"目錄學""春秋左傳"兩課。(《顧頡剛日記》卷六,第 456 頁)

5 月 16 日　　□□□[2]有信致先生,云:"弟由閩抱病回滬,至今醫治未愈,是以不克趨前。茲因所編《詞綜》續篇尚有訛字須校,擬借前捐送貴館原稿一校,特遣小兒志琦趨謁,乞將四函統行檢付,俟校訖再當送還不誤。"(原信)

5 月 17 日　　上海解放前夕,國民黨軍隊騷擾地方,屢屢强占民居。是日,某部也竄至合衆圖書館,强令將樓頂騰空。"徐寄廎、徐森玉先生托人與軍事首腦商請勿用文化機關,但無效。晚八時,開來一分隊,將大門打開,我們祇有通宵守護"。張元濟惦念館中安全,下午致信先生,詢"今日午前電示之事,有無挽救方法? 揆兄寓如何? 均甚懸念,乞示一二"。(《全集·文集卷·張元濟與合衆圖書館》,上册第 337 頁;《張元濟書札》,第 176 頁)

　　是日　　顧頡剛"到建猷處,爲合衆圖書館事,寫黃樹滋信"。"合衆圖書館居五路之口,且高四層,適于瞭望,軍人欲占者數矣。今日一軍官去,必欲占。起潛叔打電話,囑設法。因至建猷處,請黃校長轉達湯恩伯。然此等事湯亦管不了,好在上海能守幾天實不可知,或今日遷來明日即遁走也。"(《顧頡剛日記》卷六,第 458 頁)

5 月 18 日　　張元濟來館坐鎮,并與國民黨部隊分隊長談話,囑其妥慎照料。談話後,張元濟對先生説:"分隊長神色倉皇,語無倫次,可能即去。"夜十一時,果然開拔而去。(《全集·文集卷·張元濟與合衆圖書館》,上册第 337 頁)

　　是日　　跋《松圓浪淘集耦耕堂存稿》。"此書自文海書店購得,割裂塗乙甚多,而又凌亂無序",原藏劉氏嘉業堂,先生據《風雨樓叢書》本校理,遂得其頭

---

①此信末署"卅八、五、六",但與信中兩次提及的"六日"一緘似有矛盾,疑似信署日期有筆誤,姑以"約上中旬"暫置於此,待考。

②據信内容,寫信人可能是林葆恒(子有)。

緒,重加編次。(《全集·文集卷·松圓浪淘集耦耕堂存稿跋》,下册第 803 頁)

5 月 19 日　浙江興業銀行致送金圓券五億元與合衆圖書館,作爲葉景葵先生紀念金。(6 月 9 日合衆圖書館董事會第八次臨時會議記録原件;《顧廷龍日記》)

5 月 20 日　訪張元濟,未值,留示復浙江興業銀行信稿。(《張元濟書札》,第 176 頁)

5 月 21 日　張元濟有信致先生,告知已將復浙江興業銀行信稿"僭易數字繳上,仍呈核定繕成,即乞代鈐賤章徑送。昨日金圓大跌,五億未知共易得多少"。(《張元濟書札》,第 176 頁)

5 月 23 日　張元濟有信致先生:"幼達兄屬書揆翁墓碑,今寫就送去。左邊二行似太蹙,應放寬,并乞交去時轉告爲幸。"(《張元濟書札》,第 177 頁)

5 月 27 日　上海解放。上海市軍事管制委員會成立,陳毅任主任,粟裕任副主任。在解放軍進入上海途中,第三野戰軍司令員陳毅指出,"上海是人民的上海,人民的上海要完整保全好";"我們還要組織力量加强對文物、圖書的保護,因爲上海也是書海"。中共上海地下組織根據陳毅指示,采取相應措施,加强了對文物圖書的保護。(《上海一百年》,第 299 頁;《上海圖書館事業志》,第 24 頁)

5 月 28 日　第一届上海市人民政府成立,陳毅任市長,曾山、潘漢年、韋慤任副市長。(《上海一百年》,第 299 頁)

是月　撰《杭州葉公揆初行狀》,有云:"客有勸公自撰年譜者,謂數十年之經歷,從憂患中得來,堪以昭示後生。公笑曰:事過境遷,已成陳迹。"(《興業郵乘》第 172 號)

是月　仍任上海中央博物院籌備處編纂委員,上海中央圖書館辦事處編纂。(履歷表)

6 月 1 日　至顧頡剛處。(《顧頡剛日記》卷六,第 467 頁)

6 月 9 日　下午三時,召開合衆圖書館董事會第八次臨時會議。出席者張元濟、徐鴻寶、李宣龔、陳叔通。主席張元濟,書記顧廷龍。

甲、報告事項

一、傳閱上次紀録。

二、顧總幹事報告五、六兩月收支狀况。

三、顧總幹事報告浙江興業銀行於五月十九日致送金圓券五億圓,作爲葉揆初先生紀念金。

乙、討論事項

陳董事提:董事名額擬加擴充,以利進行案。

決議:通過。

丙、選舉事項

一、選舉任滿董事一人,徐鴻寶當選連任。

二、互選董事長,張元濟當選連任。常務董事,徐鴻寶當選。

三、補選董事一人,陳選珍當選。(原件;《顧廷龍日記》)

6月28日　顧頡剛來,"送稿送書"。(《顧頡剛日記》卷六,第477頁)

6月29日　至顧頡剛處。(《顧頡剛日記》卷六,第478頁)

6月30日　顧頡剛爲先生修改《葉揆初先生行狀》。(《顧頡剛日記》卷六,第478頁)

是月　撰《玄覽堂叢書》初集、續集、三集提要,末有題記云:

當倭寇時,東南淪陷,舊家圖書散亡無所。國立中央圖書館遂請鄭振鐸先生在滬搜采之,并選元明以來著述傳本罕見者,輯爲《玄覽堂叢書》,以廣流傳。初集爲民國二十九年影印,一百二十册。既風行於海內外,勝利後,遂爲續集,時卅六年,亦百二十册。去年又印三集,成三之一,財絀,尚未裝治成册。兹撰提要一卷,以便覽觀。

初集提要目爲:

《紀古滇説原集》一卷,元張道宗撰,明嘉靖二十八年雲南總兵沐朝弼刊本。

《朝鮮雜志》一卷,明董越撰,明鈔本。

《北狄順義王俺答謝表》不分卷,明北狄順義王俺答撰,明隆慶五年刊本。

《裔乘》八卷,明楊一葵撰,明萬曆四十三年刊本。

《交黎剿平事略》四卷,明方民悦撰,明嘉靖三十年刊本。

《安南來威圖册》三卷《輯略》三卷,明梁天錫編,明隆慶五年刊本。

《九邊圖説》不分卷,明兵部編,明隆慶三年刊本。

《宣大山西三鎮圖説》三卷,明楊時寧撰,明萬曆三十一年刊本。

《開原圖説》二卷,明馮瑗撰,明萬曆間刊本。

《皇輿考》十二卷,明張天復撰,明萬曆十六年姑蘇張象賢重刊本。

《通惠河志》二卷,明吳仲撰,明隆慶五年刊本。

《海運新考》三卷,明梁夢龍撰,明萬曆七年刊本。

《諸司職掌》十卷,明太祖敕撰,明刊本。

《漕船志》八卷,明席書編,朱家相增修,明嘉靖二十三年刊本。

《福建運司志》六卷,明江大鯤等修,明萬曆四十一年刊本。

《舊京詞林志》六卷,明周應賓撰,明萬曆二十五年刊本。

《皇朝馬政記》十二卷,明楊時喬撰,明萬曆二十四年刊本。

《昭代王章》五卷首一卷《名例》一卷,明熊鳴岐輯,明閩建書林蕭世熙師儉堂刊本。

《兵部問寧夏案》一卷,明缺名輯,明鈔本。

《刑部問寧王案》一卷,明缺名輯,明鈔本。

《神器譜》一卷,明趙士楨撰,明萬曆二十六年刊本。

《神器譜或問》一卷,明趙士楨撰,鈔本。

《明朝小史》十八卷,明呂毖輯,清初刊本。

《皇明帝后紀略》一卷,明鄭汝璧撰,明萬曆七年漳州府知府曹銑刊本。

《高科考》一卷,明缺名輯,鈔本。

《東夷考略》三卷,明茅瑞徵撰,明天啓元年浣花居刊本。

《都督劉將軍傳》一卷,明王在晋撰,明萬曆間太倉王衡刊本。

《九十九籌》十卷,明顏季亨撰,明天啓三年刊本。

《遼籌》二卷附《遼夷略》一卷《陳謠雜咏》一卷,明張鼐撰,明天啓間刊本,《遼夷略》鈔本。

《東事書》一卷,明郭湹撰,明天啓元年刊本。

《甲申紀事》十三卷附録一卷,明馮夢龍輯,明弘光刊本。

《戱闈小史》六卷,葫蘆道人撰,鈔本。

續集提要目爲:

《皇明本紀》不分卷,明缺名撰,明藍格鈔本。

《洞庭集》四卷,明孫宜撰,明鈔本。

《廬江郡何氏家記》不分卷,明何崇撰,舊鈔本。

《懷陵流寇始終録》十八卷《甲申剩事》一卷《將亡妖孽》一卷,清戴笠輯,吳殳編,述古堂鈔本。

《邊事小紀》四卷,明周文郁撰,明崇禎三年刊本。

《倭志》不分卷,缺名輯,清初藍格鈔本。

《虔臺倭纂》二卷,明謝杰撰,明萬曆二十三年刊本。

《倭奴遺事》一卷,明鍾薇輯,明萬曆間刊本。

《總督四鎮奏議》十卷,明王一鶚撰,明萬曆十六年刊本。

《大元大一統志》殘存三十五卷,元孛蘭肹等撰,清袁氏貞節堂鈔本。

《寰宇通志》一百一十九卷,明陳循等撰,明景泰七年刊本。

《炎儌〈徼〉瑣言》二卷,明郭棐撰,明萬曆二十一年刊本。

《粵劍編》四卷,明王臨亨撰,明萬曆三十年刊本。

《荒徼通考》不分卷,明缺名輯,明萬曆間紅格鈔本。

《四夷廣記》不分卷,明慎懋賞輯,舊鈔本。

《國朝當機録》三卷,明黃正賓撰,明天啓元年刊本。

《嘉隆新例》附萬曆三卷,明缺名輯,明萬曆間刊本。

《工部廠庫須知》十二卷,明何士晋纂輯,明萬曆四十三年刊本。

《龍江船廠志》八卷,明李昭祥撰,明嘉靖三十二年刊本。

《延平二王遺集》一卷,明鄭成功、清鄭經撰,舊鈔本。

《黃石齋未刻稿》一卷附《蔡夫人未刻稿》一卷,明黃道周、清蔡潤石撰,舊鈔本。

三集提要目爲:

《今史》九卷,明缺名輯,明崇禎間藍格鈔本。

《平粵録》一卷,明談愷撰,明嘉靖三十六年刊本。

《皇明職方地圖表》二卷,明陳祖綬撰,明崇禎九年刊本。

《雪竇寺志略》一卷附圖,明釋履平撰,明弘光元年刊本。

《四譯館增定館則》二十卷《新增館則》一卷,明吕維祺增編,明章光岳、解學龍訂,清曹溶新增,錢綖續,清康熙十四年刊本。

《大明律附例》三十卷附録一卷,明洪武三十年敕編,明舒化、楊巍等纂例,明萬曆十三年刊本。

《嘉靖新例》一卷,明蕭世延、楊本仁、范欽編,明嘉靖三十六年梧州府知府翁世經刊本。

《算法全能集》二卷,明賈亨編,明初刊本。

《蹴踘譜》一卷,明缺名撰,鈔本。

《百寶總珍集》十卷,宋缺名撰,舊鈔本。

《寓圃雜記》十卷,明王錡撰,舊鈔本。

《舊編南九宮譜》十卷《十三調南曲音節譜》一卷,明蔣孝撰,明嘉靖二十八年刊本。(《全集·文集卷·玄覽堂叢書提要》,上册第 229 頁)

7月1日 顧頡剛有信致先生。(《顧頡剛日記》卷六,第 480 頁)

7月9日 顧頡剛爲先生修改《葉揆初先生行狀》。(《顧頡剛日記》卷六,第 483 頁)

7月10日 至顧頡剛處,修改《葉揆初先生行狀》。(《顧頡剛日記》卷六,第 484 頁)

7月11日 至顧頡剛處,再修改《葉揆初先生行狀》。(《顧頡剛日記》卷六,第 484)

7月22日 陳選珍有信致陳叔通,爲任合衆圖書館董事事。

叠聆教言,深資啓迪。頃奉手示,擬以合衆圖書館董事中揆公遺缺,令珍承乏,敬悉。珍未嘗學問,自審不堪此選,惟出於吾丈暨張菊生先生諄命,謹當遵從。(原件;《顧廷龍日記》)

7月30日 《興業郵乘》第 172 號"葉景葵先生紀念特輯"出版,首頁刊登葉先生遺像。目録爲:

《杭州葉公揆初行狀》(顧廷龍)

《揆公與本行關係始末紀略》(李子競)

《哭揆公》(朱益能)

《憶揆公》(史惠康)

《敬悼揆公》(薛佩蒼)

《追念葉公揆初》（王叔畬）

《浙江興業銀行祭文》

《挽辭》三十首

《揆公遺墨》十一則　（原刊）

先生撰《杭州葉公揆初行狀》云：

己卯倭寇肆虐，公感於江浙文物摧毀之烈，謀有以保存之。約張元濟、陳陶遺創設私立圖書館，首出所藏爲倡，名曰合衆。或勸以葉氏爲名者，公謂圖書館當公諸社會，將賴衆力以垂久遠，不宜視爲一家之物，不許。籌備二年，乃建新館。旁有隙地，公與館立約，租賃期二十五年，卜築一椽，通以一門，昕夕往來，指示規劃，不辭煩瑣，朋輩響應，捐書日衆。公嘗曰："昔日我爲主而書爲客，今書爲館所有，地亦館所有，我租館地而閲館書，書爲主而我爲客，無異寄生于書。"遂自號"書寄生"。公舊所藏書，多屬常本。當丁戌間，吳昌綬斥明刊舊鈔四十種爲嫁女之資，公實受之，是爲搜羅善本之始。嗣後年有所置，尤篤好稿本、校本，以先賢精神所寄，不忍視其流散也。鑒別前人墨迹最精審，每見異本，手自校勘，工飭不苟，展覽所及，輒加題識，或提擷英華，或評議體例，或考訂版本，或叙述往事，皆足以津逮後學。

公素好鍛煉之術，故氣體轉強，人皆以爲大耋可期。今年三月中旬，偶患感冒，寢至肺炎、腎炎及心臟擴大，竟不起，時一九四九年四月二十八日，即陰曆己丑四月初一日，距生於清同治十三年甲戌七月十八日，享年七十有六。配夏循巽，繼朱昶，繼徐聯璧。嗣子二：長維，景莘出，兼祧景萊後；次綱，從弟景苟出。葬上海虹橋萬國公墓。所著詩文、題識、札記等，將編爲《卷盦書跋》及《剩稿》。

公器識閎偉，學用并茂，身受維新運動之熏陶，痛憤内憂外患之沓至。一佐遼幕，未展驥才，退而從事商業，圖障利權于外溢。晚值倭寇，息影滬濱，網羅文獻。平生眷懷國事，渴待清明之治。何意天不假年，曾無匝月，竟不及目睹解放，哀哉！廷龍追隨左右者十年，朝夕相親，沃聞緒論，用述大概，以告來者。[1]（《全集·文集卷·葉公揆初行狀》，下册第 964 頁）

是月　任上海光華大學中文系教授。（履歷表）

8 月 3 日　顧頡剛來談事。（《顧頡剛日記》卷六，第 497 頁）

8 月 5 日　顧頡剛有信致先生，"贈史料"。（《顧頡剛日記》卷六，第 499 頁）

8 月 6 日　顧頡剛來"送書，并取回衣箱"。（《顧頡剛日記》卷六，第 499 頁）

是日　下午二時，召開合衆圖書館董事會第九次臨時會議。出席者張元濟、徐鴻寶、李宣龔、陳朵如。主席張元濟，書記顧廷龍。

---

①《全集》中此篇末署時間"一九四九年七月"，與發表在《興業郵乘》第 172 號上的《杭州葉公揆初行狀》（末署時間"三十八年五月"）略有不同，是又經過顧頡剛與先生的多次修改。

甲、報告事項

一、傳閲上次紀録。

二、顧總幹事報告七月份收支情形。

乙、討論事項

一、顧總幹事擬呈修改閲覽規則：

甲　原文“上海市私立合衆圖書館暫訂閲覽規則”，擬改“上海市私立合衆圖書館閲覽規則”。

乙　原文“一、本館所藏圖書整理尚未竣事，籌備亦未就緒，欲來閲覽者須經本館董事之介紹”，擬改“一、本館所藏圖書業經整理竣事者，先供閲覽，編有目録備查”。

請審議案。

決議：通過。（原件；《顧廷龍日記》）

8月8日　跋《李太僕恬致堂集》。

本館所藏張氏涉園贈書中有《恬致堂集》殘本，久欲配補而未獲。後聞倪壽川先生文濤得一帙，亟乞借鈔，旋以滬上戰雲彌漫不果。日前枉教，重申前請，乃承慷慨捐贈。館中所缺甚多，鈔補維艱，此闕卷卅五至四十，爲館本所有者，適足璧合，欣幸奚似。壽川高誼，不可忘也。（《全集·文集卷·跋李太僕恬致堂集》，下册第802頁）

8月12日　撰《王從舅母楊夫人家傳》。“舅母姓楊氏，諱榮粹，字勵純，一字無我，江蘇吳縣人。……生而慧敏，秉性温淑，幼承庭訓，四德咸備。年二十一，歸吾從舅王蕭亮先生懷瑽，外叔祖栩緣公諱同愈仲子也。……憶昔龍負笈於滬，假館於翔，夫人皆照拂有加，衣裳綻裂，手爲補綴，不稍鄙第，至今感懷。”舅母於1944年8月14日溘然長逝，“春秋五十有六”。（《全集·文集卷·王從舅母楊夫人家傳》，下册第977頁）

8月13日　顧頡剛來，“理書送誠明，同工作者爲楊鑒、鄭文英、袁漪、起潛叔父子、杜（幹卿）君等”。（《顧頡剛日記》卷六，第503頁）

8月14日　顧頡剛有信致先生，“囑鴻鈞往取書”。（《顧頡剛日記》卷六，第503頁）

8月23日　題《百尺樓詩集》。

番禺陳慶森撰。慶森爲前京滬鐵路局長陳伯莊之父。一九四九年八月廿三日，錢默存先生贈。默存明日赴北平應清華之聘。（《全集·文集卷·百尺樓詩集題記》，下册第871頁）

是月　《合衆圖書館董事會收支報告》（1949年2月16日至8月15日）編竣。（原件；《顧廷龍日記》）

是月　完成《合衆圖書館第十年工作報告》〔又名《三十七年度工作報告（開辦以來第十年）》〕。

十年風雨,孕育維艱,又不幸發起人、常務董事葉揆初先生中道殂謝,悼念方深,復遭國民黨軍隊占駐四樓,應變甚苦,更有它隊欲徵用書庫全部者。危急之際,幸告解放,遂獲保全,毫無損失,近始恢復就緒。回憶一年中惟捐書稍多,它無淑狀。茲粗述大概如後。

一、入藏

子、捐贈。

…………

共計九千一百六十七種,二萬七千九百九十冊、一百卅二張、九卷、四十一包。

年來謬承各家以本館愛惜書刊、細心整理相許,故多願捐贈,以資保存。或屬史料,或爲善本,各具專門,舉要如下:

李拔可董事以家藏歷史性之圖卷及名人手札付館珍藏。

章仲和先生所贈多爲日本法學書籍及日人所著有關中國問題者,又清資政院文獻亦不少。

顧頡剛先生以藏書送交本館自由挑選,凡未有者,悉以相贈,大都民國初年之舊雜志及其他近代史料,雖多單本小冊,然頗有罕見者。

馮翰飛先生旅川十年,所蒐蜀中文獻及四川水利局所編印之計畫、表報、圖冊等,皆以捐贈。

瞿兌之先生檢贈其先人遺物、師友手札及稿本等,名爲“長沙瞿氏文獻”,惟移交尚未竣事。

劉子楷先生檢贈民國初年外交史料多種。

趙敦甫先生贈名人手札一宗,其中以盛宣懷致呂鏡寰〈宇〉者尤有價值。

沈昆三先生贈家藏查初白詩集稿本,至爲名貴。

劉培餘先生購贈沈欽韓《兩漢書補注》稿本,可證浙局刻本訛奪甚多。又程穆衡《焉吟集》未刻稿本。

傅怒厂先生捐贈其亡友、新文學家章衣萍先生遺存書籍等,以爲紀念。

王福厂先生以卅年來手鐫印譜全部,并先人著述及家藏名人手札等見贈。

杜詩庭先生將其亡友韓子穀先生《荀廬印譜》遺稿,托白蕉先生代贈,以垂永久。

本年度各家捐贈拓片……共計一百六十八種,四百六十二張、一冊。

本館所收雜志,均係贈閱,解放後先後停止,繼續者甚少。

…………

共計壹百零一種。

報紙均係贈閱,《申報》《大公報》《益世報》,皆該館徑贈者。解放後,

《解放日報》及《大公報》亦承徑贈。其他外埠報紙,原係浙江興業銀行各分支行所贈,自葉揆初先生作古後,又值解放之際,均經停止,僅《星島日報》間有寄來。

…………

共計二十四種。

丑、採購。

本年以書費少,未能多購,僅於文海書店選購長沙張叔平寄售書四十六種,皆劉氏嘉業堂舊物,善本也。其他於各書局廉價時添置新書若干,又於各舊肆堆上選購另本多種。茲略舉善本如後。

《伊川易傳》宋伊川程頤撰,清刊本,二冊,清山陽丁晏手校 《尚書集解》清歸安卜斌撰,鈔稿本,二冊,清南匯于圮跋 《考定檀弓》清太倉程穆衡撰,手稿本,一冊 《家禮經典參同》清歸安鄭元慶撰,稿本,七冊,清蕭山毛奇齡手書序文 《南忠紀》清錫山錢肅潤撰,手稿本,一冊 《賓易子年譜》清太倉顧師軾撰,手稿本,三冊 《吳下尋山記》清嘉興黃安濤撰,手稿本,一冊 《唐昭陵陪葬姓氏目》清東武劉喜海撰,稿本,一冊 《蘇齋筆記》清大興翁方綱撰,鈔稿本,四冊 《槐蔭〈陰〉客話》清儀徵張兆蘭撰,稿本,二冊 《春臺贅筆》清晋江黃世發撰,稿本,三冊 《三餘撦録》清鹽官周廣業撰,稿本,一冊 《續博物志疏證》清江都陳逢衡撰,稿本,四冊 《是山花評》清歸安姚世孝撰,稿本,二冊 《蘇文忠公詩集補正》清吳縣沈欽韓撰,稿本,一冊 《敬修堂詩》清海寧查繼佐撰,稿本,八冊 《敬修堂詩集》清海寧查繼佐撰,鈔本,三冊 《敬修堂雜著》清海寧查繼佐撰,族人倬手鈔稿本,二冊,清海寧管庭芬手跋 《巢雲詩集》明聞喜裴邦奇撰,悠然齋藍格鈔本,六冊 《倘湖遺稿》明蕭山來集之撰,曾孫汝誠手鈔本,十冊 《彭侍御湖廣巡按書稿》明海鹽彭宗孟撰,手稿本,二冊 《弱水山人詩稿》清海鹽彭期生撰,稿本,一冊 《愛日精廬文稿》清昭文張金吾撰,鈔本,一冊 《曼真詩略》清吳興沈樹本撰,稿本,一冊 《適適吟草》清太倉陸宗泰撰,弟宗錞手鈔本,二冊 《厭蜀軒乙稿》清烏程屠鯨撰,手稿本,一冊 《冰壑寒林館詩鈔》清秀水王家英撰,稿本,二冊,清吳江翁廣平手書序 《蘊愫閣詩後集》清鎮洋盛大士撰,稿本,一冊 《柯石庵先生遺詩》清嘉興柯煜撰,清沈翬手鈔本,一冊 《靜齋詩草》清沙溪王士登撰,稿本,一冊 《思妃堂集》清仁和方德驥撰,稿本,十冊 《蓮生存稿》清華亭朱逢甲撰,稿本,三十冊 《雪椀詞》清海鹽楊時英撰,稿本,一冊 《安氏家集》清錫山安念祖輯,稿本,十冊 《上虞王氏詩稿》清上虞王振綱輯,稿本,八冊 《竹垞道古録》清秀水朱彝尊撰,鈔本,二冊 《古生物志》地質調查所編,排印本,一百十二冊

本年所購圖書共計四二八種,八三四冊、十六張、一卷;拓本六五種,八十張。

寅、傳鈔。

本年度傳鈔之本,多爲書肆送閱,價昂尚易副墨者,或借自家藏者。

《流寇編年》清闕名撰,據舊鈔本鈔,一冊 《天順目錄辯誣》明湯韶撰,據文海書店藏鈔本鈔,一冊 《水經注疏證》清吳縣沈欽韓撰,據西安圖書館藏鈔本鈔,八冊 《再生紀異錄》明秀水沈國元撰,據文海書店藏鈔本鈔,一冊 《幻迹自警》明金陵殷邁撰,據文海書店藏鈔本鈔,一冊 《韡園自定年譜》清吳縣潘霨撰,據家藏稿本鈔,一冊 《越縵堂日記補佚文》清會稽李慈銘撰,據稿本鈔,一冊 《入蜀紀程、使滇紀程》錢塘吳慶坻撰,據家藏稿本鈔,一冊 《花廣詩鈔》清海寧許奎撰,據漢學書店藏稿本鈔,一冊 《蘇閣吟卷》清海昌吳壽暘撰,據漢學書店藏稿本鈔,一冊 《徹香堂詩集》吳縣鄒福保撰,據家藏稿本鈔,二冊 《鍾山獻》明鍾山女子楊宛撰,據國學圖書館藏舊鈔本鈔,二冊

共計十二種,二十四冊。

本年入藏總數九千五百九十七種,二萬八千八百四十八冊、十卷、一百四十八張、四十一包;拓片二百卅三種,五百四十二張、一冊。

歷年積存圖書總數三萬一千三百五十三種,十八萬八千八百四十冊、三百十五張、卅五卷;尺牘一百四十六函;奏摺信稿二宗;舊報七札;拓片二千九百十種,八千二百十八張、一百零二冊、一百七十包、十九軸。

二、編纂

編纂南通馮氏書目(按,即《南通馮氏景岫樓藏書目錄》)。

編繕涇縣胡氏書目草片。

編錄《汪穰卿師友手札》姓氏錄。

整理葉遐庵先生所贈碑傳資料。

三、人事

卅八年一月十八日,延沈燮元爲幹事,助編書目,六月辭職。

四、雜務

卅八年一月廿四日,有人自言防癆協會,欲來借屋,拒之。

三月卅一日,汪伯繩君捐利用毛邊紙五令。

五月二日,國民黨軍隊73793派人來相屋。

五月九日,周志輔君以所藏戲曲書籍寄存,并言將來可以捐贈,容補手續,共計十六箱。

五月十一日,國民黨軍隊73793郭隊長帶兵四人,直上四樓瞭望。

五月十七日,八時,國民黨軍隊7379—1王瀾波指導員來,強令將四樓騰空,午後六時即需駐軍。曾承徐寄廎先生、徐森玉董事託人與軍事長官商請勿用文化機關,無效。晚八時,開入一分隊十八人,分隊長王忠信,大門洞開。

五月十八日,午後,張董事長拜會王分隊長,屬其妥慎照料。夜十一時,忽奉命開拔。

五月廿四日,午後一時,有警察局張某偕"備堅"字符號之軍隊來看屋,

堅欲徵用書庫全部，多方推宕而去。

五月廿五日，解放。

五月廿六日，解放軍來詢視者三起。

八月十二日，呈請文化教育管理委員會高等教育處，爲請免地價稅出具證明。

五、閱覽

王煦華　胡慈慰　童書業　余元厂　謝剛主　陳西禾　鄒樹文　張維校　濮思耕　轟崇岐　胡適　周叔弢　周志輔　沈茹菘　秦曙聲　鄒思梸　鄒德頎　陳懋恒　李儼　張蓬舟　林志純　周紹良　陸萼庭　章熊　曹道衡　尤敦明　朱菊芬　郭若愚　盛志鏡　王運熙　韓子正　鍾岳　鄭文英　袁澍　楊鑒　杜佐治　秦翰才　錢禮佑　陳祖高　丁象庵　蔣秉南　項國璵

六、參觀

任鴻雋　張慰慈　樊漱圃　丁念先　李韵清　李小魯　王巨川　曹潤田　嚴敦傑　翁宗慶　熊維　H.McAleavy （原件;《顧廷龍日記》）

9月25日　顧頡剛夫婦來。(《顧頡剛日記》卷六，第521頁)

10月6日　顧頡剛夫婦與顧潮來，送月餅。(《顧頡剛日記》卷六，第530頁)

10月9日　顧頡剛來。(《顧頡剛日記》卷六，第531頁)

10月18日　錢永銘、周作民致信張元濟等人，捐六千元港幣給合衆圖書館。

菊生、鴻寶、叔通、拔可、朵如先生鈞鑒：奉別經時，正殷懷想，頃奉函教，敬諳興居，同深忻慰。承示撝初手創之合衆圖書館，年來因幣制迭更，屢瀕危境，諸公受故人之托，發恢宏續絕之願，古道熱腸，曷勝感佩，不獨琳琅秘籍賴以保存，而嘉惠中外學術，其功更大焉。弟等與撝老本屬至交，又承諸公之囑，敬各捐港幣三千元，共陸千元，除就近交與浙江興業銀行代收外，特此布復。(原信)

10月23日　顧頡剛來，"請鈔昨草三信"。(《顧頡剛日記》卷六，第537頁)

10月28日　轟崇岐有信致先生。

張菊老上月北來，參加政協會畢來燕，住嚴景耀處二日。陸公在臨湖軒設宴款待，約岐及齊致中作陪，席間更有張東蓀、翦伯贊、嚴氏夫婦及翁獨健諸俊杰。菊翁嗜書成癖，次日發電岐陪赴圖書館參觀，并介紹歷農與之□談，想菊老返滬後必將向我兄道及也。

北京半年來書業奇慘，普通書之論斤出售不必言，即板本稀見者，亦不過舊價什一，真□劫哉！燕校圖書館以委員會未成，尚未開始購書，欲擬今歲可大收善本也。(原信)

10月30日　顧頡剛來，"修改代陳叔通致文教處信"。（《顧頡剛日記》卷六，第539頁）

是月　當選爲上海紙廠董事。（履歷表）

是月　偕夫人去王同愈之女王懷琮家，與表妹王嘉華、王嘉遂合影留念。[①]（《顧廷龍先生紀念集》，第168頁）

11月1日　代陳叔通致信陳虞蓀，談合衆圖書館事。

叔通北京歸來，人事粟六，致尚未趨候爲歉。前以敝館地價稅煩爲申請豁免，已蒙核准，費神至感。惟房捐問題，夏季者曾向財政局申請，尚未批復。此次秋季房捐，業已按照《解放日報》消息，徑向主管機關教育局申請，曾承派員來館調查，亦尚未有批示，深恐教局於敝館情況容未明瞭，謹爲先生言之，祈代達於戴局長、舒副局長之前焉。

竊敝館於一九三九年春，由葉揆初景葵、陳陶遺、張菊生元濟三君發起，約李君拔可宣龔及叔通共同創辦，組成董事會主持之。迨葉、陳二君作古後，補選徐森玉鴻寶、陳朵如選珍二君爲董事。當時感於日寇侵凌，滬郊淪陷，圖籍散亡，亟欲以私人之力，盡其保存之心，取"衆擎易舉"之義，命名"合衆"。各出所藏，萃於一樓，以葉君揆初書爲最多，次則亡友蔣君抑卮者，而叔通等亦皆有之。十年來，親友響應，捐贈日多，所藏近二十萬册，隨時整理編目，每成一種，即公開一部，以便衆覽。捐來之書，多屬舊學，故以國學爲範圍，志在保存文獻，并供專門之研究，亦有外埠學者通訊委查資料者。與普通圖書館性質略有不同，且私人財力有限，經費原甚艱窘，自始至今，一切簡約，人少事繁，努力服務，區區成就，已感不易。當開辦之初，雖籌有相當的款，自建築館舍後，即形拮据。加以金融動蕩，曠古未有，十年之中，迭更幣制，折蝕殆盡，以致捉襟見肘，開展無從。惟叔通等自當設法籌措，竭力維持，假以歲月，希爲滬濱增一有力量之文化建設。所望主管機關瞭解鄙況，量予照顧，俾得實事求是，埋頭苦幹，早觀厥成。敬將艱難孕育之情，略陳清聽，諸惟亮察。倘荷時錫教言，以匡不逮，曷勝欣幸。再私立社教機關登記手續如何，已否開辦，并乞探示爲禱。（謄清信稿）

11月10日　上午十一時，召開合衆圖書館董事會第九次常會。出席者張元濟、陳叔通、李宣龔、徐鴻寶、陳朵如。主席張元濟，書記顧廷龍。

甲、報告事項

一、傳閱上次會議紀録。

二、朱幹事子毅報告卅七年度下屆財務帳略。

三、朱幹事報告收到顧陋園先生募集購書費人民幣五萬元。又諸仲芳先生捐助經費十萬元。

---

①此照片中人物衣着爲棉服，時間疑在冬季。照片説明爲"10月"，姑置於此。

四、顧總幹事報告卅七年度工作概況。

乙、討論事項

一、陳董事叔通提:本館經費困難,擬積極籌募案。

決議:由各董事連名函向滬港兩地與葉揆初先生有舊交者勸募之。通過。

二、陳董事又提:修改《組織大綱》第五條第一項"董事會設董事五人"改爲七人至九人案。

決議:通過。

丙、選舉事項

一、增選董事。謝仁冰、裴延九、胡惠春、顧廷龍當選。(原件;《顧廷龍日記》)

11月12日　陳叔通有信致先生。

久未通信,偶檢出寄存單,特以奉上,請毀去。先兄《家傳》求教,此爲弟應了之心願而已(兩份,請以一份轉至菊老)。水災事,不知揆公於秉三先生傳內叙及否? 美國學生紛紛歸國,不知揆公世兄是否已歸,甚念。館中尚可支持至何時? 惠春所藏均已交至館中,幾無隙地。潘季老有消息否? (原信)

是日　合衆圖書館董事會致謝仁冰函。[1]

敬啓者:敝館創辦以來,忽焉十載。原由董事五人組織董事會主持之,兹經決議,擴充董事名額二人,以利進行。當於本月十日會議,一致票選先生與顧廷龍君爲新董事。素仰執事熱心文化事業,端賴匡助,務懇俯允擔任,共圖發展,敝館幸甚,社教幸甚。此上仁冰先生。

附《組織大綱》一份。(底稿;《顧廷龍日記》)

11月19日　先生有信致王重民。

久疏音問,想念爲勞。森老歸來,述悉潭第安康爲慰。

張氏約園所鈔王本《酈志》,得便檢擲,不急急也。兹有友人顏君文凱檢其祖庭遺詩,屬代贈貴館,爲郵寄之便,托北大圖書館轉奉,希察收。

聞貴館曾向蘇聯列寧圖書館徵求該館的組織大綱及編目法,不識已否索得? 將來倘刊布以供人參考,尚祈惠及。邇來尊處有何刊物? 念念。(《全集·書信卷·致王重民》,上册第233頁)

11月27日　顧頡剛來,借書。(《顧頡剛日記》卷六,第552頁)

12月15日　跋《國朝詞綜補》。

《國朝詞綜補》,丁氏編刊成書,似僅有樣本流傳,或足或不足。此爲余心禪所藏,心禪當時襄助編輯者,讀其跋可知也。……龍猶獲見其《梁溪余

[1]此信稿末附注"裴延九董事、胡惠春董事",因知抄寫三份分發。

氏負書草堂秘笈書目》……又《國朝詞綜補》未刻稿,注云:"劫火之餘,正編板片全毀,二編稿本亦掇拾于灰燼之中,焦痕宛然,彌可寶貴。"倭寇侵入後,藏書存亡莫卜。幸無錫縣圖書館尚藏有《詞綜補》四十卷足本及後編鈔本,可以綿一線之延矣。婦弟潘君景鄭詞家得此於余氏者,極所珍視,特以贈諸本館,冀永其傳。(《全集·文集卷·國朝詞綜補跋》,下冊第911頁)

12月21日　顧頡剛來。(《顧頡剛日記》卷六,第563頁)

12月22日　陳叔通有信致先生。

奉手教,至感。先兄實爲最後典型幕府人物,至於鑒賞,實非所長,畫亦不能有成就,均不過以此自遣而已,故不願多述,轉於重點有所妨礙。即如揆初,亦非鑒賞家,詩亦未成就,且非金融家,實亦幕中人也。其生平最大事,即爲次帥第一次改奉天爲行省,可謂大展經綸。放園兄轉《紀念冊》想已轉到,弟處甚多可以移入合衆者,但爲保密,殊不便耳。(原信)

12月24日　下午二時,召開合衆圖書館董事會第十次臨時會議。出席者張元濟、陳叔通、陳朵如、徐鴻寶、謝仁冰、顧廷龍、裴延九。主席張元濟,書記顧廷龍。

甲、報告事項

一、傳閱上次會議紀錄。

二、顧董事報告收到捐款數目,計上海水泥公司人民幣壹百萬元,聯合銀行、金城銀行、浙江第一商業銀行、浙江興業銀行、新華銀行、鹽業銀行、大陸銀行、上海銀行、中南銀行各五十萬元,懇〈墾〉業銀行四十萬元,共五百九十萬元。

乙、討論事項

一、顧董事提:此次捐款,除還欠及十一、十二月經常費,購書費,特別費開支外,已無餘存,應如何辦理案。

決議:向往來銀行酌增透支額,應付目前開支。

二、裴董事提:本館經濟拮据,應略籌基金以紓困難,擬廣請旅港熱心人士設法勸募案。

決議:再由董事連名致函旅港人士勸募之。(原件;《顧廷龍日記》)

12月25日　張元濟赴寧波同鄉會參加商務印書館工會成立大會,在演說時突然跌倒,腦血栓症致使半身癱瘓,住中美醫院(今長征醫院)。先生前去探視,尚在昏迷之中,"正在憂皇之際,忽接浙江興業銀行通知,即日起對圖書館用款停止透支。本來,依照葉先生意見,圖書館會計收支的事,委托浙江興業銀行信托部辦理,使我們全力注意本身業務。葉先生既逝,張先生又病,銀行方面以爲合衆無力支持,遂不顧文化事業的艱難,作出'停止透支'的決定。後來由陳叔通先生出面擔保,繼續透支,圖書館纔得以維持"。(《張元濟年譜》,第554頁;《全集·文集卷·張元濟與合衆圖書館》,上冊第336頁)

12月30日　晚,孫實君宴客,同席有鄭振鐸、趙萬里、柳詒徵、尹石公、徐森玉、沈曼士、顧頡剛及先生。(《顧頡剛日記》卷六,第567頁)

是月　任上海市文物管理委員會顧問。(履歷表)

是月　跋《三國志》,云:"陳叔通先生將移家入都,檢篋得此見贈,閱之,蓋即題葉揆初先生所藏《魏志》殘本者,皆有裨於校勘,爲特黏厠册中,以示讀者。"(《全集·文集卷·跋三國志》,上册第46頁)

是月　汪紹楹將其所撰《阮氏重刻宋本十三經注疏考》一册寄與先生。(原書上先生題識)

是年　仍爲浙江省通志館特約編輯。(履歷表)

是年　馮雄(翰飛)將旅蜀時收集的四川文獻捐贈給合衆圖書館。潘景鄭陸續將有關清人傳記資料及其他書籍捐贈給合衆圖書館。(《合衆圖書館小史》,載《總結·開拓·前進:建館三十五周年紀念文集》,第2頁)

是年

10月20日　傅增湘卒,78歲。

1950 年　47 歲

1月1日　檢書。視張元濟疾。顧頡剛來,看先生"所藏書畫圖書"。晚,在館宴客,同席有鄭振鐸、趙萬里、徐森玉、顧志翱、顧廷鳳、顧頡剛。(日記;《顧頡剛日記》卷六,第569頁)

是日　跋《華陽國志》(明萬曆吳琯刻《古今逸史》本),此本有清何焯校并跋。

> 徐森玉、趙斐雲兩先生審定爲義門手校,非惠棟臨也。余核惠跋,筆迹與何不類,復參閱潘博山兄《藏書家尺牘》所采義門手札,筆意相同,徐、趙兩先生之言可信,因記以俟印證。(《全集·文集卷·華陽國志跋》,上册第49頁)

1月2日　訪陳叔通,未值。致潘景鄭信。(日記)

1月3日　訪陳叔通,未值。得沈燮元、容媛、屈蕙百函。徐森玉電告,陳叔通今晚行矣,先生往别。倪壽川購《明代版本圖録》一部。(日記)

1月4日　顧頡剛率誠明文學院學生八人到合衆圖書館,看各種版本,參觀書庫,先生爲之導覽。(日記;《顧頡剛日記》卷六,第570頁)

1月5日　林宰平來,同視張元濟疾,已稍愈。趙萬里來,其欲收購潘氏滂喜齋藏善本。朱啓鈐所藏岐陽王文物,曾囑先生代謀安置之處,先生因告趙萬里,可否由北京文物局接受之? 與趙萬里同訪朱啓鈐,慨然允捐。潘景鄭來信,贈先生《元詩選》癸集六十六册,價值白米三石。(日記)

1月6日　商務印書館贈書八種,李宣龔之力也。朱啓鈐囑先生擬捐贈文物函稿,即往商談。惟文物箱存倉庫中,由其女出面簽字,他人不能提,擬緩辦。趙萬里來,談岐陽王文物事,并言常熟瞿氏鐵琴銅劍樓書成交,計購三百種,三千萬元,贈四十二種。(日記)

1月7日　訪汪伯繩。視張元濟疾,護士云張思慮甚多,神經不能休息。朱啓鈐來函,岐陽王文物决定贈北京圖書館,可即辦移交。倉庫中已查明,可由他人簽字提取。趙萬里來,同訪朱啓鈐,暢談,約星期一與章以和接洽領件手續。葉純來,帶到浙江興業銀行信,并附來錢新之、周作民函(按,參見上年10月18日條),各捐港幣三千元。(日記)

1月8日　陳景望率女來閱書。訪李宣龔,不值。遇王禔。訪汪伯繩,長談,知其困難之極。(日記)

1月9日　訪汪伯繩。訪徐森玉,開會,未見。至北京圖書館辦事處,得見新收瞿氏鐵琴銅劍樓書數種。旋趙萬里至,趙云瞿氏尚有拓本一千一百種求售,

有顧廣圻、焦循等題記。訪謝仁冰、陳選珍、裴延九、朱子毅,皆不值。得潘景鄭、聶崇岐信。復陳叔通信。(日記)

1月10日　朱啓鈐囑題《朱可庵巡海圖卷》篆書引首。(日記)

1月11日　李宣龔偕侄來,邀14日晚餐。朱子毅訪陳選珍,悉李馥孫、陳光甫各捐人民幣四百萬元。(日記)

1月12日　編顧頡剛贈書。取上海市勞工局贈書。(日記)

1月13日　潘景鄭來,贈陸鳳石《清秘述聞》三編稿本四册。(日記)

1月14日　理《古生物志》卡片。李宣龔招飲,座客爲柳詒徵、尹石公、吳眉生、宋小坡、顧頡剛、徐森玉、陳病樹、陳伯冶、陳澤鍠、楊鑒資、陳彦和及先生。(日記)

1月15日　校《古生物志》卡片。陳巨來來。(日記)

1月16日　校理排列《古生物志》卡片。樂真來,見示張元濟舊藏海鹽人著述目,校一過,未送來者約二十種。(日記)

1月17日　理新文化書。(日記)

1月18日　陳器成來,示包世臣家書一卷,頗有内容。錢鶴齡來,言珂瓈版生意清淡,小人書亦停頓,購買力薄。張樹年來,謂張元濟於神志清明時,憶及《涵芬樓燼餘書録》未竣,囑請先生料理之。孫家晉電話,囑以徐益藩介紹於南京圖書館。即作書致繆鎮蕃代館長。(日記)

1月19日　張樹年出《涵芬樓燼餘書録》相示。(日記)

1月20日　閲《涵芬樓燼餘書録》。(日記)

1月21日　張樹年來,稱張元濟欲先生往見之。(日記)

1月22日　訪謝仁冰,囑其代向梅達君取回太平天國由知單[①]卷。訪汪伯繩。視張元濟疾,即以《涵芬樓燼餘書録》事相托,"已印若干,幾處須查,均尚省記。詢及瞿、王、潘藏書情形,神志甚清,諒可帶病延年矣"。至温知書店,購得《棠湖詩稿》《小倦游閣文》。李宣龔贈自著。佐淵邀先生午餐。(日記)

1月23日　先生有信致陳叔通,附外交部刊物目録,聞宦鄉欲閲也。楊金華送書來,爲昨晚所選者。校補《涵芬樓燼餘書録》。冼玉清來函,并贈近著《廣東叢帖叙録》《流離百咏》兩種。一帆來,暢談,示所撰《貝清江集》金刻與叢刊本校記,知金刻誤脱甚多。(日記)

1月24日　校片。訪汪伯繩。(日記)

1月25日　訪鴻英圖書館,知該館已請求教育局接辦事。"教局決定兩策,一津貼,一代管。經董事會決議,請代管,下月當即實行。"(日記)

1月27日　校顔氏書卡片。(日記)

是日　先生有信致朱啓鈐。

---

①由知單:似當作"知由單"。或作"易知單""易知由單"。

獻歲發春,敬維仗履安康,潭第多吉爲頌。

去年承爲揆公中興恤金事,多方籌畫,得換現金,具見公與叔老對葉夫人之關懷備至,又蒙黨和政府之特予照顧,復荷叔廉先生之妥善辦理,從此葉夫人可以安度其冰霜垂暮之年。葉夫人深感諸公之高誼,匪可言宣,屬爲專函肅謝,而拙筆無以達其恫誠,尚祈亮察。

《卷盦賸稿》全仗叔老與延九兄之大力,得以印傳。此書與甘泉鄉人《曝書雜記》爲近,頗資參考。惟龍校字粗疏,尚多亥豕,□爲歉悵。長者瀏覽所及,幸爲指正。

高弟陳從周先生,聞聲相思,亦既有年。近承惠書,索閲《卷盦賸稿》,當即檢贈。惟渠寓同濟,相距不邇,尚未謀面耳。(《全集·書信卷·致朱啓鈐》,上册第 1 頁)

1 月 28 日　校唱本書單及顏氏書卡片。得嚴鷗客信附書單,即送顧頡剛。太平天國易知單卷承謝仁冰取回,内有陳毅、潘漢年題跋。閲太平天國史料。(日記)

1 月 29 日　校顏氏書卡片。爲侄女顧啓明結婚作主婚人。(日記)

是日　先生有信致純泉。

昨奉手書,敬悉一一。兹附上致漢老謝函,敬乞轉致。捐款暫存尊處,一俟其餘各位復信後,當即依法申請匯歸。種費清神,殊抱不安。復頌道安! 惟照不宣。

……………

封函間得總行通知,藉悉又接權老捐款,附上謝函并煩轉致,拜托拜托。又行。(《全集·書信卷·致純泉》,下册第 710 頁)

1 月 30 日　校顧頡剛贈書卡片。視張元濟,未見。訪徐森玉。(日記)

1 月 31 日　唐鳴時贈書,即編目。復陳叔通、趙萬里信。(日記)

2 月 1 日　寄純泉、陳叔通、趙萬里信。孫景潤來,欲購《明實録》。(日記)

2 月 2 日　校片。訪顧頡剛。訪李宣龔。翻檢《明實録》,箱着地受潮,憾甚。(日記;《顧頡剛日記》卷六,第 587 頁)

2 月 3 日　校顧頡剛贈書卡片。(日記)

2 月 4 日　校顧頡剛贈書卡片。(日記)

2 月 5 日　校顧頡剛贈書卡片。視張元濟疾,"見其神迷不省,可慮也"。馮雄來,爲介紹國學圖書館王説之,托查《方鐵庵集》。林宰平來談。(日記)

2 月 6—9 日　校片。臺灣國民黨軍派飛機轟炸上海,水電俱停。(日記)

2 月 8 日　顧頡剛爲王煦華事致先生信。(《顧頡剛日記》卷六,第 590 頁)

2 月 9 日　晚,先生夫婦到康樂酒家,賀顧孟剛續姻。同席有顧頡剛、淵若、圭如、誠安、顧廷鳳夫人、陸欽墀、仲健、女宅主人申竹林、男宅主人贊廷,凡九桌。(《顧頡剛日記》卷六,第 590 頁)

2月10日　晤顧頡剛,暢談。赴上海市文物管理委員會(以下簡稱"文管會"),獲見高忠憲手札及錢竹汀等致張芑堂(燕昌)手札二册。(日記)

2月13日　校片。嚴鷗客電話,約選贈書。顧頡剛夫人静秋來,未值,留交顧頡剛函及嚴鷗客售書目録。顧頡剛轉示開明書店《廿五史外編》擬目,囑注意見。(日記)

2月14日　閲《廿五史外編》擬目。校片。顧翼東以家近盧家灣電廠,恐被炸波及,將先德遺著《吳郡文編》寄存合衆。(日記)

2月15日　校片。視張元濟疾,未見,據護士云,頗有進步。汪遵德爲父送唐寫經卷來托存。訪胡道静。徐森玉來電話,彼處積極布置防空,囑合衆亦須準備。(日記)

2月16日　爲防空,窗上糊紙條。收拾書案。度歲。批注《廿五史外編》擬目。(日記)

2月17日　年初一,顧頡剛夫婦等親友來賀年。(日記)

2月18日　王祖昌、朱燁及孟剛、仲建、乃邦三對夫婦來賀年。訪顧頡剛,又同至李拔可處賀年。徐森玉、謝國楨、朱子毅來,未值。(日記;《顧頡剛日記》卷六,第596頁)

2月19日　周聞韶、泰吉夫婦、顧翼東夫婦、誠安夫婦、顧廷夔夫婦等來。又孫寶君、王兆文、程枕霞來,未值。至南市答訪謝國楨,至其處,知早他遷矣。折至朱子毅處。得潘景鄭信。又得燕京圖書館目録。朱旭初來,以所撰《熙齡日記》見贈。王煦華來,約其後日來辦公。致顧頡剛函,述對《廿五史外編》擬目意見。(日記)

2月20日　至親友處賀年。(日記)

2月21日　王煦華來館工作,囑先理卡片。訪徐森玉,見尹石公及陳鄭中,言及市圖書館將有全市圖書館集會之舉。(日記)

2月22日　陳鄭中來,商調查圖書館項目。誦芬感冒,偕訪醫生診脉。(日記)

2月23日　理書。晚訪謝國楨,暢談。(日記)

2月23—3月21日　上海市文管會對全市公立、私立圖書館進行普查,調查各類圖書館共一百十七所,合衆也在其中。(《上海圖書館事業志》,第24頁)

2月24日　理書。樂真、周節之來談。(日記)

2月25日　劉垣、林宰平先後來。劉欲撰其故舊而爲近代名人者之傳記,仿紀事本末體裁,以見其活動情形,邀先生爲助,允之。(日記)

2月26日　劉垣來談。孫景潤來看《明實録》,并言美國新聞處正大收舊書。(日記)

2月27日　赴文管會,送借《嘉業堂刊印書目》。顧頡剛來,抄各《引得》《西域圖志》《崆峒山志》等材料。先生留飯,談事。夜訪顧翼東。(日記;《顧頡

剛日記》卷六,第 601 頁)

2 月 28 日　理書。潘景鄭來,長談。訪李英年。(日記)

是月　《合衆圖書館董事會收支報告》(1949 年 8 月 16 日至 1950 年 2 月 15 日)編竣。(原件;《顧廷龍日記》)

是月　《各户捐款名單》(1949 年 11 月至 1950 年 2 月)編竣。(原件;《顧廷龍日記》)

3 月 1 日　潘景鄭贈書,雜有拓片,檢理一過。尹石公電話,謂《明實録》配本十得其八,明日送來。閲《票擬簿》,欲撰一跋。(日記)

3 月 2 日　《明實録》配八本,一本亦有毛病。閲萃古齋書。劉垣來。(日記)

3 月 3 日　校林宰平《帖考》。赴文管會,閲字畫二十餘件(靳雲鵬物)、瓷器二十餘件,皆精好。晤胡惠春,約明日來,欲以藏書相贈。得聶崇岐信,即復。(日記)

3 月 4 日　校林宰平《帖考》。(日記)

3 月 5 日　校嚴鷗客贈書卡片。(日記)

3 月 6 日　校嚴鷗客贈書卡片。午後,閲書肆,無所得。顧翼東來談。(日記)

3 月 7 日　理嚴鷗客贈書。(日記)

3 月 8 日　徐森玉來,抄陳叔通所存陶器清單。劉垣來。朱啓鈐送閲趙萬里信,囑代復。胡惠春來,存書九大箱,擬贈合衆。潘景鄭暨潘家來來。陳器成來。(日記)

3 月 9 日　校書片。接財政局通知,今年春季起,合衆房捐基數加一倍。(日記)

3 月 10 日　校林宰平《帖考》。劉垣來。(日記)

3 月 11 日　校林宰平《帖考》。劉垣來,長談張謇軼事。王伯祥書來,談《廿五史外編》擬目意見,於先生正名一層極表贊成。孔陟岵來。(日記)

3 月 12 日　校片。趙萬里來。(日記)

3 月 13 日　訪徐森玉,商請減免房捐事。王蘧常囑交通大學化學系學生王君贈唐景崧《唐書注》。劉垣來,示手稿。(日記)

3 月 14 日　閲劉垣手稿。顧頡剛來,晤先生及王煦華,以文稿請煦華鈔正。是日有敵機來轟炸。(日記;《顧頡剛日記》卷六,第 609 頁)

3 月 15 日　趙萬里來。鈔《元詩選》未刻稿數則。劉垣來。校片。(日記)

3 月 16 日　讀劉垣手稿,爲校正誤訛數處。陳器成來長談。陸頌堯來,示尺牘三十八本。頌良來信,“附來其泰山宙民丈《重游泮水》詩,彌留時屬寄索和,即於日前作古矣。爲之惋悼”。(日記)

3 月 17 日　訪謝仁冰,商請免房捐事,允向教育局接洽發呈。校理顧頡剛贈雜書。吳諫齋以張適畫卷囑題。李英年來。樂真來贈書。郭石麒贈書數種。(日記)

3月18日　查書目,爲徐子爲抄關於水利諸書目録。(日記)

3月19日　高君賓來,商姚光藏書,適徐森玉來,即介紹相談捐獻文管會。瞿兑之來,言存箱因最近翻譯工作停頓,無心於此。(日記)

3月20日　視張元濟疾,未見,略愈矣。尹石公邀茶點,招待各圖書館負責人,討論編纂聯合目録事。先生主張先以期刊入手,尹主先以方志入手,定出範圍,較有辦法耳。(日記)

是日　下午,文管會在大三元召開會議,到十七人,有徐森玉、柳詒徵、尹石公、李芳馥、王育伊及先生等。(《陳乃乾日記》,第142頁)

3月22日　撰《蔡小霞家書跋》。(日記)

3月23日　撰《蔡小霞家書跋》成。此書札原不著姓名,近人周慶雲(夢坡)題爲《錢茶山家書》。先生録副以藏,細加考訂,知爲清蔡廷衡家書。爲貝祖遠寫壽詩。復卜孝萱函,商搜集碑傳事。(日記;《全集·文集卷·蔡小霞家書跋》,下册第1025頁)

3月24日　題《蔡小霞家書》。至文管會,與徐森玉商合衆董事會日期。徐言胡惠春已出門,僅爲賬務報告,可緩開。裴延九曾晤及,於館事甚關心,惟目下尚無辦法相助。顧頡剛來,晤先生夫人,"聞蘇州地價稅將較去年加一百倍。起潛叔家去年十五萬,此次將爲千五百萬"。(日記;《顧頡剛日記》卷六,第615頁)

3月25日　理書。(日記)

3月26日　劉垣來。林宰平等來暢談。趙萬里、郭石麒來,約同觀徐乃昌剩書,適孫廛才來,遂罷。(日記)

3月27日　訪裴延九。徐森玉來,借陳叔通陶倉、陶竈去陳列,以示蘇聯吉謝列夫。(日記)

3月28日　理書。郭石麒來,示石谿畫,先生以爲真。錢重知來電話,言葉恭綽欲取佛書。(日記)

4月3日　訪李宣龔,不值。訪顧頡剛夫婦,亦不值。訪徐森玉,正開會。因訪王育伊,暢談。旋觀陳列古物,頗佳。夜,祖農約往其兄祖白處看古物。(日記)

4月4日　理書。李宣龔電話,稱袁帥南之戚擬以藏書寄存合衆,已爲推却。(日記)

4月5日　劉垣來。郭石麒來。訪徐森玉,商請免地税呈文。復容庚、冼玉清、聞宥、沈燮元信。(日記)

4月6日　訪高君賓,談姚氏捐書事。訪徐森玉,告與高氏接洽經過。發呈地政局文,請免税。朱旭初偕女來,贈自撰年譜一册。(日記)

4月7日　林宰平來。(日記)

4月8日　訪朱啓鈐。杜詩庭來,贈《雲間兩徵君集》。(日記)

4 月 9 日　寫卡片。（日記）

4 月 10 日　爲吳湖帆補《愙齋集古録》原本釋文中引用篆文。高君賓來談。地政局派員來調查，將合衆及葉景葵宅用地分別丈量繪圖而去。（日記）

4 月 11 日　寫卡片。徐森玉、尹石公招飲於同寶和，在座有柳詒徵、高君賓、孫實君、陳乃乾及先生等。（日記；《陳乃乾日記》，第 145 頁）

4 月 12 日　寫卡片。夏玉琛來還陳叔通陶器。高君賓、嚴鷗客來。陳白塵來，閲有關太平天國書籍。顧頡剛、吳諫齋來。（日記）

4 月 13 日　顧頡剛來送書，與先生夫人談事。理潘景鄭贈抄本。（《顧頡剛日記》卷六，第 622 頁；日記）

4 月 14 日　理潘景鄭贈抄本。（日記）

4 月 15 日　地政局有批復，地産稅僅館屋部分免百分之二十，尚須交六百八十八萬。陳增輝贈《協和學報》。（日記）

4 月 16 日　訪李宣龔。得容庚信，謂所贈《嶺南學報》早寄出，但尚未到。（日記）

4 月 17 日　訪陳選珍、徐森玉。曹道衡、郭若愚來。復陳增輝、聶崇岐、葉恭綽函。（日記）

4 月 18 日　徐森玉電話，囑房地産稅可再請免。擬呈文稿。（日記）

4 月 19 日　擬再請免地産稅呈文稿。訪徐森玉，商應否再請，終認爲此種徵稅既爲政府決策，申請徒然，不如照繳。復商朱子毅，亦同此意。送朱啓鈐行。嚴東生自美返滬來訪，其將入開灤工作。（日記）

4 月 20 日　劉垣來。教育局爲請免房地稅事來瞭解館内經濟情況，索閲賬目，先生即以月表示之。訪張樹年，抄藏陶簡目。（日記）

4 月 21 日　劉道鏗示《尚書》卷六，爲日本元德二年中原康隆書，先生從未見過。（日記）

4 月 23 日　至世界殯儀館。與朱子毅商地産稅事。（日記）

4 月 24 日　繳地産稅。赴康定路世界殯儀館吊顧廷龔喪，顧頡剛夫婦也去。（日記；《顧頡剛日記》卷六，第 626 頁）

4 月 25 日　理潘景鄭贈《八編類纂》。訪徐森玉，不值。晤柳詒徵、王育伊，柳談及從前國學圖書館有沈某集，傅增湘長教育部，“令蘇教廳指借其書，約日歸還。迨返，已換爲鈔本，圖記亦係描潤。言下不勝慨嘆”。（日記）

4 月 26 日　徐森玉來，觀張氏涉園藏陶。得葉恭綽信。合衆圖書館房捐三百餘萬元，地價稅七百餘萬元，先生提出申請減免，“謂圖書館對人民服務，自應量減”。教育局派員來視察，對先生道：“你們須知道，你們以前的服務，祇爲四大家族服務！”又云：“你們應向市立圖書館看齊！”（日記；《顧頡剛日記》卷六，第 628 頁）

4 月 27 日　校林宰平《潭帖考》。理陶器。劉道鏗以合衆獨缺《尚書》卷，

因代向夏韞玉女士乞贈。卷爲東洋文庫影印者,周頌久先生遺物,夏爲周室也。（日記）

4月28日　抄陶器目。（日記）

4月29日　以陶器目請徐森玉閲定,囑徑寄鄭振鐸。爲上海紙廠事訪顧頡剛,顧頡剛爲打大中國電話。（日記;《顧頡剛日記》卷六,第629頁）

4月30日　劉垣來。陳修白自青島來,檢得《磧砂藏經》,願以贈合衆。陳在山東大學教授水産。陳叔通托宓逸群帶到汪穰卿朝考卷,爲邢冕之所贈。涉園陶器目寄鄭振鐸,副本寄陳叔通。（日記）

5月1日　訪彥儒,借家譜。晚,彥儒夫婦以譜來,"子常""仲虞"等名號皆查得。（日記）

5月2日　潘景鄭嫁女家佩,往賀。寄文物局調查表。（日記）

5月3日　取陳陶遺遺書六箱。（日記）

5月4日　購新書。鍾印（綬臣）贈書數種。（日記）

5月5日　理汪穰卿藏札,付裱。閲新購書。（日記）

5月11日　赴文管會,照薛帖。（日記）

5月13日　赴胡藻青宅,取贈書。（日記）

5月14日　葉山民贈書。佐淵夫婦來,以祝枝山、清聖祖字卷囑審。（日記）

5月15日　得陳叔通信。赴文管會,取薛帖照片。（日記）

5月16日　復陳叔通信。得《嶺南學報》。訪謝仁冰。（日記）

5月17日　葉景葵周年,往奠,"大廈難支,彌增愴感"。顧頡剛來談事,并交稿與王煦華。（日記;《顧頡剛日記》卷六,第634頁）

5月18日　林宰平來。（日記）

5月19日　劉垣來,同送林宰平行。理《四部備要》,似有缺。（日記）

5月22日　赴文管會。訪瞿兌之。（日記）

5月23日　理胡藻青贈書。（日記）

5月24日　理胡藻青贈書。劉垣約瞿兌之晚餐,先生作陪。（日記）

5月25日　理胡藻青贈書。（日記）

5月26日　理陳叔通贈書。復胡藻青函,并請檢《四部備要》原預約券。得林宰平信。（日記）

5月27日　劉垣來。理陳叔通所贈孫樹禮稿。公祭姚光冥壽。徐森玉贈《上海市人民代表大會報告》。復葉恭綽函。（日記）

5月28日　秦翰才來閲書。陳聘丞、王賽來談,甚快。（日記）

5月29日　爲陳聘丞寫《化學工業與工程》期刊名。劉垣來談。閲肆。訪顧翼東。（日記）

5月30日　新聞圖書館方漢奇來,囑開合衆所藏報紙目録。（日記）

5月31日　郭若愚來,謂唐弢請其往文物處工作。高君賓來。（日記）

6月1日　檢理《京報》。瞿兌之所存紙片等,爲裝一箱送去。(日記)

6月2日　爲張乾若(國淦)校閱《辛亥革命紀事》。(日記)

6月3日　校閱《辛亥革命紀事》,略補一二。(日記)

6月4日　劉垣招飲,請張乾若,先生作陪。還張乾若稿。校合衆藏報目。(日記)

6月5日　復容庚函,并寄張乾若稿。復新聞圖書館,開列合衆藏報目,得九十五種。赴文管會。李宣龔偕侄功蕃來,看寄存之醫療器物箱,約日內取去。(日記)

6月6日　劉垣來。倪壽川來。(日記)

6月7日　理鍾印贈印譜散葉。應徐森玉等招飲。(日記)

6月8日　張元濟招談,甚快。(日記)

6月9日　劉垣來。嚴鷗客來。沈安石來,約觀所藏。郭若愚來。(日記)

6月12日　劉垣來談,張乾若亦來。訪徐森玉,遇唐弢、蔣大沂,先生略言"文教當局應予私立圖書館就各個性格自由上進"。致陳叔通函。訪顧頡剛,長談。(日記;《顧頡剛日記》卷六,第644頁)

6月13日　劉垣來。訪張元濟,暢談。(日記)

6月14日　理鍾氏印集。(日記)

6月16日　理《諭摺彙存》。劉垣來。訪徐森玉。(日記)

6月17日　理《諭摺彙存》《南塘張氏詩稿》。得容庚信。汪伯繩返滬,遣子贈南京食物四色。劉道鏗來。商笙伯來。(日記)

6月18日　理葉恭綽書。赴修文堂換《集刊》,獲見汪克寬《春秋胡傳纂疏》元刻殘本,旁有陰陽文注字,款式罕見。(日記)

6月20日　理葉恭綽書。郭若愚來,贈拓片一包。(日記)

6月21日　汪伯繩來。萃古齋送武梁石刻來。赴商務印書館,訪謝仁冰,開會未見。郭若愚來。聞宥贈《益都漢隸集錄》。(日記)

6月22日　訪謝仁冰,爲請教育局核免房捐事。理零書。楊鑒來,擬邀助編校目錄。(日記)

6月23日　訪汪伯繩。(日記)

6月27日　出席工商座談會。晚,高君賓約宴尹石公家,賀其新居。到者徐森玉、柳詒徵、高君賓、孫實君、陳乃乾、先生等。(日記;《陳乃乾日記》,第155頁)

6月28日　點讀劉垣稿。得周一良信,爲周叔弢先生六十生日紀念集徵稿。(日記)

6月29日　教育局復謝仁冰函,同意房捐減免三分之二,并附致財政局公函一件。汪伯繩來。赴稅務局接洽減房捐事。得聞宥信。(日記)

7月3日　理郭若愚贈拓片,大多爲善齋藏器。(日記)

7月4日　理陳伏廬藏札。抄嚴元照《夷堅志跋》。(日記)

7月5日　理葉恭綽存照片。(日記)

7月6日　理葉恭綽存照片。孔陟岵偕孫德興來,孫在復興公園講書,曾辦道德會、孔聖會等。閱書攤。(日記)

7月7日　劉垣來。在區政府開會。(日記)

7月8日　理葉恭綽存照片。文管會來人,觀陳叔通、張元濟藏陶器。(日記)

7月9日　發周一良、聞宥、朱進之信。應陳器成邀午餐。訪顧翼東。(日記)

7月10日　訪顧頡剛,長談。又訪徐森玉。晤李芳馥,約爲文管會業務學習主講圖書問題。(日記;《顧頡剛日記》卷六,第657頁)

7月11日　核對《清代學者象傳》目録。夏玉琛來。林子有來。(日記)

7月13日　閱書。訪張元濟。(日記)

7月14日　赴文管會,爲陳叔通開售陶單。獲見後涼(東晋)麟嘉五年王相高寫經卷、漢學研究所漢畫。(日記)

7月15日　始校葉景葵《卷盦書目》。(日記)

7月16日　復陳叔通函。(日記)

7月17日　閱悔庵文。陳器成來。理《華制存考》。(日記)

7月18日　校《卷盦書目》。爲葉宅調停租户私行讓渡事。徐子爲來,暢談北游情形。(日記)

7月19日　赴文管會,聽汪旭初講"中國畫之藝術與將來之趨勢"。張元濟贈書、借書。(日記)

7月22日　訪汪伯繩。校《卷盦書目》。(日記)

7月23日　校《卷盦書目》。顧頡剛夫婦來。(日記;《顧頡剛日記》卷六,第663頁)

7月24日　校劉垣稿。校《卷盦書目》。赴文管會。訪顧頡剛。得潘景鄭、陳叔通信。(日記)

7月25—26日　校《卷盦書目》。(日記)

7月27日　孔陟岵、劉垣來。訪顧頡剛,告知"徐森玉先生提出上海市文物保管委員會聘我任委員,已通過。當時柳先生甚贊成,而沈尹默則反對"。復容庚信。(日記;《顧頡剛日記》卷六,第665頁)

7月28日　蘇州市人民政府、第二屆各界人民代表會議協商委員會聘請先生爲蘇州市文物保管委員會顧問。(聘書影印件)

8月3日　訪顧頡剛,"爲改上文化部文",因"蘇州圖書館善本書盡爲蘇南文化保管會攫去,起潛叔大憤,故邀集同鄉,呈文化部争之"。(《顧頡剛日記》卷六,第667頁)

8月6日　訪顧頡剛。(《顧頡剛日記》卷六,第669頁)

8月9日　顧頡剛爲先生點改《玄覽堂叢書提要》。袁帥南致先生信，"謂邇來捐稅頗多，難于勝任，囑予將武康路寓所所有捐稅皆分任半數，略資貼補。然政府舉措時時出人意外，予蘇州負擔已重，何能應此無厭之求。因致起潛叔函，請在某種名目下增加些擔負，蓋即承認出房租也"。（《顧頡剛日記》卷六，第671頁）

8月12日　顧頡剛來送稿，稿竟失。（《顧頡剛日記》卷六，第672頁）

8月13日　顧頡剛將重寫的文章送來。"昨文作訖，便送起潛叔處，及到，索之，則亡矣。蓋出門時以此文塞短衫口袋中，衫係綢質滑，不知其于何處掉下也。急打電話至家，則大家見予攜走者。以兩日工夫所作竟爾遺失，真倒黴事。静秋爲我哭了幾場。今日又費一天時間重爲之。"（《顧頡剛日記》卷六，第672頁）

8月15日　顧頡剛來，"中途遇之，同歸，談"。（《顧頡剛日記》卷六，第673頁）

是日　《合衆圖書館董事會財産一覽》編竣。（原件；《顧廷龍日記》）

8月23日　校稿。陶器裝箱。（日記）

8月25日　校《涵芬樓燼餘書録》。（日記）

8月26日　訪張元濟。郭墨林來押運文物局陶器十箱（原張元濟藏），因貨運有障礙，且運費所需甚大，故退回未運。顧頡剛有信致先生。（日記；《顧頡剛日記》卷六，第677頁）

8月27日　校《涵芬樓燼餘書録》。（日記）

8月28日　校《涵芬樓燼餘書録》。訪徐森玉，遇魏廷榮，贈其園中石刻三種。顧頡剛重寫致先生信。訪顧頡剛，遇胡厚宣、方詩銘，留飯。與顧頡剛、張雁秋同到瞿兌之處。（日記；《顧頡剛日記》卷六，第678頁）

8月29日　復鄭振鐸信，將賬單寄去，并請匯一百萬元爲運費。訪李宣龔，未值。訪顧頡剛。吳眉孫來。孫實君贈硃卷，自劉晦之家中得來。托孫實君寄售合衆書目（《卷盦書目》《海鹽張氏涉園藏書目録》）二種。（日記）

8月30日　校《涵芬樓燼餘書録》。（日記）

8月31日　理五四以前雜志，得四十八種。訪李宣龔，有恙未見。（日記）

是月　《合衆圖書館董事會收支報告》（1950年2月16日至8月15日）編竣。（原件；《顧廷龍日記》）

是月　完成《合衆圖書館第十一年工作報告》（1949年8月16日至1950年8月15日）。

　　　本年度工作概況，改進有四：（一）購置新文化書籍，以理論研究爲主，俾供批判接受文化遺産之參考；（二）閱覽室更改陳設，以新書、新雜志及一部份工具書陳列室中，以便閱者自由取讀；（三）閱覽手續放寬，不以介紹信爲限，人數大增；（四）一年中收到贈書甚多，積極整理登記，其他瑣務如常。

略志如下。

一、入藏

子、捐贈。

…………

共計二千二百十九種，壹萬四千二百五十九册、二百四十四張、二卷。

捐贈日報、期刊……共計十一種，九十八册。

捐贈文物……共計五十三種，十三册、五十六張、十一卷、三件、十五方（凡幅、軸、副等名，均按張數計）。

各家所贈，頗有珍品，近代史料尤多。兹將稿本及希品，舉要如下：

陳叔通董事贈《清宣統帝復辟上諭》。

陳器成先生贈《王文勤日記》、張佩綸《澗于日記》未刻稿。

陳直生先生贈伏廬藏札。

田魯璵先生贈《易例類徵》手稿。

邢冕之先生贈汪穰卿朝考卷。

鍾綬臣先生贈《漱石軒印存》稿。

蘇繼廎先生贈闕名撰《春秋地理志》稿本。

潘景鄭先生贈彭鳳高《積勤續録》、許葉棻《少嚣日記》、許元愷《賓門日記》、常熟闕名[1]撰《銘椒清館日記》、張茂鏞《槼盦日記》、石渠《葵青居遺墨》、汪鳴鑾《郎亭信稿》、陸潤庠書家〈家書〉、吴中彭氏家書、《贈雲山館尺牘》、許玉瑑《詩契齋壽言集》、錢國祥遺稿、葉昌熾《藏書紀事詩》稿本、《語石》校樣本、鄧邦述《群碧樓書録》稿本、曹允源《復庵》（按，《復庵隨筆》）稿本。

捐贈拓片……共計三百六十五種，一千三百七十二張、七十四册。

丑、採購。

本年購書重心在添置新書，以研究馬列主義、毛澤東思想爲主。所選要籍如下……

舊書收購極少，名貴者有三：

《票擬簿》，明崇禎七年内閣所擬，鈔本，松江封氏售廢紙，書友郭石麒檢出，當時似見十餘册，僅抽得三册，餘爲人捆去作紙漿矣。

《檇李文繫》，此葛詞蔚、張菊生、金籛孫三先生所編稿本，當時寫定存嘉興圖書館，倭寇占領，爲漢奸奪去。菊生先生即托葉揆初先生留心訪求，久無所聞。解放後，書友將來，闕目兩册，存七十八册。時購書乏貲，適顔樂真君過訪，助五萬元，乃以十二萬元成交，惜揆初先生之不及見也。

《樗寮隨筆》，清姚椿所撰，未刻稿也。

---

①據上海圖書館網站目録，《銘椒清館日記》爲清許廷誥撰。

本年所購圖書共計四百四十八種,七百六十四冊、三張。

寅、傳鈔。

《絳跗閣文稿》清秀水諸錦撰,二冊

《周氏言言齋藏曲目》今人紹興周越然編,一冊

共計二種,三冊。

本年入藏總數:圖書二千七百三十三種,一萬五千一百二十四冊、二百四十七張、二卷;文物五十三種,十三冊、五十六張、十一卷、三件、十五方;拓片三百六十五種,一千三百七十二張、七十四冊。

歷年積存圖書總數:四萬〇九百五十種,二十一萬七千六百八十冊、四百六十三張、四十五卷、四十一包;尺牘一百四十六函;奏摺信稿二宗;舊報七札;拓片三千一百四十三種,八千七百六十張、一百〇三冊、一百七十包、十九軸。

兩共圖書四萬三千六百八十三種,二十三萬二千八百〇四冊、七百十張、四十包、四十二卷;拓片三千五百〇八種,一萬〇一百三十二張、一百七十七冊、一百七十包、十九軸;文物五十三種,十三冊、五十六張、十一卷、三件、十五方。

二、編纂

編録本年度贈書。

開始編録章氏任闋齋書目。

校定《葉氏卷盦藏書目》。

整理所存期刊。

三、校印

本館爲傳鈔之便,并尚存有贈紙,遂用謄寫版油印,藉爲交換之資,列目如下:

朱啓鈐撰《紫江朱氏所藏黔南文獻目》。

顧頡剛撰《浪口村隨筆》《西北考察日記》《上游集》。

共計四種,四冊。

四、人事

一九四九年十月六日,黃筠辭職。

一九五〇年二月廿一日,延王煦華爲幹事,編纂書目。

六月廿一日,延楊鑒爲兼任幹事,整理期刊。

五、事務

一九四九年八月卅日,靜安分局調查特種戶口。

卅一日,地政局爲請免地產稅,派員來調查。

九月廿七日,地政局批准免稅。

廿八日,中華業餘圖書館發起,約同上海市立圖書館、青年會圖書館,

召集上海各圖書館聚會,意欲組織工作者協會,後未成。

十月廿三日,呈教育局,請免房捐。

廿五日,上海市古代文物管理委員會屬填概況。

廿六日,上海市立圖書館發詳細表格屬填。

廿七日,教育局派王旃來調查。

十一月廿一日,惠民學校政治教員蔡聖慶來視察。

廿六日,教育局批,房捐准免三分之一。

十二月廿二日,向教育局領表登記。

二月廿二日,接管會爲勤里弄購公債,借本館應接室開會杜美新村住户。

廿三日,民主青年聯合會派員來調查。

廿八日,公安局派員來調查。

三月廿二日,中央文物局發來調查表令填。

四月六日,呈地政局,請免地産稅。

十日,地政局派員來丈量。

十五日,地政局批准,九分八厘五之地免稅百分之廿。

廿五日,教育局爲請免房捐派員來調查。

五月卅一日,直接稅局借本館應接室,召集附近商號開會,爲工商稅。

六月五日,新聞圖書館調查本館所藏新舊報紙。

十二日,教育局令填表。

廿七日,工商局召集座談會,商討搜集工人數字資料。

廿九日,教育局同意請求減免房捐三分之二。

八月十日,教育局令填表。

六、閲覽

本年度閲覽手續簡化,不限於有介紹者,人數增多,另有簽名簿。兹舉各機關團體來者志之。

…………

七、參觀

馬久甫　應燁　李寅文　程劍飛　方養修　施抱忱

八、展覽

本館以所藏出品參加展覽會兩次。

國立南京圖書館魯迅逝世紀念展覽會,本館出品廿二種。

全國出版事業展覽會,本館出品五四以前期刊廿五種。(原件;《顧廷龍日記》)

9月1日　分析釋文、各家校語。王祖昌來。張元濟送書來。顧頡剛來,晤先生及王煦華。(日記;《顧頡剛日記》卷六,第682頁)

9月2日　趙世遑有信致先生,請惠賜合衆所印各種書目,并詢應敏齋(寶

時）手札録副需抄費多少,擬送《桃溪雪》《外國師船圖表》給合衆。(原信)

9 月 3 日　視張元濟,張示翁方綱校《閣帖考正》及明正統本《宛陵集》。借《閣帖考正》歸,過録一通。訪顧頡剛。(日記;《顧頡剛日記》卷六,第 683 頁)

9 月 4 日　理應徵全國出版事業展覽會之雜志,并開列目録。朱士嘉自美國歸來,與先生别有十一年,暢談。(日記)

9 月 5 日　劉垣來。孫景潤來,購李宣龔藏《明實録》。晚,先生夫婦及誦芬宴客,座有顧頡剛、朱士嘉、趙泉澄夫婦、曹道衡。供展覽用之雜志即交顧頡剛帶北京。(日記;《顧頡剛日記》卷六,第 684 頁)

9 月 6 日　撰明正統本《宛陵集》提要。(日記)

9 月 7 日　閲《閣帖考正》。徐森玉來電話,告知鄭振鐸款已到。(日記)

9 月 11 日　訪陳永青。赴文管會,爲潘景鄭捐銅器事,并爲運陶器登記表蓋章。訪郭墨林。(日記)

9 月 12 日　劉垣、林宰平來,林適自北京返,帶到《光明日報》及宦鄉還書。張氏涉園藏陶十箱運往車站。陳永青贈書,有木版小説多種,已難得。晚,陳永青來談,極快。莊通百來。李馨吾來參觀。(日記)

9 月 13 日　理存書。劉垣來談。郭墨林往車站接洽運件,極爲費事,經諸工人熟商,始爲搬上車,明日當可成行。訪張乾若,還《洪憲稿》,又借去《武昌革命真史》二册。容庚來信,隨附張乾若稿費,囑轉交。(日記)

9 月 18 日　訪徐森玉,途遇趙萬里,昨日來滬,擬赴各處訪書。又遇彭恭甫,爲蘇州文管會事,與徐森玉接洽。致聶崇岐信、陳鴻舜信。曹泰吉帶到潘景鄭贈墨。陳器成來。(日記)

9 月 19 日　劉垣來。李宣龔由護士侍來,爲謝售《明實録》事。(日記)

9 月 20 日　校劉垣撰《丁在君傳》稿。劉垣來。楊友仁偕桑某來,出示王綏珊藏宋本《資治通鑑》、宋元明遞修本《王臨川集》。楊云"八年前由松岑師介紹一面,竟不相識矣。渠今日以宋本請菊老審定,而菊老言,最好屬余一閲,因來相訪"。(日記)

9 月 21 日　編金問源贈書片。李宣龔招茶點,座有江翊雲、林子有、林宰平、吳眉孫、陳病樹、陳頌洛、宋小坡和先生等。是日爲陰曆八月初十,陳後山生日,陳病樹主分韵爲詩以祝。(日記)

9 月 23 日　理拓片。至文管會,爲顧頡剛領薪。(日記)

9 月 24 日　理夏棟三贈拓片。劉垣請晚餐,座有林宰平、劉子楷、劉道鏗、馮幼偉、沈繩武、陳滄洲及先生。(日記)

9 月 25 日　誦詩卒忌。劉垣、林宰平來談,林示所撰《帖考》稿,留飯。閲肆,半年未往游矣。在温知書店,借得日人所編期刊目録一册,可資參考。(日記)

9 月 28 日　校書片。先生發現有讀者在《魯迅傳》上亂寫亂畫,即阻止之。

商務印書館送來校樣。(日記)

9月29日　寫閲覽注意事項：愛護圖書，提高公德，勿在書上亂寫亂畫，留心墨水筆沾污書籍。劉垣示惠宇藏《澄清堂帖》。訪張元濟。(日記)

9月30日　校片。理日記。復聶崇岐信，"傾懷以告"。(日記)

10月1日　國慶節。午後，赴文管會慶祝會。視黄樸奇，不值。(日記)

10月2日　得孫楷第來函，十餘年不通問矣，"因聞頡剛言及鄙況，特來相慰"。田魯璵托人携贈郭瑗《寓庸室遺草》一册，有函，謂"與吾家有年世之誼"。(日記)

10月3日　洪駕時來。閲肆。理潘景鄭贈書。(日記)

10月4日　赴文管會，爲潘景鄭領款，即代存浙江興業銀行。校《涵芬樓燼餘書録》。寄孫楷第《黄金華集》，聞有《諧聲譜》。張元濟送全國政協會議所印文件，"踐宿諾也"。(日記)

10月5日　李宣龔來，示陳後山生日各家詩。(日記)

10月6日　閲祝瑞開《説名家所討論的君藏問題》。爲少雲寫曲文一篇。劉垣來。赴修文堂，遇方詩銘等，取《明清内閣大庫史料》第一輯二册。(日記)

10月7日　理書。王祖昌來。(日記)

10月8日　高君賓、周聞韶來。林宰平來查書，并交紙款二十四萬元。校陳永青贈舊小説書卡片。(日記)

10月9日　校陳永青贈書卡片。祝瑞開來，談莊、墨，頗有所見。陳左高來閲書。(日記)

10月10日　編顔氏贈書目。陳夙之、徐鳳石、丁英桂送《經典釋文》《敬軒薛先生集》《莊渠遺書》來。(日記)

10月11日　閲《經典釋文》各校。陳器成示新得銅鏡，審爲隨庵(徐乃昌)物。渠將有陝行，擬訪購彩陶。先生以《甘肅考古記》借之。(日記)

10月12日　改《經典釋文》提要。重校《涵芬樓燼餘書録》校樣。訪張元濟，以《經典釋文》提要請正，張謂"將來封面屬余題署，序文如何載筆，須斟酌"，并謂手録《翁心存日記》緩日可送館。(日記)

10月13日　馮雄、胡道静來，胡贈胡樸安遺著《蒙書考》。葉安定來，洽校《涵芬樓燼餘書録》。(日記)

10月14日　撰《敬軒薛先生集》《莊渠遺書》提要。顧翼東夫婦偕幼女來。(日記)

10月15日　校《涵芬樓燼餘書録》。(日記)

10月16日　訪林宰平，其明日携眷北上，往送也。劉垣來，托購紙印《三希堂帖考》，用不敷款，劉許爲墊付。午後，訪張元濟，商宋元明遞修本諸史行款。誦芬熱退。(日記)

10月17日　酌改宋元明遞修本諸史行款。修改《敬軒薛先生集》《莊渠遺書》提要。復田耐曳、丁象庵、潘景鄭、容庚、冼玉清各信。蔣大沂電話，"謂唐弢有信，關於蘇南接管可園書，中央均知其事，靜候發展可也"。（日記）

是日　誦詩生忌。（日記）

10月18日　校《涵芬樓燼餘書錄》。（日記）

是日　張元濟有信致先生。

病榻尋思，來日苦短。因將齋中所存書籍屬女孫爲之檢理，有雜書若干件扎成一捆，今送上，如覺有用請存，否則棄去可也。又陳宋齋先生批校《漢書評林》《杜詩詳注》各一部，原擬修整，因循不果，今亦無此精力。同時是書本蛀損不堪，如不值修補，竟投諸字簏可耳。又《烟臺日報》合訂本五冊，大約係共黨在彼處專業之報。（《張元濟全集》第3卷，第48頁）

10月19日　倪壽川來，囑寫手卷簽。校《涵芬樓燼餘書錄》。潘景鄭言，宋元明遞修本衹七史有，它史無也。（日記）

是日　"先祖百齡，設祭"。（日記）

10月20日　劉垣來。倪壽川送簽來，索書。校《涵芬樓燼餘書錄》。徐森玉來電話，昨晨返滬。今始以雜志陳列一架，"五色繽紛，使人悅目也"。得潘景鄭信。瞿兌之謂將存箱一律捐贈。（日記）

10月21日　訪徐森玉，暢談。校《涵芬樓燼餘書錄》。（日記）

10月22日　校《涵芬樓燼餘書錄》。黃樸奇來。（日記）

是日　跋《淳化秘閣法帖考正》。（《全集·文集卷·跋淳化秘閣法帖考正》，下冊第543頁）

10月23日　校《涵芬樓燼餘書錄》。（日記）

10月24日　訪張元濟，商《涵芬樓燼餘書錄》刪藏印數處。至文管會，爲顧頡剛領薪。張乾若贈照片拓本。商務印書館取校稿去。復潘景鄭、錢鍾書信。（日記）

10月27日　校片。（日記）

10月28日　校片。赴文管會，聞均在爲柳亞子須借龍蟠里《南疆逸史》事籌劃。蓋因"柳屬饒漱石向南京借，該館例不出借。饒以此事交文化部長陳望道辦理，陳不知此爲何書，於是再交文物處長辦理，亦可謂小題大做也"。（日記）

10月29日　章元美來談，對燕京大學圖書館照料其存書不滿意，欲移存於此。應劉垣約午膳。蘇繼廎、劉道鏗、馮雄來。（日記）

11月3日　劉垣、章宗祥來借書。文管會來取馬叙倫"匋倉"，爲陳叔通所寄存者，徐森玉言在京時，馬所面囑捐獻者。郭石麒以錢友夔（人龍）日記見售，重其爲同鄉也。春秋書店新收得大批舊機關報告、統計年鑒之類，邀先生往挑選。先生選了二百數十斤。訪徐森玉，途遇胡惠春，知其昨日自北京歸。收到地產稅通知。（日記）

11月4日　劉垣來。寫報告。訪裴延九、胡惠春，皆未值。裴在京開會，尚

未歸。赴春秋書店再選書。（日記）

11月5日　譚其驤來，知現在復旦大學授課。潘景鄭來。與朱子毅商請免地產稅事，朱以爲祇可依規定辦理。（日記）

11月6日　訪謝仁冰，托請免稅，附上教育局呈文。謝見贈《華東政報》。（日記）

11月7日　訪徐森玉，不值。赴天平路文管會，看"陳列匋磁銅器"。訪胡惠春，不值。李宣龔攜護士來，先生約其後日開董事會。楊寬、方詩銘來借太平天國文獻。（日記）

11月8日　訪徐森玉，約定明日開董事會。訪張元濟，請題海鹽太平天國時易知由單。（日記）

11月9日　張元濟致先生信，爲董事會請假事。

> 敬啓者：今日本館董事會，元濟因病不克列席，請拔可先生代表。若拔翁亦不到，即轉請森玉先生，至感至感。此上起潛先生台鑒。
>
> 弟張元濟頓首
>
> 同人均此。外文件一函，乞代送森玉先生。（原件；《顧廷龍日記》）

是日　下午六時，召開合衆圖書館董事會第十次常會。出席者張元濟（徐鴻寶代）、徐鴻寶、謝仁冰、裴延九（胡惠春代）、胡惠春、陳朵如、陳叔通（謝仁冰代）、李宣龔（顧廷龍代）、顧廷龍。主席徐鴻寶，書記顧廷龍。

甲、報告事項

一、傳觀上次會議記錄。

二、朱幹事子毅報告一九四九年八月十六日至一九五○年二月十五日，及一九五○年二月十六日至八月十五日之帳略及財政狀況。

三、顧總幹事報告本年度工作概況。

乙、選舉事項

選舉任滿董事二人。陳叔通、李宣龔當選連任。（原件；《顧廷龍日記》）

11月10日　擬復文物局信，爲張元濟"匋器開箱，點缺俑三件、小牛一件，其實開箱人粗心，不知如何纏誤耳。免得跋涉，囑其尋不出時，作爲原清單有誤，以附贈卅四件中選若干補足缺數"。徐森玉同意，即繕發。（日記）

11月11日　謝陳器成爲付稱斤之書賬一百十萬元。出席教育局時事學習。訪曹泰吉。晤永瞻（日記）

11月12日　李宣龔病愈，來電話殷殷以董事會開會情形相詢，關於薪水有無調整，"余祇可告以容後再商，實則整個經濟已竭，如何可以調整，余何嘗不望加薪邪？徒重董事會之困難，不如吾一人受苦爲善，而拔老之意可感"。在中行別業門左廢紙鋪中，檢得日本萬治二年（1659）吉野屋權兵衛刊《莊子鬳齋口義》，當中國南明永曆十三年也。（日記）

是日　先生有信致陳叔通，告開董事會事。

久疏箋候，馳念良殷。比想爲國宣勞，政躬安豫，式符九頌。

本館董事會乘仁老赴京之前、惠春兄適返滬，即舉行年會一次。朵老身體未大愈幸能出席，拔丈則臨時以感冒未到。

館中經濟情況，現在爲止，尚有港幣五千元（本期地產稅六百〇五萬，正請仁老爲之申請減免），除去地產稅，每月經費力事撙節，以不超過三百萬元，當可支持至明年五月。朵老謂過年後再行設法。惠兄謂俟裴君歸，當有可圖。足紓廑注。

本館一年來，工作大概可述者：

一、購置馬列主義、毛澤東思想理論書籍，以供研究文化遺産者批判接受參考。

二、閱讀室中陳列新文化書籍及新出雜志，以便閱者自由取讀。

三、閱讀手續不以介紹爲限，人數增多。

四、一年中收到贈書一萬四千餘册，整理登記。

五、各機關來搜集資料者，有地政局、工商局、華東水利部、文化部、文管會、歷史博物館、文獻委員會等。

六、參加展覽會二次：南京圖書館之魯迅逝世紀念會，出品廿二種；出版總署之全國出版事業展覽會，出品五四以前期刊廿五種。（日記；《全集·書信卷·致陳叔通》，上册第 44 頁）

11 月 13 日　校片。校《涵芬樓燼餘書録》。訪徐森玉、顧頡剛。（日記）

是日　跋《莊子鬳齋口義》。

此書當吾國晚明永曆十三年所刊，末有牌記云“萬治二年己亥九月吉旦吉野屋權兵衛板”一行，改裝時訂入書腦矣。此刻昔在東瀛不列善本中，然由今視之，亦三百年舊物矣。余於廢紙肆中檢得，免爲裹餌之劫。（《全集·文集卷·莊子鬳齋口義跋》，下册第 747 頁）

11 月 14 日　校《涵芬樓燼餘書録》。劉垣來談。教育局來人，爲免地產稅事，并願助館中業務發展。（日記）

11 月 15 日　校《涵芬樓燼餘書録》。徐森玉來，贈食物，并轉到陳叔通札，附示《伏廬家傳》。（日記）

11 月 16 日　校《涵芬樓燼餘書録》。訪張元濟。顧頡剛來，晤先生及王煦華。（日記；《顧頡剛日記》卷六，第 693 頁）

11 月 17 日　先生有信致稅務局，“地稅正向主管機關申請減免中，款尚無籌到，不克如限先繳，請滯納罰金”。理《汪穰卿師友手札》。（日記）

11 月 18 日　排《汪穰卿師友手札》次第。王綏珊之外孫桑君以宋刻《名臣碑傳琬琰集》等屬審，并言科學院竺可楨有函致王家，擬購彼方志全部。先生力慫惥其速讓，既保存，亦可供人利用，又可得錢，最善矣。湯麟石以所著《文字溯元》囑校。（日記）

11月19日　徐子爲來商,擬爲陳去病印遺集。陸丹林來,初次相見,擬以葉恭綽昔日所經印之《廣東叢書》初集三十二部寄存合衆。此書原存商務印書館寄售,今以進行合營,遂將所有寄存之件退去。張元濟贈平湖陸菜《雅坪詩文集》。(日記)

11月20日　訪裴延九,未值。訪徐鹿君。午後,高君賓嫁女,賀者有朱履仁、金蘭畦、高爕及先生等。(日記)

11月21日　校《涵芬樓燼餘書録》。(日記)

11月22日　訪徐森玉。晚,顧頡剛宴請,送孫助廉北返,同席有先生、孫實君。(日記;《顧頡剛日記》卷六,第696頁)

11月23日　校《涵芬樓燼餘書録》。(日記)

11月24日　校《涵芬樓燼餘書録》。去教育局參加圖書審查會議。(日記)

是月　跋《三希堂帖考》初印本,林宰平撰。

　　宰平先生博洽群書,餘事八法,并超絶詣,致力帖學數十年,每感各家彙刻之帖爲數夥頤,而有考證無從之嘆。遂就所見所藏,手自輯録,成《帖目》若干卷,搜羅綦廣。又以讀帖所有心得,撰《帖考》若干篇,真贋淵源,辨析毫芒,迥非真知篤好,遏克臻此? 往歲葉揆初文盛稱是稿,曾議録副,卒卒未果,而龍心儀久矣。今春先生時來閱書,獲聞緒論,請觀所著,考證精湛,著録富贍,足以嘉惠來學。惟積稿甚巨,欹厥不易,緣擬分編遞録,藏諸館中,以公衆覽。其中《三希堂帖考》,可別自爲編。按是帖墨拓既夥,景印尤廣,然鉤摹誤敚,原委莫詳,讀者往往苦之。先生於此,詳記其行款,考明其存佚,校訂其異同,審辨其真贋,堪爲後學之津逮矣。惜揆丈墓草已宿,不及一見,爲可念耳!(《全集·文集卷·三希堂帖考初印本跋》,下册第638頁)

12月1—4日　校《涵芬樓燼餘書録》。(日記)

12月2日　接教育局通知,領免地産税申請表。(日記)

12月3日　填免地産税申請表。王育伊來談。(日記)

12月4日　胡文楷爲丁英桂領回《經典釋文》《敬軒薛先生集》《莊渠遺書》三種。教育局電話招談,免税衹免本身使用者,表須重填。顧頡剛來。先生又訪顧頡剛,同到程枕霞處,商開蠟像展覽會事。出,到修文堂選書,晚,又回枕霞家飯。(日記;《顧頡剛日記》卷六,第700頁)

12月5日　重填免地産税申請表。接税務局通知,經教育局證明,同意全免地産税。訪顧翼東夫婦。(日記)

12月6日　復陳叔通信。校《涵芬樓燼餘書録》。(日記)

是年　仍任上海市文物管理委員會顧問。(履歷表)

是年　任蘇州市文物管理委員會顧問。(先生小筆記本)

是年　跋《山谷外集注》,朝鮮古活字印本,約當中國明宣德間。(《全集·文集卷·山谷外集注跋》,下册第772頁)

是年　跋《黃太史精華録》。(《全集·文集卷·黃太史精華録跋》,下册第773 頁)

是年　張元濟病體稍見恢復,李宣龔即請先生襄助整理《涵芬樓燼餘書録》,那一時期,先生"幾乎天天下午三四點鐘來我家,坐在先父病榻之側,討論書稿。他們將書稿重加核對後定稿"。(張樹年《懷念起潛兄》,載《顧廷龍先生紀念文集》,第 27 頁)

是年　在《周叔弢先生六十生日紀念論文集》中發表《檢書偶記》,文中收有:

《恒言廣證》六卷清陳鱣撰,稿本　《小學盦遺書》四卷清海寧錢馥撰,鈔本　《皇明本紀》不分卷明闕名撰,明藍格鈔本　《大明初略》四卷明孫宜撰,明鈔本　《今史》九卷明闕名輯,明崇禎間藍格鈔本　《平粵録》一卷明談愷撰,明嘉靖三十六年刊本　《國朝當機録》三卷明黃正賓撰,明天啓元年刊本　《總督四鎮奏議》十卷明王一鶚撰,明萬曆十六年刊本　《廬江何氏家記》不分卷明何崇撰,舊鈔本　《虔臺倭纂》二卷明諭〈謝〉杰撰,明萬曆二十三年刊本　季錫疇傳王峻批校《水經注》四十卷清槐蔭草堂刊本　《大元大一統志》殘存三十五卷元索〈孛〉蘭肹等撰,清袁氏貞節堂鈔本　《寰宇通志》一百二十九卷明陳循等撰,明景泰七年刊本　《雪竇寺志略》一卷附圖明釋履平撰,明弘光元年刊本　《炎徼璅言》二卷明郭棐撰,明萬曆二十一年刊本　《粵劍編》四卷明王臨亨撰,明萬曆三十年刊本　《四夷廣記》不分卷明慎懋賞輯,舊鈔本　《工部廠庫須知》十二卷明何士晋輯,明萬曆四十三年刊本　《大明律附例》三十卷附録一卷明洪武三十年敕編,明舒化等纂例,明萬曆十三年刊本　《嘉靖新例》一卷明蕭世延、楊本仁、范欽編,明嘉靖三十六年梧州府知府翁世經刊本　《嘉隆新例附萬曆》三卷明闕名輯,明萬曆間刊本　《龍江船廠志》八卷明李昭祥撰,明嘉靖三十二年刊本　《算法全能集》二卷明賈亨編,明初刊本　《蹴踘譜》一卷明闕名撰,鈔本　《寓圃雜記》十卷明王錡撰,舊鈔本　《山谷外集注》十七卷宋任淵撰,朝鮮活字排印本　《黃太史精華録》八卷宋任淵選,明弘治十六年刊本　《歐陽修撰集》八卷宋歐陽澈撰,明洪熙元年刊本　《舊編南九宮譜》十卷《十三調南曲音節譜》一卷明蔣孝撰,明嘉靖二十八年刊本　(《周叔弢先生六十生日紀念論文集》,第 395 頁)

是年

俞陛雲卒,83 歲。

金兆蕃卒,83 歲。

1951年　48歲

1月1日　訪李宣龔,病體已復,惟不敢下樓。訪顧頡剛。晤金子敦。李佩秋來,知文管會事已成。訪裴延九,不值。(日記;《顧頡剛日記》卷七,第2頁)

1月2日　劉垣來。張樹年來,偕訪徐森玉。剪貼《韋齋詩》。(日記)

1月3日　徐森玉來電話。晤裴延九,明日北上。汪伯繩來。(日記)

1月4日　先生有信致陳叔通,待明日與徐森玉商後再發。(日記)

1月5日　剪貼《韋齋詩》。繕發致陳叔通信,爲開辦普通閱覽室、人事、經費、捐款等事。(日記)

前奉上月廿二日手書,敬悉一一。承賜政協紀念冊及《蹇季常墓志》,祇領感感。尊處所有書刊,皆關史實,現在不便移存,能否於一年半載,俟過時間性後發下一次,仍由館中秘藏之,無任企盼。

最近教育局文教處群衆文化科(此科即主管滬市圖書博物館者)有同志來談,渠稱本館之設備,推爲私立圖書館中最好,即鴻英亦不如,其他圖書館均甚簡陋。又於本館所作保存史料工作,認爲亦相當重要,但今市立之圖書館僅兩處,希望本館開展業務,兼辦普通閱覽,俾多吸收讀者,局方當公私兼顧,予以協助。龍告以開辦普通閱覽,祇以人力、財力有限,房屋逼仄,有實際困難存在,尚未能推進,以後當朝此方向進行,待房間設法調度,整理工作略事結束,再研究開展辦法。彼云主管上亦并非就要望其實現。竊本館開辦之初,曾經商酌是否須辦普通閱覽,經張、葉兩公鄭重考慮,以爲普通閱覽所需人力、財力、房屋衆多,非私人之力所勝,故決定不辦,而辦此專門國學圖書館,乃於拮据之中勉度十一年,積書至廿餘萬冊。故本館目前主要業務實在存書之整理編目,以便參考,同時爲研究者服務,倘能專心致之,收效較宏。

如今本館辦理普通閱覽,設備亦多不適(厠所就困難),況滬市文化水平較高,普通閱覽并不甚少,如各學校、工廠工會、機關團體均各有其圖書館,而文化遺産之搜集,可以供應參考者,實尚缺乏。沙彥楷先生嘗稱,本館爲上海舊文化中心,蓋亦有便於衆也。事必專一而後可精。觀於出版事業,已經分科,最爲有見。仁老曾謂本館倘能由主管機關主管之,較可相得,但無從覓此途徑耳。本館爲實事求是,不圖形式主義,能否改名爲"合衆文物研究資料館"或"歷史圖書館"(即如市立博物館,解放後教局以其收藏偏於古物,即正名爲歷史博物館),以示與負有一定的宣傳教育之縣市省立圖書館有別。學校可以有專科,何以圖書館不可有專門,即蘇聯莫斯科有歷史圖書館、工藝圖書館、外國文圖書館，亦各有專門。龍總望本館能維持其專門性質，萬一非辦普通閱覽不可，則因陋就簡，聊應門市，擬分兩部分，樓上舊書爲研究部，樓下新書爲普通部（樓下祇可騰出會客室，但亦不易），另添報紙雜志，至新書一年來已添購有七百餘本（教局同志亦言不少），不敷時，再向市立圖書館告借復本陳列。選購新書，均以社會科學爲範圍，不能兼及自然科學矣。普通閱覽，自由取閱，相當時期後再辦出借。研究部則恢復介紹，一則便於管理，一則文化遺産。爲配合抗美援朝，亦須將書籍審查，有無違礙，尺度能寬能緊，一時不易竣事，祇好酌量公開，亦實際困難也。

關於人事，原爲六人，朱子毅（總務兼任）、杜幹卿（蓋印、理報、照料閱覽室）、王煦華（編目）三君，裱工一人，工友一人，及龍。現在裱工已停（汪穰卿藏札裝畢，已由森老介至文管會工作），改請朱女士專編新書目錄，由王君輔導之。如普通閱覽室開放，即由朱女士管理之。舊書整理方面，擬請潘景鄭兄返館從事。如此，實際僅加一人，諸事或可應付矣。

關於經費方面，原擬每月開支三百萬元，預計前年所捐港幣可度一九五一年上半年（均已劃滬）。但本館薪給素小，同人不能久安，即以龍言，去年幸得商務校字之酬，始償所逋，拔老、森老屢主酌加，爰擬自本年一月起經常費加爲四百萬元，則大約可支至四月。如辦普通閱覽，房捐每季七十三萬元，當可請求全免，經常費不致再加。至開辦時須有臨時費（如閱覽桌椅等等添置），或可向教局申請一次津貼補助之。

關於捐款，前承示及裴君籌得港幣萬元，徐鹿君先生爲森老言亦如此。龍曾訪裴君，擬以館務等報告并請教，適均相左。昨由森老往訪，意請裴君將捐款早日劃滬，一則備五月後之支用，二則慮港幣續跌或竟阻梗，接濟恐斷，聞裴君即日北上，晤面時，希與妥商爲幸。（底稿）

1月6日　至教育局工會，聽學習布置。（日記）

1月7日　王庸來。劉垣來。蘇繼廎贈書，“均有用而難得，繼廎亦許余爲知書而相贈者也”。北京圖書館楊殿珣、高熙曾來，楊來閱年譜。得葉恭綽信。（日記）

1月14日　校片。陳乃乾來查書。郭若愚來。（日記）

是日　陳叔通有信致先生。

接五日起潛兄長箋，均謹悉。弟意普通閱覽，一則力所不及，二則意義亦與一般重複，能暫時拖宕再説。將來終難持久，彼時公家或亦更寬裕，多多幫助，再爲展開。最好改名爲“研究館”，以與其他圖書館有別，可以從長計議。延九兄已於談及港幣已降低，不劃滬則又慮再降，萬一竟匯劃不通，則變爲凍結。此款劃滬，預計可支持至明年六月，以後再募不易。此時劃滬，已須分户分次，請董會速決。延九在滬時不開董會，實爲錯過。以後可至菊老處或拔可處開會，如兩老處均不宜，則事後徵求其同意，此館最後仍

須屬之公家也。（原信）

1月15日　校片。郭若愚來。（日記）

1月16日　校《涵芬樓燼餘書録》。訪徐森玉，不值。李英年來，未值。王育伊來，贈袁爽秋（昶）手札三通，在垃圾堆中檢得者。（日記）

1月17日　校《涵芬樓燼餘書録》。（日記）

1月22日　劉垣來。徐森玉來，商陳叔通信。訪張元濟，以陳叔通信示閲。（日記）

1月23日　徐子爲來。訪徐森玉，爲儉廬老人售畫及書事。潘景鄭携家多來。理尺牘。（日記）

1月24日　校《涵芬樓燼餘書録》。復聶崇岐信。（日記）

1月26日　訪裴延九兩次，不值。方詩銘來借太平天國文獻。吳諫齋、瞿鳳起、瞿兑之先後來。（日記）

1月27日　校《涵芬樓燼餘書録》。訪陳選珍，未值。杜詩庭偕封君來，"示簡亭公遺墨，從未見過。查譜，恍然。謂可相讓。日前石麒示一卷，有榮緋公題詩，亦手筆。先人遺墨相集於余，可不珍之"。聶崇岐來信，言燕京將改國立。顔樂真存箱二取去。（日記）

是日　潘景鄭有信致先生。

　　　日前去錫，昨歸，奉手書，敬悉。承代介紹金陵，謁勝感荷，日内當姑妄試之，有無眉目，再行函告。今日徐船已來，又將手頭所有零星抄稿本裝札一蒲包，即日運滬，《真相畫報》亦附在内。其中《世補齋醫書》原稿本一函，保藏極宜，免得散失耳。又彭氏家信一册，似亦可存。因匆匆檢取故，隨得隨檢，不無竹頭木屑耳。本擬將手頭詩文集刻本裝運，但因館收清人詩文已復不少，所寄重複亦覺無聊也。承招追隨館事，固心所願，惟明正如何脱身正在籌措，倘到申，決來館。至待遇一層，弟決當勉盡義務，絶不計及。吾兄此次相助，已令我感無以報，稍盡綿薄，庶以分勞耳。如何脱身，容再緩告。最近弟又爲錫行之前專員謝君所控告，以解放後不予名義要求調解，結果以理由不充足，致不受理，但恐人心不古，又將層出不窮耳。此我躬之無能，又可見一斑矣。（原信）

1月28日　訪張乾若。得陳叔通信，"普通閲覽亦主緩辦"。（日記）

1月29日　訪徐森玉，不值。（日記）

2月1日　訪顧頡剛，"以松交公柯木竹石景印本及俠君公詩箋見假"。晚，顧頡剛夫婦宴客，座有先生、孟軺、人麟，九時餘散。（日記；《顧頡剛日記》卷七，第14頁）

是日　爲黄永年跋《吳都文粹》，孫毓修小緑天景宋賓王鈔本。

　　　采集吾吳文字，始於宋鄭虎臣之《吳都文粹》，其書上溯漢唐，訖於南宋，至明錢穀父子踵成《續吳都文粹》。……《文粹》雖幸有活字本一綫之傳，然魯魚亥豕，觸目行間。曾以郡故者往往一再校讎，校讎之最精者，則推宋賓王，今有傳鈔之本，莫不祖述於是。……吾友黄永年英年好學，留心舊籍，雅有同好，比從修文堂得此，爲無錫小綠天閣孫氏據原本景鈔者，書法精整，不啻虎賁中郎，示讀之次，率記數言，相遇質證。公元一千九百五十一年二月一日，顧廷龍。（《黄永年與心太平盦》，第 7 頁）

是日　下午五時，在李宣龔家召開合衆圖書館董事會第十一次臨時會議。出席者張元濟（李宣龔代）、李宣龔、裴延九、胡惠春（裴延九代）、謝仁冰、陳叔通（謝仁冰代）、徐鴻寶、顧廷龍。主席徐鴻寶，書記顧廷龍。

甲、報告事項

一、傳觀上次會議紀録。

二、顧總幹事報告云，十二月廿二日教育局工作同志張承昭女士來館指示，略稱本館房屋設備爲私立圖書館中所少見，現在專供研究者參考固甚重要，但希望今後展開業務兼辦普通閱覽，趨於大衆化等語。竊維當今文教事業自以面向群衆爲急務，本館當循此方向前進。但本館情形特殊，有其困難之處。查本館於一九三九年創辦時“緣起”中嘗云，同人平素所嗜皆爲舊學，以國故爲範圍，俾志一而心專，庶免汗漫無歸之苦，乃得分工合作之效。籌備之初，復經鄭重商酌，以上海區域之内普通圖書館、科學圖書館、經濟圖書館均已有之，本館當就各家捐贈書籍之性質，建設一專門國學圖書館，以别樹一幟。當年張董事長即指示云，宗旨一專取國學之書，二不辦普通閱覽。宗旨既定，一切辦法便可依此決定。已故葉常董亦云，本館以不辦普通閱覽爲主要，因一切設備辦普通閱覽者易致繁費，房屋尤甚。因此本館專事供應研究者之參考，十年以來，讀者稱便，外埠亦往往有函詢資料者。解放後，各機關、學校、團體中有需研究資料者甚多，皆來本館檢閱，凡研究者所得結果，必將傳布於大衆。故本館事業對於大衆化爲廣義的、提高的、簡〈間〉接的，其宗旨實與時無違，此其一。況上海欲閱普通書籍之場所較多、較便，因機關、學校、團體、工會大都各有圖書館，又與本館鄰近之圖書館而辦普通閱覽者，南有鴻英圖書館，北有英國文化委員會。據本館同仁往各圖書館視察所得，多數閱覽尚屬報紙，而供給報紙閱覽，除上述兩館外，尚有延安中路墙上貼報二處：一友聲旅行團所辦，在富民路口；一靜安寺區政府所辦，在威海衛路口。本館無再辦報紙閱覽之必要。一年來，本館置備馬列主義、新文化書籍已有七百餘册，任人閱覽。至本館原有之業務，實爲本市所缺乏，此其二。本館建築爲辦專門圖書館而設計，不够宏大，贈書出乎意料之多，餘屋難騰，衛生設備亦太少，倘人數過多，殊難應付，此其三。且本館藏書已有廿二萬餘册，編就目録者僅五萬餘册，尚有十餘萬册亟待整編，以利閱覽。若須兼辦普通閱覽，勢必分散力量，卒恐徒具形式，兩無實利，此其四。關於兼辦普通閱覽之指示，應向董事會報告并加説明。

乙、討論事項

一、主席提議：本館應否籌備普通閱覽及如何着手案。

決議：有實際困難，暫緩舉辦。通過。

二、主席提議：經常費應加調整案。

決議：自本年一月起，經常費調整爲每月四百萬元。購書費爲五十萬元，如特需添購時，得由常務董事核定之。通過。（原件；《顧廷龍日記》）

2月2日　陳樂素來，忽忽三年不見，未暢談，約明後日再來。（日記）

2月3日　陳樂素、瞿鳳起、徐子爲來。張元濟送《涵芬樓燼餘書録》來。葉安定來商《書録》排法。（日記）

2月4日　寫議案。閲肆，以《純常子枝語》易景印元槧《東京夢華録》。潘增桂贈明嘉靖刻《修辭指南》殘本。（日記）

2月6日　陰曆新年，至葉景葵宅及張元濟處賀年。飯後出去拜年。王育伊等來拜年。（日記）

2月7日　至李宣龔處，未見。又至顧頡剛、裴延九處。午後，偕誦芬等參觀太平天國展覽會。王祖昌、黄樸奇夫婦來。顧頡剛來，“晤嬋”。（日記；《顧頡剛日記》卷七，第17頁）

2月8日　至王育伊處，長談。午後，又去朱子毅等處。（日記）

2月9日　訪徐森玉，賀年。得嚴鷗客信。汪伯繩、顧翼東、劉垣等先後來。顧翼東談北行聞見甚詳，留夜飯。（日記）

2月10日　劉垣來。徐子爲來商跋稿。復陳叔通信。（日記）

2月11日　訪劉道鏗，商葉氏三分公司事。復聶崇岐信。（日記）

2月12日　閲潘氏滂喜齋藏宋元本。潘景鄭携家多來訪。訪徐森玉，交書單，適開會，未多談。校《東觀餘論》。（日記）

2月13日　陳乃乾偕吳靜山來。（《陳乃乾日記》，第184頁）

2月15日　《合衆圖書館董事會收支報告》（1950年8月16日至1951年2月15日）編竣。（原件；《顧廷龍日記》）

2月18日　章宗祥來。顧翼東招飲。赴教育局開會，人滿不得入。訪瞿鳳起，觀書三十餘種。（日記）

2月19日　劉垣、瞿鳳起、高君賓來。顧頡剛鈔先生《吳都文粹》跋，“入先父所鈔該書後”。中午，顧頡剛夫婦宴客，座有先生夫婦、祝瑞開、王煦華。訪徐森玉。（日記；《顧頡剛日記》卷七，第22頁）

2月20日　訪張元濟。校《涵芬樓燼餘書録》。潘景鄭始來編胡樸安藏書目。（日記）

2月21日　校片。（日記）

2月22日　校潘景鄭贈書片。徐子爲、高君賓來。致聶崇岐、容庚信。（日記）

2 月 23 日　排《涵芬樓燼餘書録》。錢鶴齡來。劉垣來,談宋明崇孔子名教與夷夏之防。(日記)

2 月 24 日　撰《虢盤跋》。訪徐森玉,未值。(日記)

2 月 25 日　顧頡剛來,囑爲其友題墓碑。潘增桂贈明刻散頁。(日記;《顧頡剛日記》卷七,第 23 頁)

2 月 26 日　徐森玉來。訪李英年。朱一冰來任事。(日記)

2 月 27 日　校片。訪徐森玉,交擬答陳叔通信。瞿鳳起來信,"真欲謀事,竟難如願,天水往日之約,實屬泡影"。(日記)

2 月 28 日　校片。王育伊贈書,謂徐家匯天文臺由科學院接管,該臺已有八十年歷史,藏書由十數册積至五萬餘册,皆專門天文者。(日記)

3 月 2 日　理書。(日記)

3 月 3 日　理書。復葉恭綽,寄贈瞿子久遺著。(日記)

3 月 4 日　校片。(日記)

3 月 5 日　閲肆。(日記)

3 月 6 日　訪徐森玉。贈《甲戌叢編》《丙子叢編》《辛巳叢編》。應丁燮柔招飲。得顧廷鳳信。(日記)

3 月 7 日　校片。訪徐森玉。夜,看《南來雁》。(日記)

3 月 8 日　校片。誦芬始宿校。(日記)

3 月 11 日　中午,王鴻儒及其子煦華宴請,座有顧頡剛、先生等。(《顧頡剛日記》卷七,第 29 頁)

3 月 14 日　訪徐森玉,告與裴延九接洽情形,擬不開會。午後,赴逸園聽報告。(日記)

3 月 15 日　訪謝仁冰,告設普通閲覽室事,贊成。托募書,亦允。函聶崇岐、容媛、陳鴻舜。(日記)

是日　上海市文管會主任委員李亞農、副主任委員徐森玉聘先生爲上海圖書館籌備委員會籌備委員。(聘書)

3 月 19 日　文管會召開圖書館籌委會第一次會議,到會有徐森玉、顧頡剛、先生、李芳馥、王育伊、劉汝醴。(《顧頡剛日記》卷七,第 32 頁)

3 月 20 日　晚,王煦華與朱一冰在三和樓設喜宴,顧頡剛、先生、楊鑒等參加,兩家親戚共約十桌。(《顧頡剛日記》卷七,第 33 頁)

3 月 21 日　王煦華、朱一冰結婚,往賀。(日記)

3 月 22 日　訪張元濟,遇劉承幹。宋小坡、孫伯繩、倪壽川、程伯臧來。顧頡剛有信致先生。(日記;《顧頡剛日記》卷七,第 34 頁)

3 月 23 日　李宣龔招談,以《晚翠軒詩稿》《雙辛夷樓詞》見托。(日記)

3 月 24 日　嚴孟老來,示英和《芸館集仙圖》、蔡葛山《澄懷園舊友圖》二卷。校書片。(日記)

3月25日　吊林子有。陳覺人見訪,贈《東北經濟小叢書》全部,今已難得矣。(日記)

3月26日　劉垣來。文管會召開圖書館籌委會第二次會議,到會有徐森玉、顧頡剛、先生、李芳馥、王育伊、劉汝醴。(日記;《顧頡剛日記》卷七,第36頁)

是日　張元濟有信致先生,還書并附趙世暹來信。

　　　假讀《清儒學案》五册,已閱,謹繳還,乞察入。趙敦甫有信來,附呈台閱。敦甫誠有心人,明日須送商務諸君答覆。敦甫在何機關,任何職,乞示。(《張元濟書札》,第177頁)

3月28日　趙世暹有信致先生,見到"原刻譚評《水經注》(胡適之所謂已不易得者)十二册,書品本不佳,店中人亂收拾一陣,更爲減色。因前次一部龔景瀚校黄晟刻本得到大價,便索價二十四萬元(他還未見過北大《書錄》),擬俟籌到些錢再同他談談。弟以爲這類書不能論品相,實係罕見之書,未可輕易放過耳"。(原信)

3月29日　閱《山東省立圖書館分類法》。(日記)

3月30日　徐森玉電話,邀先生兼任上海圖書館事。午後往晤,未值。(日記)

3月31日　校書片。《韋齋詩》付裝。(日記)

是月　送《心太平室集》一部(四册)給陳左高。封面上書"左高吾兄鑒存。廷龍。一九五一年三月"。(照片,李軍提供)

4月1日　校《涵芬樓草目》。復趙世暹信。致張芝聯信,轉張元濟贈其先人遺札。致聶崇岐信,商誦芬他日擬往寄宿。致葉恭綽信,詢楊瑞林久不來,是否先北返矣。(日記)

4月2日　理《韋齋詩》。瞿鳳起來。午後,赴教育局,告以普通閱覽室已在籌備。赴文管會,"知三館須暫停進展,因新址須借作開土產展覽會之場所"。訪張元濟。(日記)

4月3日　爲張元濟注藏書家字貫室名。夜,訪瞿鳳起昆仲,觀宋元鈔校本三十餘種。(日記)

4月6日　趙世暹有信致先生。

　　　示敬悉。翰才函告彭已到滬,見過徐、柳二公,據説"書存九龍,即設法取回",仍待下回。明譚元春《水經注批點》可能是孤本,胡僅見清刻本,南京圖書目祇作"水經注"而無"批點"字樣,當非原刻也,如何?《江蘇水利全書》賣的有限,送了七八十部,尊處可不必買,霞老之後人送弟一部,謹當轉贈,擬題"請轉贈張菊生老伯創辦的合衆圖書館"好吧?可能附個特別有趣之條件,菊生老伯處,乞閱後代爲送去,有一大段話可省再寫了。

　　　兄對善本書必多考究,對《金石錄》(宋板)有何高見,請示以廣學識爲盼。此書在部(按,指文化部)批未到、未曾貢獻以前,爲避免麻煩起見,不願多人知之,請暫秘勿宣,并乞代陳菊老爲叩。敬頌大安!

　　　　　　　　　　　　弟趙世暹再拜　一九五一.四.六.

　　張老伯似自己另外住,他府上還有什麽人一起住,他老人家近來身體如何? 均乞便中示下。(原信;沈津、丁小明整理《顧廷龍友朋書札選》,載《四庫文叢》第1卷)

4月8日　潘景鄭有信致先生。

　　昨午車返蘇,不及言別爲歉。頃文學山房江君過訪,携示先德秀野主人所藏抄本《東坡文選》一册,藏印纍纍,悉爲秀野先生當時所用各印。朱批眉端行間甚多,卷末有一行云:“康熙己丑寓淮陰,讀過一百遍,甲戌至己卯理過五十遍。”但下未署名字,疑是手批之本,惟版心下有“愛汝堂”三字,其堂名似非先德所用,不知是清初誰家所用,能查得否? 已與江君議價,俟收得即可奉貽,惟經蟲傷刊敚,擬裝襯後帶申也。來此僅一日,終算亦巧遇有緣耳。謗書如有消息,或必要時,弟可抽身一行,以免耽擱時日也。(原信)

4月15日　訪陳選珍,未值。得潘景鄭贈顧嗣立手抄手批《東坡文選》,末有“讀過百遍、理過五十遍”之短記一行。又“滌齋公《瀾溪贈咏》舊刻一册,皆家寶也”。(日記)

4月16日　瞿鳳起、劉垣、高君賓來。晤陳器成。(日記)

4月17日　赴文管會,抄贈書單。陳乃乾來訪,未值。訪李寅文,探鴻英圖書館近况。復謝張澍嘉贈書函。得潘景鄭信,明日可與夫人同來矣。(日記;《陳乃乾日記》,第190頁)

4月18日　王雨樓、葉安定來,商印《涵芬樓燼餘書録》事。夫人自蘇州歸來。(日記)

　　是日　陳乃乾以《太平天國書目》送先生閱看,“宗子戴刻《咫園叢書》僅成五種,其子禮白以板售諸葉揆初,藏於合衆圖書館。前年曾印紅樣二十部,今日起潛分一部見贈,其中《嘉篨軒集》[①]二卷,余所輯也”。(《陳乃乾日記》,第190頁)

4月19日　訪徐森玉。教育局批文到,房産捐減免三分之一。(日記)

4月20日　訪謝仁冰,謝謂“房捐事可由渠致書戴局長,説明房捐不能多減,亦不宜增加。森老亦贊成”。(日記)

4月22日　訪謝仁冰,致戴局長信閱定簽署。劉垣來。(日記)

4月23日　爲房産捐減免事,與税務局交涉。李宣龔來電話。(日記)

4月24日　浙江興業銀行薛佩蒼電話,稱在倉庫中檢出陳舊存書五箱,先寄存合衆,如無人提取,即作捐贈。旋書到,爲湯蟄先編《三通考輯要》,其他局

---

① 《嘉篨軒集》:當作《嘉蔭篨集》。

刻《通鑑》等，又浙江興業銀行光緒間空白支票。繳房捐。植生贈陳藍洲致陶方之手札一册。謝李宣龔贈《雙辛夷樓詞》《晚翠軒詩稿》等。（日記）

5月1日　作《涵芬樓燼餘書録》後序。

　　　海鹽張菊生先生於戊戌政變後，僑居滬濱，悉心文教。當鼎革之際，古籍淪胥，先生四出訪求，所獲漸富，琳琅萬卷，甲於東南。先築涵芬樓藏之，繼復擴充爲東方圖書館。倭寇肆虐，俱罹焚如，僅少數善本先期移存他所者幸免浩劫，損失之重，曠古所無。豈特一館之事，蓋攸關國家文化者甚巨。忽忽二十年，尚無可以繼而起者，思之能無餘憤！當先生初闢圖書館，以爲祇便閱覽，未足以廣流傳，遂發願輯印善本，博訪周諮，采摭牉合，成《四部叢刊》、百衲本《廿四史》等，皇皇巨編，嘉惠來學。先生嘗言：景印之事早十年，諸事未備，不可也；遲廿年，物力維艱，不能也。此何幸於文化銷沈之際，得網羅僅存之本爲古人續命，而又何不幸於甄擇既定之本尚未版行，乃嬴火横飛，多成灰燼，是真可爲長太息者也。館中藏弆，毀者什七八，存者什二三。然猶幸宋元精槧、名家鈔校，大都留遺，先生因編次爲《燼餘書録》，考訂詳明，於流略之學多有裨助。……抗日戰起，先生與葉揆初丈慮寇氛之日熾，亟圖國故之所以保存，乃創立合衆圖書館，召龍司檢校之役，追隨杖履，飫聞緒論。龍亦有搜輯流通之好，惜時會難逢，百無一就，恭荷獎掖。此録付印，命爲校字，每有商榷，備承詔示。今獲告成，不僅燼餘之書有一詳細之記載，亦且示舉世毋忘日寇之暴行，更惕厲後人作勿替之愛護也。（《全集·文集卷·涵芬樓燼餘書録後序》，上册第216頁）

5月4日　顧頡剛來。晚，陳乃乾來，謂“前月南京有大批舊書論斤售出，水利學專家趙世暹購得宋刻《金石録》五册，完好如新每斤價三千元，乃從甘氏津逮樓散出者，頃已捐獻政府，將由振鐸帶京”。（《顧頡剛日記》卷七，第55頁；《陳乃乾日記》，第192頁）

5月7日　顧頡剛夫婦宴客，同席有徐森玉、鄭振鐸、王育伊及先生。（《顧頡剛日記》卷七，第57頁）

5月9日　鄭振鐸在上海樂義飯店樓下，召集上海圖書館、博物館工作人員開座談會，發言者徐中玉、舒新城、楊寬、白蕉、阮學光、金則人、陳世襄、章景璈、童養年及先生等。（《鄭振鐸年譜》，下册第752頁）

5月10日　趙世暹有信致先生。

　　　四.卅.片示，敬悉一一。再賜書請勿再用明信片，尊札文字、書法雙佳，用好信箋則更美觀，弟將一一珍藏，隨時取出欣賞也。張老伯（在滬住址乞便中示及）七日後附題跋稿（不勞我兄録副矣）可爲該書增光不少，内有“將以獻諸中央政府”一語，弟以爲“政府”上似宜增“人民”二字，乞爲進言爲叩。張老伯前乞爲請安，不日弟再另稟，拜禱拜禱。兄幾時有空，甚盼將對《金石録》之高見另箋録示，弟將一併存之，如何如何？甘家有《申報》若干,竟賣給攤販,弟代國學圖書館買到了 15、16、17 年,當約九斤,其餘均爲人糊了盒子,可惜可惜……

再者,弟請菊老題字是有表揚此書之意,説出"專就此書"恐老人誤會,弟有俗念,望酌量略爲一提。同弟一起看見此書之兩位南京朋友,擬請文化部印一種"南京人論南京事"之孤本著作,作個紀念,弟同意此請,故在報告中述及,按照日下之時價,此書可值若干? 乞示,以作印書經部同意後提出擬請印何書時之□□者也。拜禱! （原信;沈津、丁小明整理《顧廷龍友朋書札選》,載《四庫文叢》第 1 卷）

是日　陳叔通有信致先生。

叔衡兄來,提及葉宅地租問題,能否由董事會提出免繳,一則現在拖欠不是辦法,二則尤慮萬一圖書館將來或至歸公,則又不容拖欠。未知兄亦計及否? 照葉宅近況,不免亦交不去,不交亦不能起訴,究竟是揆公出捐也。其媳言氏,則又欲繳地稅而不交租,尚欲獲得產權,此則無理取鬧,不值一笑。總之,葉氏除揆公外,均有問題。專此奉告。（原信）

5 月 11 日　顧頡剛有信致先生,云:"沈鳳笙先生精於禮學,現擬編纂《古代生活圖》,欲常到尊處參考資料,特爲紹介,乞給以便利,是爲至禱。"（《顧頡剛書信集》卷二,第 518 頁）

5 月 14 日　訪顧頡剛,長談。（《顧頡剛日記》卷七,第 60 頁）

5 月 15 日　上午,文管會召開圖書館籌委會第三次會議,座有徐森玉、顧頡剛、先生、李芳馥、王育伊、劉汝醴。（《顧頡剛日記》卷七,第 60 頁）

5 月 17 日　寫請免地稅函,託謝仁冰送顧準局長。晚,劉道鏗來,轉下陳叔通 10 日信,爲葉氏地租事。（日記）

5 月 18 日　訪徐森玉,告潘氏重器可捐獻,不能賣。葉安定來,送《涵芬樓燼餘書録》後序校樣,即校付印,今日可竣事矣。據言張元濟約 21 日須看樣書。自始工至畢工,亦十閱月,如釋重負。張元濟送回《金石録》,趙世暹命爲記,不可却,"翻閱再四,無可言,蓋菊老跋盡及矣"。（日記）

5 月 19 日　閲《歷代帝王宅京記》。約李寅文看《金石録》。午後,參加教育局召開的公、私立社教機關工作人員大會,主題爲抗美援朝,貫徹新愛國主義教育,鎮壓反革命分子。（日記）

是日　陳叔通有信致先生。

弟十日曾上一函,由新華銀行轉,函內關於葉宅地租免交一節,正與昨奉四日惠函相同。現在計算尚有十五年之久,圖書館是否尚有變化,即是否能支持,或竟至改爲公有亦甚難説,則第五條是否尚有問題? 此不過弟個人不免偏於照顧葉宅之見,連帶叙及免稅事,亦須經過董事會通[過],始能加注。開放後,每月開支須加若干,地稅應可全免? 森玉先生已返滬否? （原信）

是日　趙世暹有信致先生。

　　近日事忙甚，夜間十一二時纔能就寢，清早六時以前就起，一時不能請假。菊生老伯健康異似，極以爲念，他老人家信中説過一點，弟不曾多問，甚盼兄能詳示些爲叩。日常還請醫生看否，以往醫生如何説法，他老人家每天下午什麼時候坐些時，晋謁以什麼時間爲合式，均在念。成氏遺書存魏家者，經馬君全爲買來，還有三兩本重複的，另單詳開一切。弟祇見過《禹貢班義述》一種，陋甚，其他均收入别的叢書否，尚待兄見示，拜禱。前在甘家買到一部《賓退録》（白紙，二十行，十八字，有徐紫珊、徐渭仁、趙秉淵藏書印。序及第一頁黑口，餘皆白口，上刻字數，避康熙諱，不避乾隆諱，自非乾隆仿宋刻本，不知是那家何時刻本？乞示）。在魏家，馬君又代買毛釘本《石亭紀事》一册，卅六頁，有兩頁前頁僅二行“敕封儒林郎翰林院庶吉士加二級，晋封奉政大夫賜侍讀銜内閣中書山陽丁晏撰”，無聊甚。毛釘本丁晏《四人年譜》（鄭玄、陳思王、陶潛、陸贄），首有頤志齋專刻書目一頁，道門周濟《序》一頁，《頤志齋叢書》是否已收，亦定爲一查，拜禱。尊事不輕巧，弟一再以瑣事相擾，皇恐皇恐。張府地址亦希覆。敬頌雙安！弟趙世暹再拜。

　　　　　　　　　　　　　　　　　　　　　　　五.十九.

　　《江蘇水利全書》不日□□寄上。

　　　　再啓者：頃奉十六日示，敬悉一一。《金石録》五册，弟買得方式究竟有些不規矩，但甘家有人將此書曾翻了一陣，究連大德年號都没注意，亦大可憐耳。令友有願看該書，千萬不可聽其白看，看了便他請〈請他〉寫幾句賜弟存之，拜禱拜禱。張老伯之《書録》不知有多少本，將來賣價若干，甚願得一部也。甘氏《書目》等件容當與馬興安君一談，若能找到，必爲兄録副。弟去過之甘家凡四房，所有書全賣光，住大板巷者還有些書，曾勸馬君設法一看，據説有若干墨本已帶到臺灣去了。（原信；沈津、丁小明整理《顧廷龍友朋書札選》，載《四庫文叢》第 1 卷）

5 月 20 日　閲宋刻本《金石録》，潘景鄭見借顧廣圻、黄丕烈合校本。（日記）

5 月 21 日　校《金石録》。訪徐森玉，未值。王祖昌偕王烜之來。得趙世暹信。（日記）

5 月 22 日　閲《金石録》。鄭振鐸來，即以《金石録》面交。《涵芬樓燼餘書録》樣本裝成。赴人民圖書館，參觀兒童閲覽情形。得陳叔通復信。（日記）

　　是日　陳乃乾來，觀崇禎票擬本三册松江封氏藏，去年郭石麒論斤購來、《金石録》五册，“即南京甘氏所藏本，十行二十一字，曾經水漬，損傷甚劇，中縫刻工姓氏及葉數已模糊難辨。葉數似每十卷爲起訖，首葉欄右題‘唐氏有匪堂秘藏許就讀不借’，當是明人墨迹。副葉題‘大德丙午二月十三日藏於藏易齋’，分兩行，下用‘俞’字白文方印。又一行題‘嘉緒觀’，似亦元人手筆。藏印有胡蘆印

‘陶俞’，不知爲誰。眉間有木記楷字四行，曰：‘賣衣買書志亦迂，□護不異隋侯珠。有假不返遭神誅，子孫鬻之何其愚。’棉紙極佳，每幅中間有楷字‘晏如’朱記。宋版書紙上有印記者，余僅見《王荆文公集》及此書耳”。（《陳乃乾日記》，第194頁）

5月23日　校太平天國文件。（日記）

5月24日　訪張元濟。潘景鄭將胡樸安藏書目編成，胡道靜來，即以示之，渠近赴寧參加太平天國展覽會，携贈《目錄》一册。嚴鷗客來信，即復。（日記）

5月25日　稅務局來調查，量葉景葵宅地基。題倪迂存藏《歷代帝王宅京記》。胡道靜囑查武訓資料。（日記）

5月27日　趙世暹有信致先生。

廿五示敬悉，謝謝。魏家驊校刊成書，兄之推測極對，馮書即托魏校刊。菊生老伯精神甚好，聞之甚慰。弟恐一時不能來。《江蘇水利全書》下周內郵寄，并附抄本書五册四種、短文三件，分贈貴館及商務。寄到時，擬乞將上菊生老伯之稟，又縣志一種、短文三件代爲陳閱爲叩（馮件之亦帶去）。兄對短文等件有何高見，亦乞指示爲禱，弟誠心誠意，仍望多多幫忙也。成書所刻各文有無收入其他叢書者，盼便中見示，爲省時間計，在原單上作個記號即可也。事多瑣碎，實不急急。滬上在舊書堆中找出明抄本，大佳事，此後必可救回古書若干。惟盼文物處範圍能放寬些，參照北京辦法，祇要是完整的便論斤，有時且加成，收買到更可保留此矣，如何如何。（原信；沈津、丁小明整理《顧廷龍友朋書札選》，載《四庫文叢》第1卷）

5月29日　商務印書館贈《涵芬樓燼餘書錄》（先生題簽）四部，校費一百五十萬元，即匯四十萬元至蘇州。訪顧頡剛，贈《涵芬樓燼餘書錄》。夜，王祖昌來，放幻燈片《從猿到人》，本弄來觀者五十人。（日記）

5月30日　訪張元濟，暢談，趙世暹贈書呈張元濟閱。張檢示舊《東方雜志》，以備劉垣查端肅遺事密札。胡道靜來查武訓資料。（日記）

5月31日　校片。檢《東方雜志》所載端肅遺事密札。謝仁冰贈《華東政報》。（日記）

6月1日　瞿鳳起請鄭振鐸、徐森玉及先生觀善本書。鄭振鐸言，將來擬由中央統籌，借書給私立圖書館。（日記）

6月3日　訪謝仁冰。胡文楷來，詢及《涵芬樓燼餘書錄》有無違礙字樣。高樂賡贈其友遺書。（日記）

6月4日　訪鄭振鐸，交印泥。晤胡厚宣、賀昌群，胡謂下次新史學會開會借本館場地。訪徐森玉，商潘達于攀古樓獻鼎售鑄事，鄭振鐸亦來，旋同歸。晚，里弄開會，先生被推舉爲文娛組組長。（日記）

6月5日　校片。潘達于來談鐘鼎事。瞿鳳起來，言及潘氏滂喜齋書“會中已有還價矣”。訪張元濟，談《涵芬樓燼餘書錄》。（日記）

6月6日　校片。税務局批文到，"本館使用地免税，葉姓使用者須照繳，并去年免者須補繳"。訪徐森玉，擬開董事會。（日記）

6月7日　訪謝仁冰。訪朱子毅。至税務局取繳款書。鄭振鐸宴請捐獻文物圖書給國家的人士，出席者潘世兹、丁惠康、潘景鄭、瞿濟蒼、瞿旭初、瞿鳳起、黄源、徐森玉、唐弢、鍾林以及先生等。顧頡剛有信致先生。（日記；《鄭振鐸年譜》，下册第755頁；《顧頡剛日記》卷七，第72頁）

6月8日　訪謝仁冰，商請免補繳去年已免之税函稿。赴陳漢第宅，爲徐森玉取印泥，即送去，未值，交謝稚柳轉。（日記）

6月9日　訪謝仁冰，托轉税務局請免補繳税函。"關於房捐，仁老主張再請免"。顧頡剛來信，囑爲胡厚宣題"八家所藏甲骨文字"簽。（日記）

6月10日　訪鄭振鐸，送其明日行。鄭言"將來擬以私立圖書館爲據點，推行新文化，各館自就其原有業務發展，詢余意何如"。徐森玉來，未值，遇於鄭振鐸處。（日記）

6月11日　郭紹虞來查書。訪張元濟，暢談。歸訪陳漢第，交漢第夫人印泥款。（日記）

6月12日　訪徐森玉。校片。（日記）

6月13日　校片。訪謝仁冰。王祖昌來。（日記）

6月14日　校片。（日記）

6月17日　下午，在合衆圖書館，參加新史學研究會，討論武訓問題。到會者有周谷城、周予同、蔡尚思、顧頡剛、林舉岱、金子敦、潘碌基、譚其驤、李旭、徐德璘、朱錦江、蔣天樞、蘇乾英、史守謨、楊寬、王蘧常、王國秀、黄穎先。（《顧頡剛日記》卷七，第75頁）

6月20日　赴文管會，商取潘氏滂喜齋書事。訪裴延九，已赴京不值。（日記）

6月21日　訪陳選珍，已赴杭不值。接税務局通知，追繳去年已免之税。訪張元濟，因兩夜未能入睡，略有不舒，未晤。（日記）

6月22日　校片。籌付税務局去年已免之税款。教育局來人，談兩事，"（一）一般補助將由人民圖書館購書辦理。（二）近接政務院令，重點補助私立學校及圖書館。圖書館如合衆，以綫裝書爲專門，擬撥款補充，一方面本館可添購新書，分借各學校，作爲推廣工作，屬徵董事會意見，盡速編製預算具報"。訪徐森玉，談蘇南陳某詢捐鼎事，先生告以"此鼎全國性者，上海爲華東大埠，不久將辦大規模博物館，獻諸政府，較爲適宜，中央文物局、華東文物處均已説定"。（日記）

6月23日　復趙世遑信。訪張元濟，尚未愈。至來薰閣，携書數種而歸。（日記）

6月24日　上午八時，召開合衆圖書館董事會第十二次臨時會議。出席者張元濟（徐鴻寶代）、徐鴻寶、謝仁冰、陳叔通（謝仁冰代）、陳朵如、李宣龔（顧廷龍代）、顧廷龍。主席徐鴻寶，書記顧廷龍。

甲、報告事項

一、傳閱上次會議紀録。

二、顧董事兼總幹事作一九五〇年八月十六日至一九五一年二月十五日止半年度財産目録及收支報告。

三、顧總幹事作二月以來經常費收支報告。

四、顧總幹事報告添闢普通閱覽室經過。略稱教育局兩度指示，須增辦普通閱覽。曾經上次董事會決定，因有實際困難緩辦在案。迨三月十四日，教局又來指示，迫切之下，遂與各董事個別商酌，均同意克服困難，即行試辦。當將應接室及穿堂間騰空，因原置書箱甚多，搬移較費時，前者改爲閱書室，後者改爲閱報室。設備方面，僅添製告白版兩座、報紙架一隻、圓凳十二隻。先後承商務印書館贈書一〇八種，三聯書店十八種，大中國圖書局贈地圖畫片四種，顧頡剛先生贈生理衛生挂圖一套，楊勉齋先生贈茶杯十隻。布置粗畢，即于五月十日開放，改由前門出入，每日讀者平均在百人左右。

五、顧總幹事報告教育局對本館擬有重點補助及申請情形。

乙、討論事項

一、主席提議：本館屢經主管機關指示，添辦普通閱覽室有迫切需要，自當克服一切困難，積極籌備，業於五月十日開放，請追認案。

決議：通過。

二、主席提議：葉揆初先生租地建屋，原訂合同載有租金，從前幣制變動，難以折合，延擱未付。現在葉氏境況艱窘，無力負擔，應如何處理案。

決議：感念葉揆初先生創辦辛勞，租金應予免收，由雙方協議，在原合同上加以批注。

通過。（原件；《顧廷龍日記》）

6月25日　致教育局函，請減免房捐。送《單伯鐘》及鄭振鐸見假之《支那古銅器菁〈精〉華》六册，交文管會謝稚柳。查《八十九種明代傳記綜合引得》及《清代文集篇目分類索引》所收書目，本館所無者均開單，以便作擬采購預算。（日記）

6月26日　訪鴻英圖書館，“頗資借鏡”。（日記）

6月27日　趙世暹自南京來，偕訪張元濟，已大愈，恐其疲勞，少坐即辭。教育局約談，稱“本季房捐來不及申請，祇可待下季矣。略談補助事”。（日記）

6月28日　趙世暹來，贈《庫車》一册。王祖昌來，述及《大公報》6月24日載有讀者詢上海有無歷史學術團體？教育局答本市有私立合衆圖書館及私立新聞圖書館，均藏有較豐富的歷史書籍。（日記）

6月29日　徐森玉問捐鼎事。編預算。午後，訪徐森玉，不值。（日記）

6月30日　訪徐森玉,不值。赴教育局,談補助費,似爲兩千萬,囑另填表,并發工作總結提綱。此次補助爲收購舊書之費。(日記)

7月1日　張元濟來函,并附致陳毅市長信,告以合衆圖書館創設情形及藏書規模,謂"邇來爲面向群衆,將原有新文化書籍略加補充,別設普通閱覽室以便學習。……近承主管機關教育局對敝藏舊書頗爲重視,將有重點補助之意。此惟人民政府乃能兼顧周至,令人感奮"。先生爲重繕送還簽名,午後即發,并附合衆圖書館書目三種。交朱子毅辦土地登記各件。(日記;《張元濟全集》第2卷,第390頁)

7月2日　訪徐森玉,商潘達于捐鼎信稿。李亞農以文稿囑書。顧頡剛來。(日記;《顧頡剛日記》卷七,第81頁)

7月3日　抄李亞農文稿。(日記)

7月4日　送申請表至教育局。局方表示,申請説明擬加詳。(日記)

7月5日　送申請表至教育局。潘氏滂喜齋書"由瞿、孟二君領去"。(日記)

7月6日　寫李亞農文稿。(日記)

7月7日　訪徐森玉,交潘達于捐鼎信。交李亞農文稿。訪顧翼東。張元濟送閲市政府復信并邀談。閲宋徽宗書畫各一,又宋刻本《韵語陽秋》。(日記)

7月8日　校片。閲《中國共産黨的三十年》。(日記)

7月9日　訪徐森玉,獲觀賞溥杰趙元卷、梁楷《高僧卷》。(日記)

7月10日　校片。(日記)

7月11日　李亞農、徐森玉宴請劉晦之,爲其贈書,座有周孝懷、周谷城、胡厚宣及先生。寄葉恭綽拓片一包。得陳叔通信。(日記)

7月12日　爲潘氏滂喜齋領書款。遇陳夢家。胡道静來。校片。(日記)

7月13日　沈文倬來,擬請其將合衆書片作初步分類整理。劉晦之來。(日記)

7月14日　訪徐森玉。請沈文倬將1943年至1951年6月所收書作初步分類,其有一二個月暇,此爲臨時工作也。與沈文倬商總結提綱。(日記)

7月15日　劉垣來。擬總結提綱,請沈文倬修正。瞿鳳起、張軼歐、徐益之來。潘增桂來,贈《節孝先生集》目録一册,適爲滂喜齋所捐一部缺失者。(日記)

7月16日　抄總結提綱。爲李宣龔取回畫件。朱子毅來電話,謂"地政局稱,務須有教育局證明,確係私立社教機關而并無營業收入者"方可免税。謝仲易、張芝聯來,暢談。(日記)

7月17日　寫致教育局函。訪謝仁冰。地政局來人瞭解情况,爲免升科費。訪張元濟,交《東方雜志》單,言及中南文化部詢商務印書館所收王先謙《兩唐書合注》稿,當年王雲五以二千元購入者。(日記)

7月18日　劉垣來。方詩銘來。誦芬入校,集中學習,住校第一日。(日記)

7月19日　姑母病逝,周姑丈招之,往商後事。"余婉言火葬較省便。據云,本人最反對其事",後商定經濟殮。復旦大學蔣天樞來。(日記)

7月20日　殮姑母,賻五十萬。"姑丈之窘,可以度矣。"(日記)

7月22日　校片。撰工作總結。夜,劉垣招飲,座有吳敬儀、謝仁冰及先生等,席間商談常州文獻徵存會今後辦法。(日記)

7月23日　訪徐森玉。劉汝醴歸,略談京游見聞。王育伊來,談科學院圖書室情形。李英年來電話,由京返滬治病已月餘,再有十日北返。(日記)

7月24日　撰工作總結。顧頡剛來,并晤潘景鄭、王煦華。(日記;《顧頡剛日記》卷七,第91頁)

7月25日　偕潘家華(潘達于之女)至文管會,晤丁琦。撰工作總結。(日記)

7月27日　胡道靜來,爲改總結稿,"并爲言用字情況,真益友也"。郭紹虞來電話,欲聘先生授"圖書館學",婉却之。(日記)

7月28日　將工作總結送各董事閱定。陳選珍改數處,即返,餘均無改。裴延九未值。(日記)

7月29日　請王煦華繕正工作總結,至晚八時始竟。(日記)

7月30日　將工作總結送教育局。(日記)

是月　陳叔通有信致先生。

　　奉七月二日手復,敬悉一切。合眾實爲普通圖書館,不同從前,籌備多年,不能開放,是時不改易名稱,例如改爲有保存性、研究性之名稱一類,實爲失計。此時改易,便不順手,百變成了不三不四,難得滿一般人之意。延九云,似又募得若干,前後是否有兩萬港幣,可爲接洽黃浴沂、欽書兄弟,應否加推爲董事(中興煤礦公司如解決,可以有希望,弟屢與桂老談及),亦可與延九一談。葉宅合同批注,以徐聯璧爲繼承本合同之權利義務,此有何根據? 是否根據原合同,抑根據遺屬? 弟記得此屋徐聯璧不過一半,有一半爲其次子綱所有。他們將來爭論甚多,其長子尚不甘心,請注意。菊老病可慮,肝瘅,小便不時有,此爲鼓脹之先兆,《大公報》吳正之即此病,無治療之法而又苦痛,終至小便毒入血液或入心臟,即不起,未知近日如何?《爐餘書錄》幸公爲助,得以告成。潘明訓書是否全獻,抑半賣半獻? 潘氏盂鼎能否運動亦出獻,新獻出之禹鼎,可與盂、毛公并峙矣。(原信)

8月1日　教育局電招,往談補助事,發重點補助通知二千萬元。(日記)

8月3日　文管會宴請潘達于、家華母女,座有黃源、徐平羽、唐弢、陳夢家、潘景鄭及先生。(日記)

8月4日　領教育局補助款。赴鴻英圖書館,請教會計支付計劃。沈劍知來。(日記)

8月5日　偕王煦華至中國圖書發行公司,爲商配新書事,約選書千萬元,以便選剔。又同至人民圖書館,探團體借書辦法。閱肆。歸,疲甚,進晚餐即吐。(日記)

8月6日　赴人民銀行開户。再至教育局財務室洽談。高君賓來,言浙江省文教廳代管劉承幹嘉業堂藏書。(日記)

8月7日　得徐中舒信,多年不通音問矣。訪徐森玉,不值。(日記)

8月8日　教育局來電話,謂升科費可免。訪徐森玉。午後,至教育局交支款日期表。潘景鄭贈《烏臺詩案》(馬寒中刻本,有顧嗣立秀野草堂藏印)。復徐中舒信。謝徐調孚贈書。(日記)

8月11日　理書。(日記)

8月12日　瞿鳳起來,告文管會須添人,囑介潘景鄭往。(日記)

8月13日　訪徐森玉,即與言潘景鄭願至文管會工作,徐允設法。(日記)

8月15日　訪張元濟,張述海鹽老宅捐縣立中學校舍。(日記)

是日　聶崇岐有信致先生,對《秦會要訂補》提出意見。(原信)

8月17日　孫實君來電話,《國朝獻徵録》須售六百萬元。先生就商於徐森玉,祗能割愛。誦芬歸。顧翼東夫婦暨女來。(日記)

8月18日　誦芬言,已分發中央某處工作,未定,21日即行。潘達于在錦江飯店宴請先生。(日記)

8月19日　催孫實君送樣。(日記)

8月20日　陳乃乾介紹新聞總署蘇暉來閲《女聲》。(日記)

8月21日　誦芬到校,悉行期改至23日。(日記)

8月22日　王祖昌來,爲誦芬刻圖章。誦芬送行李到校,夫人陪往。吳諫齋來,約看姬覺彌(佛陀)藏書。李寅文來,以羅子敬藏書相示,以爲合衆可購也。趙世暹贈書由西安寄到。(日記)

8月23日　誦芬得友電話,改明晚動身。(日記)

8月24日　上午,誦芬赴校聽報告,四時集中出發。先生夫婦至車站送行,"舐犢之情,何能自已"。(日記)

8月25日　誦芬遠行,家庭寂寞,想念不已。(日記)

8月29日　得誦芬信,知在華北學院學習,候派。即復誦芬。文管會召開圖書館籌委會第四次會議,自二時至五時,座有顧頡剛、先生、李芳馥、王育伊、劉汝醴。(日記;《顧頡剛日記》卷七,第104頁)

8月30日　晚,顧翼東、潘家寧來。(日記)

8月31日　得誦芬信,知派航空工業局。即復并托陳叔通轉。(日記)

是月　完成《合衆圖書館第十二年工作報告》(一九五〇年八月十六日至一九五一年八月十五日止)。

本年度本館工作方針中,因叠經主管機關教育局之指示,遂由專門收

藏進而傳播馬列主義、毛澤東思想,添辦普通閱覽,面向群衆,爲我館一大
轉變。在經費支絀之中,添購新書,稍增設備,勉敷應用,并即由原有人員
從事新舊書刊之採購編目、閱覽輔導以及雜務等,人負數責。普通閱覽室即
於五月十日開放,七月底作總結報告送主管機關。八月一日,教育局予以重
點補助二千萬元,商定添置新文化圖書一千二百萬元,歷史圖書六百萬元,
文具用具四百萬元,遂漸充實,讀者大增。又目前可以參考歷史材料者僅我
一處,整理不能稍懈,乃有雙重業務,讀者或稱我館新舊兼備,應有盡有,十
得八九,參考便利,不虞之譽也。本年本館報告,除總結外,仍按往例,粗述
如下。

一、入藏

子、捐贈(結算至一九五一年六月)。

………………

共計一四八二種,三八〇〇册、三七張、一卷。

本年各家贈書中,名貴者舉要如下:

邢冕之先生贈清順治三年開科《殿試策》及《木天舊事》。

孔陟岵先生贈清光緒癸未科顧厚焜《殿試策》。

潘家多先生贈明末史料六種、康有爲跋明世德堂刊《荀子》、明刊《俞仲
蔚集》、歸懋儀《繡餘五續草》稿本、李鴻裔《蘇鄰日記》、潘曾綬《陔蘭書屋
日記》。

王育伊先生贈袁爽秋手札三通。

陳直生先生贈陳藍洲手札一册。

李拔可先生贈翁方綱批《五言詩》、《雙辛夷樓詞》稿本、《晚翠軒詞》稿
本,又附贈雙辛夷樓玉笛一枝。

潘景鄭先生贈清名人《行狀》八十五種、《題名録》五十三種、《齒録》
二十三種、《同官録》二十二種、《搢紳録》二十六種,又小説章回、彈詞唱本
六十種,皆不易蒐集者也。

沈邁士先生贈舊外交部編印交涉結案文件四十四種,印本不多,蒐集
尤難。

捐贈拓片……共計二二種,一一〇三張、三册。

丑、採購。

本年購書費專添新文化書籍,以應急需,用購舊書者甚少。共計新書
七六四種,七八一册。

一九五〇年十一月,春秋書店收得大批解放前舊政府機關所出報告、
統計之類,頗有參考價值,將稱斤鬻爲紙漿。該店據同業言,能知是項書籍
有用者,祇有合衆圖書館,特來相告,當即往檢,得二百九十斤,價一百拾萬
元,正苦款無出處,適陳器成先生至,知其窘狀,慨然代付,爲搶救廢紙之先

聲也。共計舊書二七二種,三八一册、一張。

攝照宋拓薛尚功《鐘鼎彝器識款〈款識〉》卅八張。

寅、傳鈔。

《釋梧溪集訂訛》,顧千里未刊稿本,一册。

本年入藏總數,圖書二五一九種,四九六三册、三八張、一卷;拓片二二種,一一〇三張、三册;玉笛壹枝。

歷年積存圖書總數四三六八三種,二三二八〇四册、七一〇張、四〇包、四二卷;拓片三五〇八種,一〇一三二張、一七七册、一七〇包、一九軸;文物五三種,一三册、五六張、一一卷、三件、十五方。

兩共圖書總數四六二〇二種,二三七七六七册、七四八張、四〇包、四三卷;拓片三五三〇種,一一二三五張、一八〇册、一七〇包、一九軸;文物五四種,一三册、五六張、一一卷、四件、十五方。

二、編纂

編録本年贈購各書。

編成胡氏書目三册,李氏書目一册,潘氏書目一册。[①]

整理所存期刊。

三、人事

一九五一年二月廿六日,延朱一冰爲幹事,擔任登録。

同年五月一日,楊鑒改爲專任,擔任新舊期刊管理。

四、事務

一九五〇年八月十六日,民政局社團科令填登記表,并稱我館應受雙重領導,組織由民政局領導,業務由教育局領導。

廿四日,公安局本區派出所新任所長來調查。

十一月廿四日,教育局社教處胡就明副處長召集各圖書館討論審查圖書辦法。

十二月五日,稅務局核准一九五〇年下期地産稅全免。

一九五一年三月五日游行,濟華醫院借作救護站。

四月十日,教育局郝中林、肖容招顧總幹事談話。

十三日,教育局社教處胡就明副處長來館視察。

十九日,房捐原免三分之二,本季教育局改准三分之一。

二十二日,謝董事致函戴局長,以房捐減免三分之一有失公私兼顧之義,請予重核。

六月五日,一九五一年上期地産稅申請減免後,稅局批,本館使用部份全免,葉宅使用照繳,去年免者,亦須補繳。

①指《涇縣胡氏樸學齋藏書目録》《閩縣李氏碩果亭藏書目録》《吳縣潘氏寶山樓藏書目録》三種。

六月十七日,新史學會借本館開會。

廿一日,人民圖書館館長阮學光來,謂教育局擬補助本館圖書,即開單交去。

廿二日,教育局張承昭同志來,稱教育局擬對本館有給以重點補助計畫,屬往申請。

廿八日,《大公報》讀者詢問,上海有無歷史學術團體,教育局答,本市私立合衆圖書館藏有較豐富的歷史書籍。

七月十三日,水産管理局來檢覓漁業史料。

卅日,作總結報告送教育局。

八月一日,教育局重點補助二千萬元領到。

八日,請教育局減免地産登記升科費,批准。

十日,聽教育局戴局長報告。

五、閱覽

…………

六、展覽

太平天國起義百年紀念,本館以所藏海鹽《易知單》一件、《敬避字樣》二册送往陳列。

七、追記

一九五一年四月八日,永嘉張氏池上樓贈書十二箱,約計三百十九種,二千三百二十八册、六張,尚待整理。(原件;《顧廷龍日記》)

是月　《合衆圖書館董事會收支報告》(1951年2月16日至8月15日)編竣。(原件;《顧廷龍日記》)

9月1日　李寅文囑偕往文管會,知已移往舊跑馬廳。陳器成嫁女,往賀。(日記)

9月2日　李寅文來,囑寫小屏。下午二時至六時,在合衆圖書館參加新史學研究會,在座有周谷城、周予同、顧頡剛、王蘧常、蘇乾英、譚其驤、胡厚宣、陳旭麓、束世澂、伍蠡甫、朱錦江、姚紹華、姚舜欽、陳守實、朱謂、黄穎先。(日記;《顧頡剛日記》卷七,第105頁)

9月3日　訪裴延九,不值。訪顧頡剛,亦不值,與頡剛夫人靜秋談。訪李宣龔,大愈。得地税局通知,須復量本館、葉宅分地畝分。韓君濤邀看姬覺彌書,《道藏》已爛去半部。至浙江興業銀行,交地税局通知。至三馬路閱肆。得誦芬第三封信,工作尚待分配。即作復。前寫二信,誦芬尚未收到。(日記)

9月5日　繳捐款。(日記)

9月6日　得錢鍾書信,於誦芬遠行甚關切。先生"亦莫可奈何也"。(日記)

9月8日　訪徐森玉,見趙仲穆、馬文璧、滕用亨畫三軸。誦芬來信,已決定

分赴東北工作。(日記)

9月9日　"念兒殷切,心緒不寧。閱舊籍人多,殊碌碌。"(日記)

9月10日　赴文管會,出售明孔天胤刻本《資治通鑑》,"先人所遺,窘迫出此,心甚不安"。夫人念誦芬,"夜不成寐,日間一閑即哭泣,一家三口,遽爾分離,亦人情所難免"。(日記)

9月11日　顧頡剛將《法净寺塔經》送來。先生夫婦訪顧頡剛。(《顧頡剛日記》卷七,第108頁)

9月12日　接誦芬信,知必赴瀋陽工作。(日記)

9月13日　將請免房捐信乞謝仁冰轉送。得聶崇岐信。(日記)

9月14日　接誦芬發自瀋陽信,知尚需六七日後可派定工作,大有分至哈爾濱之可能。夫人"極不贊成。即去函,勸即留瀋,然後我家再謀北遷。昨半夜,會夢中呼兒,其挂念之切可知。奈何! 奈何!"校《涇縣胡氏樸學齋藏書目錄》。(日記)

9月15日　校《樸學齋書目》。檢可送展覽之件。海軍部詢舊《徵信録》。(日記)

9月16日　出席上海市教育局系統模範代表大會。蘇繼廎贈宋刻佛經。(日記)

9月17日　訪徐森玉。(日記)

9月18日　校《樸學齋書目》。(日記)

是日　陳乃乾來,還《玄覽堂叢書》一冊。(《陳乃乾日記》,第205頁)

9月19日　校《樸學齋書目》。訪張元濟。將李翊東稿付裱。(日記)

9月20日　校《樸學齋書目》。得誦芬信。(日記)

9月21日　復誦芬信,寄寒衣。(日記)

9月22日　校《樸學齋書目》。潘景鄭編李宣龔藏書目録竟。(日記)

9月23日　校李宣龔藏書目録。訪裴延九。(日記)

9月24日　得誦芬信。訪徐森玉、曹泰吉、顧頡剛等。"夜不成寐"。(日記;《顧頡剛日記》卷七,第114頁)

9月25日　查注近代史料説明,爲備南京博物院展覽用。致馬衡信,請查發葉景葵及合衆所預約之《四明志》兩部。(日記)

9月26日　税務局批文到,免房捐應仍照舊例須向教育局申請。訪張元濟,商申請事,"余意我據政院條例,税局別解,應向政院請求解釋。菊老以爲小事,不欲大做。商定仍向教局申請"。(日記)

9月27日　赴教育局,訪張承昭,不值。(日記)

9月28日　訪張元濟。將申請免捐函送教育局。赴文管會。(日記)

9月29日　訪李寅文,商調整圖書館開放時間。誦芬來信,知東北物價較各處爲高。(日記)

9月30日　顧頡剛來,晤先生、潘景鄭、王煦華、楊鑒,送紅蛋,蓋9月11日其子德澄生。瞿兌之來,以兄弟鈔録之《李星沅日記》二十本求售,索四百萬元,"無從協商矣"。劉道鏗、裴延九來。(日記;《顧頡剛日記》卷七,第116頁)

10月1日　王育伊自京返,暢談見聞。(日記)

10月3日　晚,訪顧翼東夫婦。(日記)

10月4日　與陳乃乾通電話。(《陳乃乾日記》,第207頁)

10月6日　張元濟還何青耜(兆瀛)日記二十一册,送者途中遭小偷竊去。午後,托各肆代緝。(日記)

10月7日　瞿鳳起來。校《樸學齋書目》。(日記)

10月8日　訪徐森玉,不值。訪冒廣生,"以何青耜日記十册示之"。赴春秋書店,托訪失書。向教育局領減免房捐表。(日記)

據《冒鶴亭先生年譜》,10月,張元濟有信致冒廣生,"告以合衆圖書館新得何青耜日記稿本數十册,有數十處與先生(按,冒廣生)祖輩來往唱酬,并詢及如皋舊宅事"。冒廣生遂函囑顧先生,向合衆借閲何青耜日記。先生"親自送來十册,後又派人送十八册"。(《冒鶴亭先生年譜》,第518頁)

10月9日　文化部舉行潘達于捐鼎授獎典禮,先生受邀參加。午後,上海圖書館籌備會流會。與徐森玉、劉汝醴漫談上海圖書館未來規劃等事,"余觀該址,各室不甚聯繫,而書庫尤卑濕不宜,辦公室確然不好。余遂先言,書庫不甚安妥。汝醴言,明年一、二層間之夾層可以讓出,可作書庫,較佳。余又言,閲覽室大而多,極好,但讀者未必有如是之多,如坐不滿,不甚好。汝醴言,此技術問題,可將桌子排鬆。余言,不如逐步開放。汝醴恍然,逐步開放可以先行交易,擇吉開張。森老亦稱是。果能如此,則可留出兩閲覽室先作辦公室,則暫可相安"。填減免房捐表,送教育局。(日記)

10月10日　檢點金氏贈書。晚,李宣龔招飲,座有汪辟疆、吳眉生、徐森玉、程誦洛、[①]陳季鳴、陳病樹、宋小坡、沈劍知、陳趙亭、李蘇堂、凌宴池及先生。(日記)

10月11日　續點金氏贈書。得蘇繼廎函。復汪孟涵信。夜,里弄開會。(日記)

10月12日　校《樸學齋書目》。徐鳳石來。訪張元濟。閲書攤。致孫耀卿函。復冼玉清信。(日記)

10月13日　校《樸學齋書目》。得誦芬信。(日記)

10月14日　校《樸學齋書目》。參觀土地改革展覽會。復誦芬信。(日記)

10月15日　訪劉垣,暢談。(日記)

10月16日　閲汪孟涵稿。李馨吾約看謝氏書樣。得陳叔通信。章宗祥介

---

①程誦洛:似爲陳誦洛之誤。

紹吳昆吾來贈書。地稅通知到,又須申請。(日記)

10月17日　寫請免地稅信。訪謝仁冰,不值。蔣大沂來長談。訪徐森玉,其即去北京,立談片刻。稅局來電話,房稅可退。教育局來人,囑開工作人員名單。得誦芬信。(日記)

10月21日　顧頡剛與張文清來,訪潘景鄭未遇,與先生、孔拾和談。(《顧頡剛日記》卷七,第126頁)

10月25日　顧頡剛來。(《顧頡剛日記》卷七,第128頁)

10月27日　中午,顧頡剛夫婦在錦江飯店宴客,同席有誠安夫婦、逸如、德輝、德平、鴻鈞、先生夫婦、潘景鄭、王煦華、楊鑒、郭紹虞夫婦等,"凡五桌,每桌菜價四十萬元,連茶、酒、飯、捐、小賬,共三百〇三萬元"。三時,客散。(《顧頡剛日記》卷七,第128頁)

11月1日　赴稅局領退地稅款。王祖昌來,暢談。起草給教育局的報告,關於補助費的使用、效果及以後的工作計劃。爲袁氏寫招牌。(日記)

11月2日　生日,"治麵爲祝"。約沈文倬修改給教育局的報告。(日記)

11月3日　修改給教育局的報告。下午去教育局社教處開會,關於補助圖書館經費事。(日記)

11月5日　訪張元濟,暢談。夜,與夫人觀看電影《弱者,你的名字是女人》(朱琳主演)。寄誦芬手套等。寄張乃棟函。(日記)

11月6日　徐森玉來談京游情形。訪裴延九、陳選珍、謝仁冰,約開董事會。午後,偕王煦華赴人民圖書館,領補助書一千二百七十七冊。(日記)

11月7日　鈔補助書單。倪壽川、徐森玉來。得誦芬信。擬董事會報告。致林宰平信。(日記)

11月8日　章宗祥來。下午二時至五時,文管會召開圖書館籌委會第五次會議,看書店送來樣本,參觀圖書館各室。同會者有顧頡剛、徐森玉、先生、李芳馥、劉汝醴。與徐森玉商填教育局登記表事,徐言要加"宣傳馬列主義"。(日記;《顧頡剛日記》卷七,第133頁)

11月9日　與張元濟商填登記表事,張亦贊成徐森玉意見。(日記)

11月10日　撰董事會報告。晚,與朱子毅談館事,一時始寢。(日記)

11月11日　"開會,經費均允續籌,請菊老手書募啓,由延翁携南。"(日記)

上午九時,召開合衆圖書館董事會第十一次常會。出席者張元濟(徐鴻寶代)、徐鴻寶、陳朵如、裴延九、謝仁冰、陳叔通(謝仁冰代)、李宣龔(顧廷龍代)、顧廷龍。主席徐鴻寶,書記顧廷龍。

甲、報告事項

一、傳觀上次會議紀録。

二、顧董事作一九五一年二月十六日至八月十五日止半年度財產目録及收支報告。

三、顧總幹事作七月以來經常費收支報告。

四、顧總幹事報告本年度工作概況及一九五一年上半年總結。

乙、**討論事項**

一、主席提:本館擁護政策,圖書館應爲宣教場所,本館《組織大綱》"目的"下,擬加"傳播馬列主義、毛澤東思想,爲新民主主義文化建設而努力"一款案。

決議:通過。

二、主席提:本館添辦普通閱覽後,承政府補助圖書設備,得稍充實。但人少事繁,職員待遇應稍予調整案。

決議:自十二月份起,經常費加人民幣壹百弍拾萬元,由總幹事支配之。通過。

三、謝董事提:潘承圭君義務服務,已有多年,今擬聘爲正式職員案。

決議:通過。(原件;《顧廷龍日記》)

是日　瞿鳳起來,商涵芬樓書估價事。(日記)

11月12日　去教育局聽形勢報告。又去區政府辦事處,聽關於區人民代表大會準備工作的報告。"兩會共坐足足八小時,憊甚。聽後甚感不大衆化,我能瞭解者十之二三耳。地方土音、專門名詞夾雜其間,遂難辨矣。"(日記)

11月13日　社教處補助書一千二百七十七册,抄成清册,由王煦華送人民圖書館。夜,邀里弄文娛組同人開會,商討如何繼續編寫黑板報事。得夏樸山、聶崇岐信。復夏樸山信。(日記)

11月14日　爲涵芬樓善本書估價。陳乃乾示張曜孫日記一册,又談彼處文獻會事。夜,觀看電影《船家女》。(日記)

11月15日　訪張元濟,交涵芬樓善本書估價單,候張雄飛面商。擬編目著錄新例。復聶崇岐信。致楊向奎信,索《文史哲》。(日記)

11月16日　訪李宣龔,告董事會開會情形。修改"著錄新例"。訪顧頡剛。(日記;《顧頡剛日記》卷七,第136頁)

11月17日　晚,教育局來人,囑撰合衆圖書館總結,"須解放前後對比。即晚起草"。(日記)

11月18日　撰合衆總結。(日記)

11月19日　撰合衆總結竟。(日記)

11月20日　至顧頡剛處,請"改合衆圖書館報告文字"。(日記;《顧頡剛日記》卷七,第137頁)

11月21日　王煦華以一宵之力抄竟總結,午前送教育局。夫人赴蘇州。涵芬來信,即復。(日記)

11月22日　商務印書館爲估涵芬樓善本書價致先生酬。(日記)

11月23日　謝林仲易贈《晨報副鎸》。潘增桂來,贈殘本數種,"皆將裹餌,以他紙易得者"。夜,理潘博山夫人所贈舊夾板,檢出唐若營書《五言千字文》冊頁一本。"不識者敝屣視之,文物損失於不識者之手復可計耶?"(日記)

11月24日　"擬編目新例"。夫人返滬。(日記)

11月26日　訪陳器成。唐弢來閱《厦大周刊》。劉道鏗來,告陳叔通夫人病有轉機。李宣龔病又作。(日記)

11月27日　訪劉垣,精神尚好,以撰稿相托。教育局來人,詳詢經費情形,囑領房捐減免申請單。下午即填送。杜詩庭來,贈吳雲、張淵扇面兩頁,殊難得。秀州書店送《東冶文編》稿本來,二十萬元成交,爲林子有家散出。(日記)

11月28日　訪陳器成。(日記)

11月29日　付房捐。復南京博物院信,爲索史料事。爲李寅文寫屏。得夏樸山函,述浙江省圖書事。即轉呂貞白,俾達唐弢。錢士青來函,詢館况并取存書。(日記)

11月30日　檢錢士青存書。訪朱子毅,商館務。(日記)

是月　先生有信致冒廣生,告以許增今雨樓聯爲"明月幾時有,亂山無數青"。許亦精校勘之學,曾研討白石詞曲,爲冒廣生長輩。(《冒鶴亭先生年譜》,第519頁)

12月1日　中國書店郭石麒送來盛氏愚齋藏書多種,均便宜。杜詩庭來,以查嗣庭立軸及查聲山"淡遠堂"牙章托售,并示所藏王乃昭家《菊影圖咏卷》囑題。(日記)

12月2日　瞿鳳起來,談顧公雄子女捐所遺文物事。瞿兑之來,謂朱啓鈐來滬,念及先生。(日記)

12月3日　顧頡剛來談,先生告以"上海學院所印之特刊,因載我論民間文學一文,院長笪移今謂其有濃厚之小資産階級氣息,禁止發行"。訪朱啓鈐,午睡未見。訪張元濟。得誦芬信。中國書店送來書樣。郭石麒來。(《顧頡剛日記》卷七,第144頁;日記)

12月4日　訪徐森玉,未值。訪朱啓鈐,不見者一年,暢談,并見借《營造法式》自校本。(日記)

12月5日　徐森玉來,未值。領退房捐。唐弢來,查《晨報副鐫》。録《營造法式》校。(日記)

12月6日　編目。録《營造法式》校。(日記)

12月7日　録《營造法式》校。(日記)

12月8日　訪鴻英圖書館朱君,商報銷事。張元濟贈南洋木瓜。(日記)

12月9日　趙萬里、瞿鳳起來,長談。(日記)

12月10日　聽教育局關於增産節約報告。朱啓鈐携子海北來。王道平來,取胡惠春存書目,并稱尚有書可送。(日記)

12月11日　教育局來人,囑寫"學習計劃"。訪李芳馥。約沈文倬來商

“學習計劃” 稿。(日記)

　　12 月 12 日　　抄 “學習計劃”，并送教育局。(日記)

　　12 月 13 日　　吳湖帆贈先生吳大澂手拓銅器。(日記)

　　12 月 14 日　　擬申請補助計劃，午後即送教育局。(日記)

　　12 月 17 日　　訪劉垣，略愈。交陳叔通信四封。訪徐森玉，其謂 “劉氏《左傳稿》擬勸歸本館，在進行中”。訪朱啓鈐，借抄新撰《營造法式》跋。(日記)

　　12 月 18 日　　還朱啓鈐書。致故宮博物院函，請查預約《四明志》事。復南京博物院函，收到還來史料三種。晚，觀看電影《枇杷巷》。(日記)

　　12 月 19 日　　訪張元濟。得聞宥信，即復。致夏樸山信。(日記)

　　12 月 20 日　　得誦芬信，“尚高興，附來照相，略胖，稍慰”。寫標語，一小時内寫二十條，約六七百字。(日記)

　　12 月 21 日　　瞿鳳起女來，“述趙斐雲昨夜議書價不諧，竟拍案咆哮”。劉道鏗來，示蕭氏《蔗園書目》，并無善本。(日記)

　　12 月 22 日　　復聞宥、陳叔通信。(日記)

　　12 月 23 日　　得陳叔通信并《四明志》。汪伯繩來談。瞿鳳起來。得誦芬信。(日記)

　　12 月 24 日　　復陳叔通信。訪徐森玉。(日記)

　　12 月 25 日　　去教育局開會，領補助費二百八十五萬元。復錢鍾書信。得周一良寄《周叔弢先生六十生日紀念論文集》。(日記)

　　12 月 26 日　　發致陳叔通信。“擬編目新例”。(日記)

　　12 月 28 日　　訪徐森玉，晤趙萬里，獲見沈石田《東原圖》、趙子昂書《快雪時晴帖》及子久、幼文補圖兩卷，皆龐虚齋舊藏。又王石谷大册頁一本，精極，西津舊物。大保尊一件，新出，與提梁卣同文，文在底圈，罕見，尊身圓帶方。(日記)

　　12 月 29 日　　擬編目新例。去文管會收購委員會，見黄丕烈跋《化書》及《有學集》、顧廣圻校《困學紀聞》。收購委員會改組，以五人爲委員，徐森玉、瞿鳳起、李馨吾、沈羹梅及先生。(日記)

　　12 月 30 日　　理潘氏書。瞿鳳起來，述彼處情形。擬編目新例。囑朱子毅編收支情況。(日記)

　　12 月 31 日　　復林宰平、周一良信。(日記)

　　是年　　仍爲上海市文管會顧問。(履歷表)

　　是年　　跋《新咏樓詩詞稿》，沈文倬贈，吳江徐達源撰。是書從手稿録出，稿本已不知流落何所。(《全集·文集卷·新咏樓詩詞稿跋》，下册第 834 頁)

是年

　　上海圖書館籌備委員會成立。(《上海圖書館事業志》，第 24 頁)

1952年　49歲

1月1日　訪劉垣。訪張元濟。晤張雄飛、韋黻卿、李伯涵等。歸,偕夫人訪顧翼東夫婦,留飯,暢談至快。得誦芬信。秦翰才來,未值,留趙世暹贈書。(日記)

1月2日　閲汪孟涵稿。吴湖帆招觀所購《蕭敷敬太妃志》,孤本,有程恩澤、方履籛、徐松、何紹基、匡源、李文田等題跋。又見宋温仲書陶詩、唐六如畫卷。(日記)

1月3日　訪裴延九,對館事甚關切。(日記)

1月4日　訪張元濟,請致函童侣青,裴延九囑乞也。爲裴延九、胡惠春畫屏格,乞菊老法書。夜,觀看影片《和平鴿》。(日記)

1月5日　寫片。校片。黄永年來。(日記)

1月6日　寫片。瞿鳳起、沈文倬來。得林宰平信。(日記)

1月7日　閲汪孟涵稿,并復。(日記)

1月8日　丁燮柔送宋本《夢溪筆談》,又明翻本,宋體頗多出入,宋本黑口尤爲顯著。(日記)

1月9日　郭石麒來,付款。得誦芬信,即復并匯款,"冀其廿二三動身返滬一行,不知能如願否"。得趙世暹信。(日記)

1月10日　編目。"赴教局詢凍款"。吴湖帆函約十二日夜飯,與趙萬里、徐森玉等同叙。(日記)

1月11日　寫編目片。訪徐森玉,開會未見。訪張元濟,日來精神略差,不能握管,欲看己丑會墨。(日記)

1月12日　趙萬里來,示《版本圖譜》樣張。理群碧叢稿。夜,與潘景鄭同赴吴湖帆處晚餐。獲觀惲聯及畫卷三,皆精絶。(日記)

1月13日　理群碧叢稿。張元濟書致童侣青信并贈《杜韓集韵》。沈文倬來,囑先生爲賃屋介紹人,允之。黄永年來。(日記)

1月14日　訪劉垣,精神甚好,關心館況,願爲向江氏勸募。訪裴延九,交張元濟致童侣青信。閲《論共産黨員的修養》。(日記)

1月15日　理陳器成贈朱履龢剪報叢殘。(日記)

1月16日　訪張元濟。得誦芬信,"春節可假歸,慰甚"。(日記)

1月20日　得誦芬信,"約廿三返家,并匯來薪金十三萬零"。瞿鳳起來,商稿。陳器成來。(日記)

1月21日　訪劉垣,示致其侄孫歡曾信。訪徐森玉,見畫十餘件,多精品。

賀潘景鄭移居。(日記)

1月22日　訪裴延九,交張元濟寫屏。其介紹鄭誦先(世芬)相見,欲常來閱書也。(日記)

1月23日　寫信。馬公愚來閱書。容庚介紹楊隘廬來,未值。誦芬來電,在天津脱車。(日記)

1月24日　徐森玉電話,告知謝仁冰中風。"往視,知尚在昏迷狀態。昨晚在書業中遽病。"潘景鄭贈《論語》,日本摹刻舊寫本,原本載《經籍訪古志》。(日記)

是日　訪劉垣,交代繕致歡曾信,爲合衆募集事。

之游世講、歡曾侄孫同覽:張稿承上達意允爲印刷,但實際無法携寄,有辜他的盛意,乞爲道謝。此傳在脱稿之後,首以一份送交張菊生先生閱覽,菊生大加揄揚,謂此是晚清亡國信史,必傳無疑。復又分贈上海、北京友人,統計不滿十册,反映甚佳,譽爲有價值之歷史。朋友之阿私所好,殆不能免,但捫心自問,傳中所叙事實,百分之九十以上皆有來歷,而搜集此項材料,完全憑藉葉揆初、張菊生兩先生所創辦合衆圖書館之書籍也。該館主者顧君起潛尤爲可佩,當我研究某一時代、某一問題時,顧君能短時期内親自抽取有關此問題之書籍供我閱覽,拙著張傳上卷之得以脱稿,完全仗顧君之力,我不過任執筆之勞而已。

該館已有十二年之歷史,藏書二十四萬册,中國歷史書籍應有盡有,此外有江浙兩省收藏家捐贈之善本亦不少,我敢斷言,除國立圖書館外,很少能與比肩,最難者,完全由私人力量艱苦經營而成。解放前,文史學者來此作研究工作甚多,解放後,各機關及專家咸來蒐集資料,皆能有相當豐富之供應。去年五月以來,先後添設新文化圖書及通俗圖書之閱覽,讀者日有三四百人。此類新書大都由政府補助,當今政府號召節約之際,對於添置新書之費當能繼續補助,但館中經常開支以及蒐集舊藉史料之費,則須自籌。年來舊家有書籍者,隨時散出,如屬珍本,人知寶貴,尚不致湮滅,若其他另星書刊,亦有裝潢不精而攸關歷史價值甚巨者,此時不加保存,以後竟將絶迹。該館創辦之初意即爲此,而已有基礎亦即在此,正欲繼續發展,而維持不易,無從再事收購,不能不希望同好之幫助也。

前年,該館困頓,幸旅港銀行家漢章、光甫、馥孫諸君之助,計可支持至今秋,以後開支不能不預先籌劃。中南銀行裴君延九月前赴港,菊生曾托其設法,最近延九回滬,謂已托童君侶青向港地紡織界募集,菊生又專函童君想〈相〉懇。童君熱心奔走,極爲可佩,惟依我私見,倘能再由上達出面,登高一呼,而更煩兩位向各方面接洽,範圍更可廣泛,收效必宏。應如何辦理之處,請兩位代爲計劃,可否與童君分頭進行,各盡所長,或與之合作,均請酌奪。

鄙人因草寫張傳之故，飲水思源，深知該館對於研究學術之貢獻極其偉大，尤其如顧君之博聞强記，小叩小應，大叩大應，而且對於館務埋頭工作，願以此業終其身，環顧國內，罕見其儔。爲特專函奉托兩位加意援助，菊生年事比我更大，其期望此圖書館之可以持久，尤爲殷切。諸惟垂詧，專此奉布。順頌年釐。劉厚生手佈。一九五二年一月廿四日。(底稿;《顧廷龍日記》)

1月25日　視謝仁冰疾，無進步。誦芬歸來探親。(日記)

1月26日　視謝仁冰疾，增劇。(日記)

1月27日　正月初一，率誦芬至親友家賀年。又至顧頡剛處，再至張元濟處，聞謝仁冰以腦充血逝世，爲之凄然。顧頡剛夫婦挈潮、湲兩兒來賀年。(日記;《顧頡剛日記》卷七，第180頁)

1月28日　率誦芬至親友家賀年。下午，到海光圖書館參加中國史學會上海分會成立會，到會者有金兆梓、李平心、周予同、周谷城、胡厚宣、潘硌基、朱澂、陳守實、譚其驤、伍蠡甫、蔣天樞、張遵驪、蔡尚思、徐德嶙、吳澤、吕思勉、姚舜欽、林舉岱、束世澂、徐森玉、柳詒徵、楊寬、黃穎先、王國秀、陳乃乾、蘇乾英、俞巴林、吕振羽、顧頡剛及先生。五時散會。(日記;《顧頡剛日記》卷七，第181頁)

1月29日　赴承裕村，公祭謝仁冰并送葬。(日記)

1月30日　晚，應劉垣招飲。(日記)

年初　張元濟撰七絶《別顧起潛》。

藝文每易招劫火，尚有良朋萬卷書。秀野遺風勤護惜，須防殃焰及池魚。(《張元濟詩文》，第52頁)

2月1日　誦芬生日，即晚北返，送至車站。(日記)

2月2日　理片。(日記)

2月4日　訪朱子毅。閱肆。(日記)

2月5日　徐森玉來。訪張元濟。致陳叔通信。校片。(日記)

2月6日　訪王禔，取陳叔通信。陳叔通囑詢黃炳元近況，"據鳳起言，昨有鄉人來，尚言前遇之於途，甚健好。與菊老同歲同年也"。復吳重暉、聞宥函。(日記)

2月7日　訪李寅文，"詢學習情況，頗資參考"。得誦芬信，已安抵瀋陽。(日記)

2月8日　徐森玉來。顧頡剛來，并晤徐森玉。(日記;《顧頡剛日記》卷七，第186頁)

2月9日　王祖昌來談。王育伊來，暢談。(日記)

2月10日　復陳叔通信。訪劉垣，"交我何梅生稿件及通老、宰老信，均論張傳者"。(日記)

2月11日　閱當年與葉景葵往來信札，不勝今昔之感。(日記)

2 月 12 日　得誦芬信。周谷城來,交前訂購之《中國歷史概要》初編。喉痛。(日記)

2 月 13 日　復誦芬信。徐子爲來。喉痛未愈。春季房捐通知到,擬即申請減免。(日記)

2 月 14 日　致教育局社教處、税務局函,爲房捐請免緩繳事。徐森玉來。赴教育局,爲付款事。(日記)

2 月 15 日　瞿濟蒼來。黄永年來還書。(日記)

2 月 16 日　税務局來電話,允在申請免房捐期内遲繳不罰。赴教育局領款。訪陳乃乾,示革命文獻兩種。(日記;《陳乃乾日記》,第 220 頁)

2 月 17 日　理書。文管會來人調查瞿鳳起捐贈書情形。(日記)

2 月 18 日　徐森玉來。教育局來借《解放日報》。(日記)

2 月 19 日　文管會招潘景鄭去,李芳馥接待,詢捐鼎及售書人等事。(日記)

2 月 24 日　川西人民圖書館詢綫裝書分類法。至顧翼東處,"聽其珍述土改情形,其慧述學習三反"。(日記)

2 月 25 日　訪劉垣。(日記)

2 月 26 日　學習文件。訪劉垣。(日記)

2 月 29 日　討論改變膳食制度,決定每人一湯一菜,職工同桌,不分彼此。(日記)

是月　《合衆圖書館董事會收支報告》(1951 年 8 月 16 日至 1952 年 2 月 15 日)編竣。(原件;《顧廷龍日記》)

3 月 1 日　膳食改制。向全體職工報告解放以來用款情形及一月份收支實況,"衆皆嘿然"。(日記)

3 月 3 日　訪劉垣,悉江、童(侣青)諸君籌款有成數。即見張元濟。赴北四川路,爲劉垣取湯、沙兩君處書。潘達于來。(日記)

4 月 3 日　顧頡剛來,與先生夫婦談。(《顧頡剛日記》卷七,第 206 頁)

4 月 16 日　先生夫婦訪顧頡剛。(《顧頡剛日記》卷七,第 211 頁)

4 月 17 日　顧頡剛六十生辰,先生夫婦去顧頡剛處,同飯。"今日本不擬設宴,而午姑母、起潛叔、誠安弟均記得予生辰,先期説要來,不得不備飯,總計花費四十餘萬元。又因起潛叔故而煦華、楊鑒皆來送禮。習慣難移,有如是者。"(《顧頡剛日記》卷七,第 211 頁)

4 月 28 日　張元濟有信致先生,云:"今送去書籍雜志等共一包,請察收。今日休沐,如有餘暇,可否於雨止後枉臨一談。企盼無似。"(《張元濟全集》第 3 卷,第 45 頁)

是月　仍爲上海市文管會顧問、上海圖書館籌備委員會籌備委員。(履歷表)

5 月 14 日　顧頡剛來,晤先生、潘景鄭、王煦華、楊鑒。(《顧頡剛日記》卷七,第 220 頁)

5月15日　顧頡剛來。(《顧頡剛日記》卷七,第220頁)

5月16日　下午五時,召開合衆圖書館董事會第十三次臨時會議。出席者張元濟、李宣龔(張元濟代)、陳叔通、徐鴻寶、胡惠春(徐鴻寶代)、裴延九(顧廷龍代)、顧廷龍。主席張元濟,書記顧廷龍。

甲、報告事項

一、傳閱上次會議紀録。

二、主席報告董事謝仁冰先生於一月廿七日以腦充血逝世,同深愴悼。

三、主席報告童侶青先生在港經募偉綸紗廠、上海紗廠、新華紗廠、裕民公司南記各叁千元,怡生紗廠二千元,共計港幣壹萬柒千元,合人民幣六千五百九十六萬元正。

四、顧總幹事作經常費收支報告。

乙、討論事項

一、主席提議:據總幹事報告,館中爲改變膳食辦法,牽涉待遇問題,擬請調整案。

決議:自六月份起,經常費加壹百萬元,由總幹事支配之。通過。

二、陳董事提議:館中以收藏歷史圖書爲特長,應設法保持其已有成績,并從速完成書本目録工作,以利參考案。

決議:希望本年内基本可以完成,必要時得酌請臨時人員。通過。

丙、選舉事項

徐鴻寶、陳朵如兩董事今年任滿,連選連任。(原件;《顧廷龍日記》)

5月31日　張元濟有信致先生。

昨見報載,出版總署通知西藏地圖外喜馬拉耶山改稱岡底斯山,然喜馬拉雅之名亦未見於《嘉慶一統志》。然則藏文究爲何山耶? 頗欲一加考正。館中如有康熙、乾隆所修之志,乞檢付"西藏山川"一卷一閱,瑣瀆感感。(《張元濟全集》第3卷,第48頁)

6月1日　葉恭綽有信致先生。

迭函計達。前承屬覓張菊老手札,兹無意中檢得昔年擬購聊城楊氏藏書各函,札中有菊老手札數通,兹一併寄上,其菊老手札可另匯存,餘件不妨歸入弟之友朋函札中也。弟之《序跋》第二輯兹送上二部,請自存一部,另一部贈與上海圖書館可也。毛主席手書橫幅如陳列期滿後,乞覓便帶還,因尚擬重裝也。前函所説《清代學者象傳》二輯及三輯事,不知館中有暇及此否? 如祇編二輯各象之傳,想尚不太費事。其傳之體例,似不必與第一輯相同,可祇叙名號、籍貫、仕履大概及所學淵源及著作存佚等便得,不知尊意如何? 至編行辦法(如所費不大,弟可擔任),不知館中有良籍否? 其第三輯似可照第二輯,亦祇作簡單叙述,不過我所存資料(各象底本)似不足百人,尤其膳繪爲難(南北皆無好手)。第一輯之底本已送中央歷史博物館,極

承重視。陳叔老所印賓虹畫册等卷首之象，不知何人所繪，實無可取也。此致起潛先生。遐翁上。六.一.（原信）

6月19日　顧頡剛來，晤先生等。(《顧頡剛日記》卷七，第232頁）

6月23日　跋《史通》，云："洪煨蓮先生撰《史通跋》，揆丈讀過，屬附册中，卒卒未果，今檢故紙得之，忽忽六年矣，亟置函内，以供讀者參考。"(《全集·文集卷·跋史通》，上册第133頁）

6月29日　跋《三代鐘鼎款識拓本編目》。此爲清吴式芬輯《攟古録金文》之底本。(《全集·文集卷·三代鐘鼎款識拓本編目》，上册第491頁）

是月　跋《攟古録金文目》。(《全集·文集卷·攟古録金文目跋》，上册第492頁）

是月　先生持汪鳴鑾(柳門)手書簿記一册，乞冒廣生題跋。冒跋略云："蓋記其光緒乙酉、丙戌(一八八五、一八八六)兩年年節冰炭敬所收入，爲時九個月，爲數不及一萬金。"(《冒鶴亭先生年譜》，第537頁）

7月13日　訪顧頡剛，長談。(《顧頡剛日記》卷七，第243頁）

7月20日　陳叔通有信致先生。

奉十七日手示，弟意仍作半年準備(年底以前)，即是編書目，至於捐獻，亦又有條件：第一不分散，可以他處併入我處，不可以我處併入他處；第二須爲創辦人留紀念；第三仍由公主持到底。未知菊老以爲何如？并商之諸董事，可先期提到，由森老代表提出，屆時再以書面聲明。弟明日赴北戴河休息兩星期或一個月。專復，即頌暑祉。

陳叔通。一九五二.七.二十.（原信）

7月22日　上海圖書館成立，對外開放。館址在南京西路325號。館藏初建時爲六十五萬餘册。李芳馥任館長。(《上海圖書館事業志》，第25頁）

8月12日　張元濟有信致先生。

屬與顔棣生兄信，謹呈上。原信隨繳，乞察核。承示《遠生遺著》，館中存有初印本，祈假我一閲。又複印本尚有殘餘多部，祈畀我卷一一册。又前清末事，弟曾參加爭回蘇杭甬鐵路建造權，曾以《與袁那問答》抄本呈閲，未知是在何年何月，又弟被任郵傳部參議，及開辦外務部儲才館事在某年月，均記不得，祈遇便代爲查示，無任感荷。(《張元濟書札》，第179頁）

8月14日　張元濟有信致先生，囑查上海市各界人民代表會議舉行年月。(《張元濟年譜》，第564頁；《張元濟書札》，第178頁）

8月17日　張元濟有信致先生。

昨日奉示，承代查上海市代表會議日期，甚感。前日發還《叢刊》需補各書兩單(甲、乙)，祇有初版《西崑酬唱集》一本，今送上，餘均無以應命矣。又前呈鄒韜奮君信及蔣介石信，記得取回要查閲，兄已發還，近檢不見，想被遺失，殊可惜也。與精衛信稿一件仍送還，乞收存在尊處，視我處穩當多矣。此上起潛仁兄台鑒。

又送去與陳市長信兩件，應否歸卷，乞酌。(《張元濟全集》第 3 卷，第 50 頁)

8 月 21 日　張元濟有信致先生。

昨示讀悉。惠借《遍行堂集》正、續共廿七册，今繳還，乞察入。澹歸和尚昔年到海鹽，寓涉園，寫贈《水龍吟》詞，爲先八世祖壽，已查得在續集第十六卷矣。國龍同人雖未查得，然費盛心，均謝。(《張元濟書札》，第 178 頁)

8 月 25 日　張元濟有信致先生。

前數日蒙假閱五、六月《大公報》，謹繳還，乞收回。并承代查唐古忒字，感感。曩承示如有友朋往來函札，可交館中留存，前日無意中檢得梁任公二通、熊秉三一通、黃齊生二通，今送去，乞察收。黃君於前數年在延安，爲共產黨與蔣介石謀合，由重慶乘機返延安，中途機隕殞命者，兄當能記憶及之也。館中如有聞一多遺集，乞借閱。(《張元濟書札》，第 178 頁)

是月　《合衆圖書館董事會收支報告》(1952 年 2 月 16 日至 8 月 15 日)編竣。(原件;《顧廷龍日記》)

是月　《合衆圖書館董事會財産一覽》編竣。(原件;《顧廷龍日記》)

是月　完成《合衆圖書館第十三年工作報告》(一九五一年八月十六日至一九五二年八月十五日止)。

本年度工作仍按去年方針進行，得主管機關之補助，業務略有發展，同時加緊歷史圖書之整理，自十一月份起，每月編有《工作簡報》備查。兹彙報之：

一、入藏

子、捐贈。

…………

以上歷史圖書一四八〇種，七五二六册。

…………

以上新文化圖書一四九種，一六〇册。

…………

以上連環圖書一七五種，一八一册。

…………

以上日文圖書一八種，五〇册。

五、補助。

教育局補助費購置歷史圖書一一三種，八五六册。

又新文化圖書二四七八種，二五三四册。

又連環圖畫七四九種，八二二册。

文化局補助費購置新文化圖書七三三種,七四四册。

又連環圖畫二五四種,二六二册。

寅、採購。

歷史圖書九七種,二二三册。

新文化圖書一二二種,一四四册。

日文圖書四種,四册。

卯、傳鈔。

《中興煤礦公司史鈔》從朱桂辛先生借讀節録　《宜稼堂書目》從郁氏借鈔《諸襄七文稿》從金鏡孫先生藏稿本借鈔

本年各家贈書中及採[購]所得之珍本舉要如下:

張董事長贈家藏正統本《事物紀原》、錢陸燦校本《韋蘇州集》、《兩京遺編》本《鹽鐵論》、萬曆本趙用賢刊《韓非子》、萬曆本《文選章句》。

潘達于先生贈元統本《禮記纂言》。

孫寶君先生贈元刻《通志》《元史》。

潘景鄭先生贈天啓五[年]花齋本《春秋繁露》、《馮申之先生日記》稿本、《郋亭日記》稿本。

趙敦甫先生贈《余晋毅先生日記》稿本、成蓉鏡《成氏遺書》校樣馮煦校刻,未及印行。

採購所得:徐枋《通鑑紀事類聚》稿本、符葆森《變雅堂文集》[①]稿本、王大經《東冶國朝文編》稿本、張馨《荔門詩録》稿本、方濬師《安宜日記》稿本、《何汝霖日記》稿本、《何兆瀛日記》稿本、《何介夫日記》稿本、何蔭柟日記稿本、費德麐《杏花春雨館日記》稿本、萬曆本袁袠《胥臺先生集》、袁尊尼《袁魯望集》、普文《古今禪藻集》。

本年度各家捐贈石刻拓片甚多⋯⋯共計拓片二四六三種,六一二〇張、五〇册。

本年入藏總數:圖書六六五五種,一五八六六册;拓片二四六三種,六一二〇張、五〇册。

歷年積存圖書總數四六二〇二種,二三七七六七册、七四八張、四〇包、四三卷;拓片三五三〇種,一一二三五張、一八〇册、一七〇包、一九軸;文物五四種,一三册、五六張、一一卷、四件、十五方。

兩共圖書總數五二八五七種,二五五〈三〉六三三册、七四八張、四〇包、四三卷;拓片五九九三種,一七三五五張、二三〇册、一七〇包、一九軸;文物五四種,一三册、五六張、一一卷、四件、十五方。

---

① 符葆森《變雅堂文集》:據上海圖書館網站目録,《變雅堂文集》爲清杜濬撰,另上圖藏有符葆森輯《正雅集》稿本。

二、編纂

編録捐購各書。

編成《顧頡剛先生捐贈書目》、本館自置圖書目録兩部分。

編成本館所藏期刊目録,并經油印完畢。

三、人事

一九五二年一月一日,延潘承圭爲幹事。

四、事務

一九五一年九月十三日,請免秋季房捐。

十月十七日,請免地税。

十一月三日,教育局召開補助會議,本館分配得價值五百萬元之圖書,委托人民圖書館發給。

六日,赴人民圖書館領補助圖書一千二百七十七册。

八日,教育局發登記表三種:1.董事調查表;2.機關登記表;3.人事調查表。

十二日,教育局召集會議,報告目前形勢。

十七日,教育局屬撰一九五一年上半年總結。

廿二日,教育局發填防空表。

廿三日,請免冬季房捐。

廿九日,教育局社教處唐科長來視察。

十二月十日,教育局召集增産節約會議。

十一日,擬訂學習計畫。

十三日,開始學習。

十四日,撰呈申請補助計畫。

一九五二年一月八日,報銷批准。

廿七日,謝仁冰董事以腦溢血逝世。

二月十四日,請免春季房捐。

三月廿八日,文化局社會文化事業管理處嚴似蘇來,瞭解業務情況。

五月十九日,請免夏季房捐。

八月十二日,請免秋季房捐。

五、閱覽

…………

六、展覽

南京博物院近代史展覽會,本館以李翊東手稿《東北義勇軍抗日計劃》[1]參加陳列。

———————————

[1]《東北義勇軍抗日計劃》:或即上海圖書館藏《東北義勇軍作戰計劃要圖》。

七、追記

一月十七日，張董事長捐贈大玻璃櫥兩具。（原件;《顧廷龍日記》）

9月5日　晚，王鴻儒及其子王煦華夫婦在國際飯店紅廳設湯餅筵。同席有潘景鄭、先生夫婦、顧頡剛夫婦、楊鑒夫婦、王家姻戚，共兩桌。九時半席散。（《顧頡剛日記》卷七，第270頁）

9月9日　顧頡剛來，待王煦華鈔"高等教師登記表"，"至十一時一刻訖"。"昨日發出命令，限今日上午須繳上。然予表有萬餘字，要填三份，因此昨致電靜秋，派徐才清趕速送信與煦華，并由起潛叔、景鄭叔同鈔。"（《顧頡剛日記》卷七，第271頁）

9月21日　下午，參加中國史學會會員大會，到會有周谷城、徐平羽、顧頡剛、胡厚宣、周予同、柳詒徵、史守謨、束世澂、朱東潤、蔡尚思、王蘧常、陳樂素、楊寬、陳旭麓、王國秀、朱澂、黃穎先、金子敦、林舉岱、譚其驤、陳守實、伍蠡甫、蔣天樞、徐德嶙、俞巴林、李旭。晚，與顧頡剛、陳樂素飯於豐澤樓，又與顧頡剛乘車到靜安寺歸。（《顧頡剛日記》卷七，第277頁）

9月22日　上海市教育局和文化局聯合發出通知："本市各公、私立圖書館，自本年9月13日起，改由上海市人民政府文化局領導。"（《上海圖書館事業志》，第25頁）

9月23日　跋潘博山舊藏初印本《凌煙閣功臣圖》。

此初印《凌煙閣功臣圖》，爲大梁劉源繪，吳門朱圭刊，兩氏藝事絕倫，相得益彰。印本流傳不廣，陶氏涉園嘗得一本，倩能手摹寫石印。旋得初印殘葉，復用珂羅版景印，合裝問世，原刻之可貴爲何如哉！劉客佟彭年幕，佟爲正藍旗籍舉人，康熙二年任右布政使駐蘇州，足爲吾吳文獻之徵。是册爲婦兄潘君博山舊藏，君精鑒別，搜羅文物甚富，志備徵考之資，非爲玩好可比。歿將十年，令子家多舉所藏宋元以來名人手札萬餘通獻之政府，甚望司其事者善爲類次，治理成編，將有裨學術甚巨。去年家多檢理得此，留余案頭。今書來即以捐贈我館，其慷慨之懷，良可感佩。率書數語，以昭後來知所珍護，勿以尋常版刻忽視之。（《全集·文集卷·凌煙閣功臣圖跋》，下册第701頁）

9月29日　中午，顧頡剛夫婦爲堪兒陰曆一周歲宴客，同席有先生夫婦、吳諫齋夫婦等。（《顧頡剛日記》卷七，第280頁）

10月1日　顧頡剛夫婦携潮、洪、湲三兒來。（《顧頡剛日記》卷七，第282頁）

10月5日　顧頡剛來借書。（《顧頡剛日記》卷七，第283頁）

10月6日　到吳湖帆處，"開會討論蘇州文化建設事項"。同會有汪旭初、王佩諍、顧頡剛、潘景鄭、陳子彝、趙公紱、孫伯淵。（《顧頡剛日記》卷七，第284頁）

10月14日　下午二時至五時，在文化廣場參加上海市文化局召集之圖書館座談會，同會者劉思慕、沈之瑜、張白山、柳詒徵、王育伊、顧頡剛、李芳馥、岳良木、毛世焜、童養年、黄永年、樓雲林、林隱、孫心磐、王維廉、阮學光、李繼先、嚴似蘇等二十餘人。又參觀國畫展覽會，與顧頡剛同出。(《顧頡剛日記》卷七，第287頁)

10月15日　顧頡剛來，與先生等談。(《顧頡剛日記》卷七，第288頁)

10月21日　合衆圖書館董事李宣龔因心臟病逝世。

10月26日　顧頡剛來。(《顧頡剛日記》卷七，第292頁)

10月31日　顧頡剛來，與先生及王煦華談。(《顧頡剛日記》卷七，第295頁)

11月1日　下午六時，召開合衆圖書館董事會第十二次常會。出席者張元濟(徐鴻寶代)、徐鴻寶、陳朵如、裴延九、胡惠春(裴延九代)、陳叔通(陳朵如代)、顧廷龍。主席徐鴻寶，書記顧廷龍。

甲、報告事項

一、主席報告董事李拔可先生於十月二十一日以心臟病逝世，同深愴悼。

二、傳觀上屆會議紀録。

三、傳觀一九五一年八月十六日至一九五二年八月十五日全年收支報告及財產目録。

四、顧總幹事作一年來經常費收支報告。

五、顧總幹事報告本年度工作情況。

乙、討論事項

一、顧董事提議：凡已編就之書目，擬分别繕正付印，請撥專款案。

決議：撥人民幣壹千萬元，爲葉揆初先生藏書目録印費。五百萬元爲其他目録鈔寫費。通過。

二、顧董事提議：如遇有歷史價值之書刊，擬繼續選購，以備參考，請酌撥特别購書費案。

決議：撥特别購書費五百萬元。通過。

丙、選舉事項

一、補選董事二人，陳次青、唐弢當選。

二、董事裴延九、胡惠春、顧廷龍任期已滿，連選連任。(原件；《顧廷龍日記》)

是日　顧頡剛爲合衆藏書《郋亭廉泉録》作跋。(《顧頡剛年譜》，第348頁)

11月2日　顧頡剛有信致先生。(《顧頡剛日記》卷七，第298頁)

是日　顧頡剛與王煦華赴蘇州，整理家中藏書，欲捐與合衆。(《顧頡剛年譜》，第348頁)

11月8日　在《章氏四當齋藏書目》自用本上書:"一九五二年十一月八日,章元美先生見告藏書領回呈獻經過,因將函稿録於副頁,俾詳顛末。顧廷龍記。"(原書)

是日　顧頡剛午後到滬,返家後即來合衆圖書館,與先生等談。(《顧頡剛日記》卷七,第300頁)

11月9日　顧頡剛"與玉華挈潮、洪、湲、魴四孩到合衆圖書館看書,晤王佩諍、織科、起潛、景鄭三叔"。(《顧頡剛日記》卷七,第300頁)

11月10日　顧頡剛來,借唐石經《尚書》。(《顧頡剛日記》卷七,第301頁)

11月12日　下午,南洋中學圖書館根據上海市人民政府文化局的意見,將王培孫四十年來收集之圖書移運合衆圖書館,"翌午而畢,計三百七十簏,但以爲時迫促,後先凌亂,本館極四十日之力,檢理甫竣"。(《全集·文集卷·檢理王培孫先生藏書記》,上册第225頁)

11月19日　顧頡剛來,晤先生、王煦華,觀南洋中學捐書。(《顧頡剛日記》卷七,第304頁)

11月21日　顧頡剛來,晤先生、王煦華。(《顧頡剛日記》卷七,第306頁)

11月23日　顧頡剛來,晤先生、王煦華。(《顧頡剛日記》卷七,第306頁)

11月24日　顧頡剛來送信,與先生談,并晤王育伊,聽其述上海圖書館事。(《顧頡剛日記》卷七,第307頁)

11月27日　到汾陽路中蘇友好協會,歡迎蘇聯歷史學家葉菲莫夫并聽其講話,自三時至六時。在座有周谷城、顧頡剛、徐德嶙、潘硈基、周予同、李正文、柳詒徵、王蘧常、方行、陳虞孫、蔡尚思、吳澤、陳守實、胡厚宣、譚其驤、胡繩武、胡曲園、陳旭麓、林舉岱、楊寬、洪廷彦、束世澂等。會後,與顧頡剛、譚其驤同出。(《顧頡剛日記》卷七,第308頁)

是日　張元濟有信致先生,云:"商務印書館屬乞取前呈上代存之蔣、鄒二君(按,指蔣介石、鄒韜奮)之信,擬轉贈韜奮圖書館。昨經面陳,仰荷俯允,正便祈撿出發下爲荷。"(《張元濟全集》第3卷,第48頁)

是月　加入上海市中蘇友好協會。(先生小筆記本)

12月9日　顧頡剛有信致先生。(《顧頡剛日記》卷七,第316頁)

12月12日　訪顧頡剛,同到李宣龔夫人處看書。(《顧頡剛日記》卷七,第317頁)

12月14日　上午九時半,召開合衆圖書館董事會第十四次臨時會議。出席者張元濟(徐鴻寶代)、徐鴻寶、唐弢、顧廷龍、陳朵如、陳叔通(陳朵如代)、裴延九、胡惠春(裴延九代)、陳次青。主席徐鴻寶,書記顧廷龍。

甲、報告事項

一、顧總幹事報告,南洋中學校長王培孫先生藏書甚富,最近捐獻上海市人民政府文化局,并建議撥交我館保管。經市府批准後,已於上月十二日奉命前往點收,共計七萬六千六百餘冊,現在編造清冊中。

二、文化局圖書館科爲編製明年度預算,詢及我館經濟情況及發展計畫,以便擬訂統籌補助辦法。

乙、討論事項

一、主席提議:我館歷史參考之圖書已有相當基礎,各處來此蒐集材料者甚多,亟宜加以發展。但館舍已不敷用,工作人員亦不够分配,故謀發展,必先增加基本建設,其次添聘工作人員。惟現存經費僅堪維持,應如何辦理案。

決議:捐獻上海市人民政府文化局,俾成一專門性之大規模圖書館。通過。

二、主席提議:捐獻擬推代表接洽案。

決議:公推徐常董、顧董事爲代表。通過。

三、主席提議:捐獻時,擬向政府請求,(一)本館圖書儘可能不予分散,以保持爲參考便利而搜集的系統;(二)本館與葉宅所訂租地合同繼續履行案。

決議:通過。

四、主席提議:我館歷史任務即將完成,擬撰《私立合衆圖書館記》,泐石以爲創辦人紀念案。

決議:通過。

五、裴董事提議:潘承圭君補職員後全日工作,僅支兼任待遇,應予調整案。

決議:通過。(原件;《顧廷龍日記》)

12月15日　顧頡剛來,未晤。(《顧頡剛日記》卷七,第318頁)

是日　張元濟、徐森玉聯名致函上海市人民政府文化局。

亡友葉景葵與元濟等以私人力量創辦合衆圖書館,蒐集歷史參考之圖書,約二十四萬冊,金石拓片萬餘種,自置基地并建館舍,冀成一專門性之圖書館。艱辛經營十有四載,規模粗具,若欲擴而充之,以配合國家大規模建設,則非同人棉薄所及。茲經我會第十四次臨時會議決議,呈獻貴局,俾得大事發展。特推董事徐森玉、顧廷龍爲代表,協商移交手續,即希查照賜復爲荷。此致上海市人民政府文化局。(原件;《顧廷龍日記》)

12月17日　顧頡剛來,與先生及王煦華等談。(《顧頡剛日記》卷七,第318頁)

12月19日　先生與合衆同人從南洋中學圖書館移贈的七萬六千七百餘冊藏書中,選取善本二百種,舉行展覽會,陳列兩室,簡邀專家鑒定。出席者江庸、柳詒徵、汪旭初、吳眉孫、尹石公、王佩諍、陳乃乾、郭紹虞、趙景深諸先生。(《全集·文集卷·檢理王培孫先生藏書記》,上冊第226頁)

12 月 22 日　陳叔通有信致先生。

　　　先發一函，昨奉十八日手示并會議記錄，至快。或於唐弢任董事有關，森老之力也，書籍當不至分散。葉、陳、張（葉宅合同非繼續不可）倡爲紀念，以不提爲是。兄眷或須他移，能另撥宿舍亦可。揆初《行狀》附入《書目》亦足矣，已詳前函。弟有寄存書兩箱（抑爲四箱，已記憶不真）須提出，如交運，不知需費若干，乞詢示，至托至托。另信以不知地址，求代遞爲感，或問明地址付郵。（原信）

12 月 26 日　到大中國圖書局訪顧頡剛。（《顧頡剛日記》卷七，第 322 頁）

是年　神州國光社出版中國史學會主編的《太平天國》（中國近代史資料叢刊），於第 2 册收有先生提供的吳縣汪克昌（1828—1862）爲太平天國書士時所鈔錄的《欽定敬避字樣》《天朝爵職稱謂》《化名告示》《安民告示》《奏章總登》及《書信總登》等六種共二十四件，係據先生錄副并校後贈北京圖書館者所排印。先生説：“此書本館原藏鈔本，聞係吳中書賈所鈔，當時曾鈔多份分售，近見舊鈔，殆即吳賈所據底本。兹校一過，舊鈔亦潦草，行款亦不正確，始於每行末加朱畫認之。”（盛巽昌致筆者的信）

是年　合衆圖書館得到上海市文化局的經費補助，經常采購新書。（《上海圖書館事業志》，第 87 頁）

是年　裘毓蒪將其父可桴先生藏書，馮都良、賓符兩先生將其父君木先生藏書，張澍嘉將其父文伯先生藏書，捐贈合衆圖書館。（《合衆圖書館小史》，載《總結・開拓・前進：建館三十五周年紀念文集》，第 2 頁）

年底　合衆圖書館藏書除寄存部分外，包括複本，約有三十萬册。（《合衆圖書館小史》，載《總結・開拓・前進：建館三十五周年紀念文集》，第 4 頁）

1953年 50歳

1月8日　顧頡剛來,晤先生、潘景鄭、王煦華、楊鑒。(《顧頡剛日記》卷七,第330頁)

1月13日　張元濟致函商務印書館總管理處,將其原存東方圖書館之書刊,包括日記和信件,全部移存合衆圖書館。函稱:

本公司東方圖書館即將解散,經董事會議決,全館圖書除編審部需用者酌留若干外,餘均獻與中央政府。元濟寓中歷年積存書報,幾於充棟,因於民國二十三年起,陸續贈送該館收藏,一則冀其可以保存,二則圖謀嗜讀者之便利。近將囊存送書簿檢閱一過,爲數殊屬不少,然大都爲零種散件,自後爲便利計,亦有分之於故人葉揆初、陳陶遺諸君續設於長樂路之合衆圖書館者,然并無系統的分配,大抵隨手掇拾爲之,故往往有同屬一書而析置兩地者,例如《日本尊經閣藏書庫漢籍分類目録》,本編在東方,而索引則在合衆。又如本館出版之《東方雜志》,自有全部,且有複查,而合衆則殘缺甚多,如能整理配合,均可化無用爲有用。又如歷史性之刊本,足供稽考。卷册無多者,聚之則爲珍罕,散之則屬尋常。合衆弄藏,屬於此類者不少概見。如能類聚群分,於閲覽尤有效用。按合衆圖書館近亦經董事會議定獻之中央,是兩館之圖書,均爲政府之所有,因合衆有自建館屋,同時懇請政府留之上海。元濟不揣冒昧,曾將歷年致送書報於東方之簿册,邀同合衆主任顧起潛君會同檢閱,將可以移并於合衆者,分別標識,計共兩本,今將送呈台閱。如蒙核准,則於彼於此,一轉移間,而東方不啻得一替身,而合衆内容亦更見充實,且於兩館建設之初意,及元濟贈與之目的,均有兩全之美,務祈俯賜詧核。又有同時寄存元濟在館任職時之日記及各種之信件,亦擬檢出懇請發還。以上各節,是否可行,統祈裁核賜復,如蒙允許,當請顧起潛君詣前,聽候指揮。(《張元濟全集》第3卷,第675頁)

1月21日　顧頡剛來,晤先生。(《顧頡剛日記》卷七,第336頁)

1月23日　顧頡剛來,與先生長談。"得又曾、毓芬來函,知予家純熙堂及方廳均已住解放軍。慮所存書籍不免破壞(如松江姚氏書爲軍士截去天頭作筆記本,或大部書失去一二册),因請煦華前往携取,起潛叔亦擬同往選擇。"(《顧頡剛日記》卷七,第338頁)

1月26日　顧頡剛來借書。"起潛叔與煦華到蘇,取得予書十六箱,除將碑帖及合衆所無之書贈與合衆圖書館外,予亦自取若干,存至天平路。"(《顧頡剛日記》卷七,第339頁)

顧頡剛"將蘇州家中所藏碑帖及報刊(以抗戰時內地出版者爲主)等贈與合衆圖書館,由顧廷龍、王煦華前往選取。此次并將一九三八年毛澤東寄贈之《論持久戰》加題跋,贈與該館,'作爲永久的紀念'"。(《顧頡剛年譜》,第349頁)

1月29日　顧頡剛來,晤先生等,"爲重作捐獻意見書"。"合衆圖書館成立十四年,今捐獻矣。不知此後能開展否。爲作意見書,主於不拆散。"(《顧頡剛日記》卷七,第340頁)

1月30日　顧頡剛來。(《顧頡剛日記》卷七,第340頁)

是月　代張元濟作《跋王念孫批校〈山海經〉》。

去年冬日,吾友徐森玉歸自北京,出示是書,云鄭振鐸屬其交還余手,稱得自天水氏(按,指趙萬里),入官。各書中因有涵芬樓印記及余經收章,必係由涵芬樓散出,余一見書衣,即認爲樓中故物。余編《燼餘書録》,原有《書目》遍覓不見,故於《録》中漏列,此必在日寇入侵以前即已散佚。樓中善本概不出借,不知何以入於天水手中,料必是典守之人肶篋而去者,又僅有一册,故不易查也。是書爲傅沅叔在京爲余購得者,書中有石臞先生手校眉批旁注殆遍。朱筆字體秀整,墨筆行草樸質,又多渴筆,審已高年病癃之後,兩校當非同時所爲也。繹其校例,一以本經互校,一以它書所引,博稽異同,折衷己意。引書以《文選注》《藝文類聚》《北堂書鈔》《初學記》《白帖》《太平御覽》爲主,兼及經史諸子,旁引《一切經音義》《法苑珠林》《弘明集》《開元占經》等,可稱精博。兹略舉校文:其以書體變遷訂正者,如《南山經》"可以爲底。底,蹏也",校云"案,底當爲痕,蹏當爲蠒。痕與胝同,蘭、蠒字形相似,故蠒誤蘭,後人加足作蹏耳"。《大荒南經》"夸風曰乎民",校云"《大荒西經》'來風曰韋',來或作本,夸隸作夲,與本字字形相近"。其以聲訓通假校釋者,如《西山經》"西望日之所入,其氣員。注曰:日形員,故其氣象亦然也",校云"員、魂聲相近,猶上文'其氣魂魂'耳,注讀爲方員之員,非是"。又《大荒北經》"三刏三沮",校云"案,刏讀爲'於刏魚躍'之刏。刏,滿也。《司馬相如傳》云'充刏其中',刏、刉,古通用"。諸如此類,考訂精確,爲郝氏《義疏》所未及,可補《讀書雜志》之遺。舊爲盛氏意園所藏,副頁有武進費念慈臨校題記。一九五三年一月張元濟。(原書)

此書扉頁背面,先生又題:"菊生先生命擬提要,因得過校一通。此文前七行爲先生原稿,後余所續貂也。龍記。"(原書)

又王謇題:"謇案,疑至'兩校當非同時所爲也'句止。此係爲顧起潛兄跋語。"(原書;范邦瑾《范祥雍批校稿數種概述》,載《天一閣文叢》第11輯)

是月　先生加入上海市文藝工作者工會。(先生小筆記本)

2月8日　顧頡剛來,晤先生等,贈書數種。(《顧頡剛日記》卷七,第344頁)

2月12日　顧頡剛"與潮、洪、湲三兒到起潛叔處贈物,進點"。(《顧頡剛日

記》卷七，第 345 頁）

2月19日　跋《震川先生集》。

　　陳子彝丈篤好圖書，尤邃内典。因與王培蓀先生交契，延主南洋中學圖書館者數載，手編書目垂竟，費絀而止。去秋王先生將謀藏書之歸宿，丈爲作合，捐獻政府，終存我館，遂得相互補充，蔚成巨觀，此舉功在學術甚偉也。近丈復檢王惕甫手批《震川先生文集》十册，鄭重相贈，并云：吾家楹書散佚殆盡，此吾祖若父遞藏之本，因儲行篋，得未罹劫，藏於家，何如歸諸公爲久遠哉。龍敬領展讀，惕甫雖無題記，而字體顯然，文經評改，益覺生色，惕甫功力不讓古人矣。葉揆初丈亦藏有惕甫手批《獨學廬集》，删芟潤飾，正可與此相儷。丈與葉丈有葭莩誼，同以善本庋藏我館，殆有前緣。率書數語，以志欣幸。（《全集·文集卷·跋清康熙刻本震川先生集》，下册第 801 頁）

2月28日　先生有信致友人。[1]

　　長函諒可先達。日前奉六日手書，敬悉。先有一札，迄無轉到爲悵。致滄舟函，即自送去，勿念。館中除一工友屢思上□之外，一切安好。業務頗緊張，徵見社會上有迫切需要，凡搜集解放前史料者，尤感同情，主管機關亦均瞭解。最近主管機關已自教育局移轉至文化局。文化局已成立社會文化事業管理處（處長李青厓、副沈之瑜），下設三科，圖書博物科、文化科、文獻科。圖書博物科長爲白蕉，昔曾相識。長者與森丈函，意主捐獻，此爲將來必然之歸宿，龍亦同感，且想政府必統籌及之，一至文化高潮當實現歸公也。延兄久未晤見，傳聞已坦白，在暗帳中派得美元五萬，想不久當可結束。森老處業務已漸恢復，收購則尚停。（底稿）

是月　在張元濟、陳叔通倡議下，合衆圖書館董事會第十四次臨時會議議決通過，將合衆圖書館捐獻上海市人民政府。先生以董事長張元濟名義，草擬《上海市私立合衆圖書館捐獻書》。

　　一、我館創設雖已有十餘年的歷史，也得若干藏書家的熱心捐助，但在反動政府時期處處碰到阻礙，以致不易發展。解放後，我政府在英明的毛主席領導之下，逐步走上文化建設的途徑，對於民族文化遺產尤搜羅不遺餘力。我館欣逢盛世，思貢獻出一份力量，故由董事會決議，捐獻上海市人民政府，俾可作有計劃的發展。

　　二、我館創辦的目的，是在搜集各時代、各地方的文獻材料，供研究中國及東方歷史者的參考。因爲歷史的範圍大，和它發生關係的學科很多，所以形式不限於圖書，凡期刊、報紙、書畫、簡札、拓片、古器、服物、照相、照相底片及畫〈書〉板、紙型等類亦均收存，務使到館研究者可以觸類旁通，左右逢源。希望現在捐獻之後，由賢明的市人民政府督導之下，得在原有基礎

---

[1]此信爲底稿，無收信人名，疑致陳叔通。日期據底稿反面映出的筆迹。

上，踏實腳步，逐漸發展，使得確成爲一個有計劃的搜集歷史文獻的專門圖書館，凡住在上海的或到上海來的世界歷史學者都能得到滿意的收穫。

三、我館十四年來，因經費竭蹶，人員不多，以致編目工作尚未完成。現在根據不完全的統計，約有圖書廿五萬冊，金石拓片一萬五千種，其他尚未約計，希望政府派員會同檢點，編造清冊，一式兩份，可能時再行編印正式目錄。

四、各藏家捐贈我館的圖書文物，或爲其個人歷年所積聚，或爲其先世纍葉所留遺，均賴其苦心薈萃，蔚爲大觀。故雖零簡斷縑，亦爲其精神所注，隨處見出他的胸中成竹。此若干小系統，我館得之可以組織成大系統，實爲我館的特色。更加補充，自可神采煥發，顯出它的偉大功用。因此我館渴望政府，儘量保存此優良傳統，不予分散，庶乎各藏家數十百年所競競保持的永遠完整。

五、我館對於贈書各家借閱其自己捐贈的圖書時，向來給以一切方便，使他們曉然於我們立館的本意，凡捐與我館的比較藏於私家更易於取覽，而保管的妥當則遠過之。如此，可使藏家益興起其樂捐之心，這一個辦法希望政府繼續維持。

六、我館自有基地壹畝九分六厘三毫，除一部分自用外，尚有九分五厘租給創辦人葉景葵建屋，訂有租地合同，定爲二十五年，應至一九六六年期滿，屆時所有在租賃地上葉氏自建之房屋概歸我館所有。如期滿前租賃關係已存續達十五年以上，館中必要時可以收回，但須予以貼費。這個合同附在財產文件中，希望政府審閱後繼續履行此約。

七、我館在基地上建有鋼骨水泥三層館屋壹所，現在圖書已塞屋充棟，不易再受贈書，閱覽室亦日益縮小，更形擁擠。好在旁有餘地，捐獻之後，政府尚可考慮基本建設，有計劃、有步驟地加以擴充，使它發揮更大的作用。房屋登記後取得收據一紙，尚未發給所有權證。

八、我館工作人員過去經常祇有三四人，解放後，業務日繁，逐漸增加至九人，人數不多，而各人對於工作已相當熟練，并都很積極，希望政府繼續任用，俾駕輕就熟，更能好好地爲人民服務。

九、茲爲捐獻政府備有下列各項文件及名冊，請予點收。

（《全集·文集卷·上海市私立合衆圖書館捐獻書》，上冊第 319 頁）

在捐獻合衆圖書館時，先生另撰有《合衆圖書館小史》一文，分甲、乙、丙、丁、戊五個部分。甲、創辦和經過（一創辦目的，二搜羅的範圍，三私人的大量捐贈，四稿本的捐贈，五金石拓片的蒐集，六經歷的艱苦，七解放後的發展情況）；乙、組織和管理（一董事會紀略，二本館創辦緣起）；丙、建築與設備；丁、業務情況（一編目，二閱覽，三刊物，四參考資料的供應，五展覽）；戊、董事會的議決捐獻。

是月　《合衆圖書館董事會收支報告》（1952 年 8 月 16 日至 1953 年 2 月 15 日）編竣。（原件；《顧廷龍日記》）

3 月 16 日　跋《論語考典》。（《全集・文集卷・跋論語考典》，上册第 29 頁）

3 月 26 日　顧頡剛來。（《顧頡剛日記》卷七，第 365 頁）

3 月 29 日　張元濟有信致先生。

昨檢舊文件，獲有汪袞父手札三通，袞父我故人也，睹其遺墨，不勝感愴。其子弟聞有在此者，如能寶愛其父兄之手澤，請轉畀之，否則可儲之館中。袞父吳中名下士，亦有保存之價值也。（《張元濟全集》第 3 卷，第 45 頁）

是月　張元濟開始檢閲、整理舊信札。"張先生領回日記信件等以後，檢閲一過，認爲無用，將盡棄去。一日，余往省視，入其房門，見滿裝舊信五六麻袋，其一袋之面上即爲日記卅五册，其它均爲信札。張先生對自己舊時給人的信以爲不值得保存，翻閲舊時日記及信件，亦即以爲無用而投之字籠。余取日記翻閲，張先生亦接去翻閲，余言不可棄去，應交圖書館保存。張先生不作聲。又取閲各信，余再説：'你的日記及信件，不交圖書館保存，人家必罵我。'先生翻閲傅增湘先生信件後笑説：'談收書，可保存。'從此先生即每日檢閲舊信。……最後通知我把麻袋中信携館保存。"（《全集・文集卷・張元濟與合衆圖書館》，上册第 344 頁）

春　中華書局將 1937 年前出版的教科書全部樣書交合衆圖書館保存，"可供研究出版史的參考"。（《私立合衆圖書館十四年小史》；《上海圖書館事業志》，第 88 頁）

4 月 1 日　孫福熙有信致先生，謂孫伏園及他的書，請圖書館代爲保管。（原信）

4 月 5 日　張元濟將自己的日記一包，送合衆圖書館保存。先生草復一條，有云："日記拜收，極爲感幸。龍頗擬效法，恐難能精細耳。"（《全集・文集卷・張元濟與合衆圖書館》，上册第 345 頁）

4 月 7 日　張元濟有信致先生，送交一批友朋信札給合衆圖書館保存。

昨上一函，以近日事煩腦亂，送出後追思不知所云，故遣僕索回。歸言已荷展閲，知其謬誤，聞之慚悚。日來檢閲昔年積存函牘，中有故人傅沅叔、沈子培、宗子岱、葉玉虎、金匋丞、丁在君諸君手札多通，惟馬□□憶不得，多言潮州丁氏、松江韓氏、聊城楊氏散出書事，今均檢呈，惟玉虎尚存，餘均已作古人。乞賜閲，如有可存者，即留之館中，亦書林故事也。内有汪允中記《舊五代史》一則，差有關係。又李君宗恩昆仲托售所藏各書事，弟適不在滬，迄歸後詢知，已被高君草草售去，其中有山東王筠治《説文》稿本兩種，極爲可貴，不知散歸何處矣。（《張元濟書札》，第 178 頁）

4 月 10 日　葉恭綽有信致先生。

七日示悉,胡君曾晤談甚好,既然如此,恐此後付印更無希望(曾詢鄭能否在京設法,答語含糊),衹可趕在滬辦,但照來函所估,須約三千萬,弟實無此力量,不得已擬衹印一百部,則印費、紙費可省一半。以弟所計,係如下式:

製版(即來函所云照費三百六十五萬、紙八百萬、印費五百萬,一千六百六十五萬,未知有錯否? 然即此數目,再加裝訂等亦形困難。來函所云鉛皮板,不知係何物? 至縮成小本,弟覺不安。無已,是否可再從紙張打算,因來紙似乎太好,可要次些的,最好係印一百冊,一切在內,所費能在一千五百萬之內。道遠時迫,難以往返再商,衹有請兄做主辦理。茲將各象包封寄還,一面弟再將各象選定二百個,其未畫之象,衹可不畫,如此則將有五十人為遺珠,奈何。又如此辦理,勢不能找人做序跋,或者令胡君趕辦製版和印刷而自辦裝訂,則尚有印序跋之餘裕,不過覓何人做序跋,仍一難事也。又每一人之姓名用何法標出? 如另用鉛印,則又加一種工作;如寫在象上一併製版,則版的尺寸是否要加大? 弟不在行,亦衹可請兄酌辦。如寫在象上,則衹可寫於象之左下方,雖與第一集不同,尚大同小異。總之,偏勞費神酌辦可也。(原信)

4 月 13 日　先生有信致葉恭綽,談印《清代學者象傳》二集事。

頃奉十日手書,敬悉。《清學者象》寄滬付印,甚善。當即請胡君來商如何經濟辦法,茲得結果如下:

象二百幅,序跋、目錄、引首假定五幅,共二〇五幅。製版及印費:每幅三萬元(二百部起碼,不足二百部同),共計六百十五萬元。

照相每幅可商減為一萬五千元,共計三百〇七萬五千元。

足八十磅中國道林紙,八開,印一百五十部,連廢葉、空白葉在內,需紙八令,每令七十五萬,共六百萬元。

一應一千五百廿三萬元,如紙張改用九開,則可省紙一令,減去七十五萬元。

鄙意紙張宣紙既難得,不如用道林。市上所有夾貢等均不能與第一集同樣(即尺寸須略小)。單面用紙多,價甚昂,兩面印不好看,道林可單面印。如以紙張既與第一集不能一律,不如用九開本,將來精裝(舊稱洋裝),每部壹本,似亦不惡。裝訂另有作場,此易辦矣,俟探。聞範九先生亦係屬胡君估價,即據市價開出,故略高。胡君因公所委託,特為精打細算,屬附筆聲明,非有二價也。

茲歸納為六項,希裁定:

一、象之姓名決寫左下方,俾可照入,不須另寫;

二、印一百五十部,九開本,則可在一千五百萬之內;

三、象決定二百人,其人偏重於它方面者,而象流傳較廣者可割愛(若曾國藩);

四、序跋、目録、引首稍緩無妨;

五、裝釘及書面亦可稍緩決定;

六、畫象先托一層,照就後附裱,以價最廉者爲原則。

第二項決定,即可開印也。(原信;《全集·書信卷·致葉恭綽》,上册第63頁)

4月15日　上海市人民政府同意接管合衆圖書館,批文爲"市府(53)滬府秘二字第一一九二號"。(先生的回憶)

4月17日 [1]　葉恭綽有信致先生。

範九、起潛二兄:前接範兄十三日函,當即奉復各辦法,并聲明即以該函所擬辦法爲準,請範兄與起兄洽辦,且匯去千萬元,交範兄收用(範兄收到請見復)。昨晚又接範兄 [2] 十三日函,同附胡君估單而辦法不同,且數目亦有參差。同係一事,胡固知之,何以如此,頗令人不解。茲亦不必深求,請兩兄仍照弟復範兄之函辦理可耳。但用夾貢(本是六開或十開)是否亦有九開之説? 如九開能節省些,則亦無不可。至選象即照起潛兄辦法,并請起兄費神可也。餘再布。(原信)

4月20日　訪顧頡剛,長談。(《顧頡剛日記》卷七,第376頁)

4月23日　顧頡剛來,"爲起潛叔改館中過去歷史報告"。(《顧頡剛日記》卷七,第378頁)

是日　張元濟有信致先生。

今晨枉臨,適值灌腸,致失倒屣。而針醫沈君繼至,沈君行針,自去歲十二月朔停止後,將及五月,約定今日再來治療,不得不急先邀入,致未能與兄握晤,至爲歉疚。承示《合衆十四年小史》及藏書分目,又借閱書報各一,一併繳還,詳列送信簿上,統乞查收。昨〈明〉夕開董事,想一切均經布置停當。前□書稿所列各項應否再具公函,備於接收後續交市府(已否有□,悉盼示知)? (《張元濟全集》第3卷,第48頁)

4月24日　下午六時,召開合衆圖書館董事會第十五次臨時會議。出席者張元濟(徐鴻寶代)、徐鴻寶、陳朵如、裴延九、陳叔通(陳朵如代)、胡惠春(裴延九代)、顧廷龍、唐弢(顧廷龍代)。主席徐鴻寶,書記顧廷龍。

甲、**討論事項**

一、顧總幹事報告:

1. 本月廿一日下午二時,文化局圖書館科張白山科長約晤,告以我館

---

① 此信無年月,據內容與編印《清代學者象傳》二集有關,且在先生13日致葉恭綽信之後,姑置此。
② 範兄:按文意,此處"範兄"當爲"起潛兄"之誤。

呈獻已經市府批准接受,擬於月內舉行交接儀式。所擬儀式程序及捐獻書、受獻書文稿,已經董事長、常務董事同意,儀式日期候文化局決定。

2. 中華書局捐贈一九三七年以前出版全部樣書九十五箱,約計五萬三千五百八十二冊,現在清點中。

3. 我館藏書日增,無法容納,近由常務董事向法寶館借用空屋一大間,不收租費。惟自夏季起,每季分擔地產稅及房捐,已於三月廿三日搬入。

乙、討論事項

一、顧董事提議:捐獻書代表人,擬請張董事長及徐常務董事兩位署名案。

決議:通過。

二、主席提議:上屆決議捐獻時,擬向政府請求,(一)本館與葉宅所訂租地合同繼續履行,(二)本館圖書儘可能不予分散。兩事已由圖書館科張白山科長口頭答覆,表示同意,但仍應正式具函申請案。

決議:通過。

三、主席提議:前爲排印葉揆初先生藏書目錄,議決撥費一千萬元,恐尚不敷,用請酌加案。

決議:加二百萬元。通過。

四、裴董事提議:本館工作人員薪給菲薄,平時均頗勤勞,現值捐獻,尚有餘款人民幣式千式百式拾萬元,擬撥作酬勞金,請公決案。

決議:本會助員朱子毅君現在不支薪工,應酌酬壹百伍拾萬元。其餘同人一律按薪額平均分配之。通過。

五、陳董事朵如提議:本會擬即以此次會議爲結束會議,在捐獻儀式舉行後,將經過情形通知各董事。

決議:通過。(原件;《顧廷龍日記》)

是日　上海市人民政府文化局有關於接受合衆圖書館捐獻的復函〔滬化社二(53)字第二四七九號〕致張元濟。

前接尊函,略謂所辦合衆圖書館規模粗具,若欲擴而充之,以配合國家建設,則非同人棉薄所及,并經董事會第十四次臨時會議決議呈獻政府一節,經報奉"市府(53)滬府秘二字第一一九二號"批示,同意所請,准予接受合衆圖書館。除組織小組另行商談接辦事宜外,特此函復,請予查照。此致張元濟先生。(原件;《顧廷龍日記》)

4月25日　張元濟送交《館事日記》三十五冊至合衆圖書館保存。(《張元濟年譜》,第569頁)

是日　張元濟(徐鴻寶代)復文化局函。

茲接滬化社二(53)字第二四七九號大函,敬悉我館捐獻業經同意,無任欣感。惟本會十四次臨時會議有一決議如下:

捐獻時有兩事請求,(一)本館與葉宅所訂租地合同繼續履行,(二)本館圖書儘可能不予分散,以保持爲參考便利而搜集的系統。

此爲本會代表捐款贈書各家之深切願望,尚祈俯准所請,惠予賜覆爲荷。此致上海市人民政府文化局。(原件;《顧廷龍日記》)

4月27日　顧頡剛來。(《顧頡剛日記》卷七,第380頁)

4月29日　陳叔通有信致先生。

昨晤退庵,知續印《清代學者象傳》爲由兄與費範九先生交胡氏承辦……二百部,每部一百頁,不過千萬左右。弟向來對於湯定之、楊无恙畫有印傳之意,力不從心。胡氏聞須到京,則以後即此機會亦不可再得,但須售去各物方得有此款,請代估計照《象傳》尺寸(陰陽兩面印),亦是玻璃板,紙張亦同,以五十頁、計二百部,須款若干。弟擬湯連字(隸書)廿頁、楊十頁,加入余越園、姚茫父各十頁,不過五十頁,如册頁每頁可上下印,不過占兩頁半,似此可以多印。印件必須在滬集中,特以奉托。胡氏倘不即來京更妙,來京後滬地小印刷機構是否撤銷,抑仍暫存,統希示知爲荷。合衆接收,兄必大忙,眷移何處? 董事會最好就此解散。專頌道綏。費範九先生晤時乞致念。(原信)

是月　先生題簽的《杭州葉氏卷盦藏書目錄》(顧廷龍、潘景鄭編),由合衆圖書館出版。

5月1日　跋《簠齋尺牘》。此爲清陳介祺致王懿榮手札,計數巨册,先生自孫伯淵處借得傳抄,然"隨鈔隨覺可疑,因諦視其筆迹語氣之不類也。及至論甲骨一通,係節録王靜安語,于是破綻畢露。既得明證,遂即輟筆。此册本不足留,但贋〈贋〉鼎尚在人間,俾見此者,知彼之非真耳"。(《全集·文集卷·簠齋尺牘跋》,下册第1031頁)

5月3日　顧頡剛來,與先生等談。(《顧頡剛日記》卷七,第382頁)

5月5日　上海市人民政府文化局致張元濟信,爲合衆圖書館捐獻事。

四月廿五日大函已悉,所提捐獻合衆圖書館附帶兩點:(一)該館與葉宅所訂租地合同繼續履行,本局可予同意;(二)所藏圖書儘可能不予分散,以保持爲參考便利而搜集的系統一節,本局認爲該館有其特性,今後當在其原有基礎上先行鞏固,現藏圖書自亦儘量保存,不予分散。專此函覆。此致張元濟先生。(原件;《顧廷龍日記》)

5月6日　汪孟舒有信致先生。

久違音問有年矣。去秋寫成《編年考存琴書簡表》一稿,中央音樂學院索去謄寫油印出書,擬寄奉請教。晤及汪孟涵兄,知兄仍寓春申,未識大〈合〉衆圖書館亦仍舊否? 茲先函候,順詢住址有無變更,確知後當即郵上。清、澄兩表叔諒均安好在里。另紙《吳下方言考》,乞便中物色着落。(沈津、丁小明整理《顧廷龍友朋書札選》,載《四庫文叢》第1卷)

是日　訪顧頡剛。(《顧頡剛日記》卷七,第383頁)

5月8日　陳叔通有信致先生。

　　　　手教并估價單均謹悉。另會議記録又提到葉宅及書不分散兩事以正式函備案,甚是甚是。同人酬勞亦理所當然,但餘款一文不留,接收時不知亦須交出以前賬目否? 胡君七月來京,弟即擬先與兄商議辦法,弟意四亡友書畫(兩畫家、兩非畫家),(一)爲湯定之,(二)爲余越園,(三)爲楊无恙,(四)爲姚茫父。湯較多(恐尚不止十五空頁),次楊、余、姚,而以姚爲最少,後日即將湯、余、楊各件檢交商務印書館沈季湘兄帶滬存尊處。另有在滬商借之件,均備函附上。劉治平與兄最近,應請先往一看,通景(王子崧處松)、手卷(高魚占處《壽蘇圖》)能否折迭裝入? 弟以陰陽印究不大方,擬均用單頁(册頁每單頁上下可印兩張,軸是否亦有可以尺寸同此合印一單頁,如太小仍以一單頁一張),即皆爲陽面,不知可否? 祇須左右均切光,不礙裝訂否? 每人須隔空一頁較妥。三家已多爲五十幅,茫父擬多收穎拓,此爲絶技,書畫不多收,書則還是篆文,畫則花卉以及小品山水,多不合理,以其非畫家也。何時須先付款,乞示知爲荷。此事專賴主持,至托至托。(原信)

5月10日　陳叔通有信致先生。

　　　　前日上一函,今日又托商務印書館沈季湘先生帶去各件,想可先後收到。合衆接收後,已移眷至何處? 租屋不易,至以爲念,倘仍照原薪,則租屋費即不能包括在内,以前薪少有屋住,亦爲附帶條件,此層不[知]能由菊老、森老面陳否。帶去定之山水册以及余越園山水十册,尚須與陳匋心交去宰平上款山水册比較,定之如治平處有更佳山水册,亦可不印(治平處能約森老、直生選擇否)。總之五十幅,定之、越園可占三十幅,无恙預計畫册十五開,即占八單頁,《白薇靈芝》一單頁,《秋聲》、旭初《松下酣睡》占兩單頁(定之較多,子崧處通景松即須占三單頁地位,但《柳鴨》《蘭石》能合一單頁否? 高魚占處手卷且待杭州信再説,手卷不易印),加入絶筆一單頁(此幅尚待酌),已十二單頁,茫父不過八單頁。總之付照請稍緩,一切須由兄與森老評定。(原信)

5月13日　跋孫仲璵撰《忘山廬日記》。(《全集·文集卷·忘山廬日記跋》,下册第1007頁)

5月19日　合衆圖書館捐獻清單呈上海市文化局。

一、《合衆圖書館十四年小史》一册

二、《工作人員名册》一册

三、《圖書文物目録》(一部分待編)十六册

四、上海市土地所有權狀(自用)一張

五、上海市土地所有權狀(出租)一張

六、上海市人民政府地政局房地産登記收件收據一張

七、葉氏租地合同一册

八、法發英金善後公債浙江興業銀行收據一張

九、浙江興業銀行股款收據一張

十、上海中興木業股份有限公司股票十張

十一、英聯船廠股票一張

十二、館屋建築合同附圖樣三册

十三、加建書庫圖説(計劃)一份

十四、自來水、電燈、電話保證金收據二十一張

十五、契券所用印鑒二方

十六、傢具目録(原件;《顧廷龍日記》)

約5月中旬① 先生有信致陳叔通。

政府接受我館捐獻,已由市長決定十九晚六時假錦江舉行儀式。可惜森老今日北上,不克展緩參加,已商定由唐弢先生代之。儀式舉行後,由文化局與我館組織小組辦理點交手續。

龍目前仍住館中,俟點交後,再圖他遷,館中房屋不敷用,自應讓出。私願圖書館告一段落之時,頗擬擺脱北游,已與森老懇談,惟公有以力助爲禱。湯、楊、余、姚四家畫册,尊意單頁印,甚好甚好。王、瞿、劉、胡各函,借用藏畫,稍緩往洽,因胡氏須趕西諦印件,不能即照。款從緩見匯,需用時奉告。(《全集・書信卷・致陳叔通》,上册第46頁)

約5月中下旬② 先生有信致陳叔通,告合眾圖書館捐贈儀式改期。

文化局接受儀式,因森老北上,決改期舉行。

關於葉氏租地合同及圖書不分散兩事,已得允可。原函録呈。附致森玉、退庵兩先生信,敬煩轉交。(《全集・書信卷・致陳叔通》,上册第47頁)

約5月中下旬③ 先生有信致徐森玉,談合眾圖書館捐獻事。

十五晨失迓爲罪。

尊章已收到,十九日受獻儀式請唐弢先生代表,已承見允。但十六晚,渠與金仲華副市長、文化局劉思慕副局長晤談,僉謂爲隆重其事起見,必得台端親自出席,特決定改期(十九日爲金市長所定)。一俟台駕返滬,再行約期,今日圖書館科已正式通知改期。唐先生與張科長建議,不妨先行接管,補行儀式,亦已同意。知念奉聞。(《全集・書信卷・致徐森玉》,上册第75頁)

5月27日 陳叔通有信致徐森玉。

昨呈《百梅目》,候擇定示覆。茫父穎拓"趙德麟"三字惟妙惟肖,實爲

---

① 《全集》注此信録自底稿。據内容推測當在19日之前。
② 《全集》注此信録自底稿。據内容推測當在19日之後。
③ 《全集》注此信録自底稿。據内容推測當在19日之後。

絕技，如認爲應付照印入，并請另紙加題，以正誤爲“姜白石刻”之訛。檢入行篋，轉交起潛兄。（原信）

是日　劉放園（道鏗）有信致先生。

到京幾及兩旬，尚未修箋奉候，實因初到萬忙，想承見諒。叔通先生屢晤，日前在萬松書屋午餐，徐森老亦在座，談知圖書館已經接收，惟儀式尚未舉行，大約須森老回申方有人代表呈獻耳。接收後，情形如何，極以爲念，倘能於公暇以大略見告，不勝企盼之至。叔通曰已將托印畫幅托人帶滬，想兄收到，又必增加一番勞碌矣。（原信）

5月31日　顧頡剛來，晤先生及王煦華、潘景鄭、方詩銘、黃永年。（《顧頡剛日記》卷七，第393頁）

是月　撰《檢理王培孫先生藏書記》。

上海王培孫先生好收藏圖籍，曾以四十年之積聚，儲之南洋中學圖書館，內容之豐富，素爲海內所仰重。先生湛深史學，一以網羅放佚舊聞爲主，故所收多罕見之典籍。其分類焉，一掃《四庫》舊習，以學術系統爲指歸。陳君乃乾嘗佐先生編目，於民國八年刊行書目。丁丑之亂，幾經播遷，或失或增，已非舊貫。迨一九四五年亂平，乃請陳君子彝別編新目，整理三年，功已垂竣，以費絀而止。先生嘗曰：“我力薄不能得古槧，顧志願所在期于多得有用書。歷史記往，事鏡將來。歷代官書，專制君主所爲，一面之辭，率不足據。其遺聞逸事可以考證當時事實，及表見社會風俗者，莫如野史，我收羅當力。集部汗牛充棟，望洋興嘆，而明末忠節諸臣以及遺民，其忠義悲憤往往發見於詩文，讀之懍懍有生氣，我愛之重之，亦力致之。”先生蓄書之方針，于此可見一斑。

一九五二年夏，學校當軸擬改書樓爲禮堂，以舊文化圖書非中學生所切需，將使藏書發揮更大之作用，徵得先生同意，決定獻呈政府，復經陳君子彝建議，謂先生藏書與合眾圖書館所儲性質相類，最宜同庋，以便學者參考，因于呈獻上海市人民政府文化局時，請撥交本館保管，當荷照准。遂于一九五二年十一月十二日下午開始移運，翌午而畢，計三百七十篋，但以爲時迫促，後先凌亂，本館極四十日之力，檢理甫竣。其後陸續有所補送，即次第收存而整理之。廷龍檢理之餘，綜核先生所藏，以史籍爲最富，亦最有裨于實用。次爲方志，又次爲佛經，而明末清初別集與詞曲、雜劇，亦頗多珍本，先生治學之徑途，亦于此可徵。

先生愛護藏書，雇工修繕，終年不息，故十八完整，無觸手蘦落之嘆，自不必綾角絹面而整齊劃一，有什襲周至之功，此特點之一。書有難得或係殘本，先生必多方覓配，不可得則借鈔補足，使成完帙，此特點之二。又遇罕見舊本，殘闕凌蕪，則請人整理而流傳之，此特點之三。夫某書人有殘本可補我闕，某書今不多覯應共謀錄副，苟非寢饋其中胸有成竹者不知，又非不憚煩瑣鍥而不捨者不辨。凡此數端,均非尋常藏家所及。

　　本館檢理粗竣,即在先生藏書七萬六千七百餘冊中,選取善本二百種,陳列兩室,于一九五二年十二月二十九日舉行展覽會,簡邀專家鑒定。出席者有江庸、柳詒徵、汪旭初、吳眉孫、尹石公、王佩諍、陳乃乾、郭紹虞、趙景深諸君,及上海市人民政府文化局圖書館科科長張白山、上海市人民圖書館汪岳年、鴻英圖書館李寅文,南洋中學同仁魏行之、徐鏡青、顧因明、陳子彝諸君。一時賓朋荏止,相與評賞,以爲明本之中如焦竑《獻徵録》、陳子龍《經世文編》、徐學聚《國朝典彙》、沈節甫《紀録彙編》、陳祖綬《職方地圖》、張國維《吳中水利全書》、嘉靖《山東通志》、萬曆《湖廣總志》、貫華堂《水滸》、李卓吾評《三國演義》、容與堂刻《玉簪記》、金陵唐氏刻《雙盃記》,清本之中如陳濟生《啓禎兩朝遺詩》、方孝標《光啓堂文集》、潘江《龍眠風雅》、曾燦《過日集》,稿本之中如不著撰人《同書》、何如璋《管子析疑》,批校本之中如江沅《詩音》、侯敞《頌天臚筆》,鈔本之中如魏齊賢《五百家播芳大全文粹》、黃宗羲《明文海》,佛經之中如《楞嚴妙指毘婆沙論》,最爲珍貴。

　　余於先生心儀已久,未遑造謁。此次檢理藏書,擬待藏事之後,摳衣請益,不幸先生遽歸道山,緣慳一面,殊爲遺憾。因記先生獻書經過,以附傳略,用告關懷先生之藏書者。(手稿;《全集・文集卷・檢理王培孫先生藏書記》,上冊第 225 頁)

5—8 月　先生被任命爲上海市合衆圖書館代館長。(履歷表)

6 月 2 日　汪孟舒有信致先生。

　　示及《吳下方言考》貴館可閱,昨已函知老同學顧石君兄。拙著《琴書年表》不日另以印刷品付郵寄政,或者多寄一二本,請分贈圖書館備存。聞上海近有古書詮譯組織,未識其情如何? 數月前曾遇孟涵兄來京圖,知其近爲某方搜集魯迅材料,嘗到館中,聞亦略有生活資料云。(沈津、丁小明整理《顧廷龍友朋書札選》,載《四庫文叢》第 1 卷)

6 月 6 日　陳叔通有信致先生。

　　托劉汀業兄(志平弟)帶交定之《松蔭遲鶴》、茫父《仿武梁祠人物》兩軸,計荷察收。昨接杭州邵裴子回信,始知余越園案未結,當然畫亦不便出版,故四家中應將越園除去(定之可加多,无恙可問瞿氏兄弟,當可收售否),改爲三家。高魚占處交來《壽蘇卷》,陳匋心交來宰平款冊頁(未知交到否),胡萍青處中堂山水,均請退去,真不可不慎也。森老此間事尚未完。(原信)

6 月 7 日　陳叔通有信致先生。

　　正發函,接三日燈下手教,越園除外(裴子信附上),祇有三家,茫父十四頁,餘則湯、楊兩家,由兄支配。无恙畫,瞿氏兄弟旭初《松下酣睡》一幅以外,似尚有他件,即扇頁亦可,多收一件即是一件,餘則治平處。定之畫件亦多,果品爲其擅長,隸書亦可收就,弟另單。无恙已有十六頁(小傳極難做),定之二十頁,亦不難。有一重要問題,即出版是否可以不必有人出名(即不必登記,本來不發售),如必須有人具名,可否由胡君出名,弟決不便出名也。至要至要。(原信)

6月9日　陳叔通有信致先生。

連日上兩函,計已收到。越園不印,裴子信中所説甚是。弟初亦不知其在政治上有如許問題,真是土豪劣紳。三家除茫父占十四單頁外,尚有卅六單頁,定之、无恙兩家由公支配。无恙生前曾以傳印相托,定之、茫父均未相托,而是弟之心願。无恙除弟所開各件外(內《紅梅》在直生處,現在病中,不知能否檢出,或須稍遲),務向鳳起、旭初搜集(詩幅、扇頭均可)。无恙能有十六件,定之廿件,連隸書在內,要單幅,不要對聯。定之果品治平處亦有之,大幅山水或松、或梅、或竹均可(至少我記得爲崧生畫《枇杷》,因前住屋有枇杷樹,至佳。治平處必有定之隸書直幅或屏)。但子崧通景松果能攝成雙頁(要聯屬),裝訂用折迭法,則治平處大松即不必再用,多費亦不惜(子崧通景太好,治平處似有之,但在前,松針畫法不同。計交大照相不過一二件,通景松如由大照相照一件已足)。森玉明日行,托其帶上茫父三件,并請其與公商談一切。出版人不知胡君允許否?弟決不出名,千萬千萬。(原信)

6月10日　陳叔通有信致先生。

由滬舊箱內檢出无恙梅幅,可收入。定之隸書必須加入爲要,然對聯往往又太野,定之確是漢隸,不是唐隸,宜其自負也。餘由森老面致。(原信)

是日　張元濟有信致先生。

昨得翦伯贊君信,乞借《潰癰流毒》。此書本在東方圖書館,原重送歸合衆,今合衆已有原抄本,此複本擬即送與北京大學圖書館,謹特陳明。再此抄本頗有訛奪,將來如翦君尚須校正,仍思借原抄本寄與也。又前曾借閱《辦理夷務始末》(書名是否□),共有若干卷?分若干冊?何處、何時出版?乞查示。又林文忠公、沈侍郎書有一通説及某某言“水師不必興、炮臺不必修”者,沈培老并附一跋文,兄曾抄得一分,今擬借出,托人代抄,亦寄與翦君也。(《張元濟全集》第3卷,第49頁)

6月11日　劉放園有信致先生,請代查書。

叔通囑代達一事如下:當張詠霓輯印《四明叢書》之後,安徽同鄉亦有叢書刊行,似名《皖雅》,其中有陳子言(詩)所著一種,似名《續觚剩》之類,此名不敢確定,但知實有此書,其名爲何,兄當知之。陳子言曾收錄編定之《題畫詩》五首,似是七絕,叔通必欲得之,而此間無從覓,特囑函托吾兄盡力一查,祈即有以見復,至爲盼幸。弟亦欲有問者,圖書館接收之後,是否一切均無變動,有無加人,兄事忙如昔否,均祈信來附及之。(原信)

6月12日　陳叔通有信致先生。

合衆想有新猷,必又大忙,我們董事應即不解散之解散,是否須具函辭職?《三家書畫集》何時可以着手,買紙尤要。湯、楊兩家目已定否?湯山水以崧生處屏風大幅爲佳,即可照,能有兩張亦足,頁册在外。松能否用子崧通景?弟所寄皆可用。(《松溪遲鶴》可用否?)直生交上隸屏必須加入。无恙畫但有直幅佳者亦可以,不要太野爲要。定之自謂書勝於畫,宓軼群送上者可擇用。旭初《松下酣睡》必加入,尚有佳者否?不必以五十單頁爲限,稍多亦可。弟即赴北戴河,月底到後再通信。

茫父略歷"創造穎拓"是否改"尤工穎拓",穎拓究不知前人有此作否,"趙德麟"必須森老加跋方可照。(原信)

6月13日　張元濟有信致先生。

東方提出所謂善本最後一批中有《讀史方輿紀要》抄本七十册,卷端粘有黄儀與□□先生一箋,定非尋常抄者。已請館中檢出最前十册送上,乞與□兄審定,是書稿本一時有無異同?如須續閱,儘可屬其全送。鄙意擬請吾兄撰一跋文,俾此兩書可以相得益彰也。又弟擬爲林文忠手迹撰一後跋,須先將當時情事詳細一查,方敢着手,擬乞借閱書籍數種,書名列後:

《東華録》 咸豐朝元年至六年

《籌辦夷務始末》 議定江寧之始及其簽訂之時

如蒙檢出借讀,不勝感幸。(《張元濟全集》第3卷,第49頁)

是日　午後,張元濟收到先生回函并《東華録》十六册後,即復先生云:"兹再乞借穆彰阿、琦善、林則徐三人本傳一閱,《清史稿》想有全書,乞檢付爲幸。……又天寧寺被軍醫院占用,頃詢李德健君,據告係另一系統,華東行政委員會未能直接指揮,應函達南京軍區衛生局方能有效,乞與徐森翁商酌行之。"(《張元濟全集》第3卷,第49頁)

6月15日　顧頡剛來還書,晤先生夫婦。(《顧頡剛日記》卷七,第402頁)

6月18日　上海市人民政府接受私立合衆圖書館捐獻,由文化局接辦,改名上海市合衆圖書館。藏書三十萬册,館址長樂路746號。(《上海圖書館事業志》,第26頁)

是日　清晨,張元濟有信致先生,表示欣慰、感謝之意:"今日爲合衆結束之期,若干年來,弟尤得讀書之樂。吾兄十餘載之辛勤,不敢忘也。苦心孤詣,支持至今,揆翁有知,亦當銘感。兹有致徐森翁一信,祈閱過轉送爲荷。"(《張元濟書札》,第179頁)

是日　陳叔通有信致先生。

十二日欲發信,因十一日來書,以書名有問題,正與友人商議,又接十五日書,森老、胡君均允出名,弟以爲仍懇胡君(免累森老),弟本來欲懇兄也。(一)必須印行;(二)夾貢紙次者恐印墨透過紙,不好看,必求其有頭號者;(三)茫父十四紙已定(穎拓照相務求清晰),餘三十六紙由定之、无恙兩人支配。定之山水不必太多，崧生處大者二三張足矣，餘爲花卉、隸書。弟云花果非无恙，乃定之、崧生處或有之，兄向瞿氏兄弟索无恙花果誤矣(旭初處《松下酣睡》必須印入)。直生處无恙《紅梅》送去否？周煦良已將无恙仿龍友山水送上。來書未提到宓軼群處尚有无恙件，月底可以返滬送上，請兄與森老擇之。定之《柳鴨》《蘭石》《松梅》，如合併兩單頁不嫌小仍合併，可以省紙多印件數。姜白石像大佳。即頌道綏。敬手上。十八。(原信)

6月21日　陳叔通有信致先生。

森老想已舉行儀式，弟屢忘問及。尊眷移至何處，能將門牌號數開示，以後信即可直接寄，不必由館轉。前兄有北來之意，弟已托森老轉致，一時決不放走。此間即有機會，亦與南中相同，仍有牽制，未必盡如我意，森老固深知之，似以少安爲是。无恙函件，宓軼群尚有之，月底返滬當携呈候擇。定之隸有太野者(直生交上聯即不好)，必列入，然須精擇。專頌道綏。叔通，廿一日。

茫父著作，除同里王伯群爲刊行《弗堂類稿》三十一卷外，未刊行尚有《小學答問》《說文三例表》《金石系》《黔語古盲詞搜存》《菉猗堂曲話》《題畫一得》，請加入。(原信)

6月23日　陳叔通有信致先生。

《姚湯楊三家書畫集》決定不用序言，第一頁用雙頁紙，第二頁即是單頁，空紙。照公前所云，例如姚茫父，不是小傳，而是類似履歷，但記姓名、字以及別號、籍貫、卒歲、著作，另外不著一字，較爲大方，連"工詩詞"等均不說。惟无恙，但加說"字无恙，後以字行"。何日可以付照，宓軼群處无恙各件可以選擇，須月底返滬後交上。夾貢厚者可買到否？(原信)

6月下旬　先生有信致陳叔通，談湯定之畫册及合衆圖書館捐獻事。

前爲印畫册事，曾肅寸函，一時過慮，實非問題。旋再奉函，諒均鑒及。放翁屬鈔定公詩已寄去。定公畫較易采選，其郎星濟先生曾過談，如有所需，允爲物色。文化局接受我館捐獻儀式，已於十八晚七時在錦江十四樓一號舉行，到金仲華副市長、劉思慕、陳虞蓀兩副局長，沈之瑜處長，張白山科長，我館森老、朵老、延兄、唐兄及龍。劉局長、金市長先後講話，均對我館已有成績頗多獎飾，并稱我館文史專門圖書館之方針已經確定，基礎很好，即從此基礎發展，人民政府力量較大，必能辦得更好。館方由森老講話。儀式後盛宴，皆公與菊丈德望所致也。

我館私立時代，善始善終，十分喜幸。今後如何進行，局中尚無指示(截止現在爲止)。惟龍自量對於圖書館事業素乏研習，當年祇不過爲撝丈之助整理舊籍，最怕圖書館之行政，素性迂闊，不善應付，又不善辭令，倘令負責全館之責，必不勝任(人員即須增加)。前托森老在京相機説項，竟無枝栖可覓。龍不能一日無事，自不能不留於此，但求在此擔任一整理工作，

不計名義,於願已足。倘發表須龍繼續負責,龍祇可先行維持,隨求長者致
函虞蓀局長,另派新人,殊深企盼。再龍筆記遲鈍,聽覺不敏,年來記憶力
銳退,最不善於聽報告,不善聽報告必致誤事,奈何! 龍以幸得與諸老相周
旋,忘其馬齒之徒增,諸老皆老當益壯,而龍實體力就衰,比來目力昏花,頭
痛時發,言之滋愧。虞蓀與公相熟(日前於森老奉候起居),較易爲力。龍若
專心整理,眼可學習馬列主義,始可爲更好之服務。[1](《全集·書信卷·致
陳叔通》,上册第 48 頁)

6月29日　先生有信致陳叔通,談合衆圖書館捐獻後情況。

　　　來書敬悉,奉函想均遞達。獻館舉行儀式後,前日始有人事、財務、總
務、圖書各部門來接管。龍將董事會應移交之房地所有權狀、股票、英金、善
後公債、傢具册、書畫文物尺牘等清册,圖書已編成之目録,及水電等保證
金收據,一併交出,但檢閱一過,仍留交我,謂需要再來提取。現龍繼續維
持,將來究竟如何,未有所聞。龍無辦行政之才,新舊社會作事懸殊,終有
隕越之虞。關於龍之住宿,決須遷移,惟尚未有人接替,不便驟然覓屋。前
日局中來員,龍已申明,俟保衛制度確定後,我即搬出,彼等無一語。龍之
所以決須搬者,爲公私之分,同時各館亦無此例,不應再住。同時,目前要
搬,朵公、延兄允自相助,此時不搬,以後無法再動。私願京中能覓一枝之
栖,專事編輯工作,即有牽制,總較負一單位之責較輕。龍自知能力不够,
勉强而行,兩無所益,伏望長者相機設法,倘能到京,内子可慰其念子之心,
龍亦不忍見我館不合理之變遷。前日,接館圖書部分之人,口口聲聲圖書
不多,又有文物,認爲方向不明。其實,我輩認明此皆徵文考獻之資,方向
甚明,倘彼時我輩不搜集,尚有人能應用乎? 同日同時,《新民報》編輯來搜
集李時珍事迹者,臨行謝曰:上海圖書館藏書數或較此多,然遠不如此完備
而便於用。兩相比照,我之功罪,固不可遽定,然主管科之力大將漸使收縮
(彼所謂專門也)。附《新民報》所載消息,主管科中所示意者,即可見由博
返約之象矣。[2](《全集·書信卷·致陳叔通》,上册第 50 頁)

　　是月　夫人潘承圭正式參加合衆圖書館工作。(文化局批復)

　　是月　《合衆圖書館董事會收支報告》(1953 年 2 月 16 日至 6 月 15 日)編
竣。(原件;《顧廷龍日記》)

　　7月4日　陳叔通有信致先生。

　　　六月廿九日函均謹悉。出處誠爲大問題,惟從容與森老商酌爲要。宓
軼群已赴滬,必携无恙件奉訪。弟意,第(一)先買紙,争取較厚者,次號恐

---

① 《全集》注此信録自底稿,信末署"(一九五三年六月)"。據内容推測當在 6 月 21 日陳叔通致先
　生信之後且 29 日之前。

② 《全集》注此信録自底稿,信末署"(一九五三年六月)"。據 7 月 4 日陳叔通致先生信,可知日期
　爲 29 日。

透墨;第(二)定之、无恙兩家選定後,盼先以目見示;第(三)書簽即封面擬求邵伯絅書,名即爲《武進湯滌貴陽姚華常熟楊无恙三家書畫集》,是否妥當,乞示;第(四)簡歷但詳姓名、字、籍貫、卒年月、著作,用鉛字或乞兄書,即列在每家前一單頁,首頁、末頁均用雙頁,餘均爲單頁。統以求教。移家是否能先移蘇,覓屋不至需費,兄則暫住館中,因在滬頂屋花費,倘有機會離開,豈不白花費。重點放在歷史地理,與我們原意尚合,揆初創辦,不特別説明,不克孤負。(原信)

7月10日　中央委員會徐特立來參觀,對合衆圖書館注意搜集清末新學書刊極爲稱許,認爲是研究近代史的重要資料。(七月工作彙報)

7月12日　張元濟有信致先生。

連日積存有少許信件,今檢呈,乞察存。昨檢得有湯蟄仙初任都督時屬弟爲充議和代表信數通,不知昨已乘便呈覽未? 今日尚擬來搜落卷否?(《張元濟書札》,第177頁)

是日　顧頡剛來談。(《顧頡剛日記》卷七,第414頁)

7月24日　上海市文管會將所屬上海圖書館、上海博物館移交市文化局領導。(《上海市公共圖書館紀事》)

7月26日　到黄河路功德林參加史學會年會,聽胡厚宣報告最近中國考古工作情況。六時半,入席,素餐。同會同席者顧頡剛、程演生、張世禄、周谷城、周予同、李平心、胡厚宣、譚其驤、林舉岱、王國秀、陶松雲、束世澂、施天侔、周進楷、王造時、劉季高、章丹楓、陳旭麓、洪廷彦、鸝家駒、俞巴林、陳乃乾、黄穎先、蘇乾英、吳杰、楊寬、姚舜欽、戴家祥、史守謨、李季谷、徐德嶙、金諾、朱伯康及先生。(《顧頡剛日記》卷七,第420頁)

7月30日　陳叔通有信致先生。

正欲上畫,得廿七日手教,喜慰之至。序稿妄加塗乙(仍請菊老爲最後之審定),幸恕冒昧,又毋笑我未克有桐城習氣。三家書畫,經森老與公評選(姚穎拓照得明晰否),又承景鄭爲助,至感至感。定之愈大愈見力量,山水弟喜其在北京所作,到滬後變面目,似尚未有成就,後來喜畫花卉,殆亦心知。蔬果可備一幅,崧生處似有之。定之詩弟確記不止一首,可問心濟。外簽托宰平代書,特附上,能印在封面,不必黏在上面,但恐紙費,請酌之。揆初公牘第一,文次之,詩又次之。(原信)

約7月下旬　先生有信致友人。①

菊老前見揆老詩文,曾謂亦應印出。龍檢出鈔存,各文均考據翔實,不及時事,可當資料看。延九亦慫恿爲之。館中略有存紙(連四),印費延九允設法。現在揆文《書目》已排好一半,《文稿》擬即接印。《書目》作爲捐獻

①此信爲底稿,據内容推測日期當在合衆捐獻之後,疑致陳叔通。

前館中所印,《文稿》作爲親朋所印,想此事以菊老提倡,公與森老贊助之,當無問題。鶴逸《書畫記》實由文管會所印,但不著一字,由顧氏分贈,蓋公家出版,特別審慎也。按蘇聯省圖書館有出版科學著作圖書目錄和研究資料的權利,目前我國圖書館均在摸索,所謂專門,恐失之偏,即問題不能孤立而看也。新聞圖書館專門管報紙,鴻英專門管雜志,不免單調。尤其歷史科學,牽涉問題太廣,毛主席對於近百年史之指示,有應先作經濟史、政治史、軍事史、文化史幾個部門的分析研究,然後可能作綜合研究。史料蒐集并非易事,不比買教科書可以供求相應,譬如我館今日儲有巨款,決非短期中可得如許之資料。鄙人若亦用狹隘性之專門眼光,則革命文獻要少保存不少。日前爲續訂期刊向科請示,因擬使我館成專門史地圖書館,竟將《科學通報》《新中國婦女》《中國青年》等均在不予選訂之列。平時不看内容,望文生義,不知《科學通報》包括考古、近代史以及介紹蘇聯對於東方學之研究,《新中國婦女》爲中國婦女運動中重要刊物,并非婦女家庭刊物,《中國青年》爲團的刊物,對青年有各方面之指導,圖書館豈可不有,我仍選訂。總之,我舊觀念太深,不適宜於此工作矣。(原信)

是月　上海市人民政府任命車載爲上海圖書館館長。(《上海圖書館事業志》,第26頁)

是月　撰《上海市合衆圖書館一九五三年七月工作簡報》。其中采購新文化圖書"注重於史地、社會科學及總類,約占總數百分之七六强";舊文化圖書則"以近代史料爲主,如《中國與暹邏》《日本帝國主義侵略中國史》《中華民國政治史》《東北要覽》《中國現代史初編》《日支交涉史話》《支那各省經濟事情》《支那礦業史》及南方文獻、目錄等;綫裝書則有《張東海全集》《寶應縣志》等"。"讀者人數共二三七七人"。(原件;《顧廷龍日記》)

8月4日　葉恭綽有信致先生。

上月廿五、本月一日兩函均收,兹分復如下:

一、學者象日經重校,并無其他錯誤,甚慰。此次發見亦由一向注意譚獻之貌的緣故,因此推想與譚瑩可能互調,至徐松是否互調,未能臆斷,僅知謝蘭生之貌極爲清奇,決非徐松而已。至誤署謝蘭生的象是否是徐松,則須請兄詳審,因弟不知在滬編訂的手續,未由推測也。弟原意以爲,寫姓氏之人係寫在每張畫象原紙上一併上版,若然,則責在書寫之人;如姓氏非寫在畫象紙上,則係上版時弄錯,責在胡氏矣。尊擬另蓋紅字及附小條辦法均可,小條以粘在副頁爲宜,惟辦理宜快,因寄到之廿部已送人不少(由弟權宜墨筆改正),不宜弄得淆亂也。滬既出售不易,不如以七十部寄京,滬僅留卅部,備出售及送贈。胡君如能帶,則可省郵費,不過怕他情形不熟,路上出錯,則不如不省此郵費矣。至滬上出售,擬請與來薰閣等一商。此間所訂辦法則係定價二十萬元,實收八折,再付稅約百分之七,即每部得十七萬元有零,滬價及辦法似應一律也。至贈送者,除兄及黃範兄各兩部外,擬送張菊老一部,吳湖帆一部,夏衍一部,陳毅一部,潘景鄭一部,陸丹林一部,合衆、鴻英圖書館各一部(尚有應送之圖書館請開示),均祈分別代送。陳市長處擬附一信,寫好再寄上。寄京之七十部,除已來廿部外,餘以分兩三次寄爲妥,裱好底本或交胡帶來亦好。

二、法寶館房屋事,尊意弟極贊同,惟其中亦有困難。一鳩占已久者,根本不願退出,且日謀擴充,其主之者復新與漚波有結合,恐方在合謀進行。弟前此意在乘漚不在滬時迅即訂定以占先着(不論一間兩間,先下一個棋子),今已無及,但如速補救,先定租數室,再事擴充,似亦一法。因圖書館一先開口,他方即會寢謀反之,他方先開口,即難辦矣。錢爲人迂執無能,不能期其自動,祇有由尊處發動一法,并於必要時請森老向錢指示方妥。該館雖一切由弟負責,而究係社內之一部分,且地段係社內的,又圖書有很多係社中原有的,如不經社中同意即行捐出,似不甚合。又該館係弟捐資造的,但係社中造的,弟有類施主而非業主,自然弟一切可以提議,但似不應做主。而且社中爲私利計,必顧慮到此端一開,社中他部份也會□起同樣問題,以致不肯通過,反成打草驚蛇,因此不如步步爲營。再説弟對此事熟慮多年,迄無善策,故對森老之意極爲欣許,但目前恐祇能暫用輕筆(仍租而非捐,捐事仍可進行,但應歸第二步,租者即造成既成事實之謂也),想兄必會此意,祈即與森老洽定一切可也(今弘化他遷,漚必庇之根本,正觸其忌,弘化本謀吞併,若此不啻與狐謀皮)。(原信)

8月10日　訪顧頡剛。(《顧頡剛日記》卷七,第425頁)

8月11日　顧頡剛爲先生修改《合衆圖書館珍貴圖書甄選標準草案》。先生訪顧頡剛。(《顧頡剛日記》卷七,第426頁)

8月15日　姚□有信致先生,附有姚茫父照片,云:“前承叔通丈選印先君遺墨,兹得叔通丈自青島來信,命寄先君遺影於先生處,以便印入畫册前面,故附函寄上,祈察收賜復爲禱。”(原信)

是月　撰《上海市合衆圖書館一九五三年八月工作簡報》。其中采購圖書以近代史料爲最多,比較重要的有《帝國主義壓迫中國史》《中國最近耻辱記》、《創痕》(九一八、一·二八暴日侵略史)、《淞滬抗日之血痕》《護國軍紀事》(足本)、《江浙直奉血戰畫報大全》《江浙大戰記》《第二次直奉大戰記》《中國抗戰史》《敵軍戰場日記》《遠東國際軍事法庭判决書》《國朝柔遠記》《金田起義前洪秀全年譜》、《徐樹錚歷史》《張勛傳》《徐世昌之秘密》、清經學大師張惠言墓志拓本及汪中墓碑拓本(此兩種拓本於廢紙中檢得)等,地理類有清康熙刻《内府輿地全圖》《大清一統全圖》等。“讀者人數共三一〇五人”。(原件;《顧廷龍日記》)

9月6日　訪顧頡剛。(《顧頡剛日記》卷七,第437頁)

9月9日　顧頡剛來,同到藝術劇場觀地方劇,十一時歸。(《顧頡剛日記》卷七,第438頁)

9月13日　中午,顧頡剛來,同到陝西南路劉厚生處赴宴,同席者沙彥楷。(《顧頡剛日記》卷七,第440頁)

是月　訪冒廣生,"代王律素乞請先生題其兄王君九贈詩册頁,先生作《王律素以其兄君九寄詩乞題後》"。(《冒鶴亭先生年譜》,第557頁)

是月　撰《上海市合衆圖書館一九五三年九月工作簡報》。其中采購圖書,"比較重要的有前清曾幾任督撫的湘陰李星沅自道光二十年(一八二四〈四〇〉)至廿八年(一八三二〈四八〉)的日記鈔,他曾經過雅片戰爭和太平天國革命時期,頗有些當時的史料,其他有關朝政掌故、地方情形,尤爲豐富。其他近代史料則有《五四》《濟南慘案真相録》《蘇報案紀事》《鐵棒槌井推行始末》《劉大將軍平倭戰記》《繪圖越法戰書》《中倭戰守始末記》《淮海大戰》《張岳崧奏稿》等。地理方面,則有清康熙刊本《河套志》及《黔南職方紀略》等"。另"接受調撥圖書,騰空法寶館及本館地方"。"讀者人數共二三一四人"。(原件;《顧廷龍日記》)

10月4日　上午,顧頡剛來。中午,曹冰嚴、丁君匋在錦江飯店宴客,同席有先生、顧頡剛、傅惜華、王佩諍、趙景深、李平心。(《顧頡剛日記》卷七,第451頁)

10月6日　顧頡剛來,送劉旦宅畫軸。(《顧頡剛日記》卷七,第452頁)

10月7日　顧頡剛來,看屈原作品展覽。(《顧頡剛日記》卷七,第453頁)

10月9日　葉恭綽有信致先生。

　　二日示悉,事冗稽復爲歉。法寶館租屋事,費神爲謝。《象傳》二集寄來者已收,不知是否忘記奉告,老詩諸事脱節,惟希鑒諒。此間分交書店代售,定價廿萬,除了店佣二成,又納稅,計實得十五萬有奇。滬上自可一律辦理,先售出廿部,仍留十部,如滬暢銷,可由京再寄滬也。留滬十部以備送人,當隨時奉告。(原信)

10月10日　合衆圖書館舉辦紀念世界四位文化名人之一的屈原作品展覽,并編有書目。(《上海市合衆圖書館一九五三年度工作總結》;《顧廷龍日記》;《上海市公共圖書館紀事》)

10月11日　顧頡剛來,晤先生。(《顧頡剛日記》卷七,第454頁)

10月13日　顧頡剛來。(《顧頡剛日記》卷七,第455頁)

10月20日　陳叔通有信致先生。

　　前發函想已督。兹有詢者,遼刻本似有之,金刻有無可稽?弟但見金鈔,銅版書籍未之見,乞示或轉詢森老、菊老。近來館中工作是否如常?合衆董事會解決否?菊老意如何?現由國家接收,即無所謂董事會矣。(原信)

是日　顧頡剛"到冼玉清處,并晤起潛叔"。(《顧頡剛日記》卷七,第457 頁)

10 月 21 日　晚,先生夫婦宴客,同席者冼玉清、徐森玉、顧頡剛、潘景鄭。九時散。(《顧頡剛日記》卷七,第 458 頁)

10 月 22 日　晚,顧頡剛夫婦宴客,同席者冼玉清、徐森玉、先生。(《顧頡剛日記》卷七,第 458 頁)

10 月 31 日　顧頡剛來。(《顧頡剛日記》卷七,第 463 頁)

是月　撰《上海市合衆圖書館一九五三年十月工作簡報》。其中"購到陳啓修譯《資本論》,一九三〇年昆侖版,是最早的一個譯本。爲了配合屈原展覽,補購了些有關《楚辭》方面的書,如《山帶閣楚辭注》、明汲古閣刊《楚辭》、明萬曆朱墨印本《楚辭》、明天啓刊本《楚辭》、明萬曆金陵益軒唐氏刊本《楚辭》、清雍正尚友堂刊《楚辭疏》,又補充了一些不多見的重要集部,如明嘉靖刊宋方岳《秋崖先生小稿》、明正德刊邵寶《容春堂集》、明萬曆刊王立道《具茨先生文集》、明天啓本溫純《溫恭毅公文集》。近代史料則有《東北戰地集影》《黑旗劉大將軍事實》《學部章程彙輯》《學部奏咨輯要》《革命軍》《黃帝魂》《近代革命史》《越事摘録》《中國民族解放運動史》等。地理方面有徐松《新斠注地理志》稿本(廢紙店中購得)、《黃河年表》、《吳越路程圖》等"。"讀者人數共一八九二人"。(原件;《顧廷龍日記》)

是月　陳叔通有信致先生。

今日退庵交到《學者象》,昨晤西諦,并知《離騷》亦印就。《三家書畫集》想已着手,未接手示,甚以爲念,一切仍盼代爲主持。如爲印事瑣瑣(兼校館事必大忙),或請費範九先生幫同照料。西諦仍主胡君來京,不及此時趕辦即失去機會。《學者象》印得甚明晰,紙亦好,次料能不透墨否?宓軼群、瞿鳳起、旭初曾否有无恙畫件交上?即請選擇并先示目録,至盼。(原信)

11 月 15 日　訪顧頡剛,請其修改《杭州葉氏卷盦藏書目録》跋。(《顧頡剛日記》卷七,第 470 頁)

11 月 28 日　晚,復旦同人、華東師大同人、合衆圖書館同人,地圖出版社、大中國圖書局、四聯出版社、神州國光社、群聯出版社、自由出版社高級人員,及上海圖書館同人,在冠生園公宴顧頡剛夫婦及三女孩。同席有王造時、蔣天樞、林同濟、范祥雍、吳杰、周谷城、王佩諍、伍蠡甫、周予同、李聖悦、王進珊、施畸、章巽、胡厚宣、張世禄、林舉岱、史守謨、束世澂、姚舜欽、梅公毅、李季谷、徐德嶙、陳旭麓、徐稚鶴、燕義權、楊寬、吳澤、馬伯煌、許君遠、丁君匋、曹冰嚴、李小峰、馬長壽、方詩銘、陳宣錚、王煦華、俞巴林、金緯宇、屠思聰、郭紹虞、鄒新垓、金振宇、葛綏成、金擎宇、潘景鄭、黃時杰、戴家祥、金兆梓、顧宗漢、顧誠安、顧仲健、顧廷蟾、王國秀、王育伊、瞿鳳起、沈文倬、譚其驤及先生夫婦。九時席散。(《顧頡剛日記》卷七,第 477 頁)

是月　撰《上海市合衆圖書館一九五三年十一月工作簡報》。其中收購圖書較重要的有：郭沫若《政治經濟學批判》（1931年神州國光社版），李達譯《馬克思主義經濟學基礎理論》，以及《革命史上幾個重要紀念日》《鄧演達紀念集》《廖仲愷集》《韓國獨立運動之血史》《昆明慘案真相》《中國的游擊隊》，吳清友譯《最新聯共黨史》（1936年），《新文學家傳記》《支那四千年開化史》《江蘇兵事紀略》《魯案中日聯合委員會會議録》《中國文化史叢書》（配補）及《庚子日記》《盧龍塞略》等，此外配補了兩種《楚辭》及幾種年表。"讀者人數共二一九二人"。（原件；《顧廷龍日記》）

12月13日　葉恭綽有信致先生。

　　　前函計達。菊老回憶，兹寄上一段，能用否，請酌之。譚嗣同稿，已屬張君與尊處接洽，愚已將兩載未與晤面矣。其稿本有些實係譚手寫的。法寶館點交事年内當可完竣，其清單請將一份徑寄與我爲盼。《學者象傳》二集，仕履、籍貫祇可不編寫矣。兩年前陳仲弘曾有此提議，俾閲此書者可不查對他書，固亦需要，或者於再印時再辦，但恐亦遥遥無期矣。此上起潛先生。綽上。十二月十三。（原信）

是月　撰《上海市合衆圖書館一九五三年十二月工作簡報》。其中采購圖書"基本上貫澈了以近代史爲重點的方針"，較重要的有《列寧傳》（1922年廣州人民出版社初版）、《馬克思主義淺説》（1926年上海書店版）、《社會主義的基礎》（1930年山城書店版）、章漢夫等譯《現階段資本主義的研究》，和《中國人民愛國自衛戰争一周年專刊》《東省鐵路沿革史》《浙東三烈集》等，此外還采購了地圖一百餘張。又編印《屈原作品展覽目録》。"讀者人數共二一一四人"。（原件；《顧廷龍日記》）

下半年　先生有信致陳叔通。

　　　延九兄劃來五百萬元，龍因印費尚不即付，紙款留出，言定隨用隨取，請勿念。渠以北友來滬，游杭方歸，尚擬赴錫，屬先奉告，容再裁答。（《全集・書信卷・致陳叔通》，上册第52頁）

下半年　撰《杭州葉氏卷盦藏書目録》跋。

　　　右目乃葉君揆初平生所搜庋之圖籍也。計唐寫本二，宋本元本九，明本四百四十一，稿本鈔本六百六十六，清以來刊印本一千七百十，域外刊本鈔本四十五，拓本五，都二千八百七十八部，三萬一千五百六十七册、十三卷、六百三十張。其中經名家手校者居十之一，君手校及題記者亦十之一。綜君所集，稿本鈔本爲全目之最，古人心血賴以不湮，後人鑽研有所取法。昔章君式之序君所印武進張氏《諧聲譜》有云：當今藏書家競收宋元舊槧，揆初則重老輩稿本及未刊行者。所得以梁溪顧氏撰《讀史方輿紀要》清本、歸安嚴氏輯全三代至先唐文底本兩種爲巨。顧稿中附同時人簽訂及爲龍刻本所删，嚴稿皆鐵橋手録，校粤刻必有佳處。蓋章君知君特深，故能道其苦心所在。至於名家校本，或訂補原著，或題識掌故，亦皆學海之珍聞，史料之上乘，所謂善本者此也，君之所以爲重者亦在此。君讀書精密，尤勤校讎，每得一書，必反覆展誦，或羅列他刻勘其同異，神會卓見，具詳校語及跋文中。又君所獲稿本之凌亂者，輒手自檢理，付之裝治，一籤之脱，必求歸其原處；一箋之碎，必力爲之補合，俾復舊觀而後已。……我館籌備之初，君書首至，商訂著録之例，擬先從事詳目，庶便讀者之掇摭。爰仿南京《國學圖書館總目》之分類纂録成編，經君審定，多所是正。今付印行，余與潘君景鄭復加修訂，雖一再檢校，几塵落葉甚不易盡也。(《全集·文集卷·杭州葉氏卷盦藏書目録跋》，上册第 209 頁）

約是年　撰《上海市合衆圖書館沿革》。

　　一九三九年春，當日寇侵略勢熾之時，葉景葵深憂圖籍的散亡，毅然有創辦私立圖書館之志。取衆擎易舉之義，命名"合衆圖書館"。七月，成立籌備處。

　　一九四一年自置基地，并建築館舍于長樂路七四六號。由發起人選舉陳叔通、李宣龔成立董事會，推陳陶遺爲董事長，葉景葵爲常務董事。制訂章則，確定本館目的爲：一、徵集私家藏書共同保存，以資發揚中國之文化；二、搜集中國文學圖書及有關係之外國文字圖書；三、專供研究高深中國文學者之參考；四、刊佈孤槧秘笈。其後補選董事爲徐森玉、陳朵如、謝仁冰、裴延九、胡惠春、顧廷龍、陳次青、唐弢，張元濟爲董事長，徐森玉爲常務董事。

　　捐書者：葉景葵首先捐出所藏的全部，包括歷代精刻及名人抄校稿本作爲基礎，張元濟也將家藏善本及嘉興人著述送來，陳叔通、李宣龔也都有捐贈。因此，先後贊助的很多，蔣抑卮、葉恭綽、顧頡剛、潘景鄭、胡氏、吳氏都把他們平日所集，已成專門收藏的見贈。其它把家藏稿本或零星書刊捐贈的也很多。金石拓片、前人手札，尤屬本館的特藏。

　　解放後，開始公開，有普通、參考、閱報三個閱覽室。本館所保存的史料，供應了很多機關團體及專家參考。

　　一九五三年經董事會決議，呈獻上海市人民政府文化局，使此後更可作有計劃的發展，更好地爲人民服務。六月十八日文化局舉行了受獻儀式，改爲公立。(《全集·文集卷·上海市合衆圖書館沿革》，上册第 323 頁）

是年

　　4 月 2 日　夏敬觀卒，78 歲。

　　7 月 8 日　邵章卒，81 歲。

1954 年　51 歳

1 月 15 日　先生有信致劉道鏗（放園），談合衆圖書館捐獻後情況。

前奉手示，疏未裁答，罪歉奚如！

延九兄歸，述及近況，藉悉郎君每周可以承歡，未嘗非客中之樂，良用欽羨。

昨由厚老轉下賜箋，諸承關垂，感何如之。我館目前一切如常，清點工作已竟十九。我受之諸老，呈之政府，可釋重負。退老知我館屋窄書增，無以容納，乃在法寶館中騰出兩間見租，得稍紓其困。我館添建之議，須推遲一年矣。

承公於我館藏書尚便參考，獎飾有加，為之感奮。龍十四年來致力於斯，雖來館作研究參考者亦無不稱善，然無如公與菊老、叔老、厚老諸位相知之深。一言嘉許，實我知己。竊喜所耗心力，可謂不虛。

將來新局如何，我固不知，惟有服從領導，盡心力而已。我希望叔老有機會時，是否可以提倡行政單位工作者必須與事業單位工作者定期調用，互資習練，減少隔閡，是真增產之道也（恐衹文教方面有此需要耳）。龍無行政之才，鹽車十駕，事倍功半，於公於私實非兩利，奈何奈何。蒲柳之姿，年逾五十就衰，舊稿垂成，迄難畢功，殊深憂皇耳！

孫師鄭稿，當檢交厚老。《壬癸詩存》不在《舊京詩存》中，但附有一目，記得退庵藏書中有之，暇當一檢也。（《全集·書信卷·致劉道鏗》，上冊第80 頁）

1 月 17 日　顧頡剛來，"視起潛孀疾，與起潛叔、景鄭、育伊、煦華、胡吉宣談"。（《顧頡剛日記》卷七，第 494 頁）

是月　撰《上海市合衆圖書館一九五四年一月工作簡報》。采購圖書中"較重要的有《馬克思主義的人種由來説》（一九二八年上海春潮書店版）、《哲學之貧困》（一九三〇年水沫書店版）、毛主席等著的《八路軍的戰略和戰術》（一九三八年上海生活出版社版）、《第二次帝國主義與中國抗戰》（一九三九年香港時輪編譯社版）、《論新階段》（一九三九年重慶新華日報館版）、朱德副主席的《抗日游擊戰争》（一九三九年版）、《新華日報社論》第一、二集（一九三八年漢口新華日報館版）等。舊綫裝書方面，則配補了一些我館待訪的金石圖書"。"讀者人數共 2936 人"。（原件；《顧廷龍日記》）

2 月 2 日　下午五時半開始，和工作人員開始擺放"中國科技文獻展覽"圖書，至凌晨二時完畢。（先生手稿）

2月3日　合衆圖書館舉辦"中國科技文獻展覽"。"爲了便利讀者起見,各書都寫了卡片,每類都做了説明,還做了一個總説明,約計二萬字。展覽期原定三號至七號,因觀衆反映説:你們費了很大的力氣舉辦這個展覽,很不容易,由於沒有宣傳,大家不知道,一定還有人知道後來看的,希望延長幾天。我們在不妨礙經常閲覽之下繼續開放一天,共六天。觀衆共1363人。意見11件,大致上爲希望每本書加説明;對偉大遺產有了一些認識;誇獎這個展覽是一個創舉,對宣傳愛國主義及對研究科學史都有很大幫助;希望編印目録。"(先生手稿)

2月4日　顧頡剛"與静秋、誠安、潮洪湲三兒、峻侄同出",到先生處賀年,"視嬬疾,并晤誦芬弟"。(《顧頡剛日記》卷七,第501頁)

2月15日　陳乃乾有信致先生。(《陳乃乾日記》,第251頁)

是日　撰《合衆圖書館春節保衛工作總結》。(原件;《顧廷龍日記》)

2月17日　顧頡剛來,"視嬬疾,與起潛、鳴高二叔談"。(《顧頡剛日記》卷七,第507頁)

2月21日　訪顧頡剛。(《顧頡剛日記》卷七,第509頁)

2月23日　譚其驤有信致先生,介紹其助手吳應壽至館借書,又云:"弟於去秋參加皖北土改,舊曆除夕前二日始返。返校後,開學前忙於作土改思想總結,本月十二日開課,又忙於課務及思想改造運動,略無絲毫閑暇,故市區久不去,諸友處亦久未訪晤矣。頡剛先生星六在此有課,上星期曾匆匆一晤。"(原件)

是月　黄炎培將所著《讀資本論》第一卷贈先生。(原書)

是月　撰《上海市合衆圖書館一九五四年二月工作簡報》。采購圖書較重要的有《臺灣[省]五十一年來統計提要》,光緒八年、九年、十一年的《諭旨》等。"讀者人數共2243人"。(原件;《顧廷龍日記》)

3月5日　顧頡剛來,"視嬬疾"。先生"忙於到文化局開會,又忙於合衆圖書館之斯大林紀念展覽,以致形容憔悴,聲音沙啞。以彼壯碩,尚吃不消,況他人乎"。(《顧頡剛日記》卷七,第514頁)

3月24日　先生有信致葉恭綽。

　　日前奉手書,敬悉。致重知信已轉去,《五代文》稿附索引共二十扎(次序如何,我看不出,悉照以中原扎,惟在稿本上加縛一重,免有散亂耳),分肆包挂號寄上,請查收見復爲荷。郵資四萬八千元,前爲寄《象傳》匯來卅萬元,尚存五萬一千七百五十元,故尚有敷餘,不必再匯。

　　《遼文匯》,新華發售價甚廉。法寶館物,當助重知料理之。

　　中國科技文獻擬編一目,關於科技事迹,僅分農桑、醫藥、天算、工程、工藝作物、科技傳記及綜合著作等,每類均撰説明,由朋好多人協助以成。科技家參觀者甚多,而均以爲有助於研究,然亦有人以爲不大衆化,缺乏思想性,自知政治學習不够,不足以掌握耳。但就我館所藏圖籍,立即欲使大衆可以閱讀是不能也，非不爲也。專門、普通亦必須分工，否則力量分散，得不償失耳。(《全集·書信卷·致葉恭綽》，上册第 65 頁)

3 月 27 日　顧頡剛來。(《顧頡剛日記》卷七，第 523 頁)

4 月 4 日　訪顧頡剛。(《顧頡剛日記》卷七，第 526 頁)

4 月 6 日　聽文化局陳局長作 1953 年總結及 1954 年計劃報告。(日記)

4 月 28 日　至顧頡剛處，長談。(《顧頡剛日記》卷七，第 535 頁)

4 月 30 日　中午，赴劉厚生宴請，同席者顧頡剛、葉叔衡(景莘)、馮幼偉(耿光)、劉子楷(崇杰)、羅雁峰、江翊雲。散，與顧頡剛同車出。(《顧頡剛日記》卷七，第 536 頁)

5 月 16 日　顧頡剛來，晤先生、潘景鄭、楊鑒。晚，致顧頡剛便函，請爲朱季海謀職。云："本擬奉候，枉顧爲幸。昨得楊友仁君來函，屬求台端爲朱季海君謀一校對之職，附去朱君小傳，請察閱。不知神州果有機會否？"(《顧頡剛日記》卷七，第 542 頁;《全集·書信卷·致顧頡剛》，上册第 154 頁)

5 月 25 日　葉恭綽有信致先生。

久未通書，兹有一事奉商者，即《清代學者象傳》二集出版後，本擬續出三集，且二集之傳亦未及編撰。數年前，陳毅副總理曾以之見詢，當以今日作傳不能輕易下筆，且個人獨辦亦多困難復之。旋即函請您將上圖現存各象加以調查，并承惠復，當以已有各象爲數不多，又謄成一律亦頗費事，遂延擱至今。

日前，中華滬編輯所朱君在京晤及，曾以之見詢，意謂此類《象傳》現極需要，擬繼續設法出版。弟於此書延擱亦覺可惜，惟依目下實情，似已非個人所能爲役。竊意如將二集各相底連同存上圖未印各象，匯爲一集，或仍稱二集，或別立名稱，均無不可。惟二集各傳必須補撰，未謄正各象必須謄正，一面仍可廣徵，繼續從事，如此則上圖與滬中華可以分工合作辦成此事，以應時代及學術界之所需，未知上圖諸公以爲如何？因此介紹朱君與兄商談，開誠討論，弟則了無成見，且二集的相片仍在舍間，如須編製，可拿出應用也。望與朱君討論後擇要見示爲幸。此事樞紐似以徵求及謄繪二者爲扼要，近年各發見的學者相片計必不少，如在滬徵集似較便利，弟如有所得，亦當勉力相助也。(原信)

5 月 30 日　顧頡剛來還書，晤先生夫婦。(《顧頡剛日記》卷七，第 546 頁)

6 月 4 日　嚴鷗客有信致先生，謂收到《卷盦藏書目録》，仍有四處不明者，請"撥冗見示"。(原信)

6 月 13 日　顧頡剛來，晤先生夫婦。(《顧頡剛日記》卷七，第 553 頁)

6 月 20 日　顧頡剛夫婦來，并晤潘承彬、瞿鳳起。(《顧頡剛日記》卷七，第 556 頁)

6 月 26 日　顧頡剛來晤。(《顧頡剛日記》卷七，第 558 頁)

6月27日　下午,到上海博物館"參加史學會,聽馬長壽講'古代蒙古草原的原始公社制、奴隸制及游牧封建制'。五時散"。同會者顧頡剛、尹石公、王佩諍、李旭、燕義權、章丹楓、楊寬、譚其驤、姚舜欽、馬伯煌、徐德嶙、田汝康、吳杰、蘇乾英、黃穎先、王國秀、束世澂、林舉岱、戴家祥、周進楷、洪廷彥、張世祿、蔣秉南、李季谷、金諾、陳乃乾、王丹岑、陳守實。(《顧頡剛日記》卷七,第558頁)

7月4日　葉恭綽有信致先生。

前得來函,知編印《清代學者象傳》事尚在考慮,昨接中華滬編輯所來函,并附約稿合同兩份,中華業已簽署。此事尚未得你來函敘述協商經過,因此弟的地位、權責等等,亦不清楚,故暫不簽字,以待尊函。此事承各方熱心,自係有望的事,且係好事。惟弟以耄年,難負其責,亦不求何項權益,一切須賴你館和中華籌策進行。以弟愚見,似瑣事尚須辦理者不少,在你館和中華人手眾多,組織較好,似可雙方協辦一切,弟諸無成見(自然也願貢些棉力和管見)。其契約行爲,弟可統不參加,因歷史博物館方面,我甚隔膜,似以由你館與商,較爲妥捷(或中華與商亦好)。至第二集原底,弟借出供用,并無問題。第三集如何搜集和謄繪、製版,弟統無能爲役,惟搜集自願效勞而已,傳之撰擬亦難爲力。至於報酬,弟并無所望,祇期早日出版,能以目睹,并贈我若干部便足。

以上請趕早見復,以便復彼。餘再續布。(原信)

是日　訪顧頡剛。(《顧頡剛日記》卷七,第564頁)

7月8日　先生夫婦訪顧頡剛,贈物。(《顧頡剛日記》卷七,第566頁)

7月13日　晚,顧頡剛與自珍來。(《顧頡剛日記》卷七,第568頁)

7月中下旬　隨上海市圖書館考察團至北京、瀋陽參觀學習,歸後有參觀小結。在京時,曾去成府蔣家胡同看望聶崇岐,時聶在中國科學院歷史研究所工作。(顧誦芬致筆者的信;《全集·文集卷·參觀小結》,下册第663頁)

7月23日　王崇武有信致先生。

前丁銘南君自滬歸,具譜興居佳勝爲慰。近爲人民出版社寫一關於元末農民起義小册子,擬選若干照片作插圖。然除錢譜及印譜所載者外,其餘關於韓、劉、徐、陳、張,明之諸人,尚有無器物碑版等可資采錄?又白蓮教必有經典,可求得否?博聞如先生,必有以教之也。(沈津、丁小明整理《顧廷龍友朋書札選》,載《四庫文叢》第1卷)

7月25日　北京。晨,先生訪鄧之誠,告謂譚其驤往東北講學,想歸途必當來此。(《鄧之誠文史札記》,下册第818頁)

8月9日　顧頡剛來,"爲館中工作人員講話一小時。與煦華、景鄭、起潛孀等談"。(《顧頡剛日記》卷七,第580頁)

8月13日　葉恭綽有信致先生。

八．八．示悉。《清代學者象傳》事,中華前有信來,因候尊處回音,故未之復。此事承籌計種種，至費精神，惟弟以衰耄之年，精神日短，故度德量力，絕不敢輕有所取與，惟對此事仍實有所貢獻而已。尊擬進行辦法均極妥當，惟一、二集由我處與中華訂約一層，鄙意第一集底稿如中華須由弟向歷史博物館商借，自當效力，似不必居於與中華訂約一方纔可爲力。其二集之補傳，則弟亦祇能居於協助地位，最好由中華負責，與你館合作。至二集底本的借出付製版固無問題也。總之，弟以衰憊之身，一切均從結束着想，能少開攤子爲宜，諸請原諒。至利益方面，請不必爲弟顧及，一切均可不較也，但求二集之傳能補出，斯願已了。至出版後，酌予我一些報酬，這聽從中華之便，沒有也無所謂。以上各節，望與朱金城兄面洽見復，以便作準爲盼，餘不多及。（原信）

8月15日　陳乃乾來，還《續碑傳集》。（《陳乃乾日記》，第258頁）

8月19日　先生與顧頡剛長談。（《顧頡剛日記》卷七，第583頁）

9月10日　顧頡剛有信致先生。（《顧頡剛日記》卷七，第590頁）

9月29日　編定《上海市合衆圖書館一九五四年度第四季度工作計畫》。（原件；《顧廷龍日記》）

10月26日　先生有信致顧頡剛。

　　九月中獲手書，敬悉潭第安好爲慰。終日栗六，致稽裁答，歉甚。賤况承關懷，殊深感荷！一時遷調無條件，祇可静以俟之。我業在昔爲不合時宜，而今非當務之急，建屋之議已決推遲，夫復何言！

　　貴所自公到後，想已漸具規模，工作當亦展開。昨吳諫齋君來訪，謂公托其編寫《史記書目》，仿《經義考》例，不知別有搜采標準否？由我館供應材料，自無問題，如何開始，望與吳君函洽。我館楊鑒君亦曾編有《史記書目》，祇録現存者，約得二百餘種，未鈔序跋，僅爲簡目，不知可供采摭否？如有檢閱之需，可令録呈台覽也。方志藝文中所載有關《史記》著述，似尚未有人搜集，恐工程太大耳。聞公所爲新文藝出版社選注《史記》將改在北京出版，不知體例有所改變否？龍與煦華所選《漢書》，兹將擬選篇目呈教，約七萬字，訂一册。鄙意班名次於馬，而有與馬交義者，不宜多選，此其一；篇幅多，成本大，購者較難出手，此其二。尊意以爲何如？

　　錢南揚君來滬，不相見者已二十年矣。曾到我館閱書數日，聞有函奉候矣。貴所情况除保密者希示一二，我館既以史地專業相號召，不能不與歷史研究機關稍通聲氣。最近中央宣傳部調用革命文獻及現代史料七十五種，公贈有一二種在内，足見我館所藏之可貴也。我館目録全部曾送第三所壹份，崇武來信稱善，他人見之以爲何如？如有所聞，乞以見示。文化局沈之瑜處長屬探：公於撰著《灤州影戲》一文以後，曾否續得有關材料？如有，希予指示爲幸……

　　《漢書選注》目録：

　　高帝紀　李陵、蘇武傳　張騫傳　司馬遷傳　朱買臣傳　東方朔傳
霍光傳　趙充國傳　陳湯傳　雋不疑傳　張禹傳　薛宣、朱博傳　翟方進
〔傳〕　嚴延年傳　原涉傳　石顯傳　(《全集·書信卷·致顧頡剛》,上册第
155 頁)

約 10 月 [①]　先生有信致郭紹虞。

　　手示敬悉,屬輯《漢書選注》,昔嘗致力於此,今可藉以一温舊業,甚善,
甚善。龍已約定與王煦華君(頡剛學生,現在我館主采編)合作,擬於五五
年六月交稿。錢伯城君處曾有電話傳達尊意,當另作復,便中仍希轉告爲
幸。(《全集·書信卷·致郭紹虞》,上册第 204 頁)

11 月 5 日　顧頡剛有信致先生。

　　接誦十月廿六日賜書,敬悉一切。剛到京兩月餘,理書尚未了結,而失
眠症又復劇發,足見體衰不任勞累,奈何奈何。吳諫齋先生鈔寫《史記》材
料,乞儘量加以指導。楊鑒兄所編《史記書目》,剛甚願一讀,如便於寫寄,
請即付鈔(或即囑吳先生鈔,俾得門徑)。除書籍、板本、序跋外,尚可依《清
代文集索引》鈔寫各篇論文,字數每月一結,剛當將鈔費寄上,藉佐吳家菽
水。方志藝文略亦可蒐集,不知楊兄能爲之否? 如可,則此書出版時即可用
剛與楊兄二人名義編輯。承詢所中情形,郭先生既太忙不來,尹先生又兼考
古所及北大工作,甚少在所,辦公廳中又祇知節約,工作不易推動。剛惟有
遵照西諦囑咐,少管閑事,免得麻煩。《史記》由中華書局囑爲標點校勘,合
正文及三家注恐須二百餘萬字,此實古籍出版社所授意,即政府補助剛生
活之一端也。尊編《漢書選》題甚好,剛意《王莽傳》描寫最好,惜太長,不
知可删節否? 錢南揚兄事已與人民文學出版社第五組(即主持古籍斷句者)
接洽,一俟該組辦法確定,當將書寄至上海,請其工作。至於到北京一事,
一來此間房屋奇缺,二則有此訟事總是一個癥結也。西諦兄將任印度大使,
可賀。承詢《灤州影戲》事,剛本無研究,祇緣當時有一藝人來找我,因請石
兆原兄録其所言成一文,此外更無材料矣。剛捐贈書目第二種已編出否?
此間又找出些近代史料,當彙齊寄上也。(《顧頡剛書信集》卷二,第 518 頁)

11 月 13 日　跋《馮翰飛贈書目録》,云:"翰飛贈書,以四川文獻及水利圖
説、計劃等爲多,因分爲兩類,亦有不屬兩類者,别爲其它,由翰飛自爲編次。如
此故,與我館它目分卷有異也。"(原書照片,李軍提供)

11 月 28 日　先生有信致顧頡剛。

　　邇來失眠想已全愈,甚念,尚祈節勞爲禱!

　　吳諫齋先生鈔《史記》材料,已得五萬餘字。楊鑒所輯《史記書目》尚
未編成,兹先鈔呈指正。方志中已收若干,擬即擴充之。將來《書目》能出

版，楊鑒附名以傳，渠甚喜願。此公誘掖後進之美意，至可感佩！清文有關
《史記》者可鈔甚多，當先從我館所藏在索引外之各集，詩集中咏《史記》者
亦擬鈔出，但恐分量太多耳。頃閱報，知明年世界文化名人司馬遷尚不在
內。尊編約何時須成，乞示，可促吳、楊速爲之。

　　上星期日有杜亞詥君來訪，屬詢渠有《說文段注校補》稿，求公設法介
紹出版。渠比來生活益窘，倘公能早爲玉成，先支稿費若干以濟飢渴（其女
工作處薪水發不出）爲盼。

　　南揚已到京，想已晤及。聞人言，公屬季龍編經濟資料，近有群聯書店
派人在此鈔輯方志中經濟材料，先事滇南各志，大約注意於銅礦耳。龍原
欲將方志中物產部門鈔出，贊成無人而罷。龍又欲編近百年歷史圖片目錄，
我以爲極有用，不知能如願否耳？評平伯撰著思想，因而及公，公亦將撰文
否？一新公案也。

　　尊捐《書目續編》片已寫好，待煦華稍暇即可編出。如蒙續惠，可編入目
中。自潭第入京，益感寂寞矣。（《全集·書信卷·致顧頡剛》，上冊第 157 頁）
12 月 10 日　先生有信致叔蓮。

　　日前上一緘，計已達覽。茲接北京圖書館張館長來信，《本草》一書，屬
龍在滬代爲介紹。昨與上海圖書館接洽，該館先詢最低價若干，便請商示，
以便進行。上海力能致此者，不過一二處耳！上海圖書館語氣中似尚有意。
（《全集·書信卷·致叔蓮》，下冊第 731 頁）
12 月 21 日　葉恭綽有信致先生。

　　前函計達，未得復爲念，想仍忙也。近清敝篋，得十年前王培老所藏
《佛教經典目錄》，未入各藏者至百十種，真是寶山。不知貴館有無集合《徑
山藏》之計畫（前曾奉聞），陳援庵已過八十，他自己料無整理《徑山藏》以
外經籍之意願，貴館如不及時爲之，將來援庵所藏一散，或歸何處深閟，事
便難辦矣。培老藏目，茲姑寄上，請覓人與貴館所收者一對，因聞培老所藏
經倭亂亦有所失，對畢幸示其情況爲荷。藏經內容包羅萬象，非止佛教徒所
應研究也。道藏亦然。外函乞轉森老、菊老信札計收，張次溪譚嗣同稿計亦
已洽，餘不一一。即頌時祺。十二月廿一。退上。（原信）
12 月 22 日　馮雄有信致先生，云：“承寄贈曩年捐書目錄五冊，謝謝。……
滬肆如有《奇觚廎詩集》，乞代買一部爲感。”（原信）

是年

　　《合眾圖書館藏書目錄》二編、三編及《合眾圖書館藏書目錄彙編》出
版，均爲油印本。（《我館歷年來編印的部分書目》，載上海圖書館編《展望與
回顧》）

1955年　52歲

1月1日　跋朱學勤手批《四庫簡明目錄》，清管禮耕手鈔本。

治學而不習目錄版本之業，猶訪勝境而徘徊于門墻之外也……

標注之業，見聞所牖，永無止境，必賴來學之踵事增華，不能成於一手者也。三家之著，聊自備忘，初皆未必有成書之意，故俱未能及身寫定。邵本得章彙錄各家所訂補，遂最詳備，惟以雕版印數不多，售價既昂，且禁翻印流傳，以致甚稀。莫本經繩孫輯成後任人覆印，幾爲治目錄者人手一編，書林相沿，知莫多于知邵。朱本僅有傳鈔，知者益鮮矣。

此爲管禮耕手鈔之本，初以爲邵本，後經王頌蔚、翁炯孫考定者，是即余外家藏本所自出。吾友黃永年君，英髦博覽，亦好目錄，氣類相投，得暇時相縱談。偶于冷肆獲斯帙，以爲可與邵、莫兩本相參證，足資珍重。承携示展讀，竊於此書聞名幾三十年，一旦覿誦，其欣幸爲何如耶！率書數語，以志眼福。（《全集·文集卷·朱修伯手批四庫簡明目錄跋》，上冊第146頁）

1月11日　先生有信致顧頡剛。

前在報章獲讀政協發言，往日公案，於今大白，殊爲得體。標點《資治通鑑》，想甚緊張，動筆之前，有無標點體例之規定？龍在標點《漢書》中發生困難，因念《資治通鑑》幾人合點，當先有體例之規定。如有，能否見賜一份，或借閱一過。《史記》論文，已鈔積甚多，另包寄上，請先察閱。一面繼續鈔寫中，現在先檢《清代文集索引》中未收之文集鈔出（《索引》所載者檢來填空），以後再按《索引》鈔寫，爲數可能甚多。公覆諫齋信已讀過，好在不限字數，可盡鈔去。

我館今年擬舉行紀念司馬遷展覽，以配合上海全市對"六大文化名人紀念展覽"。但紀念司馬遷展覽，應在何時比較適宜，龍實無數，不知科學院方面有無擬議？便懇指示。又紀念司馬遷，應以何者爲重點，俟草訂計畫後，再行請教。

于香草先生遺稿，由其婿鈔成清稿一部送贈，我館有油印《叙錄》一冊寄呈台覽。香草之校書猶《群經平議》，續校書猶《諸子平議》也。續校書未刊有《管子》一卷，有說與郭沫若暗合者。《戰國策注》完整，未刊行，甚可惜。祈公留心機會，謀爲流傳爲托。

今年上海奇冷，此間浴室向不冰凍，今年并漱口杯剩水亦冰，熱水瓶底上水迹亦會結冰。因想北京即冷，有火取暖在室，自較舒適，爲之神往。在宥先生已到京，奉訪未值，渠終如願以償，可羨也。（《全集·書信卷·致顧頡

剛》,上册第 159 頁)

1月28日　先生有信致朱啓鈐,爲收購朱氏家藏《本草圖譜》事。

復電敬悉,當即轉致前途,已決收購,商定分兩期付款:

一、一月内俟尊處收條及免税證何日到,即何日付五百萬。

二、三月底付五百萬。

想荷同意(如不同意,請見示,可作罷也)。龍本擬年内先取一部分款,但收條及免税無辦法,祇可展緩。望將收條分寫兩張,并寫明爲書款之一部分。免税證可一張,是否亦分,請酌。收條上又須寫明"家藏《本草圖譜》",以别於營業者也……

收條及免税證可逕寄"上海南京西路人民廣場上海圖書館　李芳馥館長收"。龍轉亦可,當屬該館將款直接匯上。(《全集·書信卷·致朱啓鈐》,上册第 2 頁)

2月2日　聶崇岐有信致先生。

科學院近正草擬各種計畫,其中有編纂工具書一項,曾有人來徵求如何進行及調動人員意見,岐曾提起老兄,來人亦早聞大名,特亦恐滬上不肯放也。《捻軍》前寄呈一部,《中日戰争》俟出版後亦必寄贈,因在該書編纂過程中,曾承老兄協助抄録《栩緣日記》及《吴愙齋電稿》,公事上應如此也。承詢《通鑑》標點事,真一言難盡。緣在發動之初,岐祇爲標點者之一,總校則爲頡剛先生,嗣以此舉期限不長,在一九五五年十月必須完成,而頡剛先生年事較高,且有失眠之病,每日至多祇能校五千字,該書約五百餘萬字,如是則非三年不可,因之領導上又改變計畫,命岐司總校之事,時已屆甲午除夕矣。越八日,召開一次會議,宣布成立校對小組,此後岐即以事於校點工作,而同時《中法戰争》正在校對,《中日戰争》又急於發稿,皆不能拋開,以故去年一年,忙迫無以復加,幸賴身軀頑健,未致誤事。《通鑑》標校工作於十月廿日全完,《中法戰争》於九月中出版,《中日戰争》於十二月底已校完排樣。然心中終引爲憾事者,即在工作皆不克作到十分正確也。頡剛先生於校對小組宣布後,對《通鑑》工作曾略着手,此後即轉而整理其舊稿。此校對小組辦公地點在北海畫舫齋,岐自去春至秋,每星期五於人大上課之便,即至該處與組中人會晤,以故常見頡剛先生,自十月以後,《通鑑》標校工作完結,此小組無形解散,岐已數月未見頡剛先生矣,不知其近況果何如也。惟自前歲頡剛先生北來,以迄今日,領導上對之十分照顧,舉凡一切薪資、房舍皆屬破格辦理,此爲一般胸襟狹隘者所羨所妒。而頡剛先生復常常叫窮,□□每月要有五百元方可開銷,加之頡剛夫人言語不甚檢點,以至若干人對之略有意見,幸頡剛先生年事既高,資望又大,尚不致公開提出批評耳。岐於夏間於一次會晤時,曾隱隱規諷,苦於交淺,不便深言,輕描淡寫,無補於事也。

　　岐現正忙於校對《通鑑》清樣，平均每日百頁上下，呆板工作，雖岐在引得廿年，已甘之如飴，但終不及此役之累。惟思學植既淺，才又低劣，且復性格木訥，不能與時俯仰，則祇有孜孜矻矻，以勤補拙，庶不負人民之付託而已。（原信）

2月4日　顧頡剛有信致先生。（《顧頡剛日記》卷七，第652頁）

2月22日　撰寫《上海市合眾圖書館一九五五年度工作計劃》。

　　我館在接管以前，僅僅做了些蒐集與保存工作，接管後，根據上級的指示，纔展開了整頓、整理工作。一年半以來，雖做了一些整理工作，但從整個館藏看來，大部分的祇是初步的。今後還有許多必要的整理工作，同時要逐步開展閱覽輔導，有步驟地向歷史文獻資料的專門圖書館發展。

　　主要工作爲："1.編目起草，有南洋中學、周氏幾禮居、中華書局贈書及調撥圖書約二萬餘種；2.書本草目，已起好草片，需分類寫成書本目錄的有一萬餘種；3.登錄及印製正式卡片（包括蓋章），有十萬種四十八萬冊（内二萬種已正式登錄）；4.拓片編目，有一萬餘種；5.整理信札，有一萬餘通；6.整理照片圖片，約四千餘張；7.家譜整理編目（調撥部份），估計三萬冊左右；8.裝訂工作，本館圖書大部份年久脫綫，封面損壞，均須重新裝訂做套，散頁、信札等亦均須裝裱。"

　　閱覽輔導重點工作有二：1.編製本館藏近百年經濟史資料目錄；2.《史記》參考目錄。

　　一般工作有四：1.編成近百年歷史圖片索引；2.報刊史地論文的資料工作；3.校印《中國科技文獻目錄》；4.編製《臺灣史料目錄》。（原件；《顧廷龍日記》）

2月25日　經上海市人民政府批准，合眾圖書館改名爲上海市歷史文獻圖書館，成爲專門收藏歷史文獻的專業圖書館。（《上海圖書館事業志》，第87頁）

　　是月　當選爲中國史學會上海分會常務理事。（履歷表）

3月8日　先生有信致顧頡剛。

　　前晤予同、谷城諸君，皆囑致意。諫齋鈔書，因舊病復發，委托其友吳一峰（龐蘅裳之内侄）代鈔，故從未耽擱。現已積有八萬字，已於昨日掛號寄呈。前次所寄，不知曾否檢閱，所鈔是否合用？各家論文可鈔尚多，當再續鈔。惠寄鈔費時，請匯"顧廷龍收"，并注明在淮海路郵局領取。如此，可省周折（領款要證件，我證件皆寫名字）。

　　紀念司馬遷日期，尊意用實行太初之日，甚善甚善。惟太初元年十一月甲子朔冬至應爲西元前一〇四年之何日，陳援庵《中西回史日曆》中未能查得，不知天文研究所方面能否一考？否則，龍擬即以今年冬至爲之。我館不久即將更名，上級已決定改爲"上海市歷史文獻圖書館"，并擬邀請復旦、師大諸君開一座談會，希望反映一些意見。

　　《戰國策注》曬藍樣本，亦不簡單，暇當估計字數奉告。科學院是否可傳鈔壹份？《資治通鑑》標點體例擬定後，千乞見賜。龍與煦華每夜點

注《漢書》，困難甚多，將來必須求教。龍亦忙極，與學日遠，殊悶損。（《全集·書信卷·致顧頡剛》，上冊第 161 頁）

3月13日　顧頡剛有信致先生。（《顧頡剛日記》卷七，第 665 頁）

是月　任上海市歷史文獻圖書館館長。（履歷表）

4月10日　下午二時，上海市歷史文獻圖書館舉行第一次座談會，先生爲主持人。出席有周谷城、胡厚宣、周予同、吳杰、徐德嶙、張白山、魏建猷、束世澂、張蔭桐、趙景深。（《上海市歷史文獻圖書館第一次座談會紀録》原件；《顧廷龍日記》）

4月15日　先生有信致顧頡剛。

三月中旬接奉手書，忽忽又一閱月矣，時以爲念。邇來事忙，能否稍閑，或忙得有規律？血壓、睡眠均平安否？

諫齋所抄《史記》論文，又積得六萬壹千伍百肆拾貳字，又代購稿紙貳元壹角，便請見匯。抄件已於昨日寄上，諫齋想亦奉函矣。如果論文鈔完後，是否鈔方志中藝文目及作者小傳？便希酌示。

我館易名之後，頗擬打算普及與提高相結合，遂於上星期日邀請谷城、予同、厚宣、吳杰、蔭桐、景深（復旦）、天民、德嶙（師大）、建猷（師專）舉行座談會，僉謂普及重要，而實施則條件尚未具備。如欲舉辦歷史通俗講座，主講難請。其他則我館人力有限，如多舉辦圖書展覽，則房屋又有限制，正所謂一籌莫展也。下半年"司馬遷展覽"，擬借地方舉行。公得暇，如能指示馬遷展覽中應注意之重點，尤感。將來擬請人畫幾張圖。北京有無展覽之訊？念念。

予同談及《戰國策注》，昔開明曾購得一部，記不得是否于香草所著，須問伯祥。伯祥時晤否？我館新購得王紹蘭《禮堂集義》一書，皇皇巨編，原稿未印，可謂研究《三禮》之總結。自王綬珊家散出，竟無人問津。王氏所撰《許鄭學廬文稿》，雖有刻本，極難得，當時北京圖書館編《清代論文索引》，係向張氏借閱。龍昔托董魯安亦向張氏借閱，并促燕館景印，始廣流傳，而今景印本亦不可得矣。《禮堂集義》決未刻過，全書四十卷，裝二百冊，徵引自漢至清人之説二百五十九人（引至汪家禧、何治運）。此外尚得乾隆間歸安慎朝正所撰《春秋左氏傳闓義》五十五卷，三十二冊，清稿，似亦未刻，齊召南爲之序。近時書肆冷落，此兩書誠難得矣。（《全集·書信卷·致顧頡剛》，上冊第 162 頁）

4月23日　顧頡剛有信致先生。（《顧頡剛日記》卷七，第 679 頁）

4月24日　顧頡剛有信致先生。

奉到十五日賜函，敬悉一切。府上均安，聞之忻慰。剛等亦俱好，惟剛工作太忙，一日中不得半小時休息，殊感困憊耳。血壓以忙久未赴量，睡眠亦不甚佳，所幸飯量依然，尚可支持。諫齋先生鈔費計廿四元六角一分，又稿紙二元一角，共計廿六元七角一分。兹寄上卅元，乞檢收，所餘之數作爲吾叔歷次代填之郵費，如有所餘，記在賬上可也。論文鈔完後，即可續鈔方志中藝文目及作者小傳，又清人筆記關於《史記》各條亦可鈔。承囑馬遷展覽中應注意之重點，剛意陝西龍門之照片及史公一生旅行路綫地圖，又漢代政治與《史記》關係，如武帝歷次封禪與《封禪書》之紀事，武帝歷次征伐與《四裔傳》及《平準書》之紀事，均可對比作爲表解，尊意如何？北京尚無展覽之訊也。伯祥亦甚少晤面，蓋剛每日還家均已天黑，而伯祥早眠，剛亦憊甚，星期日則總有特殊事，故中華姚紹華君要將《戰國策注》數種合爲一書，欲請諸祖耿君到京爲之，聞已向科學院提出，不知可辦到否？《禮堂集義》及《左傳闡義》兩書均歸貴館，聞之欣幸，將來到滬當一覽也。前寄《孟姜山志》《奄城訪古記》兩書，想已收到。西諦返國尚未晤面。丹楓由京返，一切可詢之。（《顧頡剛書信集》卷二，第 521 頁）

6 月 6 日　先生有信致顧頡剛。

諫齋鈔《史記》文又得一批，已於今晨寄出，鈔件每次由楊鑒同志檢點計數，當不致有誤也。調孚先生來，藉悉一一。《資治通鑑》排樣已見及，甚好。分量重，恐即一普及本成本也不小，購讀亦不甚易。王佩諍先生來言，知公甚忙，渠不另作函，屬筆一詢渠所呈閱之稿有無眉目？便希示及。

我館自改名歷史文獻圖書館以來，頗多人要我將"歷史"與"文獻"作明確之解釋，頗感不易。歷史與歷史學有些不同，我館名稱之"歷史"，并不是指歷史科學，是否應講作記載人類發展的過程？但又易與文獻相混。文獻是否可直截講作史料？與"文獻不足徵"之文獻原意又不甚合。我現在就説歷史是符合辯證唯物主義原則來研究寫作的纔是歷史，否則都是史料，亦即稱之爲文獻。又有人問：那末歷史文獻與圖書有無相同之處？我解作圖書館是表示一個機構特性的名稱，與歷史文獻不重複。如此講法，不知講得通否？便希有以教之……

前盧氏幻燈片社擬以尊編地圖作爲燈片，查該社係私營，不合條件，祇可作罷。（《全集・書信卷・致顧頡剛》，上冊第 164 頁）

6 月 16 日　顧頡剛有信致先生。

兩接賜書，敬悉一切。嫜母體復不舒，聞之至念，近聞漸愈，爲慰無量。誦芬弟曾來舍，渠工作大約可以不調。北京各機關自七月份起，須精簡人員至百分之五十，所裁者仍安插到外省機關，蓋亦疏散之一道也。吾叔擬將《尚書文字》續行編寫，極快！木版六箱移存舍中，屆時當交與科學出版社一同發印，惟北京刻工星散，或祇得用石印矣。佺以業務之忙，失眠病又劇作，每夜服安眠藥總須兩次，大以爲苦。擬到北戴河休養，不知能成事實否。伯祥夫人已於日前去世，病癌已二三年，不但死者脱苦，即一家人生活亦得安定。佩諍先生前曾有函來，事冗未答爲歉。渠所囑之事及稿，佺已與人民文學出版社王利器君言之，王君不久要到上海，即可面洽。又其所介陳奇猷君兼擅文理兩科，經侄與科學院主管科學史之葉企孫先生言之，渠囑暑假中請陳君來京與之面洽，往來車費可由科學院擔負，請轉告。承示對於貴館之解釋，侄以爲貴館爲搜羅歷史資料，以供歷史學研究同志之參考，文獻即是史料，既爲圖書館，即是紙片史料之結集，蓋獻本指人，含有口頭史料之意義也。吳諫齋先生所鈔《史記》已收到，鈔費貳拾元五角七分，茲寄上廿一元，所餘作爲尊處寄費。侄事太忙，遲至今日始得作函，累其久待，罪之。《歷史地圖》以臺灣問題仍未出版，侄既無版稅收入，遂至非常拮据，爲之一嘆。（《顧頡剛書信集》卷二，第 523 頁）

10 月 5 日　爲上海市歷史文獻圖書館編《中日關係書目》題簽，此書爲油印本。（原書）

10 月 27 日　先生有信致顧頡剛。

　　　前曾寄上《司馬遷著作及其研究資料書目》一冊，奉求審正，諒荷察及。我館因預算關係，十一月中必須印出，尚祈撥冗賜閱爲叩！

　　　紀念司馬遷二千一百年誕辰，中國作家協會決定聯合有關單位於明年舉行，但日期未曾定出，不知科學院方面作何決定？我館原擬在今冬舉行，或須改至明年，尚在考慮中。公有所聞，乞示及。（《全集·書信卷·致顧頡剛》，上冊第 166 頁）

秋　某日晚上十一時許，“當時在上海市文化局任職的徐釗同志來電話，告知上海造紙工業原料聯購處從浙江遂安縣收購了一批約二百擔左右的廢紙送造紙廠做紙漿，其中或許有綫裝書。我連夜奔赴現場察看，發現‘廢’中藏寶，翌日即率員前往翻檢。工作現場是紙屑飛揚的垃圾堆，我們不顧塵垢滿面，汗流浹背，一大包接一大包地解捆，逐紙逐頁地翻閱，片紙隻字，衹要有資料價值，絕不輕易放過。經過連續十一天的勞作，一大批珍貴歷史文獻被搶救出來。從內容上說，有史書、家譜、方志、小說、筆記、醫書、民用便覽、陰陽卜筮、八股文、賬簿、契券、告示等。就版本而言，有傳世孤本明萬曆十九年刻《三峽通志》，流傳稀少的明本《國史紀聞》《城守驗方》，明末版畫上品《山水爭奇》，還有不少舊抄與稿本”。（《文集·我和圖書館》，第 593 頁）

從廢紙堆中搶救圖書，在較早時即已開始。先生曾回憶云：此事由華東文化部與上海市文管會合作，搶救各地土改後運來上海送造紙廠作紙漿的廢紙。搶救“廢紙圖書”之事各書店的夥友都參加，凡家譜皆保留，太平天國易知單、田契等皆在搶救之列。大批搶救下來的家譜等，原儲華東文化部康定路倉庫，很寬敞，後來機構撤銷，倉庫也隨之撤銷，時合衆有法寶館可以存儲，於是接收過來。（先生小筆記本）

11 月 18 日　先生有信致顧頡剛。

　　　《史記書目》承指正，感感！現在請諫齋清繕，將趕在年內出版。司馬遷展覽須配合作家協會所決定,祇得展緩至明年舉行矣。

吾與王煦華合編的《漢書選注》一再展期,本月內必須交卷。現在初稿可以完畢,所需前言一篇,已由王煦華撰就,但是否可用,不敢自信,特寄呈,務請撥冗一閱。倘蒙斧削,尤感。

希白師過濾,曾獲晤談,藉悉台端須回第一所工作,其忙可知。諫齋鈔件,想早收到。以後是否繼續? 每月所費,恐亦不貲。(《全集·書信卷·致顧頡剛》,上冊第 167 頁)

11 月 24 日　顧頡剛有信致先生。

兩接賜書,敬悉。

嬸母身體不好,聞之甚念,不知現在已就痊否? 冬寒,諸維珍重!

《漢書選注》序文,寫得很全面。現在略作字句的修改,奉上,乞再斟酌。

諫齋先生鈔費十八元五角,茲寄奉,請轉致。剛手頭確甚乾涸,貴館諸文鈔畢後,擬暫告一段落。

半年來,剛常在病中,初則失眠,後則拉痢,差不多每星期均出入於蘇聯紅十字醫院之門。《通鑑》賴篠珊之助,已完畢。近正大力校點《史記》,以供明年紀念司馬遷之用。學習有三處,科學院也,政協也,民進也(此爲馬老所邀入)。科學院中,又自有其本業,因此精神天天緊張。

洪瑞釗去年在文管會中,常常來和我討論沿革地理,我因正做沿革地圖,請其校對。那時地圖出版社祇肯出校對費五百單位,他不滿意,我手頭適有錢,又補與五百單位。其後這書付印,出版社以爲校訂人有了譚其驤,就不需要再列,好在我的序文中已提到洪瑞釗,也就够了。那知爲此一事,他反恨起我,到處放謠言,甚至寫信到科學院告我。此可知彼之無賴,吳諺所謂“狗咬呂洞賓,不識好人心”,於此徵之。剛同情心太强,得此教訓,可以提高警惕矣。而彼如此待人,馬上給人看透,與彼自身實無利益,何苦來!(《顧頡剛書信集》卷二,第 525 頁)

12 月 1 日　先生有信致顧頡剛。

賜改《漢書選注》前言,謝謝。郭紹虞先生來信,屬詢傅氏《白話文典》曾否出書? 何處可得? 尊處有此書否? 大約渠有所參考也。

我們《司馬遷著作目》已屬吳諫齋楷書繕正,日內即可付印。明年北京如何紀念,甚念。我們預備的展覽,祇可改在明年舉行了。諫齋鈔件,俟論文完後即告結束。至從方志藝文輯錄,殊非易事。

尊恙失眠,已否全愈? 維節勞珍攝爲荷。內人肺結核已大致痊愈,唯因心臟衰弱,動即吃力,尚未復元耳。(《全集·書信卷·致顧頡剛》,上冊第 168 頁)

12 月 10 日　完成上海市歷史文獻圖書館《整理藏書計畫》。

　　我館現在有藏書約十萬種、五十萬册，編成草片的約八萬種、四十萬册，未編草片而有簡單書名草片可供查閱利用的約一萬餘種、七萬餘册（南洋中學贈書）。此外，三萬餘册的家譜尚待解捆整理……

　　這五十萬册書，擁擠在四百多平方公尺的書庫中，一部份即存放在辦公室、走廊等地方，不但架子頂上是書，而且架子下面也是書。總之，祇要是空隙，都擠滿了。因此，要展開整理工作，必先解決書庫和書架問題。

先生總結本館收藏特點：

　　（一）從史料看

　　1. 明以前各時代的史料，現在還有流傳的，基本上可稱完全了。明以後的雖不能完全，但數量亦已不少，可供一般的參考。

　　2. 地理史料比較豐富，地方志有二千餘種。

　　3. 傳記史料最爲豐富。家譜大宗，附有履歷的硃卷約壹萬人，附小傳的地方總集、行狀、訃聞、搢紳録、職員録，及有名、無名人的日記均甚多。

　　4. 佛教史料相當豐富，景印的各種藏經是完全的，名貴的是在藏外的很多。

　　5. 經濟史料有二千幾百種，其中有清末民初的企業章程和報告等。

　　6. 教育史料有清末民初的教科書及辦學章程、年刊等不少。

　　7. 民俗史料，凡關於歌謠、諺語、方言、曆書等是經常注意收集的。曆書自清道光以來是完全的。

　　（二）從版本看

　　1. 宋元刊本都有，但并不多。明本數量較多，其中有不少難得之本。清朝的精刻本以及景刻景印的善本，基本上是完全的。

　　2. 稿本、批校本、鈔本較多，有的是孤本，有的已經很少傳本了。

　　3. 石刻拓本約有三萬餘種，其中河朔的石刻最爲完備。

　　（三）從性質看

　　1. 工具書力事蒐求，比較完備，但缺乏複本。

　　2. 叢書内容最富，大力蒐求，已得一千八百種，超過了號稱收藏叢書最豐富的日本京都研究所的數字。雖比它多出數百種，但還有彼有我無的一百餘種，尚須繼續努力。

　　3. 詩文別集，反映當時社會情況最好的資料，我館收藏清朝人的約二千種。

　　4. 金石書畫的著作，一般的相當完備。

　　5. 雜志約有四千種，其中有清末的約一百餘種，較難得，又學術性、史料性的雜志，基本上是完全的。又有五四時代的北大日刊，在上海是少見的了。其它如汪僞時代的南北《公報》是完全的。日報共有六十種，汪僞時代有三種，雖都不全，但上海已屬僅有。

6. 戲曲文獻很豐富,清末以來的戲單,尤爲珍貴。

7. 抗戰期間內地出版物及日本在占領期間所調查研究的著作,陸續收得了不少。

8. 對有關研究少數民族的著作,亦曾注意收集。

9. 近百年來名人手札,蒐集得很豐富。

(四)從地域看

1. 江浙人著述爲多,特別是嘉興人著作更多,嘉興人說我們的收藏當推第一。(原件;《顧廷龍日記》)

12 月 18 日　跋《儀禮圖》不分卷。此本爲心叔先生捐贈歷史文獻圖書館者。(《全集·文集卷·跋儀禮圖》,上册第 24 頁)

是年　上海市歷史文獻圖書館編《司馬遷著作及其研究資料書目》《上海市歷史文獻圖書館所藏臺灣史料目録》出版。(《我館歷年來編印的部分書目》,載上海圖書館編《展望與回顧》)

是年

1 月 23 日　余嘉錫卒,71 歲。

3 月 26 日　馬衡卒,74 歲。

1956年 53歲

1月12日 撰《我在廢紙中搶救歷史文獻的一點體會》。去秋,上海造紙工業原料聯購處自浙江遂安縣收購廢紙二百餘擔,市文化局從浙江文物保管委員會處獲悉,其中綫裝書甚多,於是組織人力,開展搶救工作。先生參與了此項工作,前後十一天,挑選出很多有價值的文獻。先生認爲,從廢紙中搶救,是搜集和整理歷史文獻的重要途徑之一,并就搜集的範圍提出十二條意見。

一、革命文獻,如馬克思列寧主義經典著作、法令、雜志、日報、講義、歌曲、傳單、宣言等。

二、檔案,如告示、報銷、統計、公文、公報等。

三、地方志,如一統志、省志、府州志、縣志、鄉鎮志、山水志、寺廟書院志、地圖、地方調查表、鄉土志等。

四、家譜,如族規、分關書、家訓、祖先圖、世德記、姓氏考等。

五、社團記載,如報紙、雜志、報告、傳單、章程、紀念冊、人名録等。

六、個人記載,如日記、筆記、手札、訃聞、哀啓、壽文、挽詩、傳文等。

七、古代醫書。

八、財簿,如商店的進貨簿、營業簿、貨價簿,工廠的物料簿、工資簿,地主家的收租簿、完糧簿,民衆團體的徵信録,家庭或個人的伙食簿、雜用簿,以及婚喪喜慶的用費簿、禮物簿等。

九、迷信書,如善書、神道志、符咒、卜筮書、星相書、堪輿書等。

十、民間文藝,如小説、故事、戲本、彈詞、鼓詞、唱本、歌謠、寶卷、詼諧文等。

十一、古典藝術書籍,如樂譜、棋譜、法帖、畫譜、游戲書等。

十二、圖片,如照片、畫片、金石拓片等。

在挑選的時候,首先碰到的問題,就是"取""捨"的標準,在這個問題上,可能大家的看法還有些不一致。我的看法是,標準應當寬些,如果緊了很容易使許多歷史文獻失之交臂。

關於廢紙大致可分爲三種類型:

(一)確實毫無用處的廢紙,如複本多、流通廣、傳本衆的舊書,年代近而又同型同時的契券、賬簿、教科書、學生作業簿等可作廢紙處理。

(二)可以供歷史研究參考的,如這次搜集的八股文、賬簿、萬寶全書、陰陽卜筮等書,都可以從中得到經濟、教育、風俗等的史料,這些史料決不是正史中找得到的。這一類的書籍應當儘量保存。

(三)很有價值的書,但曾被誤認作無用而廢棄的,如這次挑選出的《國史紀聞》《三峽通志》《嚴州府志》《山水争奇》等。

因此，廢紙内容包羅萬象，要做好這項工作，必須多吸收研究各種專史的人來參加，或提供意見，否則許多材料會因外行人認爲無用而仍舊當作廢紙處理的。

同時，我又體會到單從搶救廢紙着手，仍舊會使許多珍貴的資料受到損失。如這次搶救出來的幾種殘本，可能原來是完全的，經過幾次加工打包受了一定的損失。同時從遂安一縣就獲得這樣多的東西來看，各地的文教機關必須經常關心當地的圖書文物的情形，除主動訪求外，并應向群衆進行廣泛宣傳，引起廣大人民的注意，重視圖書文物的保存，從而杜絶把珍貴文獻棄爲廢紙。所以我認爲不僅消極地挑選廢紙，而且要更積極地展開宣傳，希望人們對家藏的任何紙片或書刊等，若認爲無用時，可以送當地文教機關先行鑑别。在上海的居民并可就近送各公共圖書館加以選擇。例如有的人留存着一兩册零星的舊雜志，對他來説，已無用處，而在圖書館中也許剛缺這一册，覓配很久，竟不可得，如果他送給圖書館恰恰配齊，爲人民增長了一份財産，不是一件大好的事嗎？還有單本和紙片對收藏者已不起什麼作用，如果送交圖書館，圖書館在大量積聚後，分門别類整理編目，就能變爲成部的可用的史料。例如舊社會中死了人，多數要發訃聞，有的附上小傳，有的附上哀啓，假如把許多小傳彙編起來，不就跟明朝的《獻徵録》、清朝的《碑傳集》差不多麼？我們可在這裏面或多或少的獲得一些社會情況。又如舊的電影説明書，彙集起來，也可瞭解電影事業發展的過程。要知道布角頭可以縫成百衲衣，廢銅碎鐵都可供工業生産之用呵！甚至一本舊綫裝書，從各個角度看來真是一無用處了，但圖書館還可利用它的舊紙，選取空白部分來修補其它舊書。因爲，舊書必須用舊紙來修補，否則很不調和，損害了書的整齊美觀。這次在廢紙中搶救得清初本子很多，其中有些無用的書，就可留作補書之用了。(《全集·文集卷·我在廢紙中搶救歷史文獻的一點體會》,上册第 474 頁）

1月25日　周志輔有信致先生。

承賜檢寄戲事札記三紙，敬謝費神。《華東戲曲觀摩選集》惜非賣品，想貴館定當庋藏一份以供人研究，倘有機緣必造館借閱，以益見聞也。弟近日對戲劇掌故又略有所札録，即將成帙，俟付梓後再行呈正。(沈津、丁小明整理《顧廷龍友朋書札選》,載《四庫文叢》第 1 卷）

是月　歷史文獻圖書館舉辦"黄河史料展覽"。(上海圖書館編《展望與回顧》,第 160 頁）

是月　與王煦華合作完成《漢書選》前言。

我們選注《漢書》,是想把它介紹給一般文藝愛好者作參考的。因此在一百篇中，僅選了一篇紀，九篇列傳；志、表兩類，因爲志太長，表不便讀，一篇也没有選。我們編選的標準,主要是根據文章本身的思想性和藝術性,同時也照顧到各種階層、各種類型人物的代表性,基本上是每種類型的人物選一篇。

《漢書》的版本很多,文字也多異同,我們基本上以最早的景祐本作爲依據。但爲了便利讀者,同時減少注釋上的麻煩,把一些不常見的古字也改成了常用字。在注釋方面,主要是根據王先謙的《漢書補注》,并參考楊樹達的《漢書管窺》和日人狩野直喜的《漢書補注補》。爲了便於理解,注釋一律用語體文。原文大體可以看得懂的詞句,都不加注。注釋中,一般不引原文,不注出處,不作考證;如有數説,不一一羅列而加以評議,儘可能選取一種,以幫助讀者初步瞭解文義爲目的。(《漢書選》前言)

2月17日　歷史文獻圖書館舉辦"農業史料展覽"。(先生手稿)

3月　上海市文化局舉行圖書資料工作座談會,有關方面的教授、專家和大專院校、科研機關圖書館工作者五十人與會,各公共圖書館館長也出席了會議。(《上海圖書館事業志》,第27頁)

4月2日　在先生主持下,編製完成《上海市歷史文獻圖書館12年遠景規劃》。(原件;《顧廷龍日記》)

4月6日　鄭振鐸、沈之瑜來,"見到王弢稿本一批及劉氏三世從事研究的《左傳箋》的稿本"。(《鄭振鐸年譜》,下册第864頁)

4月12日　先生有信致顧頡剛。

我與煦華選注《漢書》,雖已交卷,但出版社方面要加選《司馬遷傳》一篇。現在有兩句,我們注不出,請賜教:"夫天下稱周公,言其能論歌文武之德,宣周召之風,達大王王季思慮,爰及公劉,以尊后稷也。"周召是否周公召公? 既稱周公,何以"宣周召之風(各家均無注及)"? 如指周南召南,亦不能解。幸撥冗示及爲叩!(《全集·書信卷·致顧頡剛》,上册第169頁)

4月25日　鄭振鐸請徐森玉、潘景鄭及先生等人在紅房子晚餐。(《鄭振鐸年譜》,下册第869頁)

是日　顧誦芬收到先生信,"謂上海方面傳予(按,指顧頡剛)病得甚重,囑來探訪。此亦海外東坡故事重演矣"。(《顧頡剛日記》卷八,第50頁)

4月26日　先生有信致容庚。

昨奉手書,敬悉。承示日本所出金文書目,甚感!

大著已詢人民出版社歷史組一位同志,經他探悉,須六月份纔能審查完畢,似稱久稽抱歉之意。

"攀古"拓片,龍頗愛好,當量力而行,下半年中必可籌出此款。郭老函借吴〈吳〉生鐘拓本已寄去,謂補《兩周金文辭大系》。(《全集·書信卷·致容庚》,上册第207頁)

5月7日　去廟弄,訪鄭振鐸。(《鄭振鐸年譜》,下册第872頁)

5月8日　晚，鄭振鐸在老半齋宴請捐獻古錢、碑帖的羅、沈、張等，并邀徐森玉、先生、王大隆、潘景鄭、陳乃乾等作陪，談甚暢。(《鄭振鐸年譜》，下冊第872頁)

5月9日　顧頡剛有信致先生。(《顧頡剛日記》卷八，第57頁)

5月28日　完成《上海市歷史文獻圖書館參考資料總結》一文。(原件；《顧廷龍日記》)

6月15日　周一良有信致先生。

久久不通音訊，前曾從頡剛先生處獲知近況一二。拜讀來函，不勝快慰！哈燕社出版物一度歸我系代售，得來函後，已請示學校行政批准，可以寄贈你館，但我們所存已不完全，祇好就現有者檢贈全部，詳細情況和寄費，系辦公室當直接和你館交涉。北京圖書館曾經出過一本館藏日文有關東南亞書目，另外在歷史三所主持下，我們曾編北京各圖書館所藏亞洲史聯合書目，擬先分國出版，作爲内部參考，可惜進行甚慢，至今第一部分還未付印。我五四年以來，在亞洲史教研室工作，始終忙於建立課程，編寫講稿，研究方面尚未很好開展。《司馬遷書目》收到，至謝！我們亞洲史從頭搞起，相當時期内恐怕匀不出時間搞中國史了。(原信)

7月初　先生到北京，參加全國圖書館工作會議，時顧誦芬出差瀋陽而未遇。(顧誦芬致筆者的信；先生小筆記本)

7月4日　訪顧頡剛，"留起潛叔飯"。(《顧頡剛日記》卷八，第86頁)

7月9日　顧頡剛到西苑大旅社，參加科學史討論會，"到起潛叔房間，并晤嚴獨鶴、馬蔭良"。(《顧頡剛日記》卷八，第87頁)

7月14日　到北京革命紀念館參觀，同去有束紉秋等。(照片)

7月15日　晚，乘車離開北京。(《全集·書信卷·致顧頡剛》，上冊第170頁)

7月20日　上海市歷史文獻圖書館在原址擴建三層樓新書庫正式動工，設計"書庫使用面積爲1071.74平方米，并建有保藏珍本善本歷史文獻的庫房"，"設計藏書量30萬册"。(《上海圖書館事業志》，第28、88頁)

7月24日　先生有信致顧頡剛。

日來天氣酷熱，夜亦不凉，終日汗流浹背爲苦。

十五別後，即到旅社收拾行李，赴車站購票，居然購得加車票，即晚啓行，四十一小時抵滬，較十六特快車動身，總算早到十小時，然車上甚累耳。返寓見内人高燒已退净，服藥安眠後，神志已清。連日休養，已見平復，可謂一場虛驚耳。想荷垂念，敬以奉告。

此次到京，深望多玩數日，未獲如願。聞明年尚須開會(挈眷以行)，必可從容一游矣。

《秦會要訂補》(徐復著，群聯出版)一書，想公必見過。人民出版社擬再版,徵龍意見。我以爲附録幾文,是否可散歸各類? 此類文章或尚可補輯,本書是否亦可補苴之處,公能指示一二否? (《全集·書信卷·致顧頡剛》,上册第 170 頁)

8月　與王煦華合作注釋的《漢書選》,由上海古典文學出版社出版,先生題簽。

9月12日　陳乃乾有信致先生。

弟已於前月移家來京,現住北長街三十九號,臨行匆促,未及克辭爲歉。古籍出版社有編纂《中國書目大辭典》之議,但兹事體大,無從着手。鄙意先請各地專家先就自己所熟悉的範圍内編成各種專題書目,分别出版,也就是爲編纂辭典做好基礎。這件事,要請你們提供意見,如以爲這個辦法可行,則你們願意擔任何種專題書目,亦請示及。(原信)

9月13日　先生有信致容庚。

久疏箋候,爲念!

攀古樓金文拓片款捌十元,兹特匯奉,久稽歉甚! 此《攀古樓圖録》,原由上海出版社介紹於古典美術出版社,忽忽一年,杳無信息。近聞有文物出版社之設,或爲介紹於彼,不知有希望否?

攀古藏器,爵之比重較大,是否精簡? 吾以爲提供材料,越多越好,但恐有人看法不同,衹得將就。不知尊意以爲何如? 便希酌示。

師爲郭老增補之《兩周金文辭大系》何時可出? 念念! (《全集·書信卷·致容庚》,上册第 208 頁)

9月18日　劉道鏗(放園)有信致先生。

别來酷念,台從抵滬後,對所事進展如何,想必順利爲祝。叔衡歸來,據談已與我兄通訊。近日葉家屋事已得解決之否,爲念。嫂夫人近體能否日臻健勝,尤念。我兄百忙中何以尚能從事著述,誠足令人敬佩。承贈《漢書選》一册,徵引詳博,選擇精嚴,必大費一番苦工。但合撰者王煦華,弟與宰平均未識,甚愧孤陋愧陋,幸便中示及何如。張菊老九旬大壽,朋儕中既有厚翁之壽文,又有叔通、宰平之壽詩,似乎壽聯亦不可闕,弟爰擬稿寄呈厚老,請爲定正,未知吾兄曾見之否? 兹姑另紙録附楮尾,請哂正。(原信;沈津、丁小明整理《顧廷龍友朋書札選》,載《四庫文叢》第 1 卷)

9月26日　容媛有信致先生。

荷承惠贈大作《漢書選》乙册,拜讀一過,獲益良多,嘉惠後學,誠匪淺也。又前承貴館惠贈《司馬遷著作及其研究資料書目》乙册,足見先生用力之勤,著述日富,除珍存以資參考外,謹此致謝。(原信)

是月　冒廣生爲張元濟撰九十壽序,請吳樸堂謄清,再請先生書寫。(《冒鶴亭先生年譜》,第 588 頁)

是月　出席上海市人民委員會機關工作積極分子代表會議。(先生小筆

記本）

10月19日　劉承幹有信致先生。

許久未接音塵，伏想枕葄清嘉，著述日富爲頌。昨詣冒鶴翁，知菊生丈壽序已脫稿，由椽筆作書，誠雙美也。弟擬壽以一詩，尊處如尚有詩箋，乞惠寄一二紙，如已無餘，請開示尺寸及紙品，由弟自備亦可也。（原信）

10月21日　周一良有信致先生。

手教奉悉。漢學家年會中報告均未刊佈，亦鮮可觀。歐美關於東方研究，恐須訂《通報》《亞洲學報》《哈佛亞洲學報》《遠東季刊》等數種雜志，以瞭解其動態。家父《紀念論文集》，當時因經費關係，祇印二百部，弟處已無存，孫氏弟兄處是否有存書亦不知，不妨再函詢也。（原信）

10月31日　出席張元濟九十華誕生日宴，并攝影留念。（《顧廷龍先生紀念集》，第170頁）

是月　爲張元濟九十華誕作獻壽辭。

菊生先生耆年碩德，經濟文章，并爲世重。餘事致力目録、校勘之學，而尤以流通古籍爲己任。數十年來巨編之輯印，孤本賴以不絕，其嘉惠後學，實非淺鮮。綜覽先生行事，忠信篤敬，識膽具備，宜發爲文章，詞意并茂，語無空泛，洵足以信今而傳後。生平所爲詩文，如論政、宣教、碑記、序跋諸作，散布簡策，薈萃有待。方今倡導百家争鳴之際，科學研究，欣欣向榮。舉凡先生校印群籍，早播士林，讀者於所撰各書跋文，咸謂探賾索隱，啓發攸資，徒以分隸卷末，檢閲不易。上海古典文學出版社，因以蒐輯專集之責相委。竊爲〈謂〉校讎之學，自漢劉氏向、歆父子導夫先河，千載而下，文字形體之變遷，傳寫摹刻之訛誤，遞演益形紛繁，自非殫見洽聞，無能爲之疏通證明。先生既創建東方圖書館，廣蒐善本，間復留意鄉邦文獻及先世遺澤，專精畢力於丹黄楮墨間，積纍蘊蓄，傾吐心得於題跋文辭中，往往發前人所未發。方諸前賢，如義門、抱經、蕘圃、千里輩無以過之。抑且訪書南北，留珍海外，過眼琳琅，會神應手，允宜徵引衆説，闡幽發微，拾遺補闕，洞中要窾，此更前賢所未逮。文字之福，名山同壽，盛世元音，胡可廢乎！先生秉賦特厚，神明强固。曩歲龍承命佐理校印《涵芬樓燼餘書録》時，病偏左未久，偃仰床第，每憶舊作，輒口授指畫，如某篇某句有誤，應如何修正，又如某書某刻優劣所在，歷歷如繪。蓋其博聞强識，雖數十年如一日，此豈常人所能企及，謂非耄耋期頤之徵而何。今年十月卅一日即農曆九月廿八日，爲先生九十攬揆之辰，謹掇拾宏緒，壽諸墨版，聊申後學介祝之忱。[1]（《歷史文獻》第15輯，第33頁）

是月　訪冒廣生，爲其先世《秀野草堂圖》請題。（《冒鶴亭先生年譜》，第589頁）

---

①此文後經修改，作爲《涉園序跋集録》後記。

11月26日　下午,鄭振鐸來訪,"看其新闢的書庫及閱覽室"。(《鄭振鐸日記全編》,第469頁)

11月29日　下午,鄭振鐸來,晤先生及潘景鄭。晚六時,方行在新雅飯店宴請鄭振鐸,邀周予同、徐森玉、周而復及先生等作陪。(《鄭振鐸日記全編》,第470頁)

11月30—12月3日　文化局召開上海市第二屆圖書館工作會議,先生和本市各公共圖書館負責人都參加了會議。"會議提出了《加强對圖書館事業的領導和規劃,明確各館的方針任務,爲配合向科學進軍而奮鬥》的工作報告,報告明確了市、區各級各類圖書館的方針、任務和具體分工,并就三大系統圖書館協調合作提出建議","進一步明確歷史文獻圖書館的工作重點是爲科學研究服務"。(《上海圖書館事業志》,第28、88頁)

12月6日　陳乃乾有信致先生。(《陳乃乾日記》,第275頁)

12月25日　撰《卷盦書跋》後記。

> 葉揆初先生,名景葵,卷盦其別署也。杭州人,清光緒癸卯進士。盛年抱負經世之志,尤醉心新學,其受實業救國之影響甚深。嘗佐治督幕,經理廠礦,皆有所建樹,而主持浙江興業銀行以終其身,没於一九四九年四月,年七十有六。先生資秉頴異,人事羈掌,而朋好之攻錯,未嘗或廢。年逾五十,始致力於珍本之搜集。每得異本,必手爲整比,詳加考訂,或記所聞,或述往事,或作評騭,或抒心得,而以鑒別各家之筆迹,眼明心細,不爽毫黍。所撰跋語,精義蘊蓄,有如津逮寶筏,裨益後學者甚巨。畢生手校及過校者頗多要籍,他日當別謀彙印,以附於抱經、丹鉛、存齋之列。綜一人之心得,俾百世之取資,采擷果實,其效彌宏,前修之勤業,庶不負矣。先生所爲詩文,以暢達爲主,不事雕琢,亦不拘于格律。文薄桐城,謂其矯揉造作,汩滅性情;詩則宗尚人境廬之真率,信筆抒寫,有自然高妙之致。所作不自收拾,亦鮮屬草,今所存者,皆龍平時隨見隨録,未能盡也。先生晚年適丁喪亂,目睹江南藏書紛紛流散,文化遺產之淪胥,爽焉心傷,遂發願創設文史專門圖書館,捐書捐貲,乃克有成。命名曰"合衆",蓋寓衆擎易舉之意,即今之上海市歷史文獻圖書館是也。(《全集·文集卷·卷盦書跋後記》,上册第211頁)

是年　被上海市文化局評爲1955年度積極分子。(履歷表)

是年　編有《農藝史料目録》,油印本。《上海市歷史文獻圖書館所藏科學技術史料目録》出版。

是年

2月3日　柳詒徵卒,76歲。

2月14日　楊樹達卒,71歲。

3月14日　王庸卒,56歲。